KB111825

겨레의 뿌리를 밝히는 책 1

신라 금관의 기원을 밝힌다

신라 금관의 기원을 밝힌다

초판 1쇄 발행 2008. 2. 25.
초판 2쇄 발행 2013. 9. 30.

지은이   임재해
펴낸이   김경희
펴낸곳   ㈜지식산업사
주 소   본사 : 경기도 파주시 교하읍 문발리 520-12
　　　　 서울사무소 : 서울시 종로구 통의동 35-18
전 화   본사 : (031)955-4226~7 / 서울사무소 : (02)734-1978
팩 스   본사 : (031)955-4228 / 서울사무소 : (02)720-7900
　　　　 한글문패   지식산업사
　　　　 영문문패   www.jisik.co.kr
　　　　 전자우편   jsp@jisik.co.kr
　　　　 등록번호   1-363
　　　　 등록날짜   1969. 5. 8.

책값은 뒤표지에 있습니다

ISBN 978-89-423-1110-1 93910

이 책을 읽고 지은이에게 문의하고자 하는 이는
지식산업사 전자우편으로 연락 바랍니다.

겨레의 뿌리를 밝히는 책 1

신라 금관의 기원을 밝힌다

임 재 해

지식산업사

신라 금관 가운데 가장 화려한 것으로 '곧은 줄기 굽은 가지' 나무 세움장식 3개와 '굽은 줄기 곧은 가지' 나무 세움장식 2개로 구성되어 있다. 김알지 신화의 계림을 나무 모양 세움장식으로 형상화한 김씨 왕실의 의전용 왕관이다. 그러므로 출자형이나 사슴뿔 모양이라는 전제로 시베리아 기원설을 펴거나, 금관을 장례용 부장품이자 데드마스크로 해석하는 것은 잘못이다. 앞쪽 좌우에 태환식 귀고리 모양 3쌍을 달고 수식을 늘어뜨린 것이 특징이다.

국립중앙박물관

신라 금관의 전형을 이루고 있는 금관이다. 앞쪽에 '곧은 줄기 굽은 가지' 세움장식 3개와 뒤쪽에 '굽은 줄기 곧은 가지' 세움장식 2개를 갖추고 아래로 한 쌍의 수식을 늘어뜨리고 있다. 줄기와 가지 끝의 봉긋한 모양은 보주나 돔이 아니라 나무의 생명력을 나타내는 '움' 모양이다.

국립중앙박물관

신라 금관은 세움장식을 한 겉관과 절풍 양식을 한
속관의 이중 구조로 이루어져 있다. 절풍형 속관은
고조선 이래의 전통이지만, 겉관은 김알지 신화의
계림을 상징하는 신수들의 세움장식으로 새롭게 창
출된 것이다. 신라 초기 국호 계림국을 형상화한 금
관은 신라 김씨 왕권의 정통성과 국가 정체성을 나
타내는 왕관으로서 정치적 기능을 발휘하였다.

국립중앙박물관

서봉총 금관으로 알려진 것인데,
함께 출토된 은합우 명문의 연호
'연수원년(延壽元年)'을 고려할
때 진평왕 금관으로 추론된다. 그
동안 학계에서 알 수 없는 연호라
고 한 '연수'는 고창국(高昌國) 국
문태(麴文泰)왕 연호로서, 그 원
년은 서기 624년이며 진평왕의
재임 시기이다. 그러므로 신라 금
관의 하한 연대를 7세기까지 확
장해야 할 것이다.

국립경주박물관

진평왕 금관(서봉총 금관) 옆쪽

다른 금관의 구조와 달리 가운데 십자 모양 궁형 정수리에 나뭇가지를 세우고 가지 끝마다 새를 앉혀두었다. 김알지 신화를 고려하면 이 새는 삼족오가 아니라 시림에서 울음소리로 김알지의 출현을 알린 닭을 상징한다. 김알지 신화의 내용을 가장 풍부하게 형상화한 후기형 금관으로 추론된다.

국립경주박물관

세움장식의 굽은 가지가 4단으로 이루어져 있으며, 높이가 32.5센티미터로 가장 높다. 계림의 신수를 상징하는 세움장식에는 나뭇잎을 나타내는 달개와 태아를 상징하는 곡옥이 주렁주렁 달려 있다.

국립경주박물관

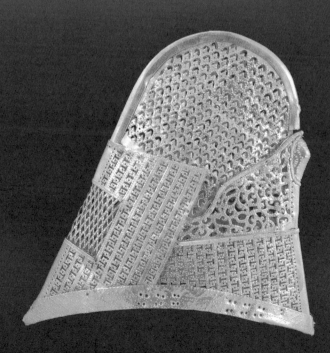

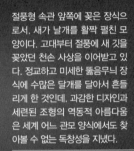

절풍형 속관 앞쪽에 꽂은 장식으로서, 새가 날개를 활짝 펼친 모양이다. 고대부터 절풍에 새 깃을 꽂았던 천손 사상을 이어받고 있다. 정교하고 미세한 뚫음무늬 장식에 수많은 달개를 달아서 흔들리게 한 것인데, 과감한 디자인과 세련된 조형의 역동적 아름다움은 세계 어느 관모 양식에서도 찾아볼 수 없는 독창성을 지녔다.

국립경주박물관

흔히 내모(內帽)라고 하는 속관은 상투를 가리기 위해 만들어진 절풍 양식의 관모이다. 금관보다 더 정교하고 세련된 기하학적 무늬와 빈틈없는 세공 솜씨로 이루어진 속관은 세계 어느 나라 관모 양식과도 견줄 수 없는 한민족 고유의 양식이다.

국립경주박물관

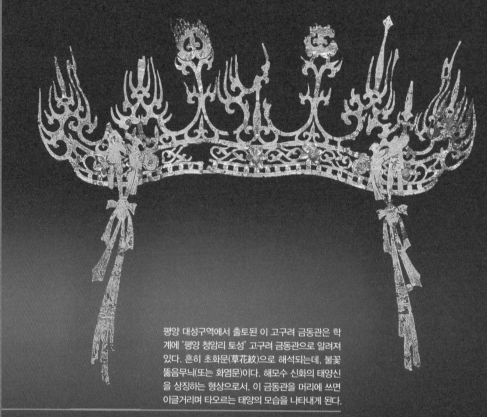

평양 대성구역에서 출토된 이 고구려 금동관은 학계에 '평양 청암리 토성' 고구려 금동관으로 알려져 있다. 흔히 초화문(草花紋)으로 해석되는데, 불꽃 뚫음무늬(또는 화염문)이다. 해모수 신화의 태양신을 상징하는 형상으로서, 이 금동관을 머리에 쓰면 이글거리며 타오르는 태양의 모습을 나타내게 된다.

평양 조선중앙력사박물관

평양 력포구역 룡산리 7호 고분에서 출토된 이 고구려 금동관은 학계에 '평남 진파리 고분' 고구려 금동관으로 알려져 있다. 대성구역 금동관이 겉관 양식이라면 이 금동관은 속관 양식이다. 뚫음 양식으로 태양을 상징하는 원 안에 삼족오가 있고 그 주위에 비상하는 용과 불꽃무늬가 역동적으로 조형되어 있는데, 해모수가 오우관(烏羽冠)을 쓰고 오룡거(五龍車)를 타고 하강했다는 고구려 건국 신화를 형상화하고 있다.

평양 조선중앙력사박물관

금관 왕국 신라와 금관 도시 경주의 재인식

옛날에 '정신없는 사람'이 길을 가다가 중을 만나서 "어디 사는 스님이오?" 하고 물으니, "산 너머 태고사에 사는 중이올시다" 하고 대답했다. 정신없는 탓에, 몇 걸음 못 가서 잊어버리고 다시 묻곤 했다. 중은 같은 대답을 되풀이하느라 종일 시달렸다. 날이 저물어 함께 주막집에 들었다. 아침에 일찍 잠이 깬 중은 자고 있는 사람의 머리를 박박 깎고 자기 장삼을 입혀놓은 채 먼저 길을 떠났다. 뒤늦게 일어난 정신없는 사람은 "어, 중은 여기 있는데 나는 어디 갔는고? 중을 혼자 두고 나는 도망가버렸군!" 하여 주위의 웃음거리가 되었다고 한다.

《고금소총》에 나오는 우스개다. 이처럼 뜻밖에 자기 정체성을 잃은 채 정신없이 살아가는 사람들이 적지 않다. "너는 여기 있는데 나는 어디 갔지?" 하며 자기를 찾아 나선다. 자기를 잃어버렸다는 것은 곧 넋이 나갔다는 말이다. 자기를 남으로 착각하듯이, 때로는 타자의 발견을 곧 자아 발견인 것처럼 환호한다. 따라서 몽골을 여행하면서 닮은 얼굴만 봐도 반갑다. 시베리아를 답사하면서 눈에 익은 유물을 보게 되면 만세라도 부르고 싶다. 우리 문화의 정체성을 드디어 발견했다고 목소리를 높이기까지 한다. 어느새 바이칼 호수는 민족의 발원지로 인식되어 학자들의 순례지로 성지화되고 있다. 나는 여기에 없고 늘 거기에 있다고 믿는 까닭이다.

한마디로, 우리 안에는 우리가 없다. 우리 뿌리가 보이지 않는다. 우리 겨레가 살았던 만주와 한반도에는 우리 문화의 원형이 없다. 그래서 민족 문화의 원류를 한결같이 밖에서 찾는다. 시베리아에 없으면 알타이에 있고, 알타이에 없으면 몽골에 있고, 몽골에도 없으면 흉노에 있다. 흉노에도 없으면 또 다른 북방 민족으로부터 연원을 찾아낸다. 북방에서 찾지 못하면 중앙아시아에서 찾고, 거기에도 없으면 남방에서 찾는다. 마침내 우리 문화의 남방 기원설이 득세하기 시작한다.

고조선 건국 이전인 환웅의 신시시대부터 이미 농사를 중요한 생업으로 여겼지만, 민족사의 기원을 농경문화가 아닌 유목문화에서 찾는다. 영고와 동맹, 무천과 같은 고대 축제를 농경시필기에 했다는 기록이 분명한데도, 아직까지 유목생활을 하며 한여름에 '나담' 축제를 하고 있는 몽골 문화가 우리 문화의 원류라고 여긴다. 유목문화 기원설과 시베리아 기원설을 확대 재생산하는 것이 우리 학계의 현실이다. 지금 여기 있는 것은 자기가 아니라는 말이다. 진정한 자기는 다른 데 있다고 여기며 시베리아 지역을 찾아다니는 탓에 '정신없는 사람'의 짓이나 크게 다르지 않다고 하겠다. 그것도 예사 사람들이 아니라 학자들이 학문 활동을 하면서 그러니 문제가 심각하다.

신라 금관의 기원 연구도 꼭 그 짝이다. 신라는 금관 왕국이라고 할 만큼 일정한 양식의 금관이 경주 지역에 집중 분포되어 있는데도, 금관이라고는 찾아보기 어려운 시베리아의 철제 무관에서 그 기원을 찾는다. 여기 신라의 수도 경주에 있는 금관의 정체와 원형이 시베리아 초원 지역 샤먼의 모자에 있다고 탄탄히 믿는 까닭이다. 그 결과 신라 김씨 왕실의 시조를 알타이족에서 찾는가 하면, 아예 신라 왕들을 무당 왕으로 취급하기도 한다. 5세기 신라 금관의 기원을 19세기 민속품인 시베리아 무관에서 찾는 것은 누가 뭐라고 해도 모순이라 하지 않을 수 없다. 연대기적 연구에 이력이 난 사학자들이 금관의 기원에 관한 한 연대기의 선후조차 무시한 채 시베리아 지역의 후기 자료를 근거로 우리 민족 문화의 기원을 주장하는 당착에 빠져 있다. 그런데도 어느 누구 하나 이 결정적인 모순을 지적하지 않는다.

시베리아 샤먼의 모자는 금관도 왕관도 아니다. 철제 모자이자 무당의 관모라는 점에서 아무래도 금관의 기원설로는 한계가 있다. 그런 한계를 의식한 탓인지 시베리아 기원설에 대한 아무런 성찰도 없이, 아프가니스탄이나 카자흐스탄 또는 흑해 주변의 금관에서 원류를 찾는 연구들이 이어진다. 틸리아 테페 금관이나 이씩 금관, 사르마트 금관이 신라 금관의 원류라며 새 전래설을 제기한 것이다. 이 금관들 또한 재질의 동질성을 지닐 뿐, 지리적으로나 역사적으로 전파론을 입증할 만한 논거가 되기 어려운 것이다. 관모의 양식부터 신라 금관과 다른데다가 역사적으로 400년 이상 차이가 난다. 뿐만 아니라, 지리적으로도 이 지역과 경주 지역은 유라시아 대륙의 두 끝에 자리 잡고 있기 때문이다.

유라시아 대륙의 두 극단에 있는 서로 다른 문화권의 금관을 두고 지리적 공백을 이어줄 아무런 근거도 없이 전파론을 펴는 것은 논리적인 비약이다. 전파론의 기본적인 준거인 계속의 준거조차 충족시킬 수 없는 까닭이다. 신라 금관의 고유한 양식은 한반도 안에서도 경주 지역을 중심으로 동심원을 그리면서 일정한 분포를 이루고 있다. 따라서 신라는 금관 왕국이며 경주는 금관의 수도라고 규정해도 지나치지 않다. 더군다나 신라 금관은 고구려와 백제의 금관 양식과 다른 독창성을 지녔다.

고구려와 백제 금관도 마찬가지이다. 세 나라 금관의 독창성 때문에 한반도 안의 관모들도 특정 금관을 원형으로 설정하고 전파 과정을 설명하는 일이 쉽지 않다. 실제로 그런 연구가 제대로 진행되지도 않았다. 중앙아시아 세 나라의 금관들 또한 어느 것이 원형인지, 또는 어디서 전파되었는지 밝히는 연구가 이루어지지 않았다. 같은 지역 같은 문화권에 있는 금관들조차 무엇이 원형인지 어디로 전파되었는지 알지 못한다. 그런데도 지리적으로나 문화적으로 동떨어져 있는 지역의 금관을 두고 영향을 받은 것처럼 주장하고 있다. 그러므로 신라 금관의 중앙아시아 원류설은 최소한의 논거조차 갖추지 못한 견해라고 하지 않을 수 없다.

더군다나 두 지역 금관들을 비교·분석해보면, 관모의 구조나 세움장식의 양식에서 영향 관계를 인정할 만한 동질성을 찾을 수 없다. 신라 금관은 세움장식을 갖춘 겉관과 절풍 양식인 속관의 이중 구조로 이루어져 있을 뿐만 아니라, 세움장식이 계림의 신성한 숲을 상징하는 나무 모양으로 일관되어 있다. 그리고 세움장식의 역사적 발전 과정이 논리적 체계를 이루며 일목요연하게 포착되고 있다. 게다가 절풍 양식의 속관은 고조선 이래 우리 관모사의 전통을 이어받고 있으며, 세움장식의 겉관은 신라 초기 김알지 신화의 계림을 상징하는 형상으로 창조된 것이다. 그러므로 신라 금관의 모든 세움장식은 계림을 상징하는 신수를 양식화하여 나타낸 것으로 해석된다.

김알지 신화의 세계관을 근거로 창출된 금관의 양식은 역사적 발전 단계를 체계적으로 잘 보여준다. 계림의 신수를 나타내는 세움장식의 양식이 그 열쇠이다. 세움장식은 흔히 나뭇가지라고 하는 (1) '곧은 줄기 곧은 가지'에서, 다음으로 '出' 자 모양 또는 직각수지형이라고 하는 (2) '곧은 줄기 굽은 가지'로 변모하고, 여기서 다시 사슴뿔 모양이라고 하는 (3) '굽은 줄기 곧은 가지' 양식으로 발전해왔다. 결국 세움장식은 (1)의 기본형에서 (2)의 가지 변이형으로, 그리고 (3)의 줄기 변이형으로 변화·발전해온 것이다. 그러므로 세움장식의 가지 끝마다 나무의 자람점과 생명력을 상징하는 '움'이 봉긋하게 돋아 있고, 신수에는 나뭇잎과 태아를 상징하는 달개와 곡옥이 주렁주렁 달려 있다.

그런데 금관의 기원을 시베리아 샤머니즘에서 찾는 학자들은 '굽은 줄기 곧은 가지' 모양 세움장식을 사슴뿔이라고 한다. 그리고는 사슴뿔 한 쌍을 모자의 정수리에 부착해놓은 시베리아 샤먼의 무관에서 신라 금관이 비롯되었다고 주장한다. 사슴뿔에 왜 새 순을 상징하는 '움'과 나뭇잎, 그리고 태아 모양이 달려 있을까? 정말 기막힐 노릇이 아닐 수 없다.

더 기막힌 일은 줄기 변이형 세움장식이 사슴뿔이 아닌 것은 물론, (3)의 유형인 굽은 줄기 곧은 가지 양식은 신라 금관의 가장 후기에 나타난 양식이라는 점이다. 다시 말해서, 가장 후기에 만들어진 세움장식을 근거로 금관의 기원을 말하는 모순된 주장이 거듭되어도 학계에서 아무런 문제 제기가 없다. 시베리아 샤먼 기원설을 따르면, 무관의 사슴뿔을 본받아 가장 발전된 양식의 세움장식을 먼저 만들고, 이어서 기본형이자 초기형인 나무 모양의 세움장식을 만들었다고 하는 억지를 인정해야 한다. 그 동안 이런 억지 주장이 아무런 문제 제기 없이 정설처럼 통용되어왔다는 점이 더 문제이다.

더 심각한 문제는 신라 금관을 왕이 생전에 쓴 왕관이 아니라 부장품으로 조잡하게 만든 장례용 데드마스크라는 주장이 일반화하고 있다는 사실이다. 한 마디로, 왕이 쓰는 의전용 관모와 얼굴을 가리는 가면조차 분별하지 못하는 것이 우리 학계의 수준이다. 잘못된 연구 탓에 경주박물관 홈페이지에서는 사슴뿔에서부터 금관을 설명하기 시작하며, 천마총 안에서는 안내자들이 주검의 얼굴을 덮어 가리는 데드마스크라고 금관을 설명하고 있다. 정말 금관은 머리에 쓰는 관모가 아니라 얼굴을 가리는 가면인가? 신라인들의 창조적 문화유산인 금제 왕관을 시베리아 샤먼의 모자에서 원류를 찾는 것조차 모자라서, 이제는 아예 왕관 취급을 하지 않고 조잡한 부장품용 가면으로 격하시키는 데까지 이르렀다.

그런데 연구사에서 더 뼈아프게 성찰해야 할 문제는 이러한 기막힌 해석들조차 어느 하나 우리 학계의 독창적인 연구 성과가 아니라는 점이다. 일제 강점기인 1930년대부터 일본 학자들이 주장해온 북방 문화 전래설과 주검에 사용된 부장품이라는 해석을 고스란히 존중하며 더 풍부한 논거로 부연 설명하는 데 만족하고 있는 수준이다. 당시의 식민사학은 우리 문화와 민족의 정체성을 부정하느라 북방 문화 전래설과 북방 민족 도래설을 펴는 데 골몰했다. 따라서 일본 학자들은 구석기 시대를 부정하는 동시에 고조선의 역사적 실체를 인정하지 않았으며, 신라 금관을 비롯한 고대 문화를 한결같이 시베리아 기원설로 묶어두었다. 선사시대 암각화에서 현재의 굿 문화에 이르기까지 우리 학계는 그들의 주장을 답습하느라 시베리아 기원설에 매몰되어 있는 것이 현실이다.

오히려 최근 연구는 시베리아 기원설에서 몽골 기원설 또는 몽골 경유설로 정교화되거나 중앙아시아 기원설로 확대되고 있다. 고대 문화는 어느 것이나 시베리아 샤머니즘과 유목 문화를 문화적 원천으로 하고 있는 것처럼 도래설과 전래설을 되풀이할 따름이다. 해외여행과 외국 답사가 자유로워지자, 그 동안 제기되지 않았던 문화 현상에도 몽골 문화 기원설이나 바이칼 원류설을 들이대며 민족 문화의 자생설을 부정하고 전래설을 새로 주창하는 경향까지 나타난다. 그러므로 21세기 한국학은 여전히 식민 시기 일본인들의 시베리아 기원설을 부처님 손바닥처럼 여기며 그 안에서 맴돌고 있는 셈이다.

자기 문화를 보고도 자기 문화인 줄 모르니, 일본이 역사 왜곡을 하고 중국이 동북공정을 해도 학문적 대응 역량을 도무지 갖추지 못한다. 우리 스스로 우리 역사와 문화는 물론 민족적 혈연까지 북방의 여러 민족들과 초원 지역 유목 문화에 가져다 바치는 연구를 거듭하고 있는 처지가 아닌가. 이제라도 눈을 바로 뜨고 정신을 차려야 한다. 학문의 틀을 바꾸어야 한다. 역사와 문화를 보는 눈길을 바로잡아야 한다. 일제 강점기 이후 통념화한 교과서적 지식에서 해방되어야 한다. 식민사학의 패러다임을 무너뜨려야 도전적 연구가 가능하다.

그러자면 정설처럼 굳어 있는 고정관념부터 깨뜨려야 한다. 식민사학에 포획되어 있는 자신의 학문을 통렬하게 성찰해야 한다. 민족 문화의 뿌리를 제대로 밝히려면 스스로 깨지는 일도 기꺼이 감수해야 할 것이다. 기존 학설을 깨지 않고 어떻게 남들을 깨우치는 독창적 연구를 할 수 있으며, 자신이 깨지지 않고서 어떻게 스스로 깨닫는 창조적 연구로 나아갈 수 있는가? 그러므로 나는 기존 학설을 깨면서 또한 스스로 깨질 마음가짐으로 이 책을 쓰기 시작했다.

이 책을 쓴 직접적인 계기는 두 가지이다. 하나는 중국의 동북공정이며, 둘은 민족 신화의 연구 경험이다. 첫째 계기는 동북공정에 대응하는 국학계의 태도에 대한 불만이었다. 국학계 스스로 우리 민족과 문화의 자생적 기원을 부정하고 한반도 밖에 있는 북방 민족에서 원류를 찾는 종속적 연구를 하면서, 중국이 자기 영역 안에 있는 역사를 자기 역사로 끌어안으려는 주장을 부정하는 것은 자가당착이라고 생각한 까닭이다. 따라서 실제로는 북방 문화 기원설을 펴는 주장을 하면서 마치 동북공정을 극복하는 연구를 하는 것처럼 언론에 이름 내는 데 분주한 일부 학자들의 활동을 이해하기 어려웠다.

동북공정이 정치적으로 문제가 되고 정부에서 대대적인 지원을 약속하자, 국학자들 일부는 다투어 동북공정 관련 학술대회를 기획하고 그 방면의 전문가인 양 행세하기 바빴다. 평소에 고구려사 연구에 무관심하던 사람들이 정부 지원 학술재단이나 학술 행사의 기득권을 장악하려고 힘겨루기를 하는 모습도 보였다. 그런 까닭에 동북공정에 관한 대응 정책을 계기로 실제 연구 역량보다 학맥과 정치적 힘이 우위를 점유하는 방향으로 고대사 연구 판도가 재편되는 역기능을 빚기도 했다.

이러한 연구 경향은 지금도 거듭되고 있다. 새 정부가 경부대운하 건설을 중요 정책으로 내세우자, 벌써부터 눈치 빠른 학자들은 대운하를 주제로 학술대회를 꾸미고 연구 용역을 준비하느라 부산하다. 토목학자나 환경학자들이 아닌 인문학자들까지 줄서기를 할 요량이다. 문제는 깨고 깨지는 논쟁적인 학술 연구가 아니라 권력의 의도에 영합하는 학술 행사에 골몰한다는 점이다.

동북공정 관련 연구도 일회성 학술 행사와 연구비 확보 수준에 머무는 것이 문제이다. 동북공정에 대한 학계의 무력한 대응을 극복하는 길은 식민사학에 종속되어 있는 학문의 틀을 깨는 연구를 깊이 있게 하는 것이다. 정부의 재정 지원이나 연구비에 넋을 빼앗길 것이 아니라, 식민사학의 잔재를 청산하고 그 한계를 극복하는 연구를 과감하게 하며 절실한 문제의식으로 학계에 충격을 줄 만한 독창적인 연구 성과를 생산하는 데 관심을 쏟아야 한다. 그러자면 단편적인 논문이 아니라 본격적인 학술서 수준의 연구가 개별 학자 중심으로 지속되어야 한다. 그리고 연구비를 겨냥한 계획서 작성보다 실제 연구 활동을 하는 데 능력을 발휘해야 한다. 이러한 의도로 기획한 것이 '겨레의 뿌리를 밝히는 책'이며, 이 책은 그 첫 단행본으로 구상된 것이다.

둘째 계기는 10여 년 전에 《민족신화의 건국영웅들》을 집필할 때 김알지 신화를 분석하며 얻은 착상에서 마련되었다. 김알지 신화를 읽는 동안 신라 금관이 시베리아 무관의 사슴뿔에서 비롯되었다는 교과서적 지식을 더 이상 받아들이기 어려워졌다. 김알지가 출현한 계림의 형상이 신라 금관의 모습이라는 생각을 지울 수 없었기 때문이다. 이 신화를 읽으면 금관이 눈에 선하게 떠올랐다. 그러나 신화 연구자가 고고학적 유물인 금관을 다루는 일은 획기적 연구의 전환 없이는 불가능하다. 그리고 일제 강점기 이후 학계에 강고하게 터잡고 있는 시베리아 기원설을 극복하기 위해서는 모험적인 연구를 시도하지 않을 수 없다. 이러한 한계를 잘 알면서도 동북공정에 맞서는 국학계의 무능한 대응을 구경만 할수 없어서 마침내 기존 연구를 깨고 또 스스로 깨질 각오로 무리한 연구를 진행하게 되었다.

이 책은 모두 5부 23장 86절로 구성되어 있다. 뜻밖에 방대한 분량이 된 것은, 신라 금관의 기원을 김알지 신화에서 찾아 밝히는 것이 기본적인 목적이지만, 사실은 우리 문화의 시베리아 기원설을 극복하는 데까지 나아가는 것을 적극적인 목적으로 삼았기 때문이다. 따라서 이미 통설화한 여러 분야의 시베리아 기원설 및 유목 문화 원류설을 비판하는데 많은 노력을 기울이지 않을 수 없었다. 왜냐하면 금관의 시베리아 기원설만 극복해서는 민족 문화의 자생적 기원설을 입증하기 어려운 까닭이다.

따라서 이 책은 금관의 기원 연구에 머물지 않는다. 큰 틀에서 볼 때전파론의 이론적 준거를 제시하고 고대 문화의 현장론적 해석 및 비교연구 방법을 표방하며 선사시대의 암각화와 굿 문화 등 기존의 민족 문화에 관한 외래 기원설을 극복하는 논의를 할 뿐만 아니라, 구체적으로는금관의 출몰 시기를 신라의 왕조 교체와 복제 혁신의 맥락 속에서 새롭게 밝히는 동시에, 서봉총 금관을 진평왕 금관으로 새로 비정하고 금관의 하한 연대를 7세기 중엽으로까지 확대하며, 신라 건국 신화들을 유기적 관련성 속에서 새롭게 해명하고자 했다.

그러므로 나는 이 책을 통해 기존의 여러 통설들을 다양하게 뒤집어엎는다. 한반도가 공룡 천국이고 고인돌 종주국인 것처럼, 신라는 금관 왕국이며 경주는 금관의 수도라는 사실을 분명하게 밝힌다. 만일 이 책의 추론과 학설을 받아들인다면 한국 고대사 일부는 다시 쓰여져야 한다. 고대 문화의 해석도 새롭게 시작되어야 한다. 먼저 일본 학자들에 의해 포획된 식민사학의 북방 문화 전래설부터 뿌리를 뽑아야 한다. 이제 한국학의 그림을 우리 손으로 다시 그려야 한다. 한국 문화의 정체성을 우리 눈으로 새로 읽을 수 있어야 한다. 우리말이 알타이어계에 속한다는 언어학계의 상식도 폐기되어야 한다. 아예 한국학의 상식은 없다고 여겨야 창조적 연구가 가능하다.

고정관념을 심어주는 교과서부터 바꾸어야 한다. 일본이 교과서에서 우리 역사를 왜곡하는 것 못지않게 우리가 우리 역사를 더 심각하게 왜곡하고 있다는 사실을 알아차려야 한다. 만일 신라 금관이 시베리아 무관에서 기원했다면, 시베리아 샤먼의 모자가 번쩍거리는 5세기 이전의 금제 왕관이든지, 신라 금관이 19세기 이후의 소박한 철제 무관이든지 둘 가운데 하나는 참이어야 한다. 그러나 어느 것도 참일 수 없는 것이 분명한데도 교과서는 학생들에게 그렇게 가르치며, 그 지식은 통설로서 우리 학계를 사로잡고 있다. 지금까지 고대사 연구는 식민지 지식인의 전형을 답습한 종속적 학문이자, 자문화의 뿌리와 정체성을 잊어버린 기억상실증의 학문으로 머물고 있다는 반성이 절실한 상황이다.

이 책의 문장과 내용은 머리말처럼 거칠고 성글며 장황하다. 더 체계적으로 가다듬고 더 오래 숙고하여 뜸을 들여야 마땅하다. 그런데도 거친 그대로 학계에 내놓는 것은, 모난 주장들이 학계의 여러 장벽에 부딪쳐서 깨지며 뒹구는 과정을 거쳐야 비로소 매끈하고 무난하게 다듬어질 것으로 여기는 까닭이다. 학계의 많은 지적과 생산적 토론을 바라고, 앞으로 시베리아 기원설을 극복하는 일련의 연구가 이어지기를 기대하며 스스로 후속 연구를 다짐해둔다.

출판 과정에 참고문헌 정리를 도와준 김원구와 재교 때 교정을 거들어준 임주·황진현의 도움을 밝혀 고마운 뜻을 적는다. 대학원 강의 시간에 초고를 교재로 읽고 토론을 해준 민윤숙·손대원·김진형·최윤환 외 여러 수강생들의 도움도 받았다. '겨레의 뿌리를 밝히는 책'의 기획에 기꺼이 동반자가 되어준 지식산업사 김경희 사장님과, 기획 의도에 공감하며 연구에 동참하고 있는 여러 선생님들께도 감사 드린다. 특히 금관에 관한 본격적인 연구 활동을 앞서 한 까닭에 비판의 대상이 될 수밖에 없게 된 선생님들께 깊은 존경과 감사의 말씀을 사뢴다. 이분들의 선행 연구가 없었다면 이 책은 쓰여지지 못했을 것이기 때문이다.

학문은 '자문자답'으로 이루어진다. 아무런 문제의식 없이 자문자답이 이루어질 수 없다. 기존 지식을 끊임없이 의심하며 새로운 의문을 제기해야 가능한 일이다. 기존 연구를 자명한 진실처럼 받아들여서는 학습의 단계에 머물 뿐 결코 학문의 수준으로 나아갈 수 없다. 잘못된 앎을 비판적으로 극복하여 바로잡고 미처 알지 못했던 사실을 새로 밝혀내는 것이 학문 활동이다. 사무친 마음에서 우러나는 자문과 골똘한 궁리에서 빚어지는 자답이 논리적으로 어우러져야 올바른 학문의 길이 열린다.

사무친 자문도 없고 골똘한 자답도 없는 까닭에 남들이 읊조려왔던 시베리아 기원설이나 북방 문화 전래설에 끼워 맞추는 진부한 연구에 안주할 수밖에 없다. 식민지 시기 일본인들에 의해 주어진 지식을 교과서처럼 믿고 따르는 것은 마치 신에다 발을 맞추는 격이다. 정신없는 사람처럼, 깎은 머리와 장삼을 입은 자신의 꼴을 보고 중이라고 착각하는 것이나 다름없다. 남이 입혀준 남의 옷을 보면서 자신의 참 모습을 잃어버린 탓이다. 내가 어떤 모습을 하고 있든 나는 지금 여기 있다는 사실부터 절실하게 자각해야 주체적 자기 인식이 자리 잡을 수 있다. 두 가지 성찰적 자문으로 긴 머리말을 여민다. '나는 지금 신라 금관에 사무쳐 있는가?' '나는 지금 민족 문화의 기원 문제에 골똘한가?'

2008년 정월 솔뫼에서

지은이 임 재 해

신라 금관의 기원을 밝힌다 | 차례

제2부 금관 연구의 방법과 현장론적 문제의식

제3부 건국 신화에서 찾는 신라 금관의 뿌리

제1부

금관 연구의 현실과 역사적 상황 인식

제1장 금관 연구의 한계와 시베리아 기원설 비판

1. 금관 왕국으로서 신라 금관의 재인식

우리나라는 '금관의 종주국'이자 신라는 '금관 왕국'이다.[1] 신라 금관의 분포 상황을 보면, 세계적으로 가장 화려한 형상의 금관들이 경주 지역을 중심으로 한반도 남부에 집중 분포되어 있음을 알 수 있다. 고대 순금왕관은 전세계를 통틀어 10여 점에 불과한데, 그 절반에 이르는 5점이 경주 신라 고분에서 주로 발굴되었다.[2] 다시 말해서, 금관의 분포도를 세계지도에 그리면 경주에만 금관이 집중되어 있다는 것이다. 대부분의 다른 나라에는 금관이 전혀 없거나 있어도 한 점 정도에 지나지 않는데, 우리나라 경주에는 여러 점이 있다는 말이다.

금관의 양적 풍부함에서 나아가 질적 양식까지 고려하면 사실상 고대의 순금왕관은 경주에만 집중되어 있다고 해도 지나치지 않다. 구체적

---

1) 임재해 외, 《고대에도 한류가 있었다》, 지식산업사, 2007, 26쪽.
2) 이한상, 《황금의 나라 신라》, 김영사, 2004, 42쪽.

으로 외국의 고대 금관들을 신라 금관과 견주어보면, 대등하게 여길 만
한 금관은 2~3점에 지나지 않는 까닭이다. 신라 금관과 견주어볼 만한
수준의 금관은 흑해 북쪽 해안의 로스토프 지역에서 발굴된 사르마트
(Sarmat) 금관과, 아프가니스탄의 틸리아 테페(Tillya Tepe) 6호분에서 발굴
된 금관 정도가 고작이다.[3] 형상이 전혀 다르지만 순금관이라는 재료적
동질성을 고려하면 카자흐스탄의 '이씩(Issyk)' 고분에서 출토된 긴 고깔
모양의 금관을 들 수도 있다. 따라서 신라 금관과 견줄 만한 고대 금관은
세계적으로 2~3점에 머물 뿐이다. 때문에 세계적으로 모두 8점뿐인 고
대 금관 가운데 5점이 경주에 있다고 해야 더 정확하다.

　　외국의 고대 금관들은 양적으로도 아주 빈약하기 짝이 없지만, 분
포도 집중되어 있지 않고 지리적으로 멀리 떨어져 있어서 서로 문화적
개연성을 찾기도 어렵다. 국가나 민족적 동질성도 찾기 어려운 데다가,
그 형상도 제각각이어서 같은 양식의 금관으로 분류하기 어렵다. 사르마
트 금관과 틸리아 테페 금관 그리고 이씩 고분 금관은 제작 방식이나 관
모로서 유형이 크게 다른 까닭이다. 서로 나라가 다르고 민족도 전혀 다
르니 그러한 차이를 보이는 것은 매우 자연스러운 일이다. 신라 금관은
더 이를 말이 없다.

　　그러나 우리의 경우, 신라 금관 5점은 물론 출토지가 불분명한 교동
금관, 가야 금관, 도쿄 오쿠라 수집품의 금관 등 3점, 그리고 금동관 수십
점까지 일정한 양식을 갖추고 있어서, 누가 보더라도 신라 사람들의 관
모로서 동질성을 포착할 수 있다. 그리고 양식을 찬찬히 뜯어보면, 금관
의 역사적 발전 과정도 손에 잡힐 듯이 뚜렷하게 드러나고, 김알지 신화
를 반영하고 있는 마립간 시대의 문화적 상징성도 한눈에 들어온다. 순

---

3) 이 책 제5부의 제4장 〈중앙아시아 지역 금관과 신라 금관의 비교〉에서 신라 금관과 사르
　마트 금관, 틸리아 테페 금관, 이씩 고분 금관의 차이를 자세하게 비교해 다루었다.

금으로 만든 금관 8점이 경주를 중심으로 한반도 남부 지역에 집중되어 있는데다가, 같은 양식의 금동관까지 약 20여 점이 경주를 중심으로 동심원을 그리며 집중 분포되어 있다. 아직 발굴되지 않은 숱한 고분 속에 얼마나 많은 금관이 들어 있을까 추론해보면, 신라는 어느 모로 보나 세계적인 금관 왕국임에 틀림없다.

금관의 양적 풍부성과 분포의 집중성, 질적 독창성, 그리고 형상의 상징성 등을 고려하면, 인류 문화유산 가운데 고대 금관의 중심지는 바로 경주를 중심으로 한반도 동남쪽의 신라 지역이라고 해야 마땅하다. 따라서 한국이 '고인돌 왕국'이라는 사실을 떳떳하게 말해야 하는 것처럼,[4] 우리나라가 '금관 왕국'이라는 사실도 떳떳하게 말해야 한다. 금관을 비롯한 우리 고대 문화유산에 관한 주체적 인식이 필요한데도, 학계의 연구는 이와 달리 겉돌고 있다. 30여 점의 풍부한 신라 금관 유산을 두고서 문명권도 다르고 금관이 1, 2점뿐인 중앙아시아 금관이나 아예 금관조차 없는 샤먼의 무관에서 원류를 찾고 있기 때문이다. 한마디로, 금관 연구는 거꾸로 가고 있는 셈이다.

잘못된 연구 성과를 일반화한 결과, 경주박물관 홈페이지의 금관을 찾아 들어가면 아예 사슴뿔이 먼저 나타난다.[5] 시베리아 샤먼이 굿을 할 때 썼다고 하는 사슴뿔 장식의 관을 근거로 신라 금관을 설명하기 위해 제시하는 자료이다. 홈페이지 방문자들에게 금관을 신라 사람들의 왕관으로 설명하는 것이 아니라, 사슴뿔 장식을 한 시베리아 샤먼의 관모로 설명하는 것이다. 금관 왕국은 바로 신라이다. 그런데도 이들은 금관이

---

4) 하문식은 〈고인돌을 통해 본 고조선〉(윤내현 외, 《고조선의 강역을 밝힌다》, 지식산업사, 2006, 201~250쪽)에서 고조선 지역의 고인돌이 세계에서 가장 많다는 사실과 가장 먼저 조성되었을 가능성을 제기했는데, 〈고인돌 왕국 고조선과 아시아의 고인돌 문화〉(《고대에도 한류가 있었다》, 지식산업사, 2007, 433~469쪽)에서 한층 진전된 논의를 하고 있다.

5) 국립경주박물관 홈페이지, http://211.252.141.15/wmv/education/ms20040103.html 참고.

〈그림 1〉 사슴뿔 장식이 달린 시베리아 샤먼의 철관[6]

없는 시베리아에서 신라 금관의 원류를 찾을 뿐만 아니라, 사슴뿔 장식의 무당 관모(〈그림 1〉)에서 신수(神樹) 장식을 한 신라 왕관(〈그림 2〉)의 기원을 찾는 당착에 빠져 있다. 이러한 당착은 일제 강점기 이후 굳어진 북방 문화 전래설을 민족 문화의 기원을 설명하는 통설로 믿는 탓에 비롯된 것으로 보인다.

　시베리아 샤먼의 무관(巫冠) 기원설을 정설 또는 통설로 받아들이고 있는 까닭에, 지금껏 우리 학계는 당착에 빠진 일제 강점기 일본인들의 상투적 기원론을 반성적으로 성찰하지 않고 있다. 통설에 대한 성찰적 반성이 없는데, 시베리아 무관 기원설을 극복하는 비판적 연구가 이루어질 까닭이 없다. 민족 문화의 기원을 밝히는 학문적 패러다임을 바꾸지 않고서는 시베리아 기원설의 상투적 통설에서 벗어나지 못한다. 그동안 우리 문화의 원류를 찾는 패러다임의 형성은 어원설에서 비롯되었다. 다

---

6) 김병모,《금관의 비밀―한국 고대사와 김씨의 원류를 찾아서》, 푸른역사, 1998, 54쪽.

〈그림 2〉 신수(神樹) 장식의 금관총 금관

시 말해서, 우리 언어가 시베리아의 우랄—알타이어 계통에 속한다는 것
이다.

　동일어족설(同一語族說)을 근거로, 시베리아 문화와 우리 문화의 유
사성을 곧 시베리아 문화의 전파에 따른 것으로 해석하고 민족 문화의
기원을 시베리아에서 찾는 것이 일반적인 경향이다. 전파주의적 해석 경
향은 우리말이 알타이계 언어에 속하고 우리 굿이 시베리아 샤머니즘으
로부터 비롯되었다는 고정관념에서 출발한다. 이러한 통념은 일제 강점

기 이후 일본 학자들의 주장으로 확산된 이래 우리 학계를 석권하며 지금까지 지속되고 있다.

좀더 구체적으로 보면, 한국어는 유목민이 사용하는 우랄–알타이어족에 속한다는 견해에서 비롯된다. 이러한 주장은 19세기 중엽 유럽에서 유행했던 학설인데, 일본인 학자들을 거쳐 식민시기의 한국 지식인들에게 전해져서, 마치 한국 민족과 문화는 우랄–알타이계의 유목민에서 비롯된 것처럼 인식하는 편견에 사로잡히게 되었다. 그런 까닭에 우리 문화는 물론 민족의 혈연까지 시베리아의 알타이족에서 비롯되었다는 주장도 결국은 우랄–알타이어족설에 뿌리를 두고 있다.

그러나 한국어의 우랄–알타이어족설은 어디까지나 추론이자 가설일 뿐 어느 누구에 의해서도 과학적으로 입증되지 않았다. 이 학설을 증명하려고, "여러 학자들이 수십 년 간 노력하였으나, 세계 학계의 인정을 받는 수준에 도달하지 못하여 퇴색되고 있다."[7] 오히려 '동아시아 여러 나라 가운데서 단일어를 쓰는 나라는 한국밖에 없다'는[8] 사실을 주목할 필요가 있다. 다시 말해서, 한국어는 어느 어족에도 속하지 않는 독자성을 지닌다는 것이다. 그러므로 알타이어족설을 근거로 우리 문화의 기원을 북방의 유목 문화에서 찾는 일은 신중할 필요가 있다.

우리 굿의 샤머니즘 기원설도 알타이어족설의 오류처럼 과학적 검토없이 일방적으로 관철되고 있는 것이 문제이다. 알타이어족설을 근거로 샤머니즘 기원설이 제기된 까닭만은 아니다. 굿의 양식 자체가 서로 다른 까닭이다. 이미 한국 굿을 주목한 눈밝은 외국인 학자들은 진작부터 샤머니즘 기원설을 부정하고 있다.

일찍이 우리 굿을 연구해온 알렉상드르 길모즈(Alexander Guillemoz)

---

7) 송기중, 〈東아시아 諸民族의 分布와 言語學的 分類〉,《口碑文學研究》, 11, 한국구비문학회, 2000, 175쪽.
8) 같은 글, 149쪽.

는, "엑스터시의 원초적 기술"이라는 샤먼의 개념은 "한국의 무당이 샤먼과 혼동될 수 없다는 것을 잘 가르쳐주고 있다"고 말한다. 아울러 북방 샤머니즘에서는 굿을 할 때 샤먼이 움직이지만, 한국 무당의 굿판에서는 굿을 할 때 신이 움직인다고 하여 그 차이를 분명히 제시하고 있다. "무당은 샤먼과는 반대로 신을 찾으러 가는 것이 아니라 신을 받아들이고 맞아들이는 것이다. 즉, 내려오는 것은 신들인 것이다."[9] 그러므로 샤머니즘과 우리 굿 문화는 구조적 차이를 지니고 있어서 전파설을 주장하기 어렵다는 것이다.

세계 여러 나라의 샤머니즘을 생태학적 시각에서 비교·연구한 피어스 비텝스키(Piers Vitebsky) 역시 우리 굿 문화를 유목 문화의 샤머니즘과 구별해 농경 문화의 제의 양식으로 다루었다.[10] 이 연구를 근거로, 유목민의 떠돌이 생활에 따라 신을 찾아 이계(異界)로 떠나는 시베리아 샤먼과, 농경민의 정착 생활에 따라 이계의 신을 불러오는 우리 굿 문화의 구조적 차이를 분석한 연구 성과를 더 내놓을 수 있었다.[11] 그 결과, 우리 굿 문화를 시베리아 샤머니즘과 견주어보면, "유목 문화와 농경 문화의 생태학적 차이에 따라 남성 샤먼과 여성 무당, 엑스터시(ecstasy)와 포제션(possession), 탈혼과 빙의, 이계 여행과 신의 청배, 동물 몸주와 인격 몸주, 동물신 옹고드와 인격신의 무신도, 하늘로 상승과 땅으로 하강 등 일일이 대립적으로 맞서 있다"는 사실을 알 수 있다.[12]

---

9) 알렉상드르 길모즈, 〈現世的 福樂追求의 信仰〉, 크리스챤아카데미編, 《韓國의 思想構造》, 삼성출판사, 1975, 406쪽.

10) 피어스 비텝스키, 김성례·홍석준 옮김, 《살아 있는 인류의 지혜 샤먼》, 도서출판 창해, 2005.

11) 임재해, 〈굿 문화사 연구의 성찰과 역사적 인식지평의 확대〉, 《한국무속학》 11, 한국무속학회, 2006, 120~131쪽에서 자세하게 다루었다.

12) 임재해, 〈왜 겨레문화의 뿌리를 주목하는가〉, 《比較民俗學》 31, 比較民俗學會, 2006, 213~214쪽.

　따라서 길모즈의 주장대로 한국의 굿은 한국의 무당이 '창작'한 것으로 보아야 할 것이다.[13] 그러므로 시베리아 문화와 유사성은 곧 관련성을 뜻하고, 이 관련성에 대해서는 시베리아 문화의 전래를 주장하는 단선적 전파론과 상투적 전래설을 극복해야 창조적 해석이 가능하다. 유사성이 있어도 아무런 관련성이 없을 수 있고, 이질성이 있어도 관련성을 지닐 수 있다는 사실을 융통성 있게 받아들여야 한다.

　유사성이 있어도 독립적으로 발생한 것은 관련성이 없다. 문화적 보편성에 따라 우연히 같을 수 있기 때문이다. 유사성이 곧 관련성이라고 생각해 전파설을 펴는 것이 일원발생설이라면, 이에 맞서는 것이 독립발생설과 다원발생설이다. 더 중요한 것은 관련성이 있어도 유사성이 없다는 사실이다. 문화적 창조력이 뛰어난 사람은 보고도 따라하지 않는 까닭이다. 의도와 생각이 다르면 구체적으로 배워도 고스란히 반복하지 않는다. 인류 문화의 창조와 발전은 이러한 독창성에서 비롯되었다. 그러므로 전파주의와 일원발생설 그리고 전래설의 패러다임을 비판적으로 극복하지 않을 수 없다.

　통설의 고정관념을 극복하는 도전적 연구는 새로운 패러다임을 만들어야 한다. 그러자면 상투적인 전파설과 진부한 전래설에서 벗어날 필요가 있다. 그런데 기존의 비교연구는 상투성과 진부함에서 벗어나지 못하는 것이 문제이다. 한·중·일 동아시아 세 나라의 문화 비교를 통해 전파설을 주장하는 것은 가장 진부한 비교연구이다. 동북아시아의 비교연구를 표방해도 크게 다를 바 없다. 비교의 대상이 되는 세 나라 문화 가운데 같은 현상이 있으면 으레 '중국→한국→일본'의 문화 전파론을 편다. 동북아시아 지역으로 확대해도 '시베리아→몽골→한국→일본'으로 문화가 전파되었다고 해석하기 일쑤이다.

---

13) 알렉상드르 길모즈, 앞의 글, 408쪽.

이러한 상투성은 암각화·청동기·금관 등의 고고학적 유물을 연구하든,[14] 서낭당·솟대·굿·탈춤 등의 민속 문화를 연구하든 그리 다르지 않다. 우리 문화를 중심으로 보면, 고고학계나 민속학계의 동북아시아 문화 비교연구는 한결같이 우리 문화의 뿌리를 시베리아나 만·몽 지역 또는 중국 문화에서 찾는 전래설에서 벗어나지 못하고 있는 까닭이다.

따라서 고대 문화는 시베리아 기원설과 유목 문화 원류설에서 해방되기 어렵고, 중세 이후의 문화는 중국 문화 전래설에서 벗어나기 어렵다. 일제 강점기의 식민사학을 비판하면서도 우리 스스로 식민사관의 하나인 타율성론을 극복하지 못하는 이유가 여기에 있다. 이러한 북방 문화 기원설은 일제 강점기 일본 학자들의 학설을 되풀이하는 것에 지나지 않는다. 타율성론에 감염되어 우리 문화의 자생성을 인정하지 않는 것은 물론, 으레 민족 문화의 원류는 북방 문화에 있다는 전제를 확인하는 것이 곧 연구 목적이 되고 있는 셈이다.

결국 선행 연구를 동어반복하는 수준에서 전파론적 방법의 조건조차 제대로 갖추지 않은 채 전파론을 펼치는 것은, 스스로 독창적인 해석 능력을 갖추지 못했을 뿐만 아니라, 일제 이후 계속되는 북방 문화 기원의 통설과 고정관념에 안주하려는 우리 학계의 안일성 탓도 적지 않다. 기존의 통설에 따르는 연구를 거듭하면 가장 안정된 결론에 이를 수 있을 뿐만 아니라, 선배 학자들의 옹호를 받으며 그 제자들로부터 공격적인 비판을 받을 여지도 적어지는 까닭이다. 그러므로 북방 문화 전래설을 거듭 펴는 것은 우리 학계에서 가장 안전한 연구를 보장받으며 학계의 기득권을 향유하는 셈이다.

이와 달리, 전통 학문의 통설을 비판적으로 극복하려는 도전 학문

---

14) 우실하, 〈요하문명, 홍산 문화와 한국 문화의 연계성〉,《고대에도 한류가 있었다》, 지식산업사, 2007, 511쪽. 이에 따르면, "신석기시대 4대 문화가 시베리아 남부 → 몽골초원 → 만주 일대 → 한반도 → 일본으로 전파되었다"고 한다.

으로서 모험심과 독창성을 발휘하는 연구는, 오히려 기존 통설에 안주하며 학계의 기득권을 누리는 학자군에 의해 집중적인 성토를 받게 마련이다. 때로는 학술 발표 과정이나 학회지 논문 심사 과정에서 따돌림을 받기까지 한다. 따라서 사실이 어떠하든 결론은 시베리아 기원설의 통념과 통설을 따르도록 강요받고 있는 것이다. 만일 반론을 펴거나 성토하기 어려울 정도로 도전 학문이 분명한 논리와 증거를 갖춘 경우에는 논의 자체를 무시하는 경향이 있다. 비판적 연구를 묵살함으로써 학계에서 더 이상 논의거리가 되지 않도록 하는 방법이다.

그러한 대표적인 사례가 신라 금관 연구이다. 일제 이후 통설은 신라 금관의 기원을 시베리아 샤먼의 무관에서 찾는 것이다. 고고학계의 금관 기원 연구는 일제 강점기 일본 학자들의 연구를 고스란히 계승하고 있다. 5세기 순금왕관의 기원을 19세기 철제 무관에서 찾을 뿐만 아니라, 금관의 가장 후기 형태이자 가장 발전된 양식을 근거로 금관의 기원과 원류를 찾는 모순에 빠져 있다. 학문적 훈련을 전혀 하지 않은 사람들도 납득할 수 없는 연구를 반복하고 있지만, 아무도 비판적 연구를 하지 않고 있다. 또 그러한 모순을 지적하고 극복하는 도전적 연구를 거듭 발표해도[15] 고고학계에서는 반론을 펴지 않는다.

언론에서 '논쟁합시다'라며 정면으로 금관의 기원 문제를 제기해도 학계에서는 그냥 묵살할 따름이다. 기껏 "시베리아와 연관이 있다 해도 신라 금관이 세계적으로 뛰어난 독창적인 예술품이라는 것은 분명한 사

---

15) 금관의 시베리아 기원설을 비판하고 김알지 신화 기원설을 펼친 일련의 작업으로는 〈文化的 脈絡에서 본 金冠의 形象과 建國神話의 函數〉(《孟仁在先生古稀紀念 - 韓國의 美術文化史論叢》, 學研文化社, 2002, 233~249쪽), 〈굿 문화사 연구의 성찰과 역사적 인식지평의 확대〉(《한국무속학》 11, 한국무속학회, 2006, 83~94쪽), 〈왜 겨레문화의 뿌리를 주목하는가〉(《比較民俗學》 31, 比較民俗學會, 2006, 219~232쪽), 〈고대에도 한류가 있었다 - 민족문화의 정체성 재인식〉(《고대에도 한류가 있었다》, 지식산업사, 2007, 74~83쪽) 등이 있다.

실"이라며 전파 자체를 부정적으로 볼 필요가 없다는 주장이 고작이다.[16] 사실의 문제를 따지는 학술 논문에 대해 금관이 전파된 것이든 자생적인 것이든 상관없이 그 가치는 훌륭하다고 답하는 것은 학술 연구 자체를 부정하는 일이다. 사실의 문제를 가치의 문제로 환원하는 것도 비학술적일 뿐만 아니라, 예술적으로 훌륭하면 그만이지 전파든 자생이든 문제될 것 없다고 하는 것은 근본적으로 기원 연구나 역사 연구를 무의미한 것이자 불필요한 것으로 간주하는 셈이다. 그러므로 금관 연구와 거리가 먼 민속학 전공자가 금관의 기원 문제를 안고 뒹굴지 않을 수 없다.

금관 연구를 둘러싼 학계의 최근 동향을 보면 더 기가 막힌다. 신라 금관이 시베리아 무관에서 비롯되었다는 학설을 극복하기는커녕, 왕이 생전에 쓴 것이 아니라 주검을 매장할 때 묘지에 묻는 부장품으로 쓰인 까닭에 금관이 한갓 데드마스크에 지나지 않는다는 주장까지 하기 때문이다.[17] 지금껏 금관 왕국인 신라 사람들이 스스로 금관을 만들지 못하고 시베리아 샤먼들이 굿을 할 때 쓰는 민속 모자를 본받아 만들었다고 하는 시베리아 무관 기원설을 펼침으로써[18] 신라 문화의 독창성과 민족적 창조성을 부정해왔다.

그런데 여기서 더 나아가, 화려한 금관이 실제로는 쓸 수 없는 관모이자, 끝마무리조차 제대로 안 된 조잡한 관모로서 한갓 껴묻거리로 무덤 속에 집어넣은 장례용 부장품이었다고[19] 함으로써 금관이 지닌 왕관

---

16) 유석재, 〈논쟁합시다 : 금관의 비밀〉, 《조선일보》, 2006년 1월 17일자.
17) KBS 역사스페셜 제86회, 〈금관은 죽은 자의 것이었다〉, 2000년 9월 23일 방송 내용과 이한상, 앞의 책, 79~82쪽 참고.
18) 金烈圭, 〈東北亞 脈絡 속의 韓國神話－金冠의 巫俗神話的 要素를 中心으로〉, 《韓國古代文化와 引接文化의 關係》, 韓國精神文化硏究院, 1981, 302~305쪽 참조 ; 김병모, 《금관의 비밀－한국 고대사와 김씨의 원류를 찾아서》, 푸른역사, 1998, 122쪽.
19) 이한상, 앞의 책, 79~82쪽에서 금관은 머리에 쓰기 곤란한 관이자 조잡하게 만든 관으로, 왕이 살아 있을 때 쓴 것이 아니라 한갓 장례용품이라는 근거를 여러 모로 들고 있다.

의 가치조차 한껏 깎아내리고 있다. 거칠게 말하면, 금관은 시베리아 무당의 모자를 리모델링한 것일 뿐만 아니라, 그조차도 실제로는 쓸 수 없도록 만든 조잡한 것이어서 무덤에 부장품으로 쓰였을 따름이라는 것이다. 왕관으로서 금관의 기원과 기능을 정면으로 묵살하는 주장들이다.

더 큰 문제는 이러한 해석들이 모두 1930년대 일제 강점기 일본인 학자들의 주장과 일치한다는 사실이다. 하마다 세료(濱田靑陵)는[20] 진작부터 이러한 주장을 펼쳤으며, 마노메 준이치(馬目順一)도 최근에 금관이 장례용 부장품이라는 주장을[21] 펼쳤다. 우리 학계에서도 뒤질세라 일본 학자들의 주장을 확대 재생산하고 있는 것이 금관 연구사의 오랜 관행이다. 그러므로 정치적으로는 일본으로부터 진작 독립했지만, 학문적으로는 여전히 일제 강점기 일본 학자들의 제국주의적 학설에 사로잡혀 있는 것이 우리 고고학계의 현실이라고 하지 않을 수 없다.

이 책은 김알지 신화를 분석하는 과정에서 얻은 착상을[22] 확대해 금관의 기원과 출몰 시기를 밝히는 것은 물론, 앞으로 민족 문화의 시베리아 기원설을 비판하는 연구의 일환으로 구상되었다. 따라서 이 책의 연구 목적은 크게 네 가지이다.

첫째, 일제 강점기 일본인 학자들의 금관 연구 이래 지속된 시베리아 무관 기원설을 비판적으로 극복하고, 금관의 기원을 신라 문화 속에

---

20) 濱田靑陵, 《慶州の金冠塚》, 慶州古墳保存會, 似玉堂, 1932(이한상, 같은 책, 81쪽의 내용 참고).

21) 馬目順一, 〈慶州古新羅王族墓 立華飾付黃金制寶冠編年試論〉, 《古代探叢》, IV, 1995, 601쪽(이한상, 같은 책, 81쪽에서 참고).

22) 임재해, 《민족신화와 건국영웅들》, 민속원, 2006, 290쪽. "신라 금관의 장식을 보면 세 가지 양식의 나무 또는 나뭇가지 곳곳에 나뭇잎과 같은 금박을 매달아서 나무의 모습을 한층 실감 있게 형상화해두었다. 고구려 금관이나 백제 금관에도 사슴뿔 양식은 없지만 나무 양식의 장식은 두루 보인다. 그러므로 신라 금관은 엉뚱한 시베리아 샤먼의 사슴뿔을 본따서 만든 것이 아니라, 신라의 시조 신화 또는 왕가 신화의 내용을 형상화하여 만든 것이라 해야 마땅하다."

서 주체적으로 밝혀낼 뿐만 아니라, 금관의 형상이 지닌 의미와 미학적 아름다움을 그 자체로 해명한다.

둘째, 금관이 약한 구조로 조잡하게 만들어진 까닭에 실제로 사용 불가능한 관모로서 한갓 부장품에 지나지 않는다는 최근의 주장을 정면으로 비판하며, 이러한 주장과 달리 금관은 공학적으로 튼실함을 갖추고 상당히 정교하게 만들어진 관모이자 왕실의 권위를 상징하는 신성한 왕관이라는 사실을 밝힌다.

셋째, 그동안 금관의 출현 시기와 사라진 시기에 대한 분명한 논의가 없었는데, 금관이 신라 마립간(麻立干) 왕조의 왕관으로 등장할 수밖에 없었던 상황을 왕조사의 전개 과정을 통해 밝히고, 진덕여왕 3년 궁중의 복제 개편과 더불어 사라지게 되었다는 사실을 새로 밝힌다. 따라서 금관의 존립 시기는 5~6세기라는 종래의 견해에서 더 나아가 진덕여왕의 재임 시기인 7세까지 확장된다.[23] 그러므로 이 연구 결과는 금관의 하한 연대를 7세기로 수정할 뿐만 아니라, 사실상 적석목곽분의 하한 연대도 수정하게 될 것이다.

넷째, 더 중요한 목표는 금관을 둘러싸고 있는 여러 통설을 비판적으로 극복하는 데 한정되지 않는다. 금관 연구를 매개로 전파설에 매몰된 민족 문화 기원론에 대한 전면적인 재검토와 전통문화 해석의 패러다임을 바꿈으로써 우리 문화의 원형과 정체성을 새롭게 밝히는 것이 목적이다. 그럼으로써 금관 연구를 통해 고정관념으로 굳어진 시베리아 기원설에서 해방될 수 있을 것이다. 이런 과정을 거쳐 우리 민족 문화를 우리 눈과 우리말로 우리 역사와 문화의 현장 속에서 맥락적으로 해석할 수 있는 길을 개척하는 것이 이 책이 겨냥하는 최종 목표라고 할 수 있다.

---

23) 이 책 제1부 3장의 2절과 3절에서 이 문제를 자세하게 다룬다.

2. 현단계 금관 연구의 수준과 국학계의 성찰

따져보면, 금관 연구 수준은 기원론을 문제 삼을 것 없이 누구의 관인지조차 헷갈리는 처지에 놓여 있다. 왜냐하면 금관은 시베리아 사람들의 관에서 온 것이라고도 하고 샤먼의 관을 본뜬 것이라고도 할 뿐만 아니라, 산 자가 썼던 것이 아니라 죽은 자의 관이라고도 하기 때문이다. 따라서 가장 기본적인 질문부터 던지지 않을 수 없다. '신라 금관은 누구의 관인가?'

다시 묻는다. 신라 금관은 누구의 관인가? 신라 사람들의 관이다. 기원 문제를 떠나서 보면, 신라 수도였던 경주 지역의 신라시대 고분에서 주로 출토되었으니 신라 사람들의 관이라고 하지 않을 수 없다. 그런데 신라 금관을 설명하는 시작은 늘 시베리아 샤먼의 관에서부터 출발하기 일쑤이다. 기원을 거기에 두고 해석하는 까닭이다. 금관이 신라 사람들의 관이라면, 신라 사람들 가운데 누구의 관인가? 왕들의 관이다. 금관이 왕관이라는 데는 금관이 가지는 형상의 상징성이나 재료의 화려함이 중요한 뒷받침을 할 뿐만 아니라, 주로 왕릉에서 출토되었다는 사실도 결정적인 증거 구실을 한다.

물론 왕릉으로 볼 수 없는 다른 여러 고분에서도 출토되었기 때문에 순전히 왕관으로만 단정할 수는 없다. 정치적 지도자의 관이라고 해야 옳다. 정치적 지도자 가운데는 국가를 다스리는 왕도 있으며, 지역을 다스리는 토호 세력도 있다. 봉건 사회의 영주가 사실상 지역 사회에서 왕 노릇을 했듯이, 고대 사회에서 지역을 장악한 토호들도 왕처럼 지역 사회의 정치 지도자로서 제정일치의 권력을 독점했다. 금관은 이러한 정치 지도자들이 쓰던 의식용 관이었으므로, 크게 보면 왕관으로 받아들일 만하다.

금관이 왕들의 관이라는 데 모두들 고개를 끄덕인다고 하더라도,

왕이 살아생전에 쓴 관인지 아니면 죽어서 묻힐 때 주검의 머리를 장식하는 데 쓰인 관인지 분명하지 않다. 처음에는 모두들 왕이 살아 있을 때 금관을 썼을 것으로 탄탄하게 믿고 있었다. 그러나 최근에는 금관을 실제로 쓰고 거동하기 어렵다는 점을 들거나 무덤에서 출토된 상황을 들어 왕이 죽었을 때 왕의 주검을 장식하려고 금관을 씌어주었을 것이라는 주장이 제기되어 설득력을 얻고 있다.[24] 하지만 학계에서 이를 전적으로 받아들이는 것도 아니다. 따라서 금관 연구자들 사이에 서로 다른 주장을 제각기 펼칠 뿐, 본격적인 논쟁도 벌이지 않고 있다. 한마디로, 우리 학계로서는 금관이 의전용 왕관인지 장례용 부장품인지 그 기능조차 제대로 밝히지 못하고 있는 처지이다.

금관은 국보로 지정되어 우리나라 최고의 문화유산 가운데 하나로 공인되고 있지만, 실제 금관에 관한 연구 성과를 들여다보면 어느 문제 하나 제대로 밝혀진 것이 없다고 해도 지나치지 않다. 국보로 정한 사실을 보면 분명 금관이 귀한 것임에 틀림없는데, 왜 귀한 것인지 알지 못하고 있는 셈이다. 그것을 알려면 금관의 정체와 기능, 그리고 형상의 의미와 상징을 정확하게 이해하고 있어야 하는 까닭이다. 그런데 왕이 금관을 살아서 썼는지 죽어서 썼는지조차 정확하게 알지 못한 채 금관이 훌륭한 문화유산이라는 사실만 거듭 강조하고 있는 현실이다. 그런데 살아서 쓸 수는 없는 구조이므로 주검을 장식하는 데드마스크라고 해석하는 쪽이 대체로 힘을 얻고 있다.

게다가 금관이 5세기 초에 등장해 7세기 이후에 사라지는 현상을

---

24) KBS 역사스페셜 제86회, 〈금관은 죽은 자의 것이었다〉, 2000년 9월 23일 방송 내용에서 왕의 주검을 장식하는 제의적인 관으로 해석하는 논의가 나오자, 그 이후에 간행된 이한상의 《황금의 나라 신라》에서도 금관의 비실용성과 조잡한 기술을 들어 장송 의례품으로 추론했다(이한상, 앞의 책, 80~82쪽). 이러한 추론들은 한결같이 일본인 학자들의 발상과 연구에 의존하고 있다.

두고, 왜 화려한 금관 문화가 5세기 초에 갑자기 출현하게 되었는지, 또 왜 6세기를 거치면서 7세기에는 느닷없이 자취를 감추게 되었는지 아무런 설명이 없다. 다시 말해서, 우리 학계는 금관의 등장 이유도 소멸 이유도 정확하게 알지 못한다. 신라 초기 왕조사의 변동과 관련해 금관의 등장과 퇴장 문제를 통시적으로 살펴야 이 문제를 분명하게 포착할 수 있다. 그런데 금관의 쓰임새조차 제대로 파악하지 못하는 지금의 연구 수준에서는 이러한 문제를 제대로 해결하기는커녕 제기조차 하기 힘든 상황이다.

금관은 왕권을 상징하는 왕관이다. 왕관을 쓴 자는 그가 누구든 곧 왕이다. 왕관의 기능은 곧 왕권의 신성성을 보장하는 것으로, 건국 신화와 같은 구실을 한다. 건국 신화는 시조 왕의 신성한 혈통과 초월적 능력을 통해 국가의 정체성을 확립하고 왕권을 강화하여 나라의 기틀을 다지는 구실을 한다. 따라서 5세기 신라 왕조에 특별히 신성한 왕관을 통해 왕권을 강화할 필요가 있었기 때문에 금관이 출현했을 것이라는 추론은 쉽게 할 수 있지만, 아무도 이 문제와 관련해 본격적인 문제 제기를 하지 않는다. 그런 까닭에 금관의 기능조차 제대로 포착하지 못한다. 왕관으로서 정치적 기능을 제쳐두고 샤먼의 무관으로 간주해 한갓 제의적 기능만 문제 삼고 있기 때문이다.

그러면서도 금관의 기원에 관해서는 한결같은 결론을 내리고 있다. 금관은 신라 사람들이 주체적으로 만든 것이 아니라, 시베리아 샤먼들이 쓰던 무관에서 비롯되었다는 것이다. 풍부한 금관 유물이 금관 왕국이라는 사실을 생생하게 입증하는데도, 정작 기원은 금관이 없는 시베리아에서 찾는다. 국내외의 여러 학자들이 1930년대부터 지금까지 금관의 기원을 탐색해왔으나, 결론은 시베리아 기원설을 한결같이 되풀이하는 까닭에 사실상 진전된 연구가 불가능한 상황이다.

물론 금관의 기원만 그런 것이 아니다. 우리 고대 문화의 대부분이 시베리아 샤머니즘에서 기원했거나 또는 시베리아 알타이 문화에서 비롯되었다고 함으로써, 이른바 북방 문화 기원론을 확대 재생산하고 있는 상황이다. 더러 북방 문화와 관련을 짓기 어려운 문화 현상이 있으면 으레 남방 문화 기원론을 펼친다. 결과적으로 우리 민족의 문화 창조력을 부정하는 가운데 오직 전파론적 전제로 외래 기원설을 입증하는 작업에 골몰하고 있는 것이다.

한마디로, 한국 문화의 북방 문화 원류론이라는, 일제 강점기 이래 일본인 학자들이 만들어놓은 식민사관의 굴레 속에서 맴돌고 있는 셈이다. 따라서 어떤 문화의 기원 연구이든 북방 문화 기원설을 주장하는 것은 독자적 연구라고 하기 어렵다. 왜냐하면 일제 강점기 이후 우리 문화 원류론의 틀거리 속에 안주하고 있는 까닭이다. 무엇이든 시베리아 기원설이나 북방의 유목 문화 기원설에 대입하는 데 머물렀기 때문에 연구로서 독창성을 확보할 수 없다.

금관 연구는 식민사관에 매몰된 우리 학계의 이러한 폐단을 가장 잘 보여주는 보기라고 할 수 있다. 일제 강점기의 일본인 학자들이 제기한 시베리아 샤먼 기원설을 무리하게 입증하기 위해 억지 주장과 논리적 비약, 그리고 당착에 빠진 해석들을 계속해서 확대 재생산하는 금관 연구의 실상은 가장 불성실한 연구의 온상이라고 해도 지나치지 않다. 따라서 금관 연구를 바로잡지 않고서는 우리 문화의 시베리아 기원설에서 해방될 수 없고, 민족 문화의 정체성을 온전하게 찾을 수 없으며, 연구의 주체성도 회복할 수 없다. 이러한 종속적 사고와 연구로는 세계화 시대이자 문화의 세기에 민족 문화의 미래를 창조적으로 가꾸어가기 어렵다.

그러므로 이러한 문제를 해결하기 위해서는 금관의 기원을 금관이 출토된 경주 지역과 우리 민족 문화 안에서 찾고, 금관의 의미를 당대의 신라 문화 현장에서 맥락적으로 해명해야 한다. 이러한 작업은 작게는 금관의 기원을 주체적으로 밝히는 일이지만, 크게는 우리 민족 문화의 시베리아 기원론이나 북방 문화 원류론을 비판적으로 극복하는 일이 될 것이다. 이와 같은 목적으로 진행되는 일련의 연구 가운데 이 책은 첫번째 작업에 해당한다고 할 수 있다. 논문 수준의 금관 연구에 머물지 않고 단행본 수준의 본격적인 연구를 구상하게 된 동기는 중국의 동북공정과 맞물려 있다. 왜냐하면 우리 학계의 고대사 연구는 아주 위험한 방향으로 나가고 있는 까닭이다.

고구려사를 자기네 역사로 편입시키려는 중국의 동북공정보다 더 난감한 것이 바로 국학계의 고대사 및 문화 기원 연구이다. 우리 학자들 스스로 고대 문화의 뿌리를 시베리아 샤머니즘에서 찾고, 고대국가 건국 시조들의 혈연적 계통조차 알타이족이나 몽골족에서 찾는 까닭이다. 그것은 민족 문화의 정체성을 부정하는 정도가 아니라, 고대국가를 시베리아나 몽골 등 북방 민족의 신탁통치 국가 정도로 종속화하는 작업이나 다름없다. 만일 시베리아의 알타이 공화국이나 몽골이 나서서 한국은 과거 우리의 속국이었다고 하면 할 말이 없다. 왜냐하면 우리 학자들 스스로 그러한 연구를 풍부하게 해두었기 때문이다. 이를테면, 김알지나 석탈해 등 신라의 시조 왕들을 모두 알타이인이나 몽골인으로 해석하고 있는 것이다.[25]

우리 학계에서 고구려사를 중국사라고 주장하는 학자가 아무도 없지만 중국이 자기네 역사로 끌어가는 판이다. 그런데 우리 스스로 고대 문화의 원류와 고대국가의 시조들을 시베리아나 몽골에 가져다 붙이는 불확실한 연구를 줄곧 해왔다. 그런 까닭에, 시베리아나 몽골에서 고조선사는 물론 신라사까지 자기네 역사라고 우기고 나온다면, 우리는 두 손을 번쩍 들 수밖에 없다. 그들로서는 우리 학자들이 연구한 작업만으로도 신라가 자기네 속국이나 자국의 신탁통치 국가였다는 주장을 뒷받

---

25) 김병모, 앞의 책, 167쪽 참조.

침할 수 있는 증거가 충분하기 때문이다.

그동안 고구려사는 신라사에 견주어 소홀하게 다루어졌다. 그런 탓에 중국이 자기네 역사라고 우긴다. 그렇다면 지금이라도 고구려사 연구를 부지런히 해서 중국의 동북공정에 맞서야 한다. 그러나 시베리아와 몽골에서 '동남공정'을[26] 표방하며 한국 고대사는 사실상 자기네 역사이고 신라 건국 시조를 비롯한 한국사의 건국 영웅들은 자기 나라에서 파견한 총독이었다고 주장해도 속수무책이다. 그들은 이러한 억지 주장을 하기 위해 애써 자신들의 연구 역량을 과시할 필요조차 없다. 우리 학자들이 연구한 성과를 인용하는 것만으로도 얼마든지 그러한 주장을 뒷받침할 수 있으며, 동남공정의 논거를 마련하는 데 충분하기 때문이다.

그러므로 사실상 우리 고고학계나 고대사학계는 일제 강점기 일본인 학자들의 주장을 동어반복하고 있다는 것도 깨닫지 못한 채 민족 문화를 북방 민족에 스스로 가져다 바치는 연구를 충성스럽게 해왔다고 해도 지나치지 않다. 금관 연구를 비롯한 '겨레의 뿌리를 밝히는 책'의 기획은[27] 식민사관에 종속된 우리 학계의 이러한 연구 풍토를 근본적으로 혁신하고 우리 사학사와 국학 연구사의 전환점을 마련하고자 구상하고 설계된 것이다.

3. 신라 금관을 만든 주체와 시베리아 샤먼

살아생전에 썼든 죽어서 썼든, 왕이 금관을 썼다는 데는 이견이 없는 듯하다. 그러므로 금관은 신라 왕들의 관이라고 할 수 있는가? 왕이

---

26) 중국의 동북공정에 빗대어, 시베리아의 동남공정을 문제 삼은 것이다.
27) 중국의 동북공정이 한참 문제될 때인 2004년 12월, 이 문제에 대응하는 길은 학술적인 연구밖에 없다는 생각에서 이와 같은 이름의 출판 기획을 했다.

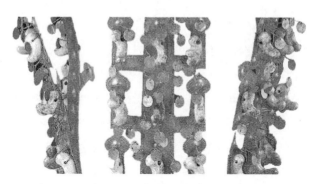

〈그림 3〉 천마총 출토 금관의 일부분

금관을 썼다고 해서 곧 왕이 금관의 주인이라고 할 수 있는가? 법적으로
는 왕이 주인일지 모르지만, 적어도 문화적으로는 아니다. 금관이든 무
엇이든 이것을 만든 이가 사실상의 주인이자 생산자이며 창조자이다. 어
떤 작품을 소유하고 있는 사람이 작품의 주인이라고 하는 것은 물적 소
유의 개념일 따름이다. 문화적으로 작품의 주인은 그것을 생산한 작가이
다. 창작자가 문화적 주체이자 진정한 주인인 것이다. 그러므로 금관이
비록 왕관이라고 하더라도 예술작품으로서 진정한 주인은 생산 주체인
창작자라고 하지 않을 수 없다.

　　자연히 금관을 쓴 사람보다 금관을 만든 주체가 문화적으로 더 중
요하다. 비록 금관을 신라 왕들이 소유했던 관모라고 하더라도 그것을
만든 이가 시베리아인이라면 금관의 문화적 주체는 시베리아인이다. 달
리 말하면, 신라 금관은 신라 문화가 아니라 시베리아에서 수입해 온 시
베리아 문화에 지나지 않는다. 그러므로 금관을 누가 썼는가 하는 사실
이나 금관을 누가 소유했는가 하는 사실보다, 금관을 누가 만들었는가
하는 금관 문화의 창조력이 문화적으로 훨씬 중요한 문제이다.

　　그렇다면 신라 금관은 누가 만들었는가? 금관을 쓴 주체는 어느 정
도 분명하지만 금관을 만든 주체는 불분명하다. 누가 만들었는지 정확히

밝혀져 있지 않다. 다만 왕실의 장신구를 만들고 금붙이를 잘 다루는 전문 장인이 만들었을 것이라고 짐작할 수 있다. 그러면 장인은 왜 금관의 모양을 그렇게 만들었을까? 장인이 자의적 상상력으로 금관을 만들 수 있었을까? 영락이라고 하는 달개와 곡옥은 왜 주렁주렁 달아두었을까? 단순한 장식일까?

금관이 왕의 관이라는 사실은 어느 정도 인정되지만, 그 밖의 사실들은 모두 불확실하다. 금관을 살아서 썼는지 죽어서 썼는지조차 분명하지 않은 판에 다른 사실들이 분명하게 밝혀질 리 만무하다. 금관의 쓰임새조차 학자들마다 하는 말이 서로 다르다. 그런데도 금관을 둘러싸고 분명하게 이야기되는 사실은 금관의 기원 문제이다. 대부분의 학자들은 금관이 시베리아 샤먼의 관에서 비롯되었다고 한다. 시베리아 샤먼 기원설을 본격적으로 펼친 학자들[28] 외에도, 금관의 기원에 관한 한 이 같은 기원설을 정설처럼 관련 논문이나 책에 그대로 쓰는 것이 우리 학계의 일반적인 현상이다. 고고학자나 사학자는 물론, 샤머니즘을 연구하는 민속학자나 관모를 다루는 복식 연구자들도 한결같이 이 기원설을 따르거나 아니면 더 정교하게 입증하고 발전시키는 데 이바지하고자 한다. 그러므로 분과 학문의 영역과 상관없이 모두 금관의 기원을 시베리아 샤먼으로 상정하고 정설처럼 여기는 것이 일반적이다.

더러 북방계 기원설을 더 정교하게 발전시켜, 중앙아시아의 박트리아 시대 금관(〈그림 4〉)[29] 또는 아프가니스탄 시바르간 유물의 금관(〈그림 5〉)이 우리 금관의 보기가 되었다는 주장도[30] 편다. 따라서 증거 자료들

---

28) 金烈圭, 앞의 글 ; 金秉模, 〈新羅金冠을 통해 본 神鳥思想과 神樹思想〉, 《韓國民俗學報》, 4, 韓國民俗學會, 1994 및 앞의 책 참고.

29) 김병모, 앞의 책, 39~41쪽.

30) 李殷昌, 〈新羅金屬工藝의 源流的인 中央亞細亞 古代文化－아프가니스탄의 시바르간 出土遺物을 中心으로〉, 《韓國學報》26, 一志社, 1982, 133~167쪽.

〈그림 4〉 중앙아시아의 박트리아 시대 사르마트 금관

이 새로 제시되고 더 구체적인 지역이나 시대가 거론되지만, 우리 금관이 시베리아나 중앙아시아 지역에서 왔다는 견해에서는 모두 일치한다. 달리 말하면, 어느 누구도 금관을 우리나라의 문화 전통 속에서 만들어진 우리 민족의 자생적인 문화유산으로 보려고 하지 않는다는 말이다.

　금관을 전시하고 있는 경주박물관의 홈페이지 정보도 예외가 아니다. 아이들을 위한 어린이 박물관에 들어가보면 우리 금관은 사슴뿔을 보기 삼아 시베리아 샤먼의 관에서 비롯된 것으로 설명하고 있다. 아예 사슴 그림의 뿔 위에다 금관을 얹어 실감나게 보여주기까지 한다.[31] 최근에 국립중앙박물관을 개관하며 크기와 규모에서 세계 6대 박물관이라는 홍보를 하고 있지만, 그 특집 프로그램에서는 여전히 같은 주장을 되풀이하고 있다.

　대표적인 전시물 가운데 금관실을 다루면서, 학예사의 인터뷰를 통해 금관은 시베리아 샤먼의 무관에 꽂혀 있는 사슴뿔 장식의 영향을 받

---

31) 주5의 국립경주박물관 홈페이지 주소 참고.

〈그림 5〉 아프가니스탄 시바르간 유물의 틸리아 테페 금관

아 형성되었다고 소개하고 있는 것이다.[32] 온 나라 국민에게 국보인 금관 문화의 고향은 시베리아 샤머니즘이라며 잘못된 주장을 널리 확산시키고 있는 것이 우리 고고학계와 미술사학계의 현실이다.

거듭 묻는다. 그러면 금관을 누가 만들었는가? 그동안의 해답은 일사불란하다. 금관을 쓴 것은 우리 민족의 고대국가 왕들이지만, 만든 것은 우리 민족이 아니라 시베리아에 거주하는 여러 다른 민족들이라는 것이다. 물론 금관을 직접 만든 것은 왕실 용품을 전문으로 제작하는 장인일지라도, 그 디자인이나 양식적 전통에서는 시베리아 무당들이 쓰는 관을 보기로 삼은 모방품이라는 것이 우리 학계의 결론이다.

우리 왕실의 권위를 상징하는 것이자 신성한 왕권을 나타내는 고대국가의 왕관이 왜 시베리아 샤먼의 관을 본떠 만들어졌을까? 우리 민족은 왕관을 독창적으로 만들 만한 문화적 창조력도, 왕권의 상징성을 확보할 주체적 역량도 없어서, 기껏 북방계 소수민족들의 무당이 쓰는 관을 흉내낸 것일까? 그 이유에 관한 아무런 문제 제기 없이, 모두들 금관은 시베리아 무당이 쓴 관을 본떠 만든 것이라며 한목소리를 내고 있다.

---

32) KBS 스페셜, 〈새로운 시작, 국립중앙박물관 D-6〉, 2005년 10월 22일 오후 8시에 방영.

다만 최근의 고대 복식 연구 성과 가운데 금관의 외래 전래설을 비판하고 자생적 기원설을 편 결과가 발표되어[33] 주목을 끌고 있다. 이 연구에서는 고조선 관모의 전통에서부터 신라 금관이 비롯되었다고 보는 것 외에도 다양한 분야에 걸쳐 고대 복식의 자생적 기원론을 펼쳤는데, 우리 복식학계에서는 순조롭게 수용되지 않고 있다. 고고학적인 유물과 중국 쪽 자료들을 방대하게 동원해 북방 전래설을 비판하고 우리 민족 고유의 독창적 복식이라는 사실을 체계적으로 밝히는 가운데, 신라 금관은 고조선의 고유한 관모 형식에서 비롯된 한민족의 독창적인 양식임을 밝히고 있으나,[34] 복식학계에서조차 아직 아무런 울림이 없다. 중국 복식 전래설을 입증하는 데 골몰하고 있는 학자들이 우리 복식 문화의 독창성을 주장하는 연구를 곱게 받아들일 리가 없다.

우리 복식과 관련해서는 중국의 한족(漢族) 복식이나 북방계의 호복(胡服)에서 비롯되었다는 설이 일반적이다. 이러한 연구 경향이 복식 연구에 한정되지 않은 것이 더욱 문제이다. 선사시대 유물인 빗살무늬토기에서 신라 금관에 이르기까지 발굴 유물에 관한 것은 물론, 탈춤에서 꼭두각시놀음에 이르기까지 우리 민중들이 지금도 전승하고 있는 민속 문화마저 중국이나 몽골로부터 전래되었다는 연구들이 계속 이어지고 있다. 식민지 세대가 아닌 민중문화 세대의 신진 학자들의 연구조차 같은 경향성을 띠고 있으며, 때로는 식민지시대 학자들보다 북방 문화 전래설에 더 종속되어 있다는 사실이 충격적일 따름이다.

우리 문화유산과 비슷한 것이 중국이나 몽골 또는 시베리아 등 북쪽 지역 어디서든 나오게 되면 곧장 줄긋기를 시도해 우리 문화의 북방 전래설을 펴기 일쑤이다. 더 나아가 우리 문화의 기원을 한반도 안에서

---

33) 박선희,《한국 고대 복식 - 그 원형과 정체》, 지식산업사, 2002, 221~292쪽 참조.
34) 같은 책, 292쪽.

밝혀내는 일을 포기한 채, 아예 전파론(diffusionism)의 전제 아래 중국과 북방 지역을 두루 찾아다니면서 우리 문화유산과 비슷한 것을 찾아내고자 무진 애를 쓴다. 그러다가 비슷한 낱말 하나나 문화양식 한 가지만 찾아내면 마침내 이를 입증하는 자료를 최초로 찾은 것처럼 득의에 찬 연구 발표를 하며 북방 기원설을 펴는 데 여념이 없다.

금관 연구도 예외가 아니어서, 이러한 연구의 전철을 고스란히 밟고 있다. 따라서 얻은 결론도 선험적 전제와 일치한다. 결국 우리 학계의 금관 연구 또한 적어도 두 가지 문제에 한해서 분명한 결론을 얻고 있는데, 하나는 금관이 왕의 관모라는 것이며, 둘은 금관이 시베리아 샤먼의 관에서 비롯되었다는 것이다. 그런데 이 두 가지 성과마저 연구 결과로서 독창성을 인정하기 어렵다는 것이 문제이다.

금관이 왕의 관이라는 결과는 애써 연구하지 않아도 누구나 쉽게 알 수 있는 내용이다. 금관이 대부분 왕릉에서 출토되었기 때문에 왕 또는 왕비의 관이 틀림없다. 체계적이고 논리적인 추론 과정이나 증거 자료에 대한 구체적인 방증 작업이 없어도 쉽게 납득할 수 있는 일이기 때문에 사실상 연구 성과라고 하기 어렵다. 그런데 이 단순한 사실마저 흔들린다. 최근에 금관이 왕관이 아니라 주검을 위한 부장품이자 데드마스크라는 주장이 새로 대두되어 학계에 혼란을 주고 있다.

일본 학자로부터 비롯된 이 터무니없는 견해에 반론은커녕 우리 학자들이 맞장구를 치며 새로운 연구 성과인 것처럼 학계에 발표하는 바람에 방송에서까지 특집처럼 보도되었다. 그러자 문화유산 해설사들은 물론 학자들조차 금관이 왕관인지 데드마스크인지 딱 부러지게 말할 수 없게 되었다. 어정쩡한 태도를 취하는 사이에 이미 경주 천마총에서 금관을 설명하는 안내자들은 단체로 견학을 온 학생들에게 금관을 데드마스크로 설명하고 있다. 잘못된 연구로 이제 금관을 왕관으로조차 이해할 수 없게 되었다. 쉽게 말하면, 금관은 머리에 쓰는 관모가 아니라 주검의 얼굴을 가리는 마스크, 곧 가면이라는 말이다.

분명한 사실을 엉뚱하게 설명하는 것처럼, 시베리아 샤먼의 무관에서 우리 금관이 비롯되었다는 주장도 상식적인 논의로서는 납득하기 어렵다. 왜냐하면 시베리아 샤먼에 관해 자세히 이해하고 북방계 여러 민족의 고고학적 유물을 광범위하게 수집해 우리 금관과 견주어 검토해야 할 뿐만 아니라, 샤먼의 관이나 중앙아시아 종족의 금관이 한반도에 전파되어 신라 금관이 만들어지기까지 문화적인 전파 경로를 역사지리학적인 방법이나 비교문화적인 방법에 따라 구체적으로 증명해야 하는 까닭이다. 하지만 어떤 연구도 이러한 방법론에 따라 분석되고 해석되지 못했다. 그러므로 사실상 금관에 관한 우리 학계의 기원 연구도 1930년대 수준의 시베리아 기원설을 줄곧 되풀이하는 탓에, 마치 기원설만은 일정한 합의에 이른 것처럼 보일 따름이다. 그나마 자세하게 뜯어보면 허점 투성이어서 온전한 연구 성과로 받아들일 수 없다.

이 기원설을 독창적인 연구라고 인정하기 어려운 것은 한결같이 선험적 전제를 적용한 상투적 해석에 머물렀기 때문이다. 우선 우리나라 금관의 기원을 밝히려면 통시적으로 우리의 문화사적 전통 위에서 주목하고, 공시적으로 우리 문화의 맥락 속에서 검토하는 것이 바람직하다. 그런데도 금관의 기원을 밝히면서 우리나라 관모의 발달사를 체계적으로 주목하지 않았을 뿐만 아니라, 금관이 우리 고대국가의 왕실 문화 체제 속에서 어떤 의미와 상징성을 지니고 있는가 하는 문화적 맥락과 기능은 거의 고려하지 않았다.

우리 문화의 맥락이나 역사적 전통은 문제 삼지 않은 채 으레 중국이나 북방계 민족의 자료들을 찾는 데 골몰하는 까닭은, 주체적인 연구를 통해 금관의 뿌리를 밝히겠다는 생각보다, 일제 강점기 일본 학자들의 주장을 고스란히 받아들여 논의의 전제로 삼고 그 가정을 입증하는 일을 의무처럼 여기며 시베리아 기원설을 움직일 수 없는 정설로 받들어

작업했기 때문이다. 그러므로 근본적인 문제는 자기 문화를 어떻게 보는
가, 곧 문화의 의미를 누구의 눈으로 읽어내는가 하는 문화 읽기의 시각
에 달려 있는 것이다.

4. 시베리아 기원론의 비판적 인식과 극복

금관을 자기 눈으로 직접 들여다보면서도 산 자의 관인지 죽은 자
의 관인지조차 판별하지 못하는 것이 우리 고고학계의 현실이다. 그런데
도 도저히 추론밖에 할 수 없는 금관의 기원과 관련해서는 뜻밖에도 해
석을 잘해내고 있다. 1,500년 전으로 거슬러 올라가 시베리아는 물론 유
라시아 대륙의 유물까지 뒤져 금관의 원류와 기원을 명쾌하게 밝히고 있
으니 말이다. 한마디로, 신통방통한 일이라고 하지 않을 수 없다. 눈을
뜨면 금관이 헷갈리게 보이고, 눈을 감으면 금관의 역사가 한눈에 줄줄
이 들어온다는 말이다. 순금으로 만든 5세기의 신라 금관을 앞에 두고
19세기 유물인 시베리아 샤먼의 철제 무관에서 비롯되었다는 시베리아
기원설을 탄탄히 믿고 있는 지금의 상황을 우리는 어떻게 받아들여야 하
는 것일까?

내가 보기에 금관은 시베리아 샤먼의 관과 근본적으로 다르다. 기
능적으로 왕관일 뿐만 아니라 구조적으로도 다른 양식의 관모이며, 소재
에서 볼 때도 순금으로 된 관모이기 때문에 시베리아 샤먼의 철제 무관
에서 영향을 받았다고 할 아무런 근거가 없다. 더군다나 기원으로 삼는
무관의 유물이 연대적으로 훨씬 후대가 아닌가. 따라서 금관은 고대 우
리 관모의 전통을 이어받으면서도 신라 건국 초기의 시조 신화와 왕실
문화를 고스란히 담고 있는 우리 민족 고유의 독창적인 왕관이라고 해야
마땅하다. 그러므로 시베리아 샤먼의 모자이기는커녕 외래적인 관모라

고 할 증거도 찾기 어려운 것이다.

비록 상당히 닮은 구조의 관모 양식이 이웃나라에 있다고 하더라도 그것에 영향을 받았다고 할 아무런 근거도 없거니와 그렇게 주장할 필요는 더욱 없다. 왜냐하면 신라 금관의 구조와 양식은 우리 관모사의 전통과 신라 시조 신화의 의미 체계 속에서 충분히 설명 가능하며, 금관의 출현과 소멸의 역사는 신라사의 전개와 정확하게 맞아떨어지기 때문이다.

금관은 김알지계의 후손들, 구체적으로 눌지마립간(訥知麻立干) 이후의 김씨계 왕들이 쓴 왕관으로, 그들의 시조인 김알지 신화의 내용을 시각적으로 형상화한 것이다. 김알지는 닭 울음소리와 함께 시림(始林)에서 발견되었으며, 그 까닭에 시림은 계림(鷄林)으로 이름이 바뀌었고, 마침내 신라의 국호까지 계림 또는 계림국으로 일컬어졌다. 그러므로 신라의 김씨계 왕실은, 시조 김알지의 역사적 출현과 국가의 공간적 구심점을 나타내며 국호를 상징하는 계림을 금관으로 형상화함으로써, 백성들로 하여금 김씨계 왕실을 신성시하게 만들고 왕권을 강화하는 계기로 삼았던 것이다.

금관은 계림의 신성한 숲을 상징하는 형상을 하고 있다. 금관은 세 개 또는 다섯 개의 세움장식으로 구성되어 있는데, 한결같이 나뭇잎과 곡옥의 열매를 달고 가지 끝에 움이 생생하게 돋아 있는 우람한 나무들을 형상화하고 있다. 따라서 김알지가 출현한 계림을 상징하기에 충분하며, 계림국의 왕관으로서 국가의 정체성을 드러내는 데 매우 기능적이다. 그런 까닭에 무당이 굿을 하기 위해 쓰는 시베리아 샤먼의 모자와 다를 수밖에 없다.

우선 금관의 원류로 보는 시베리아 무관은 사실상 무당이 쓰던 모자로서, 금으로 만든 관도 아니거니와 관모의 구조도 신라 금관과 근본적으로 다르다. 무관은 민속품의 하나일 따름으로, 내외관의 구별이 없다. 그 모양을 보면, 철로 만든 모자 테 위에 십자형의 얼개가 있고 그 만

남점인 모자의 정수리에 사슴뿔이 한 쌍 꽂혀 있다(〈그림 1〉 참고).

금관은 이와 달리 안팎의 이중 구조를 이루고 있을 뿐만 아니라, 꾸미는 세움장식들은 절풍(折風)의 전통을 이어받은 속관의 새 깃 모양 장식 외에 모두 관테 둘레를 꾸미고 있다. 금관의 세움장식은 대부분 다섯 개이며, 더러 세 개인 경우가 있으나 두 개인 경우는 전혀 없다고 해도 지나치지 않다. 그러므로 사슴뿔 한 쌍을 모자의 정수리에 맞붙여 꽂아 둔 시베리아 철제 무관과, 신수(神樹)를 상징하는 나무 모양 세움장식들을 황금으로 만들어 세 개 또는 다섯 개를 관테 둘레에 꽂아 계림을 형상화한 신라 금제 왕관은 세움장식의 형상·재질·숫자·위치 등이 전혀 다르다고 하지 않을 수 없다.

더군다나 시베리아 무당 모자 꼭대기에 부착된 것은 사슴뿔 형상이 아니라 사슴뿔 자체이다. 따라서 자연스러운 나뭇가지와 달리, 줄기는 반원형을 그리고 가지는 뒤쪽의 한 방향으로만 나 있어 금관의 장식과 모양이 크게 다르다. 이른바 사슴뿔 장식으로 지목되는 우리 금관의 자연스러운 나무 모양은 줄기도 'S' 자 모양으로 유연하게 굽어 있을 뿐만 아니라 줄기에서 돋아난 나뭇가지들도 좌우에 각각 두 개씩 서로 어긋나게 달려 있어 사슴뿔의 형상이라고 할 수도 없고, 특히 시베리아 샤먼의 장식이 전래되어 형성되었다고 할 전파론적 근거도 찾을 수 없다. 왜냐하면 사슴뿔 모양이라고 하는 굽은 나무 모양의 세움장식은 신라 금관에서 가장 후기에 형성되었기 때문이다. 가장 후기에 출현한 양식을 근거로 기원론을 펼치는 것은 역사의 앞뒤 맥락조차 가릴 줄 모르는 당착에 지나지 않는다.

특히 주목되는 것은 나무줄기 끝이나 가지 끝마다 나무의 새순을 나타내는 움이 돋아 있다는 사실이다. 살아 있는 나무에는 생명력을 상징하는 순이 달려 있어야 하고 움이 돋아나야 자연스럽다. 나무가 살아 있음을 상징하는 움의 모양을 두고 학자에 따라 돔형[35] 또는 보주형(寶珠

形)으로[36] 일컫고 있으나, 사슴뿔 끝에다 왜 돔이나 보주를 꼬박꼬박 달아놓았는지 논리적으로 설명할 길이 없다. 사슴뿔 끝에다 왜 비잔틴의 건축 양식인 돔을 얹었으며, 불탑의 꼭대기 위에 얹는 연꽃 형상의 보주를 왜 장식해두었을까?

세움장식을 '出' 자 모양이나 '山' 자 모양이라고 해도 마찬가지이다. 왜 '出' 자나 '山' 자 모양에 돔이나 보주가 자리 잡고 있는가? 존 코벨의 말처럼 하트 모양이라고 해도,[37] 사슴뿔과 '出' 자 모양에 하트가 달려 있어야 할 이유가 없다. 그러나 계림의 신수로서 살아 있는 신성한 나무라고 생각하면, 새순이자 자람의 촉수인 '움'이 가지 끝마다 자리 잡고 있는 것은 당연한 일이다. 게다가 금관의 세움장식에는 가지 끝의 '움' 모양 외에, 나뭇잎을 상징하는 달개와 태아 모양의 곡옥이 주렁주렁 달려 있다. 만일 세움장식이 사슴뿔이라면, 왜 그러한 달개와 곡옥을 달아둔 것일까? 물론 시베리아 샤먼의 무관 사슴뿔에는 그러한 장식물이 전혀 달려 있지 않다.

나무의 움은 '순'이라고도 하고 '촉'이라고도 한다. 움은 화살촉이나 펜촉처럼 도톰한 곡선을 이루며 끝이 뾰족하게 생겼다. 요령성(遼寧省) 동검은 촉의 모양을 검의 길이와 같이 길게 늘여놓았는데, 그래서 버들잎처럼 긴 나뭇잎 모양이라고 할 수 있다. 세움장식 가지 끝의 움은 촉의 모양을 도톰하게 압축해두어 활엽수의 나뭇잎처럼 보이기도 한다. 이는 세움장식 끝에만 달린 것이 아니라 귀고리 장식에도 흔하게 쓰였다. 이렇게 양식화한 나뭇잎 모양을 일반적으로 하트 모양이라고 하지만, 나는 나무의 생명성을 나타내는 '움' 모양 또는 '나뭇잎' 모양이라고 일컫고자 한다.

---

35) 존 카터 코벨, 김유경 엮어옮김, 《한국 문화의 뿌리를 찾아》, 학고재, 1999, 29~31쪽.
36) 김병모, 앞의 책, 그림 37의 설명 참고.
37) 존 카터 코벨, 앞의 책, 29~31쪽.

활엽수의 나뭇잎 모양 또는 '움' 모양을 양식화한 장식은 고대부터 다양하게 나타난다. 고구려 고분벽화인 각저총, 통구 제17호묘 말각석우교계처벽화(抹角石隅交界處壁畵), 오회분 4호묘 조정단철도(藻井鍛鐵圖)와 제륜도(制輪圖) 등에서 두루 나뭇잎 장식들이 보인다.[38] 그러나 중국의 고분벽화에서는 나뭇잎이 있어도 이와 같지 않다. 한마디로, 금관 세움장식의 '움' 모양, 곧 하트 모양을 하지 않았다.

그런데 '움' 모양의 장식은 서기 전 25세기 경인 고조선 초기 유물에서 이미 발견된다. 세움장식의 나무 모양은 고조선 중기 유물인 소조달맹(昭烏達盟)의 청동칼집의 문양과[39] 서기 전 3세기 유적에 속하는 서차구(西岔溝) 고분에서 출토된 청동조각 장식에도[40] 나타난다. 서차구 고분은 고조선 말기에서 고구려 초기에 해당하는 유적이다.[41]

나무와 나뭇잎 그리고 움 모양 등 '신수'와 관련된 장식은 고조선 이래 여러 유물에서 두루 보인다. 따라서 신라 금관의 세움장식은 물론 귀고리를 비롯한 각종 장신구에 나뭇잎 또는 움 모양이 달려 있는 현상을 이와 같은 문화사적 맥락 속에서 해석하지 않을 수 없다. 왜 고조선 사람들부터 나무와 관련된 장식을 즐겨 사용했을까? 그것은 민족의 문화적 정체성과 연관되어 있다.

고조선을 상징하는 신성한 나무는 누가 뭐라고 해도 신단수이다. 태백산 신단수를 빼놓고 고조선 건국의 신화적 공간을 말하기 어렵다. 환웅이 신단수 아래 터를 잡고 신시(神市)를 열었기 때문이다. 고조선이 신단수로 상징되는 신성한 공간으로부터 비롯되었다는 사실을 고려하

---

38) 박선희, 앞의 책, 224쪽의 주15 참조.
39) 李逸右, 〈內蒙昭烏達盟出土的銅器調査〉, 《考古》, 1959年 第6期, 276~277쪽.
40) 孫守道, 〈西岔溝古墓群被發掘事件的教訓〉, 《中國考古集成》, 東北卷, 秦漢之三國(二), 929~932쪽 ; 孫守道, 〈'匈奴西岔溝文化'古墓群的發現〉, 《文物》, 1960年 8·9期, 25~35쪽.
41) 박선희, 앞의 책, 224~225쪽 참조.

면, 왜 나무와 나뭇잎 그리고 움 모양 등의 장식이 고조선 지배층들의 유
물에서 널리 나타나고 있는지 쉽게 이해할 수 있다. 신단수와 같은 신성
한 나무 또는 나뭇잎을 문양으로 그리거나 새겨서 간직하는 것이 바로
민족적 정통성을 이어가는 것임은 물론, 민족적 정체성을 확립하는 길이
기 때문이다.

건국 시조의 출현 공간인 신단수의 전통이 건국 신화를 통해 계림
으로 이어지는가 하면, 신단수나 계림의 신수 또는 성수를 상징하는 것
으로 짐작되는 나무 모양이나 나뭇잎 모양 장식물들이 청동이나 금동 또
는 금으로 만들어져, 간단하게는 귀고리 장식에서 거창하게는 왕관의 장
식에 이르기까지 지속되었던 것이다. 따라서 고대 장신구의 형상과 건국
신화의 상상력은 서로 별개의 것이 아니라 유기적 관련을 맺고 있다는
사실을 발견할 수 있다. 비록 신화적 상상력을 주목하지 않았다고 하더
라도, 우리 복식사 또는 관모사를 체계적으로 연구한 성과에서는 신라
금관의 역사적 원형이 고조선의 관모에서 비롯되었다고 해석하고 있는
것이다.[42]

관모의 양식도 고조선 이후 신라 금관까지 그 전통이 지속되었다.
고대 한국인들은 중국인들이 변(弁)·책(幘)·절풍(折風)이라고 일컫는 관
모를 써왔다. 변은 고깔 모양이고, 책은 머리 뒷부분이 앞부분보다 올라
간 모양이며, 절풍은 윗부분이 둥근 모양이다. 이것들은 그 형식에서 서
로 연관된 우리 민족 고유의 관모이다. 이러한 '변'을 두고 "북방계에 뿌
리를 둔 가죽변이 삼국시대에 와서 절풍변모(折風弁帽)로 정착한 것"이라
며[43] 북방 문화 전래설을 펴는 것처럼, 대부분의 연구는 우리 관모가 중

---

42) 같은 책, 226쪽. "신라 금관이 갖는 우수성은 바로 고조선 관모의 고유 형제(形制)를 발전
시켜나간 데 있다"고 했다.

43) 權兌遠, 〈百濟의 冠帽系統考─百濟의 陶俑人物像을 中心으로〉,《考古美術史─史學志 論
文輯》, 1, 檀國大 史學會, 1994, 143쪽.

국이나 북방 지역으로부터 영향을 받은 것으로 해석하고 있다.

그러나 상투를 가리는 기능의 우리 관모 양식은 상투를 틀지 않고 머리를 뒤로 늘어뜨리는 다른 민족의 관모 양식과는 크게 다르다. 머리 위의 상투를 가리기 위해서는 고깔 모양의 '변'이나 탕건 모양의 '책' 또는 반타원형의 절풍이 제격이다. 절풍의 관모 양식은 신라 금관의 속관에 고스란히 나타난다. 장식뿐만 아니라 관모의 양식까지 이어지고 있는 것이다.

비록 신라의 금관 세움장식이 시베리아 샤먼의 무관 사슴뿔과 닮았다고 하더라도, 금관의 속관인 절풍을 보면 시베리아 기원설을 펼 수 없다. 금관의 겉관 양식보다 더 정교하고 세련된 기하학적 무늬와 빈틈없는 세공 솜씨로 이루어진 속관의 금제 절풍을 보면 시베리아 샤먼의 무관은커녕 세계 어느 나라의 관모 양식과도 견줄 수 없는 독특함과 우아한 아름다움을 지니고 있기 때문이다(〈그림 6〉, 〈그림 7〉). 절풍 양식의 속관은 고조선부터 줄곧 한민족의 고유한 관모 양식이었다.

속관 전면에 꽂는 조익형(鳥翼形) 순금 장식도 마찬가지이다. 절풍에 새의 깃을 꽂았던 전통을 고스란히 간직하고 있을 뿐만 아니라, 정교하고 미세한 뚫음무늬 장식에 수많은 달개를 달아 흔들리도록 한 모습은 금관 세움장식의 화려함을 훨씬 능가한다. 금제 조익형 장식처럼 과감한 디자인과 세련된 조형의 역동적 아름다움을 지닌 관모 장식은 세계 어디에서도 그 유래를 찾을 수 없다.

그러므로 금관은 우리 관모의 오랜 역사적 전통을 이어오면서 신라인들의 독자적 창조력으로 이루어진 것이라고 하지 않을 수 없다. 관모의 양식이나 상징성으로 볼 때, 금관의 독특한 이중 구조와 김알지 신화의 계림을 나타내는 상징성은 신라인들의 자생적인 문화적 창조력의 산물이라는 것이 단박 드러난다. 따라서 시베리아 무관 기원설은 근거 없는 무리한 억측이자 잘못된 가정을 전제로 한 왜곡된 견해라는 사실을

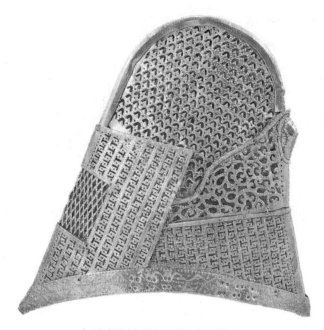

〈그림 6〉 천마총에서 출토된 금제 절풍형 관모

쉽게 알아차릴 수 있다. 신라의 금관 문화는 김알지계 왕조의 출현과 더불어 형성되었으며, 금관의 세움장식들은 모두 일정한 상징성을 지니고 있다. 따라서 그 상징성을 모른 채 세움장식들끼리 서로 아무 관련이 없는 것처럼 제각기 다른 형상으로 해석하고, 그 형상들 하나하나에 대해 시베리아를 비롯한 유라시아 여러 지역의 문화 속에서 제각기 기원을 찾는 것 자체가 당착이자 모순이다.

금관이 출현한 시기는 5세기로, 신라 초기를 지나 김알지의 후손인 김씨계 왕권이 강화되던 시기이다. 신라 사람들은 5~6세기에 금관 문화를 꽃피우고, 7세기에는 첨성대를 축성했으며, 8세기에는 에밀레종을 만들었다. 이 모두 세계적인 문화유산이다. 첨성대는 동서남북의 방위 그리고 1년 12달과 24절기를 정교한 설계로 구조화한 동양 최초의 천문

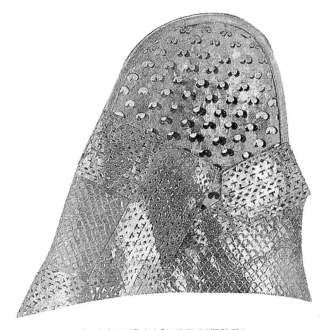

〈그림 7〉 금관총에서 출토된 금제 절풍형 관모

대로 알려져 있다. 종소리가 워낙 은근하고 오묘해 흔히 '에밀레종'으로 일컫는 성덕대왕 신종은 12만 근의 구리를 녹여 만든 우리나라 최고·최대의 종이자, 세계에서 가장 뛰어난 주종(鑄鐘) 기술을 자랑하는 종이다.

당시에 신라의 문화와 과학기술이 얼마나 발달했는지는 첨성대와 에밀레종 같은 세계적인 문화유산을 통해 단적으로 추론할 수 있다. 그러므로 이와 같은 문명 시기의 신라 왕실에서 왕관 제작을 주체적으로 하지 못하고 시베리아 샤먼이 굿을 할 때 쓰던 민속 모자를 본받아 만들었다고 하는 주장은 납득하기 어렵다. 또 신라 왕이 시베리아 샤먼의 모자를 본받아 써야 할 마땅한 역사적 근거도 없다. 샤머니즘의 영향을 받았다고 하는 우리 무당들도 시베리아 샤먼의 모자를 본받아 쓰지 않았는데, 5세기 신라시대의 왕이 왜 지리적으로나 민족적으로 또는 문화적으로 엄청난 거리가 있는 시베리아 샤먼의 모자를 본받아 썼단 말인가? 이 모든 것을 제대로 해명하기 위해서는 금관 출현과 소멸 전후의 신라사와 국제 교섭사를 제대로 포착할 필요가 있다.

제2장 신라 금관의 출현 배경과 역사적 상황

1. 신라 초기의 왕권 교체 과정과 왕실의 요동

신라 왕권은 신라 초기의 박·석·김 성씨 교체기를 거쳐 김알지계가 본격적으로 확립했고, 신라 금관도 김씨 왕권이 확립된 이후 눌지마립간 대에 비로소 출연하게 되었다. 박씨와 석씨, 김씨의 왕권 교체기는 상대적으로 고대국가의 세습 체제로서 불안정한 시기였다. 김알지의 후손이자 김씨계의 초대 왕인 미추이사금 이후의 김씨계 왕실은 박씨와 석씨로부터 왕권을 넘겨받고도 불안에 떨어야 했다. 왜냐하면 박씨와 석씨의 왕실 후손들이 국가의 중요한 요직에 포진해 있었기 때문이다. 그러므로 왕위가 김씨계인 미추이사금에게 처음으로 넘어왔으나, 왕권을 김씨계로 세습해나가는 일이 쉽지 않았다.

실제로 박씨계 왕실에서 석씨계 왕실로 교체되어 김씨계 왕실이 세습 왕조로 정착되는 과정은 순조롭지 않았다. 신라 초기에 박씨계 왕실에서 7명의 왕을 배출하고, 뒤를 이은 석씨계 왕실은 9명의 왕을 배출했다. 박씨계가 박혁거세 이후 7대 왕까지 줄곧 있다가 8대에 석씨계인 석탈해로 왕권이 넘어가는 것이 아니라, 4대에 석탈해로 넘어간다. 그리고 5대에는 다시 박씨계로 넘어갔다가 9대째에 다시 석씨계로 넘어온다. 다음에 석씨계를 이어 김씨계로 왕권이 잠시 넘어오지만, 이 또한 지속되지 못하고 다시 석씨계로 왕권이 되돌아간다. 왕권을 두고 세 성씨들이 격돌하지는 않았지만, 세습 왕조의 안정성을 누리지 못하고 상당히 갈팡질팡하던 격동의 시기였음에는 틀림없다.

김알지의 6대 후손인 미추가 13대 왕으로 등극하자 그 뒤로 김씨계가 줄곧 신라 왕실을 독차지한 것처럼 알고 있으나,[1] 사실은 전혀 그렇지 않다. 다시 석씨들이 3대 동안 왕위를 차지한 뒤에야 비로소 왕위를 돌려받게 된다. 석씨와 김씨 사이에서만 그랬던 것이 아니라 박씨와 석씨 사이에서도 그러한 요동이 있었다. 한마디로, 박·석·김의 왕조 교체가 순조롭게 이루어지지 않았던 것이다. 그러므로 세 왕조의 왕권 교체 과정의 기복을 자세하게 검토할 필요가 있다. 왜냐하면 왕권의 교체와 확립 과정이 새로운 왕관인 금관의 출현과 밀접한 연관성을 가지는 까닭이다.

건국 시조 박혁거세거서간과 남해차차웅 그리고 유리이사금(儒理尼師今)을 이어 석탈해가 4대 왕에 오름으로써 박씨계에서 석씨계로 정권이 교체되는 것 같다. 그러나 5대에서 8대 왕은 다시 박씨계로 되돌아가 유리왕 후손들이 차지한다. 간신히 9대 왕을 석탈해의 손자인 벌휴(伐休)이사금이 차지해 석씨계 왕실을 12대까지 이어간다. 김씨로 교체될 때도 이와 같은 우여곡절이 되풀이된다.

김알지 6대 후손 미추는 석씨계인 첨해(沾解)이사금을 이어 신라 13

---

1) 김병모,《금관의 비밀─한국 고대사와 김씨의 원류를 찾아서》, 푸른역사, 1998, 157쪽. 김병모는 여기서 "미추(味鄒)가 왕위에 올라 김씨계의 첫번째 왕이 된다(262~284년). 그후 김씨족들은 신라 말까지 왕위를 독차지하게 된다"고 사실과 다르게 서술하고 있다. 13대 왕인 미추 다음에는 다시 석씨계로 돌아가, 14대 유례(儒禮)이사금, 15대 기임(基臨)이사금, 16대 흘해(訖解)이사금은 모두 석탈해의 후손들이다. 미추의 후손인 내물(奈勿)이사금은 17대에 와서야 비로소 흘해를 이어 왕위에 오른다.

대 미추이사금으로 비로소 등극한다. 그러나 미추이사금의 직계나 방계
의 김씨가 14대 왕위를 이어받지 못하고 다시 석씨계인 유례이사금(儒禮
尼師今)으로 되돌아가는 난맥상이 벌어진다. 박씨계에서 석씨계로 교체
되었을 때와 같이 다시 이전 왕조로 복귀하게 된 것이다. 왜냐하면 첨해
의 후손이 없었던 까닭에 미추가 왕으로 추대되었을 뿐,[2] 미추 자신의 정
치적 역량에 따른 왕위 계승이 아니기 때문이다. 미추는 어찌 보면 석씨
계 첨해왕의 양자 노릇을 한 셈이다.

　　따라서 미추 이후 15대 16대에 계속 석씨들이 왕위를 이어간다. 미
추 후손들인 김씨계로 보면, 이 시기에 사실상 왕권을 석씨계에게 도로
빼앗긴 것이나 다름없는 상황이 지속된 것이다. 17대에 와서 간신히 김
씨계인 내물이사금(奈勿尼師今)이 다시 왕위에 올라 김씨계 왕권을 회복
하게 된다. 그러나 왕자들이 어린 상황에서 내물이 죽게 되자, 직계가 아
닌 실성(實聖)이 18대 왕에 오르게 된다. 그러한 세 성씨의 왕조 교체 과
정을 도식으로 나타내면 다음과 같이 마치 꺾은 그래프처럼 오르내리는
모습을 볼 수 있다. 이러한 요동 상황은 왕조 교체의 기복이 심했다는 사
실을 잘 보여준다.[3]

　　성씨별 왕조의 교체 과정을 대수에 따라 단선적으로 나타내면, 박(3
대)→석(1대)→박(4대)→석(4대)→김(1대)→석(3대)→김(계속)으로　요

---

2) 《三國史記》卷1,〈新羅本紀〉第1, 沾解尼師今. "첨해(沾解)가 아들이 없어 국인(國人)이
　미추를 세운 것이니 이는 김씨가 나라를 가지게 된 시초이다."
3) 임재해,〈굿 문화사 연구의 성찰과 역사적 인식지평의 확대〉,《한국무속학》11, 한국무속
　학회, 2006, 92쪽.

동쳤음을 알 수 있다. 그러다가 17대 내물이사금 이후 김씨 왕조가 계속 된다. 하지만 실제로 안정기에 접어든 것은 19대 눌지마립간(訥知麻立干)[4] 이후이다.

마립간 시대를 연 왕은 19대 눌지마립간이다. 눌지마립간이 고구려 의 첩자를 동원해 자신을 죽이려 한 실성이사금을 제거하고 19대 왕으 로 등극함으로써, 김씨 왕실이 비로소 안정기에 접어든다. 따라서 왕조 교체 과정을 보면, 박·석·김의 성씨 교체가 순조롭지 못했으며 복잡한 우여곡절을 겪었다는 사실을 알 수 있다. 마지막에는 유혈혁명까지 빚어 진다. 그러한 상황을 좀더 자세하게 이해할 필요가 있다.

내물이사금의 4촌 아우인 실성이사금은 조카들 대신 왕좌에 오른 뒤, 내물왕의 왕자인 복호(卜好)를 고구려에, 미사흔(未斯欣)을 일본에 볼 모로 보낸다. 그리고 태자였던 눌지(訥祗)를 시기해 고구려 사람을 시켜 죽이려다가 오히려 눌지에게 살해당한다.[5] 내물이사금에 따른 김씨 왕 권의 회복이 순조롭게 이루어지지 못한데다가 실성과 눌지의 정치적 갈 등으로 말미암아 김씨계 왕실은 사실상 왕권 다툼의 자중지란에 빠져 치 명적인 위기에 봉착한다. 이 위기를 유혈혁명으로 극복하고 김씨 왕실의 정통성을 확립하는 일에 결정적인 구실을 한 인물이 바로 눌지마립간이 다. 눌지마립간은 정변을 통해 이사금 시기를 마감하고 새로이 정권을 잡은 마립간 1세인 셈이다.

---

4) 김병모, 앞의 책, 157쪽. 김병모는 눌지마립간을 17대 왕이라고 했으나, 19대 왕으로 바로 잡아야 할 것이다.
5) 같은 책, 159쪽. 김병모는 내물왕이 실성왕에게 암살당했다고 했는데, 이는 사실과 다르 다. 내물왕은 자연사했으며, 실성왕이 눌지를 제거하려고 하다가 오히려 눌지에게 제거되 었다.

2. 눌지마립간의 등장과 김씨 왕실의 안정

눌지마립간이 실성이사금을 제거하고 19대 왕으로 등극함으로써 김씨 왕실은 비로소 안정기에 접어든다. 눌지는 죽음의 위기를 극복하고 실성이사금을 시해하는 혁명적 행위를 거쳐 왕좌를 차지한다. 따라서 종래의 이사금이라고 하는 왕호를 바꾸어 새로 마립간이라고 하는 왕호를 스스로 지어 사용하기 시작한다. 결국 눌지의 마립간(麻立干) 왕호는 박·석·김 세 성씨가 오락가락했던 이사금(尼師今) 시대를 청산하는 의미가 있으며, 새로운 김씨 왕조 시대를 여는 분기점 구실을 하게 된다. 금관은 바로 눌지가 개척한 마립간 시대에 집중적으로 출현한다.

눌지 이후에 비로소 김씨들의 세습 왕조가 순조롭게 이어진다. 눌지마립간의 직계 아들 자비(慈悲)마립간이 20대 왕이 되고, 그 손자인 소지(炤知)마립간이 21대 왕, 그 다른 손자인 지증(智證)마립간이 22대 왕, 그 증손자인 법흥(法興)이 23대 왕으로 계속 재위하게 된 것이다. 따라서 김알지계 후손들이 박·석·김의 성씨 교체를 완성하고 신라 왕실의 기틀을 잡은 것은 바로 눌지마립간대(417~458)와 법흥왕대(540~576) 사이의 일이다. 그 뒤로는 김씨계 왕실이 흔들리지 않고 세습 체제를 지속한다.

눌지마립간대에서 법흥왕대까지 약 6대에 걸친 시기는 바로 5~6세기로서, 신라 금관이 가장 많이 출현한 시기와 일치한다. 왕호로 볼 때, 이 시기는 박혁거세거서간과 남해차차웅을 거쳐 오랜 이사금 시대의 혼란기를 끝내고 안정적인 마립간 시대를 이룬다. 왕호의 변동과 왕실의 교체기가 연관되어 있는 것이다. 박씨계인 3대 왕 유리이사금(24~57)부터 김씨계인 18대의 실성이사금(402~417)에 이르기까지 신라 초기 약 400년 동안의 이사금 시대는 박씨와 석씨 그리고 김씨가 서로 오고가면서 왕위를 이어왔으므로, 왕실이 안정되지 못한 혼란기이자 사실상 격동기였다고 할 수 있다.

마립간 시대의 안정기는, 실성왕을 살해하고 왕좌를 차지한 눌지의 혁명에서부터 시작된다. 눌지 이전까지 신라는 왕실이 안정되지 못했을 뿐만 아니라, 내물왕과 실성왕대까지 사실상 고구려의 영향력 아래 있었다. 따라서 내물왕대에는 실성을 고구려에 볼모로 보내지 않을 수 없었으며, 내물이 죽자 그 아들인 눌지가 있는데도 실성이 왕위에 오른다. 고구려로서는 자기 나라에 볼모로 있던 실성이 왕위에 오르는 것이 상대적으로 내정간섭에 더 유리할 것으로 판단했을 가능성이 있다.

실성왕이 왕권을 장악하기 위해 내물왕의 아들인 눌지를 처치하려고 할 때도 고구려의 첩자를 이용했다. 이는 고구려와 실성왕이 밀착되어 있었다고 볼 수 있는 근거이자, 왕실 장악에 고구려의 첩자도 깊숙이 개입했다는 사실을 알려준다. 그러나 고구려의 첩자는 실성왕과 밀약을 어기고 눌지를 도와 오히려 실성을 제거하게 만든다. 고구려는 눌지가 실성보다 고구려에 더 협조적이라고 여겼던 것이다. 그러므로 눌지왕도 고구려의 영향력을 등에 업고 왕위에 올랐다고 보아야 할 것이다.

신라는 이 시기에 고구려에서 많은 문물을 들여오고 새로운 통치 방식도 전수받았을 것으로 짐작되는데, 중원고구려비(中原高句麗碑)에 나오는 '토내당주(土內幢主)'라는 기사가 중요한 방증이 된다.[6] 고구려의 도움으로 왕권을 잡은 눌지가 고구려 왕실 문화의 영향을 받지 않을 수는 없었을 것이다. 그 가운데 하나가 바로 고구려 금관이다. 고구려에서는 이미 4세기 중엽에 금으로 만든 관 장식이 보인다. 가령, 소수림(小獸林) 왕(371~384)의 무덤으로 추정되는[7] 마선(麻線) 2100호 고분에서 금으로

---

6) 양정석, 〈新羅 麻立干期 王의 統治形態에 대한 考察〉, 《新羅古墳 硏究의 現況과 課題》, 東國大學校 新羅文化硏究所, 1998년도 제17회 新羅文化學術會議(東國大學校 慶州캠퍼스, 1998년, 6월 8일), 59~60쪽.

7) 吉林省文物考古硏究所·集安市博物館 編著, 《集安高句麗王陵-1990~2003年集安高句麗王陵調査報告》, 文物出版社, 2004, 167쪽.

만든 관테 둘레 및 봉황새 장식, 달개장식들이 발굴되었다.[8] 여기서 천마도와 같은 형상의 유금(鎏金)으로 만든 말 모양 장식도 발굴되었는데, 발굴자들은 봉황 장식과 함께 관을 꾸민 장식으로 추정한다. 그리고 광개토대왕(391~413)릉에서도 순금왕관으로 보이는 2점의 절풍과 봉황 날개〔鳳翅〕로 해석되는 금제 관모 장식이 출토되었다.[9] 그러므로 눌지왕대에 고구려 왕실의 금관도 크게 영향을 미쳤을 것으로 생각된다.

눌지는 김알지의 후예이자 김씨 왕실의 새로운 시대를 여는 마립간의 시조라고 해도 지나치지 않다. 따라서 새로운 정권을 창출한 시기이자 절대왕권을 강화해야 할 시기이기도 하다. 박·석·김에 따른 이사금 시대의 불안정한 왕실의 권위를 바로잡고 김씨계 왕권을 강화해 세습 왕조의 전통을 확립하는 데 필요한 것이 김씨 시조인 김알지 신화와 계림국을 상징하는 왕관이었다. 그러므로 고구려 금관을 보기로 삼아 김알지 신화의 계림국을 상징하는 금관으로 왕관을 형상화한 것이 신라 금관이었던 것이다. 그리고 금관과 함께 묘제도 적석목관분으로 거대하게 새로 정비된다. 자연히 시조묘를 비롯한 원릉의 정비도 뒤따른다.

조선의 4대 왕인 세종이 〈용비어천가(龍飛御天歌)〉와 같은 창작신화를 통해 이씨 왕권을 강화했듯이, 김씨계의 4대째 왕인 눌지는 김씨 왕실의 세습 왕조를 강화하기 위한 문화적 장치로서 시조 신화가 필요했던 것이다. 왕권을 강화하는 데는 시조 신화의 정치적 기능이 필수적이다. 시조를 신성하게 섬기는 행위는 눌지마립간의 행적에서 잘 포착된다.

눌지는 실성을 제거하고 왕위에 오른 이듬해 정월에 제일 먼저 시조묘에 참배하는 일을 한다. 《삼국사기》에 따르면, "2년 정월에 (왕이) 친히 시조묘에 배알(拜謁)하였다"고 한다.[10] 눌지는 김씨 시조 김알지의

---

8) 같은 책, 같은 쪽.
9) 자세한 내용은 박선희의 《우리 금관의 역사를 밝힌다》(지식산업사, 2008), 제3부 3장 참고.
10) 《三國史記》卷5, 〈新羅本紀〉第3; 訥祗痲立干 2年.

후손으로서 정통성을 확인하는 제의적 의식을 한 셈이다. 눌지가 시조묘
에 직접 배알한 2년 정월은 사실상 왕위에 등극한 뒤 맞이하는 첫 정월
이라는 점에서 중요한 의미를 지닌다. 왕으로서 새해를 시작하며 모든
정사에 우선해 시조인 김알지를 섬기는 일을 했다고 할 수 있다.

　　다른 왕들과 견주어보면 그러한 사정이 잘 드러난다. 부왕(父王)인
내물이나 그 다음 왕인 실성은 각기 3년 2월에 시조묘를 배알했다. 햇수
로 보나 달로 보나 시조 섬기는 일이 상대적으로 소홀했으며, 상당히 의
례적이었다는 것을 알 수 있다. 눌지 이후에는 자비마립간이 2년 2월에
시조묘를 배알하고 소지마립간이 2년 2월에 제사를 지내는 등 상당히
중요한 의식으로 부각된다. 그 뒤로 지증마립간은 3년 3월에 친히 신궁
(神宮)에 제사를 지내고 법흥왕 역시 3년 3월에 신궁에 제사를 지냈으나,
이후부터는 이마저도 하지 않게 된다. 점차 시조묘 섬기는 일에서 멀어
져간 것이다. 이는 시조묘에 대한 제의적 의존 없이도 왕권이 지탱될 만
큼 김씨 왕조가 굳건하게 자리 잡혔음을 뜻한다.

　　그러나 마립간 시대의 개척자이자 혁명가인 눌지는 선왕 실성이사
금을 시해하고 등극한 만큼, 그 왕권이 안정되었다고 할 수 없다. 따라서
즉위한 첫 정월에 직접 시조묘를 배알하는 의식을 행함으로써 김알지계
후손으로서 정통성을 확립하고자 했을 뿐만 아니라, 19년 2월에는 역대
왕의 원릉(園陵)을 수리하고 그해 4월에는 다시 시조묘에 제사를 지냈다.
선조의 분묘를 성대하게 조성하고 왕의 묘제를 다른 묘와 구별되도록 특
별히 거대한 규모로 혁신하는 것은 왕권을 강화하는 하나의 방법이다.
그러므로 "마립간기를 대표하는 묘제인 적석목곽분은 여기서 그 의미를
가질 수 있을 것이다."[11]

　　역대 왕들 가운데 즉위한 다음 첫 정월에 곧 시조묘를 배알한 경우

---

11) 양정석, 앞의 글, 62쪽.

는 찾기 어려우며, 또 거듭 시조묘를 찾아가 제사를 지낸 경우도 거의 없다. 시조에 대한 눌지의 태도가 각별했다는 사실을 알 수 있다. 그러므로 우리는 눌지왕이 혁명을 통해 왕위에 오른 상황과 시조에 대한 인식이 일정한 함수 관계에 있다는 사실을 확인할 수 있다.

3. 신라 적석목곽분의 기원과 금관의 분포

여기서 금관의 역사적 출몰 문제를 잠시 접어두고 적석목곽분에 관한 논의를 좀더 전개할 필요가 있다. 왜냐하면 마립간 시기에 적석목곽분이 형성되었을 뿐만 아니라 금관이 적석목곽분에서 출토되었다고 보고, 적석목곽분의 구조가 시베리아·알타이·몽골 지방 기마민족들의 무덤 구조와 똑같다고[12] 해석하기 때문이다. 따라서 시베리아에 있는 적석목곽분의 무덤 구조가 신라 금관의 시베리아 기원설의 중요한 근거가 되는 것이다.

그러나 경주의 적석목곽분에서 금관이 나왔다는 이유로 모든 금관이 적석목곽분에서 나온 것으로 이해하는 것은 잘못이다. 물론 적석목곽분마다 금관이 나온 것도 아니다. 적석목곽분과 금관을 일대일의 대응 관계로 볼 수 없는 근거이다. 금관과 금동관은 같은 양식인데, 많은 금동관이 적석목곽분과는 그 양식이 전혀 다른 고분에서 출토되었다. 게다가 중요하게 지적해야 할 문제로서, 경주의 적석목곽분이 시베리아에서 기원했는가 하는 것도 의문이다.

금관이 발굴된 적석목곽분은 4세기에서 6세기까지 나타나는 독특한 묘제인데, 알타이계 지역의 묘제와 같을 뿐만 아니라 그 부장품들도

---

12) 김병모, 앞의 책, 20쪽.

비슷하다고들 한다. 북방아시아 스키타이족의 쿠르칸(Scytian Kurgan)에서 시작해 고알타이(High Altai) 지방에 분포되어 있는 적석목곽분은 세부 구조에서는 다소 차이가 있지만 신라 적석목곽분과 거의 같기 때문에, 신라 적석목곽분의 기원을 북방아시아 유목민족에서 찾는 것이다. 자연히 그 속에서 나온 금관도 같은 맥락에서 알타이계 황금 문화에서 비롯되었다고 해석하는 셈이다.

그러나 알타이 지역의 적석목곽분은 기원전 4세기에서 1세기까지 나타난다. 따라서 4세기 이후에 비로소 나타나는 신라 적석목곽분과 무려 500년의 역사적 차이를 보이고 있을 뿐만 아니라, 지리적으로도 이어져 있지 않고 완전히 격리되어 있어 전파된 것으로 보기 어렵다. 500년 동안 사라졌던 시베리아 문화가 신라 지역에 전파되었다고 하는 것은 전파론의 이치를 무시한 주장이다. 일정한 문화의 전파를 입증하려면 기본적으로 지리적 연속성과 시간적 지속성을 확보해야 한다. 그러므로 이러한 견해는 타임머신 장치를 갖춘 우주선을 타고 다니면서 문화를 전파했다는 사실을 입증하지 않는 한 설득력을 지니기 어렵다.

실제로 경주와 시베리아 사이에는 몽골과 만주 대륙 그리고 고구려 지역이 광대하게 가로놓여 있는데다가 역사적으로도 500년의 공백이 있다. 한마디로, 전파론의 법칙에 어긋나는 것이다. 그 형상도 다르다. 대충 견주어보고 같다고 해서 전파론을 펼 수는 없는 일이다. 대충 보면 모든 무덤이 같기 때문이다. 비록 형태가 같아도 전파에 따르지 않고서는 그 자체로 도저히 형성될 수 없는 까닭을 밝혀야 한다. 그런데 적석목곽분의 구조를 자세하게 뜯어보면 형태도 서로 같다고 하기 어렵다.

시베리아 쿠르칸의 적석목곽분은 땅을 깊이 파고 묘곽을 축조한 뒤 땅 위에 돌을 쌓았으나, 신라의 적석목곽분은 땅 위에 관의 곽을 안치한 다음 그 위에 돌을 쌓고 봉토를 했다. 주검을 안치하는 묘곽의 위치가 지상과 지하로 차이를 보인다는 것은 매우 중요하다. 이러한 차이를 근거

제2장 신라 금관의 출현 배경과 역사적 상황 __81

로 고분의 구조를 좀더 자세하게 살펴보면 더 큰 차이를 발견할 수 있다. 쿠르칸의 곽실과 관은 모두 둥근 통나무로 네 귀를 엇갈리게 짜맞추는 수법으로 만들었다. 그러나 신라에서는 각목이나 판자 같은 제재(製材)된 나무로 곽실을 조립하고 그 안에도 똑같은 방식으로 내관을 짜서 안치한다. 그러므로 신라의 적석목곽분은 시베리아와 근본적으로 다른 계통이라고[13] 해석해야 한다.

지상에 주검을 묻은 적석총의 형태는 오랜 전통을 지니고 있다. 홍산문화(紅山文化)의 지상 적석총 유적은 기원전 3500년 무렵의 것이다. 이 무덤 방식은 청동기 시대에도 계속되어 요동반도의 적석총으로 이어지고 있다. 요동반도 누상(樓上)의 적석총에는 목관의 흔적이 발견되고 있어 적석목곽분의 관련성이 대두되고 있다. 물론 한반도에서도 시베리아 쿠르칸보다 이른 시기의 지상 적석총의 전통을 찾아볼 수 있다.[14]

자연히 학자들에 따라 신라 적석목곽분이 자체적으로 발전된 양식이라는 해석이 진작부터 제기되었다. 자생설에는 크게 세 가지가 있다. 하나는 우리나라의 지석묘와 목곽묘의 결합으로 형성되었다는 설이고, 둘은 적석묘와 토광목곽묘의 발전적 결합으로 형성되었다는 설이다. 셋은 최근에 울주 증산리와 경주 사라리에서 적석목곽분의 초보적인 형태가 발견되자 등장한 점진적 발전설이다. 그리고 요즘에는 홍산문화 기원설이 대두되고 있다. 그러므로 북방 유목민족 기원설 못지 않게 자생설의 주장들이 설득력을 얻고 있다. 고고학적 발굴과 연구가 진전될수록 이러한 가능성은 더 높아진다. 적석목곽분의 계통에 관한 연구 동향을 구체적으로 살펴보자.

첫 연구자인 일본 학자 우메하라 스에지(梅原末治)는 신라 적석목곽

---

13) 이형구, 《한국 고대문화의 비밀》, 김영사, 2004, 340~341쪽.
14) 같은 책, 342쪽.

분의 목곽은 낙랑군 시대의 목곽분에서 비롯된 것이고, 적석은 대구 대봉동 지석묘와[15] 같은 적석지석묘에서 발전한 것으로 해석했다.[16] 목곽과 적석의 결합설은 발전되어, 대구 대봉동의 변형 고인돌 지하 구조와 경주의 토광묘 목곽이 결합되어 적석목곽분이 나왔다는 연구로 이어졌다.[17] 남쪽으로 내려온 고구려 적석총에 토광목곽묘의 목곽이 더해져 형성된 것이라는 주장과,[18] 이와 비슷하게 고구려 적석총이 남부 지방의 토광목곽묘에 영향을 미쳐 형성된 것이라는 주장이[19] 제기되었다. 모두 한반도 자생설을 펼친 연구들이다.

이와 달리 북방 전래설은 시베리아 돌무덤에서 신라 적석목곽분의 기원을 찾는다. 시베리아 분묘의 구조가 신라 적석목곽분의 원류라는 것이며,[20] 경주의 적석목곽분은 시베리아 스텝 지역 목곽분의 마지막 형태라고 보는 것이다. 그러나 목곽분의 기원을 초원지대 유목 문화에서 찾는 것 자체가 산에 가서 고기를 구하는 일이나 같은 당착이라고 생각한다. 생태학적으로 시베리아 스텝 지역에서는 목곽분 문화를 창출하기 어렵다. 목곽분은 산림 지역에서 가능한 분묘 양식이다. 스텝 지역 목곽분은 산림 지역의 영향으로 만들어졌을 가능성이 더 높다.

게다가 최근의 고고학적 성과는 시베리아 기원설을 더 이상 주장하기 어렵게 만들었다. 시베리아의 돌무덤은 기껏해야 기원전 2500～1200년경으로 추산되는데, 홍산문화에서 발굴된 돌무덤이 기원전 3000년을

---

15) 藤田亮策, 〈大邱大鳳町支石墓調査〉, 《昭和十一年度古蹟調査報告》, 1937.

16) 梅元末治, 〈慶州金鈴塚飾履塚發掘調査報告〉, 《大正十三年度古蹟調査報告》第1冊, 1932, 264～268쪽.

17) 박진욱, 〈신라무덤의 편년에 대하여〉, 《고고민속》, 1965년 4기.

18) 姜仁求, 〈신라 積石封土墳의 구조와 계통〉, 《韓國史論》 7, 서울대학교, 1981.

19) 崔種圭, 〈中期古墳의 性格에 대한 약간의 考察〉, 《釜大史學》 7, 1983.

20) 金宅圭·李殷昌, 《鳩岩洞古墳發掘調査報告》, 1978, 135쪽.; 崔秉鉉, 〈古新羅 積石木槨墳研究－墓型과 그 性格을 중심으로〉, 《韓國史研究》 31, 1980, 6～7쪽.

훨씬 넘는 까닭이다. 그러므로 홍산문화의 돌무덤 유적의 역사적 선행은 그동안 돌무덤이 시베리아에서 몽골과 만주를 거쳐 한반도로 내려왔다는 주장이 모순이라는 사실을 입증해준다.

홍산문화 지역의 돌무덤 유적들은 지리적으로도 한반도와 훨씬 더 가까울 뿐만 아니라, 옥으로 만든 요령식 동검 모양의 옥검(玉劍)을 비롯한 다양한 출토 유물들이 고조선 문화와 동질성을 잘 드러내고 있기 때문이다. 하가점 하층문화가 집중 분포된 조양(朝陽)에서 발견된 돌무덤·빗살무늬토기·비파형동검 등의 유물들도 그곳이 동이족의 근거지라는 것을 말해준다. 다시 말해서, "중국이 자랑하는 5천 년 역사의 홍산문화가 바로 우리의 역사가 될 수 있음을 의미한다."[21] 따라서 돌무덤, 곧 적석묘의 기원지는 동이 지역이지 시베리아 지역이 아니라는 사실을[22] 잘 알 수 있다. 그러한 증거 가운데 하나가 홍산문화 지역의 대규모 돌무덤 떼이다. 한 지역에서는 15기의 돌널무덤도 발견되었다.[23]

게다가 기원전 2600년경의 이집트 피라미드보다 훨씬 규모가 크고 연대도 훨씬 앞서는 피라미드 모양의 돌무덤이 우하량(牛河梁) 지역 남쪽 전산자산(轉山子山) 정상에 있다. 따라서 무덤의 규모와 구조 그리고 시대적으로 앞선다는 사실에서도 이 지역이 적석분의 원류라고 하지 않을 수 없다. 이러한 대규모의 적석분은 유목 생활을 하는 사람들의 것이 아니다. 끊임없이 이동하는 유목민들로서는 이처럼 구조적이고 체계적인 거대한 피라미드형 돌무덤을 쌓을 수 없다. 천막을 이용하고 붙박이 집도 짓지 않는 유목민들이 거대한 피라미드형 무덤을 만들 까닭이 없다.

따라서 대규모 적석분은 이미 정착 생활을 하고 농경 문화를 시작했을 뿐만 아니라 초기 국가의 모습도 갖추었다는 사실을 입증해준다.

---

21) 신형식·이종호, 〈'中華5천년', 紅山文明의 再照明〉, 《白山學報》 77, 2007, 30쪽.
22) 이형구, 앞의 책, 95~102쪽.
23) 신형식·이종호, 앞의 글, 20~21쪽.

하늘에 제사를 지낸 거대한 제단의 규모가 중요한 증거이다. 천제를 지내는 제단을 갖추었다는 것은 국가 규모의 지도자가 있어서 정기적으로 하늘에 제사를 지냈다는 것을 뜻한다. 그러므로 우하량 홍산문화의 제단 유적지 안내판에는 "약 5,500년 전에 국가가 되기 위한 모든 조건들을 갖추고 있는 유적지"라고 설명하고 있다.[24] 그러나 나는 최근에 홍산문화 유적을 환웅이 건국한 신정국가 신시문화(神市文化)의 유적으로 추론한 바 있다.[25] 앞으로 홍산문화 유적에 관해서는 더 진전된 연구를 할 계획이다.

　금관의 기원 문제를 다루는 데는 적석목곽분의 기원보다 더 중요한 문제가 있다. 적석목곽분과 금관이 짝을 이루며 같이 가는가 하는 것이다. 금관이 출토된 무덤의 양식과 부장품들이 시베리아 지역과 같다고 해서 금관도 시베리아 무관에서 비롯되었다고 하는 것은 성급한 일반화의 오류이다. 적석목곽분이 시베리아의 영향을 받았다는 주장을 인정하더라도, 금관이 시베리아 샤먼들의 무관에서 비롯되었다고 하는 주장은 납득할 수 없다. 왜냐하면 시베리아의 드넓은 평원에는 수많은 적석목곽분들이 광범위하게 분포되어 있는데, 이 지역의 적석목곽분에서 금관이 나온 사례가 아예 없기 때문이다.

　신라 금관과 견주어볼 만한 금관은 흑해 북안의 무덤군에서 나온 사르마트 금관과 아프가니스탄의 틸리아 테페 6호분에서 출토된 금관이 고작이다.[26] 이 금관들은 적석목곽분의 분포와 전혀 일치하지 않는다. 만일 금관이 시베리아에서 비롯되었고 적석목곽분이 금관 출토의 증거물

---

24) 같은 글, 17쪽.

25) 임재해, 〈한국신화의 주체적 인식과 민족문화의 정체성〉, 《한국신화의 정체성을 밝힌다》 (비교민속학회 주최, 민족문화의 원형과 정체성 정립을 위한 학술대회 3, 한국프레스센터, 2007년 11월 1일 논문집).

26) 이한상, 《황금의 나라 신라》, 김영사, 2004, 50~51쪽 참조.

이라고 한다면, 시베리아의 광대한 면적과 적석목곽분의 분포에 견주어 볼 때 시베리아 지역에서는 금관이 무수하게 발굴되어야 한다. 그러나 금관은 경주에서만 집중적으로 발굴되고 있다. 시베리아는 물론 유라시아 전 지역을 보더라도 출토된 금관의 분포는 경주와 비교가 되지 않을 정도로 희박하다.

확실하게 적석목곽분으로 알려진 곳에서 금관이 출토된 경우는 카자흐스탄의 이씩 고분이 유일하다. 그런데 이씩 금관은 우리 금관의 양식과는 전혀 다른 삼각투구 모양으로, 전파론적 관련성을 생각할 수 없다. 이씩 고분의 금관 양식은 사르마트 금관이나 틸리아 테페 금관과도 근본적으로 다르다. 따라서 이러한 금관의 출토 양상은 시베리아 적석목곽분과 금관의 필연성을 검증하는 아무런 근거가 되지 못하며, 전파론을 펼칠 만한 지리적 분포조차도 이루지 못하고 있다.

적석목곽분과 금관의 필연성은 경주 지역에서 찾을 수 있다. 그리고 경주 지역의 금관은 금동관과 더불어 현재 발굴된 것만 해도 20점 가까이 된다. 이 가운데 순금관만 5점이다. 시베리아 전 지역에서 출토된 것보다 훨씬 많다. 세계적으로 금관이 일정한 지역에 집중적으로 나타난 것은 경주 지역이 유일하다. 게다가 한반도에서 적석목곽분의 분포는 경주 지역에 한정되어 있다. 그러나 금관과 금동관의 분포는 이보다 훨씬 넓다. 부산을 비롯해 울산·양산·창녕·경산·대구·선산·의성·안동·강릉까지 폭넓게 분포되어 있다. 물론 무덤의 양식도 다르다. 적석목곽분이 금관을 낳은 것이 아니라 금관이 적석목곽분에 묻혀 있을 따름이다. 적석목곽분이 아닌 고분에도 금관 또는 금동관이 두루 출토되고 있다. 그러므로 적석목곽분과 금관을 필연적으로 연관지을 근거는 경주 지역에만 있을 따름이다.

금관이나 금동관이 출토된 부산의 복천동 분묘군, 양산의 북정리 분묘군, 경산의 임당 분묘군,(〈그림 1〉) 대구의 달서 분묘군, 창녕의 교동

〈그림 1〉 경산 임당동 7호분 출토 금동관

분묘군, 성주의 성산동 분묘군, 삼척의 갈야산 분묘군, 순흥의 읍내리 분묘군은 경주에 버금가는 큰 무덤으로 축조되어 있다. 그러나 이 분묘군의 무덤 양식은 대부분 돌덧널무덤[竪穴式石室墓]으로, 적석목곽분은 일부에 지나지 않는다.[27] 그러므로 금관이 출토되지 않은 시베리아 지역의 적석목곽묘를 근거로, 경주 지역에 한정되는 적석목곽묘에서 출토된 금관이 시베리아 지역에서 비롯되었다며 영향론을 펼치는 것은 설득력이 없다.

그것은 마치 가임 여성(경주 적석목곽분)이 낳은 아이(신라 금관)를 두고 불임 여성의 얼굴(시베리아 적석목곽분)을 닮았다고 하여, 실제 산모인 가임 여성을 제쳐둔 채 그 아이가 불임 여성이 낳은 아이라고 해석하는 것이나 다름없는 당착이다.[28] 한마디로, 시베리아 적석목곽묘의 얼굴이 아무리 신라 적석목곽분과 닮았다고 하더라도, 그것들은 신라의 적석목곽묘처럼 금관을 부장하고 있지는 않다. 금관이 없는 시베리아 적석목곽분을 근거로 금관의 원류를 말한다는 사실 자체가 논리적 모순이다. 금관과 적석목곽분의 관계는 이 정도로 마무리하고, 계속해서 신라 김씨

---

27) 같은 책, 21쪽.
28) 임재해, 〈왜 겨레문화의 뿌리를 주목하는가〉, 《比較民俗學》 31, 比較民俗學會, 2006, 217쪽.

왕권과 관련해 금관의 출현 문제를 논의하기로 하자.

4. 김씨계의 왕권 확보 전략과 금관의 구상

김씨계 시조의 신성성은 김씨 왕실의 왕권을 강화해주는 구실을 한다. 김씨 왕권의 세습 체제가 흔들리는 가운데 선왕인 실성을 살해하고 왕위에 오른 눌지로서는 시조 김알지의 후손으로서 정통성을 확보하는 일이 긴요한 과제가 아닐 수 없었다. 따라서 역대 어느 왕보다 시조묘에 대한 제의를 특별히 챙겼다고 할 수 있다. 그리고 시조에 대한 신화적 상징성이 왕권 강화에 필요했다. 이전에 석씨 왕조에서 쓰던 '이사금'이라는 왕호를 바꾸어 새로 '마립간'이라고 일컬은 것에도 김씨 왕조의 새판을 짠다는 의미가 깃들어 있다. 그러므로 시조 김알지 신화의 신이성을 시각적으로 형상화한 금관이 왕관 구실을 하게 된 것이다.

금관은 세 그루 또는 다섯 그루의 나무로 장식되어 있는데(〈그림 2〉와 〈그림 3〉), 이것은 곧 김알지가 출현한 계림을 상징한다. 신라의 국호를 계림국이라고 한 것도 김알지 신화에 토대를 두고 있다. 따라서 금관은 김알지의 성지 계림을 형상화한 것이자 계림국 김알지계 왕실의 신성성을 상징하는 구실을 한다. 눌지가 왕권을 강화하는 데는 시조묘 참배 못지않게 김알지 신화를 널리 퍼뜨려 김씨 왕실을 신성하게 여기도록 하는 것이 필요했다. 그리고 김씨 왕권의 성지인 계림을 화려한 상징으로 형상화한 금관을 통해 아무나 김씨계 왕실을 넘보지 못하게 했던 것이다.

신화의 기능을 정확하게 포착한 눌지왕은 시조인 김알지 신화를 통해 김씨 왕실의 신성성을 강화하고, 김알지 신화의 계림을 형상화한 화려한 황금 보관을 만들게 하여 왕관으로 착용했던 것이다. 그럼으로써 박씨와 석씨 왕실로부터 김씨 왕실로 정권 교체를 확실하게 하고, 정권

〈그림 2〉 경주 교동 출토 금관

교체기에 나타나는 불안정한 왕권의 정통성을 바로 세우고자 했던 것이다. 따라서 세습 왕조의 전통을 유지하는 왕관이 어느 시기보다 절실하게 필요했으며, 김알지 신화를 형상화한 황금 보관을 쓰고 각종 의식을 행함으로써 김씨계 왕실의 정통성을 확립하고자 했던 것이다.

'계림'은 작게는 시림의 명칭이고 크게는 김알지에서 비롯된 신라의 국호라고 할 수 있다. 그러나 계림이라는 국호나 닭을 신성시한 문화적 전통이 김알지 이후에야 비로소 성립된 것은 아니다. 계정(鷄井) 가의 알에서 태어난 혁거세뿐만 아니라 그 왕비인 알영도 계룡(鷄龍)으로부터 태어났다. 이 때문에 알영은 닭의 부리를 지니기까지 했다. 박혁거세 부부가 모두 닭과 연관되어 있는 까닭에 계림국이라고 일컬었던 것이다. 그러므로 김알지 신화는 박혁거세 신화에서 시작된 계림국의 전통을 더욱 확고하게 수립한 것이며, 김알지의 후손들이 왕위에 오르면서 계림국

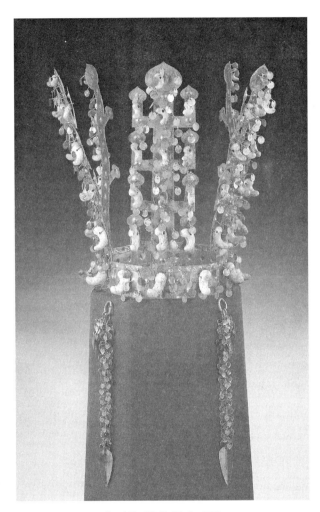

〈그림 3〉 경주 천마총 출토 금관

의 상징을 금관으로 형상화하게 된 것이다.

마립간 시대에는 궁중에서 왕관으로 금관을 만들어낼 만큼 충분한 금과 옥은 물론 이를 다룰 수 있는 역량이 축적되어 있었다. 5~6세기에 널리 금관을 만들고 얼마 뒤인 8세기에 이미 세계 최고의 주종 기술을

자랑하는 에밀레종을 만든 것처럼, 그 이전 시기인 2세기에 이미 민간에
서조차 금은과 주옥을 널리 다루었던 것이다. 따라서 신라의 황금 문화
역량은 그 뿌리가 깊다고 하지 않을 수 없다.

신라인들이 금관을 만들기 시작한 것은 5세기인데, 그보다 300년이
나 이른 때에 민간에서는 금은과 옥을 장신구로 널리 사용했던 것이다.
그런 까닭에 신라 7대 왕 일성이사금 11년인 2세기 중엽에 이미 왕명을
내려 '민간에서 금은주옥(金銀珠玉)의 사용을 금'했던 것이다.[29] 2세기 초
에 세간에서 금은과 주옥 다루는 것을 금할 정도로 금은붙이와 진주·옥
을 가공해 장신구로 널리 사용했다면, 궁중에는 벌써 금은주옥을 소재로
한 상당 수준의 장신구 문화를 꽃피웠다고 할 수 있다. 실제로 금관과 더
불어 출토된 각종 금제 속관과 새 깃 장식, 귀고리 등의 장신구 세공을
보면 화려하기 짝이 없다.

금제 속관과 새 깃 장식은 절풍형 관모의 양식으로서 고대 관모의
전통을 고스란히 이은 신라 고유의 것이며, 귀고리 또한 고구려의 영향
을 일부 받은 것도 있지만 자체 생산된 것이 대부분이다. 그런데 금관이
등장한 5세기 이후의 황금 귀고리는 고구려보다 더 화려해지고 신라의
특색을 현저하게 보여준다.[30] 금제 관모와 귀고리를 독창적으로 만들면
서 오직 금관만은 시베리아 철제 무관을 본떴다고 하는 것은 당착이다.

알타이가 황금의 나라라고 하여 신라의 황금 문화는 알타이에서 비
롯되었다는 주장도 있는데, 이 또한 설득력이 없다. 왜냐하면 신라가 2
세기부터 금은주옥을 널리 장신구에 사용했던 국가라는 사실은 《삼국
사기》뿐만 아니라 일본 고대 사서인 《일본서기(日本書紀)》에서도 밝혀
기록해두었기 때문이다. 《일본서기》에서는 "한향(韓鄕)에는 금은이 있

---

29) 《三國史記》卷1, 〈新羅本紀〉第1, 逸聖尼師今 11年 2月.
30) 이상한, 앞의 책, 138쪽 참조.

다. 한향의 섬에는 금은이 있다"고[31] 했는데, 여기서 한향은 신라와 가야 지역을 뜻한다. 《고사기(古事記)》에서도 신라에는 "금은으로 다채롭게 장식한 것이 많이 있다"고 하거나 "금은을 근본으로 삼는 나라" 또는 "금은이 많은 나라[金銀蕃國]"라고 하면서, 아예 신라를 "금은의 나라[金銀之國]"라고 일컫고 있다.

《일본서기》의 신공황후(神功皇后)조에서도 신라를 금은의 나라로 일컬을 뿐만 아니라 재국(財國)이라고도 일컬었다.[32] 일본 학자 가운데는 신라 국호 가운데 하나인 서라벌(徐羅伐)이나 금관가야의 다른 이름인 수나라(須那羅)가 금은이나 철의 생산을 뜻하는 것이라고 해석하기도 한다.[33] 그러므로 5세기 이후의 신라 금관이 알타이의 황금 문화에서 비롯되었다고 할 필요가 없다. 3세기의 일본 사서들에서도 신라를 금은의 나라로 일컬을 만큼 황금 문화가 꽃을 피웠던 것이다.

게다가 프리츠 그레브너(Fritz Graebner)가 말하는 전파설을 입증하는 '형태의 준거'나 '양적 준거'의 원칙에도[34] 맞지 않다. '양적 준거'란 금제 관모와 더불어 금제 귀고리, 금제 팔찌 등 금제 장신구가 함께 전파되었다는 사실을 입증할 수 있을 때 비로소 금관의 전파설도 인정할 수 있다는 것이다. 어떤 문화의 단일한 요소만 전파되는 일은 현실적으로 인정하기 어렵다는 것이 양적 준거의 원칙이다. 시베리아 샤먼들이 사슴뿔 무관을 쓰기는 했지만, 신라 왕실의 금제 장신구를 썼다고 할 만한 증거는 제시되지 않았다. 그러므로 5세기에 나타난 신라 금관은 우연히 돌출된 것이거나 시베리아 문화의 전래로 말미암은 것이 아니라, 당시의 황

---

31) 《日本書紀》卷1,〈神代〉上, 제8단.

32) 《日本書紀》卷9, 氣長足姬尊 神功皇后.

33) 末松保和,《任那興亡史》, 1949, 138쪽.
   http://cafe.naver.com/sagahistory.cafe?iframe_url=/ArticleRead.nhn%3Farticleid=701 참고.

34) 크네히트 페터,〈문화전파주의〉, 아야베 쓰네오 엮음, 이종원 옮김,《문화를 보는 열다섯 이론》, 인간사랑, 1987, 25쪽.

금 문화가 만들어낸 신라인들의 자력적 역량에 따른 독창적 작품이라고 하지 않을 수 없다.

전파설의 첫째 기준인 '형태의 준거'에서는 "서로 유사한 사물의 특징이 사물 자체의 본질로부터 필연적으로 나타난 것도, 또한 그 재료나 지리적·기후적 조건에 의해서 결정된 것도 아니라는 사실이 필요 조건이다."[35] 그런데 이미 2세기 중엽에 왕명을 내려 민간에서 금은주옥의 사용을 금했다고 하는 사실을 볼 때, 전파에 의존하지 않고도 신라에서 금은제 장신구를 만들어 썼다는 것을 입증할 수 있다. 일본의 3세기 고대 사서에서도 신라를 황금 문화의 나라로 널리 기술하고 있다. 그것도 민간이 아니라 왕실이라면, 또 2세기가 아니라 5세기라면, 전파에 의존하지 않고도 금관을 충분히 자력으로 만들 수 있었다고 보지 않을 수 없다. 특히 고구려의 도움으로 왕위에 오른 눌지는 고구려 문물을 받아들이는 가운데 고구려 왕실의 금관도 받아들였을 것이다.[36] 그러므로 5세기에 나타난 신라 금관의 황금 문화를 굳이 알타이에서 온 것처럼 전파설을 펴는 주장은 설득력을 지니기 어렵다.

신라 왕실의 성씨 교체 과정의 우여곡절과 2세기부터 이미 장신구에 금은주옥을 사용했던 오랜 문화적 전통을 고려할 때, 금관은 눌지마립간의 등장과 같은 시기에 나타날 수밖에 없었던 개연성이 충분하다. 혁명적 왕권 교체의 역사적 사건과, 세간에서조차 금붙이 장신구를 널리 사용한 문화적 역량으로 금관의 자생적 출현의 필연성이 설명될 수 있기 때문이다. 눌지왕에 의해 김알지 신화가 널리 보급되어 구송되었으며, 왕실이나 국가적으로 중요한 의식 때마다 김알지 신화를 형상화한 신성

---

35) 같은 글, 21쪽.

36) 고구려 금관은 집안 고구려 왕릉 조사 보고서에 실린 것으로 확인할 수 있는데, 우산묘구(禹山墓區) 광개토대왕릉에서 출토된 금으로 만든 절풍 2점과 발굴자들이 봉황의 날개(鳳翅)라고 일컬은 금관식이 그것이다.

한 금관을 착용해 왕권 강화의 문화적 장치로 이용했던 것이다.

따라서 박씨와 석씨로부터 김씨 왕실로 확실하게 정권 교체를 한 사람은 눌지마립간이라고 할 수 있다. 그리고 그러한 분기점을 마련하는 데 결정적 기능을 발휘한 문화 현상은 김알지 신화와 이를 형상화한 금관이며, 또 '마립간'이라고 하는 새로운 왕호라고 할 수 있다. 그러므로 눌지는 슬기와 지략이 뛰어나고 정세를 읽는 정치적 감각과 판단도 훌륭했을 뿐만 아니라 신화와 금관의 기능을 문화적으로 활용하는 역량도 탁월했던 인물이라고 할 수 있다.

눌지마립간 이후 법흥왕대까지 금관 문화와 더불어 김씨 왕실은 확고하게 천년대계를 이어갈 만한 안정기를 이루게 되었다. 그러자 김알지 신화와 이를 상징한 금관이 더 이상 김씨 왕실의 정통성을 상징하고 왕권 강화 구실을 할 필요가 없었다. 나라 안의 어떠한 세력들도 감히 김씨 왕실에 도전하지 못할 만큼 왕권이 안정되고 세습제가 강화되었기 때문이다.

이러한 안정기는 26대 왕인 진평왕대까지 계속된다. 따라서 신라 금관의 가장 발전된 양식이자 가장 후기 형태로 보이는 서봉총 금관도 진평왕 시대의 것으로 추정된다. 이 시대가 신라 금관이 가장 발전한 때이자 신라 김씨 왕실이 가장 안정된 시기라고 하겠다. 그러므로 여러 모로 문제를 드러내는 서봉총에 대한 고고학계의 해석은 정확하게 다시 살펴볼 필요가 있다.

제3장 신라 금관의 절정기와 소멸의 역사적 상황

1. 서봉총 금관의 정체와 금관 편년의 재검토

서봉총 금관은 신라 금관의 결정판이자 역사적 증거 자료를 가장 풍부하게 보여주고 있어 주목된다. 따라서 서봉총 출토 금관과 유물만 제대로 해명해도 신라 금관 연구는 절반의 성공을 보장받을 수 있다. 그런데 서봉총이라는 이름이 상징하는 식민지 역사의 잔영처럼, 금관의 주인과 연대조차 정확하게 밝히지 못한 채 일본 학자들의 터무니없는 연대 비정을 따르느라 우리 학계의 금관 연구는 계속 미궁에 빠져들고 있다. 이러한 미궁에서 벗어나려면 자력적인 눈으로 금관과 출토 유물의 해석을 다시 하지 않을 수 없다.

서봉총 금관의 주인에 관한 추론은 물론, 금관의 형태와 발전 단계 해석, 그리고 무덤에서 함께 발굴된 명문의 해독과 연대 확정부터 재검토가 필요하다. 서봉총 금관은 세움장식이 다섯 개이자 달개와 곡옥을 갖추고 있는 가장 발전된 양식의 왕관이다. 그리고 다른 금관과 달리 나뭇가지에 앉은 새의 형상까지 독특한 장식물을 갖추고 있다. 서봉총이라

〈그림 1〉 이른바 서봉총 출토 금관

는 무덤의 이름도 이 금관에서만 보이는 새의 형상에서 비롯된 것이다. 나뭇가지 끝에 새를 앉히기 위해 금관의 구조까지 새롭게 바꾸었다. 그러므로 지금까지 발굴된 금관 가운데 서봉총 금관보다 구조나 장식이 더 풍부한 것은 없다고 해도 지나치지 않다.

　　따라서 나뭇가지에 앉은 새 장식을 새로 설치하기 위해 다른 금관
과 달리 십자 모양의 덮개를 별도로 만들었다. 김알지의 출현을 알리는
데 결정적 구실을 한 닭의 모양까지 금관의 장식으로 형상화함으로써 김
알지 신화의 내용을 가장 완벽하게 형상화한 것이 서봉총 금관이다. 그
러므로 금관의 구조가 가장 복잡하고 장식도 가장 다양하며 화려하다.
현재로서는 서봉총 금관이 신라 금관 문화의 결정판이라고 할 수 있다.

　　다른 금관은 계림의 신성한 숲을 풍성하게 형상화하는 데 머물렀지
만, 이 금관은 닭을 나뭇가지에 앉힘으로써 아기 알지가 출현할 때 흰 닭
이 울었던 상황을 더 구체적으로 나타내고 있다. 다시 말해서, 숲 속에
세 마리의 닭을 앉혀 예사 숲이 아니라 '계림'이라는 사실을 분명하게 드
러낸 셈이다. 따라서 지금까지 발굴된 금관 가운데서는 가장 발전된 양
식이자 김알지 신화의 내용을 가장 적극적으로 나타낸 양식이라고 할 수
있다. 그러므로 이 금관은 매우 중요하다. 왜냐하면 이 금관의 형성 시기
를 근거로 신라 금관의 절정기, 곧 금관 시대의 하한선을 추론할 수 있기
때문이다.

　　그런데 그동안의 연구에서는 서봉총 금관을 가장 후기의 것으로 해
석하지 않았다. 가장 발전된 형태로 포착하지 않았기 때문이다. 연구자
들은 이를 5세기 후반에 만든 것으로 파악해, 6세기 초반의 금령총과 천
마총의 금관(제1부 2장의 〈그림 3〉 참조)보다 앞선 것으로 해석한다.[1] 그리고
서봉총의 은합우(銀合杅)에서 발견된 명문(銘文)으로 절대 연대를 추정하
는 학자들도 이 시기를 벗어나지 않고 있다. 왜냐하면 신라 금관이 5~6
세기에만 나타난다고 믿고 있기 때문에, 명문을 이 범주 안에서 풀이한
결과 391년설·451년설·511년설 사이를[2] 오락가락할 따름이다.

1) 이한상, 《황금의 나라 신라》, 김영사, 2004, 97쪽 및 李鍾宣, 《古新羅王陵研究》, 學研文化
　社, 2000, 300쪽의 금관편년표 참조.
2) 朴仙姬, 〈銀合杅 명문의 연대 재검토에 따른 서봉총 금관의 주체 해명〉, 《白山學報》74,

이는 은합우에 기록된 명문 가운데 '연수원년(延壽元年)'이라는 연호
를 알 수 없는 연호, 또는 한반도나 중국에서 발견되지 않는 연호로 간주
해 아예 해석조차 하지 않은 까닭이다. 그리고는 일본 학자의 주장에 따
라 은합 아래위에 제각기 쓰여 있는 '太歲在辛'과 '太歲在卯'의 끝 글자
를 따와 신묘(辛卯)년으로 해석하고 연대 추론을 했다. 그러나 은합우의
그릇과 덮개에는 제각기 제작 연대를 밝히는 연호와 은의 무게 그리고
만든 계기 등이 기록되어 있다. 이 가운데 연호에 해당되는 부분만 살펴
보면, 그릇의 바깥쪽 아래에는 '延壽元年太歲在辛'라고 쓰여 있고 덮개
의 안쪽에는 '延壽元年太歲在卯'라고 쓰여 있다.

이 명문을 처음 소개한 하마다 고사쿠(濱田耕作)는 '연수'라는 연호
를 알지 못한 까닭에 아래위의 명문 끝에 있는 '辛' 자와 '卯' 자를 발견하
고는 신묘(辛卯) 간지(干支)를 나누어 쓴 것으로 해석했다. 그런 다음 이
금관의 편년으로 5세기 후반에서 6세기 전반에 속하는 신묘년을 추론했
다.[3] 고사쿠가 이를 신묘년으로 해석한 이래 우리 학자들의 연구는 이 범
주를 벗어나지 못하고 있다. 분명히 '연수원년'이라고 밝힌 기록을 눈앞
에 두고도 "동양 각조(各朝)에 도무지 보이지 않는 연호"로 간주해,[4] 서로
다른 문장 속에 있는 낱자를 뽑아 신묘년이라고 해석하고 연대를 추론한
것은 대단한 비약이라고 하지 않을 수 없다. 이런 비약조차 주체적인 것
이 아니라 일본 학자의 주장이라는 사실이 더 문제이다.

명문에서 밝힌 '연수'는 고창국(高昌國) 국문태(麴文泰)왕의 연호로,
그 원년은 서기 624년이다. 국문태왕은 즉위한 지 5년이 되는 해에 연호

2006, 88~90쪽에 서봉총 은합우 연대에 대한 기존 연구들이 자세하게 정리되어 있다.
3) 濱田耕作,〈新羅の寶冠〉,《寶雲》第3冊(《考古學硏究》, 1932, 354~355쪽에 재수록) ; 李
  弘稙,〈延壽在銘新羅銀合杅에 대한 一·二의 考察〉,《韓國古代史의 硏究-崔鉉培博士還甲
  紀念論文集》, 1954, 459~471쪽 참조.
4) 李弘稙, 같은 글, 같은 쪽.

를 중광(重光)에서 '연수'로 바꾸었는데, '연수원년'이란 바로 이 해를 말한다.[5] 그러면 명문의 '太歲在辛'을 한번 살펴보자. 《이아(爾雅)》의 〈석천(釋天)〉에서는 '太歲在辛曰重光'이라고 했는데, '重光'은 바로 덕으로 많은 것을 이룬 밝은 임금이 계속 재위했다는 뜻이다. 그리고 '太歲在卯'는 '言萬物茂也'라고 해서 만물이 무성함을 뜻한다고 풀이한다.[6] 따라서 '延壽元年太歲在卯三月中'의 명문 가운데 '卯' 자만 떼어내 신묘년으로 꿰맞출 것이 아니라, 뒤에 오는 '3월중'과 관련해 유기적으로 해석해야 온전하게 제 뜻이 살아나고 은합우의 제작 연대도 정확하게 포착할 수 있을 것이다.

명문을 제대로 해석하면, '국문태왕이 즉위한 지 5년 되는 연수원년 (624), 만물이 무성하기 시작하는 3월중'에 이 은합우를 만들었다는 사실이 드러난다. 달리 말해서, 고창국의 정치와 경제가 안정되어 번영하기 시작하는 시기를 과시하는 글귀라고 해도 지나치지 않다. 따라서 위의 명문은 '연수' 원년에 국문태왕이 '중광' 4년에 이어 계속 명군(明君)으로 재위했다는[7] 사실을 드러내는 내용이라고 할 수 있다. 그러므로 명문의 내용으로 볼 때, 서봉총 은합우는 서기 624년 고창국에서 국문태왕의 지시로 만들어져 신라에 예물로 보내진 것으로 추정된다.[8]

당시 신라의 큰 무덤에는 은합우와 같은 고창국의 물건뿐만 아니라 서역의 물건들이 다수 출토된 바 있다. 따라서 은합우를 신라나 고구려에서 만든 것으로 해석할 필요가 없다. 게다가 이 은합우는 고창국에서 의도적으로 보낸 외교적 선물로 해석된다. 왜냐하면 국문태왕이 연호를

---

5) 林幹·陸峻岭, 《中國歷代各族紀年表》, 內蒙古人民出版社, 1980, 404쪽에 따르면, 고창국의 국문태는 620년에 왕좌에 올라 '重光'이라는 연호를 쓰다가 재위 5년인 624년에 연호를 '延壽'로 바꾸어 640년까지 재위했다.
6) 朴仙姬, 앞의 글, 92~96쪽에서 이 명문의 글귀를 자세하게 풀이했다.
7) 같은 글, 96쪽 참조.
8) 같은 글, 110쪽.

새로 바꾼 사실과 스스로 명철한 왕이라는 점을 국제사회에 알리기 위해 당시 외교관계에 있던 신라에 은합우를 보냈을 가능성이 크기 때문이다. 실제로 국문태왕이 즉위해 연호를 연수로 바꾼 시기가 고창국의 세력이 가장 강성했던 때였다.[9] 그러므로 고창국의 은합우가 나온 서봉총의 시기는 다시 추론해야 할 뿐만 아니라, 서봉총의 묘주에 대한 해석도 바로잡아야 한다.

2. 서봉총의 묘주 진평왕과 금관의 하한 연대

고창국에서 '연수원년'에 은합우을 만들어 신라에 전했다면, 은합우가 묻혀 있는 무덤은 적어도 624년 이후의 왕릉일 가능성이 높다. 이 시기의 신라 왕은 579~632년까지 재위한 진평왕(眞平王)이다. 진평왕은 여러 차례 수나라에 사신을 보냈으며, 당나라에도 거의 해마다 사신을 보내어 외교관계를 맺었다. 진흥왕 이후 진평왕대까지 북방 외교가 특히 활발했다. 고창국도 국문태왕 재위 시기에 국력이 강성했다. 따라서 국문태왕이 연호를 바꾼 연수원년에 그 사실을 알리고자 은합우를 만들어 신라 진평왕에게 보냈고, 그럼으로써 국력을 과시하고자 했을 것이다. 은합우를 받은 18년 뒤에 진평왕이 죽자, 자연스레 은합우는 부장품으로 왕릉에 묻히게 되었다. 그러므로 주인을 알 수 없어 서봉총이라고 일컬었던 고분은 진평왕릉으로[10] 바로잡아야 할 것이다.

결국 금관의 결정판인 서봉총 금관에 대한 연구가 출발부터 잘못된 셈이다. 가장 중요한 연대 추정이 빗나간 것이다. 그러니 무덤의 주인을

---

9) 같은 글, 96쪽에서 이 문제를 자세하게 다루었다.
10) 자연히 경주시 보문동(普門洞)에 사적 180호로 지정된 전진평왕릉(傳眞平王陵)은 구전에 따른 것일 뿐, 실제 사실과는 다르다고 하겠다.

제대로 추론할 수가 없다. 흥미롭게도 연대를 확정할 수 있는 결정적인 유물이 서봉총에서 유일하게 출토되었는데도 연호 해석을 지나치고 말았거나 엉뚱하게 해석하고 만 까닭이다. 특히 은합우에 새겨진 '연수원년'이라고 하는 연호는 절대 연대를 나타내는 까닭에 구체적인 연도 확정이 분명히 가능하다.

하지만 고고학계에서는 '연수'라고 하는 연호를 알 수 없는 연호로 간주해 아예 제쳐두고, 자의적으로 글자를 조합해 신묘년이라는 간지를 만들어낸 일본 학자의 견해를 좇아, 5~6세기 사이의 신묘년의 편년을 상대적으로 추정하기에 이르렀다. 자연히 명문에도 없는 신묘년 간지를 근거로 60년 주기로 계산해 금관이 출토되는 5~6세기 언저리를 가늠한 것이다. 이 때문에 학자에 따라 391년·451년·511년으로 추론하는 주장이 거듭되었다.

서봉총 금관을 여성이 썼다는 전제에다가 새의 형상이 나왔다는 사실을 들어 이 무덤이 지증왕의 어머니인 조생부인(鳥生夫人)의 것이라고 해석하는 경우가 있는데, 이때는 그 연도를 511년으로 해석한다.[11] 하지만 이러한 추론과 해석은 모두 잘못된 것이다. 가장 발전된 양식의 금관이 6세기 초 지증왕 시대에 나타났다고 해석하는 것도 문제거니와, 더 결정적인 문제는 '연수원년'이라는 고창국 연호를 제쳐둔 채 조작된 신묘년 연대 추정에만 골몰하고 있다는 사실이다. 일본 학자 고사쿠의 조작적인 간지 설정과 해석에 아무도 의문을 품지 않은 것이 이상할 정도이다. 결국 고사쿠의 신라 금관 해석은 한국의 금관 연구자들에게 부처님 손바닥 구실을 하고 있는 셈이다. 고사쿠의 오류는 우리 학계의 오류로 고스란히 이어졌다.

앞에서 밝힌 것처럼, '연수'는 고창국 국문태왕의 연호로서 그 원년

---

11) 김병모, 《금관의 비밀―한국 고대사와 김씨의 원류를 찾아서》, 푸른역사, 1998, 160~161쪽.

〈그림 2〉 고창고성

은 서기 624년이다. 고창국의 옛 도읍지에는 아직도 고창고성(高昌故城)
이 있는데(〈그림 2〉), 투르판 시가지에서 동쪽으로 약 40킬로미터 지점에
있는 유적이다. 이 성지(城地)는 신강성 안에서 가장 큰 고성이며, 후한이
멸망한 뒤 번성했던 투르판의 중심지이자 고창국의 수도였다. 고창국은
5호 16국 시절인 서기 327년에 세워진 나라인데, 이곳은 지금 성지로서
흔적만 남아 있다. 특히 이곳은 현장법사가 2개월쯤 머물며 국왕을 위해
설법을 했던 장소로 유명하다. 그는 627년에 불교 경전을 가져오려고 인
도로 가다가 이곳에 머무는 동안 국왕 국문태의 극진한 대접을 받았다.
고창국은 서기 640년에 당나라의 공격으로 멸망했다.

따라서 서봉총 은합(〈그림 3〉)에 기록된 고창국 국문태왕 연수원년
(서기 624)을 고려하면, 이때는 신라 진평왕 46년 무렵이 된다. 진평왕은
579년에 왕좌에 올라 53년 동안 집권하다가 632년에 사망했다. 따라서
624년에 만들어져 들어온 고창국의 은합우는 진평왕릉에 부장될 수밖에
없다. 그러므로 은합우 연대로 볼 때 서봉총은 진평왕의 무덤이 분명하

〈그림 3〉 이른바 서봉총 출토 은합우

다. 자연히 경주시 보문동(普門洞)에 사적 180호로 지정된 진평왕릉은 구전에 따른 것일 뿐 실제 사실과 다르다고 하겠다.

실제로 진평왕의 사적을 보면 가장 발전된 금관을 썼을 뿐만 아니라 고창국의 은합이 유입되었을 가능성이 높다. 진평왕은 584년에 건복(建福)이라고 하는 독자적인 연호를 새로 사용할 만큼 대외적으로 자주성을 드러내는 한편, 589년에는 통일왕조로 등장한 중국 수나라와 조공을 통한 외교관계를 수립했다. 그리고 중국에서 발달한 불교 문화를 수용하기 위해 승려들의 구법 여행이 빈번했다. 고승들이 중국의 구법 여행을 한 뒤 돌아올 때는 대체로 외교사절의 귀국 행차와 함께 했다.

이를테면, 진평왕 7년(585) 남조(南朝)의 진(陳)나라로 구법을 위해 떠났던 고승 지명(智明)은 602년 수나라에 사신으로 파견되었던 상군(上軍)과 함께 귀국해 대덕(大德)으로 왕의 존경을 받았다. 그리고 596년 수나라로 구법행을 떠났던 고승 담육(曇育)은 605년 수나라에 파견되었던 입조사(入朝使) 혜문(惠文)과 함께 귀국했다. 게다가 고창국의 도읍지에는 현장법사가 630년 2월 수행했던 고창국사(高昌國寺)가 있었다. 그러므로 독자적 연호를 쓰면서 왕권의 자주성을 강화하기 위해 금관을 더 화려하게 장식했을 것이며, 고승의 구법행과 외교사절의 교류를 통해 고창국의 은합우가 신라로 전래되었을 개연성은 충분하다.

3. 진평왕 이후 신라 왕실의 요동과 금관의 소멸

진평왕대에 가장 화려하게 꽃피었던 금관 문화의 전통은 그 뒤로 지속되기 어려웠다. 왜냐하면 신라 고유의 왕실 복제가 중국의 당나라 왕실 복제로 바뀌었기 때문이다. 그렇게 바뀐 데는 주변의 국제 정세와 연관이 있다. 고구려와 백제의 위협에 맞서기 위해 당시 가장 선진국이자 제국을 이루었던 당나라와 외교적 동맹을 맺으며 당의 왕실 문화를 받아들인 것이 중요한 이유이다. 그러나 진평왕대에는 주체적인 외교가 가능했으며, 고구려와 백제의 침공에도 꿋꿋하게 맞설 수 있었다.

진평왕이 625년 당나라에 사신을 보내 고구려의 빈번한 침입으로 당나라에 대한 조공을 하기 어렵다고 하자, 당나라 고조는 이듬해 사신을 두 나라에 보내 외교적 중재를 했다. 그 결과 고구려의 공격은 일시 중단되는 효과가 나타났다. 진평은 당나라를 통해 외교적 노력을 하는 한편 628년에 가잠성(椵岑城)을 포위한 백제군을 물리쳤으며, 629년에는 고구려의 낭비성(娘臂城, 지금의 청주)을 공격해 항복을 받아내기도 했다. 그러나 선덕여왕대부터는 사정이 바뀌었다.

왕자를 생산하지 못하고 진평왕이 632년에 죽자 맏공주인 선덕여왕이 즉위를 하게 되는데, 이때부터 고구려와 백제의 침공이 빈번해지기 시작했다. 선덕은 부왕 진평처럼 당나라에 조공 사신을 보내 도움을 청했으나, 여왕이기 때문에 두 나라로부터 침공을 받는다는 수모의 말을 당 태종으로부터 듣게 된다. 진평왕 시대와 달리 당 태종의 외교적 노력에도 고구려와 백제는 642년부터 신라를 본격적으로 침략했다. 신라는 서쪽 변경의 40여 성을 백제에게 빼앗겼으며, 한강 방면 거점인 당항성(黨項城, 지금의 남양)도 고구려·백제의 침공을 받았다. 그리고 낙동강 방면의 주요 거점인 대야성(大耶城, 지금의 합천)도 함락당하게 되었다.

게다가 647년에는 진골 귀족들이 당 태종의 지적을 빌미로 여왕의 정치를 못마땅하게 여겨 반란을 일으켰다. 김춘추와 김유신이 이를 진압하기는 했으나, 외우내환의 소용돌이 속에 선덕이 재위 16년 만에 결국 죽고 진덕여왕이 28대 왕위를 계승했다. 진덕여왕은 백제의 침공에 맞서기 위해 김춘추를 당나라에 보내 군사적 도움을 요청했다. 이때 김춘추가 당나라와 손을 잡고 동맹을 맺는 가운데 "예복(禮服)을 고쳐 당나라 복제(服制)를 따르기를 청하니, 당 태종이 진귀한 의복을 춘추와 그 종자에게 내주었다."[12] 이때부터 신라 왕실의 복제가 변하기 시작해, 진덕여왕은 그 이듬해 정월부터 옷과 관모를 모두 당의 복제에 따라 착용하게 되었다.[13]

김춘추의 건의에 따라 복제는 물론 연호도 중국의 것을 쓰게 되었다. 진덕여왕 3년인 서기 649년에는 중조의관제(中朝衣冠制)를[14] 고스란히 따랐으며, 650년에는 즉위 직후부터 사용하던 독자적 연호인 태화(太和)를 버리고 당나라 고종(高宗)의 연호였던 영휘(永徽)를 사용했던 것이다. 7세기 중반부터 금관이 더 이상 나타나지 않는 것 또한 이러한 역사적 사실과 밀접한 관련이 있다. 그러므로 당나라의 복제를 수용한 진덕여왕 2년 이전에는 진평왕은 물론 선덕여왕까지도 금관을 왕관으로 착용했을 가능성이 높다. 그렇다면 금관의 하한 연대는 물론 적석목곽분의 하한 연대도 7세기까지 확장해야 할 것이다.

12) 《三國史記》卷5,〈新羅本紀〉第5, 眞德王 2年.
13) 《三國遺事》卷4,〈義解〉5, 慈藏定律;《三國史記》卷5,〈新羅本紀〉第5, 眞德王 3年.
14) 《三國史記》卷5,〈新羅本紀〉, 眞德王 3年條. "봄 정월에 처음으로 중국의 의관을 착용했다(春正月, 始服中朝衣冠)."

4. 금관의 출몰 과정으로 본 시베리아 기원설 비판

신라사 속에서 금관의 등장과 퇴장 시기는 신라 김씨계 왕실의 형성과 대내외적 상황 및 신라 왕실의 복제 변화와 밀접하게 연관되어 있다. 따라서 금관은 시베리아 샤먼의 무관에서 비롯되었다는 막연한 추론은 역사적 근거를 확보하지 못할 뿐만 아니라, 신라 금관의 등장과 퇴장 시기를 정확하게 설명할 수 없다. 신라 초기 왕조사와 박·석·김 세 성씨의 왕조 교체사를 정확하게 포착하고 있다면, 신라 금관이 김알지 신화를 토대로 형상화했으리라는 사실을 쉽게 추론할 수 있다. 또한 금관의 형상은 김씨 왕가의 시조인 김알지가 계림에서 출현한 상황을 고스란히 반영한 시각적 구조물이라는 사실도 분명하게 파악할 수 있다.

역사적 사실이 이처럼 분명하고 필연적인데도, 신라 금관이 시베리아 샤먼의 관에서 왔다는 북방 기원설을 펴는 것은 북방 문화 전래설의 상투성에 매몰된 탓이다. 그리고 김씨계 왕실의 시조인 김알지의 혈통마저 알타이족의 이주민으로 불확실하게 추론하는 것 역시 일제 강점기 이후 자리 잡기 시작한 북방 문화 원류론에 알게 모르게 감염되어 있는 까닭이다.

시베리아 무관 기원설은 그 자체로도 모순이지만, 이 기원설을 통해서는 금관이 5세기에 출현하기 시작해 7세기 중기 이후에 갑자기 사라지게 된 역사적 이유를 결코 밝힐 수 없다. 실제로 연대 추론도 엉뚱하게 할 뿐만 아니라, 금관을 연구한 어떤 학자도 금관이 신라 왕실의 복제 변경과 더불어 진덕여왕 때부터 더 이상 왕관으로 사용할 수 없게 되었다는 사실을 밝히지 못했다.

금관은 눌지왕 이후에 비로소 출현하기 시작하는데, 눌지왕이 특별히 시베리아 샤먼의 후예이거나 그 영향을 받았다고 할 아무런 역사적 근거도 없고, 그럴 만한 문화적 상황도 아니다. 눌지왕대에는 이미 문명국가로서 고대국가의 기틀을 확고하게 다진 시기였는데, 신라와 같은 고대국가의 왕이 아직도 유목 생활을 하는 시베리아 소수민족 샤먼의 무관을 본받을 아무런 이유도 없거니와, 그것이 왕권을 유지하는 데 도움이 될 까닭도 없다.

눌지왕은 실성왕을 역습하여 제거하고 왕위에 오를 정도로 혁명적인 정치 지도자이자 상당히 현명하고 슬기로운 왕이다. 그는 당시 이웃 나라인 고구려와 일본을 외교적으로 또는 군사적으로 상대해 설득하거나 제압할 수 있는 능력을 갖춘 신라 왕조의 영웅적인 제왕이자, 마립간 시기를 개척한 김씨 왕조의 진정한 시조 왕이나 다름없다. 따라서 이 시기에 시베리아 샤먼의 무관을 본받아 금관을 만들어 왕관으로 썼다는 것은, 당시 신라의 문화적 수준이나 역사적 상황 그리고 눌지의 역사적 행적을 볼 때 전혀 맞지 않는 주장이다. 시베리아 샤먼의 문화를 본받기에는 신라 왕실의 문화가 상당히 비약적으로 발전했기 때문이다.

눌지왕 이후의 마립간 시대에는 이미 남해차차웅을 고비로 제정일치 시대도 어느 정도 끝나가고 있는 상황이었다. 신라 2대 왕 남해의 친누이 아노(阿老)가 제사장 구실을 감당하기 시작했던 것이다. 따라서 이 시기 이전에 사제왕 구실을 했던 신라 왕들이 시베리아 샤먼의 관을 본받았다는 추론은 어느 정도 가능하다. 그런데 그로부터 400년 뒤인 신라 19대 눌지왕이 새삼스럽게 시베리아 샤먼의 관을 받아들여 왕관을 만들었다는 것은 납득하기 어렵다. 발전된 문화를 누리던 고대 왕국에서, 최근까지 여전히 소수민족으로서 유목 생활을 하고 있는 시베리아 퉁구스족의 샤먼 모자를 왕관으로 받아들였을 까닭이 없기 때문이다. 적어도 눌지는 고구려와 일본과 같은 당대의 문명국가를 상대로 국제적 외교 활동을 적극적으로 벌였다는 사실을 충분히 고려해야 할 것이다.

만일 눌지가 시베리아 샤먼의 무관을 본받아 금관을 만들어 썼다면 유목 생활을 하는 시베리아 유목 문화의 전통을 고스란히 답습했다고 할 수 있는데, 그런 역사적 흔적은 고사하고 눌지는 오히려 농경 문화의 기틀을 새롭게 확립했다. 눌지왕 17년(433)에는 저수지 시제를 만들었을 뿐만 아니라, 그 5년 뒤인 438년에는 우차(牛車)를 만들어 그 사용법을 백성들에게 가르쳤다. 농업 생산력 증대를 장려하기 위한 정책이었다. 눌지왕은 시베리아의 유목 문화를 받아들이기는커녕 우리 농경 문화의 기틀을 한층 발전시킨 왕이라고 해야 마땅하다. 왜냐하면 농경 문화는, 단군 신화에 잘 드러나 있듯이, 이미 고조선시대부터 시작되었기 때문이다.[15] 역사학계에서는 환웅 시대에 이미 농경 문화가 시작되었다고 해석하고 있다.[16] 그러므로 금관은, 박·석·김 왕조 교체기의 혼란을 극복하고 김씨계 왕권을 장악해 세습 왕조의 전통을 확립했으며, 2세기 이후부터 발전된 황금 문화를 계승한 눌지왕대의 문화적 창조물이자, 농경 문화의 기틀을 다지고 김알지 후예로서 왕권의 정통성을 새롭게 창출한 마립간 시대 계림국의 역사적 상징물로 해석해야 할 것이다.

따라서 이 논의에서는 금관의 시베리아 기원설이 지닌 허구를 적나라하게 파헤치는 것은 물론, 북방 문화 전래설을 극복할 수 있는 대안적 학설을 우리 사료와 우리 문화의 맥락 속에서 실증적으로 펼치는 데 진력할 것이다. '신라 금관의 기원을 밝힌다'고는 했지만, 기원론에 머물지 않고 신라 신화를 통한 신라 금관의 형상적 의미를 해명하며 신라 문화의 독창성을 여러 모로 포착하는 데까지 논의를 발전시킬 것이다.

그동안 별개의 신화처럼 제각기 논의된 박혁거세와 석탈해 그리고 김알지 신화가 사실상 하나의 신화처럼 서로 연관되어 있다는 사실을 통해 북방 민족 이주자에 따른 신라 건국설을 극복하는 작업도 당연히 중

15) 임재해, 〈단군신화에 갈무리된 문화적 원형과 민족문화의 정체성〉, 《단군학연구》 16, 단군학회, 2007, 338~339쪽에서 이 문제를 자세하게 다루었다.
16) 윤내현, 《고조선연구》, 일지사, 1994, 141쪽. 단군 신화의 내용을 근거로 "환웅 시대는 농업사회였으며 농업을 바탕으로 붙박이 생활에 들어갔을 것임을 알 수 있다"고 했다.

요한 과제이다. 그러자면 신라의 국호와 왕호에 대한 해석도 새롭게 해야 한다. 그럼으로써 북방 문화 원류론에서 벗어나 신라의 국가적 정체성과 민족적 자주성을 적극적으로 밝혀야 할 것이다. 이렇듯 금관의 기원에 관한 연구는 사실상 우리 문화의 원형과 정체성을 밝히는 여러 가지 문제들과 두루 얽혀 있는 까닭에, 고대사와 고대 문화의 복합성을 총체적으로 해명할 수 있어야 한다.

그러나 이러한 연구 목적은 단숨에 이루어질 수 없다. 시베리아 기원설을 주장하는 기존 연구들이 워낙 강고한데다가 하나의 신념처럼 고정관념으로 굳어져 있으며, 모든 연구자들이 마치 약속이라도 한 것처럼 일사불란하게 같은 전제에 따른 같은 학설들을 되풀이해온 탓에 쉽사리 비판적 논의를 할 수 없을 만큼 학문적 성역을 형성하고 있기 때문이다. 따라서 독창적 학설을 펼치는 일보다 기존 학설의 성역을 허무는 일이 더 힘들다. 그러므로 기존 연구 성과를 비판하는 일과 새로운 기원설을 주장하는 일이 계속 맞물리면서 진행되지 않을 수 없는 까닭에 상당히 치열한 격론이 이어질 것이다. 논쟁적 격론을 계속해서 펼치기 전에 먼저 문화를 보는 시각과 연구 방법론부터 가다듬어보기로 하자.

제2부

금관 연구의 방법과 현장론적 문제의식

제1장 문화를 읽는 눈과 금관 연구 방법론 모색

1. 문화 연구의 수준과 주체적인 시각

문화를 읽는 수준은 누구의 눈으로 문화를 보는가에 따라 크게 세 가지로 나눌 수 있다. 하나는 특정 문화 현상을 자기 눈으로 보고 주체적으로 해석하는 것이다. 주관적이며 자력적인 문화 읽기를 하는 까닭에 독창적인 해석과 창조적인 문화 읽기에 이를 수 있다. 그러기 위해서는 문화가 놓여 있는 공시적 문화 상황과 문화가 지속되고 변화되는 통시적 전통을 정확하게 포착할 수 있는 역량이 있어야 한다.

둘은 특정 문화 현상을 남의 눈으로 보고 그대로 이해하는 것이다. 객관적이고 타력적인 문화 읽기에 해당한다. 그러나 이러한 방법은 기존 해석을 공유하고 문화 지식을 습득하는 데는 도움이 되겠지만, 독창적인 해석이나 창조적 문화 읽기에 이를 수 없다. 외국 이론은 우리와 사정이 다른 문화를 연구해서 얻은 귀납적 체계인데, 이를 우리 문화에 고스란히 적용하는 것은 우리 문화를 왜곡시킬 가능성이 높다. 이를테면, 서양의 연극 이론으로 우리 탈춤을 연구하면 기이한 연극이라는 결론에 이르기도 하고, 서양의 춤 이론으로 우리 탈춤을 보면 탈춤의 춤사위를 춤이라고 인정하기 어렵다는 해석에 이르기도 하는 것이다.[1] 이러한 시각은 마치 흑인들을 인간으로 여기지 않았던 백인들의 편견이나 다름없다.

셋은 특정 문화와 비슷한 다른 문화를 남의 눈으로 보고 이해한 뒤에, 그 눈을 가져와 자신이 보고자 하는 특정 문화를 이해하는 것이다. 다시 말해서, 남들이 다른 문화를 읽는 눈 그대로 특정 문화를 보고 이해하는 방식이다. 이해되지 않는 특정 문화 현상을 이해했다는 점에서는 문화 읽기라고 할 수 있지만, 다른 문화 연구를 끌어들여 고스란히 그것처럼 이해했다는 점에서는 자력적인 문화 읽기라고도 할 수 없고 독창적인 연구라고도 할 수 없다. 그저 비슷한 사실끼리 끌어다가 서로 연결시켜놓은 일종의 줄긋기 작업에 지나지 않는 까닭이다.[2]

그러고 보면 문화를 읽는 눈은 크게 자력적인 눈과 타력적인 눈, 이해 수준의 눈과 해석 수준의 눈으로 나눌 수 있다. 이해 수준의 눈은 문화를 새롭게 포착하는 것이 아니라 기존 지식으로서 인식하는 것이다. 따라서 문화 연구의 창조적인 길을 개척하는 것이 아니라 문화 학습의 지식 확충에 머물고 만다. 그러나 해석 수준의 눈은 선험적 지식에 따른 이해를 넘어서서 분석적 해석을 통해 새로운 의미를 발견하고 논리적으로 설득하는 데까지 나아간다. 자연히 독창적인 문화 해석으로 문화 연구의 새로운 영역을 개척한다.

그러나 자력적인 눈으로 문화를 해석하는 것과 타력적인 눈으로 문화를 해석하는 것은 상당한 차이가 있다. 자력적인 눈으로 문화를 해석하는 것이, 문화를 해석하는 주체적인 연구 역량을 갖추고 자기 문화를

---

1) Judy Van Zile, "HaHoe Masked Dance : But is it Dance?",《안동학연구》2, 한국국학진흥원·하와대학교 한국학연구소, 2003, 79~100쪽.
2) 임재해,〈국학의 세계화를 겨냥한 이론 개척과 새 체제 모색〉,《국학연구》6, 한국국학진흥원, 2005, 442~444쪽에서 이 문제를 자세하게 다루었다.

분석하는 논리를 개척해 문화 이론을 수립하는 수준까지 나아갈 수 있는
연구라면, 타력적인 눈으로 문화를 해석하는 것은 외국 이론을 고스란히
가져다가 우리 문화에 적용하고 재단하는 수준에 머무는 연구이다.

따라서 자력적 해석은 자기 문화에 대한 평가 기준을 자기 눈으로
만들게 되나, 타력적 해석은 외국 이론에 맞추어보고 맞아떨어지면 긍정
적으로 해석하지만 그렇지 않으면 기이한 문화처럼 폄하하기 일쑤이다.
민족의 차이에 따라 문화적 차이도 크기 때문에 외국 이론의 단순한 적
용은 자기 문화의 정체를 온전하게 밝히지 못하고 왜곡되게 평가하는 무
리를 저지르게 마련이다. 이른바 오리엔탈리즘의 그물 속에서 벗어나지
못하게 되는 한계가 있다. 그러므로 자기 문화를 읽는 눈을 스스로 가지
지 못하고 자기 문화를 해석하는 이론을 스스로 만들지 못하는 학자는
식민지 지식인의 전형이라고[3] 비판받게 되는 것이다.

문화를 보는 수준과 이론의 생산에 따라 다음과 같은 네 가지 유형
으로 연구 경향을 변별할 수 있다.[4]

	타력적인 눈	자력적인 눈
이해 수준의 풀이:	사대적 이해	주체적 이해
해석 수준의 풀이:	종속적 연구	독창적 연구

바람직한 연구라면 '이해 수준의 풀이'에서 '해석 수준의 풀이'로,
'타력적인 눈'에서 '자력적인 눈'으로 대상을 포착할 수 있어야 한다. 그
것은 곧 '사대적 이해'에서 '주체적 이해'로, '종속적 연구'에서 '독창적
연구'로 나아가는 길이자, 외국 이론에 따른 신탁통치 학문에서 이론 개
척에 따른 창조적 학문으로 나아가는 길이다.

---

3) 조혜정, 《글읽기와 삶읽기》 1, 또하나의 문화, 1992, 22~23쪽.
4) 임재해, 앞의 글, 444쪽에서 이미 이러한 주장을 펼쳤다.

서구 이론을 수입해 우리 사회 현실을 대입하는 연구로 만족하고 있는 수입학에 대해 우리 사회와 문화 현실에 맞는 이론 개척의 창조학이 제기되고 있다.[5] 이론 창조를 주장하는 논의들이 심화되고 있는 마당에, 금관 연구자들은 외국의 최신 이론이 아닌 일본 학자들이 제기한 1930년대의 가설과 해석을 여전히 수입하고 있는 것이 문제이다. 같은 수입학이라도 이론의 수입인가 주장의 수입인가, 최신 성과의 수입인가 전근대적 성과의 수입인가에 따라 그 학문적 수준은 크게 차이가 난다. 고고학계의 금관 연구 수준이 어느 쪽에 속하는지 냉정하게 성찰하지 않을 수 없다.

연구 수준을 가늠하는 여러 가지 준거를 놓고 금관의 기원 연구를 비추어보면, 그동안의 연구는 종속적인 이해 수준에 머문다는 사실을 알 수 있다. 우선 자기 눈으로 우리 금관의 기원을 보지도 않았을 뿐만 아니라 해석 수준의 이론적인 논의도 이루어지지 않았기 때문이다. 한결같이 외국의 금관이나 금동관, 샤먼의 관, 또는 비슷한 여러 관모의 그림들에서 우리 금관과 비슷한 모양을 찾아내는 일에 급급해왔다. 그리고는 곧장 우리 금관이 그쪽 관모에서 비롯되었다는 전래설을 펴곤 했다. 따라서 타력적인 눈으로 외국 이론을 우리 금관 연구에 적용한 수준이라고 할 수도 없다. 이론적인 기반이나 논거를 갖추지 않았기 때문이다.

외국에서 금관과 비슷한 양식의 관모를 발견하면 곧 우리 금관의 원조로 연결짓는 일을 능사로 알고 있을 따름이다. 따라서 한결같이 시베리아 샤먼의 관에서 금관이 비롯되었다고 주장하는 것 같으나, 자세히 보면 같은 학자의 연구에서조차 뒤로 갈수록 다양한 종족의 관모들이 금관의 기원으로 거론된다. 그러므로 이들 학자들이 주장하는 대로 기원론

---

5) 조동일, 《인문학문의 사명》, 서울대학교 출판부, 1977, 26~56쪽에서 학문 방법론으로서 수입학으로부터 시비학·자립학·창조학으로 나아가야 하는 까닭을 체계적으로 다루었다.

을 모두 인정하면 신라의 금붙이 장신구 전문가가 금관 하나를 만들기 위해 북방 여러 민족의 수많은 관모 양식들을 모두 모아놓고 혼성 모방 양식으로 금관을 만들었다고 해야 옳다.

이들 학자들은 마치 금관을 만든 장인이 시베리아 샤먼의 관모 양식도 흉내내고 아프가니스탄의 관모 양식도 본받고 중앙아시아의 관모 양식도 모방한 것처럼 주장한다. 그런데 더 자세하게 들여다보면, 시베리아의 경우도 시베리아 여러 종족들이 두루 문제가 된다. 오스티악족 무관(巫冠)을 비롯해 에네트족(Ennets) 무관, 예니세이 무관 등이 두루 거론된다.[6] 그리고 에네트족 무관 '테이(Tay)' 앞에 장식되어 있는 '山' 자 도형과 오스티악족 무관의 사슴뿔 형상을 합하면 신라 금관의 기본 도형을 그려낼 수 있다고 보는 것이다.[7]

결국 시베리아는 물론 유라시아 지역 여러 종족들의 금관과 무관들을 혼성 모방하면 신라 금관이 된다는 견해이다. 다시 말해서, 무관의 발생지인 시베리아 여러 종족들의 다양한 유형을 모두 수렴해 가장 잘 갖춘 모범형, 완벽한 전형을 갖춘 관모, 그것이 신라 금관이라는 말이다. 이러한 주장이 가능하려면 신라 금관을 만든 장인은 유라시아 일대를 일주하면서 각 종족들의 모자를 두루 수집한 다음에 비로소 금관을 만들었다고 보아야 한다. 이처럼 전파론적으로 해석하면서도 전파론의 법칙과 어긋난 해석이 두루 보인다.

그러한 것 가운데 하나는 시베리아 지역에 거주하는 여러 종족들끼리도 모자의 장식을 다르게 했다는 사실에서 볼 수 있다. 다시 말해서, 같은 지역에 거주하는 서로 다른 종족들이 수천 년을 이웃하며 살아왔음에도 지금까지 모자의 장식을 서로 본받지 않았다는 것이다. 에네트족은

---

6) 金烈圭, 〈東北亞 脈絡 속의 韓國神話 – 金冠의 巫俗神話的 要素를 中心으로 한〉, 《韓國古代文化와 引接文化의 關係》, 韓國精神文化研究院, 1981, 302쪽.
7) 같은 글, 302~305쪽.

오스티악족으로부터 모자 정수리에 올려놓은 사슴뿔 장식의 영향을 받지 않았고, 오스티악족은 에네트족으로부터 모자 앞에 붙여놓은 산자형(山字形) 장식의 영향을 받지 않았다. 이렇게 시베리아 지역 종족끼리도 지금까지 자기 모자 고유의 장식을 지키며 서로 영향을 주고받지 않았는데, 한반도 가장 남단에 자리 잡고 있는 신라시대의 경주 사람들은 당대에 이미 이 둘의 영향을 모두 받았다고 하는 것은 전파론적 해석의 비약이라고 할 수 있다. 그렇게 영향을 받을 수 있는 개연성을 논증하지 않는 한 공허한 추측일 따름이다.

둘은 전파론적 논의를 펴면서도 전파론에서 기대하기 어려운 가장 온전한 유형, 가장 복합적인 유형이 전파의 가장 주변부에서 나타났다고 하는, 그야말로 비약에 다름 아닌 해석에서 볼 수 있다. 서로 인접한 종족끼리도 문화의 전파를 인정하지 않은 앞의 경우처럼, 가장 주변부에서 가장 발달하고 가장 완전한 형식의 문화가 나타났다는 것은 전파론의 법칙에 맞지 않은 해석이다. 그러므로 지리적 전파에 따라 후대에 만들어진 신라 금관이 가장 잘 갖춘 유형에 해당한다고 주장하는 것은, 전파론적 해석을 하면서 사실상 전파론의 이론과 어긋난 해석을 하는 당착에 빠져 있는 것이다.

전파론은 문화가 전파될수록 파편화되거나 원형에서 이탈된다고 한다. 이것이 곧 전파론의 이론적 근거이다. 그리고 문화가 형성된 발생지의 것이 가장 완벽하고 또 가장 발전된 양식이라는 것이 일반적이다. 전파론은 으레 문화주권설(文化周圈說)을 동반하게 된다. 문화의 발생지가 곧 문화의 중심지이고 문화가 가장 발전된 곳이며, 문화 전파의 주변부로 갈수록 고형의 문화가 전승되거나 원형에서 이지러진 문화가 전승된다는 것이 전파론적 가설이다. 그러므로 전파론에 따르면, 오히려 신라의 경주 일대가 금관 문화의 중심지이자 금관이 가장 발달한 곳이므로, 금관의 발생지는 신라시대의 경주라고 해야 마땅하다.

　　결국 전파론을 펼치면서도 전파론의 이론적 전제와 다른 해석을 내리고 있는 것이 현실이다. 왜 이런 결과가 빚어지는 것일까? 그 이유는 전파론의 방법에 근거해 일정한 논리에 따라 분석하고 해석한 것이 아니라, 1930년대 일본 학자들의 주장에 따라 비슷한 요소를 찾아 그것들끼리 줄긋기 작업을 한 까닭이다. 그것도 우리 금관의 전체 모습과 북방계 여러 민족의 관모를 온전하게 견주어보고 비슷한 것을 찾은 것이 아니라, 금관이나 관모의 장식들을 두루 해체해서 부분적으로 줄긋기를 시도한 것이다. 부분적 동질성이 전체적 동질성을 보장한다는 아무런 근거도 없으며, 이러한 부분의 집합이 전체가 된다는 아무런 보장도 없다. 왜냐하면 비교의 대상이 된 관모들은 저마다 하나의 온전한 작품으로 존재하는 까닭이다.

　　이들 관모를 하나의 자립적인 형식체로서 완성된 관모로 보지 않고 단순히 다양한 부품들의 조합으로 보는 것이 세번째 문제이다. 그것은 마치 문맥 속에서 문장의 뜻을 포착하지 않고 문장의 낱말 풀이만 하면 뜻을 알 수 있다고 하는 것과 같아서, 훈고주석학적 수준의 방법에 머물러 있는 셈이다. 금관을 하나의 유기적 실체로 보아야 할 뿐만 아니라, 신라시대 왕권의 출현과 왕권의 상징 등 당대 왕실 문화의 상황 속에서 맥락적으로 해석해야 할 터이다.

　　그런데도 금관의 장식물을 하나씩 따로 떼어내 줄긋기를 하는데다가, 동시대 신라의 역사적 상황과 문화적 수준을 전혀 고려하지 않은 채, 이것은 사슴뿔 모양이니 여기서 기원되었고, 저것은 나뭇가지 모양이니 저기서 기원되었으며, 그것은 '出' 자나 '山' 자 모양이니 거기서 기원되었다고들 하고 있는 것이다. 결국 금관은 여기서 온 것도 아니고 저기서 온 것도 아니며, 여기저기서 왔다는 당치않은 주장을 하는 셈이다. 사정이 이렇기 때문에 금관의 온전한 해명은커녕 금관의 기원조차 제대로 밝혀질 리 없는 것이다.

2. 연구 방법의 한계와 억지 추론의 문제

한마디로, 우리 금관을 온전한 하나의 관모이자 왕관으로 보는 것이 아니라, 한갖 여러 장식물의 다발이나 꾸러미, 곧 하나의 조합물로 보는 것이 문제이다. 요것은 사슴뿔을 닮았으니 오스티악족의 샤먼관에서 온 것이고,[8] 조것은 나뭇가지를 형상한 것이니 아프가니스탄의 샤먼관에서 온 것이라고[9] 보는 한편, 요 모양은 '山' 자와 흡사하니 에네트족의 샤먼관에서 온 것이고,[10] 조 모양은 '出' 자랑 같으니 시베리아 원주민의 무목(巫木)이나 우주기둥에서 온 것이라고[11] 추정하는 것이다.

유라시아 전 지역에 걸쳐 있는 수많은 종족의 모자에서 한 가지씩 따와 금관을 합성하는 노력이면, 오히려 주체적 상상력과 자생적 창조력으로 금관을 만드는 것이 훨씬 쉬울 터이다. 그런데도 이러한 조합주의적 기원론을 펼치는 것은, 한마디로 금관의 어느 것 하나 신라인들이 자력적으로 만들어냈다는 사실을 인정하고 싶지 않은 식민사관에 오염된 까닭이다. 왜냐하면 이러한 부분 단위 기원론들은 모두 연구자 자신의 독창적 해석에서 나온 것이 아니라, 일제 강점기의 일본 학자나 독일 학자의 주장을 근거로 하고 있는 까닭이다. 기존 연구를 바탕으로 삼아 전파론적 기원론을 펴면서 비슷한 것을 서로 연결짓는 까닭에 주장의 일관성도 없다.

가장 모순되는 해석을 보이는 것 가운데 하나가 이른바 산자형(山字形)이니 출자형(出字形)이니 하는 금관의 굽은 가지 모양 세움장식이다.

---

8) 같은 글, 302쪽.
9) 李殷昌,〈新羅金屬工藝의 源流的인 中央亞細亞 古代文化 — 아프가니스탄의 시바르간 出土遺物을 中心으로〉,《韓國學報》26, 一志社, 1982, 148~149쪽.
10) 金烈圭, 앞의 글, 302쪽 ; 김병모,《금관의 비밀 — 한국 고대사와 김씨의 원류를 찾아서》, 푸른역사, 1998, 33쪽의 그림과 주12 참고.
11) 金烈圭, 같은 글, 303쪽.

김병모는 논의의 앞부분에서 시베리아 에네트족 샤먼의 모자(〈그림 1〉)를 제시하며 야쿠트 지방 민속 모자의 모양과 서로 같다고 한 뒤, 금속제 '山' 자 모양을 근거로 우리 금관과 동질성을 말하는 가운데 시베리아 영향론을 펼치고 있다.[12] 그러나 뒤에 가면 에네트족 모자의 내용을 거듭 소개하면서 새로 카자흐스탄 '이씩(Issyk)' 고분의 모자(〈그림 2〉) 핀 사진(〈그림 3〉)을 제시하고는, '山' 자 모양을 1단계의 직교형 나뭇가지로 그리고 '出' 자 모양을 3단계의 직교형 나뭇가지로 해석하고, 우리 금관의 세움장식이 카자흐스탄의 이씩 고분 모자핀에서 영향을 받았다고[13] 주장하고 있다.

김열규도 '山' 자 모양이 에네트족의 테이관에서 비롯된 것으로[14] 설명하는 한편, '出' 자 모양은 헨체(Hentze) 교수의 연구를 인용해 시베리아의 무목이나 우주기둥에서 비롯된 것으로[15] 설명한다. 게다가 산자형이나 출자형이라는 말을 함께 쓰는 가운데 수지형입식(樹枝形立飾)으로 간주하고 있다. 이처럼 같은 모양의 금관 세움장식을 두고 마치 다른 유형처럼 일컫게 되는 것은 유라시아 여러 지역의 관모에서 비슷한 모양을 찾기 위해 무리한 줄긋기 작업을 한 까닭이다.

다시 말해서, 에네트족 무관과 줄을 그으려면 출자형이니 수지형이니 하는 용어를 결코 써서는 안 된다. 오직 산자형이라고 해야 가능하기 때문이다. 그러므로 비슷한 것끼리 찾아 줄을 긋는 방식에 의존하는 기원론은 그 자체로 당착에 빠져 있을 뿐만 아니라, 비록 일정한 근거를 지닌다고 하더라도 금관의 장식물에 관한 기원은 될 수 있으되 결코 금관의 기원이라고 할 수는 없는 것이다. '山' 자나 사슴뿔을 나타내기 위해

---

12) 김병모, 앞의 책, 33쪽의 그림과 주12 참고.
13) 같은 책, 122쪽.
14) 金烈圭, 앞의 글, 302쪽.
15) 같은 글, 303쪽.

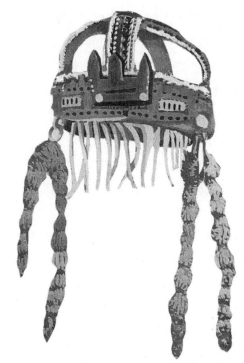

〈그림 1〉 시베리아 에네트족의 모자[16]

금관이 형성된 것은 아니기 때문이다.

　줄긋기 방식의 기원론을 전개하면 북방 문화 원류론의 식민사관과
는 반대로 국수주의적인 주장도 가능하게 된다. 알타이의 카자흐족은
'무정한 바보'를 일러 '싸랑'이라고 한다. 우리말 '사랑'이라는 낱말도 여
기서 비롯된 것이라고 여기며,[17] 우리말과 문화는 물론 김알지조차 알타
이계 인물이라는 증거로 이를 제시하고 있다. 이와 같은 논리로, 집안의

---

16) 김병모, 앞의 책, 33쪽.

17) 金秉模, 〈金秉模의 考古學 여행 – 民族의 뿌리를 찾아서〉, 《월간 朝鮮》, 조선일보사, 2003
　　년 9월호.

〈그림 2〉 이씩 고분 출토 모자

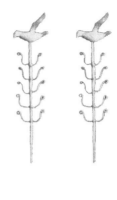

〈그림 3〉 이씩 고분 출토 모자의 핀

남자 어른들이 쓰는 방을 일컫는 '사랑'이라는 말이 프랑스어 살롱(salon, 응접실)과 발음이나 뜻이 비슷하고 '푸른'이라는 말과 영어 블루(blue) 역시 그러하다고 해서, 마치 '사랑'이나 '푸른'이라는 우리말이 프랑스어나 영어의 기원이 되었다며 국수주의적 주장을 하는 이도 있다.

국수주의적 사고를 가진 사람들이 세계 각국어에서 물을 나타내는 말은 모두 우리말에서 비롯되었다고 주장하는 것이나 다르지 않다. 물을 뜻하는 일본어 '미즈(みず)'는 우리말 '물'에서 생겼고 영어권의 '워터(water)'는 우리말 '바다(watar)'에서 생겼다는 주장이다. 워터의 'W'는 독일어와 같은 유럽어에서 '베'와 같이 'ㅂ' 발음을 낸다. 그러므로 우리말

'바다'에서 물을 나타내는 '워터'가 형성되었다는 것이다.

얼른 보면 그럴 듯하다. 그러나 물과 바다는 서로 다른 말인데, 같은 요소끼리 어긋지게 가져다 붙이니 그러한 엉뚱한 해석이 가능하게 되는 것이다. 따라서 이런 보기들을 두루 증거로 제시한다고 해서 우리말이 세계 각국어의 혼성 모방으로 이루어진 말이라고 할 수 없는 것처럼, 모든 외국어들이 한국어에서 비롯되었다는 주장도 가당찮은 것이다. 세계 각국어의 낱말들은 영향 관계 없이 우연히 같은 경우가 많다. 그러므로 이들 낱말의 부분적 동질성을 들어 우리말 언어 체계의 기원으로 삼을 수는 없는 것이다.

게다가 완전히 같은 기호나 형상이지만 나라에 따라서 전혀 다른 뜻이나 상징으로 쓰이는 것도 많다. 우리나라에서 '안색(顏色)'은 얼굴색을 뜻한다. 그러나 중국어에서 같은 한자말 안색은 그냥 색깔을 나타낼 따름이다. 한자말 지식으로 중국어 안색을 얼굴빛으로 알아듣거나 읽었다가는 실수하기 알맞다. 중국에서 얼굴빛을 나타내는 말은 안색이 아니라 '기색(氣色)'이기 때문이다. 한국에서 '4(四)'는 죽을 '사(死)'와 같은 기호로 쓰여 기피하는 숫자이지만, 티베트에서 '4'는 '사방(四方)'을 나타내는 뜻으로 선호하는 숫자이다. '4'라는 숫자는 재물이 사방에서 몰려들게 하는 구실을 한다고 주술적으로 믿고 있다. 따라서 '4' 자가 든 자동차 번호는 한국에서 인기가 없지만 티베트에서는 상당히 인기가 높다.

미국에서 KKK(Ku Klux Klan) 집단의 흰 모자는 흑인에 대한 백인들의 증오와 인종차별주의를 나타내는 기호이나, 스페인에서는 종교적 신념을 나타내는 기호이다. 같은 '십(十)' 자라고 하더라도 아래가 긴 '✝' 자는 예수가 못박혀 죽은 십자가를 상징하지만, 길이가 똑 같은 '✚' 자는 병원을 상징한다. 같은 십자가 형틀이라도 로마에서는 이를 세워 죄인을 매달아 처형하는 기구로 쓰였지만, 한국에서는 이 형틀을 눕혀 놓고 죄인을 그 위에 엎드리게 해 곤장을 치는 도구로 삼았다.

〈그림 4〉 철십자 문양의 제3제국 국기

그 밖에도 십자의 형태는 주어진 상황과 문화에 따라 다양한 상징을 띠어왔다. 같은 '十' 자이되 적십자와 녹십자의 상징이 크게 다르고, 십자가의 변형으로서 불교를 상징하는 '만(卍)' 자와 나치스를 상징하는 철십자(卐)는 비슷하게 보여도 서로 영향이나 전파와 전혀 상관없이 형성된 것이다(〈그림 4〉). 상징이 전혀 다른 형태의 유사성은 전파의 근거가될 수 없다. 상징적 의미의 동질성을 해명하지 못한 형태적 유사성은 전파는커녕 영향의 준거로도 설득력을 지니지 못한다.[18] 서로 아무런 연관관계가 없이 십자의 상징이 마련된 것이기 때문이다. 이와 같은 차이는 문화의 독창성에서 비롯된 것이다. 그러므로 같은 형상이나 기호를 두고곧 문화의 영향 관계로 단정하는 것은 상당히 위험한 일이 아닐 수 없다.

금관의 장식물을 두고 비슷한 것끼리 줄을 그어 기원론을 펴는 것도 마찬가지이다. 금관의 특정 장식물이 시베리아 어느 종족의 관모 장식과 같다고 하여 금관이 거기서 비롯되었다고 할 근거가 되는 것은 아니다. 만일 그런 주장을 펴려면 왜 하나의 관모인 금관에다 서로 다른 종족의 관모 장식에 해당하는 '山' 자 모양과 사슴뿔 모양, 나뭇가지 모양

---

18) 임재해, 〈민속신앙의 비교연구와 민족문화의 정체성〉, 《比較民俗學》 34, 比較民俗學會, 2007, 550쪽.

의 장식을 두루 조합해놓았는가 하는 문제를 제기하고 의문을 풀어야 할 텐데, 지금껏 문제 제기조차 이루어지지 않았다.

외국의 관모 자료 가운데 비슷한 장식들을 찾아 줄긋기하는 작업에 바빠서 이러한 문제를 제기할 만한 겨를조차 마련하지 못한 셈이다. 이런 까닭에, 금관을 하나의 작품으로 해석하는 자료 자체의 구조적 연구나 금관이 놓여 있는 문화적 맥락 속에서 해석하는 현장론적 연구는 이루어지지 않고 있다. 금관의 장식물을 한낱 요소로 해체해 그 장식물이 온 곳을 찾아다니며 북방계 여러 민족들의 관모와 닮은 점을 발견하고 줄을 긋는 작업이나 하면서 대단한 연구를 한 것처럼 착각하고 있다. 이러한 착각에서 벗어나기 위해서라도 우리 문화 연구가 어느 수준에 와 있는가 하는 위치 점검은 반드시 필요하다. 그래야 연구의 방법론적 한계와 억지 추론의 문제점을 성찰하고 자각할 수 있기 때문이다.

3. 금관의 요소적 연구에서 현장론적 연구로

문화 연구의 방법론적 전개는 자료의 요소적 연구 또는 실증적 연구에서 자료 자체의 연구 또는 구조적 연구로 나아왔으며, 다시 자료와 상황의 유기적 연구 또는 현장론적 연구로 더욱 진전되었다. 다시 말해서, 요소(texture) 연구에서 자료 자체(text) 연구로, 그리고 다시 자료가 놓여 있는 상황(context) 연구로 발전한 것이다.[19] 이러한 단계에서 볼 때, 금관 연구는 가장 초보적인 수준의 요소적 연구, 곧 텍스트 연구도 아닌 텍스처(texture) 연구에 머물러 있는 실정이다.

---

19) Alan Dundes, "Texture, Text and Context", *Interpreting Folklore*, Indiana University Press, 1980, 22~24쪽.

금관의 전체 양상을 당시의 문화적 상황과 관련지어 일정한 맥락 속에서 해석하는 연구를 하지 않고 금관을 해체해 개별적인 장식의 양식을 하나씩 따로 분리한 다음, 그 각각을 시베리아 여러 종족의 무관들과 비슷한 것끼리 줄긋기를 하고서 우리 금관이 거기서 왔다고 하는 것은 그야말로 훈고주석학적 연구 수준이자, 요소 차원의 해체를 통한 원자론적 연구에 머문다고 해도 지나치지 않다.

구조적인 연구는, 대상을 유기적 실체로 포착하지 않은 채 단순한 요소의 집합으로 보는 원자론적 연구의 한계를 비판하면서, 작품 자체를 대상으로 상호 관계의 체계를 논리적으로 분석해 그 내재적 의미를 해명함으로써 새로운 방법론으로 성립되었다. 현장론적 연구는, 연구 대상을 자립적 형식을 지닌 유기적 실체로 보는 구조적인 연구의 한계를 비판하면서, 대상이 놓여 있는 사회적 상황과 문화적 맥락의 상호 관계 속에서 그때마다 다르게 창출되는 가변적 의미를 포착함으로써 한층 현실적인 방법론으로 자리 잡게 되었다.

일차적으로 모든 문화는 자기 논리로 존재하고 자기 논리로 해석되어야 한다는 사실을 인정할 필요가 있다. 모든 사람이 저마다 고유한 인간성을 지니는 것처럼, 문화 현상들도 그러한 개성을 저마다 인정하고 들여다보아야 한다. 그렇다면 문화를 푸는 열쇠도 문화 자체 속에 내재되어 있다고 할 수 있다. 이러한 주장에 동의한다면, 우선 다른 문화의 논리로 특정 문화를 해명하려는 일은 잘못임을 알 수 있다. 영문법으로 한글 문법을 설명하려고 들면 품사의 순서부터 맞지 않는 이상한 체계로 인식되게 마련이다. 거꾸로 한글 문법으로 영문법을 설명하려고 들어도 마찬가지이다. 영어는 국어와 어긋나는 문법 체계를 이루고 있다.

이처럼 각 언어마다 제각기 다른 문법을 가지고 있듯이, 세계 각국의 문화는 서로 다른 문화 문법을 가지고 있다. 독창적인 문화 연구는 각 문화마다 그 문화를 해명하는 논리를 개척하는 데까지 나아가야 하고,

이렇게 개척한 논리가 다른 문화를 해명하는 데도 기능적일 때 이론적인 수준에 이르게 된다. 그러므로 문화 연구는 곧 서로 다른 문화 속에 내재되어 있는 논리를 귀납적으로 추론해 추상화하고 일반화해 체계적인 문화 문법을 정리하는 작업이라고 할 수 있다.

문화 문법이 논리적으로 완벽한 체계를 갖추고 있다고 보는 것이 구조적인 시각이라면, 주어진 상황에 따라 다른 문법이 형성되고 다른 의미를 창출할 수 있다는 것이 현장론적 시각이다. 구조적으로 같은 문장이라도 그 문장이 놓여 있는 문맥에 따라 다른 의미를 나타낸다. 왜냐하면 해당 문장을 둘러싸고 있는 다른 문장들이 그 뜻에 간섭하고 있는 까닭이다.

이를테면, '아무개는 돼지야!'라고 했을 때, 구조적으로는 주어 '아무개'가 사람이나 다른 짐승이 아니라 '돼지'라는 말이다. 그러나 아무개가 특정 돼지의 별명이 아니라 사람을 지칭하는 말이라면 그 뜻은 전혀 달라진다. 그 뜻을 결정하는 것은 '아무개는 돼지야!'라는 문장(text)이 아니라 그 문장을 둘러싸고 있는 다른 문장들, 곧 문맥(context)이다. 아무개가 '밥을 혼자 다 먹었어', '밥을 게걸스럽게 먹었어', '살이 너무 쪘어', '몸이 너무 더러워'라고 했을 때, '아무개는 돼지야!'라는 말은 사실상 그가 '욕심쟁이', '천박한 사람', '뚱보', '불결한 사람'임을 뜻하는 것이다. 그러므로 문장과 문맥을 고려하지 않은 채, '돼지'라는 낱말만 들여다보고 그 뜻을 헤아리게 되면 억측을 하게 마련이다.

돼지는 한갓 집에서 기르는 짐승에 머무는 것이 아니라 욕심쟁이나 더러움의 상징이며, 때로는 뚱보를 상징하기도 한다. 따라서 '돼지 같은 놈'이라고 했을 때 그 자체로는 돼지가 무엇을 뜻하는지 정확하게 헤아리기 어렵다. '아무개는 살이 너무 쪘어!'라는 말 다음에 오면 아무개가 뚱보라는 뜻이 분명하게 살아난다. 돼지가 이처럼 부정적인 뜻만 지닌 것은 아니다. 경우에 따라 돼지는 복덩이나 부를 상징하는 존재이기도

하다. 따라서 '돼지 저금통'이나 '돼지 꿈'이라고 했을 때, 돼지의 뜻은 재물과 복록을 상징하는 길한 뜻이 갈무리되어 있다. 그러므로 '돼지'라는 낱말(texture)이 들어 있는 문장(text)과 함께 문맥(context)까지 고려해야만 돼지의 뜻은 물론 문장의 뜻도 정확하게 이해할 수 있다.

그러면 금관 연구는 어느 수준에 이르러 있는가? 한마디로, '돼지'라는 낱말 풀이 수준에 머물러 있다. 금관을 이루는 소재나 여러 장식품들을 금관이라고 하는 '문장(text)'과 금관이 놓여 있는 '문맥(context)' 속에서 해석하지 않고, 금관을 완전히 '낱말(texture)' 단위로 해체해 살피고 있는 것이다. 즉, 금관에서 하나의 요소에 지나지 않는 사슴뿔 장식과 나뭇가지 장식, '山' 자나 '出' 자 모양 장식으로 금관을 해체한 다음, 그 제각각의 기원을 찾아 멀리 해외로 나서고 있는 실정이다.

그 해외라는 것도 세계 전체가 아니라 우리 문화가 온 것으로 알려져 있는 북방 지역들이다. 따라서 몽골 지역은 물론 시베리아와 중앙아시아 지역에서 보이는 관모 양식과 견주어보고, 사슴뿔이나 나뭇가지 또는 '出' 자 모양 등이 발견되는 대로 우리 금관이 거기서 비롯되었다며 단정하기 일쑤이다. 따라서 우리 금관은 북방계 여러 종족의 관모 장식물을 하나씩 따와서 만든 혼성 모방 작품이 되는 것이다. 왜냐하면 우리 금관과 같은 양식을 한 관모는 세계 어느 곳에도 없는 까닭이다. 그러므로 단일 기원설을 펼 수가 없다. 그런데도 지역적으로는 시베리아에 한정된 논의만 해왔다. 우리 문화의 시베리아 기원설이 통념으로 굳어진 탓이다.

금관을 부분적으로 해체해 금관의 장식물을 제각기 보면, 우리 금관이 몽골과 시베리아, 중앙아시아 여러 종족의 관모에서만 기원된 것이라는 주장도 문제가 있다. 왜냐하면 이러한 장식물을 한 관모는 북부아메리카 원주민을 비롯해 다른 지역에서도 두루 보이는 까닭이다. 특히 머리에 사슴뿔을 장식한 모자는 세계의 여러 주술사들이 두루 쓰고 있다. 프랑스 피레네 지역의 구석기 시대 동굴벽화에는 사슴뿔 장식을 한 주술사 그림이 여전히 생생하게 남아 있다.[20] 그것은 알타미라 동굴의 들소 그림이 지닌 주술적 기능처럼 사슴 사냥을 효과적으로 하기 위한 주술적 산물의 하나이다. 그러므로 만일 주술사들이 머리에 쓴 사슴뿔을 근거로 금관의 기원을 찾게 되면, 금관의 기원은 전 세계로 확대되어야 마땅하다.

그러나 금관을 그 자체로 보면 온전한 기원을 나라 밖 어느 곳에서도 찾을 수 없다. 다시 말해서, 금관과 고스란히 같은 양식을 하고 있는 관모는 세계 어느 곳에서도 찾을 수 없기 때문이다. 부분적으로는 같은 양식이 발견되지만, 전체적으로 같은 양식을 하고 있는 관모는 세계 어느 곳에서도 발견할 수 없다. 신라 금관은 세계적으로 유일무이한 양식의 독특한 금붙이 왕관이기 때문이다. 이러한 사실을 뒤집어서 말하면, 금관은 외국의 어느 관모나 무당의 모자에서 비롯된 것이 아니라 우리나라의 관모 전통에서 비롯되었다는 것이다.

전파론으로 말하면 양적 준거에서 다소 문제가 있으나, 영향론으로 말하면 오히려 우리 금관의 관모 양식이 이웃의 여러 종족들의 관모 양식에 영향을 미쳤다고 할 수 있다. 그것은 두 가지 이유 때문이다. 하나는 세계 어느 지역보다 경주 지역에 금관이 집중 분포되어 있다는 점이며, 둘은 신라 금관이 가장 완벽한 구조를 이루고 여러 요소들을 두루 갖추고 있다는 점이다. 이 두 요소로 보면, 신라 금관은 전파의 중심지에서 만들어진 성격을 가장 잘 갖추었다고 할 수 있다.

영향은 총체적이지 않고 부분적으로 미치는 까닭이다. 영향을 주고받는 경우 총체적 양식을 고스란히 전수하거나 수용하기 어렵다. 특별히 교육을 하더라도 그러한데, 자연스러운 영향에서 온전한 전수가 완벽하

---

20) 조셉 캠벨, 이윤기 옮김, 《세계의 영웅신화》, 대원사, 1989, 131쪽.

게 이루어질 수는 없는 노릇이다. 따라서 전체 가운데 일부 양식의 영향만을 부분적으로 주고받는 것이 일반적이다. 우리가 영어를 받아들일 때, 영어 문장보다 낱말을 받아들이고 양복을 입을 때나 양식을 먹을 때도 양복 문화나 양식 문화 전반보다 그 일부만을 받아들이기 쉽다. 그러므로 우리 금관의 온전한 형태를 갖추지 못하고 장식물의 일부 형상만 같은 외국의 관모가 있다면, 그 관모는 우리 금관에서 비롯되었다고 해야 마땅하지 않을까?

방법론적 성찰을 통해 금관 연구의 한계를 비판적으로 극복할 수 있는 것처럼, 기존 연구의 전제와 전파주의에서 벗어나기만 해도 금관 해석의 새로운 논리를 개척할 수 있다. 자연히 앞으로 전개되는 논의들은 기존 연구의 전제와 전파주의를 비판하는 데서 출발한다. 논쟁적 격론을 통해 금관의 문화적 기원과 상징적 의미를 새롭게 밝혀나갈 것이다.

본격적인 논의로 들어가기 전에 우선 금관의 쓰임새부터 분명하게 바로잡아야 할 것이다. 최근에 새로 제기된 것처럼, 과연 금관은 왕이 살아생전에 쓴 것이 아니라 주검을 장식하기 위한 한갓 부장품에 불과한 것인가? 금관의 문화적 가치를 깎아내리기 위한 일본인 학자의 견해를 고스란히 받아들여, 금관이 조잡하게 만들어진 장례용품이라고 단정해도 좋은가? 이 문제에 대한 반론적 논의가 다음 장에서 이어질 것이다.

제2장 금관의 정체와 쓰임새에 관한 최근의 논란

1. 금관을 부장품으로 엉뚱하게 해석하는 까닭

　금관의 쓰임새조차 제대로 포착하지 못한 채 금관의 기원을 온전하게 밝히고 그 상징적 의미를 정확하게 해명할 수 있을까? 물론 가당찮은 일이다. 금관 연구에서 무엇보다 긴요한 작업은 금관의 쓰임새이자 기능이다. 따라서 기원론에 앞서 이 문제부터 시급하게 다루지 않을 수 없다. 왜냐하면 이 문제는 길게 논의하지 않고도 분명하게 가릴 수 있을 뿐만 아니라, 새롭게 제기된 주장이 득세하고 있는 상황에 놓여 있기 때문이다. 그러므로 미리 그 허구성을 지적해 쐐기를 박아두지 않으면, 금관을 한갓 주검의 얼굴이나 덮어 가리는 엉뚱한 부장품으로 왜곡하고 폄하하는 해석이 시베리아 기원설처럼 굳어질 가능성이 높다.

　특히 금관을 장례용품으로 몰고가는 주장의 배후에는 식민사관의 학풍과 민족 문화 폄하론이 도사리고 있다는 사실을 지나칠 수 없다. 금관이 죽은 자의 것이라는 주장은 진작에 일본인 학자들이 제기한 것이었다. 따라서 뒤늦게 그러한 주장을 답습하고 있는 것을 보면, 우리 고고학계에는 식민사관에 따른 종속적 학문 풍토가 여전히 굳건하게 자리 잡고 있는 셈이다. 더군다나 이 주장은 금관의 제작 기술이 조잡하다는 전제를 근거로 민족의 문화유산을 근거 없이 폄하하는 부정적 해석에 이르고 있다는 사실도 놓칠 수 없다.

금관을 만든 기술이 조잡하다는 주장보다 금관은 왕관이 아니라 주검의 관이라고 하는 주장이야말로 금관의 문화적 가치와 역사적 의미를 결정적으로 훼손하는 것이다. 그런데도 자신의 주장이 어떤 의미를 내포하고 있는지조차 알지 못한 채, 일본 학자들의 견해를[1] 남들보다 서둘러 인용하며[2] 금관을 장례용품으로 해석하면서도 마치 자신의 독창적인 학설인 것처럼 주장하기 일쑤이다.[3] 언론은 비판적 인식 없이 새로운 주장이라도 되는 양 "왕은 금관을 쓰지 않았다"며 대문짝만한 기사로 다루어[4] 널리 홍보한다. 단순한 억측을 동원해 금관의 역사적 의미를 대수롭지 않은 것으로 깎아내려도 우리 학계는 묵비권만 행사하고 있다.

이러한 종속적이고 비주체적이며 자문화 폄하적인 학문 풍토를 바로잡기 위해서라도 이 문제부터 다루지 않을 수 없다. 무엇보다 금관이 주검의 얼굴에 쓰이는 관모라는 전제 자체를 바로잡아두지 않으면, 금관의 기원과 상징적 의미를 온전하게 밝혀 체계적으로 해명하는 데 여러모로 걸림돌이 되게 마련이다. 그것은 마치 통나무배를 두고 주검을 처리하는 관이라고 엉뚱하게 주장하는 바람에, 이를 근거로 나룻배의 기원과 의미를 정확하게 밝히지 못하는 것이나 마찬가지이다. 그러므로, 공연한 작업 같기는 하지만, 금관은 죽은 자를 위해 만든 것도 아니며 주검

---

1) 濱田靑陵, 《慶州노金冠塚》, 慶州古蹟保存會, 似玉堂, 1932 ; 馬目順一, 〈慶州古新羅王族墓 立華飾付黃金制寶冠編年試論〉, 《古代探叢》 IV, 1995, 601쪽.
2) 이한상, 《황금의 나라 신라》, 김영사, 2004, 81쪽.
3) 같은 책, 79~82쪽.
4) 이기환, 〈왕은 금관을 쓰지 않았다〉, 《경향신문》 2004년 6월 19일자.

의 얼굴을 덮어 가리는 데드마스크도 아니라는 사실을 비판하는 논의로
부터 본격적인 연구를 시작할까 한다.

과연 금관은 왕이 죽을 때 쓰도록 한 주검의 관모일까? 산 자의 의
복이나 관모를 주검의 수의로 사용하는 오랜 전통을 고려하면 주검의 관
모가 곧 산 자의 관모일 수도 있다. 나는 크게 네 가지 사실에서 금관을
왕이 살아 있을 때 의전용으로 썼던 왕관이라고 생각한다. 하나는 금관
의 출현 시기와 사라진 시기를 근거로 한 것이고, 둘은 주검의 관이라고
주장하는 이들이 제기한 금관의 무게와 실용성에 관한 사실이며, 셋은
금세공법에 관한 재해석을 근거로 한 것이다. 그리고 넷은 금관의 구조
와 착용성에 관한 사실이다. 이 네 가지 사실을 차례로 살펴, 금관이 산
자가 썼던 관이라는 사실을 분명하게 밝히려고 한다.

2. 금관의 출몰 시기와 신라 복식의 변화 관계

금관이 부장품으로 만들어져 왕릉에 묻혔다면, 왜 5세기에 비로소
나타났는지 설명하기 어렵다. 5세기에 금관과 같은 부장품이 새로 등장
하게 된 근거를 명쾌하게 설명할 수 있어야 하는데, 순전히 버팀력이 약
하다든가 지나치게 장식이 많아서 실생활에서 쓰기 어렵다는 이야기를
하고 있을 뿐이다. 부장품으로서 금관의 기능이나 의의를 해명해야 함에
도, '실생활에서 쓸 수 없는 것은 애당초 부장품'이라는 단순한 논리를
펴는 것이다.

금관은 실용품으로 보기 어렵다. 화려한 외모와는 달리 버팀력
이 매우 약한 데다 지나치게 장식이 많아 실생활에서 사용하기 어려
운 구조를 하고 있다. 이는 평상시 금관을 썼던 것이 아니라 왕이나

그 가족이 죽었을 때 특별하게 제작해 무덤에 함께 묻어주는 용도였
을 가능성을 암시하고 있다.[5]

금관과 같은 왕관을 실용품으로 인식하는 문제 인식부터 잘못되었
다. 금관은 왕권을 상징하는 의전용 관이다. 위와 같은 생각은 예사 양반
들이 썼던 갓이 실용품이 아니라고 하여 부장품으로 해석하는 것이나 다
름없는 억측이다. 의전용 모자는 당연히 실용성이 적고 상징성이 커야
하는데, 금관과 같은 고대 왕들의 의전용 왕관을 두고 실용성으로 부장
품 여부를 판별하려고 드니 해석이 빗나갈 수밖에 없다.

상식적인 수준의 해석조차 엉뚱하게 나가는 이유는 순전히 금관을
부장품으로 해석하는 일본인 학자들의 전제를[6] 결론으로 끌어안고 거기
에다 해석을 끼워 맞추려는 데서 비롯된 것이 아닌가 싶다. 선행 연구의
검토는 극복의 대상이자 발전적 논의의 바탕이 되어야 하는데, 오히려
선행 연구의 오류가 독창적 연구의 족쇄가 된 셈이다. 이제 금관을 부장
품으로 보려는 일본인 학자들의 추론적 주장의 허구에서 벗어나 금관이
출현한 역사적 상황부터 차례로 들여다보는 가운데, 금관은 결코 주검의
데드마스크나 묘지에 껴묻거리로 만든 한갓 부장품이 아니라는 사실을
밝혀 보기로 한다.

먼저 주지할 점은, 금관은 김알지 왕실의 출현과 더불어 등장한 것
이고, 계림의 나뭇가지에 걸려 있는 금궤 안에서 아기의 모습으로 나타
난 김알지 신화와 밀접한 연관성 속에서 형성된 문화적 구조물이라는 사
실이다. 김알지가 금궤 안에서 아기 모습으로 나타난 신화적 사실을 형
상화함으로써 신라 김씨계 왕실의 권위를 강화하고자 만든 것이 금관이

---

5) 이한상, 앞의 책, 27~28쪽.
6) 濱田靑陵, 《慶州の金冠塚》, 慶州古墳保存會, 似玉堂, 1932 ; 馬目順一, 앞의 글, 601쪽 ;
   이한상, 같은 책, 81쪽 참조.

기 때문에, 이는 망자를 위한 주검의 관이 아니라 김씨 왕실의 성립 과정과 왕권의 신이성을 형상화한 것으로서 중요한 국가적 의식 때마다 왕이 썼으리라 추론하는 것이다. 이 추론을 입증하는 것이 이 책의 가장 중요한 내용이자 연구 목적이다. 그러므로 계속해서 논의되는 내용들이 이 사실을 구체적으로 드러내게 될 것이다.

다음으로 금관이 사라진 시기를 보자. 금관은 4세기 후기부터 나타났다가 7세기에 들어서면서 사라져버린다. 만일 주검을 장식하는 관이었다면 이렇게 쉽사리 사라질 까닭이 없다. 그것은 장례의 전통이기 때문이다. 장례의 전통은 다른 의례의 전통보다 지속성이 훨씬 강하다. 따라서 장례용 부장품으로서 금관은 지속되어야 마땅하다. 그런데 왜 7세기부터 갑자기 사라져버렸을까? 그것은 왕의 관모와 복식 제도가 이 시기부터 크게 바뀐 까닭이다. 금관은 왕이 의전용으로 썼던 공식적인 관모, 곧 왕관이었기 때문에, 왕의 복식이 바뀌는 데 따라 관모도 함께 바뀌지 않을 수 없다.

신라 왕실의 복제가 바뀐 것은 당나라와 외교적 교류가 이루어진 시기부터였다. 신라와 당의 밀착은 백제의 공격에서 비롯된다. 백제의 공격에 시달리던 신라는 진덕왕(眞德王) 2년에 김춘추를 당에 보내 군사적 도움을 요청한다. 이때 당은 신라에 자국의 복제를 따를 것을 요청하고 신라도 이에 응했다.[7] 그리고 이듬해인 진덕왕 3년(서기 649)에 처음으로 중국의 복제를 실시해 스스로 중국의 의관을 착용했다.[8] 그리고 문무왕(文武王) 4년(서기 664)에는 부인의 의복까지도 중국의 복제를 따라 의관이 모두 중국과 같아지게 된 것이다.[9]

금관이 사라지던 시기는 바로 당으로부터 신라 왕실의 관모가 통제

---

7) 《三國史記》卷6,〈新羅本紀〉, 眞德王 2年.
8) 《三國遺事》卷4,〈義解〉5, 慈藏定律.
9) 《三國史記》卷33,〈雜志〉2, 色服.

〈그림 1〉 임금이 평소에 쓰던 익선관

받던 때였다. 당이 자국의 관모를 쓰도록 신라 왕실에 요구했던 까닭이
다. [10] 그러한 기록도 사서에 자세하게 남아 있다. 삼국 통일을 이룬 신라
문무왕 4년에 중국 복식을 따르도록 복식을 정비하면서 통일신라와 고
려시대를 거쳐 우리나라에는 새로운 왕의 복식이 정착되었다. 조선조를

10) 박선희, 《한국 고대 복식 — 그 원형과 정체》, 지식산업사, 2002, 329~330쪽 참조.

볼 때도, 왕이 중요한 의식에는 면류관(冕旒冠)을 쓰고 곤복(袞服)을 입었으나, 집무를 볼 때는 익선관(翼善冠)을(〈그림 1〉) 쓰고 곤룡포(袞龍袍)를 입었음을 알 수 있다. 중국 왕실 복식에 따라 형성된 것이다.

이처럼 금관 이후 우리 왕실의 복식과 관모는 거의 중국 왕실의 관모 양식을 따랐는데, 7세기 중기부터 금관이 등장하지 않는 것도 이와 같은 당의 요구로 신라 왕실의 복제가 근본적으로 바뀐 까닭이다. 자연히 7세기 말기에는 이미 당의 복제가 궁중부터 정착되었기 때문에 더 이상 신라 왕실에서 금관을 쓸 수 없었으며, 그 뒤에 형성된 고분에서도 금관이 발굴될 수 없는 것이다. 엉뚱한 상상력을 발휘한다면, 장례 방식도 당의 전통에 따랐던 까닭에 금관이 갑자기 사라졌을 것이라고 추론할 수 있다. 그러나 장례 방식과 관련한 내용들은 물론 아무런 근거도 없다.

당이든 또는 다른 대국이든 이웃나라의 주검 처리까지 간섭을 하거나 규제하는 일은 없었다. 따라서 당이 주검 처리 방법과 관련해 직접 규제하고 나서지 않았다면 주검의 관으로 쓰였던 금관을 6세기 말부터 갑자기 금지할 까닭이 없다. 그러므로 금관은 왕이나 귀족들의 주검을 위해 마련한 장례용 관이 아니라, 신라 왕실의 독창적인 왕관 문화의 산물이라고 추론하지 않을 수 없다.

3. 왕관으로서 금관이 지닌 비실용성의 실용성

금관이 부장품이라는 근거로서 보통 비실용성을 들고 있다. 실용성이 없기 때문에 금관을 산 자의 것이 아니라 죽은 자의 것이라고 하는데, 왕관은 본디부터 실용적인 관모가 아니다. 금관이 아닌 어떤 관모도 왕관인 한 실용성을 지닐 수 없다. 온전한 왕관은 본래 의전용이기 때문이다. 그러므로 금관을 부장품이라고 하는 것은 금관이 왕관이자 의전용의 특별한 관모라는 사실을 지나치고 있는 주장이다.

이렇게 주장하는 사람들은 금관의 비실용성을 강조하기 위해 무게가 1킬로그램이나 되고 세움장식이 1밀리미터 정도의 얇은 금판으로 만들어져 있어 일상적으로 쓰고 다니기 어렵다는 구체적인 사실도 들고 있다. 무거워서 쓰기 어려울 뿐만 아니라 금판이 얇아 세움장식이 꺾어질 수 있다는 말인데, 그것이 사실이라고 하더라도 왕이 생전에 쓴 것이 아니라 사후에 무덤의 주검에 넣은 장례용 부장품이라고 하는 해석은 적절하지 않다. 왜냐하면 금관은 왕관으로서 특별한 의식 때 일시적으로 쓰는 의전용 관일 뿐이기 때문이다.

어느 나라 어느 시대의 왕이든 왕권을 상징하는 의전용 관을 별도로 가지고 있었다. 이러한 의전용 왕관은 일상적으로 쓰지도 않거니와 실용성도 없다. 오히려 실용성이 높아서 일상적으로 쓰고 생활하는 데 아무런 불편이 없는 관이라면, 그것은 왕권을 상징하는 신성한 왕관으로서 제구실을 할 수 없다. 금관은 어디까지나 왕의 신성성을 나타내고 왕권을 상징하는 의전용 관모이기 때문에 당연히 실용성과 거리가 멀 수밖에 없다.

무게를 따져보아도 그렇다. 실제로 영국 왕실에서 대관식 때 쓰는 순금 '성에드워드 왕관'은(〈그림 2〉) 3킬로그램이나 되어 신라 금관보다 3배나 무겁지만, 그 무게나 실용성을 따져가며 주검의 관이라고 일컫는 이는 없다. 현실적으로 대관식 때 사용하는 금관이기 때문에 그런 억측을 할 까닭도 없다. 한마디로, 신라 금관은 왕이 의전용으로 쓰는 모자로서 무게가 전혀 문제되지 않는다는 것이다.

영국의 왕은 3킬로그램짜리 왕관을 쓰는데, 신라의 왕은 1킬로그램도 무거워서 쓰지 못했다고 하는 것은 아무도 납득할 수 없다. 그리고 대부분의 신라 금관은 1킬로그램 미만이다. 죽은 자의 관이라는 전제를 끼워 맞추기 위한 견해가 아니라면 무게를 근거로 평소에 쓸 수 없는 관이라고 하는 것은 억지일 따름이다. 왕관을 스포츠용 캡처럼 활동하기 좋고 착용감이 뛰어난 운동모자쯤으로 간주하지 않는다면, 이러한 실용성을 근거로 해서 금관을 장례용품으로 단정하는 것은 추론적 사유력에 중대한 문제가 있다고 하겠다.

〈그림 2〉 성에드워드 왕관

조선조 여인네들은 가체라고 하는 무거운 트레머리를 의식용 머리 장식으로 사용했다. 워낙 무거워서 영조 때 사대부의 14세 새색시가 목이 부러지기까지 했다고 한다. 복식 전문가들은 이것이 대략 4~5킬로그램 정도 될 것으로 추론한다. 조선조 여인네들이 머리를 장식하기 위해 금관의 4~5배나 되는 무게의 가체를 썼다는 사실을 고려할 때, 1킬로그램 정도의 무게를 들어 금관에 대해 살아생전에 쓸 수 없는 관으로 해석하는 것은 왕관의 기능을 전혀 고려하지 않은 판단이라고 할 수 있다. 오히려 신라 금관의 무게는 영국의 왕관이나 가체보다 훨씬 가벼운 것이어서 상대적으로 더 쓰기에 쉽다고 해야 마땅하다.

따라서 금관의 무게가 1킬로그램이나 된다는 사실을 들어 장례용 관이라고 하는 것은 연구자 자신이 일상적으로 쓰고 다니는 모자의 무게를 근거로 한 추론이거나, 일본인 학자가 왕관으로서 금관의 기능을 깎아내리기 위해 가한 해석을 비판 없이 받아들인 탓이 아닌가 한다. 그러므로 금관의 무게와 비실용성을 근거로 왕이 살아생전에 쓸 수 없었던 관이라고 단정한 뒤 장례용 관이라고 주장하는 것은, 마치 전통 혼례복이 실용적인 생활한복과 달리 번거롭고 거추장스러워 비실용적이므로 살아서는 입을 수 없는 장례용 수의라고 하는 것이나 다름없다.

금관의 세움장식이 얇아서 쓰고 다니는 데 불편하거나 과도하게 움직일 경우 꺾일 가능성이 있다는 견해도 마찬가지이다. 금관과 같은 왕관이 특별한 의식 때 의전용에 한정해 쓰였다는 사실을 고려할 때, 활동성이나 실용성을 근거로 장례용 관이라고 여기는 것은 왕관에 대한 기본적인 이해조차 하지 못하고 있다는 사실을 드러낼 따름이다. "금관 하면 우리는 역대 어느 왕이 이 금관을 쓰고 집무를 보는 모습을 쉽게 상상하게 되죠"라거나 "평소에 쓰고 생활하는 데 불편하지는 않았을까?" 또는 "금관은 평소에 쓰고 다니기에 불편한 구조였다"는[11] 식의 상상력이 문제이다. 금관은 왕의 집무용 관도 아니고 생활용 모자도 아니다.

왕의 복식에는 한 가지만 있는 것이 아니라 여러 종류가 있다. 의전용과 집무용이 있는가 하면 전투용도 있고 잠자리용도 따로 있다. 왕의 의전용 복식을 두고 집무용이나 전투용 복식으로 어울리지 않는다고 하는 셈인데, 이것은 마치 왕의 곤룡포는 실용성이 없기 때문에 살았을 때 입을 수 없는 수의라고 하는 것이나 마찬가지이다. 조선조 왕이 의전용으로 썼던 면류관도 실용성과 거리가 멀다. 실용성이 높은 관은 결코 의전용 관이 될 수 없거니와, 신성한 왕권을 상징하는 왕관은 더더욱 될 수 없기 때문이다.

현전하는 영국 왕실의 두 왕관은 어느 것도 실용성이 없다. 평소에 쓰고 생활하기 어려운 까닭은 의전용이기 때문이다. 실용성이 높은 모자는 셜록 홈즈가 쓰고 다니는 것처럼 앞뒤에 창이 달린 모자이다. 군인들의 군모도 평소에 쓰는 작업모와 훈련할 때 쓰는 안전모 그리고 전투할 때 쓰는 철모 등으로 구분되어 있다. 고급 장교들의 의전용 모자는 특별한 구조여서, 작업모와 달리 평소에는 쓰고 활동하기가 어렵다. 물론 집

---

11) KBS 역사스페셜 제86회, 〈금관은 죽은 자의 것이었다〉, 2000년 9월 23일 방송.

무용으로도 불편하다. 그렇다고 해서 비실용성을 근거로 의전용 모자를 사자의 모자라고 할 수 없다. 왕관은 비실용적이어야 실용성을 획득한다. 왕관의 실용성은 신성성과 상징성 등 비실용성에 있기 때문이다.

지금 금관은 그 자체로 오랫동안 전시해두어도 꼿꼿하게 잘 서 있다. 어느 금관도 세움장식이 꺾여져서 문제된 적이 없다. 금관을 재현하며 여러 차례 써보는 실험을 했지만, 세움장식이 흔들리는 바람에 꺾어졌다거나 하는 사례는 나타나지 않았다. 오히려 움직임에 따라 얇은 세움장식이 맵시 있게 흔들리며 달개장식과 곡옥이 대롱거리는 모습은, 그리고 그 소리는 참으로 아름다울 것이라는 상상이 앞섰다. 앞뒤에 구슬을 꿴 줄을 아홉 개씩 길게 매달아놓은 면류관이 활동적이지 않다고 해서 장례용이 아닌 것처럼, 금관의 세움장식이 실용적이지 않다고 해서 장례용이라고 할 수는 없다. 오히려 금관은 실용적이지 않은 모자이기 때문에 왕이나 왕족이 쓴 의전용 관모이자 신성한 권력을 상징하는 관모라고 할 수 있다.

최근에는 금관의 제작 기법이 무성의하고 끝마무리가 매끈하지 못하다는 사실을 근거로 장례용품이라는 해석을 하기도 한다. 그러한 주장은 이미 일본인 학자들이 1930년대에 제기한 것이다.[12] 우리 학계에서는 일본 학자의 주장을 뒷받침하는 증거를 새로 발견하기 위해 여러 모로 애쓰는 동시에 금관이 주검에 쓰인 장례용품이라는 사실을 입증하기 위해 특별히 연구 활동까지 펼치고 있는데, 참으로 안타까운 일이 아닐 수 없다. 왜냐하면 이러한 해석은 장례용이냐 아니냐의 문제를 떠나서, 신라 금관이 세계적으로 가장 아름답고 정교하며 화려하다는 사실까지 애써 부정하기 때문이다. 다시 말해서, 금관은 고난이도 기술이 구사되지 않았을 뿐만 아니라 제작자가 실수로 구멍을 뚫어놓을 정도로 무성의하

12) 濱田耕作, 《慶州の金冠》, 慶州古墳保存會, 似玉堂, 1932 ; 이한상, 앞의 책, 81쪽.

게 만들어졌다고[13] 단정하는 까닭이다.

이들은 그 증거로 금관총 출토 금관의 관테에 뚫린 구멍을 들고 있다. 이 구멍이 관테 장식을 고정시키거나 곡옥 또는 달개를 다는 데 쓰이지 않은 채 빈 구멍으로 남아 있다는 사실에 주목하고, 금관 제작자가 실수로 잘못 뚫은 구멍이라고 해석하는 것이다. "당초에는 두 줄 구멍을 뚫어 옥 혹은 달개를 부착하려고 했다가 어떤 이유 때문인지 이 두 줄 구멍에 장식을 매달지 않고 재차 새로이 세 줄 구멍을 뚫어 곡옥과 달개를 장식했던 것으로" 추론하는 가운데, "두 줄 구멍을 뚫은 것은 제작자의 실수"로 간주해버리는 것이다.[14] 이러한 실수가 가능했던 것은 왕이나 왕족이 생전에 사용한 물품이 아니기 때문이라고 해석한다.

우리는 여기서 두 가지 문제를 지적할 수 있다. 첫번째 문제는 제작자가 실수로 관테의 빈 구멍을 뚫었다는 해석에 있고, 두번째 문제는 고난이도 기술이 구사되지 않은 것은 물론 끝마무리조차 제대로 되지 않은 조잡한 작품이라는 섣부른 결론에 있다. 과연 금관은 조잡한 기술로 만들어진 한갓 장례용품에 지나지 않는가? 금관을 재현한 명장 삼선방(三仙房) 김인태(金仁太)에게 물어보라. 금관을 재현하는 데도 자기의 혼을 불어넣어 만들었다고 할 정도이다.

과연 이러한 해석과 결론이 타당한지 금관의 실상을 한번 보자. 어느 나라 어느 금관과 비교해보아도 신라 금관처럼 정교한 것을 찾을 수 없다. 금관의 원류라고 하는 시바르간의 틸리아 테페 박트리아 금관과[15] 비교해 설명하는 대목에서 자세히 다루겠지만, 신라 금관의 조형 기법은

---

13) 이한상, 같은 책, 같은 쪽.

14) 같은 책, 같은 쪽.

15) 李殷昌, 〈新羅金屬工藝의 源流的인 中央亞細亞 古代文化—아프가니스탄의 시바르간 出土遺物을 中心으로〉,《韓國學報》26, 一志社, 1982, 133~167쪽. 뒤에 나온 금관 연구들에서도 시바르간의 박트리아 금관을 신라 금관의 조형으로 소개하고 있다.

동시대의 어느 금관보다도 한층 정교하다. 그리고 다른 금관에서 발견되지 않는 창조적인 기법들이 다양하게 발휘되었음을 알 수 있다. 특히 절풍형 속관의 기하학적 무늬와 정교한 세공 양식은 더욱 세련되어 세계 어느 관모와 비교해도 뒤지지 않는다. 그러므로 부장품이어서 금관을 무성의하게 만들었다는 것은 금관에 대한 자세한 대조와 분석 없이 그동안 학자들마다 예찬한 금관의 조형성을 정면으로 부정하는 주장이다.

금관이 무성의하게 만들어졌다는 해석은 일본인 학자의 주장을 고스란히 따른 것인데, 장례용으로 쓰였을 것이라는 전제로 금관을 바라보기 때문에 그런 해석에 귀착된다. 비록 장례용 관모라고 하더라도 왕의 주검을 장식하는 금관을 무성의하게 만들거나 끝마무리를 하찮게 하는 것이 허용되지는 않았을 것이다. 장례용 복식인 수의야말로 주검의 주인공이 저승으로 입고 갈 옷이기.때문에 아무나 허투루 지을 수 없는 전문적인 솜씨가 요구되는 것이다. 따라서 예사 사람들의 수의도 아무나 짓지 않고 수의의 양식을 아는 전문가들이 정성을 들여 짓는다. 당연한 말이지만, 바느질을 잘 한다고 누구나 수의를 짓는 것은 아니다. 수의의 이치를 잘 아는 전문 바느질꾼이 솜씨를 발휘하는 것이다. 수의가 생활복보다 더 중요한 제의용 복식이기 때문이다. 대갓집 여성들은 혼례 때 입었던 원삼을 고이 보관했다가 수의로 쓰기도 한다. 그만큼 수의는 혼례복 이상으로 고귀한 복식인 것이다.

제의복으로서 수의의 신성성을 고려할 때, 예사 사람도 아닌 왕의 주검을 장식하는 금관에 실수로 구멍을 뚫었다는 해석은 가당찮은 상상일 뿐이다. 그것도 한두 군데가 아니라 여러 곳에 뚫어져 있다. 빈 구멍의 용도를 알지 못한다고 해서 실수로 뚫어놓은 구멍이라고 해서야 되겠는가? 흔히 사슴뿔 모양이라고 하는 금관의 세움장식을 보면, 가지 끝마다 봉긋한 새순 모습을 한 형상으로 마무리되어 있다. 뿐만 아니라 수많은 달개와 곡옥도 주렁주렁 달려 있다. 왜 사슴뿔에 달개와 곡옥을 달아

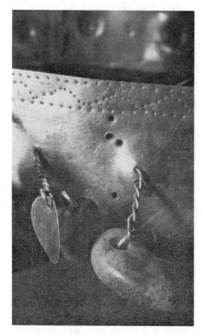

〈그림 3〉 금관총 출토 금관의 관테

두었으며, 사슴뿔 끝마다 새순 모양의 형상으로 장식해두었는지 그 이유를 모른다고 해서, 제작자가 실수로 그렇게 했다고 주장할 수 없는 것과 마찬가지이다.

빈 구멍은 금관총 금관에서만 발견되는데(〈그림 3〉), 이를 일반화해 장례용으로 해석하는 것도 논리적으로 볼 때 성급한 개괄의 오류에 빠진 것이다. 금관총에서는 금관과 함께 절풍 모양의 금제 속관도 함께 발견되었다. 만일 금제 속관과 겉관에 해당하는 금관이 내외 관모로서 짝을 이룬다면 안팎의 관모를 서로 연결하는 장치가 있었을 가능성이 있다. 따라서 관테의 빈 구멍에 대해, 안팎의 금제 관모들을 서로 이어 고정시키기 위한 끈을 꿰려고 뚫어놓은 구멍이 아닌가 추론할 수 있다.[16]

실제로 천마총에서 발견된 속관의 관테에는(〈그림 4〉) 두 줄로 짝을 이루는 빈 구멍이 나 있어 유기적 연관성이 더욱 깊다.[17] 특히 이 속관은 정교하고 세련된 기하학 무늬로 제작되어 빈 구멍을 실수로 뚫었다고 할

16) 박선희, 〈고구려와 주변국의 관모비교에 의한 한민족문화의 연원〉, 《단군학연구》 11, 단군학회, 2004, 123~124쪽에 이 문제를 자세하게 다루었다.
17) 그런데 금관총 속관의 경우는 특별히 뚫어놓은 구멍이 따로 없다. 굳이 별도의 구멍을 내지 않아도 관모 자체에 얼금얼금하게 여러 개의 구멍이 나 있기 때문에 따로 빈 구멍을 낼 필요가 없다. 무늬용 구멍을 얼마든지 연결 구멍으로 이용할 수 있었기 때문이 아닌가 싶다.

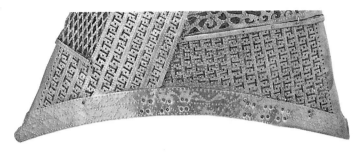

〈그림 4〉 천마총 출토 속관의 관테

수 없다. 조잡한 공정으로 만들었다고 보기 어려운 것이다. 따라서 겉관의 구멍과 속관의 구멍을 서로 관련지어 해석할 필요가 있다. 만일 용도를 알 수 없는 구멍을 두고 실수로 뚫은 것처럼 해석하거나 조잡한 작품이라고 규정하고 또 이러한 해석을 전제로 주검을 위한 관이라고 한다면, 그동안 생전에 써왔던 것으로 알고 있는 속관도 살아생전에 쓴 관모라고 할 수 없다. 천마총 속관에 빈 구멍이 뚜렷이 존재하기 때문이다.

　　그러나 속관처럼 절풍 모양을 한 관모를 쓴 그림 자료들은 고대부터 상당히 풍부하게 남아 있다. 절풍은 한민족 고유의 관모이기 때문이다. 따라서 아무도 속관을 두고 장례용 관이라고 규정하지 않는다. 속관과 같은 모양의 관모를 쓴 사람들에 대한 그림 자료들이 그러한 상상력을 허용하지 않기 때문이다.

　　금관의 관테 양 끝에도 아래위 두 개의 구멍이 짝을 이루고 있다. 이는 금관을 머리에 쓸 때 뒤의 꼭지 부분에 좌우의 관테 끝을 모아 끈을 꿰어 여미기 위해 뚫어놓은 것으로 해석된다.[18] 금관의 관테는 원형으로 고정되어 있는 것이 아니라 펼쳐져 있기 때문에 이러한 여밈용 구멍이

---

18) 이한상, 앞의 책, 69쪽. 이한상은 관테 끝의 구멍과 관련해 잘못된 해석을 하고 있다. 그에 따르면, 금관의 구멍은 염을 할 때 금관을 주검의 얼굴 위에다 펼쳐 덮은 다음 끝을 묶기 위해 뚫어놓은 것이었다고 한다.

없으면 금관을 머리에 쓸 수 없다.

그리고 금관 안쪽에 가죽이나 비단을 덧대어, 썼을 때 살갗이 닿는 부분이 부드럽도록 만들었을 것이다. 실제로 발굴 보고서를 보면, 금관 내부에 섬유질 흔적이 붙어 있다고 한다.[19] 비단을 덧대기 위해 구멍을 이용했을 가능성도 있다. 그러므로 구멍의 용도를 모른다고 해서 제작자의 실수라고 여기는 것은 지나친 편견이자 주관적 판단일 따름이다. 또 이를 근거로 금관이 장례용품이라고 추론하는 것은 지나친 비약이라고 하지 않을 수 없다.

4. 버팀 효과를 위한 점열문의 정교한 제작 공법

과연 금관을 만든 신라 장인들이 고도의 기술도 없는데다가 무성의하게 금관을 만들었을까? 기술의 수준과 성의의 정도는 상대적인 것이다. 도대체 어느 나라의 금관이 신라의 금관을 무색하게 할 만큼 고도의 기술로 또 지극한 정성으로 제작되었기에, 한마디로 신라의 금관을 조잡한 작품으로 취급하고 금관을 만든 장인들의 솜씨를 우습게 평가하도록 몰아가는가? 나는 연금술에 관한 특별한 과학적 지식이 없으되, 신라 금관에만 나타나는 '점열문(點列文)'만으로도 고도의 금세공 기술과 금관 제작에 들인 각별한 성의를 입증할 수 있다고 판단한다.

신라 금관의 독창성 가운데 하나는 독특한 디자인의 나타남새 속에 숨어 있는 세공 기법이다. 금관의 관테는 물론 세움장식의 테두리에도 볼록하게 돌출된 점선으로 정밀한 무늬가 그려져 있는 것을 볼 수 있다. 점자처럼 볼록하게 만든 점이 길게 선을 이루고 있는 무늬를 특히 '점열

---

19) 김병모,《금관의 비밀─한국 고대사와 김씨의 원류를 찾아서》, 푸른역사, 1998, 169~170쪽.

문'이라고 한다. 점열문은 금관의 속관에도 어김없이 보인다. 토기나 쇠붙이 등에 일정한 크기의 점을 가지런히 찍어 줄로 나타낸 무늬이기 때문에 '점줄무늬'라고도 하는데, 빗살무늬토기와 신라 토기에도 자주 나타난다.

요령성(遼寧省) 북표현(北票縣) 방신촌(房身村) 2호 무덤에서는 금으로 만든 관모 장식이 출토되었는데,[20] 이는 고구려 귀족의 장신구로 추정된다.[21] 두 개의 나뭇가지 모양 금 장식 아랫부분을 보면, 둘레가 점열무늬로 이어져 있다. 타출 방식에 따른 이러한 점열무늬 양식은 고조선 초기 유적에서부터 보이기 시작하는 것으로, 한반도와 만주 지역에 거주한 한민족의 고유한 기법이다. 중국이나 북방 민족의 유물에서는 이와 같은 기법을 찾아볼 수 없다. 신라 금관과 비교되며 때로는 신라 금관의 원류라고 주장되는 사르마트 금관이나 틸리아 테페 금관에도 점열문은 보이지 않는다. 그러므로 점열문은 유물의 정체성을 확인하는 데 중요한 자료 구실을 한다.

이 점열문은 송곳 같은 것을 금속판에 콕콕 찍어 볼록하게 튀어나오도록 한 것이기 때문에 '타출(打出)무늬'라고도 한다. 그런데 금관에 나타나는 점열문이 꾸밈을 위한 단순한 무늬라고 생각하면 곤란하다. 실제로는 점이 아주 작기 때문에 상당히 가까이서 보지 않으면 점선이 드러나지 않아 무늬답게 눈에 들어오지도 않는다. 다시 말해서, 점열문의 무늬 효과는 상대적으로 아주 낮다는 것이다. 무늬 효과가 없기 때문에 무늬를 만들기 위해 힘든 점열문 기법을 사용했다고 보기 어렵다. 그러므로 다른 효과를 내기 위한 것이 아닌지 숙고해보지 않을 수 없다.

무늬 효과에 견주어 이 공법은 굉장히 오랜 시간과 노력을 필요로

---

20) 陳大爲,〈遼寧北票房身村晉墓發掘簡報〉,《考古》, 1960年 1期, 401~403쪽 ; 박선희, 앞의 책, 277쪽 참고.

21) 陳大爲, 같은 글, 401~402쪽 ; 박선희, 같은 책, 277쪽 참고.

한다. 금판의 무늬를 칼이나 가위로 도려내는 것과 달리, 금판의 가장자리를 일정한 세기와 간격으로 볼록(오목) 점을 어긋나지 않도록 가지런하게 세공해 나란히 두 직선을 이루도록 만들기 위해서는 엄청난 정성을 쏟아야 한다. 뾰족한 연장을 금판에 대고 점 하나마다 일일이 망치질을 해야 하는데, 그것도 점열문이 아주 촘촘할 뿐만 아니라 두 줄을 이루고 있기 때문에 그 작업량이 엄청나다. 망치로 수천 번 이상 조심스럽게 두드려서 점선을 만들어야 한다. 그러므로 실제로 금관을 만드는 여러 공정 가운데 가장 오랜 시간이 들어가는 공정에 해당된다고 할 수 있다.

금관의 점열문은 무늬 효과도 거의 없는데, 왜 이와 같은 힘든 공정을 굳이 했을까? 아무도 이 기법의 효과에 의문을 제기하지 않았다. 알고 보면 이 점열문이야말로 금관의 구조물을 꿋꿋하고 튼실하게 유지하는 금세공 기술의 우수성을 드러내는 독창적 기법이다. 점열문을 새기기 위해 뾰족한 쇠붙이를 금판에 대고 망치질을 할 때마다 충격을 받은 금판의 결정이 깨져 규칙적으로 배열되어 있던 전자의 분포가 엉키게 되므로 금판의 강도와 탄력은 현저하게 높아진다. 망치로 두드려서 만든 방자 유기가 주물 유기에 견주어 강도가 높은 것도 이와 같은 이치이다. 원반형의 볼록 장식 문양도 버팀 효과를 내는 데 일정한 기여를 했을 것이다. 단순한 평판보다 원형 문양이 세움장식을 지지하는 데 더 효과적이기 때문이다.

흥미로운 것은, 금관에 따라 점열문을 한 줄로 박은 것과 두 줄로 박은 것이 있다는 점이다. 금관총 금관과 황남대총 북분의 금관은(〈그림 5〉) 한 줄의 점열문이 보이는데, 금령총 금관(〈그림 6〉)과 천마총 금관(제1부 2장의 〈그림 3〉 참조) 그리고 서봉총 금관은[22] 두 줄의 점열문이 보인다.[23] 공

---

22) 이한상, 앞의 책, 86쪽 표5에는 황남대총·금관총·서봉총 출토 금관의 점열문은 1줄로, 금령총·천마총 출토 금관의 점열문은 2줄로 정리되어 있는데, 이는 잘못이다. 서봉총 금관의 점열문은 1줄이 아니라 2줄이다.

〈그림 5〉 황남대총 북분 출토 금관

법으로 볼 때, 버티는 힘이 더 큰 것은 두 줄 점열문이다. 따라서 두 줄 점
열문을 지닌 금령총·천마총·서봉총 금관의 세움장식을 상대적으로 더
강고하게 버티도록 해야 할 필요가 있었다고 하겠다. 왜 그럴까? 앞의
두 금관들은 세움장식의 가지가 3단뿐인데, 금령총과 천마총의 금관은
세움장식이 4단이다.[24] 자연히 세움장식 4단의 금관은 3단보다 그만큼

---

23) 朴普鉉, 〈樹枝形立華飾冠 型式分類 追補〉, 《大邱史學》 32, 大邱史學會, 2004, 3쪽에 정확
하게 제시되어 있다.

〈그림 6〉 금령총 출토 금관

무게중심이 위로 더 쏠려 있다.

특히 천마총 금관은 세움장식의 높이도 32.7센티미터로 높을 뿐만 아니라, 달개 수가 382개로 가장 많다. 그런가 하면 세움장식이 하나뿐인 경주 교동 고분출토 금관에는 점열문이 전혀 없다. 높이도 12.8센티

---

24) 이한상, 앞의 책, 87쪽에서는 "금령총과 금관총 출토품은 4단이다"라고 했는데, 여기서 금관총은 천마총을 잘못 쓴 것이다.

	입식단	점열문	원반형 문양
황남대총	3단	1줄	7개
금관총	3단	1줄	4개
금령총	4단	2줄	9개
천마총	4단	2줄	14개
서봉총	3단	2줄	8개

세움장식의 단과 문양의 수

미터로 가장 낮다. 굳이 점열문으로 버팀 효과를 내지 않아도 세움장식을 지탱하는 데 아무런 문제가 없다. 따라서 세움장식이 4단인 금령총과 천마총 금관 그리고 3단인 서봉총 금관의 두 줄 점열문은 세움장식의 버팀 효과를 강화하는 구실을 했다고 할 수 있다.

버팀 효과를 내는 원반형의 볼록 장식도 한 줄 무늬 세움장식보다 두 줄 무늬 세움장식이 2배나 많다. 다시 말해서, 버팀 효과를 내는 점열문과 원반형 볼록 장식의 수는 정비례한다. 물론 버팀 효과가 필요 없는 경주 교동 고분 출토 금관의 세움장식에는 점열문은 물론이고 볼록 장식도 전혀 없다. 단순한 금판에 달개만 달아두었다. 그러므로 점열문과 원반형 볼록 문양은 무늬 효과와 더불어 버팀 효과를 내는 구실을 했을 것으로 추론된다. 세움장식의 단수와 세움장식의 점열문 및 볼록한 원반형 문양의 수를 정리해보면 다음 표와 같다.

서봉총 출토 금관은 3단인데도 점열문이 2줄이다. 버팀 효과를 높이기 위한 것인데, 상대적으로 후대에 갈수록 세움장식의 강도를 높이는 기법을 사용했다고 볼 수 있다. 그런데 이러한 점열문 기법과 원반형 문양은 신라 금관만의 독특한 공법으로, 다른 민족의 금관에서는 전혀 나타나지 않는다. 그런 까닭에 점열문은 세움장식을 아름답게 꾸미는 무늬 효과를 겨냥한 예술적 기법이라기보다, 금판의 강도를 높이는 버팀 효과를 겨냥한 기술적 공법에 더 큰 비중을 둔 것이라고 해야 마땅하다.

경주의 대표적 금관은 물론 이 지역 일대에 널리 분포되어 있는 금동관에도 대부분 점열문이 있다. 그런데도 학계에서는 이 문양을 한갓 장식성 무늬로만 해석하고 그 양식적 형태에만 관심을 기울일 뿐, 세움장식을 지탱하는 버팀 효과로는 해석하지 않았다. 그런 까닭에 세움장식이 약해 꺾어지거나 쓰러질 것이라는 전제 아래 금관을 한갓 부장품으로 취급하기에 이른 것이다.

물론 금관의 원류라고 학계에서 억측을 하고 있는 시바르간 지역의 금관이나 시베리아 샤먼의 관모에는 이러한 점열문과 원반형 문양이 없다. 따라서 금관의 점열문과 반원형 문양은, 경주 일대의 신라 사람들이 세움장식을 지탱하기 위한 기술이나 금판의 강도를 높이는 독창적 기술을 다양하게 확보하고 있었음을 말해준다. 그러므로 금관이 너무 무거워 왕이 쓰고 활동하기에는 어렵다거나 세움장식이 너무 얇고 약해 쓰고 다니면 꺾어질 위험이 있다는 추측을 근거로 내세워 주검을 위한 장례용 관이라고 주장하는 것은 개인적 편견과 상식 이하의 선입견에 따른 성급한 추론이라고 하지 않을 수 없다.

그런데도 금관 연구자들은 신라 왕들이 죽어서 무덤에 들어갈 때 비로소 금관을 썼다며 금관을 한갓 부장품으로 취급하고 있다. 그들의 주장이 사실이라면 살아생전에는 무슨 관을 썼을까? 금관을 장례용 관이라고 주장하면서도 이러한 반문조차 하지 않는 것이 우리 학계의 수준이다. 만일 금관이 주검을 위한 관모였다면, 왕이 살아 있을 때는 그보다 더 화려한 관을 썼을 것이다. 부장품은 생활용품의 거울이기 때문이다. 따라서 발굴된 금관이 부장품이라고 하더라도 그것은 부장을 위해서만 존재한 것이 아니라 왕이 생시에 썼던 왕관의 반영물이다. 특히 왕관은 일상적인 관모가 아니라 즉위식이나 나라의 큰 행사에 쓰였던 까닭에 장례 이상으로 중요한 의례용 관모이다. 그러므로 그러한 의식과 권위에 맞는 의전용 왕관을 쓰게 마련이다.

따라서 생시에 쓰지 않았던 금관을 장례용으로만 별도로 만들어 부장품으로 썼다고 할 수도 없으며, 장례용 관모가 생전에 의전용으로 쓰던 왕관보다 더 화려하거나 더 고급스러웠다고 할 수도 없다. 그것은 부장품 일반이 가지는 특징이다. 더 따져보아야 할 것은 금관의 분포와 관련된 해석이다. 학계에서는 경주 지역 주변에 금관 또는 금동관이 널리 분포되어 있는 것과 관련해 다음과 같은 해석을 내리고 있다.

즉, 새로운 세력으로 등장한 김씨 왕실에서 주변 지역의 독립 세력들을 편입시키고 종속 관계를 다지기 위하여 금관을 하사했다는 것이며,[25] 동시에 이로써 자신들의 권위를 과시했다는 것이다. 그러나 이러한 해석은 그 자체로 모순을 안고 있다. 죽음을 암시하는 부장품을 징표로 주면서 신라 왕실과 서로 유대를 다졌다고 해석하는 당착에 빠졌기 때문이다.

5. 주검에서 고려해야 할 관모의 구조와 착용성

앞에서 살펴본 것처럼, 학자들은 경주 주변부에서 발굴된 금관을 중앙정부에서 지역 세력 지도자들에게 하사한 것이라고 해석한다. 그러면서 한편으로는 금관을 주검의 얼굴에 씌우는 데드마스크나 부장품이라고 주장한다. 두 주장 사이에는 당착이 있다. 그런데도 이와 같은 주장을 아무런 숙고 없이 예사로 한다.[26]

---

25) 같은 책, 113쪽 및 KBS 역사스페셜 제86회, 〈금관은 죽은 자의 것이었다〉 참조.
26) 같은 책, 28쪽 및 81쪽에서는 금관을 부장품으로 해석하면서, 같은 책 113쪽에서는 왕실에서 지방 세력들에게 금동관을 하사해 지방의 지배 세력들을 다스렸다고 주장하고 있다. KBS 역사스페셜, 〈금관은 죽은 자의 것이었다〉에 출연한 학자들도 같은 주장을 했는데, 여

지도자들끼리 서로 유대를 강화하기 위해, 죽어서 쓰게 될 데드마스크나 무덤에 주검과 함께 넣을 부장품을 주었다는 해석이 과연 순조롭게 이해되는 것인가? 세계 어느 사회나 문화에서도 그러한 사례를 찾을 수 없다. 뿐만 아니라 살아 있는 지도자에게 데드마스크나 부장품을 주었다면, 그것은 죽음을 암시하는 것이자 때로는 생명을 위협하는 끔찍한 행위이기도 하다. 따라서 신라 왕들이 지역 지도자들에게 데드마스크를 하사하며 주종 관계를 확고하게 했다는 것은 납득할 수 없다. 죽은 자가 쓰는 관모를 하사해 종속 관계를 맺는 일은 저승 세계에서나 가능한 것이다.

그리고 신라 왕실이 주검의 장식물인 장송용 관을 통해 왕권을 강화하고 주변 지역의 다른 세력들에게 권위를 과시했다고 하는 사실도 자가당착이다. 주검에게 씌우는 관은 현실적으로 매장되는 까닭에 그런 기능을 발휘할 수 없다. 부장용 관은 영혼의 세계에나 위력을 떨치는 것이기 때문이다. 그러므로 금관의 분포를 통해 신라의 김씨 왕실이 왕권을 강화하고 주변의 독립 세력들을 끌어들여 종속화했다는 해석을 인정하면 할수록 금관이 장례용 관이라는 주장은 더욱 설득력을 잃는다.

그런데 장례용 관모만 금관으로 남아 있고 왕이 쓰던 의전용 금관은 어디에도 남아 있지 않다고 할 수 있는가? 부장품의 오랜 관행과 전통을 고려할 때 납득할 수 없는 주장이라고 하지 않을 수 없다. 왕릉에 함께 매장된 부장품은 대부분 생시에 쓰던 물품들로 구성되어 있기 때문이다. 유독 금관만 장례용 부장품으로 생시와 다르게 특별히 만들었다고 보기는 어렵다. 금관이 아닌 왕관 일반의 문화적 전통에서 그렇게 해석할 만한 근거를 찾을 수 없다.

주검에 씌우기 위한 장례용 관으로 만들었다면, 데드마스크처럼 누

기서는 아예 금관을 '데드마스크'라고 일컬었다.

워 있는 주검의 얼굴에 덮어 씌우기에 적합하도록 만들어야 할 것이다. 이집트 파라오의 투탕카멘이나 중국 한나라의 데드마스크를 본 일이 있다면, 금관을 데드마스크라고는 하지 않을 것이다. 금관은 어디까지나 관모이다. 얼굴을 가리는 마스크, 곧 가면과는 질적으로 전혀 다른 물건인 것이다. 줄곧 모자로서 금관을 다루다가 어느 순간에 금관을 가면이라고 규정하니 참으로 한심스럽다. 주검의 얼굴을 가리는 가면이라고 규정한 학자는 더 이상 금관을 관모라고 부르지 말아야 할 것이다.

금관이 데드마스크라면 어디까지나 주검의 얼굴을 가리는 가면의 구조를 하고 있어야 한다. 투탕카멘의 데드마스크는 얼굴 전체를 빈틈없이 덮어 가리고 있다. 금관은 가면으로서 보면 엉성하기 짝이 없는데다가 얼굴의 윤곽과 전혀 맞지도 않는다. 한마디로, 도저히 가면이라고 할 수 없다. 데드마스크는 일반적인 가면과 달리 얼굴을 밀폐해 가리기 때문에 산 사람은 쓸 수 없는 구조이다. 산 사람이 쓰게 되면 구멍이 없어 질식하기 딱 알맞은 구조이다. 도대체 데드마스크는커녕 하회탈을 한 번이라도 본 사람이라면 금관을 두고 가면이라는 어처구니 없는 해석을 결코 하지 않을 것이다. 어찌하여 모자와 탈조차 구분하지 못한다는 말인가?

그래도 한번 더 따져보자. 금관은 얼굴에 쓰는 가면인가 아니면 머리에 쓰는 관모인가? 두말할 것 없이 가면이 아니라 관모이다. 탈이 아니라 모자라는 말이다. 실제로 금관의 구조는 모자의 양식을 이루고 있다. 관테의 양식이나 세움장식의 형상으로 볼 때 주검이 아닌 산 사람의 머리 위에 쓰도록 되어 있는 왕관이다. 관테의 둘레가 이마의 크기에 맞아서 쓰기에 적합하도록 되어 있고, 관테 위의 다양한 세움장식의 구조는 물론 나뭇잎 모양의 달개와 곡옥 등의 장식물 또한 정상적으로 쓰고 움직일 때 떨리는 역동성을 살릴 목적으로 만들어진 것이다. 금관을 쓴 얼굴을 움직이면 세움장식이 흔들린다. 그에 따라 달개와 곡옥들이 찰랑

거리면서 화려한 금빛을 반짝이게 되며 역동성이 살아난다.

이와 달리 주검에 금관을 씌우면 어떻게 될까? 금관이 데드마스크일 수는 없지만, 주검의 머리를 장식하는 관모였다고 한번 가정해보자. 금관의 양식상 누워 있는 얼굴에는 씌우기도 어려울 뿐만 아니라, 움직이지 못하는 주검을 꾸미기 위한 관모의 구조로서는 어울리지 않는다. 왜냐하면 금관을 머리에 썼을 때는 장식의 의미와 상징 및 역동성이 살아나지만, 주검의 얼굴에 덮어씌울 때는 이러한 상징과 기능들이 살아나지 않을 뿐더러 오히려 주검의 얼굴을 상하게 할 가능성이 높다. 달개나 곡옥은 물론 금관 좌우에 길게 늘어뜨린 수식(垂飾)의 경우도 머리에 쓰는 것을 전제로 한 디자인이다. 금관을 실제로 쓰고 앉거나 서서 걸어다닐 때는 훌륭한 보관으로 보이지만, 주검의 얼굴에는 세움장식이나 달개·곡옥·수식 등이 모두 거추장스러운 장애물 구실을 할 따름이다. 주검은 고사하고 누운 사람에게조차 금관을 한번 씌워보지 않은 채, 어떻게 감히 주검을 위한 장례용 관이라고 할 수 있는지 궁금하다.

한마디로, 금관은 주검의 얼굴이나 머리에 씌우는 구조로는 부적절하기 짝이 없는 관모인 것이다. 사람이 쓰고 활동하기에 불편하다는 것을 전제로 금관을 주검에 씌우는 장례용 관이라고 하는데, 주검은커녕 누워 있는 사람의 머리에다 금관을 한번 씌워보라. 얼마나 착용감이 있고 실용성이 있겠는가. 나무 모양의 세움장식이 위로 뻗쳐 있어서 누워 있는 사람에게는 금관을 머리에 씌워 고정시키기조차 어렵다. 머리에 쓰는 관테에 세움장식들을 고정시켜 직립하도록 해두었기 때문에, 앉아 있거나 서 있는 사람의 머리에는 씌울 수 있으나 누워 있는 사람의 머리에는 씌울 수 없는 까닭이다.

금관만 그런 것이 아니다. 갓이든, 투구든, 면류관이든, 절풍이든, 중절모든, 그 어떤 것도 누워 있는 사람에게는 씌우기 어렵다. 간신히 씌워도 벗겨지거나 망가지게 되어 있다. 모자는커녕 천으로 된 수건도 머리에 찔끈 동여매지 않는 한 누우면 벗겨지기 쉽다. 머리 모양에 맞게 딱 달라붙는 천으로 된 빵모자 정도만이 누워서도 쓸 수 있는 것 아닌가 싶다. 그런데 금관처럼 금붙이로 된 다양한 세움장식과 여러 가지 장식물이 부착되어 있는 관모를 두고, 산 사람은 머리에 쓰기 어렵지만 누운 사람이 쓰기에는 적절하다고 판단하는 사유가 신통할 따름이다.

게다가 세움장식의 높이가 예사롭지 않다. 높이가 아주 높아서 누운 사람의 머리에는 씌울 수 없는 구조이다. 여성의 이마에 착용된 채로 출토된 아프가니스탄의 틸리아 테페(Tillya Tepe) 6호분의 금관(제1부 1장의 〈그림 4〉 참조) 세움장식은 높이가 13센티미터에[27] 지나지 않으나, 신라 금관의 세움장식은 30센티미터 내외로 그 높이가 두 배 이상 된다. 더군다나 무거운 곡옥들까지 주렁주렁 매달려 있다. 따라서 주검의 머리에 씌우게 되면 금관의 무게 중심이 세움장식 끝쪽으로 몰리게 되어 곧 벗겨질 뿐만 아니라, 금판으로 길게 만들어 고정시킨 세움장식들이 아래쪽으로 휘어져 엉키게 된다.

그런데도 금관을 마치 산 사람이 쓰면 실용성이 없으나 주검에 씌우면 실용성이 있는 것처럼 해석해 주검의 얼굴에 씌우는 데드마스크라고 주장하는 것은 이만저만한 당착이 아닐 수 없다. 주검의 머리에는 구조적으로 어떤 모자든 쉽게 씌울 수 없다. 의전용 관일수록 더욱 그렇다. 평소에 널리 쓰고 지내던 갓이나 패랭이도 누워서는 결코 쓸 수 없다. 하물며 의전용 관모를 누워서 쓸 수는 없는 노릇이다. 또한 누워서 쓸 까닭도 없다. 누워 있는 주검의 머리에 금관을 도저히 씌울 수 없기 때문에 오히려 주검의 얼굴을 덮어 가리는 방식으로 금관을 부장했던 것이다.

더 중요한 것은 금관과 같은 양식의 관모로 주검의 얼굴을 가리는 데드마스크의 문화적 전통이 있었는가 하는 점이다. 우리의 전통 장례에

---

27) 같은 책, 51쪽.

서든 고분 발굴에서든 금관 외에 주검의 얼굴에다 부장용으로 관모를 덮어씌운 사례가 없고, 또 부장용 관모를 별도로 만들어 넣어준 사례도 없다. 따라서 금관의 경우만 주검의 얼굴에 씌웠다고 하기에는 아무런 근거도 없고 뚜렷한 증거도 제시할 수 없다. 세움장식이 사슴뿔 모양이라는 사실을[28] 근거로 시베리아 샤먼의 관에서 금관이 비롯되었다고 하는 설을 받아들인다고 하더라도 마찬가지이다.

시베리아 샤먼들이 주검을 처리할 때 장례용 관을 별도로 만들어 얼굴에 씌웠는가? 물론 그런 출토품들도 없고 그런 전통 또한 없다. 금관의 기원으로 삼는 시베리아 샤먼의 관은 모두 샤먼들이 굿을 할 때 쓰던 생전의 관들이다. 그런데 기원을 주장할 때는 시베리아 샤먼들이 생시에 쓰던 관을 증거로 제시하면서 금관의 기능을 이야기할 때는 주검의 얼굴을 가리는 장례용 데드마스크라고 해석하는 것은 그야말로 당착일 따름이다. 그것은 마치 금관을 장례용 관이라고 하면서도 주변 세력의 지도자에게 금관을 하사해 주종 관계를 맺는 정치적 연맹 기능을 했다고 해석하는 것과 같은 당착이라고 할 수 있다.

출토 상황에서 금관이 얼굴 쪽으로 내려와 있고 위쪽이 고깔 모양으로 모아져 있다고 한 것을 근거로 장례용 관이라고 해석하는데,[29] 그것은 금관의 양식상 주검처럼 누워 있는 사람의 머리에 씌우기 위한 관이 아니기 때문에 그런 것이다. 정상적인 상태에서 머리에 쓰기 알맞은 구조로 되어 있는 금관을 누워 있는 주검의 얼굴 가까이에 부장하고자 하는 과정에서 생겨난 필연적인 변형일 따름이다.

---

28) 사슴뿔 모양이라고 하는 세움장식은 사슴뿔을 형상한 것이 아니라 굽은 줄기에 곧은 가지가 나 있는 나무 모양을 형상하고 있는 것이다. 나중에 이 문제를 자세히 다룰 것이다.

29) 馬目順一, 〈慶州高新羅王族墓 立華飾付黃金制寶冠編年試論〉, 《古代探叢》 IV, 早稻田大學校出版部, 1995에서 금관의 이러한 출토 상태를 근거로 금관이 장례용일 것이라고 추론했다 ; 이한상, 앞의 책, 66쪽.

관테만 있는 관모라면 모를까, 금관처럼 관테 위에 무거운 세움장식이 있는 관모를 주검의 이마에 씌워서는 고정시킬 수가 없다. 바로 세워서 머리에 쓰기에도 실용성이 낮다고 주장하면서 누운 채로 쓰고 자연스럽게 유지되기를 기대하는 것은 이만저만 모순이 아닐 수 없다. 따라서 금관을 주검의 얼굴에 씌우려면 이마 아래까지 가능하면 깊숙이 눌러 씌워야 한다. 그래도 이마 위쪽 전면의 세움장식이 밑쪽으로 처지기 때문에 문제가 생긴다. 그러나 세움장식 위쪽을 고깔 모양으로 모으면 상대적으로 문제가 해결될 수 있다. 그러므로 금관의 출토 상태는 얼굴을 덮고 있는 세움장식 위쪽이 고깔처럼 모아져 있는 형태일 수밖에 없다.

왕이 살아생전에 머리에 썼던 것으로 인정하는 절풍 모양의 속관이나 새 깃 모양의 관모 장식도 출토 상황에서는 주검의 머리에 씌워져 있지 않았을 뿐만 아니라, 아예 다른 곳에 부장되어 있었다는 사실에도 주목할 필요가 있다. 왜냐하면 출토 상황이 곧 생전의 관모 장착 상황을 나타내는 것이 아니기 때문이다. 관모는 다른 장신구나 옷, 신발과 달리 주검처럼 누운 상태에서는 온전하게 머리에 씌울 수 없다는 사실을 고려해서 처음부터 주검과 분리해 다른 공간에 넣어두었던 것이다. 그러므로 속관을 왕이 생전에 쓴 관이 아니라 장례용 부장품이라고 주장하는 학자는 아무도 없다. 속관이 주검의 머리 위에 씌어 있기는커녕 머리 가까이에 있는 경우도 나타나지 않았다.

왜 그럴까? 속관은 금관이나 예사 모자처럼 머리에 눌러 쓸 수 있는 구조가 아니다. 머리 둘레보다 아주 좁은 고깔 모양을 하고 있어서 머리 정수리 부분에 얹어서 고정시키는 구조이다. 따라서 속관의 밑면 곡선은 머리 정수리의 곡선과 거의 일치하며, 측면에 구멍이 나 있는 것은 끈을 달아 고정시키는 장치였음을 알 수 있다. 머리 정수리에 얹어 고정시키는 까닭에 주검처럼 누운 상태에서는 금관보다 훨씬 착용하기가 어렵다. 착용법으로 보자면 아주 특이한 양식의 모자가 절풍이다. 따라서 이러한 특징을 알지 못한 채 절풍 형식의 속관이 "크기가 모두 매우 작고 너비가 너무 좁아 머리에 쓰기에는 도저히 불가능하다"고[30] 해석함으로써 속관까지 부장품으로 간주하기도 한다.

중국 문헌에서는 한민족이 오래전부터 절풍 형식의 관모를 써왔다는 사실을 잘 밝혀두었다. 《남제서(南齊書)》의 〈열전(列傳)〉 고구려전(高(句)麗傳)을 보면, "고(구)려인의 습속은 궁고(窮袴)를 입고 양(梁)이 하나인 절풍을 썼는데, 이를 책(幘)"이라 한다고 기록해두었다. 또한 고구려의 사신이 경사(京師)에 있을 때 중서랑(中書郎) 왕융(王融)이 그를 희롱해 "입은 것이 적합하지 않은 것은 몸의 재앙이라는 말이 있는데, 머리 위에 얹은 것은 무엇인가?"라고 묻자, "이것은 바로 옛날 변의 남은 모습이다"라고 대답했다고 한다.[31]

이 기록은 네 가지 사실을 알려준다. 하나는 의전용 관모로 쓴 절풍의 전통이 퍽 오래다는 사실이고, 둘은 변이라는 모자를 변형·발전시킨 것이 절풍이라는 사실이며, 셋은 중국에는 절풍과 같은 양식의 모자를 쓰지 않았다는 것으로 절풍이 한민족 고유의 관모라는 사실이다. 그리고 넷은 절풍이 머리에 눌러 쓰는 관모가 아니라 머리 정수리에 얹어서 착용하는 관모라는 사실이다. 따라서 중국 관리가 절풍을 모자로 취급하지 않고 머리에 얹은 것은 무엇인가 하며 희롱하는 투로 물었던 것이다.

이와 같이 절풍은 한국 고유의 관모 양식으로, 머리에 얹어 상투를 가리는 구실을 했다. 관모가 머리털을 가리는 기능을 한 것은 중국에서도 보인다. 한(漢)나라 원제(元帝)가 이마에도 머리털이 있어 이마를 가리는 '책(幘)'을 쓰기 시작하자 신하들도 모두 따랐다고 한다.[32] 머리털을

---

30) 이한상, 같은 책, 28쪽.
31) 《南齊書》 卷58, 〈列傳〉, 高(句)麗傳.
32) 《獨斷》 卷下. "幘者, 古之卑賤執事, 不冠者之所服也,…… 元帝額有壯髮, 不欲使見人, 始進幘服之, 群臣皆隨焉."

가리는 것이 모자의 중요한 기능 가운데 하나였던 것이다. 따라서 머리
를 뒤로 길게 땋아 내린 경우에는 '수'라고 하여 모자 뒤에 길게 머리꼬
리를 가리는 장식이 따랐다.

조선조의 탕건처럼, 상투를 한 머리의 경우에도 당연히 상투를 가
리는 관모가 있게 마련이다. 이처럼 상투를 가리기 위한 절풍은 머리에
눌러 쓰는 것이 아니라 머리 정수리에 얹어 썼던 것이다. 그런 까닭에 절
풍의 아랫면은 머리 정수리 곡선과 일치하며, 머리 위에는 절풍을 고정
시키는 별도의 장치가 필요하다. 그런 장치가 없으면 절풍이 고정되지
않는 까닭이다. 별도의 장치가 있어도 누워서 쓰기란 사실상 불가능한
것이 절풍 양식의 속관이다. 주검에 착용시키는 일은 더 말할 나위도 없
다. 그러므로 신라 고분에서는 절풍 양식의 속관을 아예 주검과 격리된
별도 공간에 부장했던 것이다.

새 깃 장식도 마찬가지이다. 속관의 전면에 끼워 고정시키도록 되
어 있는 까닭에 속관을 머리에 얹어 착용했을 때는 부착 가능하지만, 누
워 있는 주검에게는 부착하기 어렵다. 게다가 금관의 세움장식 못지 않
게 길기 때문에 누운 상태의 머리에는 씌워서 고정시킬 수 없다. 따라서
속관과 새 깃 장식은 생전에 사용한 관모이지만 주검의 머리에 씌우지
않고 별도의 부장품 공간에 넣어두었던 것이다. 왕이 생전에 관모로 썼
던 속관과 새 깃 장식은 한결같이 주검을 안치한 관 속이 아니라 관 바깥
의 유물 수장 공간에서 발굴되었다.

상황이 이러한 까닭에, 금관을 주검의 머리에 정상적으로 씌워두지
않았다고 해서 생전에 쓰지 않은 장례용 부장품으로 해석하는 것은 설득
력이 없다. 생전에 썼던 것으로 널리 인정되는 속관이, 오히려 생전에 쓰
지 않았던 것으로 논의되는 금관보다 주검의 머리 위치에서 훨씬 떨어진
별개의 공간에서 발굴되고 있기 때문이다. 이러한 발굴 상황을 들어 절
풍형의 속관도 주검의 머리에 씌어 있지 않으므로 한갓 주검을 위한 데

드마스크라고 할 수 있을까? 절풍을 쓴 고대인들의 그림은 고분벽화에 두루 보이고 있는 까닭에 동의하기 어렵다.

오히려 생전에 썼던 관모이기 때문에, 속관이나 깃털 장식처럼 금관도 주검의 머리에 순조롭게 착용시키지 못했다고 보아야 옳을 것이다. 다른 복식과 달라 모자는 생전에 썼던 것일수록 주검의 머리에 착용하기 어렵다. 만일 금관이 주검을 위한 데드마스크라면 당연히 누워 있는 주검의 얼굴에 착용하기 적절하도록 가면의 형태로 만들어져야 할 것이다. 그런데 금관은 주검의 얼굴에 착용하도록 만들어진 가면이 아니라 머리에 쓰는 모자이다. 그러므로 금관이 주검의 머리에 온전히 착용되어 있지 않다는 사실이야말로, 금관이 주검을 위한 부장품 관이 아니라 살아 생전에 쓰던 산 자의 관이라는 사실을 입증하는 가장 중요한 단서라고 하겠다. 절풍형 속관이 잘 입증하고 있다.

제3장 시베리아 샤머니즘과 우리 굿 문화의 전통

1. 왕관인 금관의 상징성과 무당 모자의 거리

금관은 누가 뭐라고 해도 왕관이자 정치적 지도자를 상징하는 권위의 징표이다. 금관을 쓴 고대국가의 왕들은 금관을 통해 왕의 신분을 드러내고 왕의 권위를 과시하게 마련이다. 따라서 금관은 왕관으로서 왕권의 상징일 뿐만 아니라 실질적인 왕의 권위를 보장하는 구조물이다. 왕관을 쓰는 대관식은 곧 왕위에 오르는 행사이자 왕의 취임을 뜻하는 공식적인 의식이다. 그러므로 왕관으로서 금관은 무당들이 쓰는 관모와 다른 별도의 구실을 한다.

시베리아 샤먼이 금관과 비슷한 관을 썼다는 사실을 근거로, 왕관인 금관이 곧 그들의 무관에서 비롯되었다고 하는 주장에는 몇 가지 오류가 있다. 고대국가의 왕은 정치적인 군장이자 제의적인 사제이기도 했는데, 이 가운데 사제자로서 기능만 문제 삼고 정치적 군장이라는 사실은 고려하지 않고 있다. 시베리아 샤먼은 한갓 사제자일 뿐, 정치적인 지도자가 아니었다. 왕의 일차적인 기능은 정치적인 지도자로서 절대적인 권능을 발휘하는 것이다. 사제자로서 제의적인 역할을 하는 것은 왕의 이차적인 기능에 지나지 않는다.

대통령은 외국에 대해 국가를 대표하는 국가원수이자 행정부의 수반이며 국군통수권자이다. 일반적으로 대통령은 행정부의 최고 지휘권을 행사하는 정부의 책임자로 알려져 있다. 따라서 국군통수권자로서 국군을 통솔하는 권한을 가진다고 하여 행정부의 수반으로서 행정 지휘권은 고려하지 않은 채 순전히 국군 조직을 장악하고 있는 군의 최고 지휘권만 문제 삼을 수는 없다. 이 부분을 더 강조하면 대통령은 군복을 갖추어 입어야 한다. 실제로 일부 대통령은 군통수권자로서 위세를 드러내기 위해 군복을 곧잘 착용하기도 한다. 쿠바의 카스트로나 이라크의 후세인 등이 때로 군복을 입기도 했다. 카스트로는 군작업모를, 후세인은 특수부대의 검은 베레모를 즐겨 썼다.

그러나 일반적으로 군통수권자는 대통령의 2차적 기능이다. 따라서 대통령의 관모나 복식을 이야기할 때 군복을 전제로 이야기하는 것은 많은 문제가 있다. 왜냐하면 대통령의 1차적인 기능인 행정 지휘권을 제쳐두고 2차적인 기능인 군 지휘권만으로 대통령의 관모와 복식을 해석하기 때문이다. 따라서 군복을 두고 대통령의 복식이라고는 할 수 없는 것이다. 대통령이 군통수권자라고 해서 군복을 꼭 입어야 하는 것은 아니다. 대통령의 평소 복장으로도 군통수권을 발휘할 수 있기 때문이다. 마찬가지로, 왕이 사제의 구실까지 감당했다고 해서 왕의 복식이 곧 사제의 복식일 필요는 없다. 왕의 복식으로도 얼마든지 사제 구실을 할 수 있으나, 사제의 복장으로는 왕의 구실을 할 수 없다.

따라서 왕관인 금관을 무관으로 규정하는 것은 마치 무관이 곧 왕관 구실을 한 것처럼 착각한 결과이다. 논리적으로 부당환위의 오류에 빠져 있는 셈이다. 왕관이 무관 구실을 할 수는 있어도, 무관이 곧 왕관 구실을 할 수는 없는 노릇이다. 왕이 사제자로서 제의를 주재할 때는 의

전용 왕관을 쓰게 마련이다. 이때 왕관은 사제의 관으로서 일종의 무관 구실을 한다고 할 수 있다. 그러나 무당이 쓰는 모자는 사제의 관모이기는 해도 이 모자를 썼다고 해서 왕이 되는 것은 아니다. 구조적으로 불가능한 일이다. 이는 달리 말해서, 제정일치 시대에 왕은 곧 사제자 구실을 겸하지만, 사제자가 왕의 구실을 겸하는 것은 결코 아니라는 것이다.

왕이 사제자라고 해서 사제자가 곧 왕은 아닌 것과 마찬가지이다. 왕이 무당 구실을 겸했다고 해서 무당이 곧 왕이 되는 것은 아니다. 왕은 일정한 의식이나 제의를 올릴 때 왕관을 쓰게 된다. 왕이 제사장 구실을 한다고 해서 왕의 복식과 왕관을 제쳐두고 무당의 옷을 입고 무관을 쓰는 것은 아니다. 왕의 옷과 왕관은 그 자체로 최고의 사제복이 될 수 있기 때문이다. 그러므로 왕이 사제자 구실을 했다고 해서 왕의 복식을 무당의 복식이라고 하거나 왕관을 무관이라고 할 수 없다.

아버지가 남자라고 해서 남자가 곧 아버지라고 하는 것은 부당환위의 오류이다. 왕이 사제 구실을 했다고 해서 사제가 곧 왕은 아닌 것처럼, 왕이 사제 구실을 했다고 해서 왕이 사제의 복식과 관모를 썼다고 여기는 관점은 이중의 오류에 빠진다. 그러므로 왕이 쓴 금관을 왕관으로서 주목하지 않고, 왕이 무당 노릇도 했다고 해서 왕관을 곧 무관으로 주목하는 전제 자체가 잘못인 것이다. 정치적 지도자를 상징하는 왕관의 1차적인 기능을 제쳐두고 제의적 사제자를 상징하는 왕관의 2차적인 기능을 중심으로 왕관의 기원을 찾으려고 했기 때문에 중대한 오류에 빠진 것이다.

두번째 오류는 왕관인 신라 금관이 시베리아 무관에서 비롯되었다는 전제를 기정사실로 하고 있다는 점이다. 왜냐하면 시베리아 무관이 한반도에 영향을 미치려면 우선 시베리아 샤머니즘이 한반도에 전파되어야 하고, 그에 따라 시베리아 샤먼의 복식과 관모가 한국 무당의 복식과 관모에 영향을 미쳐야 한다. 적어도 금관의 기원을 시베리아 샤먼의 무관에서 찾으려면 우리 무당들이 샤먼의 복식은 제쳐두더라도 샤먼의 관모만이라도 고스란히 쓰고 있어야 한다. 그런 추적은 전혀 하지 않은 채 금관을 시베리아 무관에 끌어다 붙이려고 하는 것이 문제이다.

오랜 탄압 속에서도 굿 문화의 전통은 지금까지 끊이지 않았고, 굿을 좌도로 몰아 금압하던 조선시대에도 국무라고 하는 나라무당이 있어서 궁중 출입을 하며 상당한 권력을 누렸다. 다시 말해서, 세간에서는 굿 문화가 단절된 적이 없다. 그런데 어느 무당도 사슴뿔이 달린 시베리아 샤먼의 관을 쓴 일이 없고 또 금관과 같은 모자를 쓴 일도 없다. 옛 무구들이 많이 남아 있을 뿐만 아니라 각종 무신도나 무당 그림도 있지만, 머리에 시베리아 샤먼의 관을 쓴 무당의 자취는 어디서도 보이지 않는다. 한마디로, 시베리아 샤머니즘의 영향을 받았다고 하는 우리 무당들도 시베리아 샤먼의 관을 쓰지 않았는데, 고대국가의 왕이 왜 종족 단위의 생활을 하는 이민족의 무관을 썼겠는가?

무관은 모자 양식도 우리와 전혀 다르다. 우리는 상투를 잘 갈무리할 수 있는 절풍 형식의 높은 모자를 썼는데, 그들의 모자는 머리카락을 아래로 늘어뜨린 요즘 사람들의 머리 양식에 맞도록 푹 눌러쓰는 구조로 되어 있다. 사슴뿔도 샤먼의 관에서는 모자의 정상에 한 쌍을 모아 부착해두었지만, 금관에는 사슴뿔이라고 할 수 없는 나무 모양을 홀수에 맞추어 관테에 부착해두었다. 그러므로 우리 무당의 모자가 샤먼의 관모에서 왔다는 사실을 밝히지 않은 것이 두번째 오류가 아니라, 밝힐 수 없다는 사실을 무시한 것이 결정적인 오류이다.

그런데 우리나라 무당들은 아예 관모를 쓰지 않는다. 한마디로 무관(巫冠)이 따로 없다는 말이다. 무관을 썼다는 기록이나 전형적 양식의 관모를 쓴 그림도 없으려니와, 무당의 전통 속에서도 찾을 수 없다. 굿의 종류나 신내림에 따라 다양한 무복을 갈아입는 경우가 있고, 이때 무복에 맞추어 갓이나 고깔·족두리·벙거지·호수갓·꽃갓·패랭이·와룡관·

투구 등을 쓰기도 하지만, 무당이 굿을 할 때 반드시 쓰는 일정한 양식의 무관은 없다. 따라서 시베리아나 몽골 샤먼의 무관에 해당하는 무당 모자는 어디에서도 발견되지 않는다. 선사시대 무당 그림이 암각화에 있지만, 여기서도 관모를 쓴 모습은 보이지 않는다. 한마디로, 우리 굿 문화에는 무관이라는 것이 없다고 해도 지나치지 않다.

탈혼 상태에서 이계 여행을 하기 위해 무복과 무관을 갖추는 시베리아 지역의 샤먼과는 달리, 우리 무당은 모시는 신격을 잘 나타내기 위해, 또는 무당의 몸에 내린 신격의 정체를 잘 드러내기 위해 무복을 입고 모자를 쓰는 것이다. 그러나 탈혼하여 이계 여행을 순조롭게 하기 위한 샤먼의 무복과 무관은 일정하다. 단일하게 정해진 무복을 입고 무관을 써야 엑스터시 상태에 순조롭게 이른다고 믿는 까닭이다. 하지만 우리 굿에서는 무당들이 굿의 내용을 바꿀 때마다 다른 무복으로 갈아입는다. 자연히 굿거리에 따라 무복이 엄청나게 많다.

무당이 장군거리를 할 때는 갑옷을 입으니 투구를 쓸 수밖에 없고, 제석거리에서는 백장삼에 홍가사를 입으니 거기에 맞추어 고깔을 쓰게 되는 것이다. 부인마마거리에서는 신부처럼 활옷을 입고 족두리를 쓰며, 성주거리에서는 남쾌자에 백장삼을 입고 갓을 쓴다. 모두 굿의 주제에 맞게 그리고 신내림의 성격에 맞게 옷차림도 하고 그에 따라 모자도 쓰는 것이다. 무당이 성주 차림을 하고 갓을 써야 성주신이 무당 몸에 잘 내리고, 제석거리에서는 장삼을 입고 고깔을 써야 제석신이 무당 몸에 잘 내린다.

그리고 신이 내렸을 때도 몸에 내린 신격에 걸맞는 차림을 해야 신들림 현상이 효과적으로 나타나는 것이다. 따라서 굿거리마다 제각기 다른 굿을 하고, 굿거리마다 다른 신격들이 내리니 복장이나 모자가 다를 수밖에 없다. 자연히 시베리아 샤먼의 무복이나 무관과 같은 무당 고유의 복식이나 모자는 존재하지 않는다.

시베리아 샤먼이 굿을 할 때 가장 중요하게 쓰는 무구 가운데 하나가 북이다.[1] 왜냐하면 북을 드는 것 자체가 곧 영혼의 세계로 떠나는 것이기 때문이다. 그러므로 몽골 샤먼들은 굿을 할 때 '헹그렉'이라고 하는 북을 드는데, 그들은 이 북이 샤먼의 이계 여행을 돕는 말[馬]이라고 여긴다. 굿판에서 북은 곧 탈혼 상태의 샤먼을 태우고 가는 말이기 때문에 악기로서 필수적 무구가 될 수밖에 없다.[2]

그런데 우리 무당의 무복과 모자 그리고 북은 전혀 다른 기능을 한다. 혼이 몸에서 빠져나가 이계로 여행하는 샤먼의 탈혼 상태와는 달리, 이계의 영혼이 무당의 몸에 내려와 신들림 상태를 이룰 때 비로소 굿이 절정을 이룬다. 따라서 무복과 무구의 기능도 다르다. 샤먼의 무복과 무구는 이계 여행을 순조롭게 도와주는 구실을 하지만, 우리 무당의 무복과 무관 그리고 무구는 이계의 신이 몸에 순조롭게 내려 신들림 상태에 이르도록 도와주는 구실을 한다.[3] 무당들조차 샤먼의 관모나 옷차림을 본받지 않았는데, 왕이 시베리아 샤먼의 관모를 본받아 왕관을 만들어 썼다는 것은 이만저만한 비약이 아니다.

세번째 오류는 왕관의 기원을 무관에서 찾는다는 사실이다. 무관이 아닌 왕관의 기원을 찾으려면 그 대상은 당연히 무관이 아니라 왕관이어야 마땅하다. 그런데 왕관의 기원을 자국도 아닌 외국의 무관에서 찾는 것은 좀처럼 납득하기 어렵다. 세상의 어느 나라 왕이 왕관을 쓰지 않고 무당이 쓰는 관모인 무관을 썼던가? 무관을 쓰고 왕 노릇을 한 왕이나, 무관이 곧 왕관인 나라가 역사적으로 존재하고 있는가? 금관의 기원이라고 보는 시베리아 샤먼의 무관이 그들 종족의 왕관 구실을 했는가? 시

---

1) 장장식, 《몽골민속기행》, 자우출판, 2002, 33쪽.
2) 같은 책, 32쪽.
3) 임재해, 〈굿 문화사 연구의 성찰과 역사적 인식지평의 확대〉, 《한국무속학》 11, 한국무속학회, 2006, 78~79쪽 참조.

베리아 여러 종족들이 속해 있었던 국가 가운데 어느 국가의 왕관도 샤면의 무관에서 비롯되었다는 증거는 없다. 그러므로 무관이 곧 왕관이라는 전제, 또는 왕관이 무관에서 비롯되었다는 전제 자체가 큰 오류이다.

따라서 이러한 오류를 극복하려면, 금관의 기원이 시베리아 샤면의 무관에서 비롯되었다는 주장을 하기 전에, 그 샤면이 속해 있는 국가의 왕관이 샤면의 무관에서 비롯되었다는 주장을 먼저 해야 한다. 그들이 속해 있는 나라에서조차 샤면의 무관을 왕관으로 삼지 않았는데, 한반도 남쪽 끝단에 자리 잡고 있는 신라에서 그들의 무관을 본받아 왕관을 만들었다고 하는 것은 납득할 수 없는 주장이다.

그래도 기어코 시베리아 샤면 기원론을 펼치려면, 시베리아 샤면의 무관을 왕관으로 쓴 시베리아 지역 왕국의 왕관에서 우리 금관이 비롯되었다고 하는 사실을 입증해야 설득력이 있다. 그런데 어느 누구도 시베리아 왕국의 왕관은 문제 삼지 않은 채 무관만 증거로 들고 있으니 논리적 오류에 빠졌다고 하지 않을 수 없다.

신라는 상당히 발달한 수준의 고대국가이다. 그런데 아직도 국가를 이루지 못하고 있는 종족 단계의 샤면 문화를 고대국가에서 받아들였다고 하는 것은 문화 전파론의 이치에도 맞지 않다. 아직도 유목 생활을 하고 있는 시베리아 소수민족의 문화 수준을 고려할 때, 신라시대 당시에 그들의 문화 수준이 어떠했는지는 충분히 짐작할 수 있다. 아주 낮은 수준의 유목 생활을 했을 터인데, 그들의 샤면이 5세기의 신라 왕실에 문화를 전해줄 만한 수준의 문화를 누렸을지 의심하지 않을 수 없다.

전파론에서 말하는 문화 전파의 원리는 마치 물이 높은 곳에서 낮은 곳으로 흐르듯이 문화가 발전된 곳에서 낮은 곳으로 전해진다는 것이다. 그런데 아직도 유목 생활을 하고 있는 시베리아의 소수민족 문화가 고대국가를 형성하고 있는 신라 왕실 문화에 전파되었다는 것은 납득하기 어렵다. 그것도 신라의 무당이 아니라 최고 통치자인 왕실 문화이자 왕권을 상징하는 금관에 영향을 미쳤다고 하는 것은 지리적 거리는 제쳐 두고라도 문화의 수준이나 계급적 차이를 무시하는 주장이다.

만일 왕이 별도의 왕관을 쓰지 않고 무관을 왕관으로 썼다면, 그것은 왕과 무당의 분별이 없었음을 뜻한다. 따라서 왕관이나 다름없는 무관을 쓰는 샤먼이 있다면, 그는 샤먼이기 전에 사실상 왕이나 다름없는 존재이다. 왕이 비록 사제자 구실을 하고 주술적 기능을 발휘한다고 하더라도, 왕이 쓰는 관을 왕관으로 보지 않고 무관으로 보는 것은 잘못이다. 그러므로 왕이 비록 사제의 기능을 수행했더라도, 무당이 쓰는 무관에서 왕관의 기원을 찾는 것은 그 자체로 오류이다.

왕이 사제자와 달리 정치적 권력을 장악하고 있듯이, 왕이 쓰는 왕관 또한 무당들이 쓰는 무관과 달리 사제자로서 권능과 다른 통치적 권능을 별도로 상징하고 있게 마련이다. 만일 금관을 왕관으로 보지 않고 무관으로 본다면, 북방계의 다른 무관과 모양이 같을 경우 그 영향 관계나 전파론적 기원론을 추적할 필요가 있다. 그런데 금관이 왕관이라면, 왕의 권위를 강화하고 통치력을 강화하는 상징물로 보아야 할 것이다. 우리나라에는 그러한 무관이 아예 없는데, 무관의 기원을 찾는 것도 아니고 왕관의 기원을 찾아 시베리아 샤먼의 관까지 거슬러 올라간다는 것은 여러 가지로 무리한 추론이라고 하지 않을 수 없다.

전파론적 관점에서 왕관의 기원을 시베리아 지역에서 찾으려면 그 지역의 정치적 지도자, 곧 군장의 관모에서 찾아야 할 것이다. 비록 제정 일치 시대의 왕들이 사제자이자 주술사 노릇을 했다고 하더라도 정치적 지도자였다는 사실을 부정해서는 왕권을 정당하게 이해할 수 없고 왕관의 의미도 제대로 포착할 수 없다. 고대국가의 왕들이 사제왕이자 무당왕으로서 제의적 기능을 감당하는 것 이상으로, 국가를 지키고 백성들을 다스리는 군왕으로서 통치적 기능을 발휘하는 정치적 지도자라는 사실을 중요하게 여기지 않을 수 없다. 그러므로 왕은 절대권을 지닌 정치권력의 수반이자 왕실의 신성한 혈통을 이어가는 주체인 까닭에, 사제자 구실을 감당한 무당과는 본질적으로 다른 성격을 지닌다는 사실을 지나칠 수 없다.

다음으로 검토해야 할 사실은 우리 무당들의 관모에 관한 것이다. 우리 굿 문화에서는 무관이라는 것이 따로 없다고 했다. 무관을 써야 무당 구실을 하는 것도 아니다. 하지만 시베리아 샤먼들은 굿을 할 때 반드시 무관을 쓴다. 무당으로서 써야 하는 모자를 쓰는 것이 시베리아 샤먼의 굿에서는 어길 수 없는 규범이다. 무관을 쓰지 않으면 굿을 할 수 없다. 무관을 써야 비로소 샤먼다울 뿐만 아니라, 무관을 씀으로써 신통력을 발휘하며 굿을 제대로 수행할 수 있기 때문이다. 그러한 전통은 최근까지도 어느 정도 남아 있으므로, 시베리아 샤먼에게는 관모가 긴요한 구실을 함을 알 수 있다. 시베리아 샤먼에게 무관은 무복과 함께 굿의 필수적인 장비이다.

시베리아 샤먼과 비슷한 문화를 지니고 있는 몽골의 샤먼들도 무복과 더불어 특별한 무관을 쓴다. 몽골의 샤먼들도 시베리아 샤먼처럼 몸에서 넋이 빠져나가 이계 여행을 하는 탈혼 상태에 이르는 것이 굿의 중요한 기술이다. 따라서 몽골 샤먼들은 무복과 함께 무관을 쓴다. 시베리아 샤먼과 몽골의 샤먼은 이계 여행을 하며 탈혼 상태에 빠진다는 점에서 샤머니즘의 동질성을 지니고 있다. 그렇지만 무관은 시베리아 샤먼과 다르다.

그런데 우리는 아예 샤머니즘과 다른 굿 문화를 독자적으로 가지고 있다. 따라서 시베리아 샤먼의 무관을 그대로 쓸 까닭이 없다. 몽골 샤먼의 무관에는 사슴뿔이 등장하지 않는다. 철제 무관도 아니다. 머리를 두르는 넓은 띠와 얼굴 가리개 그리고 띠에 꽂은 새 깃으로 구성되어 있다 (〈그림 1〉). 이마에 둘러서 쓰는 넓은 띠 앞부분에는 화가 난 모습의 '옹고드', 곧 무신(巫神)의 얼굴이 그려져 있어서 얼른 보면 가면처럼 보인다.

〈그림 1〉 몽골 샤먼의 무관

그리고 띠 아래로 아홉 개의 천으로 된 줄이 매달려 있어서 이 모자를 쓰면 샤먼의 얼굴이 가려진다.[4]

샤먼이 굿을 할 때 이 모자를 쓰면 시야가 가려져 외부와 차단되는 까닭에, 영적인 시야가 넓어져 신령과 소통을 쉽게 할 수 있다. 또한 샤먼이 신을 만나러 저승 세계로 여행할 때 남들이 자기를 알아보지 못하

---

4) 장장식, 앞의 책, 31쪽.

도록 하는 기능도 마련된다.[5] 얼굴을 가리는 일종의 가면 구실을 하는 것이다. 그러므로 샤먼이 탈혼 상태에서 이계 여행을 순조롭게 하려면 무관은 필수적이다.

몽골은 시베리아 유목 문화와 같은 문화권에 속한다. 샤먼이 굿을 할 때 이계 여행을 하는 샤머니즘 문화의 내용도 서로 같다. 그런데도 샤먼의 모자는 사슴뿔 장식의 무관을 쓰지 않고 깃털 장식을 한 가면 모양의 모자를 써서 눈까지 가린다. 다시 말해서, 샤머니즘의 동일 문화권 속에서도 무당의 관모 양식이 크게 차이가 난다는 말이다. 이계 여행을 떠나는 샤머니즘 문화를 공유하는 시베리아 여러 종족의 무당들도 정작 무관은 서로 다르다. 같은 문화권 속에서도 문화적 독창성이 발휘되는 까닭이다.

그런데 정작 샤먼의 모자를 본받아 금관을 만들었다고 하는 우리 굿 문화는 아예 북방 민족의 샤머니즘과 일치하지 않는다. 오히려 샤머니즘과 반대로 무당의 혼이 이계 여행을 하는 것이 아니라 이계의 신을 내림받아 무당 몸에 모신다. 이계의 신령이 무당의 몸에 들어오는 것이다. 따라서 굿을 하다가 내림받는 신격에 따라 무복이나 관모 양식도 제각기 다르다. 무당이 모시는 신격의 정체에 맞추어 갓도 쓰고 투구도 쓰며 고깔도 쓴다. 자연히 우리 무당의 관모가 시베리아 샤먼의 관모와 구조적으로 같을 수가 없다. 더군다나 왕이 쓴 관모라면 더 말할 나위도 없다. 그러므로 우리 무당조차 시베리아 무당의 모자를 쓰지 않았는데, 무당도 아닌 왕이 시베리아 무관을 썼다고 하는 주장은 논리적으로 타당하다고 인정할 수 없다.

---

5) 같은 책, 같은 쪽.

2. 시베리아 샤머니즘과 우리 굿 문화의 차이

우리 굿 문화에는 무관이 따로 없다. 그러니 굿 문화의 전통 속에서 시베리아 샤먼의 사슴뿔 장식 무관을 찾을 수 없다. 몽골 샤먼의 무관도 연관성을 찾을 수 없다. 다시 말해서, 시베리아 샤먼의 무관처럼 굿을 할 때 무당들이 쓰는 일정한 고유의 관모를 우리 문화 속에서 논의하는 것 자체가 오류라고 할 수 있다. 무당도 쓰지 않은 무당의 관모를 5세기의 신라 왕이 본받아 썼다고 하는 것은 무리한 추측이 아닐 수 없다.

샤머니즘은 물론 우리 굿 문화조차 제대로 알지 못한 채, 일제 강점기 이후 일본 학자들에 의해 제기된 샤머니즘 기원설을 맹목적으로 따르고 있으니 억측이 거듭될 수밖에 없다. 샤머니즘과 굿 문화를 대비해 상대적으로 그 특징을 알지 못하더라도 복식과 관모의 기능만이라도 제대로 알게 되면 오류와 편견에서 벗어날 수 있다. 제의나 의례를 위해 입는 의식용 복식과 관모는 모두 특수한 기능을 지니고 있다. 금관과 같은 관모 연구를 하면서 관모의 기능을 고려하지 않는 것은 이해할 수 없는 일이다. 금관을 무관에서 기원했다고 주장한다면, 당연히 무관의 기능부터 구체적으로 헤아려보아야 할 것이 아닌가.

무복과 무관은 그야말로 사제자가 입는 기능적인 복식이다. 왕의 복식이 왕권을 수행하는 데 기능적인 것처럼, 무당의 복식도 굿을 효과적으로 하는 데 기능적인 것이다. 따라서 시베리아 샤먼의 무복이나 무관은 탈혼을 쉽게 하여 이계 여행을 순조롭게 하도록 돕는 구실을 한다. 이계 여행이 샤머니즘의 고유한 굿의 양식이기 때문이다.

샤머니즘과 다른 우리 굿 문화에서 무당의 복식은 다를 수밖에 없다. 탈혼 양식이 아니라 빙의 양식이 우리 굿 문화의 주요 양식이기 때문이다. 자연히 굿 문화에서는 무복과 무관이 이계 여행을 돕는 것이 아니라 신내림을 돕는 구실을 한다. 무당이 신내림을 잘 받도록, 또는 신들림 현상이 잘 나타나도록 옷을 입고 모자를 쓰는 것이다. 따라서 시베리아 샤먼처럼 무당 고유의 복식과 관모가 따로 없다. 굿의 종류에 따라 내림받는 신격의 복식과 관모를 그때마다 갖추어 입게 되는 것이다. 그러므로 무당이 굿을 할 때는 여러 벌의 옷과 모자를 두루 준비하지 않을 수 없다.

이를테면, 성주굿에서는 무당이 성주 차림을 하고 갓을 써야 성주신이 무당 몸에 잘 내리고, 제석거리에서는 장삼을 입고 고깔을 써야 제석신이 무당 몸에 잘 내린다. 그리고 신이 내렸을 때도 몸에 내린 신격에 걸맞는 차림을 해야 신들림 현상이 효과적으로 나타나는 것이다. 이렇듯 굿거리마다 제각기 다른 굿을 하고 굿거리마다 다른 신격들이 내리니 복장이 다를 수밖에 없다. 자연히 무당 고유의 복식이나 모자가 정해져 있지 않다. 그러므로 신들린 빙의무의 굿에서는 이계 여행을 도와주는 무관이 구조적으로 필요하지 않은 것이다.

샤먼과 무당, 샤머니즘과 굿의 구조는 이처럼 서로 본질적인 차이가 있기 때문에 우리 무당들이 시베리아 샤먼의 무관을 굿에서 쓸 까닭이 없다. 탈혼에 쉽게 이르러 이계 여행을 잘 할 수 있는 능력을 지닌 사제가 시베리아 샤먼이며, 샤먼이 그러한 종교적 의식을 행하고 탈혼 상태에서 엑스터시 상황에 이르는 것이 샤머니즘의 절정이라면, 이계의 신을 쉽게 내림받아 신들림 상태에 쉽게 이를 수 있는 능력을 지닌 사제가 우리 무당이며, 무당이 그러한 종교의식을 행하고 신들림 상태에서 신인합일의 상황에 이르는 것이 굿의 절정이라고 할 수 있다.

따라서 샤먼이 탈혼에 도움이 되는 일정한 무복과 무관을 어느 굿이든 변함없이 갖추고 북도 일정한 것을 드는 데 견주어, 무당은 신들림에 필요한 무복과 무관을 그때그때 받아내리는 신격에 따라 제각기 다르게 갖추며, 특별히 정해진 북을 사용하지 않아도 상관없는 것이다. 우리 무당이 사용하는 북은, 이계 여행을 위해 샤먼이 타고다니는 말이 아니라, 신내림을 부추기고 신명을 고조시켜 무당이 신들림의 경지에 이르도록 하는 반주악기 구실을 하는 까닭이다. 시베리아 샤먼의 북은 악기 구실보다 이계 여행의 매개물 구실을 하기 때문에 주술적인 그림들로 장식되어 있다. 따라서 샤먼이 굿을 할 때면 항상 일정한 무관을 쓰듯이 일정한 북을 드는 것이다.

그러나 우리 무당은 반주악기로 북을 사용하는 까닭에 그러한 주술물다운 성격이 없다. 신명을 돋울 만한 북이라면 아무 북이라도 상관없다. 게다가 북을 치지 않고 꽹과리나 장구가 대신해도 그만이다. 더군다나 북이나 장구 또는 꽹과리를 두드리는 사람은 굿을 하는 무당이 아니라 악사나 조무이기 일쑤이다. 서울굿에서는 무녀들의 굿판에 남자 악사들이 장단을 치며 반주를 한다. 따라서 북이든 장구든 모든 악기는 무당이 준비하는 것이 아니라 악사들이 준비한다. 물론 앉은굿을 할 때처럼 주문을 잘 외우기 위해 무당이 직접 징이나 장구를 치는 경우도 있다. 그러나 본질적으로 악기를 다루며 반주음악을 연주하는 것은 악사나 조무의 몫이다. 그러므로 우리 굿의 북과 샤머니즘의 북도 전혀 다른 기능을 하고 있음을 알 수 있다. 그것은 '무당과 샤먼' 또는 '굿 문화와 샤머니즘'이 본질적으로 다른 까닭이다.

우리 무당이 굿을 할 때 시베리아 샤먼과 같은 북을 갖추지 않는 것은 이유가 있다. 샤먼의 북으로는 신명이 나지도 않고 신내림을 받을 수도 없기 때문이다. 샤먼의 북은 우리 무악기들처럼 신명을 지피는 데 도움이 되지 않는 까닭이다. 우리 무당들이 시베리아 샤먼처럼 일정한 무관을 쓰지 않는 이유도 마찬가지이다. 샤먼의 무관을 써서는 신내림을 잘할 수 없어서 굿을 제대로 할 수 없는 까닭이다. 신내림은 무당 자신이 되기 위한 것이 아니라 무당에게 내리는 신으로 변신하는 일이다. 그러므로 신내림의 성격에 맞는 복장과 관모를 써야 마땅하다.

이처럼 우리 무당들이 시베리아 샤먼의 관을 쓰지 않은 데는 구조적인 이유가 있다. 신앙 체계가 다른 까닭이다. 그런데 무당도 아닌 우리 나라 왕이 샤먼의 관을 본받아 왕관을 만들어 썼다고 하는 것은 논리도 맞지 않고 마땅한 이유도 찾을 수 없다. 비록 우리 굿이 시베리아 샤머니 즘에서 비롯되었다고 하더라도, 정작 굿을 하는 무당도 쓰지 않는 샤먼 의 무관을 우리 왕이 썼다고 하는 것은 억지라고 하지 않을 수 없다.

시베리아 샤먼 기원설은 으레 우리 굿을 시베리아 샤머니즘에서 비 롯된 것으로 간주하고 있다. 최남선이 우리 굿의 제의적 전통을 일컬어 '살만교(薩滿敎)'라고[6] 일컬은 것이나, 요즘 학자들이 우리 굿 문화를 샤 머니즘으로 또 무당을 샤먼으로 일컫는 것은 한결같이 샤머니즘이라고 하는 외래적인 문화의 틀 속에다 우리 굿을 가두고 보려는 태도 탓이다. 굿을 샤머니즘이라고[7] 보면, 굿은 시베리아 지역 소수민족 토착 종교의 전파나 영향에 따른 한갓 북방계 문화의 아류로 인식되게 마련이다.

우리 굿은 시베리아 샤먼들의 종교의식과는 다르다. 뿐만 아니라 전남 지역의 단골무나 동해안의 세습무들은 샤먼의 성격과 전혀 다른 무 당들이다. 왜냐하면 "샤머니즘은 엄격하게는 엑스터시의 원초적 기술" 이라는 정의를 근거로, 샤먼의 영혼이 몸을 떠나 하늘나라나 지하 세계 또는 수중 세계로 여행함으로써 망아의 황홀경에 빠지는 상태를 샤머니 즘의 가장 기본적인 특징으로 파악하기 때문이다.[8] 다시 말해서, 샤머니 즘의 샤먼은 자신의 영혼을 몸에서 분리해 이계(異界) 여행을 함으로써 엑스터시 상태에 이르고 신통력을 발휘하는 것이다.

그런데 우리 무당은 이와 반대로 외부의 영혼이 신내림을 통해 몸 으로 들어와 빙의 상태를 이룸으로써 신통력을 발휘한다. 신들림 현상이

6) 崔南善, 〈薩滿敎箚記〉, 《啓明》 제19호, 1927.
7) 조흥윤, 《巫와 민족문화》, 민족문화사, 1990, 89~123쪽에 한국의 굿과 시베리아의 샤머 니즘에 관한 자세한 논의가 있다.
8) 엘리아데, 文相熙 옮김, 《샤아머니즘》, 三省出版社, 1977, 51쪽.

곧 무당이 되는 상황이고, 무당이 되어 굿을 할 때도 신내림이 있어야 온전하게 굿을 할 수 있으며, 신이 내려 신들림 현상이 절정을 이룰 때 굿도 정점에 이르게 된다. 그러므로 시베리아 샤먼은 영혼이 몸을 떠나 이계 여행을 자유롭게 하는 것이 장기이지만, 우리 무당의 신통력은 쉽게 신내림을 받아 빙의 상태에 이를 수 있는 신들림 현상이 장기라고 할 수 있다. 자연히 우리 무당은 신내림의 매개가 되는 내림대가 긴요한 구실을 한다.

더 중요한 차이는 전남 지역의 단골무나 동해안의 세습무들에서 볼 수 있다. 이들은 아예 신들림 현상과 같은 신비 체험 없이 모두 굿하는 법을 배우고 익혀 학습에 따라 무당이 된 사람들이다. 전남의 단골무나 동해안의 세습무는 샤먼과 전혀 다른 무당이라고 할 수 있다. 굿을 하는 과정에서 신을 부르고 신내림을 받기는 하지만, 이계 여행과 같은 샤먼의 신통력은 발휘하지 않는다. 따라서 "한국 무속을 샤머니즘(shamanism)이라고 부르는 경우가 있지만 적어도 동해안 지역이나 호남 지역의 무속을 놓고 볼 때는 샤머니즘이라는 명칭과는 성격상 거리가 있는 것이 사실이다."[9]

특히 전남의 단골무들은 마을 공동체와 단골판을 형성해 굿을 하고 집집마다 필요한 제의를 수행하는 까닭에, 무당이 되는 방식도 다를 뿐만 아니라 공동체 성원들과 굿을 하면서 맺는 관계나 굿판을 이어받는 방식도 신들린 무당들과 자못 다르다. 단골무는 신내림에 따른 신통력보다 무가를 잘 부르고 춤을 잘 추는 굿의 기능이 주목된다. 몸에서 영혼이 떠나 이계 여행을 하는 샤먼의 탈혼 상태는 꿈도 꾸지 않는다. 신이한 영험성보다 굿을 하는 예술적 기량이 더 존중된다.

동해안의 별신굿을 담당하는 세습무도 마을 공동체와 밀접한 연관

---

9) 金仁會, 《韓國巫俗思想硏究》, 集文堂, 1987, 246쪽.

성을 지니고 있다. 점을 치거나 신통력을 발휘하는 초월적인 영험보다는 역시 굿을 잘하는 기량이 더 문제가 된다. 따라서 세습무들은 부모나 시부모 등의 굿판을 따라다니면서 굿을 익히는 과정이 필수적이며, 굿을 하는 기량을 터득해야 비로소 무당이 되는 것이다. 굿을 잘해서 입신(入神)의 경지에 들었다고 하는 경우는 있으나, 탈혼의 경지에 들었다는 말은 없다. 우리 굿에서는 탈혼을 의도하지도 않고 가능하지도 않다.

그런데 우리 굿 문화 속에는 신들린 무당은 물론 대물린 단골무나 세습무도 참여하지 않는 굿들이 많다. 무당들이 하는 무당굿도 있지만, 풍물잡이들이 하는 풍물굿도 있다. 다시 말해서, 무당 없는 공동체굿이 다양하게 있는 것이다. 정월 대보름 전후에 마을 단위로 하는 동신 신앙의 마을굿 또는 당산굿에서부터, 집돌이로 지신밟기를 하는 풍물굿, 모내기나 논매기 등 공동 노동을 하며 풍물을 치는 두레굿, 논매기를 마치고 일꾼들끼리 호미씻이로 하는 풋굿 등은 무당이 하는 굿이 아니다. 이것들은 두레꾼이자 풍물잡이들이 하는 공동체굿이다. 이런 굿을 하는 사람을 굿패라고 일컫기도 한다. 굳이 말하자면, 신들린 강신무나 대물린 세습무에 대해 신오른 광대무로 변별할 수 있다.[10)]

샤머니즘은 샤먼, 곧 무당을 전제로 하는 것이다. 따라서 샤먼 없는 샤머니즘은 생각할 수 없다. 그러나 우리 굿은 무당 없는 굿들이 다양하게 전승되고 있다. 농촌의 마을굿이나 별신굿처럼 큰 굿일수록 무당이 담당하는 것이 아니라 공동체 성원들이 담당한다. 신들린 무당이나 무당굿조차 시베리아 샤먼이나 샤머니즘과 다른 독자성을 지니고 있을 뿐만 아니라, 신들리지 않은 무당이나 무당굿은 처음부터 계통이 다르다. 게다가 무당 없는 굿은 샤먼이나 샤머니즘과 견주어볼 아무런 근거도 없

---

10) 임재해, 〈굿문화의 정치적 기능과 무당의 정치적 위상〉, 《比較民俗學》 26, 比較民俗學會, 2004, 284쪽. 나는 여기서 "강신무를 신들린 무당, 세습무를 대물린 무당, 광대무는 신오른 무당"으로 정리했다.

다. 그러므로 우리 굿의 전통을 샤머니즘의 한 갈래로 귀속시킬 것이 아니라, 샤머니즘과 맞서는 독립적인 '굿 문화'로 인식해야 정당할 것이다. 아울러 시베리아 샤먼의 영향으로 형성되었다는 전제도 불식되어야 마땅하다.

무당을 통해 굿을 인식하게 되면 우리 굿 문화는 무당굿으로 한정되는 폐쇄성을 극복할 수 없다. 샤머니즘의 인식도 샤먼을 전제로 보는 것은 한계가 있다. 샤먼 없는 샤머니즘, 샤먼이 주도하지 않는 샤머니즘 문화, 다시 말해서 예사 민중들이 주체가 되어 전승하고 향유하며 만들어가는 샤머니즘 문화를 주목해야 하고, 그래야 한갓 샤먼 중심의 종교학적인 시각에서 벗어나 문화적인 시각에서 생활 속의 샤머니즘 연구를 제대로 할 수 있다.

불교 문화나 기독교 문화를 온전하게 연구하려면 중을 중심으로 한 불교 의례나, 신부나 목사를 중심으로 한 기독교 의례 연구에서 벗어나야 한다. 불교 문화에 대한 이해는 중과 상관없이 사찰의 건축 문화와 불상과 불화 연구는 물론, 불교에서 일컫는 중생들의 불교에 대한 의식과 일상생활 속에 갈무리되어 있는 불교 사상을 탐구해야 한다. 기독교 문화도 마찬가지이다. 목사나 신부의 사목 활동이나 교회의 예배 관행보다 기독교를 믿는 사람들의 신앙생활과 그들의 일상적인 문화 속에서 실천되고 있는 신앙생활을 주목해야 한다.

우리가 유교 문화라고 할 때, 그것은 성균관의 대사성(大司成)이나 좨주(祭酒)·악정(樂正)·직강(直講)·박사(博士)·학정(學正) 등의 직책을 맡은 사람들의 생활상을 말하는 것이 아니다. 성균관의 유생을 비롯해 예사 선비들의 문화가 아니라도 좋다. 오히려 예사 사람들의 일상생활 속에서 유교적인 가치관이 어떻게 갈무리되어 있으며, 유교적인 도덕률이 어떻게 생활양식으로 자리 잡고 있는가 하는 것이 더 긴요하게 주목되어야 한다. 진정한 샤머니즘 문화도 마찬가지이다. 샤먼의 종교의식에 집착할 것이 아니라 샤머니즘을 전승하고 있는 공동체의 생활양식 일반을 주목해야 종교의 양식적인 연구에서 벗어나 진정한 샤머니즘 문화를 포착할 수 있는 것이다.

우리 굿 문화도 마찬가지이다. 샤면에 집착하는 샤머니즘 연구처럼 무당 연구에 골몰하거나 무당굿 연구가 곧 굿 문화의 전부인 것처럼 착각하고 거기에만 매달릴 것 아니라, 무당과 상관없이 전승되고 향유되는 예사 민중들의 일상적인 삶 속에 녹아 있는 굿 문화 일반을 주목해야 한다. 샤머니즘의 논리로 우리 굿을 보면 무당을 우선할 수밖에 없다. 무당 없는 굿이란 상상도 하지 못하는 까닭이다. 따라서 우리 굿 연구는 한결같이 무당굿 중심으로 전개될 수밖에 없었고, 은연중에 샤머니즘의 테두리 안에서 우리 무당과 굿을 보는 데 매몰되어 있을 수밖에 없었다. 풍물굿·풋굿·두레굿·마을굿·성주굿 등 무당 없는 굿도 엄청나게 많다는 사실을 지금까지 고려하지 않은 것이다.[11]

샤머니즘을 제대로 본받으려면 스스로 '무당이즘'이나 '굿이즘'이라도 표방하고 그에 따른 우리 무당 문화나 굿 문화의 해석 논리를 독자적으로 개척할 수 있어야 한다. 나아가 굿 문화를 토대로 우리 용어와 우리 논리에 따른 창조적인 문화 이론을 수립하는 노력까지 해야 한다. 그런데도 기껏 무당을 둘러싼 연구에서 해방되지 못하고 있는 것이 굿 문화 연구의 현실이다. 따라서 굿 연구라고 하면 으레 무당의 유형이나 무당이 되는 입무 과정, 무당이 섬기는 신령이나 신당을 설명하거나, 무당이 벌이는 굿의 의례 절차를 밝히는 데 집중하고 만다.

한마디로, 굿만 보고 떡은 먹지 못한 셈이다. 무당이나 굿이라는 나무만 보고 우리 생활 속에 녹아 있는 굿 문화의 숲은 놓치고 있었던 셈이

---

11) 임재해, 〈공간적 범주로 본 굿의 존재양상과 현실인식 논리〉, 《민속문학과 전통문화》, 도서출판 박이정, 1997, 241~245쪽에서 이 문제를 비판적으로 제기했다.

다. 굿 문화를 토대로 한 문화 이론 개척은 꿈도 꾸지 못한다. 샤먼 중심
의 샤머니즘의 논리를 추종하기에 급급한 까닭이다.

3. 샤머니즘에 매몰된 굿 문화 연구의 한계

실제로 샤머니즘을 우리 굿의 뿌리로 간주하는 사람들은 시베리아
샤먼의 종교의식이나 신앙 활동을 제대로 파악해야 굿을 온전하게 해석
할 수 있다고 판단하고, 시베리아 샤머니즘 공부를 위해 현지 유학을 떠
나거나 현지 조사를 시도하는 노력까지 했다.[12] 샤머니즘의 이해 없이 그
영향으로 형성된 굿을 그 자체로 이해하는 것이 불가능하다고 여긴 까닭
이다. 따라서 굿을 굿인 채로 연구하기 위해서는 물론, 샤머니즘과 굿의
본격적인 비교연구를[13] 위해서도 굿이 샤머니즘이라는 외래적인 고정관
념에서 벗어날 필요가 있다. 그러지 않고 샤머니즘의 테두리 속에서 우
리 굿을 보면 샤머니즘과 다른 기이한 문화가 되거나, 아니면 그와 대동
소이한 것으로 해석될 뿐이다.

연구자에 따라 우리 굿을 만주나 시베리아 샤머니즘의 한 종파로
보는 이도 있다. 샤머니즘이 얼핏 보기에는 우리 굿과 다른 것으로 보이
나, 오랜 역사와 문화 배경의 차이에서 비롯된 것일 뿐 그 본질에서 서로
다른 것이 아니라고 하는 것이다. 문화가 시공간에 따라 변한다는 사실
은 민족학이나 문화인류학에서 기본적인 상식에 속한다며,[14] 마치 우리

---

12) 김열규는 시베리아 샤머니즘 연구를 위해 상당한 노력을 기울였으며, 김태곤은 시베리아
    샤먼들의 종교의식을 포착하기 위해 현지 조사까지 시도했다.

13) 서대석, 〈한국과 만족 무속신화의 대비검토〉, 전북대 인문학연구소 편, 《동북아 샤머니즘
    문화》, 소명출판, 2000. 이 밖에도 샤머니즘과 우리 굿을 비교하고 이해하는 데 참고할 만
    한 여러 논문들이 있다.

14) 조흥윤, 《한국의 샤머니즘》, 서울대학교 출판부, 1999, xxiv 쪽.

굿을 샤머니즘과 다른 것으로 이야기하면 상식조차 없는 사람인 것처럼 간주한다. 그러면서 초기의 기독교가 오늘날 미국이나 중국 또는 한국의 기독교와 다른 형태를 취하고 있는 것을 보기로 들어, "우리의 개신교 교회를 기준으로 하여 다른 나라의 것을 기독교 교회가 아니라고 주장하는 이가 있다면, 그런 사람들과는 아예 이야기를 하지 말아야 한다"고[15] 못을 박는다.

민족학이나 문화인류학을 전혀 모르는 사람도 시공간에 따라 문화가 다르고 같은 문화라도 변하게 마련이라는 사실은 잘 알고 있다. 이것은 문화인류학의 상식이 아니라 그야말로 예사 사람들의 일반 상식이다. 나라 안에서도 100리를 가면 풍속이 다르다. 그래서 예전부터 '백리부동풍(百里不同風)'이라고 하지 않았는가. 우리가 문화사를 주목하는 것도 시대마다 문화가 달라진다는 사실 때문이다. 그러므로 시공간에 따라 문화가 바뀐다는 사실을 부정하는 사람은 아무도 없다.

우리 굿 문화를 샤머니즘과 다르게 본다고 해서 알량한 문화인류학 지식을 들이대며 마치 문화의 지리적 차이나 시간적 변화를 부정하는 것으로 단정하는 것은 논리의 비약이 아닐 수 없다. 정작 문제가 되는 것은 문화인류학의 상식을 들먹이면서 여전히 전파주의에 빠져 있다는 사실이다. 문화인류학계에서는 물론 민속학계에서도 전파주의의 한계를 진작부터 비판해왔으며, 오히려 문화의 다원발생설(polygenesis)이나 독립발생설(independent invention)을 주장하고 있다.[16] 전파주의자들은 세계 각국에 널리 분포되어 있는 같은 양식의 문화는 어느 한 곳에서 발생되어 전파되지 않고서는 서로 같을 수가 없다고 주장하는 것으로, 이른바 일원발생설(monogenesis)을 신봉하는 셈이다.

---

15) 같은 책, xxiv~xxv 쪽.

16) Richard M. Dorson, "Current Theories of Folklore", *Folklore and Folklife*, The University of Chicago Pess, 1973, 8쪽.

스웨덴의 민속학자 시도우(Carl von Sydow)의 지적에 따르면, 전파설이나 일원발생설의 문제는 문화의 최초 발생지를 특정 지역으로 설정하기도 어렵거니와 밝혔다고 하더라도 신빙성이 적다는 것이다. 더군다나 어떤 양식의 문화가 원형인가 하는 것을 확정하는 일이 쉽지 않다는 것이다. 왜냐하면 전승 지역의 역사적인 요소와 문화적인 요소들이 제각기 하위 유형(subtype)과 지역적 특수 유형(oicotype)을 빚어내므로, 각 유형들은 그 자체로 독자적인 역사를 지니고 있기 때문이다. 그러므로 최초의 원형(Ur-form)을 가정한다고 하더라도 그것은 결코 실증될 수 없는 허상이라는 것이다. 시도우는 아예 전파론적 방법으로 설정한 원형 자체를 하나의 꾸며낸 공상적 동화로 간주하기까지 한다.[17]

이러한 방법론적인 자각 없이 우리 굿 문화를 샤머니즘으로 얽어 넣으려는 이들은, 말로는 유럽 문화 중심주의나 자문화 중심주의를 비판하고 문화인류학 지식을 거론하고 있으나, 사실은 자신의 주장이야말로 유럽 문화 중심주의나 자문화 중심주의에 해당한다는 사실을 알지 못한다. 우리 굿을 두고 샤머니즘과 겉보기만 다를 뿐 본질적으로는 서로 다르지 않다고[18] 하는 것이야말로 시베리아 문화 중심주의이자 퉁구스 문화 중심주의에 매몰되어 있는 까닭이다.

그런 까닭에 종래에는 우리 굿 문화를 일컬어 '무'라고 해야 한다고 고집하다가, 최근에는 아예 책 제목까지 '샤머니즘'을 표방한다. 저서마다 '무속'이나 '무교'라는 말은 적절하지 않다고 비판하며 '무'라고 일컬어야 한다고 주장해왔는데, 이제는 아예 내놓고 '샤머니즘'이라는 용어를 책의 제목에까지 공공연히 표방하는 것이다. 마침내 머리말 말미에는 이러한 용어의 충돌을 피해가기 위해 "이 책에서 나는 샤머니즘과 무라

---

17) 같은 글, 9쪽.
18) 조흥윤, 《한국의 샤머니즘》, xxiv 쪽.

는 용어를 적절히 섞어서 사용한다"고 하고 있다. 국한문 혼용이나 국영문 혼용을 하는 것이 국제화나 세계화인 것처럼 착각하며 한글 전용을 반대하는 이들처럼, 이제는 아예 '무'를 제쳐두고 '샤머니즘'을 내세우며 혼용을 주장하고 있다. 우리 굿 문화를 한국 샤머니즘이라고 일컬으면 마치 외국인들의 샤머니즘 연구와 "어깨를 나란히 하면서 세계적 차원으로" 수준을 높일 수 있는 것으로[19] 착각하는 것이다.

이처럼 "샤머니즘 공식에다가 한국 무속을 맞추어 해석하려는 고정관념"에 사로잡혀 있는 연구나 "아니면 한국 무속종교는 유·불·도 등의 외래종교적 요소의 졸렬한 혼합이거나 불교와 습합된 것"이라는 식의 연구는, 황필호의 명쾌한 지적처럼 "식민문화적 오류를 범하게 될 위험"이 있다는[20] 비판을 받게 된다. 더군다나 우리 굿 문화와 시베리아 샤머니즘의 "동일성을 증명할 수 있는 어떤 언어적, 내용적, 역사적 논증도 제시하지 않고 있다."[21] 우리 굿이나 샤머니즘의 본질이 무엇인지 구체적으로 대조하여 제시하지 않은 채 우리 굿이 '샤머니즘과 본질적으로 같다'는 주장만 거듭하는 것은, 무엇이든 북방 문화와 비슷한 요소만 보이면 북방 문화 전래설을 주장하는 우리 학계의 종속적 타성에 자기도 모르게 감염된 결과라고 할 수밖에 없다.

비교문화적 방법에 따른 체계적 검토나 자세한 논증 절차 없이 북방 전래설을 펴는 것은 굿 문화 연구 수준의 한계 때문이다. 이와 관련해 한국의 굿과 샤머니즘을 동일시하기 시작한 것은 서양 선교사들이라는 주장이[22] 제기되었으며, 북방 전래설을 주장하는 이유와 관련해 한말 기독교 선교사들과 일제 강점기의 일본인에 따라 우리 굿 연구가 주도되었

---

19) 같은 책, xxvi 쪽.
20) 황필호, 《한국巫敎의 특성과 문제점》, 집문당, 2002, 59~60쪽.
21) 같은 책, 53쪽.
22) 서영대, 〈이능화의 《조선무속고》에 대하여〉, 《종교연구》 9, 1993, 35쪽.

다는 사실을 밝히기도 했다. 그러면서 한국 무교가 중국에서 유입된 무당 종교라고 했던 선교사 홀버트(H. B. Hulbert)와 중국이 아닌 시베리아로부터 전래된 것이라고 주장했던 선교사 클라크(Charlles Allen Clark)를 보기로 들고 있다. 선행 연구 성과가 이렇다면, 굳이 각주로 전거를 밝히지 않더라도 샤머니즘 기원설을 펴는 주장들은 그들의 영향을 받았다고 하지 않을 수 없다.

조흥윤의 경우는 참고문헌에서 이들 선교사의 연구 성과들을 정리해놓았을 뿐만 아니라, 자신의 연구를 지도하고 책의 서문까지 써준 게르노트 푸르너(G. Prunner)의 견해를 따르는 것 같다. 푸르너는 "한국 무당의 행위는 비록 그것이 오늘날 보여주는 현저한 의식화에도 불구하고 당연히 샤머니즘에 속한다"고[23] 단정을 했는데, 당위성만 전제했지 아무런 논증도 없다. 조흥윤은 그 점까지 푸르너를 닮았다.

이처럼 굿 연구가 선교사나 외국 학자들의 영향을 받았을 가능성은 연구 내용이 외국인들의 견해와 일치한다는 사실에서 확인할 수 있다. 그러한 보기로 최길성의 연구를 들 수 있다. 그는 다른 학자와 달리 한국 남부 지방이나 오키나와 지방의 사제, 곧 전남의 당골 양식을 우리 굿 문화의 원형으로 해석하고, 이러한 남방의 당골 문화 위에 북방 샤머니즘이 흘러들어와 복합된 것으로 추론하고 있다.[24] 이러한 주장은 아주 독특한 것인데, 사실은 일제 강점기 조선총독부에 촉탁으로 근무한 아키바(秋葉隆)와 아카마스(赤松智城)가 《조선무속연구》에서 한국 무속이 북방 샤머니즘과 남방 문화의 영향으로 형성된 원시종교라고[25] 주장한 데서 비롯된 해석이다.

남방 문화의 영향을 처음으로 거론한 독자적인 견해로서, 이때 남

---

23) 조흥윤, 〈푸르너의 머리말〉, 《한국의 巫》, 정음사, 1983, 5쪽.
24) 崔吉城, 《韓國巫俗의 研究》, 亞細亞文化社, 1978, 21∼22쪽.
25) 秋葉隆·赤松智城, 《朝鮮의 巫俗》, 大板屋書店, 1937, 1쪽.

방 문화는 곧 일본 문화를 암시한다. 자연히 이 주장은 조선을 지배하고 있는 일본의 식민지 정책을 정당화하려는 의도가 깔린 것이라고 하지 않을 수 없다. 그런데 공교롭게도 일본에 유학해 그곳에서 교수로 활동하며 일본인으로 귀화한 최길성이 이와 같은 주장을 펴고 있다. 뿐만 아니라, 구체적으로 오키나와의 '노로'와 전라도의 당골을 동일시하고 있다. 실제로 그의 저서에는 아키바의 다음 주장을 인용하고 있다.

> 한국 무속이 그 신앙의례 및 무구·무장(巫裝)의 점에서 보아 뚜렷이 분화 발전된 것이며, 그것은 남방 문화의 영향을 받아 이것과 복합 습합했으며, 즉 남방 문화의 교차에 의한 무속 복합체를 구성한 것으로 볼 수 있다.[26]

논의의 근거를 따져 들어가면 한결같이 외국 학자들의 오리엔탈리즘과 만난다. 우리 학자들끼리 다른 견해를 가진 것은 곧 우리 굿 문화에 대해 다른 주장을 펼친 외국 학자가 있기 때문이다. 발상의 근거를 찾아보면 한결같이 한국 문화를 자기들의 시각에서 보는 외국 학자들의 주장에 닿아 있다. 나중에 자세하게 다루겠지만, 금관에 대한 이러저러한 새로운 해석들의 근거도 이와 다르지 않다. 모두 1930년대 일본 학자들의 학설과 연관되어 있다. 저마다 일제 강점기의 일본 학자를 비롯한 외국 학자의 해석을 끌어들여 마치 자신의 새로운 견해인 것처럼 자료를 확장하고 논거를 확대하는 수준에 머물러 있을 따름이다.

도대체 샤머니즘이 무엇이길래 우리 굿 문화를 그 범주 안에 귀속시키지 못해 안달일까? 유럽인들은 시베리아 퉁구스족의 제의 양식을 기이한 것으로 보았다. 그런데 그 사제자를 '샤먼'이라고 일컫는다는 사

---

26) 秋葉隆, 〈東北아세아의 原始宗教〉, 《아시아 問題講座》 9(崔吉城, 앞의 책, 21쪽에서 재인용).

실을 근거로 우연히 '샤머니즘'이라고 한 것이 서방 학계에서 일반 명칭으로 굳어졌을 따름이다. 따라서 서구인들의 눈으로 보면, 기성 종교가 아닌 소수민족의 신앙 양식은 모두 샤머니즘으로 비칠 따름이다. 문화적 특성에 따라 제각기 다른 신앙생활을 하고 있다는 차이를 읽을 능력도 없고 그렇게 분별해서 읽을 생각도 하지 않은 까닭에 소수민족의 전통적인 신앙 양식은 모두 샤머니즘의 일종으로 간주하는 것이다. 종교 없는 사회가 없는 것처럼 자생적인 신앙을 갖지 않는 민족이 없다면, 민족에 따라 제각기 다른 신앙의 전통을 인정해야 마땅하다.

　　그런데도 다양한 민족 종교들을 모두 샤머니즘으로 간주하는 것은 서구인들의 오리엔탈리즘을 답습하는 일일 따름이다. 그것은 마치 글씨를 쓰는 붓과 그림을 그리는 붓을 분별하지 못하는 것과 마찬가지이다. 그림붓이 붓의 기원이자 전부라고 생각하면, 한국의 붓은 서구의 그림붓에서 비롯되었다고 하게 마련이다. 붓의 모양과 기능을 정확하게 가리지 않으면 그 몇 가지 유사성만 들어 마치 동일한 문구(文具)로 규정할 가능성이 높다. 그러나 두 붓 사이에는 서로 영향 관계를 입증할 만한 아무런 근거가 없다. 그런데도 우리 붓의 독자성을 인정하지 않고 그림붓의 일종으로 간주하는 것은 분별력이 없거나 은근히 그림붓의 위세를 추종하는 사대 의식 때문일 것이다.

　　우리는 왜 우리의 전통 신앙이자 민족 문화의 핵심이라고 하는 우리 굿 문화를 우리 것이라고 이야기하지 못할까? 과학적 사실 때문에 그럴까? 우리는 줄곧 일본 문화에 영향을 주었다고 하면서도, 어째서 스스로는 일본의 독자적인 신앙과 같은 것이 우리에게 있다고 인정하지 못할까? 일본에는 고유의 민족 신앙이 있는데, 우리는 그런 신앙조차 가지고 있지 않으면서 일본 문화에 영향을 미쳤다고 할 수 있을까?

　　우리 굿 문화가 시베리아 샤머니즘에서 왔다고 주장한다면, 두 가지 당착에 빠지게 된다. 하나는 굿 문화를 우리 민족 문화의 핵심이나 고

유 사상으로 이야기하지 말아야 하는데, 줄곧 그런 것으로 주장하고 있
다는 사실이다. 둘은 우리 고대 문화가 일본에 영향을 미쳤다고 하는 주
장도 하지 말아야 한다. 왜냐하면 일본에는 신토(神道)라고 하는 고유한
종교 문화가 있는데, 우리는 일본에게 문화적 영향을 주었다고 하면서도
일본처럼 우리 고유의 종교 문화를 내세울 아무런 근거가 없기 때문이
다. 그런데도 그런 주장을 하는 데 이골이 나 있을 뿐, 한국 종교 문화의
독자성을 제시하지 못하고 있다.

　　조흥윤은 일본의 종교 '신토'를 보기로 들어 굳이 '교' 자를 붙이지
않아도 훌륭한 종교를 일컫는 명칭이라고 하면서, 무속이나 무교라는 말
대신 굳이 '무'를 쓰자고 고집한다. 실제로 일본인 학자들 가운데는 우리
굿 문화를 일컬어 '무'라고만 쓰는 이들이 있기 때문에 그것을 보기로 삼
은 것 같다. 그런데 왜 그가 말하는 우리 '무'는 우리의 독자적인 종교가
아니고 시베리아 샤머니즘이어야 하는가? 우리 굿 문화의 명칭은 일본
의 '신토'를 본받아야 하고 내용은 시베리아 샤머니즘과 같아야 한다는
발상으로 우리 굿 문화를 연구하는 것은, 한반도 역사를 넘보는 중국의
동북공정보다 더 위험한 일이다. 왜냐하면 우리 스스로 우리 고대 문화
의 전통을 온통 북방계 문화에서 온 것처럼 간주할 뿐만 아니라, 그 명칭
마저 일본의 신토를 근거로 합리화하고 있는 까닭이다. 한마디로, 자문
화를 자기 눈으로 보는 능력이 없는 셈이다.

　　조흥윤 스스로는 "남의 문화를 중심으로 사물을 바라보는 태도를
일러 타문화 중심주의 또는 문화 사대주의라 한다"고 하면서, "타문화
중심주의적 안목에서는 제 것을 부끄럽게 여기는 심리적 열등감이 팽배
하기 마련이다. 한 민족의 경우 무(巫)가 바로 그 대표되는 보기에 해당
된다"고 했다.[27] 이러한 비판을 누구 들으라고 한 것인지 모르겠지만, 사

---

27) 조흥윤, 《巫와 민족문화》, 18쪽.

실은 자세한 논증도 없이 우리 굿 문화의 독자성을 인정하지 않고 애써 시베리아 샤머니즘의 하나로 귀속시키는 자신의 한계를 스스로 지적한 것이나 다름없다. 게다가 '무'라는 명칭마저 일본의 '신토'를 끌어와 합리화하고 있지 않은가. 굿 문화의 족보는 시베리아 샤머니즘에서 찾고 그 이름은 신토의 사례에서 찾아 '무'라고 하는 것보다 더 타문화 중심주의적인 안목이 있을까?

4. 세계 문명권 속에서 굿 문화의 주체적 인식

지금 일본의 전통 신앙인 '신토'는 국제사회에서 시베리아 샤머니즘처럼 '신토이즘(Shintoism)'으로 인정받고 있다. 스웨덴 경제학자인 군나르 뮈르달(Gunnar Myrdal)은 인도의 힌두이즘(Hinduism)과 일본의 신토이즘이 두 나라의 경제 성장 모델이 된다는 독특한 경제 이론을 가지고 《아시아의 드라마》를[28] 저술해 노벨경제학상을 수상하기까지 했다. 일본의 민속 신앙 '신토'를 샤머니즘과 구별해 신토이즘으로 규정하는 것은 국제사회에서 대단한 의미를 지닌다. 작게는 일본이 독립적인 종교 문화를 가지고 있다는 뜻이지만, 크게는 일본이 독립적인 문명권을 이루고 고유한 정신세계를 독창적으로 형성하고 있다는 뜻이다.

《문명의 충돌》을 쓴 새뮤얼 헌팅턴도 세계의 문명권을 여덟 개로 구분하면서 일본과 인도를 하나의 문명권으로 설정했다.[29] 일본의 신토이즘과 인도의 힌두이즘이 국제사회에서 일반화되어 있는 까닭이다. 동아시아 세 나라 가운데 일본과 중국은 이처럼 문명권으로 설정되는데,

---

28) 군나르 뮈르달, 崔晃烈 옮김, 《아시아의 드라마》, 乭岩社, 1976.
29) 새뮤얼 헌팅턴, 이희재 옮김, 《문명의 충돌》, 김영사, 1997, 52~56쪽.

한국만 제외되어 있다. 한국의 문화적 고유성을 국제사회에서 인정하지 않고 있기 때문이다. 그것은 우리 학자들 스스로 우리 문화를 우리 문화 답게 포착하지 못하고 늘 북방 문화에 종속시켜 해석하는 탓이 크다. 우리 학자들 스스로 우리 고유의 민족 문화인 굿 문화를 시베리아 샤머니즘의 아류로 자처하고 있는데, 외국인들이 한국 문화의 독자성을 인정해 줄 까닭이 없다.

인도에는 힌두교(Hinduism)와 불교(Buddhism), 시베리아에는 샤머니즘, 중국에는 유교(Confucianism)와 도교(Taoism)가 있으며, 일본에는 신토 (Shintoism)가 있어 국제사회에서 통용되는 학술 용어까지 만들어진 상태이다. 그런데 왜 한국에는 이러한 민족 고유문화가 없는가? 이 문제는 진정으로 성찰해보아야 할 숙제이다. 중국과 일본은 자기 고유의 종교 문화가 있는데, 동아시아 세 나라 가운데 오직 한국만 시베리아의 샤머니즘에 종속되어 있어야 할 문화적 이유가 있는가? 마땅한 근거를 제시하지 못한 채 일방적으로 우리 굿 문화를 샤머니즘의 틀에다 끼워 맞추려는 것은 곧 우리 고유문화를 우리 스스로 인정하지 않는 것이자 배달 겨레의 문화적 창조력을 부정하는 일이다.

샤머니즘·힌두이즘·부디즘·타오이즘·컨퓨셔니즘·신토이즘과 나란히 우리 '굿 문화(Gut culture)' 또는 '굿이즘(Gutism)'이 한국 고유의 종교 문화로서 세계 학계에 소통되어야 우리 문화의 세계화가 이루어진다. 이런 이유로 나는 1996년 12월 10일에 아리조나 주립대학(ASU)에서 "The Logical and Scientific Nature of Gut"이라는 주제로 발표를 하며, 마지막 문장을 "Therefore I think that Gut is good!"이라고 끝을 맺었다. 그러므로 우리 굿 문화의 온전한 자리매김이 긴요한 때이다.[30] 우리 굿에 대한

---

30) 임재해, 〈왜 지금 겨레문화의 뿌리를 주목하는가〉, 《比較民俗學》 31, 比較民俗學會, 2006, 236~237쪽.

온전한 이해 없이는 금관의 독창적 기원설은 물론 우리 고대 문화의 독창적 해석이 불가능하기 때문이다.

고대 굿 문화의 가무악 전통이 예술적 신명풀이 활동으로서 현재의 공연 예술 '한류'로 되살아났듯이, 가무사제 형식으로 이루어지는 굿 문화의 주술적 신앙 활동도 현재의 무당굿으로 여전히 지속되고 있다. 지금 한류의 대중문화가 국제사회에서 영향력을 미치는 것처럼, 무당굿도 세계적으로 가장 활발하고 가장 발전된 양식으로 살아 있어 주목된다.

도시의 붉은 십자가들이 밤하늘의 별자리를 가릴 만큼 교회가 많은 것이 현실이다. 하지만 점술가와 무당들이 도시의 거리를 거대한 상가처럼 점유하고 있는 것도 우리 종교 문화의 특성이다. 세계에서 한국의 도시처럼 점술가와 무당이 많은 나라도 없으려니와, 한국만큼 굿 문화의 전통이 시각적으로 화려하고 문학적으로 풍부하며 예술적으로 수준 높게 전승되고 있는 나라도 없다. 대도시일수록 무당이 더 많고 굿도 한층 성행한다.[31] 그런데도 우리 굿 문화를 변방의 샤머니즘에 끌어다 붙이지 못해 안달을 하는 것이 굿을 연구한다는 사람들의 공부 수준이다.

이런 수준의 연구는 일제 강점기 조선총독부의 학자들이 제시한 것이다. 그런데도 식민지학의 울타리를 뛰어넘을 생각조차 하지 않고 오히려 그 울타리를 한층 강고하게 재구축하는 작업을 즐겨 하고 있는 것이 우리 학자들의 현실이다. 그런 탓에 세계 속에 우리 문화는 없다. 모두 북방 문화가 아니면 남방 문화의 영향으로 이루어진 것으로 해석하는 까닭이다. 문화의 세기에 한국 문화가 없다고 하는 것은 곧 우리 스스로 '한국은 없다'고 주장하는 것이나 마찬가지다. 이사벨라 버드 비숍은 《조선과 그 이웃 나라들》에서 한국을 아예 "중국의 패러디"라고 단정하고,[32] 라이샤워의 《동양문화사》에서도 한국의 전통문화를 '중국 문화의

---

31) 임재해 외, 《고대에도 한류가 있었다》, 지식산업사, 2007, 92~93쪽.

일변형(一變形)'으로 간주한다.[33] 한마디로, 한국은 중국의 문화적 속국이라는 것이다.

중국의 패러디이자 중국 문화의 한 변형으로 간주되는 문화를 세계 사람들이 독자적인 문화로 주목할 까닭이 없다. 실제로 《문명의 충돌》을 쓴 새뮤얼 헌팅턴은 세계의 문명을 여덟 개의 권역으로, 즉 중화 문명, 일본 문명, 힌두 문명, 이슬람 문명, 동방정교 문명, 서구 문명, 라틴 아메리카 문명, 아프리카 문명으로 설정하면서[34] 한국 문명을 별도로 인정하지 않고 있다. 같은 동아시아 지역에 속하지만 중국과 일본은 제각기 독자적인 문명으로서 세계 문명권을 이루는데, 한국은 독자적 문명으로 포착되지 않고 있다. 한마디로, 세계 문명권 속에서 한국은 존재하지 않는 것이다. 우리 스스로 우리 문화의 독자성을 인정하지 않고 있는데, 누가 우리 문화의 고유성을 들어 독자적 문명권으로 인정하겠는가?

이러한 종속적인 상황을 극복하려면, 우선 중국을 비롯한 이웃나라와 다른 독자적인 문화가 있다는 사실을 우리 스스로 입증해야 하고, 일본과 구분되는 한국 문화의 전통을 세계 학계에 제시할 수 있어야 한다. 이웃나라 사람들이 '한국 문화가 무엇이냐?' 하고 묻기 전에 '한국 문화는 이것이다!' 하고 뚜렷하게 우리 문화의 독창성을 드러낼 수 있어야 하는데, 말로만 자랑스러운 반만년 역사와 전통문화를 되뇌일 뿐 국학자들 스스로 우리 문화에 대한 주체적인 연구를 하지 못하고 있다. 본디 우리 문화는 없다는 식민지적 전제를 고수하는 것이 우리의 학풍이라고 해도 지나치지 않을 정도이다.

실제 연구는 식민사관에 터잡고 있으면서 목소리만 민족사관을 부르짖는 것만큼 어리석은 일이 없다. 학술적 연구 성과 없이 관념적 주장

---

32) 이사벨라 버드 비숍, 이인화 옮김, 《한국과 그 이웃 나라들》, 살림, 1994, 29~30쪽.
33) 라이샤워·페어뱅크, 전해종·고병익 옮김, 《동양문화사》, 을유문화사, 1984, 506쪽.
34) 새뮤얼 헌팅턴, 앞의 책, 52~56쪽.

만 되풀이해서는 과학적인 문제 해결의 길조차 막혀버리게 된다. 너도나도 문화의 세계화를 부르짖지만, 민족 문화의 독창성 없이 세계화는 불가능하다. 문화의 세계란 '서로 다른 문화의 다발'을 뜻하며, 세계화는 다른 문화들이 민족과 국경을 넘어 서로 교류하고 유기적으로 소통해 국제사회에서 공유되는 것을 뜻한다.

따라서 독창적인 문화가 없는 세계화는 사실상 외래문화에 대한 종속화일 따름이다. 국학의 세계화 모색의 길도 마찬가지이다. 우리 문화를 우리 문화답게 독창적으로 규정하고 새롭게 해석하는 주체적 학설과 창조적 이론을 만들어내지 못하면 우리 학문은 세계 학계에서 설 자리를 잃게 된다. 우리 문화조차 남의 학설과 이론을 끌어다가 이해하는 수준에서 학문의 세계화는 꿈같은 일이기 때문이다.

우리 굿을 시베리아 샤머니즘의 아류로 해석하고 굿 문화를 'Korean shamanism'으로 번역해 국제 학계에 내놓는 한 한국 문명권은 어디에서도 인정되지 않는다. 우리 스스로 독자적인 문명을 인정하지 않는데, 누가 우리 문화의 독자성을 공인해주겠는가? 외국 교과서에는 으레 우리 문화를 중국 문화의 한 변형이거나 패러디 정도로 규정하고 있다. 미국 중학교 2학년 역사교과서에는 "한국에는 전통문화가 없으며, 있다면 그 주변국인 중국과 일본의 아류"라고[35] 서술하고 있다.

그럴 수밖에 없는 것이, 우리 스스로 우리 문화의 고유성을 인정하지 않기 때문이다. 우리 언어와 문화·역사·사상을 연구하는 학자들이 으레 중국 문화권이나 시베리아 문화권 또는 알타이나 몽골 문화권으로 스스로를 귀속시키고 있기 때문이다. 우리 굿 문화를 시베리아 샤머니즘에 가져다 붙이는 것을 능사로 알고 있는 한, 우리는 세계사 속에서 독자적인 문명국가로 인정받는 일을 스스로 포기하는 셈이다.

---

35) 이승헌, 《한국인에게 고함》, 한문화, 2006, 표지글.

실제로 헌팅턴의 문명권 설정 기준은 독자적인 종교 문화를 중요한 근거로 삼고 있기 때문이다. 그는 "문명을 정의하는 객관적 요소들 중에서 가장 중요한 것은 종교라 할 수 있다"고[36] 말한다. 뿐만 아니라 "종교는 문명을 규정하는 핵심적 특성"이라고[37] 하면서, 먼저 기독교권·러시아정교권·이슬람권·유교권·힌두권 등 종교를 기준으로 문명권을 나누었다. 그러므로 샤머니즘의 영향 속에 있는 한국의 종교 문화를 독자적 문화로 인정할 까닭이 없다.

그러나 서구의 학자들 가운데도 한국에서 굿 문화를 조사하고 연구한 본격적인 굿 연구자들은 우리 학자들과 달리 한국의 굿 문화를 샤머니즘과 무관하게 한국의 문화적 맥락 속에서 독자적으로 인정한다. 한국에서 굿을 연구한 길모즈(A. Guillemoz)는 시베리아나 중앙아시아의 샤머니즘과 한국 민속 신앙의 동일성을 입증하지 못하는 한 한국의 굿을 한국 무당들이 '창작'한 것으로 보아야 한다고[38] 주장하면서, 그 구조적 차이를 대비해 분석하고 있다.

북방의 샤먼은 영혼이 최면에 걸린 동안 승천하거나 지옥으로 하강하기 위해 육체를 떠나지만, 한국의 무당은 천당이나 지옥으로 사라지지 않고 오히려 신이 내려온다. 따라서 북방 샤머니즘에서는 굿을 하면 샤먼이 움직이지만, 한국 무당은 굿을 하면 신이 움직인다는 것이다. "무당은 샤먼과는 반대로 신을 찾으러 가는 것이 아니라 신을 받아들이고 맞아들이는 것이다."[39] 이러한 차이는 앞에서 분석한 것처럼 무복이나 무

---

36) 새뮤얼 헌팅턴, 앞의 책, 48쪽.
37) 같은 책, 56쪽. "도슨이 말하듯이 거대 종교는 거대 문명이 의지하는 토대이다. 베버가 말한 5대 세계 종교 중에서 넷은(크리스트교·이슬람교·힌두교·유교) 거대 문명과 연결되어 있다."
38) Alexander Guillemoz, 〈현세적 복락추구의 신앙〉, 크리스챤 아카데미 편, 《한국의 사상구조》, 1975, 406쪽(황필호, 같은 책, 49쪽에서 참조).
39) 같은 글, 같은 쪽.

구에서도 자세하게 드러난다. 시베리아 샤먼들이 이계 여행을 위해 북을 든다면, 우리 무당들은 신내림을 위해 내림대를 잡는다. 그러므로 샤머니즘과 굿 문화의 동질성은 입증할 수 없지만 이질성은 명백하다.

그런데도 굿을 퉁구스족의 제의 양식에서 분파되어 변화된 한 종파로 간주하고 우리 굿 문화를 샤머니즘에 속하는 것으로 규정한다. 만일 그러지 않으면 마치 우리 문화가 시베리아 문화권 또는 샤머니즘 문화권에 속하지 못하고 밀려날까 두려워 하는 것처럼 보인다. 유럽 사람들은 기성 종교가 아닌 소수민족의 여러 종교 현상들을 대충 샤머니즘으로 묶어 규정하는 버릇이 있다. 한마디로, 각 민족마다 독창적으로 전승하고 있는 민족 종교나 신앙의 다양성을 인정하지도 않거니와 구체적으로 변별할 수 있는 능력도 없다. 그런데도 우리의 굿 문화를 샤머니즘에 끼워 넣어야 안심을 하는 듯한 우리 학계의 태도는 사실상 오리엔탈리즘에 빠져드는 꼴이나 진배없다.

만일 서구 사람들이 우리 무당의 굿을 퉁구스족의 샤먼보다 먼저 보고 무당의 명칭을 따서 우리 굿 문화를 '무당이즘'이라고 했다면, 시베리아 샤먼과 샤머니즘도 무당과 무당이즘으로 일컬어질 수밖에 없었을 것이다. 그런데도 지금 우리 학계는 서구 사람들의 용어 체계와 그들의 샤머니즘 규정에 따라가느라 급급하다. 퉁구스족의 샤먼이 하는 제의를 우연하게 본 서구의 장사꾼이 샤먼이라는 명칭을 근거로 샤머니즘이라고 일컬었을 뿐인데도, 이제는 스스로 즐겨 쓰던 한자말 용어인 '무'를 버리고 '샤머니즘'을 굿 연구서의 표제로 내걸기까지 한다. 한마디로, 굿 연구가 거꾸로 가는 셈이다.

나는 무속보다 무교라는 말을 쓰다가, 이제는 아예 우리말 용어에 해당하는 '굿' 또는 '굿 문화'라는 말을 주로 쓴다. 왜냐하면 무속이나 무교는 학자들이 만들어 쓰는 한자말 용어이지만, 굿은 우리 민중들이 생활 속에서 누구나 쓰는 본디 우리말 용어이기 때문이다. 무교는, 티베트 불교를 라마교라고 잘못 일컫는 것처럼, 무당을 전제로 한 명칭이라는 문제점도 있다. 티베트 불교가 라마의 종교가 아니듯이, 무당의 종교가 무교가 아니다. 티베트 불교에서 라마는 한갓 불교 승려, 곧 사제자를 일컫는 티베트어일 따름이다. 우리 굿 문화에서도 무당은 굿을 하는 사제자일 따름이다. 그러므로 사제자의 이름을 근거로 종교의 명칭을 붙이는 것은 샤머니즘의 잘못된 관례를 따르는 셈이다. 샤머니즘 외에 어느 종교도 사제자의 이름을 따서 일컫는 경우가 없다.

따라서 외국인들이 우리 굿 문화의 독창성을 인정하고 영어로 옮길 때도 무당을 근거로 '무당이즘'이라고 할 것이 아니라 굿을 근거로 'gut'이나 'gutism' 또는 'gut culture'라고 일컬어야 할 것이다. '김치'처럼 '굿'을 서구어로 번역할 수 없기 때문에 소리나는 대로 표기해야 한다. 특히 굿 문화라고 하는 말은 굿이라고 하는 제의적인 의식 자체보다 굿에 갈무리되어 있는 삶의 양식이나 가치관을 뜻하며, 현실적인 문제 해결은 물론 미래의 대안 문화로 주목하고자 하는 용어이다.[40] 그러므로 굿 문화를 통해 바람직한 문화의 준거와 시대 구분 이론을 수립하는[41] 한편, 민중 문화로서 변혁성과 공생성을 통해 문화 주권을 확립하고자 하는 것이다. 여기서 굿 문화의 독자성을 길게 논의한 것은 금관이 시베리아 샤먼의 관에서 비롯되었다는 주장이 우리 학계에 일반화되어 있기 때문이다. 그러므로 굿 문화부터 시베리아 샤머니즘 기원설에서 해방시켜야 금관의 기원설도 바로잡을 수 있다.

---

40) 임재해, 〈굿문화에 갈무리된 자연친화적 사상〉, 서울대학교 환경계획연구소, 《한국의 전통생태학》, 사이언스북스, 2004, 170~172쪽.
41) 임재해, 〈한국 민속사 시대구분의 모색과 공생의 시대전망〉, 《민속문화의 생태학적 인식》, 도서출판 당대, 2002, 74~101쪽.

제4장 금관 원류론의 비판적 인식과 현장론

1. 금관을 보는 주체적인 눈과 현장론적인 시각

금관을 보는 눈은 우리 문화를 온전하게 보려는 주체적인 눈과, 문화 현상을 현장 상황 속에서 해명하려는 분석적인 눈을 함께 갖추어야한다. 새삼스레 원론적인 말을 하는 것은, 우리 굿 문화를 샤머니즘에서비롯된 것으로 간주하는 것처럼, 우리 문화를 보는 눈이 비뚤어져 있거나 사대적 전파주의(傳播主義)에 매몰되어 있는 경향이 일반화해 있기 때문이다. 더 정확하게 말하면 전파주의가 아니라 전래주의(傳來主義)에 해당된다.

전파는 일정한 문화가 다른 공간으로 지리적 이동을 하는 것을 말하는데, 전래주의는 한결같이 자국 문화가 다른 문화에서 전래되었다고믿는 것이다. 문화의 지리적 이동 방향은 물이 높은 곳에서 낮은 곳으로흐르듯이 문화의 우열 관계를 전제로 한다. 따라서 전파주의는 어느 정도 객관성을 지니고 있으나 자국 문화의 우위를 주장하는 서구 문화 중심주의와 연결되어 있으며, 전래주의는 자문화를 부정하는 종속주의와 만난다. 이는 사실상 문화적 주변부 의식을 반영하고 있는 것이다.

전래주의의 속성은 무엇인가? 전파주의와 근본적으로 다르다. 유럽 학자들에 따라 제기된 전파주의는 자국의 우월한 문화가 변방의 다른 민족에게 전파되어갔다는 것이 중심을 이루고 있다. 그런데 우리의 경우 이러한 전파설은 거의 제기되지 않는다. 오직 전래설만 주장된다. 자국 문화가 이웃나라에 영향을 주었다고 하는 제국주의적 전파주의에 대해, 전래설은 이웃나라의 문화로부터 영향을 받았다고 하는 종속적 전파주의에 해당된다.

종속적 전파주의의 문제는, 조상들이 문화적 창조력을 발휘해 만들어낸 이 땅의 겨레 문화를 우리 문화사 속에서 그 뿌리를 밝히고 아름다움을 읽으려들지 않는 것이다. 으레 중국이나 북방 여러 나라의 문화 속에서 민족 문화의 뿌리를 찾고 그 영향으로 비로소 우리 문화가 존재하는 것처럼 해석한다. 우리 문화 현상을 우리 문화의 현장 속에서 해명하지 않고 한결같이 이웃의 다른 나라 문화와 관련을 통해 해명하려 드는 것이 바로 전래주의자들의 연구 경향이다.

암각화를 연구하든 발굴 유물을 해석하든 또는 우리 미술사를 다루든, 먼저 외국에서 보고된 자료들과 맞추어보고 같은 점을 찾는 일에 몰두한다. 그리고 서로 같은 요소를 발견하면 그것이 아무리 작은 꼬투리에 지나지 않더라도 쾌재를 부르면서, 비교문화학의 이론이나 전파론적 방법론과 상관없이 거기서부터 한반도로 전파되어 우리 문화가 형성된 것으로 단정하기 일쑤이다.[1] 따라서 우리 전통문화 가운데는 우리 선조들이 주체적으로 창조한 문화란 거의 존재하지 않는다. 말로는 사대주의를 비판하고 글로는 식민사관을 극복해야 한다고 하면서 자신의 연구에

---

1) 임재해, 〈민속신앙의 비교연구와 민족문화의 정체성〉, 《比較民俗學》 34, 比較民俗學會, 2007, 543~591쪽에서 암각화를 비롯한 서낭당의 전파론적 해석을 집중적으로 비판했다.

서는 한결같이 사대주의적 연구와 식민사관에 충실하느라 여념이 없다.

문화를 보는 주체적인 눈이란 대단한 것도 새삼스러운 것도 아니다. 어떤 문화 현상이 있으면 우선 있는 곳과 그것을 누리는 사람들 속에서 그 문화 현상의 기원과 역사를 찾으려는 것이 기본적인 시각이자 온당한 태도이다. 그런데 어찌 된 일인지, 제 땅의 문화와 제 조상들의 문화에 대한 기원과 역사를 다른 땅과 다른 민족의 문화에서 찾으려고 한다는 것이다.

> 학자들은 대부분 우리 민족과 문화의 기원을 우리가 지금 살고 있는 한반도가 아닌 외부에서 찾고 있다. 특히 몽골이나 중앙아시아나 시베리아 등지로 관심을 돌리고 있다. 우리 민족과 문화가 기원한 곳이 한반도가 아닌 북방 지역이라고 보기 때문이다. 그러한 연구 결과가 나왔기 때문이 아니라, 그런 선입관을 갖고 연구를 시작하는 것이 문제이다.[2]

따라서 이러한 종속적이고 사대적인 시각의 연구로 말미암아 우리 문화는 대부분 중국이나 몽골 또는 북부시베리아에서 비롯된 것으로 엉뚱하게 해석되기 일쑤이다. 그러므로 우리 전통문화는 불교 문화나 유교 문화뿐만 아니라, 굿이나 탈춤 같은 민속 문화조차 중국이나 북방의 이웃나라에서 비롯된 것으로 해석하는 데 골몰하고 있다.

문화를 현장 상황에 토대를 두고 분석하려는 눈을 가져야 한다는 것은 굳이 현장론적 방법이나 맥락적 해석이라는 말을 들먹이지 않아도 연구자로서는 당연한 것이자 매우 자연스러운 것이다. 비록 서로 다른 지역에서 같은 양상을 보이는 문화가 있다고 하더라도 제각기 그 지역의

---

2) 윤내현, 《우리 고대사 – 상상에서 현실로》, 지식산업사, 2003, 74쪽.

자연환경이나 사회적 상황 또는 문화적 맥락 속에서 해명하려는 자세가 자연스러운 연구 태도이기 때문이다. 그런데 우리 문화를 보는 학자들 가운데 상당수의 사람들은 우리 문화의 맥락이나 사회적 현실 등을 고려하지 않은 채, 같은 양상을 보이는 다른 나라 문화를 발견하게 되면 그것과 관련해 해석하기 일쑤이다.

따라서 외국에 그런 사례가 발견되지 않거나 자료가 없으면 우리의 문화 현상에 대한 해석은 유보되게 마련이다. 이해 불가능한 현상으로 단정하거나 아니면 온갖 상상력을 발휘하다가 마침내 엉뚱한 방향으로 해석하기에 이른다. 그러한 보기로 금관에 달린 곡옥 해석을 들 수 있다. 대부분의 연구자들이 시베리아 샤먼의 관인 사슴뿔 장식에서 비롯되었다고 하는 나뭇가지 모양의 장식물에 왜 곡옥이 달려 있는지, 외국의 금관이나 시베리아 샤먼의 무관에 그런 사례가 없으니 해석의 대상이 되지 않는다.

그 결과, 곡옥이 그 자체로 문제되기는 해도 금관의 기능이나 의미와 관련해 해석하는 일은 포기하기 일쑤였다. 그러다가 최근에는 왕의 자손을 상징하는 것이라며 근거 없는 추측을 보태어, 곡옥이 없는 금관을 쓴 왕은 자손이 없는 왕이라는 사실을 나타낸다고 엉뚱하게 해석하고 있다.[3]

금관은 왕의 권위를 상징하는 왕관인데, 왕이 스스로 자손이 없다는 것을 자랑이라도 하듯이 곡옥이 없는 왕관을 통해 스스로 무능하고 후계자조차 없는 왕이라는 사실을 널리 나타낸다고 하는 것은 있을 수 없는 일이다. 왜냐하면 그것은 왕 스스로 왕관을 통해 왕권을 부정하는 것이기 때문이다. 왕관이 자녀조차 생산하지 못하는 왕의 출산 능력 상실을 드러내는 것이라면, 그것은 왕권을 신성하게 상징하는 왕관이 아니

---

3) 김병모, 《금관의 비밀》, 푸른역사, 1998, 164쪽.

〈그림 1〉 금관총 출토 금관의 곡옥

라 왕의 무능을 백일하에 드러내어 왕권을 말살하려는 반역의 관이라고 해도 지나치지 않다. 그런데도 이런 해석이 버젓이 통용되고 있는 것은 금관이나 곡옥을 그 자체로 해석할 수 있는 자주적 연구 역량이 없는 까닭이다(〈그림 1〉).

　　다른 나라 문화에서 같은 유물을 찾다가 없으면 해석 자체를 하지 않거나, 아니면 비슷한 현상이라도 끌어와 기어코 영향론을 펼치는 자가 당착에 빠지는 일도 있다. 이를테면, 금관의 나뭇가지 모양 장식을 시베리아 샤먼의 관에 꽂혀 있는 사슴뿔에서 왔다고 하는가 하면,[4] 그 끝에 달린 '♤' 모양은 외국에 그런 사례가 없으니 아예 해석조차 하지 않는다. 왜냐하면 사슴뿔 모양은 시베리아 샤먼의 관에서 끌어올 수 있지만, 그 장식 끝에 달린 '♤' 모양은 어디서도 끌어올 수 없는 독특한 것일 뿐만 아니라, 사슴뿔 끝마다 왜 이러한 모양이 꼬박꼬박 달려 있는지 구조적으로 해명할 주체적인 역량이 없기 때문이다(〈그림 2〉).

---

4) 金烈圭, 〈東北亞 脈絡 속의 韓國神話 - 金冠의 巫俗神話的 要素를 中心으로 한〉, 《韓國古代文化와 引接文化의 關係》, 韓國精神文化研究院, 1981, 302쪽.

〈그림 2〉 천마총 금관의 이른바 사슴뿔 장식. 사슴뿔 장식이라고들 말하는 이것은 실은 굽은
줄기 형태의 나무 모양 장식이다

그들의 주장을 받아들여 금관의 장식물이 시베리아 무관의 사슴뿔
에서 비롯되었다는 내용을 인정하기로 하자. 그러면 왜 사슴뿔 끝에 '♤'
모양이 달려 있는가? 그리고 왜 사슴뿔에 나뭇잎 모양의 영락과 곡옥이
달려 있는가? 한번이라도 자문해보았다면 장식의 모양만 보고 사슴뿔
이라고 하기는 어려울 것이다. 모자의 구조나 모양도 시베리아 샤먼의
무관과 전혀 다르지만, 장식물의 모양과 거기에 달려 있는 영락이나 곡
옥만 보더라도 사슴뿔이 아니라는 사실을 단박에 알아차릴 수 있기 때문
이다. 그런데도 금관이 사슴뿔 모양의 장식을 하고 있다는 주장은[5] 김원

---

5) 金元龍,《韓國 考古學 槪說》, 一潮閣, 1973, 172~173쪽에서 신라 금관은 도안화한 나무
   와 사슴뿔로 장식되어 있다고 했다.

롱 이후 지금까지 계속되고 있다.

하지만 곡옥이나 영락을 해석할 때는 사슴뿔이라는 사실 자체를 전혀 고려하지 않는다. 곡옥과 영락을 그 자체로 설명해버리기 일쑤이다. 그러니 곡옥이 무엇인가 하는 것은 한갓 수수께끼를 푸는 것처럼 다양한 대답들이 나오게 마련이다. 게다가 영향을 받았다고 하는 시베리아 샤먼의 관에는 사슴뿔이 관의 정수리에 꽂혀 있다. 사슴뿔 형상이 아니라 사슴뿔 자체일 뿐만 아니라, 사슴뿔 두 개가 모자의 테가 아닌 정수리에 자리 잡고 있다. 사슴의 형상을 했으니 그렇게 모자를 장식하는 것은 자연스럽다. 시베리아 샤먼뿐만 아니라 북미의 원주민을 비롯한 소수민족들 가운데도 모자에 사슴뿔을 장식한 사례가 적지 않다. 샤먼과 같은 사제자는 물론 춤꾼들도 사슴뿔 한 쌍이 꽂힌 모자를 쓰고 춤추는 것을 볼 수 있다.

그러나 우리 금관은 모자의 구조 자체도 다르거니와, 장식물을 꽂은 자리나 장식물의 숫자도 샤먼의 사슴뿔 장식과 전혀 다르다. 우리 금관을 보면, 모자의 정수리가 아니라 금관의 테에다가 나뭇가지 모양의 장식을 세 개 또는 다섯 개 꽂아두고 있다. 그것도 한결같이 나뭇가지를 형상화한 것이지 나뭇가지 자체나 사슴뿔 자체를 꽂은 것이 아니다. 그 형상을 나뭇가지가 아니라 사슴뿔이라고 하자. 다섯 개의 뿔을 가진 사슴이 어디 있는가? 더군다나 그 뿔이 이마와 머리 가장자리에 나 있는 사슴은 있는가? 그리고 사슴이 뿔에다가 영락이나 곡옥을 달고 있을 까닭도 없다.

닮은 것끼리 줄을 긋는 데 익숙한 어린아이들 눈에도 금관을 보고서 사슴의 머리나 사슴뿔로 오해해 줄긋기를 하지 않을 것이다. 어디 하나 연결지을 만한 근거가 없기 때문이다. 그런데도 금관을 전문으로 연구한다며 논문이나 책을 쓰는 학자들이 이처럼 엉뚱한 줄긋기를 하는 까닭은 어디에 있을까? 우리 굿 문화는 시베리아 샤머니즘에서 왔고 우리 왕은 무당이었으므로 시베리아 샤먼의 관을 본떠 금관을 만들어 썼을 것이라는, 논증 없는 추론과 선험적 편견에서 비롯된 것이다.

그래도 사슴뿔 끝의 모양은 금관의 장식물 끝 모양인 '♤'와 전혀 같지 않고 뾰족하게 생겼다는 사실은 알고 있는 듯하다. 도저히 사슴뿔의 모양과 같다고 우길 수 없는 까닭에, '♤' 모양은 아예 해석하려고 들지 않는 것이다. 더러 금관을 총체적으로 해석하려는 학자는 나뭇가지 장식 끝에 달린 '♤'을 하트 모양이라고 일컬으며 주목하기도 한다. 그러나 시베리아 샤먼의 관에서는 물론 외국의 어느 관모에도 이와 같은 모양이 나타나지 않은 까닭에 온갖 상상력을 발휘한다. 그러다가 마침내 이슬람의 비잔틴 양식이 전파시켰던 인도의 돔형 건축물의 돔 모양을 본받아 장식했다고 한다. 그 전파 경로와 매개자를 입증하기 위해 인도에서 왔다고 하는 허황후를 보기로 든다.[6]

왕의 관모를 장식하는 줄기 부분은 시베리아 샤먼의 사슴뿔을 가지고 오고 그 끝 부분은 인도의 돔형 건축물의 모양을 가져다가 얹었다고 하는 것이 논리적 해석이라고 할 수 있는가? 인도의 돔형 건축물이 우리 건축물에는 전혀 영향을 미치지 못해도 금관의 장식물인 사슴뿔 끝에는 가지마다 어김없이 올라앉았다는 억설이 버젓이 주장되고 있는 것이다. 사슴뿔 끝마다 왜 인도 건축물의 돔이 올라앉아 있어야 하는가 하는 의문은 전혀 하지 않는다. 이러한 해석을 하는 사람들에게 그것이 지니는 의미 체계는 안중에도 없다. 오직 비슷한 모양, 닮은꼴만 있으면 거기서 끌어다 붙이는 것으로 만족하기 일쑤이다.

혼성 모방의 천재라고 하더라도 납득할 만한 논리와 합리적 해석이 가능해야 할 뿐만 아니라 제3의 의미를 창출해야 하는데, 그러한 해명이라고는 전혀 없다. 따라서 비슷한 것끼리 무리하게 줄긋기를 시도한 억

---

6) 존 카터 코벨, 김유경 엮어옮김, 《한국 문화의 뿌리를 찾아》, 학고재, 1999, 29~31쪽.

지 주장이라고 하지 않을 수 없다. 금관과 같은 구체적인 문화 현상을 설명하면서, 금관의 상징이나 역사적 배경, 왕관으로서 기능은 문제 삼지 않은 채 서로 다른 민족들의 서로 다른 문화양식에서 온 개별적 요소들이 두루 모여 있는 것으로 해석하는 것이다. 금관과 같은 왕관은 정치적 의도에 따라 고도의 문화적 역량을 발휘해 생산한 유기적인 구조물이다. 그런데 이러한 이해는 고사하고, 서로 다른 문화 요소들의 단순 집합으로 해석하는 것이 놀랍기만 하다.

문화를 해석하는 데 전파론과 비교문화론의 적용도 필요하다는 것을 인정해야 한다. 하지만 그에 따른 일정한 방법과 논리를 갖추어야 할 뿐만 아니라,[7] 동질적 요소들을 발견해 영향론을 펴려면 반드시 그것이 가지는 상징적 의미가 합리적으로 설명될 수 있어야 한다. 모양이 서로 같다고 해서 전파되었다거나 영향 관계가 있다고는 할 수 없다. 왜냐하면 세상에 같은 양상을 지닌 문화 현상이나 같은 모양을 지닌 문화유산들이 상당히 많지만, 그것은 서로 영향 관계를 주고받거나 전파에 의지하지 않고도 얼마든지 같을 수 있기 때문이다.

비슷하다고 해서 영향론을 펴기도 어렵고, 영향을 주었다고 하는 사실이 밝혀졌다고 해서 기원이라고 하기도 어렵다. 유사성이 곧 영향론으로 연결되는 것도 아니고 영향론이 곧 기원론으로 이어지는 것도 아니다. 영향론과 기원론은 근본적으로 다르고, 유사성과 영향론도 근본적으로 다르다. 특정 문화가 영향을 주었다고 해서 곧 문화가 거기서 비롯되었다고 할 수는 없기 때문이다. 비슷하지 않아도 영향을 주었을 가능성이 있으며, 비슷해도 영향을 주지 않았을 가능성이 있다. 세상에는 영향을 주고받지 않았는데도 닮은 얼굴들이 많은 것과 마찬가지이다.

---

7) 임재해, 〈비교민속학의 방법론적 성격과 비교연구의 과제〉, 《比較民俗學》 18, 比較民俗學會, 2000, 355~422쪽에서 비교방법론에 관해 자세하게 다루었다.

이른바 독립발생설이나 다원발생설이 바로 이러한 문화 현상들을 입증하는 학설들인 것이다. 따라서 닮은 모양이 보인다고 해서 성급하게 전파론을 주장하는 것이 얼마나 비논리적인 것인가 하는 사실을 비판적으로 인식할 필요가 있다. 그렇지 않으면 민족 문화의 정체성을 그 자체로 해석하기는커녕 이해하기조차 어렵게 된다. 전파론적 시각에 매몰된 나머지, 몇 가지 부분적인 유사성을 근거로 신라 문화를 온통 흉노 문화나 알타이 문화로 해석해버리기도 하고, 심지어 '로마 문화의 나라'라는 해석까지 내놓기도 한다.

신라 고분에서 출토된 유물이 지금까지 분명하게 보여주듯 로마 문화와 겹치는 내용이 압도적으로 많다는 사실에 비춰보면, 이 기간의 신라는 로마 문화를 받아들인 로마 문화 왕국이었다는 결론에 이른다.[8]

신라가 로마 문화 왕국이라면, 비단길처럼 구체적인 문화 전파의 경로가 지리적으로 입증되어야 하고 출토품 외에 구체적인 문헌 사료와 일상생활사가 두루 입증되어야 한다. 그런데 신라인의 생활사나 문헌 기록에 로마 문화의 관련성을 입증할 만한 근거가 없는 것은 물론, 지리적으로 로마 문화의 전파 경로가 밝혀져 있지 않다. 그럼에도 일부 자료의 유사성을 근거로 성급한 일반화를 시도한다.

단편적인 유사성을 근거로 전래설을 펴는 학자들의 주장에 따르면, 처용을 두고 보면 아랍 문화, 탈해를 두고 보면 몽골 문화, 허황옥을 두고 보면 인도 문화, 김알지와 금관을 두고 보면 알타이 문화, 김씨 왕실의 시조를 두고 보면 흉노문화, 고분의 출토품을 두고 보면 로마 문화로

---

8) 요시미즈 츠네오, 오근영 옮김, 《로마문화 왕국, 신라》, 2002, 292쪽.

규정된다. 그 결과 신라의 지배 집단은 이민족이며, 그 주류 문화까지 외래문화로 규정된다. 신라에는 신라인도 신라 문화도 없다는 말이다.

《새로 쓰는 백제사》의 부제는 '동방의 로마제국, 백제사의 복원'이다.[9] 이 책의 부제는 백제가 영토로 볼 때 만주 지역에서 요서 지역 그리고 한반도 남쪽까지 정복한 대국이었다는 사실을 은유하는 셈이다. 이 은유에 대해 탁석산은 백제가 동방의 로마제국이라는 부제가 옳으려면, "로마가 흔적을 별로 남기지 못한 초라한 나라였든지 백제가 굉장한 나라였든지 둘 중의 하나는 참이어야 할 것"이라고[10] 했다. 부분적 사실을 일반화할 때 빚어지는 성급한 개괄의 오류가 잘 지적되고 있다. 전체 문화의 맥락 속에서 보면 얼마나 무지막지한 주장인가 하는 사실이 단박에 드러난다.

우리 굿 문화를 비롯해 우리 민족 문화의 원류를 시베리아에서 찾는 것도 마찬가지이다. 금관의 원류를 시베리아 무관에서 찾는다면, 신라 금관이 순금왕관이 아니라 초라한 민속품이든지, 사슴뿔을 정수리에 얹은 시베리아 샤먼의 철제 모자가 화려한 황금 관모이든지 둘 가운데 하나는 참이어야 할 것이다. 그러므로 신라 금관의 닮은꼴을 찾아 시베리아를 헤매기 전에 신라 땅과 신라 역사 속에서 신라 문화를 해석하는 주체적이고 현장론적인 시각이 절실하게 요구되는 것이다.

2. '닮은꼴'을 보는 인식의 한계와 전파주의 문제

상식적인 안목을 지닌 이라면 그 누구도 금관을 보고 시베리아 샤

---

9) 이도학, 《새로 쓰는 백제사 – 동방의 로마제국, 백제사의 복원》, 푸른역사, 1997.
10) 탁석산, 《한국의 주체성》, 책세상, 2000, 147쪽.

먼의 관을 떠올리지 못할 것이다. 그런데도 식자우환이라고 해야 할까, 고대사나 고대 문화를 연구한다는 학자들의 눈은 다르다. 기발한 눈으로 닮은 부분을 기어코 찾아낸다. 그것도 한두 군데가 아니다. 시베리아는 물론 중앙아시아 여러 종족들의 무관과 닮았다고 한다. 분석적으로 본 결과 닮은 사실을 발견한 것이 아니라, 닮았을 것이라는 전제로 보아서 찾아낸 것이다.

닮은 것을 전제로 두 개 이상의 모자를 견주어보면 세상의 어떤 모자라도 전혀 닮지 않은 것이 없다. 닮은 것을 전제로 두 사람의 얼굴을 견주어보면 세상의 어떤 사람도 닮지 않은 이가 없다. 왜 그럴까? 일단 모자라고 하는 공통적인 사실 때문에 모양이나 기능이 닮지 않을 수 없다. 어떤 모자와도 닮지 않은 것은 모자가 아니다. 모자인 이상 다른 모자와 어느 정도 닮기 마련이다. 사람도 마찬가지이다. 사람인 이상 서로 닮지 않을 수 없다. 서로 닮았다고 해서 영향 관계에 있는 것은 아니다.

시베리아 샤먼의 관이든, 북미 원주민 춤꾼의 관이든, 미스코리아의 관이든, 영국 왕실의 관이든, 금관과 닮은 점을 찾고자 한다면 얼마든지 찾을 수 있다. 〈그림 3〉은 브라질에서 만든 보트의 모습이다. 다만 보트를 왕관 모양으로 만들었을 뿐이다. 그런데 이 보트조차도 금관과 여러 모로 닮았다. 금빛의 화려함이 닮았을 뿐만 아니라, 관을 장식한 문양이 나뭇잎이나 새의 깃털인 점도 닮았다. 곡옥에 견줄 만한 파란 보석 장식도 눈에 띈다.

물론 이 보트는 금관과 아무런 연관이 없다. 보트가 금으로 만든 왕관 모양을 표방했기 때문에 금관과 어느 정도 닮았을 뿐이다. 그러나 금관을 전제로 하지 않은 채 이 보트를 보면 아무도 금관을 떠올리지 않을지도 모른다. 상당히 다른 양식의 왕관 모양이기 때문이다. 있는 그대로 보면 이 보트는 금관도 왕관도 아니다. 한갓 보트일 따름이다.

내가 보기에 금관은 금빛 찬란한 나무들로 무성하게 장식된 숲 모

〈그림 3〉 브라질 리우데자네이루의 한 학교에서 만든 큰 왕관 모양의 보트

양의 화려한 왕관이다. 그러므로 단순히 사슴뿔 둘을 정수리에 얹어놓은 시베리아 철제 무관과 비교도 되지 않을 만큼 다른 관이 틀림없다. 그런데도 두 모자는 서로 닮았고 그래서 금관은 시베리아 무관에서 왔다는 주장을 하는 까닭은 어디 있는가? 금관과 무관을 있는 그대로 보지 않고 선입견에 따라 형성된 고정관념으로 본 까닭이다. 위의 보트와 금관을 두고 같은 점을 견주어보는 일이나 크게 다를 바 없다.

　　대상은 있는 그대로 있는 것이 아니다. 보는 대로 있기도 하다. 보는 사람의 관념이나 편견에 따라 대상이 다르게 보인다. 따라서 부자간에 서로 닮지 않아도 부자간이라고 보면 닮은 부분이 보이기 시작한다. 서로 닮은 것 같아서 형제인 줄 알았는데, 아무 관계도 아니라고 해서 다시 보면 그리 많이 닮은 것 같지 않게 보인다. 금관과 시베리아 무관도 마찬가지 관계에 있다. 앞에서 자세하게 살펴본 것처럼, 시베리아 샤먼의 관과 우리 무당의 모자조차 전혀 닮지 않았으며 영향 관계도 입증할 수 없는데, 우리 왕관이 시베리아 샤먼의 관을 닮을 까닭이 없다. 순전히 우리 문화는 북방 문화권에 속한다는 고정관념 때문에 닮게 보이는 것이다.

문제는 우리 금관을 두고 시베리아 샤먼의 관과 닮았다고 하는 사실이 아니다. 이미 말했듯이, 어떤 모자든 서로 닮은 구석이 있게 마련이다. 정작 문제가 되는 것은, 그 닮은 점을 보기로 들어 시베리아 샤먼의 관에서 우리 금관이 비롯되었다고 하는 금관의 기원설에 있다. 그리고 이 기원설 때문에 금관의 상징적 의미를 왜곡하는 것이 더 문제이다. 그러나 닮아도 영향 관계에 있지 않은 사물이나 유물 또는 인물이 적지 않다. 닮은 사실이 혈연적 친소성의 가능성은 있지만, 그것이 곧 혈연을 입증하는 증거는 될 수 없기 때문이다.

오히려 형제간에도 닮게 보이지 않는 사람이 있고 부자간이나 모녀간에도 전혀 딴 가족들처럼 보이는 사람이 있다. 가족들끼리 얼굴이 크게 달라 다른 사람들처럼 보여도 혈액형을 검사하거나 유전자를 분석하면 동일 혈연이라는 것이 금방 드러난다. 따라서 문화 현상도 겉으로 관찰해 유사성을 발견하고 영향론을 펴는 것은, 닮은 사람을 보는 대로 서로 한 핏줄일 것처럼 우기는 억지가 될 수 있다.

그러므로 역사지리학적 방법론을 체계화한 스티스 톰슨이 전파론을 펴기 위해 방대하게 작성한 《화소 색인집(Motif-Index)》을[11] 두고 그 제자인 앨런 던데스는 근본적인 비판을 가한다. 왜냐하면 '모티프(motif, 화소)'라고 하는 것은 겉으로 드러난 하나의 자연스러운 요소일 따름이기 때문이다. 이러한 유사 화소들은 어디서나 나타날 수 있는 것이므로, 화소의 동질성을 근거로 전파론을 펴는 것은 과학적 합리성을 인정받기 어렵다는 견해이다.

---

11) Stith Thompson, *Motif-Index of Folk-Literature*, Indiana University Press, 1936.

던데스는, 모티프 인덱스에 등장하는 모티프는 역사지리학적 전파 경로를 추적하는 긴요한 단서가 아니라, 하나의 에틱(etic)으로서 관찰 가능한 물리적·자연적인 요소일 뿐이며, 이러한 모티프는 어디에서나 흔해빠진 것일 뿐이라고 비판한다. 진실된 모티프는 에믹(emic)으로, 블라디미르 프롭이 분석 단위로 삼은 기능(function)이라는 것이다. 따라서 던데스는 프롭이 말하는 기능의 개념을 모티핌(motifeme)이라고[12] 하여 이야기 줄거리의 논리적 관계를 나타내는 구조적 개념을 새로 설정하고 있다.[13] 그러므로 어디서나 있을 법한 겉으로 드러난 단편적 유사성이 아니라 상호 관계의 맥락 속에서 유기성을 지닌 논리적 유사성이 검증되어야 비로소 전파론이 객관성을 얻을 수 있는 것이다.

문화의 전파론을 펴거나 영향론을 펼치려면 상당히 섬세한 과정을 거치고 구체적인 근거를 제시해야 한다. 우선 문화의 송신자와 수신자 사이에 매개자, 곧 전달자를 설정해야 할 뿐만 아니라, 그 전달 과정과 전파의 양상을 지리적으로 검증할 수 있어야 한다. 다시 말해서, 시베리아 샤먼의 모자가 구체적으로 어떤 사람들에 따라 어떤 지리적 경로를 거쳐 만주 대륙과 고구려를 지나 신라의 왕관에 영향을 미쳤는가 하는 것이 역사지리학적인 방법(historical-geographical method)으로[14] 객관적 근거 위에서 치밀하게 논증되어야 한다. 그러나 지금까지 금관의 시베리아 무관 기원설을 편 어느 누구도 이와 같은 방법론을 제대로 갖추어 그 전파 과정을 입증하려고 하지 않았다. 대부분의 연구는 단편적이자 요소적인 사실의 유사성만 들어 성급하게 전래설을 펴고 있을 따름이다.

---

12) 조동일, 〈民譚構造의 美學的·社會的 意味에 관한 一考察〉, 《韓國民俗學》 3, 民俗學會, 1970에서 모티핌을 단락소(段落素)라는 개념으로 나타냈다.

13) Alan Dundes, "From Etic to Emic Units in the Structural Study of Folktales", *Journal of American Folklore*, vol. 75, No. 296, 1962, 95~105쪽.

14) Richard M. Dorson(ed.), *Folklore and Folklife*, The University of Chicago Press, 1973, 7~12 쪽의 역사지리학적 방법을 참고하기 바란다.

전파주의의 한계를 인식하고 비교문화론의 상식을 어느 정도만 갖추어도, 서로 떨어진 두 지역의 닮은꼴 문화유산이 발견되었다고 해서 곧바로 서로 영향을 주고받았다는 식의 기원론을 펴지는 않는다. 왜냐하면 닮은꼴의 얼굴, 곧 겉모습이 문제가 아니라 그 얼굴 속에 갈무리되어 있는 유전자나 혈액형이 더 긴요한 문제이기 때문이다. 그러므로 아무리 똑같아도 유전자 검사에 따라 전혀 무관하다는 사실이 밝혀질 수도 있고, 전혀 닮지 않아도 유전자가 일치해 형제간이라는 사실이 밝혀질 수도 있다. 금관과 같은 고고학적 유물도 마찬가지이다.

서로 다른 지역의 고고학적 유물 가운데 같은 문양이 나왔다고 하더라도 그것이 상징하는 의미가 동일하지 않으면 우연히 같은 것일 뿐 영향에 따른 것이라고 할 수 없다. 이를테면, 서로 다른 민족의 발굴 유물 가운데 단검 자루에서 '⊙' 모양의 문양이 공통적으로 나왔다고 하더라도 '⊙' 모양의 문양이 상징하는 의미가 다르면 서로 영향 관계가 없는 것이다. 만일 한쪽이 태양을 상징해 태양신에게 제의를 올릴 때 쓰는 제의용 칼이고, 다른 쪽은 귀신의 눈을 상징해 잡귀로부터 몸을 보호하는 호신용 칼이라면, 그것은 문화적 영향이 아니라 서로 다른 상징을 같은 문양으로 나타낸 것일 뿐이다. 겉으로 드러난 형상이 닮은 얼굴이라면 숨은 상징은 유전자나 다름없다. 그러므로 닮은 형상만을 말할 것이 아니라 유전자나 다름없는 동일한 상징성과 의미를 발견할 수 있어야 한다.

코벨(Jon Carter Covell)이 주장하는 것처럼,[15] 인도 건축물의 돔형과 금관 장식물의 'ᐃ' 모양이 서로 같다고 하더라도 그 상징적 의미가 다르다면 우연히 같은 것일 뿐이다. 금관 세움장식의 정체나 그 상징성을 알지 못하는 까닭에, 비슷한 형상만 문제 삼아 사슴뿔 모양이나 '山' 자 또는 '出' 자 모양이라고 한다든지, 양파나 복숭아 모양, 또는 심엽형이나 돔

---

15) 존 카터 코벨, 앞의 책, 29~31쪽.

형이라고 제각기 말하는 것은 그야말로 장님이 코끼리 만지는 식의 억측에 머물고 만다.

금관이 신라 왕실의 권위를 상징하는 왕관이라는 사실을 망각하고 일정한 부분만 해체해 확대해석하니, 마치 코끼리가 기둥(다리)이 되거나 무(상아)가 되고 절굿공이(코)나 바위(머리)가 되는 것과 같은 꼴이다. 금관을 요모조모 해체해 부분만 보니, 왕관의 상징성은 없고 북방 여러 민족의 샤먼들이 쓴 무당 관모나 인도의 돔형 건축물만 생각나는 것이다. 그러므로 금관 연구자는 장님과 마찬가지로 금관의 장식을 두고 나뭇가지라고 하는 이도 있고 사슴뿔이라고 하는 이도 있으며, '山' 자나 '出' 자 모양이라고 하는 이도 있는 것이다.

그런데 공교롭게도 금관의 장식을 무엇이라고 하든, 그것은 시베리아나 중앙아시아로부터 온 것이라는 북방 기원설에는 의견의 일치를 보인다. 시베리아와 중앙아시아에 사슴뿔이나 나뭇가지 또는 '山' 자나 '出' 자 모양 장식의 모자가 있기 때문이다.

사실 금관의 세움장식에는 '山' 자 모양도 '出' 자 모양도 없다. 굳이 한자 모양의 형상에 견주어 말해야 한다면 상대적으로 '出' 자 모양에 더 가깝다고 하겠다. '山' 자 모양을 위로 세 개 또는 네 개 포개놓은 것과 같아 '出' 자라고 할 수도 없다. 상대적으로 '出' 자 모양에 가까울 뿐, 결코 '出' 자 모양도 아니다. 따라서 굳이 글자 모양에 견주어 이해하려면 '出' 자 모양이라고 해야 할 것을 굳이 '山' 자 모양이라고도 하는 것은 시베리아 에네트족 샤먼의 모자 장식 가운데 '山' 자 모양과 비슷한 장식이 있기 때문이다. 그래야 금관의 시베리아 무관 기원설을 주장할 수 있는 근거가 되는 까닭이다. 금관의 세움장식을 그 자체로 보려고 하지 않고 시베리아 관모와 관련지어 보니까 같은 대상을 두고도 이름이 이렇게 엇갈리게 되는 것이다.

3. 북방 기원설을 펴는 원류론의 유형과 한계

지금까지 금관 연구 성과를 보면, 논리적 해석과 추론이 그 자체로 가능한 우리 문화 현상을 두고 굳이 세계 각국의 비슷한 관모 현상을 끌어다 붙이는 일에 온통 매몰되어 있다고 할 수 있다. 우리나라에 있는 문화 현상은 우리나라에서 생겨났을 것이라는 기본적인 가정도 하지 않은 것은 물론이다. 우리나라에도 있고 다른 나라에도 있는 문화 현상이라면, 우리 문화가 다른 나라 문화에 영향을 준 것은 아닐까 하는 가설에서 연구를 시작하는 것이 자연스러운 일이다. 제대로 된 전파주의자들은 이러한 방향으로 연구를 해왔다. 그런데 전파론에 의존하면서도 우리 문화 중심의 주체적 해석은 애당초 시도조차 않는다.

> 우리 문화와 같거나 비슷한 문화가 다른 곳에 있다면 반대로 우리나라에서 그곳으로 전파되어 갔을 것으로 생각할 수도 있지 않은가. 그러한 점에 대한 충분한 연구 없이 우리 것과 동일하거나 비슷한 문화가 다른 나라 또는 다른 지역에 존재한다는 것만으로 그곳이 우리 민족과 문화의 기원지가 될 수 있을까.[16]

윤내현의 반문에 우리는 어떻게 대답해야 할까? 주체적인 문화 분석 역량을 갖추지 못한 까닭에 전파론에 의존할 수밖에 없다고 답하고 말 것인가? 그들이 전적으로 의존하고 있는 전파주의 문화 이론은 이미 20세기 초에 극복되고 인류 문화의 상대적 동질성을 인정하는 독립발생설이나 다원발생설이 더 진전된 기원론으로 주목되고 있는 현실이다. 그런데도 왜 한층 발전된 문화 이론들에는 관심이 없고 한물간 전파론에

---

16) 윤내현, 앞의 책, 78쪽.

매몰되어 있을까? 그러면서 민족학이나 문화인류학의 상식을 들먹이는
것은 납득하기 어렵다. 왜냐하면 문화인류학에서는 진작부터 진화주의
와 전파주의의 한계를 비판하고 기능주의와 구조주의를 추구했기 때문
이다.

우리 문화와 닮은 문화가 다른 나라에도 있을 때 어떻게 비교·연구
할 것인가? 첫째, 먼저 두 문화가 독립적으로 발생했을 것으로 생각하고
제각기 그 자체로 연구한다. 둘째, 제각기 연구해본 결과 두 문화 사이의
연관성이 크다고 생각되면, 우리 문화가 그쪽 문화에 영향을 주지는 않
았을까 하고 전파의 가능성을 따져본다. 셋째, 우리 문화의 전파 가능성
이 입증되지 않으면, 비로소 그쪽 문화의 전래 가능성을 염두에 두고 영
향 관계를 검증하는 연구를 한다. 넷째, 전래 가능성도 분명하게 입증되
지 않으면, 영향을 주고받은 연관성이 없다는 것을 확인하고 제각기 자
생적으로 형성된 문화라는 사실을 밝힌다. 이러한 네 가지 단계를 차례
로 거치면서 연구하는 것이 순리이다. 그런데 우리 학계는 바로 셋째 단
계의 전래설을 펴는 데 익숙할 따름이다. 금관의 시베리아 무관 기원설
도 예외가 아니다.

시베리아 무관 기원설을 주장하는 원인을 좀더 따져본다면 세 가지
유형을 추론해볼 수 있다. 하나는 알게 모르게 우리 문화가 모두 북방과
중국에서 왔다는 일제 강점기의 식민사관에 오염되어 우리 문화의 주체
성과 독창성을 인정하지 않는 유형이다. 이 유형에 속하는 학자들은 으
레 우리 문화의 자생성과 독창성을 부정한다. 이들 견해에 반론을 펴면,
일본 문화도 중국에서 영향을 받았다고 하는데, 우리 문화가 어떻게 중
국에서 영향을 받지 않고 주체적으로 형성되었다고 하는가 하는 주장으
로 자신의 중국 문화 전파론을 입증하려고 든다. 문화 현상은 중국의 것
에 의존하고 전파론의 주장은 일본 학자들의 것에 의존하는 전형적인 식

민주의자라고 할 수 있다.

둘은 조선조 선비들이 그랬듯이 중국 중심의 사대주의 사관에 감염되어 무엇이든 우리 문화는 중국이나 중앙아시아에서 왔다고 전제하는 유형이다. 대부분의 초기 학자들이 여기에 속해서, 우리 문화의 어떤 요소든 중국으로부터 왔다고 하면 가장 안전한 학설로 믿는다. 그리고 그 뒤를 잇는 신진 학자들도 선배 학자의 주장을 정설처럼 여겨 이를 전제로 좀더 정밀한 증거를 제시해 기존 학설을 굳히는 데 만족하고 있다. 박선희의 고대 복식사 연구에서 이러한 문제점이 잘 지적되고 있다.

> 고대 한국 복식사 연구에서는 1947년에 출간된 이여성(李如星)의 《조선복식고》의 내용이 비판과 분석 없이 금과옥조처럼 채택되었다. 그런데 《조선복식고》는 그 출판 시기가 해방 직후로서, 아직은 우리의 복식사 연구가 초보 단계일 때였다. 이러한 사정 때문에, 선사시대부터 삼국시대에 이르기까지 중국 및 북방 지역 등의 복식과 비교를 해보지 않은 상태에서, 한민족의 복식이 중국이나 북방 지역의 영향을 받았을 것이라는 선입관을 가지고 연구를 진행하는 잘못을 일으켰다.[17]

셋은 우리나라의 연구 대상이나 문화 현상을 그 자체로 해석할 수 있는 역량이 없어서 외국의 비슷한 사례를 찾아내고는, 외국에서 해석한 대로 우리 자료를 해석하는 데 만족하는 유형이다. 한반도에서 발견된 암각화 유적들을 해석하는 경우에, 다수 학자들은 그 자체로서 암각화 해석을 하기보다 으레 중국이나 시베리아 또는 몽골 등지의 암각화에서 비슷한 문양을 찾아 해석하기 일쑤이다. 굳이 기원론을 펴지 않아도 이

---

17) 박선희, 《한국 고대 복식-그 원형과 정체》, 지식산업사, 2002, 16쪽.

러한 해석 방식 자체가 암각화는 한반도에 거주하던 우리 민족이 주체적
으로 창조한 문화가 아니라 비슷한 암각화를 지닌 민족의 영향에 따라
형성되었다는 사실을 인정하는 셈이다.

따라서 반구대 암각화나 천전리 암각화에 고래 사냥이나 동심원 그
림이 나오면 이와 닮은 그림이 있는 시베리아 암각화를 찾아낸 뒤에 우
리 암각화는 시베리아에서 바다를 따라 전해졌다고 추론한다. 이와 다른
신면(神面) 그림이 영일이나 영주, 영천 등지에서 발견되고 경주 금장대
에서 신면과 함께 화판(花瓣) 모양의 암각화가 나오자, 이와 비슷한 문양
이 나오는 내몽골의 암각화를 찾아낸 뒤에[18] 몽골의 암각화와 밀접한 관
련이 있다고 주장하고,[19] 몽골이 곧 우리 암각화의 원류라고 해석한다.[20]
같은 점은 곧 전파에 따른 현상이라고 해석하는 까닭이다.

이러한 전제로 해석하는 경우에는 으레 비슷한 자료만 눈에 띄면
시베리아 기원설에서 몽골 기원설 또는 몽골 경유설로 수정되게 마련이
다. "한국 암각화의 원류를 연해주 지역에 연결시켜 온 여러 관점들에서
벗어나 일단 몽골이나 중국의 내이멍꾸 지역으로의 전환"을 제기하는
것이[21] 그러한 보기이다. 비슷한 암각화를 찾아 전파론을 펴는 경우에는
닮은 그림의 암각화가 다른 지역에서 새로 발견될 때마다 원류가 흔들릴
수밖에 없다.

암각화가 몽골에서 전해졌다면 만주나 한반도의 북부와 중부 지방
을 거쳐 남부에 전해지는 것이 전파론적으로 자연스럽다. 그런데 우리나
라 중부는 물론 북부에서도 이런 암각화가 발견되지 않는다. 서해안으로

---

18) 任世權, 〈韓國 先史時代 岩刻畵의 性格〉, 단국대학교 대학원 박사학위논문, 1994, 76쪽.
19) 같은 글, 169쪽.
20) 최광식, 〈암각화의 세계〉, 《우리 고대사의 성문을 열다》, 한길사, 2004, 190쪽.
21) 임세권, 〈한국 암각화의 원류〉, 한국역사민속학회 편, 《한국의 암각화》, 한길사, 1996,
    248쪽.

전파되었을 가능성도 고려할 수 있으나, 서해안 지역에도 이런 암각화가 없다. 남원 대곡리와 여수 오림동 암각화가 가장 서쪽에 있는 것이다. 그렇다면 시베리아나 몽골 어느 쪽이 원류라고 하든, 동해안을 거쳐 들어왔다는[22] 설명밖에 할 수 없다.

'과연 그랬을까?' 하는 것은 다른 문화 현상들과 함께 논증되지 않으면 설득력이 없다. 몽골 문화는 유목 문화이기 때문에 바다를 건너 동해안을 따라 전파되었다고 하기 어렵다. 문화의 전파는 동심원 형태의 파문형(波紋形)이나 방사선 모양의 파상형(波狀形)으로 이루어지는 까닭에 발생지와 전파지 사이의 공간적인 증발을 인정하기 어렵다. 전파론을 입증할 만한 근거가 되는 형태의 준거, 양적 준거, 계속의 준거[23] 가운데 어느 것도 갖추어지지 않았다. 가장 문제되는 것이 지리적 이동의 전파 경로를 입증할 만한 계속의 준거이다. 계속의 준거는 문화의 발생지와 전파지 사이의 지리적 이동 경로에 따라 해당 문화가 전승되고 있어야 설득력이 있는데, 지리적 비약이 너무 크다.

잘 알고 있는 것처럼, 시베리아와 몽골인들은 아직도 유목 생활을 한다. 선사시대의 그들 생활은 쉽게 짐작된다. 수렵 생활의 초기 단계를 벗어나기 어렵다. 만일 그들이 암각화를 전파했다면, 시베리아에서 해류를 타고 울산 지역에 정착했다는 사실이 입증되어야 한다. 그만한 거리의 바닷길을 지나려면 현대 원양어선 수준의 항해 기술이 필요하다. 그렇다고 초원 지역 유목민들이 바다를 무대로 활동한 사실을 인정하더라도 섬나라의 해양민족처럼 항해술이 고도로 발전했다고 하기는 어렵다. 일찍이 항해 기술이 발달한 해양민족이었더라도 암각화가 조성되던 선사시대에 원양어선 수준의 항해가 가능했다는 사실은 믿기 어렵다.

---

22) 최광식, 앞의 글, 190쪽.
23) 크네히트 페터, 〈문화전파주의〉, 아야베 쓰네오 엮음, 이종원 옮김, 《문화를 보는 열 다섯 이론》, 인간사랑, 1987, 25쪽.

암각화의 시베리아 기원설을 달리 말하면, 오랜 유목 문화의 전통을 가진 초원 지역의 주민들을 사실상 선사시대에 이미 근대 원양어선 수준의 항해가 가능했던 해양민족으로 규정하는 것이나 다름없다. 게다가 바다의 항해와 암각화 전파는 전파론에서 말하는 계속의 증거를 입증하기 어렵다. 한마디로, 입증할 수 없는 증거를 입증의 증거로 들고 있는 것이다. 바다에서는 암각화의 증거를 찾을 수 없기 때문이다. 왜 암각화를 육로에 따른 전파가 아니라 암각화와 무관한 해로에 따른 전파로 해석할까? 육지에서는 암각화의 증거가 없으니 불가능한 가설이고, 바다에서는 암각화가 있을 수 없으니 증거를 제시하지 않아도 좋다고 여기는 것은 아닐까?

계속의 준거는 입증할 수 있는 증거를 제시할 때 설득력을 지니는 것이다. 증거 없는 논리를 편다고 하더라도, 당시의 항해기술이 시베리아에서 단숨에 울산까지 항해할 수 있는 수준이라는 것을 입증해야 한다. 그리고 신석기의 항해 기술과 해류를 이용한 항해 수준이 지금의 원양어선 수준이라고 하더라도, 시베리아와 가까운 연안 지역에서부터 암각화가 나타나야 울산까지 전파되었다고 할 수 있다. 그렇지 않고서는 시베리아 초원 지역 수렵인들이 동해안의 수많은 연안을 모두 건너뛰어 한반도 최남단 울산 지역에만 상륙해 한시적으로 암각화를 그렸다는 것을 납득할 수 없다. 이는 무리한 전파론이라고 하지 않을 수 없다.

비록 시베리아나 몽골의 유목민들이 신석기 시대에 원양어선으로 장거리 항해를 할 수 있었던 해양민족이라는 사실을 입증하더라도 한반도 남부 지역의 암각화에 영향을 미쳤다는 사실을 논증하기 어렵다. 전파의 지리적 경로로서 징검다리 구실을 하는 암각화가 계속의 준거로 두루 제시되어야 하는 까닭이다. 마치 우주선을 타고 이동한 것처럼, 아무런 징검다리도 없이 비약적으로 한반도 남부 지역 해안에 이르렀다고 하더라도 한반도 내륙 지방의 암각화는 설명할 길이 없다. 계통이 다른 까닭이다.

게다가 암각화는 그런 문화권의 사람 몇 명이 이동해왔다고 해서 그려지는 것이 아니다. 암각화는 예사 그림과 다르기 때문이다. 바위에 다양한 그림을 풍부하게 그린다는 것은 상당히 큰 규모의 사회가 형성되어 오랫동안 지속되었을 때 가능한 일이다. 그러므로 전파설을 펴려면, 시베리아인이나 몽골인들이 신석기 시대에 대형 어선을 타고 동해를 항해해 집단적인 이주를 했을 뿐만 아니라, 이 지역에 정착해 대규모의 공동체 생활을 했다는 사실도 입증해야 할 것이다.[24] 그러나 이것은 희망사항일 뿐, 입증이 불가능하다.

4. 전파론을 극복하는 암각화의 독창성 분석

연구 방법론에서 자세하게 다룬 것처럼, 처음부터 셋째 단계의 전래설을 펼 것이 아니라 첫째 단계의 시각에서 연구하면 문제는 쉽게 풀린다. 먼저 전래설이 아닌 독립발생설을 인정하면서 암각화를 해석하는 것이다. 다시 말해서, 이 땅에 있는 문화는 이 땅의 사람들이 일구었을 것이라는 사실을 받아들이며 연구를 하면 암각화의 비밀을 쉽게 풀 수 있다. 왜냐하면 전파설을 인정하기 어려울 정도로 암각화마다 기법과 형태의 독창성이 살아 있기 때문이다. 결국 우리 암각화 스스로 전파설을 부정하고 있는 것이다.

우리 암각화는 한반도 남부 지역과 같이 지리적으로 한정된 곳에 집중되어 있어서 마치 섬처럼 존재한다. 따라서 시베리아나 몽골 암각화를 기원으로 전파설을 펴는 것은 지리적 격리 때문에 논리적 타당성을

---

24) 임재해, 〈민속신앙의 비교연구와 민족문화의 정체성〉, 558~560쪽.

지닐 수 없지만, 한반도 남부 지역 내부는 지리적 인접성으로 전파설을
펴기에 딱 알맞은 조건을 갖추고 있다. 그런데도 서로 이웃하고 있는 남
부 지역 암각화들끼리 서로 영향을 미쳤다고 하기 어려울 정도로 지역적
특성을 지니고 있는 것은 물론, 아예 같은 암각화에서조차 그림의 내용
과 제작 기법이 서로 달라 영향을 말하기 어려운 지경이다.

고령 양전동 암각화에는 방패무늬 또는 검파형 그림이 있는데, 울산
반구대와 천전리 암각화에는 뭍짐승과 물짐승, 가면 그림이 있다. 가야
문화권이자 지리적으로 인접한 울산과 고령 지역 암각화도 이처럼 전혀
다르다. 다른 지역도 구체적으로 비교해보면 크든 작든 차이를 보인다.[25]
특히 울산 대곡리 반구대와 천전리 암각화는 바로 이웃에 있다. 그
러나 반구대 암각화에는 고래·거북·물개 등 바다짐승이 그림이 75개(39
퍼센트)나 되고, 이 가운데 고래 그림은 무려 48개나 되어 절대다수를 차
지한다.[26] 한마디로, 바다짐승이 가장 두드러진 세계적 암각화로 평가할
만하다. 그러나 천전리 암각화에는 사슴 그림이 18개이고 물고기 그림
이 3개로, 사슴이 절대적으로 많다. 반구대에는 없는 기마행렬 그림 또
한 눈길을 끈다. 따라서 그림의 "문화적 성격이 반구대의 경우는 수렵과
어로 양면성이 있는데, 천전리의 경우는 수렵에 편중되어 있다는" 것
이[27] 학계의 해석이다. 게다가 새김 기법조차 반구대는 쪼아새김 기법이
일반적인데, 천전리는 선갈아새김이나 선그어새김이 일반적이다. 이웃
마을 암각화조차 서로 문화적 성격과 기법을 달리하고 있다는 것은 전파
에 따른 것이 아니라 독창적인 것임을 말해준다.

이웃마을 암각화조차 제각기 독창성을 지니고 있다는 사실을 무시

---

25) 장명수, 〈한국 암각화의 편년〉, 한국역사민속학회 편, 《한국의 암각화》, 한길사, 1996,
     192쪽의 표3 '유적별·그림별 새김 모습' 참조.
26) 같은 글, 195쪽.
27) 같은 글, 200쪽.

한 채 시베리아나 몽골 암각화의 유사성을 근거로 우리 암각화의 시베리아 기원설이나 몽골 기원설을 펴는 것은, 마치 하회탈과 병산탈이 모두 중국 서역 탈의 영향을 받았다고[28] 전파론을 펴면서, 하회의 바로 이웃마을에 있는 병산탈이 하회탈과 무관하게 만들어진 것이라고 해석하며 독립발생설을 펴는 것과[29] 같은 자가당착이라고 할 수 있다.

더 기막힌 사실은, 이웃마을은 물론 같은 암각화 안에서도 서로 다른 시기에 다른 사람들이 독자적 의식과 기법으로 암각화를 새겼다는 점이다. 반구대 암각화의 경우도 그림의 부분별 내용은 물론, 면쪼으기 기법과 선쪼으기 기법의 그림이 대조를 이룬다.[30] 이미 있는 그림을 현장에서 보고 같은 자리에서 그리는데도 결코 흉내내지 않고 새김 기법조차 달리 했다는 것은 바로 독창성을 말해주는 것이다. 스스로 의도한 생각과 표현 기법으로 암각화를 그린 까닭에 같은 바위에 그림을 그리면서도 기존 그림과 다른 그림을 그렸던 것이다.

따라서 일원발생설에 따른 전파론적 전제는 같은 지역의 암각화 해석은 물론 같은 바위의 그림 안에서도 적용하기 어렵다. 지리적으로 완전히 격리되어 있을 뿐만 아니라 공간적으로 엄청난 거리에 있는 시베리아와 몽골의 암각화를 한반도 남부 지역 암각화의 기원으로 삼는 것은 논리적 비약일 따름이다. 게다가 뚜렷하게 입증할 만한 증거도 없다. 만일 우리 암각화가 "시베리아나 몽골 암각화와 연결된다고 한다면, 시베리아나 몽골의 채회암화도 한반도에서 발견되어야 하나 아직까지 발견

---

28) 李杜鉉, 《韓國假面劇》, 文化財管理局, 1969, 175~180쪽.

29) 같은 책, 172~173쪽. 마을 노인들은 병산서원의 원노(院奴)들이 하회별신굿을 구경하고 자기들도 별신굿을 할 생각으로 세 개의 나무탈을 얻어갔다고 증언하지만, 이두현은 "하회 가면과 병산가면의 형식은 서로 다르므로 이 전승의 진부나 제작연대가 문제되겠으나 지금으로서는 판단할 수 없다"고 했다.

30) 전호태, 〈울주 대곡리·천전리 암각화〉, 한국역사민속학회 편, 《한국의 암각화》, 한길사, 1996, 52~57쪽에서 두 그림의 기법과 내용을 자세하게 대조해 검토했다.

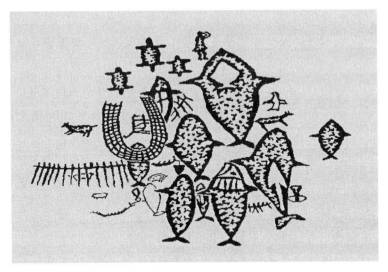

〈그림 4〉 암각화에 보이는 짐승 무리와 고기잡이 그물

되지 않았다".[31] 그러므로 암각화의 연대가 우리보다 이르다고 할 수도 없고 또 서로 닮았다고 보기도 어려운 까닭에 "한반도 암각화의 전통을 어느 지점에 일방적으로 결부시키는 것은 선입견"일[32] 뿐만 아니라, 한반도에 거주했던 우리 민족의 문화적 창조력을 인정하지 않는 일이라고 하겠다.

우리 암각화를 그 자체로 들여다보면, 시베리아나 몽골의 유목 문화와 다른 어로 문화, 목축 문화, 농경 문화의 요소들이 포착된다. 반구대 암각화는 배·그물·작살이 어로 활동을 나타내는가 하면, 가축을 가두어두는 우리가 있는 것으로 보아 목축 활동도 나타낸다고 할 수 있다. 수렵과 어로 등 짐승을 잡아 생활했을 뿐만 아니라, 짐승을 우리에 가두

---

31) 이형구, 〈한반도 암각화와 중국 암각화와의 비교〉, 한국역사민속학회, 《한국의 암각화》, 한길사, 1996, 331쪽.
32) 같은 글, 332쪽.

고 기르는 활동도 했다는 사실을 알 수 있다. 고래 등에 박힌 작살은 쇠붙이로 된 날카로운 것이며, 목축 활동을 한 것으로 보아 농경 문화를 어느 정도 반영하고 있음을 알 수 있다(〈그림 4〉).

구체적으로는 검파형(劍把形) 문양과 동심원 문양 그리고 원형다공 문양도 농경 문화로 형성된 그림이라고 해석된다. 따라서 "검파형 기하문이 있는 곳은 농경의례의 공간이며 농경신에 대한 주술·종교적 제의가 정착된 사회의 제사유적"으로[33] 해석되는가 하면, "태양을 상징하는 동심원 문양도 농경의 풍요기원을 겨냥한 재생의 상징으로서 신앙대상"으로[34] 해석되고, 윷판을 묘사한 듯한 원형다공 문양도 "고대 농경사회에서 풍년을 기원"하기 위한 것으로[35] 해석된다.

농경 문화의 주술적 자취로는 발기된 남근을 노출하고 있는 사람 그림을 들 수 있다. 반구대 암각화의 측면 그림들은 모두 남근을 두드러지게 노출하고 있다. 몽골 암각화처럼 남근이 아래로 자연스럽게 처져 있는 것이 아니라, 직각으로 발기된 상태를 보여주고 있다. 이것은 남성을 나타내는 것이 아니라 주술적 성행위를 형상화한 것이다. '농경문청동기(農耕文靑銅器)'에 남근을 드러낸 사내 모습을 고려하면, 이를 농경 주술로 해석할 수 있다.

이러한 전통은 상당히 오랫동안 지속되었다. 유희춘(柳希春, 1513~1577)의 《미암선생집(眉巖先生集)》 권3 잡저(雜著)에는 비루한 변방의 습속이라고 하면서 매년 입춘 아침에 나무로 만든 소로 밭을 가는 입춘나경 의식을 소개하고 있다.[36] 제주도의 입춘굿과 비슷한 농경 의식인데,

---

33) 송화섭, 〈한국 암각화의 신앙의례〉, 한국역사민속학회 편, 《한국의 암각화》, 한길사, 1996, 294쪽.
34) 같은 글, 294~295쪽.
35) 같은 글, 295~296쪽.
36) 김태식, 〈그들이 옷을 벗었다, 그리고 밭을 갈았다〉, 《연합뉴스》, 2005년 3월 29일자.

이때 밭을 가는 사람이나 씨를 뿌리는 사람은 모두 벌거벗은 상태이다. 풍농을 기원하는 암각화의 성행위에서 나경 행위를 거쳐 경작 행위로 발전해온 것이다.

그런데 북방 지역 유목 문화와 친연성에 연연한 연구자들은 암각화가 청동기에 주로 제작되었다는 사실을 밝히면서도 당시에 형성된 정착 농경 문화와 관련성을 인정하지 않는다. 그러면 북방 문화의 전파론이 설득력을 잃기 때문이다. 그런데 남근 중심의 성행위와 농경 문화를 중심으로 전파론적 해석을 극복한 연구가 나와서 주목된다. 칠포리 곤륜산의 검파형 암각화를 중심으로 남성 상징의 석검이 여성 성기와 결합되면서 추상화해가는 과정을 계기적으로 추적해, "풍요다산을 기원하는 제의적 기대가, 생산성을 상징하는 농업신으로서 여성신상을 암각화로 제작하게 되었다"는 해석이다.[37]

결국 모의적 성행위에 따른 풍요 주술과 농경 문화의 제의적 전통을 관련지어 해석함으로써, 러시아 연해주 지역과 내몽골 지역의 인면(人面) 암각화에서 연원을 찾는 종래의 해석을[38] 비판하고 검파형 암각화를 "한국식 바위그림"으로 해석하는[39] 독창적 성과를 거두었다. 석검과 석촉 암각화가 세계적으로 우리나라에서만 발견될[40] 뿐만 아니라, 석검의 검파식에서 형상을 빌려 지모신 상징의 여성 성기와 결합한다는 의미 해석을[41] 통해 마침내 북방 문화 기원설을 극복하고 한반도 남부 지역에

---

37) 한형철, 〈영일·경주 지역의 암각화〉, 한국역사민속학회 편, 《한국의 암각화》, 한길사, 1996, 125쪽.
38) 任世權, 앞의 글, 126~128쪽.
39) 한형철, 앞의 글, 127쪽.
40) 송화섭, 〈선사시대 암각화에 나타난 석검·석촉의 양식과 상징〉, 《한국고고학보》 31, 1994, 71쪽.
41) 송화섭, 〈한반도 선사시대 기하문암각화의 유형과 성격〉, 《선사와 고대》 5, 한국고대학회, 1993, 132쪽.

서 독자적으로 형성된 "한국식 암각화"로[42] 규정할 수 있었다.

이 연구 성과는 구체적인 비교를 통해 다시 입증되었다. 오르도스 암각화의 인면과 우리 양전동 암각화의 인면을 비교·분석한 결과, 유사성을 근거로 전파설을[43] 주장한 종래의 연구를 극복하고 우리 암각화에는 인면이라고 할 수 있는 요소를 발견할 수 없었다는 것이다.[44] 인면 그림만 다른 것이 아니라, 오르도스를 비롯한 내몽골 지역의 암각화에서는 농경이나 어로와 관련된 그림을 발견할 수 없었으며 수렵민과 유목민 그림의 특징만 보였다.[45] 그러므로 "우리 암각화는 한국적 풍토와 문화적 특성을 반영한 것"이었으며, "세계 어느 지역 암각화와도 비교되는 지역적 특성과 독창적인 양식을 간직하고 있다".[46]

우리 암각화의 독창성을 가장 알기 쉽게 포착하기 위해 성기를 노출한 인물 그림을 몽골 암각화와 구체적으로 비교해보자. 몽골의 암각화는 남근을 노출한 채 활을 쏘는 자세를 취한 그림이 많다. 활로 짐승을 겨냥하거나 쏘는 모습은 물론 동물을 이끌고 가는 모습들이 풍부하다. 게다가 상대적으로 정면 그림이 많은 데도 남근을 강조해서 그렸다.[47] 수렵 문화와 유목 문화의 양상을 잘 반영하고 있는 그림들이다.

이와 달리, 반구대 암각화에는 다양한 행위의 사람 그림이 있되 "사냥하는 그림이나 수렵구를 가진 그림은 전혀 없다".[48] 그리고 짐승의 무리를 끌고 가는 그림도 없다. 이로써 유목 문화와 무관한 그림이라는 사

---

42) 한형철, 앞의 글, 131~132쪽.

43) 任世權, 앞의 글, 119~121쪽.

44) 장석호, 〈오르도스 암각화와 한국의 암각화〉, 《오르도스 청동기문화와 한국의 청동기문화》(한국고대학회 주최 학술대회, 프레스센터, 2007년 5월 15일), 298~300쪽에서 자세하게 비교해 분석했다.

45) 같은 글, 301쪽.

46) 같은 글, 301~302쪽.

47) 장장식, 《몽골 유목민의 삶과 민속》, 민속원, 2005, 186~187쪽.

48) 송화섭, 〈한국 암각화의 신앙의례〉, 283쪽.

실을 알 수 있다. 특히 천전리 암각화의 기마행렬이 주목된다. 기마행렬의 선봉장은 화려한 옷을 입고 절풍(折風) 형식의 모자를 썼다. '갑주를 입힌 말'도 등장하는데, 절풍 형식의 모자는[49] 물론 말에 갑주를 입힌 것은[50] 고조선 이래 우리의 고유 문화이다. '농경문청동기'에서 따비질하는 사람도 절풍을 쓰고 있다는 사실은 매우 중요하다. 절풍 형식의 모자만 보더라도 암각화와 청동기 문양이 같은 농경 문화사를 이루고 있다는 사실을 알 수 있다.

더군다나 한국 암각화의 남근은 모두 발기된 상황처럼 측면 그림에 수평으로 돌출되게 그려져 있다. 발기된 상황을 잘 나타내려면 측면으로 그려야 한다. 정면으로 그린 그림에는 아예 남근을 그리지 않았다.[51] 남근이 노출되지 않은 정면 그림은 남성이 아니거나, 남성이라는 사실이 문제되지 않는다. 이와 달리, 몽골 암각화의 남근은 아래로 늘어뜨려져 있다. 다시 말해서, 남근이 사타구니 사이에 수직으로 달려 있는 것이다.[52] 이러한 상황은 측면으로 그릴 수 없다. 따라서 측면을 향해 활을 쏘는 사내들까지 다리는 모두 정면을 향해 벌리고 있으며, 남근은 그 사이에 처진 모양으로 그려져 있다.

이러한 차이는 무엇을 나타낼까? 남근을 노출하고 있는 일차적 의미는 그림의 주인공이 남성이라는 사실을 나타낸다. 노출된 남근의 2차적 의미는 성행위굿의 주술적 기능을 나타낸다. 노출된 방식에 따라 그 의미가 달라진다. 남근이 처진 상태는 자연스러운 모습으로서 한갓 남성임을 나타낼 따름이다. 그러나 발기된 남근은 사정이 다르다. 남성 주체

---

49) 박선희, 앞의 책, 226~238쪽 참조.
50) 같은 책, 631~639쪽. 말에 갑주를 입힌 것은 중국이나 북방 민족보다 우리가 훨씬 앞섰다.
51) 任世權, 앞의 글, 그림64 참조.
52) 장장식, 앞의 책, 186~187쪽. "몸체를 정면으로 그리려다 보니 남근을 수직으로 표현할 수밖에 없고, 이것이 결국 남근을 강조하는 구실을 하고 있다."

의 성행위 상황을 나타낸다. 성기를 발기한 상태로 노출하고 있기 때문이다. 그러므로 발기한 상황의 남근은 풍요다산의 성행위굿을 상징하는 것이다.[53]

몽골 암각화처럼 처진 모양의 남근은 그림의 정체를 남성으로 드러낼 따름이다. 더군다나 활을 쏘는 모습을 하고 있는 까닭에 성행위 상황을 나타낸다고 하기 어렵다. 이는 남성 사냥꾼의 수렵 상황을 나타내는 그림이라고 할 수 있다. 그러나 반구대 암각화의 측면 그림들은 대부분 발기된 상황의 성기를 드러내고 있다. 두 다리를 벌리고 서서 피리를 불거나 손짓으로 여성을 부르는 모습이다. 몽골과 달리 수렵 상황을 나타내는 동작이나 내용은 전혀 없다. 따라서 성기를 노출한 남성상으로서 동질성을 지니되, 그 내용을 뜯어보면 몽골 암각화가 수렵 문화를 나타내는 반면에 우리 암각화는 풍농 기원의 농경 문화를 나타내고 있어 대조적이다. 그러므로 우리 암각화를 몽골 암각화의 전파에 따른 것으로 해석하는 주장은 전파론의 방법으로 보든 암각화의 내용으로 보든 쉽게 납득할 수 있는 것이 아니다.

금관의 경우는 더 이를 말이 없다. 시베리아나 몽골에는 아예 우리와 같은 양식의 금관이 없기 때문이다. 게다가 전파론의 양적 준거를 고려할 때, 단일한 요소의 문화가 개별적으로 전파되는 법도 없다. 다른 문화와 함께 복합적으로 전파되는 것이 일반적이다. 한마디로, 금관이나 암각화만 전파되었다고 하는 것은 양적 준거를 충분히 갖추었다고 할 수 없다는 말이다. 전파론이 설득력을 지니려면 암각화들이 있는 남부 지역에 중부나 북부 지역과 달리 시베리아나 몽골 문화의 여러 전통이 다양하게 남아 있어야 한다. 그런데 이 지역에서 특별히 시베리아 문화나 몽골 문화의 전통이 더 우세하다고 할 아무런 근거가 없다. 왜냐하면 시베

---

53) 임재해, 〈민속신앙의 비교연구와 문화적 정체성〉, 565~566쪽.

리아 샤머니즘과 가장 이질적인 굿 문화를 가진 것이 바로 암각화가 발견되는 한반도 남부 지역이기 때문이다.

금관이 시베리아 샤먼의 관에서 비롯되었다고 한다면, 금관이 출토된 경주 일대에 특히 시베리아 샤먼과 닮은 문화가 널리 전승되어야 할 것이다. 그런데 시베리아 샤먼이나 샤머니즘과 관련지을 수 있는 무당이나 굿 문화는 오히려 경주 지역을 중심으로 한 남부 지역일수록 더 거리가 멀다. 도리어 금관이 널리 출토되지 않는 북한 지역이 영남 지역에 견주어 시베리아 샤먼에 상대적으로 더 가까운 강신무 중심의 무당굿 문화를 전승하고 있다. 다시 말해서, 북한 지역일수록 강신무 중심의 굿 문화가 강성한 반면에 남부 지역에는 세습무라고 하는 대물린 무당과 그들이 주로 전승하는 어촌별신굿이 전승되고 있다.

세습무의 어촌별신굿은 동해안과 남해안 지역에 걸쳐 있는 독자적인 굿 문화여서 일본인 학자들은 남방 문화의 영향으로 간주할 정도이다. 한마디로, 암각화나 금관 분포 지역은 북방 민족의 샤머니즘과 가장 거리가 먼 독자적 굿 문화를 지니고 있는 것이다. 다시 말해서, 북방의 샤머니즘 문화와 가장 이질적인 남부 지역에 암각화와 금관이 집중적으로 나타난다는 말이다. 따라서 금관이 시베리아 샤먼의 관에서 비롯되었다는 주장은 한국 샤머니즘이라고 하는 굿 문화의 전통 속에서 보면 오히려 거꾸로 된 주장이다. 그러므로 어느 것도 구체적으로 입증하지 않은 채 비슷한 형상만으로 영향론이나 원류론을 펴는 것은 일정한 방법론의 근거를 갖추었거나 논리적 설득력을 지닌 추론이라고 하기 어렵다.

비록 식민사관이나 사대주의 문화관을 지니지 않아도 스스로 자문화를 해석하는 능력을 갖추지 못하게 되면, 이처럼 본디 의도와 상관없이 비슷한 다른 문화를 끌어다가 우리 문화를 해석하는 수준에 머물게 된다. 문제는 이러한 의존적 해석에 머물지 않고 더 나아가 그 문화가 바로 우리 문화의 원류인 것처럼 기원론을 펴는 데 있다. 그런 까닭에 자문

화의 주체성을 스스로 부정하며 무의식중에 사대주의적 해석에 빠져들
게 되는 것이다.

5. 우리 학문의 식민성과 동북공정의 재인식

외국 학자들의 연구 결론을 전제로 삼아 연구하는 것보다 더 딱한
유형의 연구는, 자기 스승이 주장하는 설을 비판할 수 없어서, 또는 그것
을 맹목적으로 신봉하는 까닭에 진전된 연구를 할 수 없는 유형이다. 스
승의 명망에 의존해 자기 학문의 입지를 굳히려는 세습형 학자가 이에
해당한다. 이 유형은 스승의 학설을 거듭 인용하고 선배의 학설을 옹호
해야 자기의 설 자리가 확보된다고 믿기 때문에, 독창성을 추구하는 학
문 발전에 큰 걸림돌 구실을 한다. 스승의 학설을 극복하고 새로운 학설
을 제기해야 자기 학문과 더불어 스승의 학문도 빛난다는 사실을 알지
못한 채 학문의 세습 체제로 기득권을 누리고자 하는 것이다.

특정 학자의 세습성보다 더 큰 문제는 우리 학계의 식민성과 종속
적 학풍이다. 특정 학자가 우리 문화를 온전하게 연구하지 못하거나 독
창적인 연구 성과를 내지 못하고 한결같이 북방 전래설만 펴는 것은 학
자 개인의 한계로서 크게 문제 삼지 않아도 좋다. 그러나 우리 학계 전체
가 이러한 경향 속에 안주해 있다는 것은 학문의 식민성을 답습하고 있
기 때문에 문제가 아닐 수 없다. 자기 땅에서 자기 선조들이 자기 문화를
만들어냈다는 생각은 아예 하지 않은 채, 으레 시베리아 북방 지역 민족
으로부터 전래되었을 것이라는 고정관념 아래 끊임없이 북방계 여러 민
족들의 문화 속에서 닮은 점을 찾으려는 것은 식민지 지식인의 전형적인
종속 형태라고 할 수 있다.

비교민속학회의 학술 행사로 2000년에 몽골에 갔을 때, 1991년에

티베트를 먼저 다녀온 것이 큰 다행이라는 생각을 했다. 왜냐하면 몽골의 여러 지역 문화와 생태계를 둘러보면서 나는 몽골 문화가 티베트 문화와 상당히 닮아 있다는 사실을 알았기 때문이다. 몽골의 라마교 사원이나 승려는 티베트 불교에서 온 것이고, 고갯길에 돌을 쌓아두고 여행의 안전을 비는 '어워'는[54] 티베트 고갯마루에 돌로 쌓아둔 '마니뚜이'와 닮았다. 심지어 고산지대 짐승인 티베트의 야크까지 몽골 지역에서 두루 발견되어 크게 놀랐다.

마치 중국과 한국 문화의 친연성처럼, 티베트와 몽골 문화의 친연성이 포착되었던 것이다. 몽골의 척박한 자연환경은 물론, 유목 생활의 전통이나 민속 신앙과 라마교 등이 모두 티베트의 것과 아주 흡사했다. 실제로 몽골은 티베트와 역사적 교류도 여러 차례 있었다. 특히 라마교라고 하는 티베트 불교를 중심으로 보면 몽골의 상층 문화는 티베트의 영향을 받은 셈이다.

이런 사실을 두고 나는 문화의 교류와 유사성은 지리적 인접성에 있는 것이 아니라 생태학적 유사성에 있는 것이라고 생각했다. 자연히 한국과 티베트의 생태계가 다르듯이 한국 문화와 티베트 문화가 다르고, 한국 문화와 몽골 문화는 여러 모로 현저한 차이를 지니고 있다. 다만 고려 때 원나라의 지배로 말미암아 우리 민속 일부에 몽골풍이 남아 있을 따름이다. 한국은 정착 생활의 농경 국가여서 유목 생활의 목축 국가인 몽골 문화와 생태학적으로 닮을 수가 없다. 지금도 마찬가지이다. 한국과 몽골 사람들의 의식주 생활은 일일이 다르다. 롱코트 양식의 전통 의상 델(deel)을 입는 의생활에서부터 육식과 유제품 중심의 식생활, 게르와 같은 이동식 천막 생활에 이르기까지 어느 것 하나 닮은 것이 없다.

---

54) 그동안 '어워'를 흔히 오보라고 했으며, 우리 서낭당의 누석단과 흡사한 것을 근거로 서낭당의 기원으로 여기기도 했다.

우리 겨레는 '배달민족'이자 '한(韓)민족'인데, 그럼에도 몽고반점을 들어 몽골과 같은 민족이라고 주장하는 사람들도 적지 않다. 그러면 몽골 사람들은 이 문제를 어떻게 받아들이고 있을까? 한마디로, 일고의 가치도 없다고 생각한다. 몽골 사람들이 가장 싫어하는 한국인의 말은 '한국인과 몽골인이 같은 핏줄'이라는 말이다. 그러므로 한국 사람들이 몽골 여행을 하면서 삼가야 할 금기어 가운데 하나가 '우리도 몽골인'이라거나 '몽골인과 같은 민족'이라는 말이다.[55]

그렇다고 해서 몽골 사람들이 한국과 한국 사람을 싫어하는 것은 아니다. 몽골 사람들은 한국을 '솔롱고스'라고 하는데, 이는 무지개라는 뜻이다. 그들은 한국을 동쪽에 있는 무지개처럼 아름다운 나라로 여기며 한국인들을 퍽 좋아한다. 하지만 이러한 호감은 몽고반점 때문이거나 몽골인과 같은 핏줄이라는 생각 때문이 아니다. 그런데도 식자층 한국 관광객들 가운데 몽고반점을 근거로 몽골 사람들에게 이 이야기를 하며 가까워지고자 하는 경향이 있는데, 몽골 사람들은 한국인과 같은 핏줄이라는 사실을 인정하지 않는다. 구체적으로 언제 어떻게 누구를 따라 피가 섞였는가 하는 것을 밝힐 만한 근거도 없이 그런 말을 하니, 선뜻 이해도 되지 않거니와 매우 불쾌하게 여긴다는 것이다. 그런 주장은 한국인의 문제로 끝나는 것이 아니라 몽골인 자신의 핏줄까지 건드리는 문제이기 때문이다.

이런 주장을 망설임 없이 하는 사람들은 마치 몽고반점이 한국인과 몽골인에게만 나타나는 것처럼 여기기 일쑤인데, 알고 보면 몽고반점은 한국인에게만 나타나는 것이 아니라 일본·중국·베트남·태국·동인도·인도네시아 일부 등 동부아시아에서 살고 있는 20억에 가까운 인구가

---

55) 윤순재, 〈한국과 몽골의 사회 문화 비교〉, 몽골 울란바타르 대학 학장의 특강 요지(2000년 7월 6일), 2쪽. 몽골 사람들에게 조심해야 할 표현 가운데 첫째가 공산주의 국가여서 자유가 없다는 말이며, 둘째가 한국과 몽골은 같은 핏줄이라는 말이다.

공통으로 가지고 있는 일반적인 특징에 불과하다.[56] 그리고 남아메리카의 여러 원주민들에게도[57] 몽고반점이 두루 나타난다. 그러고 보면 우리나라 사람만큼 자세한 논증 없이 한두 가지 닮은 점을 들어 쉽게 같은 핏줄인 것처럼 단정하는 민족도 드문 것 같다.

몽고반점을 근거로 몽골 사람들에게 '우리는 당신네와 같은 핏줄이오' 하는 것은, 고려시대에 원나라의 치욕적인 지배와 처녀 공출의 잔혹사를 모른 채 한국은 몽골의 후예라는 사실을 스스로 인정하고 기뻐하는 일이나 다름없다. 오히려 몽골인들이 맞장구는커녕 근거 없는 주장이라며 불쾌하게 여기는 것이 다행이다. 단일민족을 자처하는 한국인들이 18개의 다민족 국가인 몽골인들을 찾아가 같은 핏줄이라고 하는 것이 얼마나 성급한 주장이며, 이와 달리 분명한 근거 없이 그런 주장을 하는 것을 불쾌하게 여기는 몽골인들이 얼마나 심사숙고형인가 하는 것을 알 수 있다. 우리 학자들의 고정관념이나 단순한 결론도 이런 수준이다. 섬세한 논증의 과정을 거치지 않고 선입견을 전제로 결론에 끼워 맞추려는 경향의 연구가 대부분이다.

한국 학계는 자국의 고대사와 문화사를 연구하는 작업이 사실상 중국과 시베리아 그리고 몽골 등 북방 여러 국가의 변방사나 변방 문화를 연구하는 것이나 다름없다. 왜냐하면 우리 문화는 이들 북방 민족에서 비롯되었거나 중국에서부터 건너온 것이라고 하는 천편일률적인 결론을 내리고 있는 까닭이다. 이런 작업은 사실상 중국이 '동북공정' 작업을 하기 전부터 우리 역사와 문화를 중국사와 중국 문화에 가져다 바치는

---

56) 김병호, 〈김병호의 문화체험〉.
   http://chiangrai.cafe24.com/board/zboard.php?id=history&no=18 참고.
57) 김미정, 〈토속어 몇 마디면 마음의 문활짝…… 남미 미전도종족 선교 권오병교수〉, 《국민일보》, 2004년 4월 20일자. 이 기사에서 권오병 교수는 남미의 300여 종족에서 몽고반점이 나타난다고 했다.

것이나 다름없는 결과를 빚어왔다. 이런 연구 경향을 보면, 중국이 자기 국경 안에 있는 역사를 자기 역사라며 끌어안는 일은 오히려 자연스럽기도 하고 당연하기도 하다.

　자기 나라 안에 있는 자기 민족의 역사나 문화사마저 자기 땅에서 자기 민족이 만들어낸 것이 아니라 멀리 이국의 북방 민족으로부터 비롯된 것이라고 주장하는 우리 학자들의 억지 상황을 고려할 때, 중국이 지금 자기 땅에 있는 자국민의 역사를 자기 역사라고 하지 않는다면 그것이 도리어 이상할 지경이다. 사실상 시베리아나 몽골 또는 중국 등의 학자들은 한국 고대사나 전통문화를 자기의 것이라고 애써 연구하지 않아도 좋을 것이다. 왜냐하면 그들이 가만히 있어도 한국의 고대사나 전통문화는 본디 그들의 것이라고 연구해서 진상하고 있는 까닭이다. 따라서 우리 학자들이 민족 문화의 뿌리를 찾는 연구를 지금처럼 전래설에 따라 하면 할수록 중국이나 몽골 또는 시베리아 문화권에서 벗어날 수 없다. 우리 스스로 그들 문화권의 굴레 속에 끼어들고자 갖은 애를 쓰고 있기 때문이다.

　그러한 사례의 대표적인 보기가 금관 연구이다. 우리 금관은 왕관이자 5세기경의 유물인데, 그 기원으로 드는 시베리아의 무관은 왕관이기는커녕 무당이 쓰는 모자이자 19세기의 유물이다.[58] 그것도 무관은 한갓 쇠붙이와 사슴뿔로 만든 소박한 모자에 지나지 않지만, 우리 금관은 이미 그보다 1,400년 앞서 순금과 옥으로 만든 왕관이다. 그러한 사실을 무시하고 있는 신라 금관의 시베리아 무관 기원설은 지리적 거리와 민족의 차이는 물론 두 관모 사이의 계급·소재·형식·기능·의미 등의 차이를

---

58) 柳東植, 〈討論〉, 《韓國古代文化와 引接文化의 關係》, 韓國精神文化硏究院, 1981, 321쪽 참고. "Siberia Shaman의 symbol이나 도구 등이 채취된 것이 19~20세기 전후이고 한국의 금관은 5~6세기에 올라가 있습니다. 거기에 비춰 우리의 금관을 이해하려는 것이 문제라고 생각합니다."

모두 초월한 채, 극히 부분적인 유사성을 근거로 5세기의 순금왕관이 19세기 샤먼의 철제 사슴뿔 관에서 비롯되었다고 하는 셈이다.

그 결과 초등학교에서조차 "신라 금관은 그 양식이 시베리아의 샤먼의 관과 통하는 점을 지니고 있어, 불교 수용 이전 시기 신라 문화의 성격"은 시베리아 문화권에 속했던 것으로 다루어지고 있다. 경주박물관의 홈페이지에서도 어린이들을 대상으로 똑같은 설명을 하고 있다. 금관은 시베리아 제사장이 하늘에 기도를 드릴 때 썼던 모자의 사슴뿔을 본받은 것이라고 이야기하는 것이다. 이런 터무니없는 연구와 그에 따른 학교 교육이 어떤 결과를 빚을까 미루어 짐작하면, 중국의 '동북공정' 문제는 아무것도 아니다. 시베리아나 몽골 사람들이 신라는 과거에 자기네가 지배했던 속국이라고 주장하고 나서면 아무런 할 말이 없다. 왜냐하면 우리 학자들 스스로 신라 왕조의 고향이 시베리아와 몽골이라고 주장하고 있기 때문이다.

따라서 중국의 '동북공정'보다 더 문제가 되는 것이 우리 학계의 '서북공정'이라고 할 수 있다. 여기서 '서북공정'이란 한국 학자들이 '한반도의 서북방계에서 민족 문화의 기원을 찾는 연구 경향'으로, 중국의 '동북공정'에 빗대어 일컫는 말이다. 우리 한민족의 핏줄과 문화사의 뿌리를 한반도 서방인 중국과 북방인 몽골 및 시베리아 문화에서 찾는 연구 활동은 사실상 중국의 동북공정에 대해 국학계의 서북공정에 해당하는 까닭이다.

우리 학계는 중국이 동북공정을 들고 나오며 한반도 역사를 침탈하기 훨씬 이전부터 우리 스스로 서북공정 작업으로 내응(內應)하고 그들의 동북공정을 언제든지 환영하며 합리화해줄 준비를 오랫동안 해왔던 것이다. 이러한 국학계의 연구 현실을 솔직하게 반성하고 냉정하게 비판하는 동시에 이러한 연구를 적극적으로 극복하지 않으면, 우리 학문의 세계화는커녕 한국학의 몽골학화 또는 한국학의 시베리아학화를 조장

할 가능성이 높다.[59]

중국의 동북공정을 우리 처지에서 보면 대단히 억울하고 분개할 만한 일처럼 보이지만, 객관적 처지에서 보면 그렇게 분개해 하는 것이 도리어 이상하게 여겨질 것이다. 왜냐하면 고구려 영토의 상당 부분은 이미 중국에 포함되어 있을 뿐만 아니라, 우리 사학자들과 국학자들 가운데는 우리 역사와 문화의 기원이 중국에서 비롯되었다는 연구를 계속하는 이가 적지 않기 때문이다. 다시 말해서, 우리 학자들이 우리 역사와 문화를 연구해서 중국사에 갖다 바치는 학문적 헌납을 오래전부터 해온 것인데, 이제 와서 새삼스럽게 그런 사실에 분노하는 모습은 납득하기 어려운 일 아닌가?

중국은 한국 학자들이 북방 문화 원류론을 포함해 중국 문화 영향론을 계속 펼치는 것을 그냥 두고보기만 하면 된다. 애써 동북공정을 수행하지 않아도 상관없다. 왜냐하면 한국 학계의 성과만으로도 우리 역사는 사실상 중국사가 되고 북방 민족사가 되는 까닭이다.

지금 인문학문에서 중요한 것은 민족사나 국가사가 아니라 사실상 문화사이다. 세계화 시대에는 문화적 정체성이 혈연 공동체로서 민족 동질성이나 정치 공동체로서 국가 체제보다 더 중요한 기능을 하기 때문이다. 특히 21세기는 문화의 세기로 규정되는 만큼, 앞으로 갈수록 혈연적 근친성이나 정치적 국경보다 문화적 독창성이 더 주목받을 수밖에 없다. 이처럼 문화사의 비중이 더욱 높아지고 있는 상황에서 민족 문화의 기원이 모두 중국이나 시베리아 또는 몽골에서 비롯되었다고 하는 선입견을 가지고 근거 없는 연구를 계속하는 한 우리 역사의 정체성을 확보하기란 불가능하다. 뿐만 아니라 시베리아와 몽골에 따른 제2의 또는 제3의 동

59) 임재해, 〈국학의 세계화를 겨냥한 이론 개척과 새 체제 모색〉, 《국학연구》 6, 한국국학진흥원, 2005, 425쪽.

북공정을 자초하는 결과를 빚게 된다.

물론 우리 민족 문화 가운데도 명백히 중국·시베리아·몽골에서 들어온 문화가 있다. 반대로 우리 문화가 명백하게 중국·시베리아·몽골에 영향을 미친 것도 있다. 문화는 이처럼 이웃고장 또는 이웃나라와 서로 주고받는 것이 자연스러운 현상이기 때문이다. 그러나 민족 문화의 실상과 달리 부분적인 사실을 근거로 우리 문화의 북방 원류설을 무리하게 일반화하는 연구를 계속하는 것은 성급한 개괄의 오류에 빠져 있다는 비판을 면하기 어렵다.

더군다나 충실한 자료를 기반으로 귀납적인 결론을 끌어내는 것이 아니라, 우리 문화는 으레 북방에서 들어왔다는 선입견을 전제로 관련 자료만을 한정적으로 동원하고 억지 해석을 가해 북방 기원설을 합리화하는 연구를 되풀이하는 한, 우리 문화의 뿌리를 온전하게 찾을 수도 없거니와 우리 문화 내부에서 자생적으로 형성된 민족 문화까지 북방 문화에서 왔다는 억측에서 해방될 수 없다. 그러므로 민족 문화의 원류를 북방 문화에서 찾는 일을 능사로 삼는 한국 학계의 풍토는 스스로 중국의 '동북공정'에 이바지하는 일이나 다름없다.

특히 역사 교육 현장에서 학계의 이러한 주장을 교과서로 배우는 학생들에게는, 자기 문화의 정체성을 부정하고 사대주의로 빠져들게 만들 정도로 상당히 심각한 영향을 미치고 있다. 학자들이 지금 우리 문화의 뿌리를 중국이나 북방계 민족에서 찾는 일을 사명처럼 여기는 것도 이와 같은 중등학교 교과서 수준의 역사적 지식과 거기서 비롯된 사대주의적 잠재의식에 감염되어 있는 탓이라고 하겠다. 따라서 지금 우리는 중국의 '동북공정'에 삿대질할 것이 아니라, 오히려 중국이 동북공정을 시작하기 이전부터 사실상 그와 같은 주장에 맞장구치는 연구를 줄곧 해온 한국 학자 자신들의 '서북공정'에 대해 비판하고 성찰하는 작업을 먼저 해야 할 것이다.

더 심각한 것은 우리 정부에서 '서북공정'에 해당하는 연구를 조장하고 지원하지 않아도 학자들 스스로 이러한 연구를 즐겨 했다는 사실이다. 그렇다고 시베리아나 중국 또는 몽골에서 한국 학자들에게 이러한 연구를 지원하는 것도 아니다. 우리 스스로 그러한 연구를 통해 '우리 문화의 뿌리는 당신네 나라에 있소!' 하고 진상하는 연구를 자랑삼아 해온 것이다. 한마디로, 식민지 지식인을 자처하는 일을 해온 것이다. 일제 강점기와 달리 아무도 강요하지 않고 지원하지도 않는 연구를 스스로 수행하면서 우리 문화의 뿌리를 서북방계 문화에다 근거 없이 접맥시키고자 무진 애를 쓰고 있는 까닭이다. 이런 상황에 대한 철저한 자성과 비판 없이 국학의 세계화를 부르짖는 것은 산에 가서 물고기를 구하는 일이나 다름없다.[60]

"자신의 사회를 보는 이론을 자생적으로 만들어가지 못하는 사회"는 이미 학문적으로 식민지나 다름없다.[61] 외국 이론에 치우쳐서 자기 문화 속에 담긴 자신의 삶을 애써 외면하거나 자신의 삶이 전혀 담겨 있지 않은 글읽기와 글쓰기에 일생을 바치는 이들이 바로 식민지 지식인의 전형이다.[62] 그러므로 나는 '우리말로 학문하기' 모임에[63] 적극 참여하며 우리말을 영어로부터 해방시키고 우리 학문을 서구 이론으로부터 독립시키려고 노력하고 있다.

지금 우리 국민들은 어린 시절부터 영어의 지배 속에서 언어주권을 침해받고 있으며, 우리 학자들은 서구의 이론더미에 주눅든 채 스스로 자

---

60) 같은 글, 425~426쪽.
61) 조혜정, 《글읽기와 삶읽기 1》, 또하나의 문화, 1992, 22쪽.
62) 같은 책, 23쪽.
63) 2001년부터 우리 용어와 우리 이론으로 우리 학문을 개척하기 위해 '우리말로 학문하기' 모임을 이기상·최상진·정현기·최봉영·신승환 교수 등과 함께 꾸려나가고 있다.

기 이론을 만들어가는 학문주권을 행사하지 못하고 있다. 그러므로 해방
적 관심에서 우리 문화를 주목하는 지성인이라면 마땅히 우리 국민을 영
어로부터 해방시키고, 우리 학자들을 서구학문으로부터 해방시키는 일에
팔을 걷어붙이고 나서야 한다. 내가 학내에서 국학운동을 일으키고 학외
에서 '우리말로 학문하기'에 동참하는 것도 이 때문이다. 이러한 해방적 관
심도 '나'에 머물 때는 이기주의가 되고 '지역'에 머물 때는 지역주의가 되
며, '민족'에 머물 때는 자민족중심주의가 되어 또 다른 갈등을 빚어낸다.
따라서 너와 내가 어깨를 걸고, 지역과 지역이 손잡아야 하며, 민족과 민족
도 발맞춰가야 인류가 함께 공생할 수 있다.[64]

　　지금 중국의 고구려사 편입은 학문적인 민족사 침탈이자 문화적 제
국화 전략이다. 이에 맞서려면 우리 역사와 문화를 주체적 시각과 독창
적 방법으로 연구하고 새로운 이론을 개척해야 한다. 그런데 오히려 "지
배자의 눈으로 스스로를 파악하면서 그것에서 자랑을 느끼는 식민지인
의 희극적인 모습"을[65] 우리 학자들의 사대주의적 연구 경향에서 두루
발견하게 된다. "제국주의 문화의 확장은 물리적 힘에 못지 않게 동화 또
는 자진하는 복속"을 통해 이루어지는 경향이 있는데,[66] 지금 우리 학계
는 그러한 조짐이 짙다. 중국이나 북방 민족이 고려나 조선왕조 시대처
럼 우리에게 물리적인 힘으로 복속을 요구하지 않고 있는데도 스스로 그
들의 문화와 역사 그리고 세계관에 굴복하며 자기 현실을 잊어버리고 자
진해서 그들의 세계에 종속하는 식민지 지식인의 길을 남세스러운 줄 모
르고 가고 있는 것이다.

---

64) 임재해, 《민속문화의 생태학적 인식》, 당대, 2002, 392~393쪽.
65) 김우창, 〈전전성기의 문화 : 외국 문화의 기여〉, 《외국문학》 40, 1994년 가을호, 22~23쪽.
66) 같은 글, 같은 쪽.

제3부

건국 신화에서 찾는 신라 금관의 뿌리

제1장 금관의 기원을 말하는 신라 건국 신화

1. 건국 신화와 금관의 상징성 사이의 함수 인식

신라 금관은 샤먼이 쓰던 무관(巫冠)인가? 아니다. 신라 왕들이 썼던 왕관이다. 금관은 누가 뭐라고 해도 왕관이다. 그런데도 금관을 샤먼의 모자, 곧 무관으로 보아버리면, 금관을 쓴 이는 왕이 아니라 샤먼, 곧 무당이 된다. 그리고 금관이 출토된 무덤은 왕릉이 아니라 무당의 묘지가 되는 것이다. 금관이 무관이 아니라 왕관이라면, 금관을 왕이 쓰던 공식적인 관모로 이해하는 것이 필요하다. 그러므로 금관이 무관이라는 전제, 특히 시베리아 무관이라는 전제를 툭 털어버려야 금관을 왕관으로 온전하게 이해할 수 있는 새로운 생각의 지평이 열리게 된다.

금관은 금으로 만든 왕관이다. 왜 값비싸고 무거운 금으로 왕관을 만들었을까? 왕관의 경우 왕의 신성한 권위를 상징하기 위해 가장 값지고 귀한 재료인 금붙이와 보석류로 장식해 화려하게 만드는 것이 일반적이다. 왕관을 쓴다는 것은 곧 왕좌에 앉는다는 것이며, 왕위에 오른다는 것은 실질적인 왕권의 장악을 상징한다. 그러므로 왕이 왕관을 쓰는 의

〈그림 1〉 영국의 제국왕관

식인 대관식(戴冠式)은 사실상 왕위에 오르는 즉위식에 해당한다.

지금까지 대관식을 통해 왕의 즉위식을 해온 영국의 왕관을 보면, 금관이 아니라 아예 보관(寶冠)이라고 해야 옳을 정도로 온갖 보석이 장식되어 화려함의 극치를 이룬다. 현재 영국 왕가에서 사용하는 왕관은 17세기 중기의 찰스 2세 이후로 전하는 '성에드워드 왕관'과 19세기 초기 빅토리아 여왕의 대관식 때 만든 '제국왕관(帝國王冠)'이 있다(〈그림 1〉). 성에드워드 왕관은 순금제로 무게가 3킬로그램이나 되어 대관식 때만 의식용으로 쓰이며, 대관식 외의 의식에는 제국왕관이 쓰인다. 제국왕관은 백금관에 2,783개의 다이아몬드, 277개의 진주, 17개의 사파이어, 11개의 에메랄드, 5개의 루비가 장식되어 있는 보관이다.

신라 왕실의 왕관이 순금으로 만들어졌을 뿐만 아니라 금으로 된 영락과 옥으로 만든 곡옥을 장식해 꾸며진 것은 영국 왕실의 왕관과 다르지 않다. 특히 대관 때 쓴 성에드워드 왕관은 순금제로 3킬로그램이나 되어, 신라 금관과 소재가 거의 일치하지만 무게는 세 배나 더 무겁다. 학자들에 따라 신라 왕이 무거운 금관을 쓰고 활동하기 어렵다는 점을 들어 무덤 속에 부장하는 주검의 관이라는 주장을 하나, 금관은 대관식처럼 중요한 의식 때만 잠깐 쓰는 관일 뿐 일상적으로 쓰는 관모가 아니기 때문에 실용성은 왕관의 긴요한 요소가 아니다.

실용성을 따지자면 영국 왕관은 어느 것이나 부적절하다. 대관식때 쓰는 성에드워드 왕관도 지나치게 무겁지만, 일상적인 의식에 쓰는 제국왕관도 3,000여 개의 보석으로 꾸며져 있는데다가 '제2의 아프리카

별'이라고 불리는 309캐럿의 다이아몬드와, '흑태자(黑太子)'라고 하는
달걀 만한 크기의 루비가[1] 박혀 있다.

이처럼 왕관은 최고의 보석으로 화려하게 장식하는 것을 중요하게
여긴 까닭에 예사 모자처럼 일상적인 착용감을 중요하게 따지지 않는다.
그렇다고 해서 금붙이와 값진 보물로 화려하게 꾸미기만 한다고 왕관 구
실을 온전하게 하는 것은 아니다. 그 장식과 모양이 왕권의 신성함을 상
징하는 의미를 잘 갈무리하고 있어야 한다. 그러한 상징성은 고대의 왕
관일수록 더 중요하게 작용한다.

고대 왕권의 전통을 지금까지 잘 이어가고 있는 왕관의 보기로 다
이아몬드로 장식된 교황의 삼중관(三重冠, tiara)을 들 수 있다. 교황이 썼
던 삼중관은 꼭대기의 십자가를 정점으로 하여 세 개의 층이 있는 관으
로서, 이 세 개의 층은 교황이 갖는 세 가지 권능, 곧 신품권·사목권·교
도권을 상징했다. 예수 그리스도로부터 물려받은 '사제직·예언직·왕직'
의 세 직무와 연관되어 있는 셈이다. 그러므로 교황의 삼중관은 교황의
신성한 권위를 상징하는 것이다.

교황의 삼중관도 일상적으로 착용하기에는 매우 불편한 구조이다.
그러나 교황은 사제왕으로서 세 가지 권능을 드러내기 위해 착용하기 불
편한 삼중관을 썼던 것이다. 교황의 특권 과시를 즐겼던 보니파키우스
(Bonifacius) 8세 교황은 이 삼중관을 자주 썼는데, 이것은 예외적인 현상
이다. 삼중관을 쓰고 위세를 부리면서 자신이 세상의 주인이라는 사실을
드러내기 좋아했던 까닭이다. 실제로 이 교황은 특권을 내세워 성직자에
대한 왕실의 권한을 부정하면서 영국과 프랑스 왕을 파문(破門)하겠다고
위협까지 했다.[2] 이처럼 교황의 특권을 무리하게 행사한 교황일수록 왕

---

1) 루비가 아니라 첨정석(Spinel)이라는 설이 있다.
2) 한스 큉, 배국원 옮김, 《가톨릭교회》, 을유문화사, 2003, 제6장 〈교황통치의 종말〉 참조.

관을 즐겨 쓰고 위세를 부렸던 셈이다. 왕관의 상징성이 왕권을 시각적으로 과시하는 데 가장 기능적인 구조물이기 때문이다.

건국 신화의 기능은 왕관의 기능 못지않았다. 고대로 갈수록 왕의 신화적 권능은 실질적 기능을 발휘한다. 신화의 초월적 사실을 통해 왕의 신성한 권위가 확보되고 통치권이 잘 발휘될 수 있는 것이다. 따라서 왕권의 신성한 출현 과정을 노래하는 건국 신화 또한 왕의 통치권력을 강화하고 국가의 기틀을 다지는 구실을 한다는 사실에서 왕관의 기능과 다르지 않다. 그러므로 기능성과 상징성으로 볼 때 건국 신화와 왕관은 같이 간다고 할 수 있다.

건국 신화와 왕관은 사실상 서로 다른 문화적 구조물이다. 그러나 건국 신화와 왕관은 모두 신화적이며 또한 모두 왕관답다는 점에서 같은 세계관의 지평 속에 놓여 있다. 달리 말해서, 건국 신화는 왕관답게 서술되어 있고 왕관은 건국 신화답게 구성되어 있다는 말이다. 구조물의 양식만 다를 뿐, 모두 국가의 정체성과 왕권의 신성성을 강화하는 정치적 기능을 감당하는 것이다.

왜냐하면 건국 신화는 한결같이 건국 시조 왕의 신성한 권위를 우러러 서술하는 가운데 시조 왕의 초월적 출현 과정과 신성한 건국 내력을 읊은 이야기여서, 사실상 왕좌의 권위를 신성하게 형상화해주는 왕관이나 다름없는 구실을 하기 때문이다. 왕관 또한 국가적 정체성과 왕의 신성한 권위를 시각적으로 상징하는 가운데 왕권을 구체적으로 발휘할 수 있는 힘을 제공하기 때문에, 국가의 위대함과 왕의 초월적 통치력을 강화해주는 건국 신화와 같은 구실을 감당한다고 하겠다.

다만 양식상 건국 신화는 신성한 시작의 이야기라고 하는 구술적 상관물로 전승되는 데 견주어, 왕관은 왕권을 상징하는 물질적 형상물이자 시각적 조형물로 전승된다는 차이가 있는 정도이다. 따라서 신화나 왕관은 한결같이 왕권의 신성성과 절대적 권위를 보장하는 구실을 한다는 점에서 같은 기능을 지닐 수밖에 없다. 그러므로 왕관을 이어받지 못한 왕이 왕권을 정상적으로 장악할 수 없고, 건국 신화의 정통성을 확보하지 못한 왕실은 왕권을 순조롭게 이어갈 수 없다고 할 수 있다.

고대의 사제왕이 나라굿을 할 때 건국 신화를 구술하며 제의를 올린 까닭에 건국 신화는 예사 사람들의 의식에서는 널리 전승될 수 없었다. 사제왕이나 나라무당이 국가적 제의를 통해 한정적으로 구연하기 때문에 공식적인 공간에서만 전승되었다. 왕관 또한 왕권의 절대적 권위를 나타내고자 금붙이로 만들고 보석으로 장식된 신성한 상징물로 형상화되어 있다. 자연히 예사 사람들은 범접하기 어려운 것이다. 물론 왕이라고 해서 일상적으로 왕관을 썼다고 보기도 어렵다. 건국 신화가 구술되는 제의처럼 국가적 의식이나 즉위식 등 중요한 의식이 있을 때만 의전용으로 썼을 가능성이 있다.

왕관이 곧 왕권을 상징하는 까닭에 왕관의 확보는 곧 왕좌를 차지하는 것과 같은 것이어서 당연히 엄중하게 관리되지 않을 수 없다. 따라서 건국 신화가 문헌에 기록으로 정착되지 않으면 세간에서 전승되는 무속 신화처럼 여러 이야기들 속에서 더불어 구전되기 어렵고, 왕관 또한 고분 속에 묻혀 있지 않으면 후대에 그 유물이 발견되기 어렵다. 건국 시조가 대부분 문헌 기록으로만 남아 전하고 고대의 왕관이 고분 속에서만 발견되는 것은 이 때문이다. 따라서 왕관은 건국 신화와 다른 구조물이면서 사실상 서로 유기적 관계 속에 있으므로 신화적 구조물이라고 할 수 있는 것이다. 그러므로 왕관의 온전한 이해를 위해서도 그와 관련된 왕실의 건국 신화를 제대로 포착할 필요가 있다.

건국 신화는 나라를 처음 일으켜 세운 시조 왕의 신성한 혈통과 신이한 능력을 통해 새로 건국한 나라의 구심점을 확보하고 왕조의 지도력을 강화하는 정치적 기능을 발휘한다. 따라서 건국 신화는 초기 왕권을 강화하고 나라의 지속성을 보장하게 되므로 고대국가에는 저마다 건국

신화가 형성되어 전승되기 마련이다. 중세국가라고 할 수 있는 조선조에
도 〈용비어천가(龍飛御天歌)〉가 이성계의 조선왕조를 신성시하는 건국
신화 구실을 했다.

고대 사회일수록 구전되는 이야기가 가장 중요한 의사소통의 수단
이자 설득력이 높은 정치 홍보 매체 구실을 하는 까닭이다. 시조 왕의 신
성한 혈통과 초월적 능력을 말하는 건국 신화는 한층 본격적인 정치성을
띤다. 시조를 신성한 존재로 섬기도록 하기 위해 혈통의 신비성과 능력
의 초월성을 강조한다. 그러므로 건국 시조 신화는 이야기를 매체로 한
'서사적 정치의 유산'이라고 할 수 있다.[3]

건국 신화와 마찬가지로, 왕관도 왕권의 신성성을 상징하기 위해
만들어진 것이다. 신으로부터 주어졌거나 또는 초월적으로 획득된 왕권
의 위엄을 과시하고 왕의 지위를 보장하는 실질적 구실을 하는 것이 왕
관이다. 따라서 왕관의 착용 여부가 곧 왕의 정체를 밝히는 근거가 된다.
그러므로 건국 신화가 전승되면서 시조 왕의 위업과 나라의 건국 과정을
신이하게 찬양한다면, 왕관은 왕실의 정통성과 왕권의 정체성을 상징하
면서 왕의 신성한 권위와 초월적 통치력을 보장한다.

건국 신화가 건국의 신성한 계기를 통해 국가의 번영에 이바지한다
면, 왕관은 통치자의 초월적인 지위를 상징함으로써 왕의 권위를 숭고하
게 하는 데 이바지한다. 건국 신화는 필연적으로 시조 왕과 결부되어 있
다. 그러나 왕관이 시조 왕과 상관없이 훨씬 후대에 만들어진 것이라면,
건국 신화와 왕관은 사실상 긴밀한 연관성을 지니기 어렵다. 그러나 왕
관이 건국 신화가 널리 지어져 구송되던 건국 초기에 만들어졌다면, 왕
관은 신화의 세계관과 밀접한 연관성을 지닐 가능성이 높다. 따라서 건

---

3) 임재해, 〈맥락적 해석에 의한 김알지 신화와 신라문화의 정체성 재인식〉, 《比較民俗學》
   33, 2007, 585쪽.

국 초기의 왕관은 신화적 내용으로 조형되어 있고, 건국 신화는 왕관과 같은 왕권의 천부적 권위를 부여하는 이야기일 수 있다. 실제로 금관들은 대부분 5세기 전후의 신라 건국 초기에 만들어진 것이어서 신화적 관련성을 널리 인정할 만하다.

건국 신화뿐만 아니라 각종 신화는 그 내용에 따라 신전이나 사원 등에 벽화 또는 조각으로 형상화되어 있다. 아예 사원이 신화적 세계관의 구도 속에 건축되기도 한다. 불교나 기독교적인 세계관이 사찰이나 성당 건물을 통해 형상화된다는 사실은 일반적으로 알려져 있다. 신화와 왕관도 같은 관계로 이해할 수 있다. 아무래도 왕관이 신화보다 후대에 만들어진 것이므로 건국 신화의 세계관이 건국 초기 왕관의 조형에 긴밀한 영향을 미치게 된다. 여기서 우리는 신화와 왕관의 함수를 발견할 수 있다.

이런 시각에서 보면, 신라 왕들의 왕관인 금관은 건국 초기의 것이 대부분으로 신라 건국 시조들의 신화와 어느 정도 연관되어 있다고 볼 수 있다. 신라의 건국 시조 신화로 볼 수 있는 것으로는 박혁거세 신화와 석탈해 신화 그리고 김알지 신화를 들 수 있다. 그러나 신라의 금관은 모두 김알지의 후손들, 곧 김씨계 왕들이 쓴 것이므로, 박혁거세 신화나 석탈해 신화보다 김알지 신화와 더 밀접한 연관성을 발견할 수 있다.

그렇다고 해서 다른 두 신화가 금관과 전혀 무관하다고는 할 수 없다. 박·석·김의 세 시조 신화가 제각기 다른 개성을 지니며 신라 초기 왕권을 지탱해온 것처럼, 이들 세 신화는 그 영향의 비중이나 내용이 서로 다르되, 신라 왕권을 상징하는 금관의 형상에 일정한 영향을 미쳤다고 보지 않을 수 없다. 그러므로 신라 금관의 비밀을 이해하는 데 신라의 건국 신화들은 중요한 열쇠 구실을 하는 것이다.

그런데도 지금까지 신라의 금관은 신라의 건국 신화와 우리 문화의 맥락 속에서 주목되지 못했다. 한결같이 신라 건국 시조와 무관한 시베리아 샤머니즘과 연관되어 해석되거나, 나아가 아프가니스탄의 고분에서 출토된 유물들과 줄긋기가 시도되었다.[4] 그런가 하면, 카자흐스탄 이씩(Issyk) 지역 스키타이 추장의 모자핀과 연결지어 해석하기도 했다.[5] 전파론적 시각은 곧 시베리아 샤머니즘이 금관을 비롯한 우리 문화의 원형이라고 인정하는 까닭에, 김알지는 물론 금관을 쓴 신라 왕들의 사상적 고향이 바로 시베리아 샤먼이라고 주장하는 데까지 나아가는 것이다.

2. 시베리아 기원론의 식민지적 향수와 자기분열성

신라 금관은 물론 신라 왕의 혈통과 그 문화들 또한 시베리아 대륙을 넘어 알타이 산맥 주변에서 전래되어 온 것으로 해석하고 있다. 더 나아가 아프가니스탄에서 출토된 유물들의 영향을 받아 신라 금관이 만들어진 것으로 해석하기도 한다. 이러한 주장에 따르면, 우리가 사는 이 땅에서 우리 선조들이 창조한 문화는 찾아보기 어려울 뿐만 아니라, 선조들조차 시베리아와 몽골에서 온 이주민들에 지나지 않는 셈이다. 그러므로 만일 시베리아나 중앙아시아 또는 몽골 등에서, 중국의 동북공정처럼 한반도는 그들이 개척한 땅이며 그들의 변방이었다는 주장을 해도 아무런 할 말이 없다. 오히려 우리 연구는 지금 그들에게 그러한 주장을 하도록 부추기며 증거물을 제공하고 있는 구실을 한다.

그런 어처구니없는 일이 일어날 경우는 없을까? 중국이 고구려사를 자국의 역사로 편입하리라고는 아무도 예측하지 못했다. 지금 현실로

닥치고 있는 동북공정은 순전히 중국의 패권주의 때문일까? 고구려 연구를 제대로 하지 않고 찬밥으로 미루어놓은 사학계의 잘못이 적지 않다. 동북공정을 고려할 때, 한반도 사정의 변화와 긴밀한 연관성 속에서 일찍이 예측하지 못한 엉뚱한 역사 전쟁이 벌어질 수도 있다. 만일 우리 문화는 물론 우리 조상들까지 모두 알타이나 몽골에서 왔다는 주장이 계속될 때, 고려시대 원나라의 한반도 침입과 지배를 떠올린다면, 앞으로 몽골이 우리나라의 역사는 물론 영유권까지 고집하지 않으리라는 보장이 없다. 과거사를 돌이켜보면, 침략 전쟁과 영토 점유를 합리화하는 근거로 역사적 사실을 왜곡하기도 했다.

근거가 부실한 종속적 역사 해석과 혈연적 친연성 주장은 정치적 문제까지 야기한다. 왜냐하면 문화적 동질성이나 혈연적 동일성은 정치적 목적으로 이용될 가능성이 상당히 높기 때문이다. 실제로 "문화의 재정치화는 민족집단과 국가가 일치되는 경우 문화본질주의와 함께 제국주의적 신민족주의의 형태로 나타난다".[6] 혈연적 동일성을 기반으로 한 민족은 그 규모가 커질수록 국가를 세우는 인적 자원이 되며, 이미 국가를 형성하고 있는 경우에는 영토를 더욱 넓혀나가는 제국적 세력이 되는 것이다. 그러므로 "민족성의 범주는 국가라는 공간을 창출하거나 영토를 확장하는 목적을 위하여 재정치화"할[7] 가능성이 높은 것이다.

더 염려되는 것은 몽골의 영유권 주장과 같은 북방 민족들의 공세가 아니라 우리 민족 내부에 조성되고 있는 식민 의식의 조장이다. 우리 문화와 민족의 뿌리를 우리 내부에서 찾으려들지 않고 외부에서 찾으려는 것 자체가 이미 식민지적이자 자기 분열적이라고 할 수 있다. 왜냐하면 우리 스스로 자생적인 문화 창조력을 부정하고 문화적 뿌리와 혈연적

---

6) 김성례, 〈탈식민담론과 대중문화〉,《아시아문화》10, 한림대학교 아시아문화연구소, 1994, 396쪽.
7) 같은 글, 같은 쪽.

조상을 외세에다 설정해 스스로 복속하고 있으니 식민지적이라고 할 수밖에 없으며, "서구중심 세계 문화의 맥락에서 '우리'를 부활시키는 일종의 본질주의 성격을 띠면서도, '우리'의 문화적 정체성을 '서구의 관점'에서 우리 영토 '밖'에서 모색하는 자기분열적 양상"을[8] 보이는 까닭이다.

해외에 거주하는 한민족에게 한국은 모국으로서 고정된 이미지를 가지고 있으나, 그들의 모국에 살고 있는 우리 스스로는 단일민족을 표방하면서도 한민족의 민족적 정체성을 찾기 위해 아시아 변방의 소수민족들을 향해 낯설고도 먼 길을 가고 있는 것이다.[9] 따라서 해외 동포들이 모국을 찾아 한국에 오면, 사실상 그 모국 사람들은 또 다른 모국을 찾아 시베리아나 몽골로 떠나고 없는 까닭에, 결국 공허한 빈집으로서 자신들의 모국을 만나게 되는 셈이다. 서울에서 객지 생활 하는 사람이 한가위를 맞아 고향을 찾아갔는데, 고향 어른들은 조상의 뿌리를 찾는다는 구실로 관향지를 그리며 중국으로 떠나고 없는 상황이나 마찬가지이다. 실제로 일부 성씨들 가운데는 중국의 관향지를 찾아가 엄청난 돈을 들여 기념물을 짓고 세계 '아무개 성씨 대회'를 주기적으로 개최하는 일을 가문의 영광으로 여기는 이들조차 있다.

따라서 "한국 문화와 한국인의 뿌리를 멀리 아시아의 변방인 중앙아시아로부터 북방 몽골에서 모색하는 일련의 이러한 의도"는 좋게 보면, "지난 30년간 우리 사회가 근대화와 서구화 과정을 거치면서 상실되었다고 생각하는 민족성을 되찾으려는 민족주의적 향수"라고 할 수 있다. 그러나 비판적으로 보면 이러한 뿌리 찾기와 고향 찾기를 하는 "한국인의 향수는 서구와 선진 자본주의국가가 이룩한 제국주의적 풍요에 대한 시기심에서 발로하는 식민적 모방"에[10] 지나지 않는다.

---

8) 같은 글, 397쪽.
9) 같은 글, 같은 쪽.
10) 같은 글, 398쪽.

"현재 우리가 믿고 있는 한국 민족성이나 한국 문화의 정체성은 엄밀하게 따져보면 시공간적으로 실재하는 것이라기보다 그 존재를 믿도록 가장된 것이며, 상상의 것이라 할 수 있다." 그러므로 "중앙아시아에서 새로이 발견한 한국의 민족적, 문화적, 인종적 기원에 대한 열광은 새롭게 창출된 제국주의적 시기와 욕망의 패러디"에[11] 지나지 않는다고 하는 것이다. 왜 그러한 행위가 식민적 모방이고 제국주의적 욕망의 패러디인지, 김성례의 설명을 좀더 들어보자.

> 서구의 진화론이나 초기 인류학이 서구에서 가장 멀리 떨어져 있는 아시아와 아프리카 혹은 아메리카 원주민의 원시사회에서 서구 사회와 서구역사의 오랜 잊혀진 과거의 자연상태 혹은 golden age를 탐색하면서 동시에 원시사회를 식민화하고 근대화의 명분으로 착취하였던 서구 제국주의 역사를 우리나라에서도 되풀이 모방하고 있다고 보았다.
> 우리나라가 한국 영토 밖에서 한국 문화와 한국인의 뿌리를 탐색하면서 동시에 그 지역과의 '상상에 의한' 역사적 연관성을 전제로 하고 자본주의 시장 개척과 정치적 힘의 확대를 모색하는 현재의 국제화 세계화 바람을 서구 제국주의적 시기와 욕망의 패러디로 본 것이다.[12]

오리엔탈리즘이 서구인들의 의식 속에 자리 잡고 있는 잃어버린 기원에 대한 향수와 그 회복을 위한 추구라고 할 때, 우리는 탈오리엔탈리즘을 위해서라도 중앙아시아나 시베리아에서 뿌리를 찾는 문화 원류론, 곧 "오리진에 대해 근본적인 회의를 하고 그 보수성에 대항하여 스스로

---

11) 같은 글, 같은 쪽.
12) 한국무속학회에서 김성례 교수를 만나 이 문제를 제기하고 다시 이메일로 위 내용을 질의하며 더 구체적인 설명을 부탁했더니 답신으로 설명해준 내용이다.

의 창조력과 상상력을 펼치려는 의지"로 새롭게 시작해야 한다. "탈식민 시대의 문화 연구는 식민적 망상과 향수의 공간에서"[13] 해방되어, 지금 여기 우리의 문화 주권을 회복해야 하고 문화적 창조력을 발휘해야 하는 것이다.

3. 건국 신화의 전파론적 해석과 문화 창조력 부정

식민적 망상과 향수에서 벗어나서 민족적 창조력과 상상력을 우리 문화 속에서 주체적으로 발견하려면 현장론적 문제의식이 긴요하다. 그 시대 문화를 그 시대의 역사적 상황과 지리적 현장 속에서 맥락적으로 해석해야 새로운 인식 지평이 열린다. 금관 왕국인 신라의 금관 연구도 금관 종주국으로서 주체성을 자각하고 동시대 신라 문화의 맥락 속에서 유기적으로 해석되어야 한다. 그것은 신화와 금관의 양자 관계뿐만 아니라 신화와 신화, 금관과 금관 사이의 관계까지 포함하는 총체적 문제 인식을 말한다.[14]

앞 절에서 다루었듯이, 왕관과 건국 신화는 문화적으로 서로 다른 형상이지만 정치적으로는 왕권을 강화하는 기능을 발휘하는 고대국가의 창조적 유산으로서 동질성을 지녔다. 자연히 건국 신화와 왕관은 서로 유기적 관련성을 지니게 마련이어서, 온전한 왕관 해석을 위해서는 그 왕관을 썼던 왕조의 시조 신화를 주목하지 않을 수 없다. 그러므로 신라 금관의 연구 과정에서 신라 건국 신화도 함께 검토된 것은 주목할 만한 사실이다.

---

13) 김성례, 앞의 글, 399쪽.
14) 임재해, 앞의 글, 575~622쪽. 나는 여기서 신라 신화들을 총체적으로 다루어 금관의 기원과 상징을 해명하는 논의를 펼쳤다.

김병모는 건국 신화를 통해 금관의 비밀을 밝히고자 하는 논의를 진행시켰다. 이 사실을 알았을 때, 이제 금관의 형상을 우리 문화의 현장 속에서 제대로 해명하게 되는구나 하는 기대를 가졌다. 그런데 논의의 결과는 여전히 동어반복 수준에 머물렀다. 신화와 금관의 직접적인 관계를 다룬 것이 아니라 신화의 요소적 분포를 통해 문화 전파설을 펼친 까닭에, 여전히 금관의 시베리아 샤먼 기원설을 보완하는 방증 작업 구실을 하게 된 것은 물론 신라 건국 신화들조차 북방 신화에서 전파된 것처럼 해석하여 문제를 더 심화시켰다. 신화의 해석에 따라 금관을 해명하려고 한 것이 아니라, 금관의 해석 논리에 따라 전파론적 시각에서 신화를 해석하고 그 분포를 다루었다. 결국 신화를 끌어들여서 금관의 시베리아 원류론을 한층 강고하게 만든 셈이다.

그러한 작업은 두 가지 방식으로 진행되었다. 하나는 신화의 전승 분포를 확인하는 작업인데, 시베리아 샤먼 기원설을 합리화하는 전제로 분포를 주목했기 때문에 금관을 비롯한 신라 문화를 독자적으로 이해하는 데 이르지 못했다. 둘은 신화를 하나의 유기체로 보지 않고 화소(話素, motif) 차원으로 해체해 요소적 연관성을 일반화하는 작업에 머물렀다. 금관 장식물의 요소적 유사성을 찾아 줄긋기를 하는 방식과 같은 차원에서, 화소 중심으로 신화를 해석한 까닭에 신화는 금관의 북방 기원설을 펴는 작업에 더 적극적인 증거로 이용되었을 뿐이다. 이를테면, 북방계 천손 신화와 남방계 난생 신화의 주인공들이 한반도에서 만나 고대국가를 세웠다는 것으로,[15] 우리 신화를 앞에 두고 여전히 일방적 영향론과 전파론적 줄긋기 작업에 매몰되어 있는 것이다.

천손신화는 북방의 유목민족들 간의 사유세계이고, 난생신화는

---

15) 김병모, 앞의 책, 148~149쪽.

남아시아의 열대 농경지대 주민들의 사유세계이다. 그런 이질적인
문화·사상적 배경을 갖고 있던 주민들이 한반도에서 만나 고대국가
를 세웠다.[16]

북방 유목민족 신화는 천손 신화이고 남아시아 농경민족 신화는 난
생 신화라는 견해부터 잘못되었다. '게세르(Geser)'는 시베리아와 티베트,
몽골 등 유목민족이 공유한 대표적인 신화이다. 티베트의 '게사르'는 구
비전승되는데, 다른 티베트의 신화들과 더불어 영웅의 탄생이 '난생'이
라는 공통성을 지닌다. 몽골의 '게사르'는 티베트의 '게자르'를 가져와서
자기 말로 전승했다. 티베트 '게자르'와 무관하다고 하더라도 몽골의 '게
사르'는 난생 신화이다. 그러므로 유목민족 신화가 난생 신화가 아닌 천
손 신화라는 해석은 일반화가 불가능한 주장일 따름이다.

위의 주장은 결국 우리 한반도에는 자생적인 문화가 없고 북에서
남으로 내려온 북방계와 남에서 북으로 올라온 남방계 문화만 점유하고
있다는 종속적 논리를 일반화하고 있다. 북방 문화 전래설로 설명이 불
가능한 석장승과 돌하르방은 남방 문화가 전래한 것으로 설명하고, 시베
리아 샤머니즘과 연결시키기 어려운 세습무는 남방 문화의 영향으로 해
석한다. 이러한 전파설에 따르면, 고대 한반도는 문화적 백지도에 해당
한다. 김병모의 신화소 분포도 같은 맥락에 있다. 마치 미군과 소련군이
남북을 점령해 지금의 남북 분단이 조성된 것처럼, 이 땅에는 신화조차
없었는데 남방계의 난생 신화와 북방계의 천손 신화가 한반도에서 만나
남북을 갈라 점유하고 있다는 결론이다.

이러한 문화 전파론은 곧 혈연적 뿌리까지 연결되는 까닭에, 이와
같은 논리들을 받아들이게 되면, 한반도에는 북방계나 남방계 신화와 문

---

16) 같은 책, 149쪽.

화가 들어오기 전에는 아무런 신화와 문화도 없었으며, 나아가 이 땅에
는 어떤 종족이나 민족도 살지 않았다는 결론에 이르고 만다. 비록 한반
도에 원주민이 살았다고 하더라도 주체적으로 문화를 창조할 수 없는 무
능한 사람들이었다고 간주하는 셈이다. 우리는 곧잘 단일민족 국가라고
하지만, 민족이동설이나 북방 민족 유민에 따른 건국설을 좇을 경우 그
것은 한갓 상상의 구호일 따름이다. 왜냐하면 실제 연구는 북방계 민족
과 남방계 민족의 이주민으로 형성된 잡종 민족에 지나지 않는다는 것을
드러내고 있기 때문이다. 단일민족론도 상상의 민족주의 신화일 수 있지
만, 우리 민족을 남북방 민족의 이주민에 의해 비로소 구성된 것으로 해
석하는 작업도 자기 부정적 해체주의의 오류라고 할 수 있다.

　게다가 화소 중심으로 남방계와 북방계 신화를 난생 신화와 천손
신화로 나누는 것은 금관의 기원론을 스스로 부정하는 당착에 빠지게 된
다. 왜냐하면 금관이 널리 출토된 경주 지역에는 난생 신화가 주류를 이
루고 있기 때문이다. 신라 건국 시조 신화인 박혁거세 신화나 석탈해 신
화가 모두 난생 신화에 해당한다. 박혁거세나 석탈해가 모두 알의 형태
로 출현하기 때문이다. 김알지 신화도 잠재적으로 난생 신화의 성격을
지니고 있다. 따라서 천손 신화가 북방계 신화이고 난생 신화가 남방계
신화라고 한다면, 경주 지역 신라 신화는 북방계가 아닌 남방계 신화에
속한다. 따라서 경주의 신라 문화는 남방계에 속하는 세습무의 굿 문화
를 전승하고 있을 뿐만 아니라, 남방계의 난생 신화가 건국 신화로 형성
된 까닭에 금관의 시베리아 기원설은 설득력을 잃게 된다.

　그러므로 금관의 기원과 더불어 신라 신화의 해석도 새롭게 할 필
요가 있다. 우선 우리 민족 신화는 신화끼리 서로 세계관적 연관성을 지
니고 있는 긴요한 문화 현상이라는 점을 놓치지 말아야 한다. 고조선의
단군 신화와 고구려의 주몽 신화 그리고 신라의 김알지 신화도 민족 신
화로서 서로 동질성을 지니고 있으며, 신라 건국 신화라고 할 수 있는 박

혁거세 신화와 석탈해 신화 그리고 김알지 신화는 따로 떼어 해석할 수 없을 만큼 상당히 유기적인 관련성을 지니고 있다. 김알지·박혁거세·석탈해는 신화 속에서 서로 연결되어 있는 까닭이다. 그러므로 신라의 세 신화는 물론, 고구려·신라·백제 세 나라의 신화들이 구체적으로 어떤 연관성 속에 놓여 있는가 하는 것은 계속해서 논의해야 할 과제이다.

화소 차원에서 신화를 보면 신화의 주인공이 천손과 난생의 형태로 대조를 보이는데, 이를 대립적으로 보고 지역적 분포를 따지게 되면 전혀 다른 의미를 지닌 것처럼 인식된다. 화소가 다르면 신화의 전래 지역도 달라서 신화의 계통까지 다른 것으로 해석하게 된다. 그런 탓에 민족 신화로서 동질성을 포착하기는커녕 민족 신화를 남방 민족 신화와 북방 민족 신화로 갈라놓는 결과에 이르고 만다.

이처럼 단순한 방법으로 신화 해석을 하는 일은 신화를 화소로 해체해 분포를 살피고 계통을 따지는 데서 비롯된 것이다. 하나의 자립적인 구조물로서 신화 작품을 총체적으로 이해하지 않고 주인공의 출생 방식만 문제 삼은 데서 비롯된 한계이다. 신화든 전설이든 화소 자체가 의미를 지니는 것이 아니라 화소가 모여 줄거리를 이루고 있는 이야기의 서사성이 의미를 지니는 것이다. 작품의 구조적 연구에서 현장론적 연구로 나아가야 하는데, 오히려 화소 차원의 요소적 연구로 퇴행하는 것이 화소분포론이다.

신화의 화소에서 난생과 천손을 대립적으로 인식하고 남북 지역의 서로 다른 계통으로 규정하는 것도 성급한 단정이자 단순한 분류일 따름이다. 신화의 내용을 보면, 알에서 태어났다고 해서 천손이 아닌 난생이라고 단정할 수는 없음을 알게 된다. 서사적 내용을 고려하지 않은 채 화소의 대립적 분류와 분포 현상에 매몰되면 신화 해석의 길이 막힌다. 먼저 신화가 이야기하고 있는 서사적 상징을 제대로 이해해야 한다. 그러면 난생이 천손이고 천손이 난생이라는 변증법적 인식을 할 수 있게 되

고, 이러한 변증법적 모습을 하고 있는 것이 바로 신라 신화의 실상이라
는 사실을 포착하게 된다.

난생이라는 사실 자체가 바로 하늘을 나는 조류로부터 비롯된 것이
며, 자연히 천손을 상징한다. 난생 화소는 곧 천손 화소라는 사실을 함축
하고 있는 것이다. 실제로 박혁거세는 알에서 나타나지만 천마가 하늘에
서 운반해온 천손이다. 주몽도 알에서 나왔지만 천손인 해모수의 아들이
자 햇볕을 받아 출현한 인물이다. 박혁거세나 주몽은 모두 난생이면서
천손인 인물이다. 이처럼 고구려와 신라 건국 신화의 주인공은 한결같이
천손이면서 난생인데도 이 두 화소를 마치 별개의 신화인 것처럼 이해할
뿐만 아니라, 서로 다른 지역의 신화로 분리하는 데서 문제는 이중으로
심각해지는 것이다.

주인공이 천손이면 난생이 아니고 난생이면 천손이 아니라는 편견
도 문제이지만, 신화의 내용을 유기적 실체로 인정하고 작품 전체를 포
착하지 않은 채 부분이 전체인 것처럼 원자론적으로 해석하는 것이 더
문제이다. 금관을 유기적 실체로 보지 않고 금관 장식의 한 형상만을 부
분으로 해체해서 금관의 기원을 밝히는 것이나 다름없는 한계이다. 금관
이 하나의 구조물인 것처럼 신화도 하나의 자립적 형식체이다. 따라서
수많은 소수민족의 신화와 문화를 요소적으로 끌어들여 우리 신화나 금
관의 요소와 줄긋기를 하면서 민족 문화의 북방 원류론을 펴는 작업은
곧 우리 문화를 파편화하고 해체하는 작업이 되며, 우리의 문화 창조력
은 물론 민족 문화의 독자 발생설까지 부정하는 종속주의에 빠져들게 되
는 것이다.

그러므로 민족 정체성을 부정하는 민족 해체주의와 문화의 자생성
과 민족적 창조력을 부정하는 문화 전래주의에 대해 우리는 다음 몇 가
지 질문을 던지지 않을 수 없다. 첫째, 북방의 유목민족이 이주해 오기
전에는 한반도에 원래 아무런 민족이 살지 않았는가? 둘째, 아무런 민족

이 살지 못했다면 한반도가 시베리아나 몽골의 초원 지역보다 사람들이 살기에 더 부적절했는가? 셋째, 민족이 살았다면 그들은 자기 문화를 만들어낼 수 있는 능력이 없었는가? 넷째, 북방의 유목민족들은 자기 신화와 문화를 지니고 있는데, 왜 한반도에 거주했던 배달민족은 자기 고유의 신화와 문화를 갖지 못했는가?

답을 말하자면, 그렇지 않다. 그럴 수도 없다. 왜냐하면 어떤 민족도 문화 생산 주권을 지니지 않은 민족은 없기 때문이다. 문화 주권이야말로 정치 주권 이전의 가장 기본적인 인간의 권리이자, 태초부터 인간에게 주어진 천부적 인권이다. 그런데 이러한 질문에 모두 제대로 답하려면 상고시대 민족 문화사를 본격적으로 써야 한다. 이는 이 책에서 감당할 몫이 아니다. 하지만 금관 연구를 온전하게 하려면 비껴갈 수도 없는 일이다. 문화 창조력을 부정하는 전래주의적 고대 문화 인식에 관한 고정관념에서 벗어나지 못하면 금관의 기원을 새롭게 밝혀도 납득하기 어렵게 된다. 그러므로 금관 문제를 본격적으로 논의하기 전에 고대 문화의 상대적 비교 우위 양상을 별도의 장으로 다루기로 한다.

제2장 유물과 문헌으로 본 고대 문화의 비교 우위

1. 고대 문화의 선진성과 민족적 창조력의 재인식

한반도에 얼마나 오래전부터 사람이 살았는가 하는 사실은 물론, 고대 문화의 수준 높은 독자성은 고고학 발굴성과와 함께 새롭게 밝혀지고 있다. 고고학의 발전과 더불어 한반도에서 구석기 유물들이 속속 발굴되어 국제적 주목을 받아 세계 고고학지도를 바꾸는가 하면, 세계에서 가장 오랜 볍씨가 발굴되어 국제 학계에서 공인을 받고 있다. 고대 문화의 세계적인 상징물인 고인돌부터 보기로 하자.

우리나라에는 전 세계 고인돌의 40퍼센트가 분포하고 있을 뿐만 아니라, 고창·화순·강화 등 세 지역 고인돌 유적이 한꺼번에 유네스코 세계문화유산으로 지정된 것은 세계적으로 처음 있는 일이다. 고인돌은 청동기 시대의 무덤양식으로서 세계 어느 나라와도 비교할 수 없는 분포의 집중성과 형식의 다양성을 자랑하고 있다. 그러므로 마침내 학계에서 고인돌 왕국이라는 자리매김까지 하게 되었다.[1]

청동기 문화도 고인돌 문화 못지 않게 우뚝하다. 고조선의 청동기는 중국의 황하 유역보다 시대적으로 앞설[2] 뿐 아니라 아연을 이용한 청동기의 합금기술이 빼어났다.[3] 이른바 비파형동검이라 일컫는 요령식동검이 결정적인 자료이다. 동검의 곡선이 유연하고 아름다워 독창성을 드러낼 뿐 아니라, 검의 몸체와 칼자루를 따로 만들어 조립한 양식이 이웃나라 동검과 구별되는 독창성을 지니고 있다. 두 개의 방울이 달린 아령모양의 청동방울과, 여덟 개의 가지가 달린 불가사리 모양의 청동방울로 대표되는, 정교하고 세련된 청동기는 당대의 어느 나라 문화와 견주어도 손색이 없는 훌륭한 수준을 보여준다. 특히 청동거울 뒷면의 기하학적 빗금 무늬는 현대적 기술로도 재현하기 어려울 만큼 섬세하다.

청동기가 앞섰으니 철기도 중국에 비하여 앞설 수밖에 없다. 중국의 철기 문화가 서기전 8~6세기 경으로 추정되는데, 고조선의 철기 문화는 중국보다 4~6세기 앞선 기원전 12세기로 밝혀졌다.[4] 청동기와 철기가 앞섰다는 것은 요즘으로 말하면 정보기술(IT) 산업이 앞섰다거나 또는 핵무기 개발이 앞섰다고 하는 것이나 다름없다. 고조선의 무기와 모직물 등이 중국으로 수출되고[5] 고조선 갑옷이 중국에 영향을 미친 사실도[6] 같은 맥락에서 재인식될 필요가 있다. 고조선의 무기와 갑옷이 동

---

1) 하문식, 〈고인돌 왕국 고조선과 아시아의 고인돌 문화〉, 《고대에도 한류가 있었다》, 지식산업사, 2007, 433~469쪽.

2) 윤내현, 《고조선 연구》, 일지사, 1994, 729쪽. "황하유역에서 가장 이른 청동기문화는 二里頭文化인데 그 개시 연대는 서기전 2200년경이며, 고조선지역에서 가장 이른 청동기문화는 夏家店下層文化인데 그 개시 연대는 서기전 2500년경이다."

3) 全相運, 〈韓國古代金屬技術의 科學史的 硏究〉, 《傳統科學》1, 漢陽大學校 韓國傳統科學硏究所, 1980, 9~16쪽(윤내현, 같은 책, 730~731쪽에서 재인용).

4) 강승남, 〈고조선시기의 청동 및 철 가공기술〉, 《조선고고연구》, 사회과학원 고고학연구소, 1996, 24쪽. 이는 서기전 12세기 무덤인 강동군 송석리 문선당 1호 돌관무덤에서 출토된 철기 유물을 통해서 입증된다.

5) 윤내현, 앞의 책, 595쪽. "고조선은 일찍부터 활, 화살, 화살촉 등의 무기와 모피의류, 모직의류, 표범가죽, 말곰가죽 등의 생활사치품을 중국에 수출하였다."

6) 박선희, 《한국 고대 복식-그 원형과 정체》, 지식산업사, 547~612쪽의 〈고조선의 갑옷

북아시아 지역에서 가장 앞선 사실은 문화적 수준 및 합금기술의 발달과
더불어 국력의 상대적 우위를 말하는 것이다.

　　구석기 시대로 거슬러 올라가면 문화적 독창성이 더 잘 드러난다.
전곡리에서 발견된 구석기 유적은 세계적으로 가장 주목받는 유적의 하
나로 밝혀졌다. 30만 년 전의 아슐리안형의 석기는 동아시아에서 처음
으로 발견된 것으로, 세계 전기구석기 문화가 유럽·아프리카의 아슐리
안 문화 전통과 동아시아 지역의 찍개 문화 전통으로 나누어진다는 기존
학설을 무너뜨리는[7] 결정적 증거가 되었다. 왜냐하면 아슐리안형 석기
는 150만 년 전 아프리카 직립원인에 의해 처음 사용되었던 구석기 유물
로서 동아시아 구석기 문화에서는 이와 같은 주먹도끼 문화가 없다는 것
이 세계 고고학계의 정설이었기 때문이다.[8] 그러므로 전곡리 구석기 유
적으로 볼 때, 한반도에는 선사시대 구석기 문화가 아시아 지역에서 우
뚝했다고 할 수 있다.

　　벼농사의 전통도 마찬가지이다. 충북 청원군 소로리에서 발견된 볍
씨는 약 1만 5,000년 전의 볍씨로서, 그동안 국제적으로 가장 오래된 것
으로 인정받아왔던 중국 후난성(湖南省) 출토 볍씨보다도 약 3,000년이나
앞선다. 이 연대는 이융조 교수 연구팀이 소로리에서 탄화볍씨 59톨을
발굴하여, 미국의 방사성 탄소연대 측정기관인 지오크론(Geochron)과 서
울대의 AMS 연구팀으로부터 동일하게 얻은 것이어서 국제적으로 공인

종류와 특징〉에서 이 문제를 자세하게 밝혔다. 고조선 갑옷이 중국과 북방 지역에 영향을
미쳤을 뿐만 아니라 이후 고구려와 백제·신라·가야 갑옷에 영향을 미치고 다시 일본 및 중
국에 영향을 미쳤다는 사실이 같은 책, 613~673쪽에 걸쳐 자세하게 다루어졌다.

7) 배기동,〈구석기시대의 인류와 문화〉, 국토교양강좌, http://land.go.kr/landinfo/lecturelandinfo
/landculturelec/6/landculture_list_10_text_6_10.jsp 참고. "석기공작은 1970년대 말까지만
하더라도 유럽과 아프리카지역에서만 발견된다고 하여 아슐리안문화권과 동아시아 지역
의 찍개문화권으로 세계전기구석기문화를 양분하였지만 경기도 전곡리에서 1978년에 발
견된 주먹도끼들 때문에 이 학설은 무너지고 말았다."

8) 조유전·이기환,《고고학자 조유전의 한국사 미스터리》, 황금부엉이, 2004, 32~33쪽.

받은 사실이다.[9] 따라서 "소로리 볍씨는 세계에서 가장 오래된 볍씨이며 출토지인 것이 고고학적·과학적으로 증명"되었기에 다각적인 대책이[10] 학계 차원에서 촉구되었다.

"지금까지 세계에서 가장 오래된 벼의 기원지를 갖고 있다고 자부하던 중국 학자들, 특히 후난성 문물고고연구소 원가영(袁家榮) 소장의 인정"은 더욱 주목된다. 왜냐하면 "그는 소로리 볍씨가 발견되기 전까지 가장 오래된 볍씨가 출토된 옥섬암(玉蟾岩) 유적의 발굴 책임자"이기 때문이다.[11] 이 밖에도 '청원 두루봉 동굴' 유적 자료들은 구석기 사람들의 장례문화와 더불어 동물숭배의 토템의식, 일상생활에서 꽃의 사용 등, 상당히 수준 높은 문화생활을 보여주고 있다. 따라서 종래의 구석기 문화 연구의 성과를 여러 모로 무색하게 만들었다.

이를테면, 두루봉 동굴의 사람들은 '꽃을 사랑한 첫사람들'로 해석되는가 하면, 장례의식을 행하고 일정한 신앙생활도 누렸던 것이다.[12] 따라서 구석기인들도 상당히 인간다운 문화생활을 누렸다고 해석할 만한 자료들이 발굴된 셈이다. 이처럼, 고고학의 성과가 축적될수록 한반도 구석기 문화의 역사적 선행성이 여러 모로 입증되고 있다.

한반도와 만주 지역에 구석기 문화가 앞섰다는 것이 발굴성과로 입증되었으며, 신석기나 청동기 시대의 주민들도 다른 지역에서 이주해 온 것이 아니라 토착민이었다는 사실이 밝혀졌다.[13] 과거에는 일본 학자들

9) 이융조, 〈중원지역 구석기연구와 과제〉, 《한 그릇에 담은 나의 학문과 삶》, 학연문화사, 2006, 130쪽.
10) 안승모, 〈청원 소로리 토탄층 출토 볍씨〉, 한국신석기학회 홈페이지의 발굴소식 64 참고. http://www.neolith.or.kr/ 02_exca/exca_list.aspx?page=8.
11) 이융조, 앞의 글, 130쪽.
12) 이융조, 〈아시아 구석기문화에서 청원 두루봉 문화의 위상〉, 《고대에도 한류가 있었다》, 지식산업사, 2007, 202·216~219·224~225쪽 참조.
13) 李鮮馥, 〈신석기·청동기시대 주민교체설에 대한 비판적 검토〉, 《韓國古代史論叢》 1, 駕洛國史蹟開發硏究院, 1991, 41~66쪽.

에 의하여 한반도에 구석기 시대가 아예 인정되지 않았을 뿐 아니라, 구석기 유물이 무수하게 발굴되어도 신석기 시대와 공백이 있다는 이유로 시베리아 문화의 영향으로 간주되었다. 한반도의 구석기인들이 그 자리에 머물면서 중석기 문화를 발전시키지 않고 한대(寒帶) 동물을 따라 북쪽으로 이동해 가고, 그 자리에는 북방에서 새로운 신석기 주민들이 이주해 왔다는 주장이다.[14] 그러나 북한에서는 물론 남한에서도 중석기(中石器) 시대 유적이 잇따라 발견되어 구석기와 신석기 시대의 공백을 충분히 매우고도 남음이 있다.[15] 따라서 구석기 유적의 부재를 근거로 더 이상 시베리아 기원설이 설득력을 지니기 어렵게 되었다.

나아가 한반도의 신석기 문화가 중국 황하 유역과 비슷하거나 앞선 것으로[16] 드러났다. 황하 유역의 신석기 유적 가운데 가장 이른 것이 하남성의 배리강문화(裵李崗文化) 유적과[17] 하북성 경계 지역의 자산문화(磁山文化) 유적으로서[18] 그 연대가 서기 전 6000년경이다. 그런데 강원도 양양의 오산리 유적과[19] 함경북도 선봉군 굴포리 서포항 유적,[20] 남해안의 조도,[21] 만주 내몽고 자치구의 흥륭와 유적[22] 등의 연대가 서기전 6000년

---

14) 金貞培,《韓國民族文化의 起源》, 고려대학교 출판부, 1973, 161~179쪽.

15) 이형구,《한국 고대문화의 비밀》, 김영사, 2004, 87쪽.

16) 임효재, 〈한·일문화 교류사의 새로운 발굴자료〉,《제주 신석기문화의 원류》, 한국신석기 연구회, 1995를 참조하면, 제주도 고산리 유적에서 화살촉 등과 함께 토기가 발견되었는데, 그 연대가 서기전 8000년 무렵으로 추정되고 있다.

17) 開封地區文管會·新鄭縣文管會, 〈河南新鄭裴李崗新石器時代遺址〉,《考古》, 1978年 第2期, 73~74쪽 ; 嚴文明, 〈黃河流域新石器時代早期文化的新發現〉,《考古》, 1979年 第1期, 45쪽 ; 中國社會科學院考古研究所實驗室, 〈放射性碳素測定年代報告(六)〉,《考古》, 1979年 第1期, 90쪽.

18) 邯鄲市文物保管所·邯鄲地區磁山考古隊短訓班, 〈河北磁山新石器時代遺址試掘〉, 《考古》, 1977年 第6期, 361쪽 ; 安志敏, 〈裴李崗·磁山和仰韶〉,《考古》, 1979年 第4期, 340쪽.

19) 任孝宰·李俊貞,《鰲山里遺蹟 III》, 서울大學校博物館, 1988.

20)《조선유적유물도감》1(원시편), 조선유적유물도감편찬위원회, 1988, 63쪽. 북한 학자들은 이 유적을 서기전 5000년기로 편년했으나, 任孝宰, 〈新石器時代 編年〉,《韓國史論》12, 國史編纂委員會, 1983, 707~736쪽에서는 서기전 6000년으로 보고 있다.

경으로 확인되었다.

특히 오산리 유적의 방사성탄소연대측정 결과 서기전 10000년의 연대로[23] 나왔다. 따라서 서기전 6000년보다 올라갈 가능성이 있다. 그러므로 우리 신석기 문화는 황하 유역보다 2,000년 정도 앞선 서기전 8000년경으로 잡을 수 있다.[24] 최근에 요하 지역에서 발굴되고 있는 홍산문화(紅山文化) 유적은 고조선 문화의 하나로서 우리 문화의 선진성을 입증하는 자료로 주목되고 있다.

고고학적 발굴 유물로 확인되는 것은 물론, 중국의 고대 사료에도 우리 고대 문화의 독자성이 여러 모로 기록되어 있다. 상고시대에 우리 민족은 중국으로부터 동이족으로 일컬어졌는데, 그들의 기록에 따르면 동이족은 여러 모로 문화가 앞선 것으로 나타나 있다. 《고사변(古史辯)》에 의하면 태호복희씨(太昊伏犧氏), 여와씨(女蝸氏)가 모두 동이족이었다고 하며, 《황제내경》[25] 〈소문(素問)〉편을 보면 침술 역시 동이족이 살고 있는 동방에서부터 전해 온 것이라고 할 뿐만 아니라, "동방은 지구가 형성될 때 최초로 문화가 발생한 곳"이라고 했다.[26] 고대에 동이족 문화가 가장 발전했다는 사실을 말하는 것이다.

---

21) 任孝宰, 같은 글, 같은 쪽.

22) 楊虎, 〈內蒙古敖漢旗興隆洼遺址發掘簡報〉, 《考古》, 1985年 10期, 865～874쪽.

23) 任孝宰·李俊貞, 앞의 책, 같은 쪽.

24) 윤내현, 앞의 책, 102쪽 참조.

25) 김지하, 《옛 가야에서 띄우는 겨울편지》, 두레, 2000. 《황제내경》의 강담자(講談者) 기백(岐伯)은 동이족의 대선사 자부선인(紫府仙人)의 제자라고 한다.

26) 《黃帝內經》, 素問篇. "東方之域天地之所始生也."

2. 문헌 사료에 나타난 동이족 문화의 선진성

동이족 또는 고조선 문화를 다룬 중국의 기본 사료로는《후한서》
〈동이열전〉과《삼국지》〈오환선비동이전(烏丸鮮卑東夷傳)〉을 꼽는다.[27]
기본 사료를 중심으로 동이족 문화를 좀더 자세하게 살펴보기로 하자.
《후한서》〈동이열전〉에서 동이사람들은 "천성이 유순하여 도리로서 다
스리기 쉽기 때문에 군자국(君子國)과 불사국(不死國)이 있다"고[28] 했을 뿐
만 아니라, "공자도 동이에 살고 싶어하였다"고 밝혀두었다.[29] 게다가
"동이는 모두 토착민으로서 술마시고 노래하며 춤추기를 즐기고, 머리
에는 변(弁)이라는 모자를 쓰고 비단옷을 입었다"고 했으며, 그러므로 중
국이 "예(禮)를 잃으면 동이에서 구했다"고[30] 기록해두었다.

〈동이열전〉의 가장 서두에 기술되어 있는 내용이어서 동이족에 관
한 총론이자 일반적 경향성을 집약화해 서술한 대목이라고 할 수 있다.
따라서 핵심 상황을 나타내는 열쇠말(keyword)이 뚜렷하게 드러난다. 동
이족의 문화적 수준을 '천성유순(天性柔順)', '도리로 다스리기 쉬움(易以
道御)', '군자국(君子國)'의 세 가지 열쇠말로 표현한 셈이다. 첫째 열쇠말
인 '천성유순'이 민족성을 나타내는 말이라면, 둘째 열쇠말인 '도리로 다
스림'은 도덕정치의 실현을 나타내는 말이다. 그리고 셋째 열쇠말인 '군
자국'은 두 열쇠말을 아울러서 국가적 정체성을 드러내는 말이다.

---

27) 윤내현, 앞의 책, 24~26쪽에 두 사서에 대한 사료적 가치와 문제를 자세하게 다루었다.
28)《後漢書》卷85,〈東夷列傳〉, 序. "故天性柔順 易以道御 至有君子不死之國焉"(《中國正史
朝鮮傳》譯註1, 國史編纂委員會, 1987, 97쪽에서 재인용). 이하 후한서 원문은 이 책에서
재인용하며 번역도 참조한다.
29)《後漢書》, 같은 쪽. "故孔子欲居九夷也." 여기서 구이(九夷)는 곧 동이의 여러 세력을 포
괄하는 말이다.
30)《後漢書》, 같은 쪽. "東夷率皆土着 憙飮酒歌舞 或冠弁衣錦…… 所謂中國失禮 求之四夷
者也."

천성이 유순하니 엄격한 법치보다 도리로 다스리기 쉽고, 백성을 도덕으로 다스려도 충분하니 군자국이라고 하는 것이다. 따라서 세 열쇠말은 서로 개연성을 지니고 있다. 나아가 세 열쇠말의 의미를 더 부각시키는 결정적 열쇠말이 별도로 있어서 설득력을 확보하고 있다. 그것은 바로 동이에 가서 살고 싶어하는 '공자의 동경[孔子欲居]'이다. 앞의 세 가지 열쇠말들은 이 열쇠말을 통해서 그 의미가 한층 두드러진다. 공자는 도덕과 예의로 백성을 다스리는 덕치(德治)를 이상으로 여겼으며 군자를 가장 바람직한 인간상으로 추구한 성현이다. 동이족 사회는 바로 공자가 이상으로 삼은 세계로서, 덕치가 실현되는 수준 높은 문화를 누렸던 것이다. 그러므로 공자가 군자국 동이를 동경의 대상으로 삼은 것은 당연한 일이다.

공자가 동이에 가서 살고자 했다는 사실은 여러 문헌에 두루 기록으로 남아 있어서 설득력을 뒷받침한다. 《후한서》〈한전(韓傳)〉에도 공자가, 군자들이 살고 있는 곳이어서 동이에 가 살고 싶다고 했다는[31] 기록이 있다. 그리고 《논어》〈자한(子罕)〉편과, 《한서》〈지리지〉에도 공자가 동이에 가서 살고 싶다는 내용이 더 구체적으로 밝혀져 있어 객관적 증거 구실을 하기에 충분하다. 조선에는 예의로서 백성을 교화하고 양잠을 하여 명주를 짜고 범죄를 금하는 8조의 법 외에 60여 조의 법이 만들어져 있을 뿐만 아니라, "어질고 슬기로 교화를 하여 동이족은 천성이 유순하며 이웃나라와 다른 까닭에, 공자는 도가 행해지지 않는 것을 서글프게 생각하여 뗏목을 타고 바다를 건너 동이에 가 살고 싶다"고[32] 했던 것이다. 오죽하면 뗏목을 타고 해외이민까지 꿈꾸었을까.

공자만 한반도를 동경했던 것은 아니다. 공자가 이런 수준이니 다

---

31) 《後漢書》, 같은 쪽, 韓傳. "仲尼懷憤 以爲九夷可居 或疑其陋 子曰 '君子居之 何陋之有'."
32) 《論語》, 〈子罕〉. "仁賢之化 然東夷天性柔順 異於三方外 故孔子悼道不行 設浮於海 欲居九夷"(《中國正史朝鮮傳》譯註1, 117쪽에서 재인용).

른 사람들은 더욱 절실했을 것이다. 따라서 실제로 중국에서 한반도로 이주해 오는 사람들이 많았다. 기자(箕子) 일족의 조선지역 이주는 기록에 나타난 그 첫번째 사실일 따름이다. 춘추·전국시대부터 진·한(秦漢)시대에 이르기까지 고조선과 가까운 연(燕)·재(齋)·조(趙) 지역 중국인들이 계속해서 고조선으로 이주해 왔다.[33] 그리고 "진한(辰韓)의 노인이 스스로 말하기를, 자신들은 진(秦)나라의 망명인으로 고역을 피해 한국으로 왔다"고[34] 진술한다. 그러므로 요즘의 망명객들이 정치적 박해와 경제적 고난을 피해 선진국으로 망명하듯이, 당시 중국의 망명객들도 같은 심정으로 동이족의 선진문화를 동경하며 한반도로 망명해 왔던 사실을 알 수 있다.

《삼국사기》에도 같은 기록이 보인다. "중국인들이 진나라의 난리에 고난을 겪다가 망명하여 찾아오는 자가 많았는데, 대부분 마한 동쪽에 거처하며 진한과 더불어 섞여 살았다"고[35] 한다. 중국 이주민들이 워낙 많이 몰려들어 번성하게 되자, 마한은 그들을 싫어하여 질책할 정도였다.[36] 요즘 같으면 과도한 불법이민을 경계하게 되었다는 말이다. 동이 지역이 중국보다 살기 좋은 곳이었다는 사실을 나타내는 기록이다. 그러므로 중국인들은 공자를 비롯해 귀족과 일반 백성들까지 다투어 동이 지역에 와서 살기를 희망했다고 할 수 있다.

중국의 역사가가 이웃나라 동이에 관한 제일 첫 서술에서, 동이는 '공자가 동경한 군자국'이라고 밝혀두었다면, 그 문화적 수준은 더 이상 이웃의 다른 문화와 자세하게 견주어 보지 않아도 좋을 만큼 당대 최고

---

33) 윤내현, 앞의 책, 795쪽.
34) 《後漢書》卷85,〈東夷列傳〉, 韓傳. "辰韓耆老自言 秦之亡人 避苦役 適韓國."
35) 《三國史記》卷1,〈新羅本紀〉, 始祖 赫居世居西干. "中國之人 苦秦亂 東來者衆 多處馬韓東 與辰韓雜居."
36) 《三國史記》, 같은 쪽. "至是 寢盛 故馬韓忌之 有責焉."

의 문화를 누렸다고 해도 지나치지 않다. 그리고 군자국에 이어 '불사국 (不死國)'이란 내용에 관해서는 이어지는 기록이 없지만, 중국의 《사기》 에서 동이를 군자국 못지않게 불사국이라 일컬은 근거를 찾을 수 있다.

《사기》의 기록에 따르면, 기원 전 4세기부터 한무제 때까지 무려 300년 동안 불사(不死)의 꿈을 이루기 위해 삼신산(三神山)을 찾는 탐사대 가 발해를 건너 한반도를 향해 끊임없이 떠났다고 한다.[37] 진시황대에 이 르러 삼신산을 찾고 불사약을 구하기 위하여 동남동녀(童男童女)를 보내 는 일이 절정을 이루었는데,[38] 발해 너머 동방에 그러한 유토피아가 있다 고 생각한 까닭이다. 따라서 "고대 중국인들에게 '발해 동쪽의 바다'와 '조선'은 삼신산의 이상향으로 통하는 관문"이었으며, "삼신산 탐사대의 주된 행선지가 조선반도"였던 것이다.[39]

중국인들이 희구하던 불사의 주술이자 신선술인 방선도(方僊道)는 고대 동이 문화인데, 동한의 허신(許愼)은 《설문해자(說文解字)》에서 동 이에는 불사국이 있다고 밝혀두고 있다. "동이(東夷)는 '대(大) 자'를 따랐 다. 동이는 곧 대인(大人)이다. 동이의 풍속은 어질고 어진 자는 오래 살 았다. 따라서 동이에는 군자국과 불사국이 있다"고[40] 했다. 따라서 고대 의 동이는 중국인들에게 도덕적으로 수준 높은 군자국이었을 뿐 아니라, 영생의 꿈을 이룰 수 있는 이상향의 불사국으로 인식되었던 것이다. 그 런 까닭에 당대 최고의 성인인 공자도 군자국 동이를 동경했고 최고의 권력자인 진시황도 불사국 동이를 꿈꾸었던 것이다.[41]

37) 《史記》, 〈封禪書〉.

38) 《史記》, 〈秦始皇本紀〉 28年.

39) 김성환, 〈최초의 한류, 동아시아 삼신산 해상루트의 기억을 찾아서〉, 《동아시아 전통문화 와 한류》(동양사회사상학회 국제학술대회, 전남대학교, 2007년 1월 8일), 83~86쪽에서 자세하게 다루었다.

40) 許愼, 《說文解字》. "東夷從大 大人也 夷俗仁 仁者壽 有君子不死之國."

41) 임재해, 〈고대에도 한류가 있었다-민족문화의 정체성 재인식〉, 《고대에도 한류가 있었

이처럼, 고대에는 지금의 한류처럼 이웃나라 성인들이 동경할 만큼 수준 높은 문화를 누렸을 뿐 아니라, 우리 문화가 중국의 문물에 다양한 영향을 미쳤다는 사실을 알 수 있다. 북방 여러 나라와 중국에서 우리 고대국가의 문물을 받아들인 사실이나, 당대의 우리 문화가 이웃 문화에 비하여 시대적으로 앞서고 양적으로 풍부하며 질적으로 우수했다는 사실이[42] 그러한 사정을 잘 입증한다.

3. 문화 발상지의 입지와 한반도 토착민의 문화

고대 우리 문화의 수준이 이러한데도 시베리아 기원설이나 북방 문화 전래설 및 남방 문화 전래설은 근본적으로 우리 민족의 문화 창조력을 부정한다. 그리고 한반도를 포함한 고조선 지역을 문화 발상지로 인정하지 않는다. 문화 발상지는 늘 외부에 있다고 여기는 것이다. 그것은 일제 강점기 이후 한국에서 구석기 시대가 없다고 하는 일본인 학자들의 주장을 따라 온 것이나 다름없다. 우리 구석기 문화는 세계적으로 앞서는 독자적인 문화를 가지고 있다는 것이 전곡리와[43] 석장리[44] 구석기 유적을 비롯하여 소로리 볍씨와[45] 두루봉 문화 유적[46] 등 고고학적 발굴에

다》, 지식산업사, 2007, 35~43쪽에서 이미 다루었다.

42) 《고대에도 한류가 있었다》에서 신용하, 〈고조선 문명권의 형성과 동북아의 '아사달' 문양〉, 윤내현, 〈고대 한민족의 대외활동과 백제의 중국 동부 지배〉, 이용조, 〈아시아 구석기 문화에서 '청원 두루봉문화'의 위상〉, 박선희, 〈고대 한국 갑옷의 원류와 동아시아에 미친 영향〉, 안동준, 〈고조선 지역의 무교가 중원 도교문화에 미친 영향〉 등의 글들이 이 문제를 적극적으로 다루었다.

43) 배기동, 〈전곡리 출토 핸드 액스의 비교 분석적 연구〉, 서울대학교 대학원 석사학위논문, 1980 참고.

44) 박영철, 〈한국 중기 구석기문화의 석기분석 연구 : 석장리유적 '제2지구 10지층 문화'의 재해석〉, 《한국구석기학보》 6, 한국구석기학회, 2002, 25~35쪽 참고.

따라 하나하나 드러나고 있다.

고대 문화의 원류에 관한 외래문화 전래설은 새의 서식지 논리로 견주어 보면 그 문제가 분명하게 드러난다. 마치 한반도는 철새 도래지일 뿐 본디부터 텃새가 살지 않았던 지역인 것처럼 해석하는 까닭이다. 텃새가 살지 않을 만큼 한반도는 자연환경이 척박하다고 보는 셈이다. 왜냐하면 한반도에는 텃새는 없고 철새만 살았다고 보는 것이 외래문화 전래설이기 때문이다. 외래문화 전래설에서 나아가 건국 신화의 유입과 건국 시조의 도래인 규정은 결국 고대국가의 지도자 가운데 텃새 지도자는 없고 모두 철새 지도자만 한반도에서 나라를 세웠다고 하는 것이나 다름없는 주장이다. 과연 한반도의 문화적 입지가 시베리아 지역에 견주어 볼 때 텃새도 살지 않았고 텃새 지도자도 없으며, 텃새문화인 토박이 문화를 자생적으로 창조하기 어려울 정도로 척박한 지역인가?

이렇게 반문해보면, 문화생태학적 인식의 한계라는 새로운 문제가 불거진다. 결국 외래문화 전래설은 자생적 민족 문화의 전통을 인정하지 않는 것만 문제되는 것이 아니라, 한반도를 중심으로 한 우리 민족의 거주 지역은 시베리아 지역과 달리 문화 생산지나 문명 발상지로서 생태학적 입지조건을 갖추지 못했다고 하는 사실까지 문제가 된다. 그런데 아무도 이 문제를 적극적으로 제기하지 않고 있다. 그러므로 고대 문명 발상지의 입지를 주목하지 않을 수 없다.

고대 문명의 발상지는 한결같이 큰 강을 끼고 있을 뿐 아니라 기후가 온난한 지역이었다. 이집트문명이나 인더스 문명은 지금 사막지역을 이루고 있지만, 기원전 3~4세기에는 기온이 온화했을 뿐만 아니라 숲이 무성한 지역이었다. 한마디로, 인류의 모듬살이에 알맞은 자연환경과

---

45) 이융조, 〈중원지역 구석기연구와 과제〉, 《한 그릇에 담은 나의 학문과 삶》, 학연문화사, 2006, 130쪽 참고.

46) 이융조, 〈아시아 구석기문화에서 '청원 두루봉 문화'의 위상〉, 191~230쪽.

입지조건을 잘 갖춘 지역에서 고대 문명이 일어났던 것이다. 자연히 고대 문명의 발생지들은 모두 북반구에 위치하고 있고 큰 강을 끼고 모듬살이가 형성되었으며, 기후가 온화하고 기름진 토지를 지닌 온대 지역들이었다.

그러면 한반도의 자연환경은 선사시대부터 사람들이 모듬살이를 하기에 부적합한가? 한반도의 자연환경이나 모듬살이의 입지조건은 북방계 민족의 거주 지역인 시베리아나 몽골의 초원 지역보다, 그리고 남방계 민족의 거주 지역인 아열대 지역보다 사람들이 살기에 더 적절하다. 지금도 이 지역 문화가 가장 앞서 있다. 만약에 고대부터 한반도에 사람이 살았다면 몹시 추운 시베리아 지역이나 무더운 열대 지역보다 더 이른 시기에 사람들이 살았을 것이며, 그 문화도 훨씬 더 수준 높은 상황에 있었을 것이다.

문화라고 하는 것은 생태학적으로 자연환경과 밀접한 관련이 있다는 주장을 하지 않아도, 현재의 시베리아 지역이나 몽골의 문화, 그리고 남방계 지역 문화와 견주어 보면 단박 알아차릴 수 있다. 고고학적 유물이 입증하는 사실도 마찬가지이다. 한반도에 더 오래된 유물들이 속속 발굴되고 있다.

그런데 이러한 유물 자료와 문화생태학적 상식도 외면한 채, 때로는 우리 사료의 기록도 부정하면서, 문화적으로 상당히 뒤떨어진 지역이나 아직도 유목 생활을 하는 민족의 문화를 가장 발전된 문화로 간주하고, 그들의 문화를 원류로 삼아 한반도의 우리 민족 문화가 비로소 자리 잡은 것처럼 주장을 하고 있는 것은 납득하기 어렵다. 배달민족의 독창성을 부정하려는 일본의 제국주의적 고고학자들이 설정한 북방 문화 전파론을 비판적으로 인식하고 극복하려는 문제의식이 없으면, 일제 강점기 고고학자들의 선입견에 매몰된 나머지, 방법론의 자각은커녕 고고학적 발굴 유물의 실체와 실증적 연구 성과조차 받아들이기 어려운 법이다.

　　그동안 인류학과 고고학은 괄목할 만한 발전을 하였고 많은 유적이 발굴되었다. 그 결과 한반도와 만주에서는 지금부터 70만 년 전 — 100만 년 전으로 보는 학자도 있다 — 의 구석기시대 유적이 발굴되었고, 이를 계승한 구석기시대 유적과 신석기시대 그리고 청동기시대 유적이 한반도와 만주 곳곳에서 발굴되었다.[47]

　　고조선과 고구려의 무대였던 한반도와 만주 지역에 적어도 70만 년 전부터 많은 사람들이 살고 있었다는 사실을 최근의 고고학적 발굴성과가 입증하고 있는 것이다. 민족 문화의 원류나 기원지라고 하는 북방 지역에 이보다 앞선 유물이 발굴되지 않은 것은 물론이다. 다시 말해서, 한반도와 만주 지역은 현생 인류가 등장하기 이전부터 인간이 살기에 가장 적합했던 환경이라는 것을 말하는 셈이다.

　　그러나 이 시기의 인간은 아직 정착 생활을 하지 않았다. 따라서 한반도와 만주에 살았던 이들이 몽골과 시베리아 지역으로 떠돌아다니며 살았을 가능성이 훨씬 높다. 북방의 초원지대 사람들은 상대적으로 문화의 발전 단계가 낮다. 생태학적 조건이 수렵과 유목 생활을 지속하게 만들었다. 문화 전파론에 따르면, 문화의 중심지에서 멀리 떨어진 주변 지역일수록 원형의 문화를 지니고 있다고 보기 때문이다. 고고학계에서는 대략 1만년 전의 신석기 시대부터 사람들이 정착해서 살았을 것으로 보고 있는데, 한반도에는 정착 생활에 들어가기 이전인 구석기 시대부터 이미 많은 사람들이 살고 있었던 것이다.[48]

　　이들의 후손 가운데 다수가 신석기시대의 주민이 되었을 것이기 때문에 한반도와 만주에 거주했던 구석기시대와 신석기시대 사람

47) 윤내현,《우리 고대사》, 지식산업사, 2003, 76쪽.
48) 같은 책, 77쪽.

들이 우리 조상이었다고 보아야 하지 않을까. 이들의 후손들이 고조
선의 건국과 더불어 민족을 형성하지 않았을까. 그리고 그들이 가지
고 살았던 문화가 우리 문화의 뿌리를 이루지 않았을까.[49]

　이렇게 생각하는 것이 당연한 추론이 아닐까? 북방 여러 민족의 문
화에서 우리 문화가 비롯된 것이 아니라, 그들의 문화가 본디 우리 문화
였다고 해석해야 한다. 왜냐하면 고대 우리 민족이 바로 거기서 살았기
때문이다. 고인돌과 요령식 동검의 분포, 복식사 자료, 역사적 기록 등을
고려하면, 현재 북방 민족의 여러 지역들이 고조선의 영역에 포함된다.[50]
그리고 중국의 사료와 고고학적 발굴 유물을 면밀히 분석해보면, 고대에
는 백제가 황해를 넘어 산동성을 중심으로 중국의 동부해안 일대까지 점
유했던 사실을[51] 알 수 있다.[52] 북부여의 시베리아 이주나 가야의 일본열
도 진출도[53] 우리 민족의 활발한 해외진출과 민족세력의 지리적 확장 사
실을 입증해준다. 거꾸로 우리 민족 세력과 문화가 중국은 물론 일본과
만주, 몽골, 시베리아 지역까지 영향을 미쳤던 사실을[54] 알 수 있다.[55]
　문화적 동질성이나 유사성은 전파나 영향에 의하지 않고도 인류 문
화 곳곳에 나타나고 있다. 인류의 사유와 의식의 공통성 때문에 제각기
독자적인 문화를 창출할 수 있고 그것이 우연히 같은 양상으로 나타나는

49) 같은 책, 같은 쪽.
50) 윤내현 외, 《고조선의 강역을 밝힌다》, 지식산업사, 2006 참조.
51) 金庠基, 〈百濟의 遼西經略에 對하여〉, 《東方史論叢》, 서울대학교 출판부, 1984, 426~433
　　쪽 ; 方善柱, 〈百濟軍의 華北進出과 그 背景〉, 《白山學報》 11, 1971, 1~30쪽.
52) 윤내현, 《한국열국사연구》, 지식산업사, 1998, 381~418쪽에서 자세하게 다루었다.
53) 조희승, 《가야사연구》, 사회과학출판사, 1994 ; 文定昌, 〈任那論〉, 《日本上古史》, 栢文
　　堂, 1970, 587~631쪽 ; 윤내현, 같은 책, 453~497쪽의 〈제7장 가야의 왜열도 진출〉 등에
　　서 자세하게 다루었다.
54) 신용하, 〈고조선 문명권의 형성과 동북아의 '아사달' 문양〉, 《고대에도 한류가 있었다》,
　　지식산업사, 2007, 103~161쪽에서 자세하게 다루었다.
55) 임재해, 앞의 글, 24~25쪽.

까닭이다. 따라서 문화의 유사성을 들어서 민족의 이동을 주장하고 마치 한반도와 만주 지역에는 토착주민이 없었던 것처럼 여기는 것은 사실과 맞지 않다.

실제로《후한서》〈동이열전〉의 기록을 보면, 한반도와 만주 지역에 있었던 부여·고구려·읍루·동옥저·동예·한 등 여러 나라 사람들을 한결같이 토착민이라 하고 있다.[56] 이 기록에 따르면, 우리 민족은 북방계나 남방계의 이주민으로 구성된 것이 아니라 본래부터 한반도와 만주 지역에 거주해온 토착민이라는 사실을 알 수 있다.[57] 당시 한반도와 만주 지역의 주민들은 토착민들이었기 때문에 종족 집단을 이루고 있었으며 종족의식도 상당히 강했다. 이들 토착 종족들이 고조선의 영토인 요서 지역에서 요동 지역으로 이동해 국가를 세움에 따라 이주민과 선주민 토착인들이 만나 종족의식은 와해되고 새롭게 민족의식이 형성되었던 것이다.[58]

특히 금관을 만든 주체인 신라 건국의 핵심 세력들은 그 훨씬 이전인 고조선시대부터 경주 지역에서 살고 있었던 토착 세력들이었다. 신라의 건국 주체였던 육촌 사람들이 고조선의 유민(流民)이 아니라 유민(遺民)이었던 사실에서[59] 잘 드러난다. 그것은 신라만 그런 것이 아니라 고구려와 백제도 마찬가지이다.《삼국유사》왕력(王曆)에 의하면, 고구려 시조 동명왕 '주몽은 일명 추몽(鄒蒙)이라고도 하는데 단군의 아들'이고,[60] 백제 시조 온조는 동명왕의 셋째 아들이다.[61] 따라서《제왕운기(帝王韻紀)》에서 이승휴(李承休)는 "고례(高禮, 고구려)나 시라(尸羅, 신라)는 모

---

56) 윤내현,《한국열국사연구》, 34~35쪽 참조.
57) 윤내현,《우리 고대사》, 77쪽.
58) 윤내현,《한국열국사연구》, 55쪽.
59)《三國史記》卷1,〈新羅本紀〉第1. "先是 朝鮮遺民 分居山谷之間 爲六村."
60)《三國遺事》,〈王曆〉第1. "名朱蒙 一作鄒蒙 壇君之子."
61)《三國遺事》,〈王曆〉第1. "溫祚王 東明第三子 一云 第二."

두 단군의 자손"이라고 했다.[62]

　《세종실록지리지》에도 단군이 조선을 세운 것은 물론 "조선을 비롯하여 신라와 고구려, 그리고 남옥저와 북옥저, 동부여와 북부여, 예와 맥 등을 다스렸다"고 했다.[63] 따라서 신라 사람을 단군이 다스렸던 고조선의 사람들이라 하지 않을 수 없다. 북방에서 내려온 고조선의 유이민이 아니라, 본디부터 신라 지역에 살고 있던 고조선의 백성으로서 고조선 유민(遺民)이자 단군의 자손이었던 것이다.

　그러므로 "신라 지역 토착인들은 고조선이 붕괴된 뒤에 진한의 여섯 부를 형성하고 있었으며, 그 여섯 부의 중심 세력이었던 6촌 촌장은 고조선 이래 그 지역의 명문거족"으로[64] 해석된다. 6촌 촌장들이 바로 신라 건국의 주체로서, 천손 강림 신화에 해당되는 6촌 촌장 신화를 형성하여 전승하며, 나아가 신라 건국 신화인 박혁거세 신화까지 창출하고 신라를 건국했던 것이다. 박혁거세 신화는 6촌 촌장 신화의 천손 강림 요소에다가 난생요소까지 결합시켜 한층 신성한 신화를 독창적으로 형성하여 신라 왕조의 건국을 뒷받침했던 것이다.

　따라서 한반도와 만주 지역에서 토착민이 진작부터 거주하며 독자적인 문화를 이루었다고 하는 것은 지리적 환경이나 발굴 유물, 문헌 사료의 기록이 모두 뒷받침하고 있는 셈이다. 그러므로 건국 신화의 서사적 구조를 문제 삼지 않고 화소 차원으로 파편화한 다음, 신화의 난생 요소는 남방 문화, 천손 요소는 북방 문화의 전래로 해석하는 것은 신화 해석 방법의 한계는 물론 전파론적 해석에서도 문화의 실상과 맞지 않다.

　왜냐하면 한반도에서 토착민의 존재를 부정하고 유이민(流移民)의

---

62) 이형구, 앞의 책, 60쪽.
63) 《世宗實錄地理志》, 平安道 平壤條. "檀君 立國, 號曰朝鮮. 朝鮮, 尸羅, 高禮, 南北沃沮, 東北扶餘, 濊與貊, 皆檀君之理."
64) 윤내현, 《한국열국사연구》, 230쪽.

존재만 긍정하며, 민족 문화를 남북문화로 갈라서 반쪽문화로 해체시킬 뿐 아니라 문화적 창조력과 자생적 독창성을 부정하게 되는 까닭이다. 민족 문화의 풍부한 자원을 상호 관계 속에서 총체적으로 해석하지 못하면, 결국 민족 문화의 전통과 가치를 요소적 파편화로 해체하는 가치 부정적 해석만 거듭할 수밖에 없다.

4. 화소 차원의 분류를 넘어선 신라 신화의 유기성

원자론적 해체 연구의 폐단은 적지 않다. 민족 문화 현상을 그 자체로 온전하게 보지 못하는 까닭이다. 먼저 신라 건국 신화 해석에 앞서 그 자료 인식부터 크게 빗나간 사실을 지적하지 않을 수 없다. 신라 건국 신화들은 다른 지역이나 민족들의 건국 신화와 관련해 난생 신화와 천손 신화로 나뉘어 존재한다는 생각 자체가 이미 우리 신화의 독자성을 부정한다. 외세의 어떤 신화와도 구별되는 독창적 민족 신화로서 사유체계가 통일되어 있을 뿐 아니라 신화 작품 상호간에도 유기적 연관성을 지니고 있는 것이 신라 건국 신화의 실상이다.

먼저 건국 신화의 자료부터 재인식이 필요하다. 신라 신화만 하더라도 박혁거세와 석탈해, 김알지 신화만 있는 것이 아니라, 6촌의 촌장 신화와 선도산 성모 신화도 있다. 이 다섯 신화들은 화소 차원에서 다른 유형에 속하는 것이 아니라 서사적 작품 차원에서 제각기 독자성을 지닌 자료이다. 게다가 이 다섯 신화는 서로 배타적인 작품이 아니라 밀접한 연관성을 지니고 있는 작품들이다.

그런데도 신화의 다섯 유형은 상호 관련성 속에서 해석되기보다 제각기 해석되어 박·석·김의 성씨 집단이 각각 북방에서 이주해 온 외래 민족집단으로 해석되었다. 이 가운데 선도산 성모 신화는 아예 신라 건국 신화에서 제외되거나 또는 여성주의적 관점에서 대모신으로 과도하게 의미가 부여되기도 했다. 이처럼 다섯 신화 가운데 어느 자료에 초점을 맞추고 어떤 문제의식에서 논의하는가 하는 데 따라, 특정 신화만 다루게 되거나 또는 특정 문제의식만 집중적으로 부각되었다.

화소 차원의 지리적 분포를 문제 삼은 해석은 가장 초보적인 것으로서 신화의 내용 자체를 돌아보지 않는다. 민족 신화의 내적 연과성과 세계관적 동질성을 분석하는 것이 아니라 외래 신화와 연관성을 찾아 줄긋는 작업에 매몰되어 있는 까닭이다. 따라서 신화가 지닌 본디 의미는 전혀 분석될 수 없다. 이를테면, 혁거세를 난생이라는 전제로 천손 강림형인 북방계 신화와 다른, 남방계 신화로 해석하는 것이 고작이다. "천손 신화는 북방의 유목민족들 간의 사유세계이고, 난생 신화는 남아시아의 열대 농경지대 주민들의 사유세계"라는[65] 주관적 공식에 대입한 결과, 우리 신화를 남방계와 북방계로 양분할 뿐 아니라, 두 "이질적인 문화·사상적 배경을 갖고 있던 주민들이 한반도에서 만나 고대국가를 세웠다"고[66] 하는 민족도래설까지 성급하게 주장한다.

이러한 해석에는 세 가지 문제가 있다. 하나는 창조력의 문제로서, 우리의 자생적 문화를 인정하지 않고 우리 민족의 신화적 창조력과 독창성을 부정하는 것이다. 다시 말해서, 우리 민족은 신화적 창조력조차 지니지 못한 기이한 민족인 것처럼, 부정적으로 인식하는 셈이다. 어느 민족이나 자기 신화를 가지고 있기 때문이다. 문명국가는커녕 아직도 소수민족으로서 낮은 단계의 문명을 누리는 민족들도 자기 신화를 창조하여 구전하고 있다. 제주도만 해도 마을마다 당신화가 전승되어, 최근까지 270여 편이 확인된다.

65) 김병모, 《금관의 비밀 – 한국 고대사와 김씨의 원류를 찾아서》, 푸른역사, 1998, 149쪽.
66) 같은 책, 같은 쪽.

둘은 사관의 문제로서, 한반도에는 독자적 신화를 지닌 민족이 없
었고 북방 민족이나 남방 민족이 신화를 가지고 한반도를 점유해서 본디
부터 이 땅에 살던 신화 없는 민족을 통치했다는 식민사관을 인정하는
것이다. 결과적으로 일제 강점기 일본 학자들의 제국주의적 한반도 문화
침탈 이론인 타율성론을 받들며, 우리 스스로 한반도는 북방 민족의 신
탁통치 지역이었다고 주장하는 셈이다.

셋은 민족 신화를 보는 신화관의 문제로서, 선도 성모 신화처럼 신
모가 영웅을 출산한 신화는 전혀 고려하지 않고 외국 신화의 유형에 속
하는 것만 신화로 간주한다는 것이다. 단군도 성모 곰네가 출산한 인물
이다. 성모 신화나 왕건신화처럼 사람이 출산한 인물의 신화는 신화로
인정하지 않는 셈이다. 왜 난생과 천손 화소만 문제 삼고 성모에 의한 출
생 화소는 문제 삼지 않는가?[67] 그리고 제주도 삼성신화처럼 땅 속에서
올라온 '자동지생적(自動地生的, autochthonous) 신화'는 다루지 않는가? 자
동지생적 신화를 우리 학계에서는 흔히 용출(湧出) 신화라고도 한다.

이 땅의 신화를 그 자체로 다루지 않고 다른 민족들 신화에 의존하
여 화소 차원의 유형을 분류한 까닭에 자동지생 화소와 출생 화소의 신
화들은 다룰 겨를이 없다. 종속적이고 외세 지향적인 신화관에서 벗어나
야 단군을 낳은 곰네나, 혁거세를 낳은 선도산 성모가 제대로 포착되고,
북방계와 남방계의 이주와 관련 없이 국가 수립과 왕권 지속의 필요에
따라 혁거세 신화를 비롯한 시조 신화들이 유기적으로 형성되었다는 사
실을 이해할 수 있다. 다시 말해서, 신라의 세 건국 신화는 셋이면서 하
나라는 말이다.

혁거세 신화에 따르면, 박혁거세가 세상에 나타나 처음 입을 열어

---

67) 임재해, 〈맥락적 해석에 의한 김알지 신화와 신라문화의 정체성 재인식〉, 《比較民俗學》
　　33, 2007, 586쪽.

스스로 말하기를 "알지거서간(閼智居西干)이 한번 일어난다"고 했다.[68] 석탈해는 박혁거세의 이 말을 가슴에 새기고 있었으므로 시림의 금궤에서 나온 아이 이름을 지을 때 혁거세의 고사에 따라 '알지'라 일컬었다고[69] 했다. 이와 같이, 박혁거세 신화에 이미 '알지'의 출현을 예언하는 내용이 나올 뿐 아니라, 알지는 석탈해에 의해서 발견되고 혁거세 신화에 따라 이름을 김'알지'로 지어서 세자로 책봉하게 된다. 자연히 김알지 신화는 석탈해 신화에 포함되어 전승된다.

다시 말해서, 석탈해 신화가 있어야 김알지 신화가 있고, 김알지 신화는 박혁거세 신화에 따라 주인공의 이름과 그 정체성을 확보하게 된다. 크게 보면 박혁거세는 김알지의 출현을 예언하고, 석탈해는 박혁거세의 예언에 따라 김알지에게 이름을 부여하고 거두어들여 세자로 삼았던 것이다. 따라서 앞의 두 신화가 없으면 김알지 신화는 성립되지 않는다. 그러므로 이 세 시조 신화는 서로 뗄레야 뗄 수 없는 관계에 있다.[70] 세 신화의 상호 관련성은 제5장 4절에서 자세하게 다루게 된다.

외국 신화와 화소 차원의 줄긋기가 아니라 한국 신화 작품들 사이의 횡적 관련성과 역사적 지속 문제를 검토하는 것이 민족 신화 연구는 물론 금관 연구를 비롯한 우리 문화 연구의 긴요한 과제이다. 따라서 신라 신화를 중심으로 횡적 관계와 통시적 전통을 더 논의할 필요가 있다. 그렇게 확대해서 맥락적으로 보면 6촌 촌장 신화와 선도산 성모 신화도 박·석·김 세 시조 신화와 서로 상호 관계 속에서 존재한다는 사실을 알 수 있다.

6촌 촌장 신화에서부터 선도산 성모 신화, 혁거세 신화, 탈해 신화, 알지 신화에 이르기까지 모두 서로 연결되어 있는 유기적 연관성을 발견

---

68) 《三國遺事》卷1, 〈紀異〉第1, 新羅始祖 赫居世王. "初開口之時 自稱云 閼智居西干."
69) 《三國遺事》卷1, 〈紀異〉第2, 脫解王. "如赫居世之故事 故因其言 以閼智名之."
70) 임재해, 〈맥락적 해석에 의한 김알지 신화와 신라문화의 정체성 재인식〉 참조.

하고 상호 관계 속에서 맥락적으로 해석해야 신라 신화는 물론 우리 민족 신화의 전모를 제대로 포착할 수 있다. 이러한 사실이 밝혀지면 단순히 김알지의 이름을 근거로 신라 김씨 왕실을 알타이계 인물로 해석하거나[71] 탈해를 몽골인의 후예로 단정하는 어원학적 해석의[72] 오류를 극복할 수 있다. 그러면 혁거세 신화를 중심으로 연관성을 살펴보자.

혁거세를 발탁하고 양육하여 시조 왕으로 추대한 것이 6촌 촌장들이자 6촌의 공동집단인데, 사학계에서는 6촌을 소연맹국이라 한다.[73] 따라서 6촌 촌장들에 의해 알의 상태로 발견된 사실을 이야기하는 혁거세의 난생 신화는 부계 신화의 결손을 메우기 위해 만들어진 것이자, 6촌 주민들의 세계관을 반영한 신화라 할 수 있다. 천손 강림의 세계관을 난생의 새로운 형태로 출현하도록 함으로써 단절된 부계의 혈통을 신이하게 형상화하는 동시에, 선도 성모의 모계 신화에 혈연적으로 끌려가지 않고 비범한 인물을 발탁하여 공동의 지도자로 추대함으로써 6촌 집단의 연대 의식을 강화하기 위한 새로운 부계 신화를 전승할 필요가 있었던 것이다.

6촌 집단에서 신라를 세우며 혁거세의 난생 신화를 시조 신화로 만든 것은 새 나라인 신라의 국가적 정체성을 주체적으로 수립하기 위한 것이다. 고조선의 유민으로서 천손 신화의 전통을 이어받으면서 고조선과 다른 신화적 상징을 만들어낸 것이 바로 혁거세의 난생이다. 혁거세의 난생은 주몽의 난생 신화 영향으로 볼 수도 있으며, 거의 동시대에 같은 상상력에 따라 신화적 창조력을 발휘한 것으로 볼 수도 있다. 따라서

---

71) 김병모, 앞의 책, 167쪽. "김알지의 이름인 알지(Alji)는 알타이 언어에 속하는 모든 종류의 언어에서 금을 의미한다"는 사실을 근거로 한 주장이다.

72) 같은 책, 같은 쪽. "탈해는 알타이 언어의 한 종류인 몽골어로 탈한(Talhan 단수 또는 탈하이 Talhai 복수) 즉 '대장장이'라는 뜻"이라는 어원적 해석에 근거를 두고 있다.

73) 金杜珍, 〈신라 六村長神話의 모습과 그 의미〉, 《新羅文化》 21, 동국대학교 신라문화연구소, 2003, 108쪽.

혁거세 신화는 단군 신화와 주몽 신화를 함께 계승했다고 해도 지나치지 않다.

주몽 신화에서는 햇빛이 유화부인에게 비추어서 잉태를 하고 왼편 겨드랑이로 큰 알을 낳는다. 알은 말 목장에 버려졌으되 말이 비켜가고, 다시 산 속에 버려졌지만 오히려 짐승들이 보호했으며, 그 알에는 흐린 날조차 항상 햇빛이 비추었다. 혁거세 신화에서도 하늘로부터 번갯불과 같은 신이한 빛이 비치고 흰말이 꿇어 엎드려 절을 했을 뿐 아니라, 아이가 알에서 나와 몸을 씻자 새와 짐승들이 따라 춤추는가 하면, 천지가 진동하고 해와 달이 맑아졌다고 한다.

유화의 입이 길어서 세 차례나 잘라냈다거나 주몽의 알이 유화의 왼쪽 겨드랑이에서 나왔다는 내용은 알영부인 이야기와 닮았다. 알영은 계룡의 왼쪽 옆구리 또는 겨드랑이에서 태어날 뿐더러 그 입이 닭의 부리와 같아서 발천에 목욕한 뒤에 비로소 부리가 빠졌다고 한다. 그러므로 혁거세 신화는 주몽 신화의 난생 요소와도 많이 닮았다.

하지만 차이점도 엄연하게 존재한다. 주몽의 난생은 모계 유화부인의 출산에 의해서 이루어지지만 혁거세의 난생은 6촌장에 의해 발견된다. 인간에 의한 출생을 부정하면서 천손 강림 형태를 취하는 것이 특징이다. 백마에 의해 알이 직접 하늘에서 내려온 것을 고려할 때, 출산 주체인 모계의 혈통을 약화시키고 양육 주체인 부계집단의 추대를 강화하는 쪽으로 변모한 것이다.

가야 건국 신화에서도 역시 같은 방식으로 알이 나타난다. 다만 금궤 안에 들어 있었다고 하는 것이 다를 뿐이다. 시조 왕이 금궤에서 나왔다는 사실은 알지 신화와 닮았다. 그러므로 혁거세의 난생 신화는 단군 신화와 주몽 신화, 가야 신화와 일정한 관련성을 지니면서도 독특한 성격을 지닌다. 난생의 요소가 한층 다양하게 나타날 뿐 아니라 사람이 아닌 신성한 동물이 난생을 일정한 방식으로 매개하고 있다는 사실이다.

난생은 하늘을 나르는 존재의 후손이기 때문에 천손을 나타내는 동시에 하늘을 나는 구체적인 존재로서 조류나 신성한 동물을 떠오르게 만든다. 그러한 존재가 바로 하늘을 나르는 말이자 용이며 닭이다. 따라서 혁거세는 천마가 알을 계정(鷄井) 가로 운반해 와서 출현하고 혁거세의 짝인 알영은 계룡(鷄龍)이 낳아서 출현한다. 천마나 용은 한결같이 하늘을 나는 존재이다. 이 둘을 이어주는 것이 용마이다. 그러므로 세간에는 '장수 나고 용마 난다' 또는 '용마 나고 장수 난다'는 말이 전하고 있다.

우리 민족의 사유체계 속에서 영웅과 용마는 짝을 이루어 함께 출현한다고 믿는다. 아기장수와 용마 전설은 이러한 세계관을 잘 나타낸다.[74] 혁거세 신화에서 백마는 천마이자 용마이다. 백마가 빛깔의 시각적 상징으로 천마를 나타낸 용어라면, 천마는 천상의 공간적 상징으로 나타낸 용어이며, 용마는 신이한 존재로서 초월적 상징으로 나타낸 용어이다. 따라서 기록에는 자주빛 알과 흰 말로 시각적 상징의 용어로 나타냈지만, 뒤에 6촌 사람들이 "천자가 내려왔다"고[75] 하여 사실상 백마를 천마로, 또 자줏빛 알에서 나온 혁거세를 천자로 인식한 것이다.

장수 나고 용마 난 것처럼, 천자가 나면 그에 마땅한 왕후를 배필로 맞아야 한다고 생각하여 계룡이 낳은 알영을 혁거세의 부인으로 삼은 것이다. 혁거세가 천마에 의해 지상에 출현한 천자인 것처럼, 알영은 알영정 계룡에 의해 출현한 용녀인 셈이다. 영웅이 용녀를 아내로 맞이하는 신화소는 거타지(居陀知) 설화나[76] 작제건(作帝建) 설화에서도 지속된다. 특히 왕건(王建)의 할아버지인 작제건 부인 용녀는 우물을 통해서 용궁

---

74) 임재해, 〈지역문화의 다양성 가치 재인식과 경주문화의 세계화〉, 《문화다양성과 공동가치에 관한 국제포럼》(2003경주세계문화엑스포·유네스코한국위원회 국제학술회의 보고서), 2003, 184쪽 참조.
75) 《三國遺事》 卷1, 〈紀異〉 第1, 新羅始祖 赫居世王. "時人爭賀曰 今天子已降."
76) 《三國遺事》 卷2, 〈紀異〉 第2, 眞聖女王 居陀知.

을 드나들었는데, 그 우물을 대정(大井)이라 한다. 따라서 천자인 혁거세의 짝으로 알영정을 통해 등장한 용녀 알영은 이러한 신화적 사유와 같은 맥락 속에 놓여 있다. 그러므로 용녀 알영을 낳은 계룡과 알영정, 천자 혁거세를 낳은 천마와 계정은 정교한 짝을 이루는 것이다.[77]

그러므로 신화를 해체하여 북방계의 천손 화소, 남방계의 난생 화소로 이원화한 다음, 마치 우리 신화는 모두 남방계와 북방계의 두 이민족 신화가 전래되어 한반도 남북을 분할점유한 것처럼 단정하는 것이 실제 사실과 얼마나 다른가 하는 것을 알 수 있다.

더군다나 북방계와 남방계 신화의 전파론적 해석은 금관과 직접적인 연관성을 발견하는 데 이르지 못하고 그동안 일반화되었던 한반도 이주민의 두 계통을 거듭 설명하는 데 머물고 있다. 이러한 전파론의 한계는 제주도의 삼성신화에 의해서 당장 드러난다. 제주도 삼성신화는 난생도 천손도 아닌 땅 속에서 자연스레 솟아오른 자동지생적 존재를[78] 시조로 설정한 신화이다. 고·양·부의 세 성씨 시조가 모흥혈(毛興穴)에서 솟아나 수렵 생활을 했다는 삼성신화에서[79] 주인공들이 출현한 양식을 보면, '난생'이나 '천손'이 아닌 '용출(湧出)' 화소를 지닌 인물로서 '지생적 존재'에 해당된다. 제주도 신화는 지역적 분포로 보면 마땅히 남방계의 난생 신화에 속해야 하지만, 난생의 요소는 전혀 보이지 않는다.

그러나 '지생 신화'의 유형들은 대만과 인도네시아 등 동남아 지역에서 널리 보일 뿐만 아니라,[80] 아메리카 원주민들에게도 같은 신화들이 널리 공유되고 있다.[81] 그렇다고 해서 용출 화소를 중심으로 제주도의 삼

77) 임재해, 〈맥락적 해석에 의한 김알지 신화와 신라문화의 정체성 재인식〉, 591~594쪽.
78) 자동지생적 존재(autochthonous)라는 신화적 개념은, Claude Lévi-Strauss, *Structural Anthropology*, Penguin Books, 1963, 215~216쪽에 설정되어 있는 것이다.
79) 玄容駿, 《巫俗神話와 文獻神話》, 集文堂, 1992, 180~211쪽에서 삼성신화를 자세하게 연구했다.
80) 같은 책, 202~206쪽 참조.

성신화는 아메리카 원주민에게서 온 것이라고 할 수 있는가? 따라서 신화를 이루는 일부 요소들의 같고 다른 점을 근거로 전파론적 해석을 하는 것이 얼마나 큰 문제를 안고 있는가 하는 점을 알 수 있다. 더군다나 "금관이나 난생 신화 등은 멀리 멜라네시아에서 아메리카 인디언에까지 분포되어 있는 것"이다.[82] 그러므로 금관이 북방계에서 비롯되었다는 좁은 시야의 편견에서 벗어나, 세계적 차원의 비교문화 연구를 통해 신라 금관의 위상과 독자성을 포착해야 할 것이다. 그러므로 이러한 비교연구는 제쳐두고 오직 시베리아 샤먼에 한정하여 전파론적 시각에서 영향론을 펴는 것은 방법론적으로도 과학성을 획득하기 어렵고, 한국 문화의 위상과 독창성을 포착하는 데도 객관성을 확보할 수 없다.

그리고 신화가 상당히 거론되었는데도, 신화와 금관의 직접적인 연관성에 관한 논의는 진전되지 못했다. 따라서 금관의 사용자는 신화의 맥락과 무관하게 추정되었다. 그 결과 신라 김씨 왕족들의 종족적 계보에 관해 알타이-스텝 지역 주민들과 깊은 관계가 있다는[83] 종래의 주장을 반복하는 결과를 빚었다. 금관을 주로 사용한 김알지 이후의 신라 왕족들을 추적하기 위해 김알지 신화를 주목했으되, 여전히 금관의 형상이나 신화적 상징과 연관지어 해석하지 않고 김알지의 김씨 성의 뜻과, '알지'의 이름이 알타이 언어에서 금을 뜻한다는 정도의 어원적 해설에 머물렀다.[84]

그러나 이러한 해석은 금관의 해석과 그 장식들을 이해하는 데 별

---

81) 클로드 레비스트로스, 김진욱 옮김,《構造 人類學》, 종로서적, 1983, 204~205쪽. 레비스트로스는 아메리카 원주민들의 신화에서 흔히 발견되는 인류의 시조, 곧 '대지에서 태어난 인간'의 인식으로 오이디푸스 신화를 구조적으로 분석하고 있다.

82) 李光奎,〈레비스트로스와 韓國〉, 姜信杓 編,《레비스트로스의 人類學과 韓國學》, 韓國精神文化硏究院, 1983, 208쪽.

83) 김병모, 앞의 책, 158쪽

84) 같은 책, 166~167쪽.

로 도움을 주지 못한다. 금관의 소재주의적 논의에 머물렀기 때문이다. 금을 만지는 사람이 금관을 만들었다는 말인데, 철기는 철을 잘 다루는 사람이 만들었다는 말처럼 너무나 당연한 말이어서 새로운 사실을 밝히는 데 아무런 이바지를 할 수 없다. 철기를 진작 다룬 사람이 철기 문화의 특정 양식을 창출했다고 하기 어려운 것처럼, 금을 진작 다룬 사람이 금관을 만들어냈다고 하기 어렵다. 그것은 소재주의에 매몰된 성급한 추론일 따름이다.

제3장 문헌 사료를 부정하는 초보적 어원 연구

1. 《삼국사기》와 《삼국유사》를 부정하는 어원 풀이

금과 금관의 관계는 재료적 일치 외에 사실상 아무런 연관성이 없다. 재료나 소재가 역사적 유물이나 예술작품을 스스로 생산하는 것이 아닌 까닭이다. 따라서 알타이−스텝 지역 사람들이 금을 잘 다루었다고 해서 경주에서 출토되는 신라 금관을 그 후손들이 만들었다는 주장은, 신라 석탑에서 잘 드러난 것처럼, 신라 사람들이 돌을 잘 다루었기 때문에 시베리아 적석총을 신라의 후예들이 만들었다고 하는 것과 같은 비약이다. 그런데도 신라 금관을 알타이인들의 문화라고 하는 것은 세상의 모든 금붙이 유물은 금을 잘 만드는 알타이 사람들이 만들었다고 우기는 것이나 다름없다. 소재론과 일원발생설에 매몰되어 있는 주장이다.

'알지'가 알타이어에서 금을 뜻하는 말과 같다고 해서 김알지를 알타이족의 후예로 간주하는 것은, 마치 우리 민족 신앙의 제의로서 전형성을 이루는 '굿'이 영어에서 좋은 일을 뜻하는 말 '굿(good)'과 소리가 같다고 하여, 굿을 담당하는 우리 무당들을 알파벳을 쓰는 라틴족의 후예로 간주하는 것이나 그리 다르지 않다. 종교적 제의를 나타내는 굿의 우리말 뜻은 아예 제쳐두고 그와 발음이 같은 영어를 끌어들여 어원 풀이를 한다면 학술적인 해석으로 인정받을 수 있겠는가?

더군다나 김알지의 말뜻은 우리 문헌 사료에서 그 뜻을 소상하게 밝혀, 성씨 '김'은 곧 '금'을 나타내고 이름 '알지'는 아기를 나타내는 말이라고 명백하게 기록해두었다. 우리 방언에도 아기를 일러 '알나–' 또는 '알 낳아'라고[1] 하여 '알○' 또는 '알○○' 라는 말은 아기를 나타내는 말과 여러 모로 만나고 있다. 그러므로 역사 기록과 방언의 전승을 고려할 때, 충분히 납득되는 설명이기 때문에 굳이 알지를 해명하기 위하여 알타이어를 끌어들일 필요도 없다. 알타이어에서 '알지'를 금이라고 하여 이름을 알지라고 지었다면, 김알지의 이름은 '금금'이 되고 말아서 성도 금이요 이름도 금이라는 당착에 빠지는데다가, 성과 이름을 제각기 다른 언어로 지은 사실도 모순이라고 하지 않을 수 없다.

우리 역사책의 기록을 무시하고 알타이어나 몽골어 가운데 비슷한 발음의 낱말들을 끌어와서 풀이를 하는데, 출처도 밝혀져 있지 않아서 믿을 수도 없지만, 논리적으로도 맞지 않다. 자세하게 검토하기 위해 김병모의 주장을 그대로 옮겨보자. 김알지의 성과 이름에 대한 해석을 다음과 같이 펼쳤다.

김알지의 성과 이름에 대해서 자세히 살펴보도록 하자. 김알지의 성인 김은 금을 뜻하는데, 이는 석탈해의 이름과 대조적이다. 탈해는 알타이 언어의 한 종류인 몽골어로 탈한(Talhan 단수 또는 탈하이 Talhai 복수) 즉 '대장장이'라는 뜻이다. 대장장이는 쇠를 다루는 사람으로 금을 다루는 사람과는 같은 금속이지만 그 격조가 다르다.

---

1) 아기를 지역에 따라 '얼라' 또는 '얼나아'라고도 한다.

김알지의 이름인 알지(Alji)는 알타이 언어에 속하는 모든 종류의 언어에서 금을 의미한다. 즉 알타이 언어의 알트, 알튼, 알타이가 아르치 > 알지로 변한 것이다. 그러므로 《삼국유사》에서 '알지'를 '아기'의 뜻으로 해석한 것은 틀렸다고 볼 수 있으며, 김알지는 금+금(Gold+Gold)의 의미로 해석해야 한다. 그렇기 때문에 김알지의 출생과 관련된 토템이 알타이 언어 문화권과 일치하는 나무와 새인 것이다.[2]

위의 설명에서, 우리 사서인 《삼국유사》의 기록을 틀렸다고 하는데, 왜 틀렸는가 하는 것을 반증할 만한 어떤 기록이나 근거도 내세우지 못하고 있다는 점은 일단 접어두자. 자신이 해석한 내용과 다른 내용이 사료에 있을 때, 사료에 따라 자신의 해석을 다시 검토할 생각을 하지 않고 사서의 기록이 틀렸다고 단정하는 것은 역사 연구의 기본이 되어 있지 않다.[3] 사료비판은 그 자체로 필요하지만, 자기 해석을 기준으로 사료의 적부를 논하는 것은 자의적 비판이다.

해석이 자료를 귀속하는 것이 아니라 자료가 해석을 귀속하는 까닭이다. 따라서 해석을 일정하게 하여 학계에서 상식으로 굳어진 사실이라도 그와 다른 새로운 자료가 나오면, 자료가 틀렸다고 하지 않고 자료에 따라 해석을 바꾸는 것이 모든 학문의 기본이다. 특히 자료학이라 할 수 있는 역사학과 고고학은 해석이 자료를 넘어설 수 없다. 한반도에는 구석기 시대가 없다고 하는 것이 오랜 정설 구실을 했지만, 석장리에서 구석기 유적이 출토되자 뒤늦게 구석기를 인정하지 않을 수 없게 되었다. 자료가 잘못된 통설을 뒤집어엎은 것이다.

훈민정음의 기원에 관한 여러 해석들도 안동에서 《훈민정음해례본》이 나오자 그에 따라 모든 주장을 철회하거나 수정했다. 만일 구석기

---

2) 김병모, 《금관의 비밀-한국 고대사와 김씨의 원류를 찾아서》, 푸른역사, 1998, 167쪽.
3) 이덕일·김병기 외, 《고조선은 대륙의 지배자였다》, 역사의아침, 2006, 113쪽.

가 없다고 주장한 학자가 자신의 해석과 다르다고 하여 석장리나 전곡리 구석기 자료를 잘못된 것으로 주장하고, 종래의 한글기원론을 주장한 학자들이 《훈민정음해례본》의 기록을 틀렸다고 주장한다면, 해석이 자료에 우선하는 당착은 물론, 해석이 자료를 결정짓는 모순에 빠지게 된다. 그런데도 알타이 기원설을 주장하는 연구는 잘못된 해석을 근거로 사료를 부정하는 역사 연구의 가장 근본적인 모순에 빠져 있다.

김병모의 해석처럼 '알지'가 알타이라는 말에서 비롯된 것으로 '금'을 뜻하는 말이라고 할 아무런 객관적 증거도 없지만, 연구자의 학식과 인품을 믿고 그것을 인정한다고 하면, 그의 단정처럼 《삼국유사》의 기록만 틀린 것이 아니라 《삼국사기》의 기록조차 틀렸다고 해야 한다. 왜냐하면 《삼국사기》에는 알지를 슬기로운 아이로 풀이하고 있기 때문이다. 두 기록에서 알지가 '아이'를 뜻한다는 내용은 서로 같다. 그런데 유독 《삼국유사》만 틀렸다고 한다. 상대적으로 정사로 인정받는 《삼국사기》의 기록을 잘못되었다고 하기 어려운 까닭에 만만한 《삼국유사》만 잘못된 것으로 간주하는 셈이다.

그러나 알지가 금을 뜻하는 알타이말이고 탈해가 대장장이를 뜻하는 몽골말이라면, 그와 다르게 알지와 탈해의 이름 풀이를 한 《삼국사기》와 《삼국유사》의 기록은 모두 틀렸다고 하지 않을 수 없다. 왜냐하면 모든 시조 왕의 이름 풀이를 김병모의 해석과 다르게 기록해두었기 때문이다. 한마디로, 어쭙잖은 어원 풀이와 줄긋기로 우리 고대사의 가장 중요한 사서 둘의 기록을 모두 허위로 몰아붙인 것이다.

《삼국유사》나 《삼국사기》의 사료적 가치는 학계에서 이미 여러 모로 다루어졌다. 적어도 시조의 이름을 틀리게 쓸 만큼 엉터리 기록으로 볼 수는 없다. 김병모의 주장대로 《사기》나 《유사》의 알지 이름 풀이가 잘못되었다면, 알지뿐만 아니라 탈해의 이름 풀이도 잘못되었다. 왜냐하면 《사기》에서는 궤짝을 열고 나왔으므로 '탈해'라 일컬었으며,

《유사》에서는 궤를 열어 알을 깨고 나왔기 때문에 '탈해'라 이름지었다고 밝혀두었기 때문이다. 결국 김병모의 풀이대로 탈해는 몽골어 '탈한'에서 비롯된 것이라면, 탈해의 경우에도 《사기》와 《유사》의 기록은 틀렸다고 해야 마땅하다.

그렇다면 우리나라의 두 기본 사서는 시조 왕의 이름조차 엉뚱하게 풀이하여 기록한 부실하기 짝이 없는 문헌이라 할 수밖에 없다. 다만 그 판단의 진위 여부를 전적으로 김병모의 알타이어와 몽골어 해석에 절대적으로 의존하고 있는 점이 문제이다. 물론 연구자는 언어학자도 아니려니와 언어학적 체계를 갖춘 연구를 통해서 사서의 진위를 객관적으로 밝힌 것도 아니다. 기껏 비슷한 발음을 찾아서 서로 연결시켰을 따름이기 때문에 학문적 해석이라 하기도 어렵다. 그런데도 일정한 근거를 갖추어 분명하게 설명한 시조 왕의 이름 풀이 기록을 무시하는 것은 문헌 사료 자체를 하찮게 여기며 자신의 추론적 해석을 지나치게 믿는 것이 아닌가 한다.

이 밖에도 논리적으로 모순된 해석이 여럿 있다. 먼저, 《유사》나 《사기》의 김알지 이름 풀이가 틀렸다고 하면서 이 책에 기록된 다른 내용들은 그대로 인용하여 알타이 문화라는 것을 입증하려 한다는 사실이다. 구체적으로 말하면, 같은 문헌의 같은 신화 기록 가운데, 알타이 문화와 줄긋기가 가능한 것은 맞고 불가능한 것은 틀렸다고 하는 것이다. 시조 신화에서 가장 중요한 주인공의 이름을 틀렸다고 부정하면서 다른 줄거리는 맞다고 긍정하는 당착에 빠져 있는 것이 문제이다.

이를테면, 김알지 신화의 내용 중에 시림에서 흰 닭이 울었고 나뭇가지에 김알지가 들어 있는 금궤가 매달려 있다는 사실을 중요한 예증으로 들고, 이러한 사실들을 근거로 나무와 새를 두고 알타이 언어 문화권에서 공통으로 발견되는 조상신 또는 토템이라고 해석하는 것이다. 그리고는 이어지는 문장에서 알지는 우리말에서 아기를 일컫는다고 하는 기록은 틀렸다고 규정하는 것이다.

따라서 《삼국사기》와 《삼국유사》 등 우리 고대사에서 가장 긴요한 문헌 자료들을 역사적 사실을 해석하는 중요한 사료로 삼는 것이 아니라, 연구자가 생각하는 선험적 전제인 알타이 문화를 기준으로 그것과 맞추어 적절하면 정당한 기록으로 인정하여 해석하고, 그렇지 않으면 틀렸다고 부정해 버리는 것이다. 달리 말하면 고대 사서는 역사 해석의 사료가 아니라 한갓 역사적 평가의 대상으로 삼을 뿐이라는 말이다. 신라 역사와 문화를 해석하는 역사적 사실의 준거는 《삼국유사》나 《삼국사기》와 같은 사서가 아니라 알량한 알타이어 지식이다. 다시 말해서, 문헌 사료를 근거로 역사 해석을 하는 것이 아니라, 알타이나 몽골의 낱말 수준의 지식을 근거로 역사 해석을 하는 동시에 고전이나 다름없는 문헌 사료의 진위까지 규정하는 것이다.

자연히 우리 사료의 어떤 기록이든 알타이 문화와 줄긋기가 가능한 것은 맞고 그렇지 않은 것은 틀렸다고 하는 셈이다. 이런 식의 해석이라면 처음부터 우리 문헌 기록은 아무런 의미가 없다. 알타이어나 알타이 문화의 기준에서 벗어나면 쓸모 없는 것이 되고 마는 까닭이다. 게다가 흰 닭이 울었다는 사실을 해석하는 것도 일방적이다. 한갓 새라고 일컫고 마는 것이다. 신라가 닭을 숭배하는 계림국이라는 문화적 정체성을 알지 못하는 까닭이다.

그렇다고 하여 일관되게 알타이와 관련지어 해석하는 것도 아니다. 탈해는 몽골어와 관련짓고, 혁거세는 어떤 언어와도 관련지어 풀이하지 않는다. 탈해와 비슷한 음은 용하게 몽골어에서 발견했지만, 혁거세는 북방 민족의 어느 언어에서도 비슷한 발음을 찾지 못했기 때문이다. 그러면서도 굳이 《유사》의 알지 이름 풀이만 틀렸다고 한다. 김부식의 《삼국사기》보다 일연의 《삼국유사》 기록을 부정하는 것이 더 쉽기 때문에 그럴까? 아닐 수도 있다. 금관을 알타이 문화의 영향으로 해석해야 하는 전제 때문이다. 일제 강점기 이후 통념이 된 선험적 전제에 따라 결론을 정해놓고 연구하니 그럴 수밖에 없다. 그러므로 알타이와 관계없는 탈해의 기록에 관해서는 굳이 《유사》든 《사기》든 이름 풀이 기록이 틀렸다고 단정하지 않는다.

2. 어원 연구의 한계와 '탈해'의 이름 풀이

금관 연구의 가장 큰 문제 가운데 하나는 낱말 수준의 어원 풀이에 상당히 의존하고 있다는 사실이다. 어원 풀이를 통해 문화 해석을 하는 것은 가장 오랜 학문적 전통이면서 또한 가장 초보적인 방법에 해당되기도 한다. 동양학에서 훈고주석학이 학문의 전부인 시절이 있었다. 가장 오랜 방법이라 해서 가장 정확한 방법은 아니다. 어원 풀이는 논의의 출발로서 초보적인 문제 제기는 될 수 있어도 이것을 전제로 결론까지 밀고 가는 것은 무리이다. 그러므로 각종 학문이론이 개척되고 연구 방법론이 다양하게 개발된 현대 학계에서는 낱말 풀이와 같은 주석학에 매달려서 자기 학설을 입증하려는 경향이 진작 극복되었다.

실제로 신화 연구에서도 가장 오래된 방법이 자연신화학파(mytholo-gical school)인데, 19세기 독일의 언어학자인 쿤(Adalbert Kuhn)이나 뮐러(Max Müller)가 주장한 것이어서 사실상 언어학파나 다름없다. 이 학파는 자연현상을 의인화한 것이 신화라고 주장한다. 신화에 등장하는 주인공 이름의 어원을 찾아서 자연현상과 결부시키는 방법이다. 다시 말해서, 신화의 주인공 이름이 자연의 무엇을 나타내는가 하는 사실을 어원적으로 해명하고자 한 방법이다. 가장 초보적인 방법이자 문제가 많은 방법이어서 진작 극복되었다. 신화 주인공의 어원을 일관되게 해명하는 것이 불가능한 까닭이다.

알지를 금이라고 하는 것도 같은 방식의 풀이에 해당된다. 금을 의인화한 것이 신화의 주인공 알지라는 해석은 언어학파로서 자연신화학파의 해석과 일치하는 수준이다. 그러면 김알지 신화에 등장하는 다른 주인공의 이름도 같은 방식으로 풀이되어야 한다. 김알지 신화에 등장하는 호공(瓠公)과 탈해도 제각기 자연현상의 무엇을 의인화한 것인지 일관성 있게 해명되어야 한다. 그러자면 알지의 어원을 알타이어에서 찾아 금이라고 하듯이 탈해와 호공의 어원도 알타이어에서 찾아 태양이라고 하든 하늘이라고 하든 알타이어로 뜻을 풀이할 수 있어야 한다.

그런데도 달랑 김알지만 알타이어로 금을 뜻하는 말이라고 하는 풀이에 머물러서는 김알지 신화를 온전하게 해석했다고 할 수 없다. 왜냐하면 해석의 일관성이 없기 때문이다. 게다가 탈해는 다른 언어를 끌어들여서 풀이하고 있다. 알타이어로 일관된 해석이 되지 않는 것이 문제이다. 어원 풀이 중심의 자연신화학파의 한계가 바로 여기에 있다. 어원풀이가 불가능한 문제에 부닥뜨리게 되면, 자연신화학학파 학자들은 언어질병설(malady of language)을 내세워 도피한다. 처음에는 낱말들이 무엇을 상징한 것인지 분명했으나 오랜 세월이 흐르는 동안 말이 점차 변하여 이해되지 않게 되어 지금은 알 수 없다는 것이 언어질병설의 변명이다. 따라서 어원 중심의 자연신화학파는 신화를 사라진 원시문화의 반영이라고 인식하는 인류학파에 의해 비판되고 극복된 해묵은 학파이다.

언어학적 모호성에서 신화의 기원을 찾는 막스 뮐러의 시도가 문제되는 것은, 어원을 통해서 신화의 의미를 풀이하려다 장벽에 부닥치게 되면 언어질병설을 통해 도피하는 점만이 아니다. 더 중요한 문제는 어원의 정확한 풀이나 사실 여부가 아니라 해석의 통일성이나 일관성이 없다는 점이다. 신화의 주인공마다 비슷한 발음의 다른 언어를 가져와서 이름 풀이를 하는 까닭이다. 금관 연구를 위한 신화의 어원적 해석도 이러한 일관성을 확보하지 못하고 있는 것이 문제이다. 석탈해의 이름을 풀 때는 몽골어 '탈한'을 가지고 와서 대장장이라 풀다가, 김알지의 이름을 풀 때에는 알타이어를 가지고 와서 '금'이라고 풀이하는 것이다.

몽골어와 알타이어도 서로 다른 언어이지만, 석탈해는 '대장장이'라고 하여 쇠붙이를 다루는 사람을 뜻하고 김알지는 '금'이라고 하여 다루는 대상 자체인 '금붙이'를 뜻하는 까닭에 언어적 일관성은 물론 논리적 통일성도 없다. 이러한 해석은, 결국 석탈해 신화는 몽골어에서 비롯된 것이고 김알지 신화는 알타이어에서 비롯된 것이라는 해석이다.

그런데 신화의 내용을 보면, 석탈해와 김알지는 서로 연결되어 있는 인물이다. 따라서 한 신화 속에 등장하는 인물이 각각 다른 민족의 언어로 이름 지어졌다고 하는 셈이다. 두 신화만 그런 것이 아니라 박혁거세도 같은 신화의 맥락 속에 놓여 있다. 박혁거세가 이미 알지거서간의 출현을 예언했고,[4] 그에 따라 김알지가 출현하자 석탈해가 그를 거두어들여 '알지'라는 이름을 짓고 아들로 받아들였다. 그러므로 세 신화는 서로 긴밀하게 연관되어 있는 것이라 하지 않을 수 없다. 이처럼 유기적인 맥락 속에 있는 세 신화의 주인공 이름 풀이를 하면서, 박혁거세는 아예 어원을 찾아내지 못했을 뿐만 아니라, 탈해와 알지도 제각기 몽골어와 알타이어로 지어진 이름이라고 하여, 다른 종족의 언어로 풀이하고 있는 것이다.

물론 우리 고대 사료에는 이들 신화의 주인공 이름을 우리말로 일일이 풀이해두었다. 그럼에도 우리 신화의 주인공 이름, 그것도 한반도 남단인 신라의 건국 신화에 해당되는 두 주인공의 이름이 모두 우리말이 아니라, 제각기 북방계의 알타이어 또는 몽골어로 되어 있다고 주장한다면 쉽게 납득이 갈 것인가? 그것도 우리 사료에 기록되어 있는 이름 풀이가 잘못되었다고 하는 실증적 근거나 논리적 비판도 하지 않은 채 말

---

4) 《三國遺事》 卷1, 〈紀異〉 第1, 新羅始祖 赫居世王. "初開口之時 自稱云 閼智居西干."

이다.《삼국유사》나《삼국사기》에 풀이해둔 알지와 탈해의 이름 풀이
가 틀렸다고 하는 근거는 오직 알타이어나 몽골어에 이와 비슷한 말이
있다는 이유뿐이다.

탈해가 비록 몽골어로 '대장장이'를 나타내고 실제로 대장장이 구
실을 했다고 하더라도 그것은 탈해의 이름과 무관한 것이다. 왜냐하면
탈해가 대장장이가 된 것은 성장한 뒤의 이야기이다. 이름은 어릴 때 붙
이는 것이지 어른이 되어서 붙이는 것은 아니다. 탈해가 직책명이나 직
위명이 아니라 고유명사라면 탈해의 이름은 어릴 때 상황을 토대로 붙인
다. 실제로 이러한 작명 이치에 따라 석탈해라 이름지은 내력이《삼국사
기》에는 물론《삼국유사》에도 잘 설명되어 있다. 탈해가 들어 있는 궤
짝을 발견할 때 까치가 울었다 하여 까치 작(鵲)의 한 쪽 변인 새 조(鳥)
를 떼어 석(昔)으로 성을 삼고, 궤를 열고 알에서 벗어났다고 하여 탈해
(脫解)라고 이름지었다고[5] 하여, 박혁거세나 김알지처럼 아기 상태에서
처음으로 출현할 때 상황을 고려하여 이름지은 내력을 분명하게 밝혀두
었다.

건국 신화 주인공 이름에 대한 이러한 작명 방식은 탈해에게만 한
정된 것이 아니다. 박혁거세와 김알지도 마찬가지 방식으로 이름지었다.
모두 처음에 아기의 모습으로 나타난 과정과 상황을 고려해서 혁거세·
탈해·알지 등으로 이름을 붙였다. 그러므로 뒤에 탈해가 철을 다루는 면
모를 보였다고 해서 몽골어를 끌어다가 대장장이라고 이름 붙였다고 하
는 것은 박·석·김 왕조에 관한 세 신라 신화의 긴밀한 연관성과 일관된
논리를 무시하는 것일 뿐 아니라, 작명법의 이치 자체까지 무시한 것이
된다.

만일 탈해가 성장하여 대장장이가 되었고 그래서 몽골어로 대장장

---

5) 《三國史記》卷1,〈新羅本紀〉第1, 脫解王 및《三國遺事》卷1,〈紀異〉第1·第4 脫解王 참조.

이라 이름을 붙였다면 신라 신화의 서사적 문법과 작명법을 무시한 것 외에 다시 두 가지 사실이 더 문제된다는 점을 지나칠 수 없다. 첫째 탈해이야기는 건국 시조 신화이기 때문에 성장해 대장장이가 된 이후에 탈해라고 일컬었다면, 당연히 아명 곧 아이 때 이름은 별도로 밝혀져야 한다. 신화의 주인공인 탈해가 어려서는 이름조차 없었다고 하는 것은 신화의 본질이나 기능을 무시하는 것이기 때문이다.

게다가, 탈해라는 이름이 그가 장성한 뒤 그의 직업에서 따다 붙인 것이라면, 왜 굳이 대장장이를 붙일 것인가? 대장장이에서 왕으로 비약했는데, 굳이 대장장이라 일컬을 필요가 없다. 당연히 대장장이라는 직위보다 왕이라는 직위를 이름으로 밝히는 것이 도리이다.

신화의 주인공을 의도적으로 폄하하거나 건국 시조 왕의 권위를 적극적으로 깎아내리고자 하지 않는다면, 몽골어 가운데 왕을 뜻하는 '한(khan)'을 제쳐두고 굳이 대장장이라는 말을 끌어들여 이름을 붙일 까닭이 없다. 만일 왕의 직책을 따다가 이름을 붙인다면 석탈해가 아니라 마땅히 '석한'이라 일컬어야 할 것이다. 시조 신화에서 시조 왕을 행적에 따라 대장장이라 할 것인가, 왕이라 할 것인가 하는 것은 자명한 일이다.

흔히 몽골어에서 왕을 '칸'이라고 한다면서 '칸'과 비슷한 우리나라 어휘를 가져다가 몽골어에서 왔다고 하는데, 그것은 몽골어 발음을 잘못 알고 하는 소리이다. '칸'은 몽골어에서 왕을 뜻하는 영어 표기 'khan'을 우리 식으로 소리낸 것에 지나지 않는다. 'khan'에서 'K'는 소리내지 않는 묵음이다. 따라서, 우리는 무턱대고 '징기스칸'이라고 하지만, 몽골 사람들은 아무도 그렇게 발음하지 않는다. 분명하게 '칭기스한'이라 한다. 몽골을 몽고라고 하는 것이 잘못인 것처럼 칭기스한을 징기스칸이라 하는 것도 잘못이다. 그러므로 몽고를 몽골로 바로잡아 일컫듯이 징기스칸도 칭기스한으로 바로잡아 일컬어야 올바르다.

몽골의 누석단에 해당되는 '어워'를 '오보'라고 하고, 몽골의 천막인

'게르(Ger)'를 '파오'라고 잘못 일컫는 것도 마찬가지로 문제이다. 이렇게 잘못 일컬은 말을 어원설로 연결 지어 우리 문화의 기원으로 삼는다고 생각해보면 참으로 끔찍한 일이 아닐 수 없다. '알타이'에서 '알지'가 왔다는 주장 못지않은 위험한 주장이 '오보'에서 '업(業)' 신앙이 왔다고 하는 최남선의 주장이다.[6] 와전된 언어 '오보'와 업을 동일시하는 까닭에 언어의 유사성을 근거로 누석단과 전혀 다른 가신 신앙의 '업'을 동일시하는 것이다.

어워의 돌 쌓은 모습과 물품을 헌납하는 신앙 양식이 서낭당 신앙과 매우 비슷하다는[7] 주장에 이어서, 아예 서낭당의 기원이 몽골의 어워에서 비롯되었다는 견해까지 나왔다. 그러나 누석단의 형태도 다르려니와 기원이나 신앙 양식도 다르다.[8] 그러므로 비슷한 요소나 닮은 형태 한두 가지로 쉽사리 전파론을 펴고 문화의 전래설을 주장하는 것은 말의 와전에 따른 비교언어 연구의 폐단에서 비롯된 것이다.

낱말 차원의 어원 풀이도 마찬가지이다. 말부터 바로잡아야 한다. 오랫동안 몽고라고 잘못 일컬었던 것처럼, 오보와 파오도 중국이나 일본에서 잘못 일컫는 말을 그대로 따온 탓이다. 몽골 문화에 관심을 가지고 현지에 한번이라도 다녀온 사람들은 더 이상 몽골인들의 게르를 '파오'라고 일컫지 않을 것이다. 징기스칸도 칭기스한으로 제대로 일컬어야 우리 왕의 호칭이 몽골어 '칸'에서 왔다는 억측에서 해방될 수 있다.

몽골어 자체가 잘못 일컬어진데다가 다시 우리말을 왜곡해 무리하게 연관성을 설정하는 것은 이중의 잘못이다. 그러므로 무엇이든 그 자체로 해명하려들지 않고 외래문화와 비슷하기만 하면 끌어다 붙이는 전

---

6) 崔南善, 〈不咸文化論〉, 《六堂崔南善全集》 2, 玄岩社, 1973, 173쪽.
7) 孫晉泰, 《朝鮮民族文化의 研究》, 乙酉文化社, 1948, 175～176쪽.
8) 임재해, 〈민속신앙의 비교연구와 민족문화의 정체성〉, 《比較民俗學》 25, 2007에서 몽골의 어워와 우리 서낭 신앙이 다른 계통의 신앙이라는 사실을 자세하게 다루었다.

파론적 해석이 이러한 어원 해석의 오류를 이중으로 낳게 되는 것이다.

3. 신라 왕 '거서간'과 몽골 왕 '한(Khan)'

비교언어학 수준이라 할 수 없지만, 어원을 외국에서 찾아 우리말과 비교하여 전파론을 펴는 연구는 탈해와 알지 같은 신화의 주인공 이름, 곧 고유명사에 한정되지 않는다. 왕을 일컫는 보통명사에까지 무리하게 적용되고 있다. 대표적인 것이 신라 왕들의 다양한 호칭이 모두 몽골어에서 왔다는 것이다.

신라에서 왕을 거서간(居西干)이나 마립간(麻立干), 이사금(尼師今)이라고 하는 것은 어느 것이나 우리말의 본디 뜻을 가지고 있는 신라 고유의 왕호들이다. 한마디로, 신라 토착어이자 신라인들의 토박이말로서 왕또는 사제왕(priest king)을 일컫는 말이 바로 거서간·차차웅(次次雄)·이사금·마립간 등이었던 것이다. 그런데 왕호를 일컫는 3음절의 낱말을 의도적으로 '○○간(干, Kan)'과 '○○금(今, Kum)'으로 양식화하고, 알타이어로 군장 또는 샤먼을 칭하는 보통명사인 '칸(Khan)'과 같은 뜻의 말이라고 해석하고 있다.[9]

'샤먼'도 시베리아 퉁구스어로서 알타이어계에 속하는데, '샤먼'과 '칸'은 전혀 발음이 다를 뿐 아니라 샤먼은 왕이 아니라 사제를 뜻하는 말이다. 알타이어 내부에서도 군장이나 사제자를 일컫는 말이 나라에 따라 이처럼 '샤먼'과 '한'으로 서로 다르게 나타난다. 최근의 현지 조사 보고에 따르면, 시베리아 알타이의 무당들조차 '샤먼'이라고 하지 않으며, '샤먼'이라고 하면 무슨 말인지 알아듣지 못한다. 알타이 사람들은 "샤먼

---

9) 김병모, 앞의 책, 168쪽.

이란 말을 쓰지 않을 뿐 아니라 아예 그 단어조차 모르고 있었다". "알타이 민족들은 샤먼이 아니라 '깜(kam)'이라는 용어를 쓴다."[10] 오직 퉁구스에서만 무당을 '샤먼'이라고 일컫는다.

몽골어 '한'과 알타이어 '깜', 퉁구스어 '샤먼'은 모두 다른 말들이다. 만일 김알지가 알타이 사람이라면 몽골어 '한'이 아니라 알타이어 '깜'을 왕호로 가져와야 할 것이다. 물론 '마립간'이 알타이어 '깜'에서 왔다고 우기면 더 할 말이 없다.

신라는 스스로 왕호로 쓸 말이 없어서 굳이 시베리아어나 몽골어의 말을 빌어와서 왕호로 쓸 까닭이 없다. 만일 몽골어 왕호 '한'을 빌어와서 사용했다면 박혁거세는 거서간, 그 아들인 남해는 '차차웅', 그 손자인 유리는 '이사금' 등으로 제각기 일컬을 수 없다. 어떻게 빌어와서 썼는데, 왕호가 제각기 다를 수 있겠는가. 왕호가 정립되지 않았고 특정한 보기가 없기 때문에 왕마다 적절한 왕호를 그때마다 통용어로 사용했던 것이다. 만일 알타이어나 몽골어에서 빌어 썼다면, 왕호가 이처럼 3대에 걸쳐 저마다 제각각일 수 없다.

거기다가 몽골어 'Khan'에서 'K'는 묵음이므로 실제 발음은 '한'이다. 따라서 몽골어 '한(Khan)'은 '간'도 '금'도 아니다. 오직 '한'일 따름이다. 이 때문에 몽골에서 '징기스칸'이라고 하면 무슨 말인지 잘 알아듣지 못한다. 왜냐하면 그들은 '칭키스한' 또는 '칭키스항'으로 일컫기 때문이다.

몽골어로 왕은 '한'이 아니라 '칸'이라 치자. 그리고 이것이 신라어 '간' 또는 '금'으로 바뀌었다고 하자. 그렇다고 인정하더라도, 왕의 호칭을 나타내는 신라말은 '간'이나 '금'도 아니다. 신라 역사상 어느 시기에도 왕을 '간'이나 '금'으로 일컬은 적이 없다. 신라 초기에 왕을 '거서간'이나 '마립간' 또는 '이사금'이거나 '차차웅'이라 일컬었을 따름이다.

---

10) 이건욱 외, 《알타이 샤머니즘》, 국립민속박물관, 2006, 152~153쪽.

차라리 '간'이나 '금'의 'K' 발음만 근거로 왕을 뜻하는 외국말을 찾으려면 영어의 킹(king)을 끌어오는 것이 더 적절하다. 킹(king)의 'k'는 '한(Khan)'의 'K'처럼 묵음이 아니기 때문이다. 그러므로 몽골어 '한 (Khan)'에서 거서간이나 마립간, 이사금이 왔다고 하는 것은 곧 영어 '나이프(knife)'에서 'k' 발음을 따라 우리말 '칼'이 생겼다고 하는 것보다 더 억지이다. '크나이프'에서 칼이라는 말이 생겼다는 것은 억지라도 부릴 만하나, '칸'에서 '마립간'이나 '이사금'이 왔다는 것은 억지도 부리기 어려운 까닭이다. 그러므로 신라 왕호인 거서간은 차라리 킹에서 비롯되었다는 것이 더 그럴듯하다.

왜냐하면 몽골어에서 왕의 직위 명은 외자인 '한'이기 때문이다. 한 음절로 된 '한'이라는 말이 세 음절의 '○○간'이나 '○○금'이 될 까닭이 없다. 비록 몽골어 '한'이 한반도에서 우리가 '칸'으로 발음했다고 하더라도 우리말 '거서간'이나 '마립간', '이사금'과 같은 말이라고 할 수 없다. '차차웅'은 더 이를 필요도 없다. 세 음절로 이루어진 '거서간'이나 '이사금' '마립간'과, 한 음절로 된 '한' 또는 '칸'을 동일어로 취급할 수 없기 때문이다. 신라에서 왕을 혁거세거서간이나 남해차차웅, 유리이사금, 눌지마립간이라고 할 때 '혁거세'와 '남해', '유리', '자비' 등이 이름이고 '거서간'이나 '차차웅', '이사금', '마립간' 등이 모두 왕의 칭호였기 때문이다.

'거서간'이 '칸'에서 왔다거나 '마립간'이 '금'에서 왔다고 하는 것은 아무리 비슷한 것을 끌어와 연결시키는 작업이라 하더라도 지나치다 하지 않을 수 없다. 음절수부터 전혀 다른 까닭이다. 더 결정적인 것은 신라 왕을 일컬어 혁거세'간'이나 유리'금', 눌지'간'이라 한 적이 결코 없다는 사실이다. 만일 거서간과 칸의 영향 관계를 필연적으로 인정할 때 그 전파의 방향은 '칸→거서간'이 아니라 '거서간→칸'이라 해야 더 합리적이다. 따라서 몽골어 왕호 '한'은 오히려 우리말 '거서간' 또는 '거서한

(居西汗)'·'거슬한(居瑟邯)'에서 비롯된 것이라고 해야 논리적 설득력을 지닐 수 있다.

문화의 전파나 영향에 의해 나타나는 문화는 본디보다 확대 재생산되는 것이 아니라 축소 변이되는 경향이 일반적일 뿐 아니라, 문화적 수준이 높은 곳에서 낮은 곳으로 물 흐르듯 전파되는 까닭이다. 신라 초기에 신라 문화가 몽골보다 우수했다는 것은 신라의 문화 유적과 왕릉에서 발굴되는 고고학적 유물이 입증하고 있다.

더 문제는 몽골에서 왕을 일컫는 '한'이라는 말이 신라 초기의 왕호인 '거서간'이나 '이사금', '마립간'보다 앞섰다고 할 수도 없다. 몽골에서 왕호를 '한'이라고 널리 쓰기 시작한 것은 12세기에 테무진(鐵木眞, 1162~1227)이 몽골 지역의 각 부족을 정벌하여 평정하고 처음 몽골국을 세우면서 비롯되었다. 테무진이 몽골국의 왕으로 추대되자 이름을 '사해를 차지한 최고의 수령'이란 뜻으로 '칭기스'로 바꾸고 왕호로 '한'을 사용했던 것이다. 그러므로 몽골의 왕호 '한'은 칭키스한 이후, 다시 말해서 13세기 몽골 건국 이후에 비로소 왕호를 사용하기 시작한 것이다.

그런데도 기원전 1세기부터 사용한 신라의 왕호 거서간을 13세기에 비로소 국가를 수립한 몽골의 왕호 '한'에서 비롯되었다고 하는 것은, 마치 금관의 세움장식 가운데 가장 후대에 나타난 양식을 '사슴뿔' 모양이라 하며, 5세기 금관이 19세기 민속품인 시베리아 무관에서 기원했다는 것과 같은 억지 주장이라 하지 않을 수 없다. 기원은 물론 영향도 이전 시기의 것으로부터 문화가 발전한 곳에서 받는 것이지, 천여 년 뒤에 문화가 뒤떨어진 곳에서 영향을 받았다고 하는 것은 최소한의 상식적 사유조차 하지 못한 셈이다.

굳이 신라 왕호를 시베리아나 몽골 지역의 유목 문화에서 끌어다 붙이려면 신라 건국과 비슷한 시기의 흉노족 왕호로부터 가져와야 할 것이다. 몽골고원을 석권한 최초의 유목국가는 흉노였다. 기원전 2세기에 처음 나라를 세운 흉노의 지도자는 탱리고도선우(撑犁孤塗單于)이다. '탱리(撑犁)'는 하늘을 뜻하는 '텡그리(Tengri)'의 음역이며 '고도(孤塗)'는 아들이란 뜻이며, '선우(單于)'는 드넓은 몽골고원을 뜻하는 것으로서[11] 흉노의 군주 칭호로서 왕호에 해당된다.

흉노국 왕호 선우는 중국 문헌에서 '하늘의 아들'이라 설명한 경우도 있는데, 그것은 중국 '천자(天子)'와 같은 신성한 정치지도자로 여겼던 까닭이다.[12] 따라서 박혁거세를 비롯한 신라 왕들이 북방의 유목민족으로부터 왕호를 따오려면 13세기 몽골의 왕호 '한'이 아니라, 당시의 몽골 지역 흉노국 왕호 '선우'에서 따와야 할 것이다. 그러므로 신라 초기 왕들이 동시대의 흉노국 왕호로서 천자를 뜻하는 '선우'를 두고 굳이 훨씬 뒤에 쓰기 시작한 몽골 왕호 '한' 또는 '칸'의 영향을 받았다는 것은 억지라 하지 않을 수 없다.

억지를 무릅쓰고 기어코 신라의 박혁거세 왕호인 '거서간'이 몽골어 '한' 또는 '칸'에서 왔다는 사실을 인정해보자. 그러면 남해차차웅의 '차차웅' 또는 '자충'은 어느 언어에서 왔는가? 거서간이나 이사금과 마찬가지로 차차웅과 자충 또한 모두 토박이어이기 때문에 달리 설명할 길이 없다. 거서간 다음에 차차웅이라는 칭호를 쓰고 바로 그 다음에 이사금이라는 칭호를 써서, 시조 왕에서 3대 왕까지 왕마다 쓴 칭호가 서로 다르다.

그러면 신라 초기 왕의 호칭은 왕이 바뀔 때마다 다른 나라 언어를 빌려 그 직위를 나타냈다고 할 수 있을까? 그것도 혁거세거서간의 아들이 남해차차웅이고, 남해차차웅의 아들이 유리이사금인데, 3부자가 왕위를 세습하면서 저마다 부왕과 다른 나라의 언어로 된 왕호를 빌어다

---

11) 《漢書》卷94上, 〈匈奴傳〉第64上. "匈奴謂天爲撑犁 謂子爲孤塗 單于者 廣大之貌也."
12) 정수일, 《고대문명교류사》, 사계절, 2001, 259쪽 참조.

썼다는 것이[13] 말이나 되는가? 몽골어에서 차차웅과 이사금을 따왔을까? 왜 몽골대륙을 석권했던 동시대 흉노의 왕호 '선우'는 받아들이지 않았을까?

이처럼 3중의 모순에 빠져 있는 것이 신라 왕호의 몽골어 기원설이다. 정작 몽골과 더 인접해 있는 고조선이나 고구려에서는 몽골어 왕호가 나타나지 않는데도 신라의 왕호에 한해서 전래설을 펼친다. 더군다나 이사금은 뒤에 잇금, 임금이 되어 왕을 뜻하는 우리말로 정착하지 않았는가. '임금'이란 말은 신라인들의 왕호나 신라 지역 사람들의 방언에 머물지 않고 지금까지 한국인들이 널리 쓰는 일상적 생활말이다.

이사금이나 임금이라는 말이 알타이어나 몽골어에서 왕을 뜻하는 말인가? 우리는 반만년 역사를 자랑하고 단군이라는 왕호를 고조선부터 가지고 있었는데, 신라시대까지 왕을 일컫는 우리 고유의 말이 없었다는 것은 정치사는 물론 문화사의 맥락에서도 납득하기 어렵다. 물론 단군 이전에도 지도자를 일컫는 왕호로서 환웅과 환인이 있었다. 단군은 고조선의 왕호였으며, 환인과 환웅은 그 이전의 정치적 지도자이자 종교적 사제자를 일컫던 왕호로 생각된다.

환인과 환웅은 하느님 또는 하늘을 나타내는 천신 상징의 왕호였다. 그것은 환인천제(桓因天帝)·환웅천왕(桓雄天王)의 표기 구조에서 잘 드러난다. 환인은 천제 곧 하느님을 소리값으로 표기한 것이고, 환웅은 천왕 곧 하늘왕을 소리값으로 표기한 것이다. "천제와 천왕 곧 하느님과 그 아들을 일컫는 옛 우리말이 '환인(환님, 하느님)'과 '환웅(화눙, 하늘)'의 소리값에 가까웠다고 할 수 있다."[14]

---

13) 혁거세가 몽골어 칸을 빌려 거서간이라고 했다면 그 아들인 남해왕은 부왕과 달리 신라어 차차웅으로 왕호를 썼고, 남해왕 아들인 유리는 부왕과 달리 다시 몽골어 이사금으로 왕호를 썼다고 하는 셈이다.

14) 임재해, 《민족신화와 건국영웅들》, 민속원, 2006, 50쪽. 환인천제와 환웅천왕의 뜻에 관

따라서 '단군'을 곧 몽골어나 알타이어 '텡그리'에서 비롯된 것을 생각하는 것도 잘못이다. 왜냐하면 알타이 지역의 유목민족들은 '텡그리'를 하느님, 곧 천신으로 인식하고 섬긴다. 텡그리를 천신의 뜻으로 쓰며 텡그리를 섬기는 사람에게는 환인이나 환웅과 같은 말이 별도로 없다. 천신의 후손인 단군과 텡그리는 같은 존재를 나타내는 것이 아니라 천신과 인간을 나타내는 전혀 다른 층위의 말이다. 단군은 어디까지나 천신의 후손으로서 나라를 처음 세운 건국 시조이다. 천신의 후손이 건국 시조로 등장할 수는 있지만, 천신 자체가 지상에서 나라를 세우고 건국 시조가 되는 경우는 찾아보기 어렵다. 실제로 텡그리가 신화에 등장하는 경우에도 천지 창조 신화와 같은 데서 천신으로 등장할 뿐[15] 건국 신화에서 시조로 등장하지 않는다.

단군 신화의 내용을 고려하면, 우리 민족은 단군 이전에 천왕인 환웅신이 있고 그 이전에 천제인 환인신이 있었다. 다시 말해서, 천왕 환웅은 천제 환인으로부터 비롯되었고 고조선의 왕검 단군은 천왕 환웅에서 비롯된 시조 왕이다. 따라서 만일 단군과 텡그리가 같은 말로서 서로 영향을 주고받았다면, 최남선이 주장하는 것처럼 알타이어 텡그리에서 단군이란 말이 온 것이[16] 아니라, 오히려 단군이 고조선을 세우고 왕호를 널리 사용하기 시작하면서, 단군이라는 말이 북방의 유목민족에게 영향을 미쳐서 텡그리라는 말이 생겼을 가능성이 높다. 왜냐하면 단군 이전에 환웅과 환웅과 같은 천신 개념을 나타내는 지도자 명칭이 별도로 존재했기 때문이다.

해서는 이 책 49~51쪽에 걸쳐 자세하게 다루었다.

15) 김효정, 〈튀르크족의 기록에 나타난 '텡그리(Tengri)'의 의미〉, 《韓國中東學會論叢》 28-1, 韓國中東學會, 2007. 여기서 텡그리가 나오는 두 편의 신화를 소개하고 있는데, 모두 천지 창조 신화에서 하늘나라의 절대 신으로 나온다. 단군 신화의 환인에 해당하는 존재가 텡그리이다.

16) 崔南善, 앞의 글 참고.

고대의 왕은 하늘에 제사 지낼 수 있는 제천의식의 주체이기도 하다. "중국의 천자나 흉노의 택리고도선우, 고조선의 단군왕검"이 모두 그런 존재였다. 부여나 고구려, 신라와 가야의 건국 시조가 모두 하늘에 관련되어 탄생함으로써, 같은 존재로 의식되었다.[17] 그러므로 고조선 건국시기부터 하늘에 제사를 지낼 수 있는 유일의 지도자로서 천자와 같은 독자적인 왕호를 지녔다. 단군은 바로 중국의 천자와 같은 왕호였다. 고조선 건국과 더불어 단군이라는 왕호가 일반화되면서 북방 민족들도 천손인 단군의 영향을 받아 텡그리를 천신으로 일컬을 가능성이 높다.

그런데 고조선의 시조 단군왕검도 왕호를 벌써 갖추었는데, 그 몇천 년 뒤인 신라 때 독자적인 왕호가 없었다는 것은 납득할 수 없다. 실제로 우리 고대 사서에는 신라 초기 왕들의 왕호가 다양하게 소개되어 있다. 그리고 왕호의 내력과 더불어 모두 우리말임을 일일이 잘 풀이해 두지 않았는가. 사료에 왕호의 유래와 의미를 분명하게 밝혀둔 기록들을 찾아보면 다음과 같다.

　　거서간 : 혁거세의 위호(位號)를 거슬한(居瑟邯) 또는 거서간(居西干)이라고 한다. 거서간은 그가 처음 입을 열어 스스로 말할 때 '알지 거서간이 한번 일어난다' 하였으므로 거서간이라 했는데, 이때부터 왕의 존칭이 되었다.[18]

　　차차웅 : 차차웅(次次雄)은 자충(慈充)이라고도 한다. 김대문은 "이는 방언에 무당을 이르는 것으로 사람들은 무당이 귀신을 섬기고 제사를 숭상하는 까닭에 이를 두렵게 여기고 공경하다가 마침내 존경받는 어른을 자충이라 부르게 되었다"고 하였다.[19]

---

17) 나희라, 《신라의 국가제사》, 지식산업사, 2003, 72쪽.
18) 《三國遺事》卷1, 〈奇異〉第1, 新羅始祖 赫居世王.

차차웅은 존장을 칭하는 말인데, 오직 이 남해왕만을 일컫는다.[20]

이사금 : "듣건대 성스럽고 지혜로운 사람은 이가 많다 하니 시험합시다"하고, 떡을 물어 이를 시험해보니, 유리의 잇금(齒理)이 많은지라, 군신들은 유리를 받들어 임금으로 모시고 이사금이라 하였다. 이사금은 이질금(尼叱今), 치사금(齒師今), 치질금(齒叱今)이라고도 한다. 옛날에 전하는 말은 이와 같으나, 김대문이 이르기를 "이사금은 방언으로서 치리(齒理) 곧 나이의 순서를 말한다."고 했다. 옛날 남해왕이 돌아가시려 할 때, 아들 유리와 사위 탈해에게 이르기를 "내가 죽은 뒤에는 너희들 박(朴)씨 석(昔)씨 두 성 가운데 연장자가 임금의 자리를 이으라" 하였다. 그 뒤에 김씨 성이 또 일어나 세 성씨 가운데 나이 많은 사람으로 임금자리를 이었던 까닭으로 이사금이라 칭하였다고 한다.[21]

마립간 : 김대문이 말하기를 "마립(麻立)이라는 말은 방언으로 말뚝 곧 궐(橛)을 말하는 것으로서 시조(試操) 곧 말뚝표는 자리를 정하여 둔다는 뜻이다. 그리하여 왕궐(王橛)은 주(主)가 되고, 신궐(臣橛)은 그 아래에 벌려 있게 되는 것이므로, 임금을 마립간이라 한다"고 하였다.[22]

위에 옮겨놓은 것처럼 《삼국사기》와 《삼국유사》에 신라 왕호의 유래에 관해 자세한 풀이를 해두었다. 다양한 사례와 해석의 근거는 물론, 왕호의 언어를 '방언'이라 하여 다른 나라 말이 아니라 신라 말임을 분명히 밝히고 있다. 그런데도 이를 전적으로 무시하고 신라 고유의 왕

---

19) 《三國史記》卷1, 〈新羅本紀〉第1, 南解次次雄.
20) 《三國遺事》卷1, 〈奇異〉第1, 南解王.
21) 《三國史記》卷1, 〈新羅本紀〉第1, 儒理尼師今.
22) 《三國史記》卷1, 〈新羅本紀〉第3, 訥祗麻立干.

호인 '거서간'과 '마립간' 가운데 끝음절만 따내어서 알타이어나 몽골어
에서 온 것처럼 주장하는 것이다.

이러한 전래설이야말로 무엇이든 북방 문화와 비슷한 꼬투리만 발
견되면 무조건 북방 기원설을 펴는 근거로 내세우는 전파주의적 고정관
념과 식민사관의 타율성론이 지닌 폐단을 함께 보여주는 셈이다. 알지나
탈해의 이름을 알타이어나 몽골어의 비슷한 발음의 낱말을 찾아내고서,
우리 사서의 기록을 틀린 것이라고 하는 것과 마찬가지로, 우리 역사책
의 내용을 허위기록인 것처럼 무시하는 주장이기도 하다.

따라서 김병모의 주장에 따르면, 《삼국사기》와 《삼국유사》는 정
사(正史)라고 하기 어렵고 오히려 위사(僞史)에 가깝다고 해야 옳다. 왜냐
하면 적어도 건국 시조 왕들의 이름조차 틀리게 설명했을 뿐만 아니라,
왕호마저 사실과 달리 엉뚱하게 설명하고 있기 때문이다. 왕조사의 출발
부터 엉터리로 기록해둔 문헌을 어떻게 사서로 인정할 수 있는가. 만일
두 사서가 정사로서 타당성을 지녔다면, 이 기록을 틀린 것으로 간주하
는 김병모의 연구는 우리 역사의 기록을 정면으로 부정해가며 뚜렷한 근
거나 확실한 단서도 없이 우리 왕조를 몽골인이나 흉노족 또는 알타이족
의 후예로 만들어가고 있다는 비판을 면하기 어려울 것이다.

어느 쪽일까? 《삼국사기》나 《삼국유사》가 위사인가, 아니면 이들
사서를 틀린 것으로 간주해 위사처럼 다른 김병모의 주장이 문제인가?
이런 시빗거리가 발생될 것을 미리 알고 있었던 것처럼, 《삼국사기》의
저자는 다음과 같이 신라 왕호에 관하여 자세한 내력을 밝혀두었다.

　　　사신(史臣)은 논한다. 신라 왕으로 거서간이라 칭한 이가 하나
　　요, 차차웅이라 한 이가 하나요, 이사금이라 한 이가 열 여섯, 마립간
　　이라 한 이가 넷이다. 신라 말의 명유(名儒) 최치원은 《제왕연대력(帝
　　王年代曆)》을 저술할 때, 모두 무슨 왕, 무슨 왕이라 칭하고 거서간 등

의 칭호는 말하지 않았는데, 그것은 말들이 야비하여 족히 칭할 것이 못 된다고 생각한 까닭일까. 좌전(左傳)과 한서(漢書)는 중국의 사서로, 오히려 초어(楚語)의 곡어토(穀於菟)와 흉노어의 탱리고도(撐犁孤塗) 등의 말을 그대로 남겨 두었다. 지금 신라의 사실을 기록함에 있어 그 방언을 그대로 두는 것도 좋을 것이다.[23]

《삼국사기》의 저자가 지증의 왕호 '마립간'을 쓰면서, 왜 최치원처럼 중국의 용례에 따라 모두 '왕'이라 일컫지 않고 굳이 '마립간'이라고 하는 신라 방언의 왕호를 그대로 쓰는가 하는 이유를 밝힌 것이다. 신라의 역사를 기록할 때에는 신라의 방언을 그대로 두는 것이 옳다고 판단하여 '마립간'의 왕호도 그대로 쓴다는 말이다. 만일 마립간이 몽골어라면, 또는 거서간이 알타이어라면 신라의 방언이라 할 까닭이 없다.

좌전과 한서에 나오는 '곡어토'와 '탱리고도'라는 말까지 제각기 초나라 말과 흉노말이라고 하는 언어의 국적을 밝혀두었는데, 신라의 왕호를 나타내는 말이 몽골어나 알타이어라면 당연히 그렇게 밝혀두었을 것이다. 중국의 사서에 초어와 흉노어를 그대로 남겨둔 채 한어(漢語)로 고쳐 쓰지 않은 것처럼, 신라의 사서에도 방언의 왕호를 한어로 쓰지 않고 그대로 두어야 역사적 사실에 충실하다는 사신(史臣)으로서 엄정성을 밝힌 것이다. 그러므로 거서간·차차웅·이사금·마립간 등은 모두 신라 고유의 왕호일 뿐, 결코 몽골어 '한'에서 비롯된 말이 아니라는 사실이 명백해졌다. 신라 왕호의 몽골기원설은 3중의 모순이 있는데 비하여, 신라어 기원설은 3중의 근거를 갖추고 있는 까닭이다.

---

23) 《三國史記》卷4, 〈新羅本紀〉第4, 智證麻立干.

제4장 신화 주인공들의 이름과 신라 국호의 상징

1. 건국 영웅들의 작명 구조와 돌림자 '알'의 뜻

　신라의 왕호를 나타내는 일반명사뿐만 아니라 시조 왕의 이름인 고유명사까지 알타이어나 몽골어 등 외래어로 해석하는 것이 우리 학계의 경향이자 현실이다. 사실이 그래서가 아니라 그렇게 해석해야 신라 건국 시조들은 모두 그 혈연적 고향을 시베리아 알타이와 연결 지을 수 있고, 또 금관의 기원도 같은 곳에서 비롯되었다는 학설을 그럴듯하게 설득할 수 있기 때문이다. 그렇게 억지 해석을 해도 괜찮을 만큼 건국 시조의 이름이 모호하거나 아무런 해석이 없는가 하면 그렇지도 않다.

　탈해든 알지든 우리 신화의 주인공 이름을 《삼국사기》나 《삼국유사》에서 구체적으로 밝혀 적고 그 내력까지 알아보기 쉽게 잘 설명해두었기 때문이다. 사서에 건국 시조의 이름을 제대로 풀이하지 않을 까닭이 없다. 하지만, 김병모의 주장처럼 왕의 이름이 우리말이 아니라 몽골어와 알타이어로 되어 있다면, 신라에 관한 모든 사서의 기록을 의심하지 않을 수 없다. 그리고 신라는 단군족의 후예인 배달민족이 세운 나라

가 아니라 몽골족이나 알타이족과 같은 북방계 민족이 세운 나라라고 해
야 납득할 수 있다. 김병모는 실제로 김알지의 사상적 고향을 알타이 지
역으로 해석한다.[1]

　　이러한 해석에 따르면, 신라는 몽골의 식민지이거나 시베리아 샤먼
이 지배한 신탁통치 상태에 놓여 있었다고 해야 옳지 않을까? 그렇지 않
고서야 어찌 신라의 건국 시조의 이름이 모두 그들의 말이고 왕호마저
그들의 언어로 되어 있으며 왕관까지 그들의 무당 모자를 본받아 쓸 수
있단 말인가. 왜냐하면 이름을 나타내는 언어가 곧 그 사람의 국적을 나
타내는 까닭이며, 복식도 민족 문화의 전형성을 시각적으로 드러내는 까
닭이다.

　　그가 누구든 이름이 몽골어로 되어 있으면 그 사람은 몽골 사람이
고, 이름이 일어로 되어 있으면 일본인이다. 이름의 표기를 보거나 말씨
를 보고서 우리는 국적을 포착하기 일쑤이다. 미국사람들도 성씨 곧 주
어진 이름을 보고 어느 계통의 민족인가 하는 것을 유추한다. 일상적으
로 쓰는 언어보다 이름이 더 정확하게 국적을 나타낸다. 한국어를 자유
롭게 구사하더라도 이름이 일본어로 되어 있으면 그는 한국인이 아니라
일본인일 것이다.

　　그런 까닭에 국적에 변동이 생기면 아예 국적에 맞게 이름을 바꾸
기도 한다. 미국 국적을 취득한 한국인들은 미국에서 이름을 미국식으로
바꾸어 쓰기 예사이다. 이와 달리 외국인이라도 이름을 한국어로 고쳐
쓰는 사람은 한국인이다. 국적이 한국인이거나 한국인을 지향하는 사람
이기 때문이다. '블라디미르 티흐노프'라는 이름을 들으면 누구나 러시
아사람으로 안다. 그러나 '박노자'라는 이름을 들으면 당연히 한국인이

---

1) 김병모, 《금관의 비밀 – 한국 고대사와 김씨의 원류를 찾아서》, 푸른역사, 1998, 166~
167쪽.

려니 한다. 블라디미르 티흐노프는 박노자 교수가 한국인으로 귀화하기 이전의 러시아어 이름이다.

한국인이라도 이미 이름을 외국어로 쓰고 있는 사람은 이미 한국인이 아니다. 핏줄이나 법적으로는 한국인일지 모르지만 의식(意識)이나 문화 향유로 볼 때는 외국인이나 다름없기 때문이다. 일찍이 손진태가 지적한 것처럼, 이제 민족 개념은 혈연적 동질성보다 문화적 동질성을 더 중요하게 여긴다. 그만큼 이름은 한 인간의 정체성을 결정하는 데 매우 중요한 구실을 한다. 그러므로 신라 시조 왕들의 이름을 몽골어나 알타이어라고 하고 왕호마저 그들의 언어라고 하는 것은 신라국의 민족적 정체성을 전면적으로 뒤집어엎는 일이자, 신라를 독립국가로 인정하지 않는 것이나 다름없다.

거듭 양보하여 김병모의 주장대로 알지의 이름을 알타이어라고 하고, 또 알지를 알타이 샤먼의 후예인 알타이인이라고 하자. '활잘 쏘는 궁술가' 주몽, '쇠붙이를 잘 다루는 대장장이' 탈해는 말이 되지만, '금'이 곧 알지라고 하는 것은 구조적으로도 납득하기 어렵다. 금은 물질이지 결코 사람이 아니다. 따라서 물질의 명칭을 그대로 건국 시조의 이름으로 쓴 일이 없는 우리 건국 신화의 문법에 맞지 않는 것이다. 탈해와 주몽과 같은 논리로 알지의 이름을 풀려면 '금을 잘 다루는 연금술사'라고 해야 한다. 그러므로 알타이어 가운데 연금술사라는 말을 가져와서 알지의 이름을 풀어야 할 것이다.

알지가 곧 금이라 하여 김알지를 '금+금(Gold+Gold)'이라고 하는 것도 자체 모순이다. 이미 금궤에서 나온 알지의 정체성에 따라 성을 김이라고 정했는데, 알지라는 이름까지 금이라는 뜻을 표방할 까닭도 없고 더군다나 알타이어와 같은 외래어로 이름을 붙일 까닭도 없다. 만일 '금＝알지'라는 작명 논리에 따라서 이름을 짓는다면, 다른 신화의 주인공도 '활＝주몽'이나 '쇠＝탈해'라고 해야 옳으며, 이름의 구조도 '금금'을 나타내는 김알지처럼 고주몽이나 석탈해가 아니라 궁주몽(弓朱蒙) 또는 철탈해(鐵脫解)라 해야 마땅하다.

더군다나 금을 뜻하는 알타이어의 알트, 알튼, 알타이가 아르치>알지로 변했다는 것을 입증할 만한 언어학적 근거도 없다. 알타이어에서도 '알타이(Altai)'가 금을 뜻하지 '알지'가 금을 뜻하는 것은 아니기 때문이다. 신라 시조 신화의 중요한 등장인물인 '알지(閼智)'의 말뜻을 엉뚱하게 알타이어에서 찾을 것이 아니라, 같은 신화에 널리 쓰이는 우리말 알영(閼英)·알천(閼川)·알평(謁平) 그리고 백계(白鷄)·계림(鷄林)·계림국(鷄林國)·계정(鷄井) 등에서 찾아야 한다. 왜냐하면 이 낱말들이야말로 신라 신화의 난생 요소를 설명하는 중요한 열쇠말들(keywords)이자, 닭을 국가적 상징으로 삼은 계림국 신라의 정체성을 드러내는 핵심 낱말이기 때문이다.

실제로 닭과 알은 신라 건국의 여명을 알리는 신화적 상징물이다. 알을 상징하는 신화의 주인공은 박혁거세 신화 이전의 6촌 신화에서부터 출현한다. '알지'가 우리나라에서 가장 많은 성씨 가운데 하나인 경주 김씨의 시조이듯이 '알평(謁平)' 또한 경주 김씨 다음으로 많은 경주이씨의 시조이다. 《삼국유사》의 6촌 촌장 신화를 보면 알평은 박혁거세와 알지의 원조라 할 수 있다.

지금까지 대부분의 연구는 6촌 신화를 박혁거세 신화의 한 부분으로 다루었으나, 나는 《민족신화와 건국영웅들》에서 박혁거세 신화와 별도로 6촌 촌장 신화를 다루었다.[2] 왜냐하면 그 자체로 6촌 형성의 신성한 시작을 말하는 신화이기 때문이다. 더 중요한 사실은, 알천 양산촌의 촌장인 알평이 박혁거세를 발견해 왕으로 추대하고, 그 박혁거세가 다시

---

2) 임재해, 《민족신화와 건국영웅들》, 민속원, 2006, 195~213쪽에서 6촌 촌장 신화를 박혁거세 신화와 별도로 다루었다.

알지의 출현을 예고했다는 사실이다. 그러므로 양산촌 촌장 알평은 박혁거세와 알지 출현의 계기를 마련하고 신라의 초기국가 형성을 가능하게 한 실질적인 주인공이라 하지 않을 수 없다.

> 옛날에 진한 땅에는 여섯 마을이 있었다. 첫째는 알천 양산촌이었다.…… 촌장은 알평인데 처음에 하늘에서 표암봉에 내려왔으며, 급량부 이씨의 조상이 되었다.…… 기원전 69년 3월 초하루에…… 6촌의 조상들은 저마다 자제들을 거느리고 알천 언덕에 모여서 의논하다가…… 높은 곳에 올라가 남쪽을 바라보았다.[3]

이 상황에서 박혁거세의 출현이 포착된다. 그리고 박혁거세 신화가 본격적으로 서술된다. 알평은 신라 건국의 기틀이 되는 6촌 촌장 중 첫 자리를 차지하는 양산촌 촌장으로서 제일 먼저 이야기될 뿐만 아니라, 박혁거세도 알천 언덕에 모인 6촌장들에 의해 양산촌에서 알의 형태로 발견된다. 알평이 촌장으로 있는 알천에 모여 6촌 촌장회의가 이루어졌을 뿐아니라 그 양산촌에서 박혁거세가 출현한다는 것은, 양산촌 촌장인 알평이 신라 건국의 실질적 주역이었음을 입증하는 것이다.

알평은 하늘에서 표암봉으로 하강한 신인이자 천손이다. 알평이라는 이름과 알천이라는 지명이 박혁거세로 하여금 알의 형태로 출현하게 만든 것이다. 따라서 박혁거세는 사실상 양산촌 촌장 알평으로부터 발탁된 인물이라 해도 지나치지 않다. 그리고 한결같이 하늘에서 하강하므로 천손으로 인정하지 않을 수 없다. 하늘에서 표암봉으로 내려온 알평이나, 천마가 알의 형태로 양산촌에 데려온 박혁거세는 사실상 동질적 존재의 신인이자 천손이며 건국 영웅인 셈이다. 알평이 하늘에서 강림한

---

3) 《三國遺事》卷1, 〈奇異〉第1, 新羅始祖 赫居世王.

경주 동천리 표암봉에는 표암 곧 박바위가 있다. 박바위 전설이 알평의
출현을 이야기하는데, 구전되는 전설이 퍽 흥미로워 알평 신화라고 할
수 있다.

동천리에 사는 어떤 할머니가 큰 바위 아래 박을 심었더니, 박이 어
찌나 크게 자랐던지 바위를 덮었으며 매우 단단하여 마치 차돌과 같았
다. 가을이 되어 할머니가 박을 따서 가르자 박 안에서 한 동자가 걸어나
왔는데, 그가 바로 알평이었다. 이와 조금 다른 전설도 있다. 알평은 허
리에 박을 차고 온 도래인(渡來人)이다. 그가 차고 온 박을 바위 아래 두
었더니 박 덩굴이 자라 바위를 덮었고, 그래서 그 바위를 '박바위'라고
하게 되었다.

알평이 박에서 나왔다고 하는 알평 신화의 내용은 알에서 나온 박
혁거세 신화나 다름없는 내용을 이루고 있다. 다만 천손의 의미가 다소
퇴색되었을 따름인데, 《삼국유사》의 기록에는 알평이 하늘에서 내려왔
다고 하여 천손의 자질을 분명하게 밝혀두었다. 알과 박은 서로 오고가
듯이 천손과 난생 또한 서로 오고가는 것이다. 따라서 알에서 나온 혁거
세를 박에서 나왔다고 하여 박씨 성을 붙인 것처럼, 박에서 나온 알평도
알을 상징하는 까닭에 이름을 알평이라고 했던 것이다. 결국 신화 속에
서 알이나 박은 사실상 같은 상징을 지닌다.

알평은 박에서 나와 이름을 '알'로 표현하고, 박혁거세는 알에서 나
와 이름을 '박'으로 표현했을 뿐 아니라, 알평이 다스리는 알천 양산촌에
서 알평의 주도 아래 6촌 촌장회의가 열리고 박혁거세가 발견되어 왕으
로 추대되었다는 사실을 고려한다면, 신라 건국은 결국 알평의 알에서
시작된다고 해도 지나치지 않다. 그러므로 알평의 알에서 비롯된 신라
건국 신화의 전통이 알에서 나온 박혁거세와 석탈해를 거쳐, 김알지까지
생생하게 이어진다고 해야 할 것이다. 김알지는 알에서 나오지 않았지
만, 알평처럼 알지라는 이름을 통해서 난생이라는 출생의 비밀을 어느

정도 드러내고 있는 것이다.

시림에서 닭이 울자 알지가 출현했다. 닭이 울면 알을 낳는다는 사실을 고려하면 알지의 난생이 이미 닭의 울음에서 구체적으로 암시되고 있다. 박혁거세 출현의 공간적 무대가 되고 있는 '알'천과 '계'정은 함께, 혁거세가 알에서 태어날 가능성을 암시하는 난생의 요소를 지니고 있는 신화적 공간인 것이다. '알'과 '닭'은 닭이 먼저냐 달걀이 먼저냐 다툴 정도로 난생과 밀접한 연관성을 지닌다.

6촌 촌장이 모여서 왕이 출현하기를 기대한 알천 언덕은 나라를 수호하는 신성한 제사터이자 새로운 왕을 옹립하는 성역이다. 때로는 호국의 영웅을 나타내는 인물로서 알천이 역사 속에 등장하기도 한다. 이를테면, 알천은 6촌 촌장의 회의장이자 혁거세와 같은 신성한 왕을 맞이하는 영군(迎君)의 장소이다. 《삼국사기》에 보면, 신라 왕들 곧 파사왕·일성왕·나해왕·애장왕 등이 가을철에 알천에서 호국행사의 하나로 열병(閱兵)의 의식을 거행했다고 한다. 알천은 나라를 지키는 호국의례가 이루어지던 장소였던 셈이다.

선덕왕이 죽고 그 조카인 주원(周元)이 왕위에 오르게 되어 있을 때, 왕의 아우인 경신(敬信)이 평소에 알천신에게 비밀히 제사를 올린 까닭에 알천이 범람하여 주원이 강을 건너지 못하게 되었다. 그런 까닭에 주원을 대신하여 경신이 왕에 즉위하게 되었다는 기록이 있다. 경신이 평소에 알천의 강물 신에게 제사를 올린 까닭으로 설명한다. 이를 미루어 보아 알천은 호국의 성역이자 새로운 왕을 옹립하는 구실까지 하는 신성한 곳이다.

알천은 나랏일을 논의하는 회의장이자 호국과 왕권 옹립의 성역인 동시에, 나라를 지키는 호국 영웅의 대장군이기도 하다. 《삼국사기》 선덕왕조에 의하면, 장군 알천은 백제 군사를 공격하여 섬멸하고 대장군이 되며, 고구려 군사가 침략해 왔을 때도 접전하여 승리를 거두고 마침내 알천은 상대등(上大等)에 오른다. 삼국이 각축하던 시기에 알천은 무용(武勇)을 떨치고 전투마다 영웅적 승리를 하며 마침내 진덕여왕 때는 국사를 다스리는 상대등으로서 임종공(林宗公)·유신공(庾信公) 등 6공(六公) 가운데서 가장 으뜸인 수석의 자리에 앉게 된다.

　뒤에 왕이 죽자 여러 신하들은 알천에게 섭정을 청했으나, 알천이 사양하면서 김춘추를 천거하여 마침내 김춘추가 왕위에 오르게 된다. 따라서 알천공은 대장군으로서 영웅이었을 뿐 아니라, 왕으로 추대될 정도로 정치적 역량도 탁월했음을 알 수 있다. 알천공의 이름은 그의 영웅적 무용과 왕에 버금하는 정치력을 고려하여, 제정(祭政)의 신성한 성역이었던 알천의 지명을 그대로 이름 삼았다고 하겠다. 마치 알영이 알영정의 이름을 그대로 따왔듯이 말이다.[4]

　혁거세가 계정(鷄井) 가에서 알로 태어났을 뿐만 아니라 그 왕비인 알영도 계룡(鷄龍)으로부터 태어난 것처럼, 신라 초기의 신화적 영웅들은 모두 '알' 또는 '닭'과 밀접한 연관성을 지닌 채 태어난다. 따라서 알의 생명성을 특별히 주목하지 않을 수 없다. 알은 난생이며 천손을 의미하는 상징물이자, 아기를 기대하는 주술물이기도 하다. 자녀 출산을 기원하는 신성한 바위에는 어김없이 돌로 갈아낸 반구형 구멍 곧 성혈(性穴)이 있다. 성혈이 있는 바위를 으레 알바위[5] 또는 알터라고 하는데, 이 알자리는 자녀를 낳기 위한 어머니들이 지극 정성으로 바위를 갈며, 삼신할머니에게 아들 낳기를 빌었던 곳이다. "전국 산의 정수리에 파여 있는 알바위, 알터가 모두 하늘을 보고 소원을 빈 곳, 천제(天祭)를 올린 곳"으로[6] 해석된다. 알은 곧 신성한 존재의 출현을 뜻하는 주술적 상징물인 셈

4) 임재해, 앞의 책, 221~222쪽.
5) 신영훈, 〈알바위 신앙의 의미〉, 김대성·윤열수, 《한국의 性石》, 도서출판 푸른숲, 1997, 154쪽.
6) 김대성·윤열수, 〈문자학으로 본 성석의 의미〉, 같은 책, 240쪽.

이다.

박혁거세와 석탈해처럼 알에서 태어났다고 하는 난생을 직접 이야기하는 경우에는 이름에 '알'이라는 말을 드러내지 않았다. 그러나 알평과 알지처럼 난생이 암시적으로 이야기되는 경우에는 이름에 '알'이라는 말을 드러내서 난생을 표방한다. 따라서 알평, 박혁거세, 석탈해, 알지는 모두 이러한 알 숭배 사상과 알터 신앙 문화 속에 출현한 영웅들로서, 알을 매개로 등장한 천손들이자 신라 건국의 지도자들이라 할 수 있다. 그러므로 난생과 천손의 신화적 요소는 서로 대립적인 관계로 맞서 있는 것이 아니라 변증법적 통일을 이루고 있는 것이다.

2. 흉노어의 '옌즈'와 신라어의 '알지'

신라 건국 신화 안에는 알지와 관련된 말이 다양하게 존재한다. 박혁거세 신화에서 알지를 직접 거론하는가 하면, 알지와 돌림자에 해당되는 '알아무개'가 널리 등장한다. 알지라는 이름은 느닷없이 '알타이어'를 끌어와서 지어진 것이 아니라, 신라 문화의 현장 상황과 신라 신화의 전통 속에서 유기적 관련 아래 지어졌다고 보아야 할 것이다. 따라서 신라 문화나 우리 문화권 안에서 알지와 관련된 말을 배제한 채, 군이 알타이어에서 '알지'와 비슷한 말을 찾아내 그 연관성을 주장하는 것은 문화적 비약이자 논리적 한계를 지닌 주장이라고 할 수 있다.

하지만 김알지가 알타이 사람이라는 것을 입증하기 위하여 알지와 비슷한 말을 알타이어에서 군이 찾아낸다면 상당히 많은 낱말들을 찾을 수 있을 지 모른다. 비슷한 말이라 하여 아무 뜻이나 가진 말을 다 끌어다 붙일 수는 없는 노릇이다. 따라서 금을 뜻하는 말이나 왕을 뜻하는 말을 끌어다 대야 김알지가 알타이계 사람이라는 것을 입증할 수 있고

"김알지의 사상적 고향이 알타이 지역"이라고[7] 주장할 수 있다.

따라서 알지는 한편으로 알타이어로서 '금'을 뜻하는 말이라고 하고, 한편으로는 또 알타이어 문화권의 흉노족 말로 알지를 '옌즈(Yenje)'라고 발음한다고 하며 "군왕의 정실" 부인이라는 뜻으로 해석한다.[8] 그러므로 "여기서 흉노의 알지나, 신라의 알지가 왕후 또는 왕의 조상이라는 뜻의 사회적 신분을 나타내는 보통명사로 사용되고 있음을 알 수 있다"고[9] 주장하는 당착까지 보인다.

이처럼 알타이어 '금'과 흉노어 '왕비'는 전혀 다른 뜻이자 김알지의 역사적 실체와 전혀 맞지 않는 말이지만, 김병모에 따르면 알타이어와 흉노어에서 모두 '알지'라고 일컫는다고 하며, 김알지를 이 말에서 온 이름으로 해석한다. 알지와 발음만 같으면 서로 다른 뜻이라도 상관없으며, 다른 민족의 언어라도 비슷하면 줄긋기를 하여 전래설을 펴는 상투성은 한결같다. 그렇다면 도대체 김알지는 금을 잘 다루는 알타이 사람이라는 말인가, 아니면 왕비나 왕의 조상을 뜻하는 흉노족에 속했던 사람이라는 말인가? 비슷한 말만 찾아서 꿰어 맞추었을 뿐 전파에 의한 것이라는 사실을 입증할 수 없기 때문에, 서로 다른 종족의 다른 뜻을 지닌 두 말을 함께 끌어들이고 있을 따름이어서 스스로 당착에 빠지게 된 것이다.

서로 다른 뜻을 가진 말이라도 북방 민족의 말이라면 무엇이든 끌어다가 해석하려는 것이 신라 금관을 시베리아 샤먼의 관으로 규정하려드는 연구자들의 일반적 방식이다. 게다가 우리 언어가 알타이어계라고 하는 주장도 니콜라스 포페(Nicholas Poppe)에 따른 묵은 학설에 지나지 않는데다가, 이 학설을 인정한다고 하더라도 우리말은 알타이어계 언어 34

7) 김병모, 앞의 책, 167쪽.
8) 같은 책, 168쪽.
9) 같은 책, 같은 쪽.

개 어족 가운데 하나일 뿐이다. 알타이어계통을 크게 네 가지 갈래로 나
눌 때도 우리말은 몽골어나 만주어, 퉁구스어, 터키어족과 전혀 다른 한
국어족으로 분류되고 있다.[10]

현대 언어학계에서도 한국어의 우랄-알타이어족설을 인정하지 않
는다. 왜냐하면 가설만 있었을 뿐 어느 누구의 연구에서도 과학적으로
입증되지 않았기 때문이다. 한국인은 동아시아 여러 나라 가운데 단일어
를 쓰는 유일한 나라로 인정되며, 국제 학계에서 한국어의 우랄-알타이
어족설은 진작 퇴색되었다.[11] 비록 알타이어계라고 인정하더라도 한국
어는 몽골어족이나 퉁구스어족의 언어와 전혀 다른 독자적인 갈래에 속
한다. 그러므로 탈해와 알지를 제각기 몽골어와 알타이어를 끌어들여 해
석하는 것은 언어적 필연성도 없다.

그들의 언어에서 이름만 끌어올 까닭도 없다. 건국 시조 신화나 세
습 왕조에서 중요한 것은 이름이 아니라 성이자 혈통이기 때문이다. 시
조 왕의 성이 바로 세습 왕조의 혈통을 결정하는 것이다. 신라 왕조도 시
조 왕의 성에 따라 박·석·김의 성씨가 이어질 뿐만 아니라 고구려의 왕
도 시조 왕 고주몽에 따라 고씨 성이 세습된다. 신라나 고구려나 시조 왕
의 성들은 모두 우리 성씨의 전통 속에서 형성된 것이다.

결국 시조 왕의 혈통을 나타내는 성은 우리 식 전통을 유지하면서,
이름은 알타이어나 몽골어에서 가져왔다는 논리를 통해 김알지의 혈통
자체를 알타이인으로 해석하는 것은 무리이다. 혈연적 계보는 성씨에 따
라 이어지는 것이지 고유명사인 이름에 따라 이어지는 것은 아니기 때문
이다. 그런데도 선험적 전제에서 비롯된 결론을 일방적으로 이끌어내기

---

10) Nicholas Poppe, *Introduction to Altaic Linguistic*, Otto Harrawwowitz, 1965, 7~8쪽 및 박상
규, 〈우랄·알타이語族의 巫歌 一面〉, 民俗學會 編, 《巫俗信仰》, 敎文社, 1989, 224쪽 참조.
11) 송기중, 〈東아시아 諸民族의 分布와 言語學的 分類〉, 《口碑文學硏究》 11, 한국구비문학
회, 2000, 175쪽.

위해, 필요에 따라 알타이어와 몽골어의 비슷한 말을 그때마다 끌어들여서, 고대 사서에 기록된 우리말 풀이를 부정하고 김알지 신화와 석탈해 신화를 해석하는 것은, 마치 천손과 난생 요소를 들어서 한반도 문화를 북방계와 남방계로 분할점유한 것으로 주장하는 견해나 그리 다르지 않다. 왜냐하면 한반도에는 자생 신화가 없는 상황에서 제각기 남북방계 신화가 들어왔다고 하는 것처럼, 당시의 신라 신화는 제 나라 말이 없어서 신화의 주인공 이름조차 몽골어와 알타이어를 끌어와서 사용했다고 할 수 있기 때문이다.

더군다나 김알지의 경우는, 금궤에서 나왔다고 해서 성을 '김(金)'이라고 하는 우리 언어를 사용하는 반면에 이름만 별도로 알타이어를 끌어다 썼다고 하는 사실도 납득하기 어려운 주장이다. 석탈해의 경우도 그렇다. 석씨는 우리말 성씨로 인정하면서 탈해는 몽골어 대장장이를 가져왔다고 풀이하는 까닭이다. 결국 김알지와 석탈해의 성은 모두 우리말이되 이름은 한결같이 알타이어나 몽골어라는 것이다.

하기야 요즘처럼 '앙드레김'이나 '패티김'처럼 성은 그대로 두고 이름만 외국의 것을 따와서 쓰는 예를 고려하면 전혀 문제되지 않는다. 하지만 앙드레김이나 패티김도 법적인 이름 곧 호적상의 이름은 '김봉남'이고 '김혜자'이다. 석탈해나 김알지는 '앙드레김'이나 '패티김'처럼 호적상의 본명이 아니고 알타이어나 몽골어를 따온 예명이나 필명인가? 왕의 이름을 사서에 쓸 때 본명을 쓰지 않고 예명을 쓰는 관례가 없는 한, 왕의 이름이나 시조의 이름을 몽골어나 알타이어와 같은 외국어로 기록할 까닭이 없다. 더군다나 알지라는 이름은 박혁거세 신화에서부터 박혁거세의 입을 통해 '알지거서간이 일어난다'고 하여 역사적으로 일컬어졌던 이름이 아닌가.

그래도 문제는 남는다. 박·석·김 세 신화 가운데 박혁거세 신화의 혁거세라는 이름은 어느 언어에서 왔는가? 이 또한 알타이어나 몽골어

로 해명되어야 할 것이다. 그래야 신라 문화가 시베리아 샤먼 문화나 알
타이 문화에서 비롯되었다는 주장이 설득력을 갖는다. 왜냐하면 박혁거
세야말로 신라를 건국한 시조 왕이기 때문이다. 그런데 박혁거세의 이름
은 어느 나라 언어에서 왔는지 설명하지 못하고 있다.

신라의 건국 초기 신화 가운데 박혁거세의 이름만 이들 언어와 무
관하게 형성되었다고 하면, 그 까닭을 밝힐 수 있어야 한다. 그리고 거의
동시대에 존재했던 고구려의 시조 주몽이나 백제 시조 온조도 같은 방식
으로 알타이어나 몽골어로 해명되어야 할 것이다. 고구려 고분벽화를 신
라 금관과 연결시켜 시베리아 샤먼 문화로 주장하면서, 주몽의 이름은
왜 그들의 언어로 해명하지 못하는가? 알지라는 이름이 슬기로운 아이
라는 사서의 풀이 내용이 틀렸다고 하듯이, 주몽은 곧 '활 잘 쏘는 이를
뜻한다'는 사서의 기록도 틀렸다고 해야 할 것이다. 그리고 백제의 시조
왕 온조는 북방계의 어느 종족의 언어인가? '온조'라는 이름은 알타이어
인가, 아니면 몽골어인가?

특히 고구려는 까마귀 토템 국가로서 시베리아 원주민들의 토템과
같다고 했다.[12] 그러면 당연히 고구려의 시조 왕 주몽의 이름도 사서의
뜻풀이를 부정하고 시베리아 어느 종족의 언어로 풀이되어야 할 것이다.
그리고 백제 무령왕릉(武寧王陵)의 금제 관모 장식도 신라 금관을 설명하
는 증거로 끌어왔다.[13] 그렇다면 백제의 시조 왕 온조도 알지나 탈해처럼
북방계의 언어로 뜻풀이를 할 수 있어야 할 것이다. 그런데 왜 이들 시조
는 그런 해석을 시도하지 않는가?

아마 탈해나 알지처럼, 주몽이나 온조의 경우도 비슷한 발음을 애
써 찾으면 이들 북방계 언어에서 뭔가 발견될 것이다. 그리고 이들 알타

---

12) 金秉模, 〈新羅金冠을 통해 본 神鳥思想과 神樹思想〉, 《韓國民俗學報》 4, 韓國民俗學會,
　　1994, 222쪽.
13) 같은 글, 216쪽.

이어나 몽골어의 용례를 들어서, "나라 풍속에 활을 잘 쏘는 사람을 주몽이라 하여 이름을 그렇게 지었다"는[14] 《삼국유사》의 기록이나 "부여의 말에 활 잘 쏘는 사람을 주몽이라 하였다"는[15] 《삼국사기》의 기록도 또한 틀렸다고 해야 마땅할 것이다.

그런데 그런 작업을 밀고 나가지 않았다. 왜냐하면 그렇게 일관된 논리로 설명할 수 없기 때문이다. 어떤 주장도 유기적으로 체계화시키거나 상호 관계 속에서 종합적으로 논증을 하지 못한 채 부분적인 사실의 무질서한 줄긋기 작업으로 신라 금관을 시베리아 문화권에 귀속시키는 작업을 하고 있는 까닭이다. 그런 까닭에 제각기 펼친 앞뒤 주장들은 서로 어긋날 뿐 아니라 논리적 당착에 빠지게 마련이다. 일정한 이론이나 체계적 방법론에 의하지 않고 단편적인 사실들 가운데 비슷한 것들을 찾아내서 무리하게 원류론을 펼친 탓이다.

3. '알지'를 풀이한 문헌 사료의 기록과 토박이말

《삼국사기》와 《삼국유사》를 쓴 고려시대 사가들은 자신의 후예들 가운데 건국 신화에 관해 엉뚱한 해석을 하는 자가 있을 것으로 미리 알고 착각과 오류를 줄이기 위해 건국 시조에 대한 자세한 기록을 남겼다. 건국 신화의 열쇠말이라 할 수 있는 '왕호'와 '왕명'을 자세하게 풀이하고 근거를 밝혀두었다. 특히 신화 주인공들의 이름 풀이는 상당히 체계적이고 자세하다.

신라 건국 신화는 박혁거세와 석탈해, 김알지 이름을 구체적으로

---

14) 《三國遺事》卷1, 〈紀異〉第1, 高句麗.
15) 《三國史記》卷13, 〈高句麗本紀〉第1, 始祖東明聖王.

설득력 있게 풀이하는 데 관심을 기울였다. 한결같이 성과 이름을 분석
적으로 해명해서 기록해두었을 뿐만 아니라 다른 풀이까지 다양하게 제
시해두었다. 단일설을 일방적으로 주장하는 것이 아니라 이설이 있는 경
우에 아울러 밝혀둘 정도로 객관적이다. 앞에서 살핀 거서간이나 차차
웅, 이사금 등 왕호의 내력을 설명한 것 이상으로 자세하고 친절하여 매
우 알기 쉽다. 먼저 박혁거세 이름부터 보자.

박혁거세의 성씨인 '박(朴)'은 "진한 사람들이 표주박을 박이라 하
였는데, 혁거세가 태어난 알의 모양이 표주박과 같이 생긴 까닭에 박으
로 성을 삼았다"고[16] 했으며, 이름은 "밝게 세상을 다스린다는 뜻"이라고
주석을 붙여 두었다.[17] 석탈해의 경우도 "남의 집을 옛날 자기 집이라 하
여 빼앗았으므로" 또는 "까치[鵲]에 의해 궤를 열고 나올 수 있었으므로
작(鵲)자에서 까치를 뜻하는 조(鳥)를 떼고 성을 석씨(昔氏)라 하였다"
고[18] 풀이해두었다. 이름도 석탈해가 "궤를 풀고 알에서 벗어나 해방되
었으므로 탈해(脫解)라 하였다"고[19] 그 뜻을 납득할 수 있도록 친절하게
밝혀 기록했다.

김알지의 이름에 관해서도 어김없이 자세하게 풀이해서 기록으로
남겼다. 《삼국유사》에서 김알지 신화를 기록하면서, 성씨 김(金)은 "금
궤에서 나왔다"고 하여 정한 것이고, 이름 "알지란 우리말[鄕言]로 어린
아이를 가리키는 말"이라고[20] 분명하게 밝혀 기록해두었다. 이때 향언(鄕
言)은 우리나라 말이기도 하지만 지역 토박이말이라는 뜻이기도 하다.
따라서 우리 고유어이자 토박이말인 알지를 알타이어라고 하는 것은 전

---

16) 《三國史記》, 〈新羅本紀〉第1, 始祖 赫居世居西干.
17) 《三國遺事》卷1, 〈奇異〉第1, 新羅始祖 赫居世王.
18) 《三國遺事》卷1, 〈奇異〉第4, 脫解王.
19) 《三國遺事》卷1, 〈奇異〉第4, 脫解王.
20) 《三國遺事》卷1, 〈紀異〉第1, 金閼智 脫解王代. "以閼智名之 閼智卽鄕言 小兒之稱也."

적으로 사료의 기록을 무시하는 것이자, 우리 언어의 맥락을 고려하지 않은 것이다.

김알지는 금관과 밀접한 신화적 주인공이므로 더 자세한 검토와 해석이 필요하다. 실제로 김알지의 이름을 근거로 신라 금관의 기원을 알타이 문화에서 비롯된 것으로 해석하기 때문에 면밀하게 뜯어보지 않을 수 없다. 우선 해당 기록부터 옮겨보자.

> 호공(瓠公)은 이것을 왕에게 아뢰었다. 왕이 그 숲에 가서 궤를 열어보니, 한 사내아이가 누워 있다가 곧 일어났다. 이것은 혁거세의 이야기와 같으므로 그 말을 따라 아이의 이름을 알지(閼智)라 하였는데, 알지란 이름은 곧 우리말로 어린아이를 가리키는 말이다.…… 금궤에서 나왔다고 하여 성을 김씨라 하였다.[21]

《삼국사기》에서는 아이가 총명하고 지략이 많아 알지라고 했다고 도 한다.[22] '알지'는 '알다'는 말의 변이형이니 예지(銳智)를 나타내는 우리말과 닿아 있다. 한결같이 우리말의 어원에 입각한 그럴듯한 말 풀이인데다가 '우리말'이라는 근거까지 밝혀두었다. 《삼국유사》와 《삼국사기》는 비록 한자로 기록되어 있어도 한문문법과 상관없이 우리말을 소리나는 대로 기록했거나, 또는 우리말 어법에 맞게 기록한 대목이 적지 않다. 특히 '알지'의 경우에는 다른 나라 말과 혼동할 것을 우려하여 '우리말'이라는 단서를 붙여서 풀이해두었다.

"알지란 이름은 곧 우리말(鄕言)에 어린아이를 가리키는 말"이라고[23] 했다. 이때 향언(鄕言)은 우리나라 말이기도 하지만 지역 토박이말

---

21) 《三國遺事》卷1, 〈紀異〉第4, 金閼智 脫解王代.
22) 《三國史記》卷1, 〈新羅本紀〉第1, 脫解尼師今.
23) 《三國遺事》卷1, 〈紀異〉第1, 金閼智 脫解王代. "以閼智名之 閼智卽鄕言 小兒之稱也."

이라는 뜻이기도 하다. 따라서 우리 고유어이자 토박이말인 알지를 알타이어라고 하는 것은 전적으로 사료의 기록을 무시하는 것이자, 우리 언어의 맥락을 고려하지 않은 것이다. 우리 역사의 주인공 이름의 의미를 우리말에서 찾지 않고 외국 언어에서 찾는 발상 자체도 잘못인데, 제대로 우리말 풀이를 해놓은 사서의 기록을 오히려 틀린 것으로 규정하고 나선다.

더군다나 박혁거세 신화에서 이미, "박혁거세가 세상에 나타나 처음 입을 열어 스스로 말하기를 '알지거서간(閼智居西干)이 한번 일어난다'고 하였다"는[24] 기록을 보면, 이미 '알지'의 출현은 신라 건국 초기부터 박혁거세에 의해 이미 예견되어 있었다. 그리고 김알지 신화에서 탈해왕이 김알지의 이름을 지을 때도 "혁거세의 이야기와 같으므로 그 이름을 따라 아이의 이름을 지었다"고 했다. 이처럼 김알지가 이러한 이름을 얻게 된 것은 역사적으로나 사회적으로나 문화적으로 유기적 필연성을 가지고 있다.

첫째, 역사적으로 김알지의 이름은 박혁거세 신화에서 이미 예견된 것이며, 박혁거세 왕에 의하여 알지거서간의 출현이 예언된 것이다. 그러므로 '김'이라고 하는 성은 금궤에서 나왔기 때문에 당대에 붙여진 것이지만, '알지'라는 이름은 역사적 예언의 실현으로 보아야 할 것이다.

둘째, 사회적으로 알지는 총명하고 지략이 많은 어린아이를 일컫는 우리말에서 비롯되었다. 당시 사회에서 알지란 이름은 우연한 것이 아니라 이러한 사회적 의미를 지니고 있었던 것이다. 모든 슬기와 지식은 앎에서 비롯되어서 앎에서 끝이 난다. 따라서 '알다'라고 하는 기본형에서부터 '알고', '알면', '알아서', '알지'와 같은 다양한 변형이 가능한데, '알지!'는 '아무렴 알고 말고!'와 같은 뜻으로서, 앎을 당연시하며 전적으로

---

24) 《三國遺事》卷1, 〈紀異〉第1, 新羅始祖 赫居世王.

인정하는 말이다. 그러므로 김알지는 슬기로운 아이를 뜻하는 이름이라 하지 않을 수 없다.

셋째, 문화적으로 알지는 알에서 태어난 신화적 인물이라는 것이다. 박혁거세가 알에서 태어났으며, 스스로 알지거서간의 출현을 예언했고, 흰 닭이 울어서 알지의 출현을 알렸으며, 알지가 출현한 숲을 계림이라고 했던 것이다. 따라서 알지란 이름은 난생요소의 신화적 흔적이 짙게 남아 있는 이름인 것이다. 그러므로 알타이라는 말에서 알지라는 이름이 비롯되었다는 주장은 신라의 건국사는 물론 신라 사회의 문화와 신화적 사유체계의 맥락에서 크게 어긋난다고 하지 않을 수 없다.

이처럼 건국 시조의 이름을 알타이어나 몽골어 또는 흉노어 등 북방 민족의 언어를 근거로 하는 낱말 수준의 어원 풀이는 민족사의 정체성을 부정하는 세 가지 문제를 안고 있다고 할 수 있다. 작게는 우리 건국 신화의 체계를 부정하는 것이고, 다음으로는 《삼국유사》와 《삼국사기》와 같은 고대 사서의 기록을 부정하는 것이며, 크게는 신라 문화의 민족적 정체성을 부정하는 것이다. 왜냐하면 김알지 신화의 알지만 어원 풀이로서 문제되는 것이 아니기 때문이다. 박혁거세 신화와 김알지 신화는 서로 연관되어 있는 까닭에, 만일 알지가 《삼국유사》에서 밝힌 것처럼 '어린아이'라는 우리말이 아니라 김병모가 주장하는 것처럼 '금'을 뜻하는 알타이어라면, '알지'를 제일 처음 말한 박혁거세 또한 알타이어로 말한 알타이인이라 해야 마땅하다.

알지는 알타이어로 금을 뜻하며, 김알지의 사상적 고향은 알타이일 가능성이 매우 높다고 하는 김병모의 견해는, 알천 양산촌에서 박혁거세가 출현했다는 《삼국사기》와 《삼국유사》의 기록은 물론 고대국가로서 신라 왕조의 출현 과정까지 모두 부정하는 것이다. 한마디로, 신라 초기의 박·석·김 신화에 관한 기록은 다 엉터리라는 말이다. 이처럼 두 사서의 기록을 전면적으로 부정하면서도 그에 따른 적절한 논리나 근거가 전혀 없다는 것이 문제이다.

　이를테면, '알지'라는 말이 왜 '어린아이'를 일컫는 말이 될 수 없는지, 또 탈해는 왜 '궤에서 나와 알에서 벗어났다'는 해방의 뜻이 되어서는 안 되는지, 전혀 비판적인 논거를 제시하거나 타당한 비판 없이 그냥 틀렸다고만 하는 것이다. 사서의 기록을 부정할 만한 객관적인 이유가 없다. 다만 이들 시조의 이름과 비슷한 발음의 낱말이 알타이어나 몽골어에서 발견되는 순간, 막무가내로 우리 사서의 기록을 틀렸다고 몰아가는 셈이다. 그러므로 우리 사서의 기록과 비슷한 발음의 언어가 북방 민족의 언어에서 발견되면, 그때부터 사서의 우리말 풀이는 어느 것이나 틀린 내용이 되고 만다.

　앞으로 《사기》나 《유사》의 다른 기록도 이들 언어와 같은 것이 발견되면 우리말 풀이가 잘못되었다고 단정될 가능성이 높다. 이와 같이 알타이어나 몽골어, 흉노어 등 북방 민족의 여러 언어와 관련성을 우선적인 전제로 삼아 《삼국유사》와 《삼국사기》를 읽게 될 경우, 우리말의 해석이나 여기에 수록된 사료의 내용은 언제든지 부정될 처지에 놓이게 되었다.

　만일 김병모처럼 '알지'라는 이름을 알타이어 '알트, 알튼, 알타이' 등의 알타이어 발음과 유사성을 들어서 금이라고 해석하려면, 이들 박혁거세 신화에 나오는 '알지거서간'은 물론 '알평(遏平)', '알영(閼英)부인', '알천(閼川)', 알영정(閼英井) 또는 아리영정(娥利英井) 등이 모두 알타이어로 금과 연관되어 있어야 한다. 왜냐하면 알트·알튼·아르치·알지 등이 모두 금을 뜻하는 것이라면, 알지와 더불어 알평과 알영, 알천도 금과 연관되어 있는 알타이어일 가능성이 높기 때문이다.

　그러나 금궤에서 나온 알지를 제외한 알평, 알천, 알영, 알영정 등은 금과 아무런 관계가 없다. 우리 신화의 문맥에서 이들 '알○'나 '알○○'은 모두 알(卵) 또는 '아기'와 밀접한 연관성을 지니는 말들이다. 《삼국유사》에서 어린아이를 뜻한다는 '알지'라는 말도 '알'과 연관되어 있다. 알은 곧 날짐승의 갓난아기나 다름없기 때문에 알과 아기의 의미는 서로 맞닿아 있다. 날짐승이 낳은 '알'이나, 포유동물이 낳은 '새끼'나, 사람이 낳은 '아기'는 모두 출생 초기 단계의 상태를 나타내는 같은 말이기 때문이다.

김알지 신화에서 '알지'라는 말은 어린아이를 가리키는 우리말이라고 설명한 것은 이차적인 해석이며 그러한 해석의 뿌리가 되는 일차적 해석은 '알'을 뜻한다. 다시 말해서, '알'을 뿌리로 삼아 '아기' 또는 '알지'가 비롯되었다는 것인데, 여기서 논의를 마무리하기에 퍽 아쉽다. 그러므로 다음 장으로 이어서 이 문제를 본격적으로 다룬다.

4. 알지와 알, 아기, 닭 그리고 계림국 신라

길짐승의 '새끼'나 사람의 '아기', 날짐승의 '알'은 사실상 같은 개념이다. 어미가 새끼도 낳고 아기도 낳으며 알도 낳는다. 어미의 존재에 따라 알, 아기, 새끼로 다르게 일컬어질 따름이다. 어미가 사람이면 '아기'이고 길짐승이면 '새끼'이며 날짐승이면 '알'이다. 짐승들이 새끼를 낳는다고 하지만, 사람들도 아기를 자식'새끼'라고 일컫기도 한다. '개자식'은 곧 개새끼를 뜻한다. '지 새끼를 쭉쭉 빤다'고 할 때 새끼는 아기를 뜻한다. 사람의 아기나 짐승의 새끼를 같은 개념으로 여기는 까닭이다.

따라서 엄격하게 구분되어 있는 알, 아기, 새끼라는 말은 상황에 따라 서로 오락가락하며 쓰인다. 제주도에서는 달걀을 알이라 일컫지 않고 '닭새끼'라고 하고, 경상도 토박이말에서는 아기를 '알나아(알낳아)'라고 한다. 알을 낳은 것이 곧 아기라는 말이다. 두 지역 토박이말을 견주어 보면, 제주도에서는 알을 '새끼'라 하고, 경상도에서는 '아기'를 '알'이라고 하는 셈이다. 다시 말해서, 알과 아기와 새끼는 서로 혼용된다는 말이다. 달걀이나 닭새끼가 같은 말이듯이, 아기나 '알낳아'나 같은 말이다. 그러므로 새끼와 아기, 알은 동질 개념으로 쓰였다고 하겠다.

포유동물의 새끼나 사람의 아기는 날짐승의 알의 단계나 다름없다. 따라서 '아기'와 '알'은 사실상 출생 초기 단계의 상태를 나타내는 같은 말이다. 뜻만 서로 같은 것이 아니라 어원적으로도 서로 같다고 할 수 있다. 이들 신화의 전승 지역인 경북 토박이말에는 아기를 '알나–' 또는 '얼나–'라고 일컫는다. 소리나는 그대로 '알나아'라는 말은 '알 나아(알+낳아)'와 같이 표기되거나 발음될 수 있다. 이 사투리가 옛말을 유지하고 있는 것이라면, 언어학적으로도 '알'과 '알나', '아이', '아기'는 본디부터 같은 뿌리에서 생겨났다고 할 수 있다.

그러한 증거는 제주도 삼성신화에서 잘 나타난다. 삼성혈(三姓穴)에서 세 아이가 솟아올랐는데, 그 이름을 고을나(高乙那)와 양을나(良乙那), 부을나(夫乙那)라 일컬었다. 다시 말해서, 세 '을나' 곧 세 '알나(알낳아=아기)'가 태어났는데 성만 다르게 구별해서 붙인 이름이 고을나, 양을나, 부을나인 것이다. 고알나, 양알나, 부알나라고 하는 이름들은 사실상 '고씨 아기', '양씨 아기', '부씨 아기'란 뜻이다.

삼성신화에서 을나(乙那)는 경상도 방언인 '얼나'나 '알나'와 같은 발음으로서, 아기를 나타내는 고어이자 제주도 방언이다. 제주도 토박이 말에는 진작 사라진 우리 고어들이 아직도 생생하게 살아 있다. 삼성시조의 이름도 아기를 나타내는 고어이며, 아기를 뜻하는 '을나'라는 고어는 '알'에서 비롯되었다는 추론이 가능하다. 그래서 최래옥 교수는 아이를 당시 방언으로 '을나', '을라' 또는 '알라'로 보고 삼성신화의 세 '을나' 역시 알에서 나왔다는 난생의 이야기로[25] 해석한다.

---

25) 최래옥, 《하늘님, 나라를 처음 세우시고》, 고려원, 1989.

　　이러한 사실은 신라의 건국 신화 문맥에서도 그대로 확인된다. 박
혁거세 신화를 주목하면, 신라의 육부 촌장들이 '알천'언덕에 모여 왕의
출현을 기다리는 가운데 혁거세가 '알'에서 태어났고 또 계룡(鷄龍)의 옆
구리에서 '알영부인'이 태어난다. 태어났을 때 알영은 용모가 아름다웠
지만 입술이 닭의 부리와 같아서 월성(月城)에 있는 북천(北川)에 데리고
가서 목욕을 시키니 부리가 빠졌고 그래서 북천의 이름을 발천(撥川)이
라고 했다고 한다.[26]

　　여기서 알영의 입모양은 새부리가 아니라 닭부리라는 사실을 정확
하게 밝히고 있다. 달리 말하면 알영부인 또한 닭의 몸에서 출생한 것을
말한다. 용도 알을 낳고 닭도 알을 낳는다. 계룡의 몸에서 태어났으니 알
영은 알로 출생한 것이다. 그러므로 알영부인은 입이 부리를 하고 있을
수밖에 없다. 닭부리는 곧 계룡의 알에서 나왔다는 것을 뜻한다.

　　알영은 우물과 계룡 곧 물과 용의 배경 속에서 출현했다. 주몽 신화
의 유화부인도 마찬가지이다. 유화(柳花)라는 이름은 물가에서 자라는
버드나무의 상징으로서 물과 밀접한 관련이 있을 뿐 아니라, 그 아버지
하백(河伯)은 서하(西河)라고 하는 강의 신이다. 해모수가 하백의 궁전에
들어가지 못하다가 용이 끄는 수레를 타고서야 비로소 하백의 궁에 들어
갈 수 있었던 것도 용은 물을 서식처로 삼아 자유롭게 오르내리는 존재
이기 때문이다. 그렇다면 하백의 궁은 일종의 용궁과 같은 공간으로 인
식되고 있었다고 해도 좋을 것이다.

　　특히 알영의 입과 유화의 입은 서로 상통한다. 알영의 입은 닭의 부
리와 같아서 발천에 목욕을 해서 빠지게 했던 것처럼, 유화의 입도 길게
늘어나서 세 차례나 베어내어야 했다. 유화가 있던 강이름이 우발수(優渤
水)라고 하는 것도 알영이 목욕한 발천과 상통한다. 여기서 여성들이 가

---

26) 《三國遺事》卷1,〈奇異〉第1, 新羅始祖 赫居世王.

지는 생생력(生生力)의 상징으로서 물은, 하늘이나 태양으로 표현되는 남성의 양성(陽性) 상징에 맞서서 우물이나 강으로 표현되는 여성의 음성(陰性) 상징임을 읽어낼 수 있다.

그리고 용모는 뛰어났으되 한결같이 입이 길어서 새의 부리처럼 생겼다는데서 신화적 주인공이 알에서 태어날 조짐을 보여주고 있다. 실제로 해모수는 햇빛으로서 별실에 갇혀 있는 유화를 쪼여 잉태시켰는데, 유화는 마침내 닷되 들이나 되는 커다란 알을 낳게 된다. 혁거세 신화에서도 하늘에서 우물가에 번개빛이 비추고 거기에 자주빛 알이 출현하게 된다. 여성과 물, 빛과 남성, 부리형 입과 발수(또는 발천), 그리고 난생(卵生)의 알이 두 신화의 공통성을 나타내는 것이다.

신화에서 난생의 요소는 '영웅의 일생'을 이루는 한 단락으로서, 비정상적인 출생에 해당되는 비정상적인 잉태나 혼인의 장애와 같은 차원에서 이해되기 일쑤이다. 따라서 이 대목은 일정한 시련을 겪게 되나 마침내 시련을 극복하고 훌륭한 성취를 이룬다는 영웅성을 입증하기 위한 과정이자, 예사 사람들과 다른 신이성을 부여하기 위한 필수적인 장치이기도 하다. 그러나 신화에서 난생의 요소는 좀 다른 각도에서 한층 미묘한 해석이 필요할 것 같다.

그것은 앞에서 이미 언급한 것처럼, 그 부모가 예사 사람이 아니라 신이한 존재라는 것을 암시하는 것이다. 알을 낳을 수 있는 존재는 날짐승, 곧 새이다. 지상과 천상을 마음대로 오르내리며 날아다닐 수 있는 새들은 흔히 신령 그 자체로 인정되기도 하고 신령의 매개자로 간주되기도 한다. 태양신이 삼족오와 같은 까마귀라는 사실에 주목할 필요가 있다. 솟대 끝에 오리와 기러기 형상을 만들어 세우고 섬기는 것도 같은 맥락에서 이해할 수 있으며, 혁거세 신화에서 하늘을 나는 천마가 출현하고 김알지 신화에서 흰 닭이 홰를 치며 우는 것도 같은 의식의 지평에서 파악할 수 있다.

흰 말과 흰 닭은 모두 천마(天馬)이자 천계(天鷄)이다. 한결같이 신화적 영웅을 지상으로 매개하는 하늘의 사자로 등장했다. 그러므로 알은 곧 하늘을 나는 존재 또는 천상적 존재의 출현을 뜻한다.[27] 주몽이 알에서 태어나고 혁거세가 알에서 태어나듯이, 알지도 흰 닭의 울음소리와 함께 천손으로서 난생으로 태어난 것을 상징하는 이름이다.

알영을 낳은 계룡은 용이면서 닭이고 닭이면서 용이다. 예사 닭이 아니라 신성한 용닭인 것이다. '장수 나고 용마 난다'고 할 때 용마는 하늘에서 내려온 존재이자 날아다니는 말을 뜻한다. 박혁거세를 알의 형태로 운반한 백마는 천마이자 용마인 것이다. 용은 하늘을 나는 존재로 인식되는 동시에 알을 낳는 존재이기도 하다. 따라서 정월 대보름에는 행운을 기원하는 주술의 하나로서 '용알 뜨기' 풍속까지 형성되었다. 자연히 계룡의 몸에서 난 알영은 알일 수밖에 없다. 닭이나 용 어느 쪽이든 알을 낳게 마련이다.

그러므로 알영이라는 이름은 알의 상태를 나타내는 것이며 사실상 '난생'을 뜻한다. 난생이라 하여 아기를 부정하는 것이 아니다. 알이란 곧 어미가 낳은 아기나 다름없기 때문이다. 어미와 태아의 관계는 알이든 아기든 새끼든 동질적 가치를 지닌다. 닭의 울음소리와 더불어 출현한 알지가 알의 어원을 지니면서 아기라는 뜻을 지닌 까닭도 같은 맥락에서 해석될 필요가 있다.

이러한 상황, 곧 '알＝아기' 또는 '알＝아이'의 관계는 이미 다양한 해석을[28] 낳았다. 그러나 알지의 이름 풀이에 한정해서는 정확한 연관성

---

27) 임재해, 앞의 책, 115~116쪽.
28) 梁柱東은《古歌硏究》에서 알지를 어린아이를 뜻하는 '아기' 또는 '아지'로 해석하며, 그 근거로 '송아지'와 '망아지'를 들고 있다. '알지'에서 '아지'를 거쳐 '아기'로 발전했다는 것이다. 그리고 미시나(三品彰英)는《三國遺事考證》에서 알지를 곡물의 낟알 또는 새의 알로서 재생을 뜻하는 것, 곧 시조의 의미를 지녔다고 풀이했다. 이범교,《삼국유사의 종합적 해석》上, 민족사, 2005, 173쪽 및 206쪽 참조.

을 추론하기 어렵다. 삼성시조의 이름처럼 관련 주인공들의 이름을 두루 검토하지 않으면 비슷한 말 찾기와 같은 풀이에 머문다. 따라서 알지의 이름에서는 물론, 알영부인과 같이 '알'이라는 말이 들어간 이름들을 두루 검토할 필요가 있다. 특히 알영의 이름은 다양하게 기록되어 있어서 주목된다.

알영을 일러 아리영(娥利英)·아이영(娥伊英)·아영(娥英)이라고도 일 컬었다. 여기서 알영의 이름 가운데 '영'을 제외하고 '알'에 해당되는 이름만 보면 '아리', '아이', '아'만 남는다. '아', '아이', '아리'는 모두 '어린 아이' 곧 아기를 뜻하는 말이다. '아'는 아이이자 애를 일컫는 경상도 토박이 말이다. 따라서 알영에서 '알 = 아', '알 = 아이', '알 = 아리'는 모두 등가 개념이라 할 수 있다. 그러므로 알과 아기의 우리말 뿌리는 동일하다 하지 않을 수 없다. 아기가 곧 알지이고, 아이가 '아이영' 곧 '알영'인데, 인물을 분별하기 위해서 아이를 뜻하는 '알' 다음에 다른 말들을 넣어 고유명사화 한 셈이다.

박혁거세가 '알'에서 태어났듯이, 박혁거세 신화에는 알천이나 알영 등의 지명과 이름에 '알'이라는 말이 들어있어서 난생요소를 여러 모로 상징하고 있다. 다만 김알지 신화에는 알이 구체적으로 등장하지 않지만 닭이 출현하고 주인공인 알지 이름에 '알' 자가 들어 있어서 난생요소를 분명히 하고 있는 것이다. 게다가 알지를 시림(始林)에서 발견하게 되는 계기는 닭이 울었기 때문이다. 닭이 울었다는 것은 곧 알을 낳았다는 것을 상징하며, 그 알이 사실은 '알지'인 셈이다. 그러므로 알영이 계룡 곧 용닭에서 태어나 부리를 가지고 있듯이, 알지 또한 백계(白鷄)라고 하는 신성한 닭이 울어서 낳은 존재여서 사실상 알영의 출생방식과 같은 난생의 맥락 속에 함께 가는 것이다.

이처럼 닭은 박혁거세 신화나 김알지 신화에서 한결같이 결정적인 구실을 한다. 닭은 박혁거세의 왕비인 알영부인을 출현하게 하는 존재인가 하면, 김알지 신화에서는 주인공인 알지를 출현하게 하는 존재이다. 닭이 없다면 신라 신화 자체가 성립되지 않는다. 따라서 신라 건국 시조 신화에서 닭은 가장 신성한 새이다. 그런데도 김병모는 신라 금관을 시베리아의 까마귀 토템에 열결시키는 결론을 이끌어내기 위해, 마치 우리 나라에서 까마귀는 신성하게 주목되지만 닭이나 까치는 그렇게 문제되는 새가 아닌 것처럼 다루었다.[29] 신라를 계림국으로 일컬은 초기의 국호만 고려하더라도 신라에서 닭은 국가적 상징의 새라는 사실을 확인할 수 있다.

금관의 출현을 가능하게 한 신라 건국 초기의 문화에서는 오히려 닭이 대단히 역사적 구실을 하기 때문에, 닭을 배제하고 까마귀를 근거로 새 토템을 주장했다. 이 주장은 우리 문화와 역사를 전혀 고려하지 않은 채, 시베리아 문화의 요소들과 일방적으로 결부시켜 무리한 해석을 했다고 하겠다. 왜냐하면 신라의 건국 신화에서 닭은 신화의 주인공들을 생산한 신성한 주체일 뿐 아니라, 계룡 또는 백계라고 하여 천계(天鷄)로서 하늘 닭의 신성성을 상징하는 까닭이다. 시조 왕 박혁거세도 '나정(蘿井)이 아니라 '계정(鷄井)' 가에서 출현하며, 그러한 까닭에 신라 건국 초기의 나라 이름은 '계림'이라 일컬어질 정도였으니, 신라의 건국은 닭과 밀접한 연관성을 지녔다고 하지 않을 수 없다.

그동안 박혁거세의 알은 나정(蘿井) 가에서 나타난 것으로 알고 있다. 그것은 혁거세 신화의 첫 부분의 기록[30] 때문인데, 이 부분의 '나정'은 계정(鷄井)의 오기(誤記)로 보인다.[31] 왜냐하면 신화 말미에 국호를 계림국(鷄林國)으로 정한 내력을 설명하면서 혁거세 왕이 처음에 '계정'에

---

29) 金秉模, 앞의 글, 222쪽.
30) "楊山下蘿井傍 異氣如電光垂地 有一白馬跪拜之狀."
31) 임재해, 앞의 책, 219~220쪽에서 진작 이 문제를 제기했으나, 학계에서는 여전히 '나정'으로 해석하고 있다.

서 태어났다고 밝히고 있기 때문이다.

> 처음에 왕이 계정(鷄井)에서 출생한 까닭에 또한 계림국(鷄林國)
> 이라 하니, 계룡이 좋은 조짐을 나타낸 때문이었다. 일설에는 탈해왕
> 대에 김알지를 얻을 때 닭이 숲 속에서 울었으므로 국호를 고쳐 계림
> 이라 하였다 한다. 후세에 드디어 신라라는 국호를 정하였다.[32]

따라서 처음에 밝힌 '나정'은 뒤에서 밝힌 '계정'의 오기이다. 지금
까지 학계에서는 '나정'이 정확한 기록이라는 전제 아래, 위의 인용문 가
운데 '왕'을 '왕후'의 오기라고 해석해왔다. 그러나 왕후가 태어난 곳은
알영정일 뿐만 아니라, 왕이 태어난 곳을 제쳐두고 구태여 왕비가 태어
난 곳을 근거로 나라 이름을 지을 까닭이 없다. 그것도 다 같은 우물인데
말이다. 왕후의 출생지를 근거로 하여 나라 이름을 정한 경우는 어디에
도 없다.

더군다나 계정(鷄井)을 나정(蘿井)으로 잘못 적을 가능성은 크지만,
왕후를 왕으로 잘못 적을 가능성은 크지 않다. 글자 한 자를 빠뜨리는 경
우보다 비슷한 글자를 잘못 쓰기가 더 쉽기 때문이다. 만일 기존의 해석
대로 왕이 왕후의 오기라면 알영정도 계정의 오기여야 한다. 왜냐하면
왕후 알영이라는 이름은 그녀가 태어난 알영정에서 비롯되었기 때문이
다. 그런데 왕을 왕후의 오기라고 하면서 아무도 왕후 알영이 태어난 알
영정은 물론 그 이름까지 잘못 기록되었다고 하는 것은 말하지 않는다.
왕후의 오기를 인정하는 동시에 왕후가 출현한 알영정도 계정, 그리고
왕후 알영의 이름도 계정부인으로 바꾸어야 한다.

건국 시조 신화로서 핵심을 이루는 내용은 나라 이름의 유래를 밝

---

32) 《三國遺事》卷1, 〈紀異〉第1, 新羅始祖 赫居世王. "初王生於鷄井 故或云鷄林國 以其鷄龍
現瑞也 一說脫解王時得金閼智 而鷄鳴於林中 乃國號爲鷄林."

히는 대목이다. 따라서 나라 이름이 비롯된 근거를 제시하는 대목에서 왕을 왕후로, 또 알영정을 계정으로 잘못 인용할 수 없다. 왕의 출생을 근거로 국호 계림국의 유래를 밝히는 문장에서 가장 중요한 두 가지 요소를 한꺼번에 잘못 기록했다는 것은 아무래도 설득력이 없다. 만일 왕이 아니라 왕후가 계정에서 태어났다고 하는 식으로 고쳐야 한다면, 왕후 알영이 태어난 곳을 밝힌 기록 알영정이나 알영의 이름도 모두 잘못되었다고 해야 마땅하다. 연쇄적으로 세 가지 중요한 기록을 모두 오기로 단정하고 바로잡아야 한다.

그렇다면, 한마디로 혁거세 신화의 기록은 엉망진창이라는 말이다. 과연 그럴까? 혁거세 신화의 체계적인 서술과 협주 등의 설명을 보면 그렇게 보기 어렵다. 따라서 시조 왕 혁거세가 태어난 곳은 나정이 아니라 계정의 오기로 보는 것이 여러 모로 타당하다. 하지만 《삼국사기》에도 나정으로 기록해두었으니, '계정'이 '나정'의 오기라고 할 수도 있다. 그렇다면 두 우물 가운데 하나는 분명 잘못 기록된 것이 틀림없다. 그러므로 혁거세 신화에 문제되는 우물을 다시 들여다볼 필요가 있다.

계림국의 국호나 시조 왕 부부의 정체성을 나타내는 우물은 기록상 모두 셋이다. 기록 차례에 따라 나정, 알영정, 계정이 있다. 알영정에는 아무런 문제 제기가 없다. 그러면 남은 것은 나정과 계정이다. 학계는 계정이 나정의 오기라 하고, 나는 진작 나정이 계정의 오기라고 했다. 나정과 계정 가운데 하나가 오기라면 어느 것이 오기일까? 당연히 나정이 잘못 기록되었다고 보아야 한다. 나정을 계정으로 바로잡기만 하면, 왕·계정·알영부인·알영정의 모든 기록을 그대로 인정해도 좋은 까닭만은 아니다. 나정은 그 자체로 혁거세 신화의 정체성을 드러내는 데 아무런 의미를 지니지 못할 뿐 아니라, 계림국의 국호와 무관한 까닭이다.

그러나 계정은 국호 계림과 연관될 뿐 아니라 알영을 낳은 계룡과도 연관되어 있다. 알영정도 알영부인의 정체를 설명하고 이름까지 규정한다. 그리고 계정과 계림, 계룡과 알영정이 공동으로 상징하는 닭은 혁거세와 같은 난생과 연관된 존재이자, 알지 신화에서 알지 출현을 알리는 존재로서 긴밀하게 연관되어 있다. 달리 말하면 신라 신화에서 말하는 신라의 정체성은 계림국이자 닭의 나라라는 말이다. 알영부인의 이름 또한 계룡이 나타난 우물이름 알영정에서 비롯되었듯이, 신라의 국호 계림도 건국 시조가 나온 우물이름 계정에서 비롯되었다고 하는 것은 신화적 논리로 볼 때도 온당하다. 그러므로 신라 신화의 세계관적 동질성으로 볼 때, 혁거세는 나정이 아닌 계정에서 태어날 수밖에 없다.

건국 신화에서 시조의 이름과 출현의 유래 못지 않게 중요한 것이 국호의 유래이다. 그런데 혁거세 신화에서 왕의 출현 공간인 계정과 관련하여 나라 이름을 '계림'으로 밝히고 있다. 만일 나정이 맞다면 '계림'이라는 국호는 성립되지 않는다. 나정과 계림은 아무런 개연성이 없기 때문이다. 이 논의에서 중요한 것은 나정을 계정으로 바로잡는 것이 아니다. 시조 왕의 출현 공간과 국호 또는 국가의 정체성이 밀접한 연관성을 지니고 있다는 사실이다.

시조 왕이 출현한 공간은 곧 나라 이름을 규정하거나 상징할 정도로 매우 중요하다. 고조선도 한 때는 단국(檀國)이라 했다. 신단수(神檀樹) 아래에서 시조가 잉태되었기 때문이다. 그것은 신라를 계림이라 일컬은 논리와 일치한다. 이 논리는 금관을 해석하는 데도 매우 중요한 근거가 된다. 왜냐하면 금관의 형상이 계림국을 상징하는 까닭이다. 이 문제는 뒤에 한층 본격적으로 다룰 것이다.

신라의 초기 국호가 계림인 것은 시조 박혁거세가 계정에서 출현했기 때문일 뿐만 아니라, 김씨 왕실의 시조 김알지가 계림에서 출현한 까닭이기도 하다. 따라서 왕조가 박·석·김으로 바뀌어도 국호는 '계림' 그대로였지만, 그렇게 부른 이유에는 시조 박혁거세와 김알지가 태어난 지리적 공간의 차이에 따라 서로 다른 내력이 부여되어 있다. 시조의 출현

공간을 통해서 나라의 정체성을 확립하고 왕실의 정통성을 확보하기 위하여 의도적으로 국호의 유래를 다르게 설명한 셈이다. 결국 계림이라는 국호에다가 건국 시조들의 이야기를 합리적으로 짜맞춘 것이다. 그러므로 건국 시조보다 신라의 국호로서 계림이 더 강고한 틀을 지녔다고 할 수 있다.

제5장 김알지 신화의 내용과 금관 창조의 원천

1. 금관의 비밀을 푸는 건국 신화와 계림

신라 금관의 비밀을 푸는 열쇠는 세움장식에 달려 있다. 세움장식이 신라 금관의 전체 형상을 결정하는 까닭이다. 따라서 세움장식의 모양과 수가 무엇을 의미하는가 하는 것이 금관의 상징성을 가늠하는 가장 중요한 준거이다. 그런데 이 세움장식을 읽는 눈이 무디어서 한결같이 의미 없는 대상으로 주목하거나 억측을 하기 일쑤이다. 가장 대표적인 세움장식을 두고 '산자형(山字形)'이니 '출자형(出字形)'이니 하면서 도무지 무슨 뜻인지 알 수 없게 인식하고 있다. 왜 금관에 이러한 한자 도형이 들어가야 하는지 고민하지 않은 채 비슷한 형상만 있으면 무엇이든 끌어다 붙이는 셈이다.

더 문제는 사슴뿔 모양이라고 하는 세움장식의 해석이다. 왜 신라 금관 그것도 김알지계 후손들이 쓴 왕관에 사슴뿔을 장식으로 써야 하는가 하는 문제의식 없이 사슴뿔 모양을 근거로 시베리아 샤먼의 무관 기원설을 펼치고 있다. 사슴뿔 모양이라는 해석 때문에 민족 문화의 대표

성을 지닌 국보급 문화재의 기원을 시베리아 샤먼의 모자에서 찾게 될
뿐 아니라, 민족 문화의 창조력을 뿌리부터 잘라버리는 결과에 이른 것
이다.

사슴뿔은 구조적으로 두 개가 한 쌍의 짝을 이루는데, 우리 금관의
전통 어디에도 세움장식 두 개를 장식한 것은 찾을 수 없다. 발생론적으
로 샤먼의 무관에서 사슴뿔을 따와서 금관을 만들었다면 세움장식이 두
개에서 시작되어야 할 뿐 아니라, 사슴뿔 모양과 같은 세움장식에서 시
작해야 한다. 그런데 사슴뿔 모양의 세움장식만으로 이루어진 금관은 아
예 존재하지 않는다. 물론 세움장식이 둘만 있는 금관도 없다. 초기 금관
의 세움장식은 세 개에서 출발하고 있는데다가 사슴뿔 모양의 세움장식
은 금관의 가장 후대형에 출현할 따름이다. 어느 경우나 사슴뿔 모양의
세움장식은, 금관의 전면과 좌우에 이른바 출자형 세움장식이 세 개 배
치되고 그 뒤쪽 좌우에 두 개 배치되어 있다. 다시 말해서, 세움장식이
다섯 개인 경우에만 사슴뿔 모양 세움장식이 나타난다는 말이다.

금관의 발전 과정을 세움장식 숫자와 형상으로 나누어 보면, 세움
장식 숫자는 세 개에서 다섯 개로 발전되었으며, 형상은 자연스러운 나
뭇가지 모양에서 출자형이나 사슴뿔 모양으로 발전된 것으로 추론된
다.[1] 따라서 어떻게 가장 후대에 나타난 사슴뿔 모양으로 금관의 기원을
삼을 수 있는지, 이만저만한 당착이 아닐 수 없다. 실제로 사슴뿔 모양이
라고 하는 세움장식은 금관총 금관, 금령총 금관, 서봉총 금관, 천마총
금관, 황남대총 금관 등 가장 발전된 양식에만 나타난다. 이들 금관은 모
두 다섯 개의 세움장식을 가지고 있는 가장 후대적 양식이다.

가장 이른 시기에 만들어진 것으로 추정되는 금관 또는 금동관의
경우에는 세 개의 세움장식만 하고 있는데, 그 형상은 흔히 '자연수지형'

---

1) 이한상, 《황금의 나라 신라》, 김영사, 2004, 96~97쪽.

또는 '나뭇가지 모양'이라고 하여 으레
나무 모양을 하고 있다. 누가 보더라
도 나무 외에는 달리 해석할 길이 없
는 형상이다. 따라서 금관의 세움장식
형상은 사슴뿔이 아니라 나무에서부터
비롯된 것이라 하지 않을 수 없다. 다
시 말해서, 금관의 세움장식은 김알지
신화의 무대이자 신라의 국호인 계림
의 신성한 숲을 상징한 것이다. 경주
지역에서 발굴된 금관의 계통만 훑어
보아도 금방 드러나는 것이 신라 금관
의 기원과 역사이다.

〈그림 1〉 황남대총 북분 금관

　　초기의 금관이나 금동관은 대부
분 세 그루의 나무로 장식되어 있다. 세 그루의 나무는 숲을 상징하기에
충분하다. 초기와 달리, 금을 다루는 기술이 더 발달하고 국력이 축적되
자 더 정교하고 더 상징적이며 더 화려한 금관을 만들기 시작했다. 따라
서 대표적인 신라 금관에는 다섯 그루의 나무가 우뚝하게 금관을 장식하
게 되었다. 한결같이 왕관으로 판명되는 금관이다. 왕관은 대단히 규모
가 큰 숲을 상징한다. 우람한 다섯 그루의 세움 나무 장식은 세 그루가
서 있는 금관보다 더 신성하고 더 대단한 숲을 나타낸다. 고조선의 시조
단군이 출현한 신단수에 견줄 만한 국림이다. 금관의 세움장식은 김알지
가 출현한 신성한 시림이자 닭이 운 계림이며, 신라 초기 국호인 계림국
의 신라 왕권을 상징하는 성림인 것이다.

　　금관을 보면 다섯 그루의 세움장식이 금빛 찬란한 성림을 형상화하
고 있다는 사실이 단박 눈에 들어오는데, 왜 세움장식 하나하나에 매달
려 엉뚱한 해석을 해왔을까? 금관을 보면서 금관의 전체적인 모습이 무

엇을 형상화했는가 하는 것은 포착하지 않은 채, 사슴뿔과 출자형, 나뭇가지 등 그 장식물의 양식을 제각기 다르게 보고 그 기원을 따로 추적할 뿐 왜 금관의 총체적인 의미는 해석하려들지 않았을까?

거기에는 세 가지 이유가 있다. 하나는 자력적인 문화 해석 의지나 능력을 갖추지 못한 까닭이고, 둘은 일제 강점기 일본인 학자와 독일 학자의 해석을 금과옥조로 여겨서 이를 확대 재생산하는 데 매몰된 까닭이며, 셋은 우리 민족 문화는 자력적으로 형성된 것이 아니라 모두 시베리아 문화에서 기원했다는 식민사관에 자기도 모르게 감염되어 있는 까닭이다. 이러한 세 가지 이유 때문에 금관이 놓여 있고 금관을 창출한 신라 초기의 문화적 현장을 주목하는 컨텍스트 연구는커녕 금관을 하나의 문화적 구조물로 보는 텍스트 해석 자체도 제대로 할 수 없었다.

조금 자세하게 보면, 지금 지적한 것처럼 금관의 총체적인 모습으로서 김알지가 출현한 계림의 형상과 상징을 제대로 포착하지 못한 것이 문제이지만, 더 세밀하게 주목하면 금관의 세움장식을 제대로 해석한 연구는 하나도 없다고 해도 지나치지 않다. 세움장식을 여러 가지 수사학적 표현으로 설명하고 세 가지 유형으로 분류하고 있긴 하지만, 어느 것 하나도 정확하게 맞춘 것은 없다. '出' 자 모양과 사슴뿔 모양을 제외한 다른 모양의 세움장식도 모두들 수지형(樹枝形), 곧 '나뭇가지'로 보고 있는 까닭이다. 나뭇가지는 아무리 꺾어다 세워도 숲은커녕 나무도 이루지 못한다. 나무와 나뭇가지는 의미가 전혀 다르다. 나뭇가지는 나무의 부분일 뿐이며 생명력이 지속될 수 없는 것이다.

나무에는 줄기와 가지를 비롯하여 잎도 달리고 꽃도 피며 열매도 열리지만, 나뭇가지에는 그러한 것이 비록 달려 있는 것이라 하더라도 지속될 수 없다. 가지 외의 잎과 꽃, 열매는 곧 말라서 떨어지고 만다. 한마디로, 나뭇가지는 생명력이 없는 죽은 나무이다. 금관이 왜 살아 있는 나무가 아닌 죽은 나뭇가지로 장식되어야 하는가? 지금까지 나무를 보

고도 나무로 알지 못하고, 세 그루
나 다섯 그루의 세움장식 나무를 두
고도 숲을 이루고 있는 금관의 형
상을 제대로 포착할 수 없었던 것
도 세움장식을 나뭇가지 곧 '수지
형'으로 보는 함정 때문이다. 나뭇
가지는 아무리 모여도 성림을 이루
는 생명나무가 될 수 없으며 신성
한 숲을 이룰 수 없기 때문이다.

〈그림 2〉 떡갈나무에서 움이 트는 모양

　　생명나무는 소박하게 살아 있
는 나무를 뜻하지만, 적극적으로
는 종교에 따라 제각기 다른 의미를 지니고 있다. 기독교에서는 영생의
열매를 제공하는 나무인가 하면, 유대교에서는 우주 전체를 상징하는 대
우주를 상징하는 나무이다. 다른 종교에서도 생명나무를 설정하고 신앙
의 대상으로 삼는다. 우리 전통에서는 신단수와 당산숲, 동신목 등이 일
종의 생명나무에 해당된다. 전설에서는 최고운이나 사명당의 지팡이가
살아서 아직도 생명나무 구실을 한다. 생명나무는 기독교처럼 영생의 열
매를 제공하는가 하면, 나라와 마을을 일으킨 창조의 공간이기도하고 사
람의 생명을 낳고 지켜주는 생명 생산의 주체이기도 하다. 그러므로 생
명나무는 한갓 나뭇가지로 존재하지 않는다.

　　세밀하게 보면 나무를 나뭇가지로 본 것이 문제이지만, 더 면밀하
게 따져보면 나뭇가지조차 제대로 포착하지 못했다는 것을 알 수 있다.
비록 나무를 나뭇가지로 보았다고 하더라도 이 나뭇가지는 살아 있는 나
무의 생명력을 가장 잘 형상화하고 있다는 사실이다. 살아 있는 나뭇가
지이기 때문에, 둥근 모양의 달개로 형상화된 나뭇잎이나 또는 심엽형
(心葉形)의 나뭇잎들이 무성하게 달려 있고, 곡옥으로 형상화된 태아 상

징의 생명 열매도 주렁주렁 달려 있는 것이다. 나뭇잎과 열매가 달려 있
는 가지는 곧 살아 있는 나무의 상징이다. 이 사실만 알아차렸다면 비록
줄기가 굽어 있어도 '녹각형(鹿角形)'이니 사슴뿔 모양이니 하는 억측은
하지 않았을 것이다. 세상 어느 곳에도 나뭇잎과 열매가 달려 있는 사슴
뿔은 없기 때문이다.

　　면밀하게 보면 나뭇가지의 생명력을 포착하지 못한 것이 문제이지
만, 더 엄밀하게 그 모양을 들여다보면 나뭇가지 끝의 생장점 또는 자람
점의 상징인 '촉' 또는 새 '순'을 포착하지 못했다는 사실도 드러난다. 금
관의 나뭇가지 끝마다 복숭아나 양파처럼 생긴 '♤' 모양의 새순이 어김
없이 붙어 있다. 사람에 따라서는 하트 모양이라고도 일컬었다. 식물은
동물과 달리 무한생장을 하는데, 그러한 생장을 가능하게 하는 자람점이
줄기의 끝 부분인 경정(莖頂)과 뿌리의 끝 부분인 근단(根端)에 자리 잡고
있다. 이것이 나무의 생장에 중심 역할을 하는 부분이다(〈그림 2〉).

　　나뭇가지 끝마다 화살촉 모양으로 도톰하면서도 뾰족하게 돋아 있
는 것이 나무의 자람점으로서 새 '순'이며 새 '싹'이자, 또한 '촉'이며 새
로 돋아나는 '움'이다. 비록 겨울이어서 나뭇잎이 떨어지고 열매가 달려
있지 않아도 살아 있는 나무의 가지 끝에는 어김없이 '♤' 모양의 순이나
촉이 '겨울눈'의 형태로 도드라져 있다. 실제로 금관의 세움장식에는 달
개와 곡옥이 달려 있지 않아도 가지 끝마다 '♤' 모양만은 꼬박꼬박 붙어
있다. 그것은 곧 금관의 나무가 살아 있다는 것을 상징한다. 그런데 사슴
뿔이나 출자형 장식에 왜 어김없이 이와 같은 생명의 눈이 붙어 있는가
하는 의문만 가져도 금관이 시베리아 샤먼의 관이라고는 하지 않았을 것이
다. 거기에는 그러한 생명의 싹이 보이지 않고 또 보일 수도 없기 때문
이다. 사슴뿔에 나무의 씨눈이 붙어 있을 까닭이 없지 않은가.

　　이 모든 오류는 우리 금관을 우리 문화의 전통 속에서 우리 자신의
눈으로 보려들지 않은 데서 비롯된 것이자, 금관을 하나의 문화적인 구

조물로서 대상화하지 않은 것은
물론, 금관이 놓여 있는 신화적인
현장을 제대로 고려하지 않은 까
닭이다. 금관과 비슷한 다른 나라
관모나 금붙이 문화를 찾아 온 세
계를 돌아다니기 전에 우리 금관
자체를 자세하게 주목하고, 금관
이 무엇을 상징하고 있는가 하는

〈그림 3〉 목련의 겨울눈

것을 우리 역사의 전개와 우리 문화가 놓인 자리 안에서 해명하는 작업
이 선행되지 않았던 탓이다.

　금관과 함께 놓여 있는 문화적 상황과 역사적 맥락의 대표적인 보
기로 금관을 쓴 사람들 곧 신라 왕조를 기리는 건국 시조 신화들이다. 건
국 신화와 금관이 뗄 수 없는 관계에 있는 까닭인데, 그것은 건국 신화와
금관의 기능적 일치에서도 추론되지만, 실제 금관이 나온 고분의 상황
속에서도 확인된다. 김병모는 이 점에 착안하여 '금관과 신화'를 별도로
주목하고[2] 특히 천마총에서 금관이 발굴된 것을 근거로 박혁거세 신화
와 금관이 밀접한 연관성이 있다는 사실도 인정했다.[3]

　그러나 앞에서 살펴본 것처럼 금관과 신화 논의는 난생 신화와 천
손 신화로 변별하는 요소적 분류작업에 머물러서[4] 금관의 형상을 포착
하는 작업과 만나지 못했다. 한국에서 발견된 최고급 금관은 적석목곽묘
에서 발견되었으며, 이 묘지 방식은 시베리아-알타이 계통의 무덤 구조
이므로 천손 신화가 분포된 지역의 무덤형식이라 했는데,[5] 신라의 건국

---

2) 김병모,《금관의 비밀 – 한국 고대사와 김씨의 원류를 찾아서》, 푸른역사, 1998, 144~150
　쪽, 제10장 〈금관과 신화〉 참고.
3) 같은 책, 127~130쪽.
4) 같은 책, 148쪽.

신화는 천손 신화라고만 단정하기 어려울 정도로 난생 신화적 요소도 강하다. 건국 시조인 박혁거세가 알에서 나왔을 뿐만 아니라 석탈해도 본디 알에서 태어났다고 스스로 말하며, 김알지도 닭의 울음소리와 더불어 계림에서 출현하지 않았는가. 그러므로 이름조차 알지로서 난생의 요소를 가지고 있는 사실은 이미 앞에서 자세하게 다루었다.

알지가 난생이라는 것은 신화적 문면을 통해서 여러 모로 추론할 수 있었지만, 왜 혁거세처럼 알에서 태어났다는 사실을 직접적으로 이야기하지 않고 있을까 하는 문제는 별도의 논의가 필요하다. 그것은 건국 영웅과 예사 영웅들이 분별되어 인식된 까닭이 아닌가 한다. 왜냐하면 건국 신화의 주인공들이 난생으로 태어났다는 것을 인정하면서도 주인공에 따라 직접적 표현을 하는 것과 간접적 표현을 하는 것으로 구별되는 까닭이다. 이를테면, 고구려의 시조 주몽과 신라의 시조 혁거세, 가야국의 시조 수로 등은 한결같이 커다란 알을 깨고 나왔다는 사실을 구체적으로 이야기한다. 그렇지만 알지나 알영 등은 난생을 간접적으로 암시하고 있을 따름이다. 그것은 곧 신화의 주인공에 대한 인식의 차이이다.

주몽과 혁거세, 수로 등은 알의 형태로 출현하는 상황을 직접적으로 나타낸 난생 인물인데, 이 인물들은 한결같이 건국 시조이자 시조 왕이다. 하지만 알평이나 알지, 알영처럼 아기의 모습으로 발견되어 난생을 추론할 수밖에 없는 상징적 난생 인물들은 성씨 시조나 왕비 등으로서 건국 시조에 견주어 격이 다소 떨어지는 인물들이다. 재미있는 것은 석탈해의 경우이다. 탈해는 혁거세처럼 처음에 알에서 태어났으나 뒤에 알지처럼 궤짝 속에서 아기의 상태로 발견된다. 알에서 태어났다고 하는 것은 하나의 진술일 뿐 실제 세상사람들에게 모습을 보일 때에는 아기의 상태였다.

---

5) 같은 책, 150쪽.

따라서 탈해는 혁거세와 알지 사이에 있는 중간적 인물이라 해도 좋겠다. 다시 말해서, 탈해는 혁거세처럼 건국 영웅이 되지 못했지만 알지처럼 성씨 시조에 머물지 않고 석씨 왕가의 시조로서 왕위에 오르는 성취를 이루었던 것이다. 건국 시조 왕 혁거세는 알의 모습으로 세상에 드러나는 데 견주어 시조 왕 석탈해는 알로 출생했으되 아기의 모습으로 세상에 드러나며, 시조 김알지는 알로 출생한 사실을 암시할 뿐 아기의 모습으로 세상에 드러난다. 그러므로 난생과 관련해 박·석·김 시조 신화를 다음과 같이 정리할 수 있다.

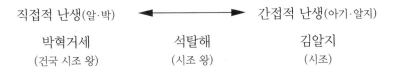

직접적 난생(알·박)　◀―――――――▶　간접적 난생(아기·알지)
　　박혁거세　　　　　　석탈해　　　　　　　김알지
　　(건국 시조 왕)　　　　(시조 왕)　　　　　(시조)

그러므로 난생의 표현 양식이 서로 다른 것은 우연한 것이 아니라 일정한 개연성에서 비롯되었다는 사실을 알 수 있다. 난생을 표현하는 이러한 차이는 신화의 전승주체들이 출생의 신이성에서부터 건국 영웅과 시조영웅을 변별하여 인식하고 있음을 드러내주는 것이다.[6] 주몽과 박혁거세, 수로처럼 알의 모습으로 출현한 인물을 한층 신이한 건국 영웅으로 여겼다는 사실을 알 수 있다. 그것은 두 가지 의미 때문이다. 하나는 예사 사람들과 달리 여성의 자궁에서 출생하지 않았다는 사실 때문에 신이하며, 둘은 알에서 태어난 것은 곧 하늘을 날아다니는 조류를 상징하는 것으로서 천손 강림을 의미하고 있는 사실 때문이다. 자연히 난생 영웅은 비범한 능력과 신이한 혈통을 함께 지닌 존재로 인식되는 것이다.

6) 임재해,《민족신화와 건국영웅들》, 민속원, 2006, 277~278쪽.

신라 건국 영웅들의 주역은 모두 알과 연관되어 있기 때문에 난생 신화라고 할 수 있다. 그렇다고 하여 신라 건국 신화를 모두 난생 신화라고만 할 수 없다. 왜냐하면 박혁거세는 알에서 태어난 것이 분명하되, 또한 하늘에서 백마가 운반해 온 존재이기도 하므로 천손이라는 사실도 분명하다. 그런 까닭에 《삼국유사》에도 알에서 나온 박혁거세를 두고 사람들이 "이제 천자(天子)가 내려왔다"고 치하를 하는 것이다.[7] 이러한 구체적인 기록으로 천손임을 밝히지 않아도 난생은 곧 천손을 겸하게 된다는 사실을 포착해야 한다. 그러지 않으면 김병모처럼 난생 신화와 천손 신화를 전혀 다른 계통의 신화로 오해할 가능성이 있다.

알을 낳을 수 있는 존재는 대부분 조류이며 하늘을 나는 천상적 존재이다. 따라서 박혁거세처럼 알의 형태로 출현했으므로 난생에 해당되지만 '천자가 내려왔다'고 하여 천손 강림 사실을 구체적으로 밝혀둔 것이다. 반대로 알평이나 알지는 모두 하늘에서 내려온 천손이 틀림없으나, 이름 속에 모두 '알'을 표방하여 난생의 과정을 거친 신이한 존재임을 나타내고 있다. 난생이 천손이듯이 천손 또한 난생을 뜻하는 셈이다. 이것이 신라 신화가 가지고 있는 독특한 전통이자, 신라인들의 세계관이다. 따라서 6촌 촌장 신화인 알평 신화에서 박혁거세, 석탈해, 김알지 신화에 이르기까지 난생과 천손의 요소가 함께 갈무리되어 있는 것이다.

그러므로 난생이면 천손이 아니고 천손이면 난생이 아니라는 해석이야말로 요소적 분석에 의한 원자론적 해석의 오류라 하지 않을 수 없다. 당장 박혁거세 신화부터 난생과 천손의 요소는 대립적인 것이 아니라 오히려 상보적인 것이라는 사실이다. 난생이기 때문에 천손이고 천손이기 때문에 난생이라는 사실을 받아들이는 가운데 신라 신화를 보면 신라 신화의 정체성을 새롭게 포착할 수 있다.

---

7)《三國遺事》卷1,〈紀異〉第1, 新羅始祖 赫居世王. "時人爭賀曰 今天子已降."

그런데도 천손과 난생의 요소를 마치 서로 무관한 것처럼 판단하고 제각기 북방적 요소와 남방적 요소로 분리하여 제각기 다른 문화의 영향으로 빚어진 것처럼 해석하는 것은, 마치 금관에 형상화된 세움 나무 장식들을 신성한 숲 계림으로 인식하지 않고 '出'자 모양이니 사슴뿔 장식이니 하며 제각기 해체하여 유라시아 여러 지역 민족들의 문화 요소들과 줄긋기하는 작업이나 다르지 않다.

김알지 신화는 그 자체로 존재하는 것이 아니라 6촌 촌장 신화의 하나인 알평 신화와 박혁거세 신화, 알영 신화, 석탈해 신화 등 신라 건국 초기의 여러 신화와 함께 형성되고 전승되었다는 사실을 재인식하고, 이들 신화도 난생이나 천손 등의 요소로 다른 계통신화처럼 떼어서 볼 것이 아니라 상호 관계 속에서 보아야 한다. 그래야 등장인물의 이름에서부터 신라의 국호, 그리고 신화적 세계관까지 신라 문화의 정체성을 제대로 포착할 수 있다. 신라 신화들은 제각기 하나의 신화로서 서사적 독자성을 지니는 동시에, 신라 건국 과정의 세계관을 반영하고 있는 한 무리의 신화군으로서 서로 유기적 연관성을 지니고 있다는 사실을 지나칠 수 없다. 그러므로 다음 5장에서 이 문제를 집중적으로 다룰 것이다.

2. 신화에 갈무리된 난생 화소와 천손 강림의 뜻

알지의 탄생은 닭의 울음이나 그 이름으로 보아 혁거세나 수로처럼 난생으로 볼 수 있다고 했다. 그렇다면 왜 이들 신화의 주인공을 난생으로 묘사했을까 하는 것이 다음 단계의 의문이다. 신화의 주인공은 한결같이 신성한 존재이다. 신라의 6촌 촌장이나 가락국의 9간들이 군웅할거하던 집단지도 체제의 혼돈상태를 청산하고 이들 6촌과 9간을 더불어 통치할 수 있는 탁월한 지도자를 기대했던 터이다. 인간 세상에서 비롯된 밑으로부터의 기대가 하늘의 뜻을 움직여 마침내 초월적인 지도자가 천상에서 강림하게 된다. 이 신화들이 한결같이 천손 강림 형태를 취한 까닭이다. 단군 신화도 천손 강림 형태를 취했다는 점에서 같은 맥락의 신성성을 지니고 있다.

그러나 단군 신화에서는 초월적 지도자가 하늘의 뜻에 의해서 일방적으로 인간세상에 강림한다. 환인의 아들 환웅이 인간 세상에 뜻을 두고 태백산 신단수 밑에 하강해 신시를 열었던 것이다. 이에 곰과 호랑이가 인간이 되고자 하고, 인간이 된 곰네[熊女]가[8] 환웅과 혼인하여 단군이 출생한다. 따라서 단군은 천신인 환웅의 혈통을 지녔으므로 신성성이 확보된다. 하지만 혁거세와 수로, 알지는 사정이 다르다. 환웅과 같은 천신이 신성한 혈통을 매개하지 않고 있다. 수로의 경우는 하늘의 계시가 들리기도 했다. 그러나 천신의 모습은 구체적으로 나타나지 않는다.

혁거세 신화에서는 천마가, 알지 신화에서는 천계가 등장한다. 이들 말이나 닭은 모두 하늘을 오르내릴 수 있는 존재이므로, 하늘의 뜻을 지상에 전달하는 천신의 사자나 다름없다. 알은 바로 날아다니는 천신의 사자로부터 오는 것이다. 알지 신화에서 황금궤가 자주빛 구름 가운데 나무 위에 걸려 있고 닭은 나무 아래서 울고 있었다고 했는데, 이는 단군 신화에서 환웅이 신단수 밑에 하강한 것처럼 알지 또한 하늘에서 하강한 존재임을 나타낸다. 다만 단군 신화에서는 환웅이 신단수 아래로 강림하는 상황이 자세하게 묘사되지 않았을 따름이다. 만일 그 상황을 추론한다면 김알지의 출현 양상이나 그리 다르지 않을 것이다.

신화의 주인공이 알에서 태어나는 '난생'의 형식을 취한 것은 단군 신화나 탈해 신화처럼 천신이 직접 하강하거나, 다른 왕국으로부터 도래

---

8) 웅녀를 우리말로 나타낼 때 '곰녀'라고 일컫기도 하는데, 더 적극적인 우리말은 '곰네'이다. 따라서 웅녀를 곰네라고 일컫는다.

한 고귀한 혈통이 아닌 경우, 하늘의 뜻에 따라서 출생한 사실을 시각적
으로 상징화함으로써 그 신성성을 부여하는데 상당히 설득력있는 장치
위 끼넘이니 찾내 위에 시벼이나 으미 떠ㅣㅇㅇㄴ 으러늡고 신앙히기니, 사
여의 문살 모서리에 봉황과 싶은 싱스니운 새들을 포괴해도 깃으 이들
새들이야말로 지상과 천상을 연결시켜 주는 신성한 존재로 믿는 까닭이
다. 알은 곧 하늘을 나는 천상적 존재 곧 새로부터 주어진 것이므로 신성
한 것이다.

알에서 태어난 신화의 주인공들을 두고서 신성한 출생의 상징으로
해석하되, 단순히 비일상적인 탄생의 양상으로서 난생을 취했다거나, 또
는 여성으로부터 출생하는 것에 대한 부정적 인식을 극복하기 위하여 난
생을 택했다고 이해하기도 한다. 이러한 해석에 대해서 '비일상적인 것
은 모두 신성한 것인가?', '왜 하필 알에서 태어나야 비일상적인 탄생이
될 수 있는가?' 하는 반문을 할 수 있다. 이러한 질문에 대하여 마땅한
대답을 찾기 어렵다.

비일상적인 것은 일상적인 것을 제외한 모든 것일 수 있는 까닭이
다. 또 알에서 태어나지 않고 나무에서 태어난 목도령도 신성한 존재이
며, 지네나 지렁이로부터 태어난 존재도 초월적인 능력을 지녔다. 견훤
은 지렁이의 자손이며 홍수 설화의 목도령은[9] 나무의 자손이다. 모두 비
일상적 출생이라 할만하다. 그리고 어느 정도 신성한 인물인 것도 사실
이다. 그런데도 신라 신화들의 주인공 출현은 비일상성의 여러 양상 가
운데 한결같이 난생의 요소를 지니고 있다. 그 까닭은 비일상의 신성성
에 한정되지 않는 특별한 의미가 있기 때문이다.

그렇다면 여성으로부터 출생하는 일이 부정스럽다고 여기는 뒤의

---

9) 孫晉泰, 《韓國民族說話의 硏究》, 乙酉文化社, 1948, 166~170쪽의 대홍수 설화 가운데
   '목도령' 설화 참조.

해석을 따라야 할 것 같다. 물론 전통적으로 여성의 출산을 금기로 여기거나 부정한 일로 간주하기도 했다. 그래서 동제를 지낼 때 출산예정일이 가까운 부인들은 다른 마을로 내보내기도 한다. 출생의 연월일시를 따져서 생기복덕(生氣福德)이 맞더라도 최근에 출산을 했거나 출산을 앞두고 있는 사람에게는 동제의 제관을 맡기지 않는 풍속이 있다. 그렇다면 단군은 왜 곰네[熊女]의 몸에서 태어났으며, 주몽은 왜 유화부인으로부터 태어났는가?

곰네나 유화는 여성으로서 단군과 주몽을 출생시켰지만 그를 잉태시킨 부계(父系)는 한결같이 천손인 환웅과 해모수였던 것이다. 이미 천신인 부계의 혈통을 통해 주인공이 하늘로부터 내려온 천손 강림의 의미를 획득한 까닭에 알의 단계는 있어도 좋고 없어도 좋다. 그러나 혁거세와 수로, 알지는 부계가 분명하지 않다. 그들이 천손임을 입증하는 데는 한계가 있다. 따라서 난생을 통해서 천손 강림의 신성성을 획득해줄 필요가 있었던 것이다. 그러므로 건국 영웅들의 난생 의의는 비일상적 출생의 신이성 획득이나 여성에 의한 자궁 출산의 부정을 극복하기 위한 것이라기보다 천손이라고 하는 신성한 혈통을 부여하기 위한 것으로 보는 것이 옳겠다.[10]

3. 김알지 출현 과정의 인간화와 역사성 문제

김알지는 신성한 존재이기만 한 것은 아니다. 환웅처럼 하늘에서 하강한 천신으로서 존재하다 역사 속에서 증발한 신격이 아니라, 역사 속에서 실재한 인격이자 역사적인 존재이다. 따라서 알지는 인간이 개입

10) 임재해, 앞의 책, 279~281쪽.

하여 발견되고 또 후손을 낳아서 가계를 이을 뿐만 아니라, 후손들이 왕좌에 오른 까닭에 신라 김씨 왕실의 시조가 되었던 것이다.

난생 신화의 경우는 주인공의 출생 과정에서 인간이 배제되기 쉽다. 하늘과 날짐승 또는 천신과 알이 중심을 이룬 까닭에 인간이 개입될 여지가 없다. 발견 과정에만 인간이 참여하는 까닭에 인간다운 출생 과정은 나타나지 않는다. 닭이 천손을 인간 세상에 강림하도록 매개하는 과정만 두드러져 버리면 그 주인공은 오롯이 신격으로 존재하게 된다. 단군이 곰네라는 인간의 몸을 통해서 출생함으로써 신성과 수성(獸性)을 겸비한 인격을 획득하듯이,[11] 김알지 또한 인격이어야 한다. 그래야 인간 세상에서 사람으로 살 수 있다.

물론 금궤 속에 아기가 들어 있었다고 하므로 그 형상에서 인격체임이 틀림없다. 그러나 탄생 과정을 보면 전혀 인간답지 않다. 구체적으로는 부계나 모계 어느 쪽도 아버지나 어머니의 형태로 나타나지 않는다. 혁거세와 수로도 마찬가지이다. 다만 일치하는 것은 하늘로부터 김수로는 '자주색 줄', 박혁거세는 '번개빛 같은 이상한 기운', 김알지는 '자주색 구름과 밝은 빛' 등이 내려와 금빛 상자나 자주빛 알을 비추고 있다는 사실이다.

이는 천손의 강림 과정을 인간의 출생 과정과 같은 맥락에서 형상화한 것이다. 하늘과 알 또는 금궤를 잇는 자주색 빛이나 줄은 어머니의 몸과 아기를 잇는 탯줄 구실을 한다. 아기를 탯줄로부터 분리시켜야 온전한 출산이 마무리된다. 자주빛 줄이나 빛으로 이어져 있는 금궤를 옮겨가서 열어보거나 알을 비추고 있던 빛이 걷히면서 아기가 출현한다. 이 자주빛은 곧 신모(神母)인 하늘의 모태와 알 또는 아기가 연결되어 있

---

11) 임재해, 〈단군신화에 던지는 몇 가지 질문〉, 《민족설화의 논리와 의식》, 지식산업사, 1992, 148~150쪽에서 이 문제를 자세하게 다루었다.

는 신성한 탯줄을 상징하는 일이다.

어머니로부터 아기가 출산되면 먼저 탯줄을 잘라야 한다. 세간에서는 흔히 태를 가른다고 한다. 《동국여지승람》에는 이 일을 한층 구체적으로 기록하고 있다. '계림 속에는 쌓아놓은 돌이 있는데, 그 높이가 석 자가 된다. 이것은 알지가 태(胎)를 풀 때에 가위를 놓았던 돌로서 아직 가위 자국이 남아 있다'고 한다. 알지의 출생이 신성하되, 비약을 허용하지 않고 사람의 출생처럼 인격으로서 거쳐야 할 과정을 모두 거쳤음을 말한다.

출산 과정을 지켜보고 태를 가르는 일을 담당하는 사람은 산파이다. 이 신화에서 산파 구실을 한 사람들은 모두 대단한 지위에 있었던 사람이다. 신라의 6촌 촌장과 가락의 9간들처럼 알지 신화에서도 호공(瓠公) 대보(大輔)가 그 구실을 담당한다. 인간 세상의 지도자들이 왕의 출현에 산파 구실을 한 것이다. 따라서 알지 신화를 비롯한 난생 신화는 천손 강림의 신성성을 나타내되, 인간적인 출생 과정을 통해서 다분히 인간화의 길을 거치는 것을 빠뜨리지 않는다. 그러므로 김알지는 천손이면서도 역사적인 인물로 존재하는 것이다.

김알지 신화에 관한 온전한 이해가 없으면 천손 신화라고 하는 화소 중심의 원자론적 분석에 머물게 된다. 천손 신화가 전승되는 지역은 알타이, 바이칼, 야쿠티아, 몽골 등 전 지역이 유목경제 지역이라는 전제 아래 한국도 이에 포함시켜 유목 문화인 것처럼 일반화하고 있다.[12] 천손 화소는 신화의 극히 일부를 이루는 그야말로 화소(motif)로서 이야기의 최소 단위에 지나지 않는다. 따라서 화소 분석을 토대로 전파 과정을 추적하는 역사지리학적 방법도 비판적으로 극복되었지만, 천손 화소를 지닌 신화 전승 지역이 유목 지역이라 하여 이를 일반화하는 해석도 성급

---

12) 김병모, 앞의 책, 148쪽.

한 개괄의 오류에 빠진 것으로 비판되어야 마땅하다.

왜냐하면 고대의 시조 왕이나 신화의 영웅은 천손으로서 출현하기 때문이다. 천손과 천자(天子), 제천의식의 관념은 지역적인 분포 문제가 아니라 시대적인 역사 인식의 문제이다. 중세 이전의 신화적 영웅이나 시조 신화의 시조는 모두 천손이었다. 그러나 중세 이후가 되면 시조나 영웅은 모두 도래인이다. 중세에 형성된 성씨 시조 신화들은 대부분 중국에서 들어왔다고 이야기된다. 중국이 문명권의 중심부였기 때문이다.

건국 시조 신화도 예외가 아니다. 중세 건국 시조는 고대와 달리 모두 문명권의 중심부에서 도래했다고 바뀐다. 따라서 캄보디아와 티베트, 몽골 등 불교국가는 건국 시조가 인도에서 도래했다고 한다. 몽골도 건국 시조가 하늘에서 하강했다고 하는 천손 신화였으나 중세에 오면 도래 신화로 바뀌었다.[13] 따라서 몽골역사서의 결정판이라고 할 수 있는《몽골 제한(諸汗) 원류의 보강(寶綱)》에서 건국 시조의 계보를 밝혀두었는데, 인도 황제의 후손이 티베트에 와서 건국 시조가 되고 그 후손이 다시 몽골에 와서 또한 건국 시조가 되었다는 것이다.[14]

몽골은 이러한 건국 시조 도래 신화를 통해서 '몽골이 인도에서 유래한 불교문명을 이은 나라라고 하는 주체성을 드높이는 한편, 칭기스한이 거대한 제국을 세운 것은 몽골민족만의 역량 발휘가 아니고, 인도에서 티베트, 몽골로 이어지는 문명권 전체의 이상을 실현하는 성스러운 과업이라는 사실을 칭송하는 것이다.[15] 따라서 북방 민족은 천손 신화를 공유했다는 주장은 몰역사적인 해석이다. 통시적인 역사인식을 떠나서

---

13) 조동일, 〈세계 속의 한국신화, 어떻게 이해할 것인가〉,《한국신화의 정체성을 밝힌다》(비교민속학회 주최, 민족문화의 원형과 정체성 정립을 위한 학술대회 3, 한국프레스센터, 2007년 11월 1일 논문집).

14) 조동일,《세계문학사의 전개》, 지식산업사, 2002, 190쪽.

15) 같은 책, 191쪽.

지리적 위치에 따라 북방 지역에만 천손 신화가 나타나는 것처럼 공시적 관념으로 해석하는 것은 문제라 하지 않을 수 없다. 고대에는 천손 신화가 건국 시조 신화 구실을 하지만, 중세가 되면 도래 신화가 건국 시조 신화 구실을 하는 것이 세계 신화의 통시적인 변화 과정이기 때문이다.

게다가 천손 신화를 근거로 한국을 유목 문화로 편입시키려는 주장도 동의할 수 없다. 시베리아 기원설에 빠진 사람들은 으레 우리 문화를 유목 문화로 귀속시키려 든다. 왜냐하면 시베리아를 비롯한 알타이와 몽골 등 북방 문화의 전형이 유목 문화이기 때문이다. 그런데 우리 문화는 유목 문화에 속하지 않는다. 한국은 일찍부터 농경 문화를 누렸을 뿐 아니라 오랜 정착 문화의 전통을 지녔다.

우리 고대 문화를 기록한 중국 사서의 기록에 보면, 한결같이 동이족은 토착민이며 비단옷을 입었고 농사를 지었다고 하여, 정착 문화와 농경 문화의 내용을 두루 기록해두었다.[16] 《후한서》〈동이열전〉에서, "동이는 모두 토착민으로서 술마시고 노래하며 춤추기를 즐기고, 머리에는 변(弁)이라는 모자를 쓰고 비단옷을 입었다"고 했으며, 그러므로 중국이 "예(禮)를 잃으면 동이에서 구했다"고[17] 기록해두었다. 유목민이 아닌 토착민이며, 유목민처럼 모피옷이 아닌 양잠으로 비단옷을 입었다고 하는 것은 농경 문화의 양식을 구체적으로 드러낸 기록이다.

《후한서》〈한전〉에도 "마한 사람들은 농사와 양잠을 할 줄 알며 길쌈하여 비단베를 짠다"고 했으며, "땅을 파서 움집을 만들어 살았다"고[18] 한다. 그리고 "베로 만든 도포를 입고 짚신을 신었다"는[19] 옷차림도 농경

---

16) 임재해 외, 〈고대에도 한류가 있었다 – 민족문화의 정체성 재인식〉, 《고대에도 한류가 있었다》, 지식산업사, 2007, 44~48쪽.

17) 《後漢書》卷85, 〈東夷列傳〉第75. "東夷率皆土着 憙飮酒歌舞 或冠弁衣錦…… 所謂中國失禮 求之四夷者也."

18) 《後漢書》卷85, 〈東夷列傳〉第75, 韓. "馬韓人知田蠶 作緜布…… 作土室." 여기서 면포(緜布)는 무명베가 아니라 누에고치실로 짠 비단이다.

민의 전형적인 모습이다. 부여의 경우에도 사람들은 "토착 생활을 하며 궁실과 창고, 감옥을 가지고 있었을 뿐 아니라, 산릉과 넓은 들이 많으며" "토질은 오곡이 자라기에 적당하다"고[20] 했다. 그런데도 여전히 우리 문화는 북방 문화이며 근본적으로 유목 문화라는 전제에서 벗어나지 못하고 있는 것이 문제이다.[21]

더 중요한 근거는 우리 민족의 시조 신화인 단군 신화 자체가 농경 문화를 구체적으로 말하고 있다는 데서 찾을 수 있다. 환웅이 풍백(風伯)·우사(雨師)·운사(雲師)를 거느리고 태백산 신단수 아래로 내려와 신시를 펼쳤다는 것은 농경 문화의 배경을 간접적으로 말한다. 만일 유목 문화 수준이라면 초원의 풀밭에서 신시를 펼쳐야 할 것이다. 게다가 환웅이 거느리고 내려온 비바람 신은 모두 농경을 관장하는 신이다. 더 직접적인 내용은 환웅이 신시를 베풀고 "곡식·인명·질병·형벌·선악 등 360여 가지 일을 주관하였다"고[22] 밝혀두었다. 환웅이 지상에서 제일 먼저 곡식에 관한 일을 주관했다는 것은 농경활동을 가장 중요하게 여겼던 사실을 말한다.

> 환웅이 관장했던 일 가운데 곡식을 맨 먼저 언급한 것으로 보아
> 당시에 농업이 가장 중요했음을 알 수 있다. 바람과 구름, 비는 기후

---

19) 《後漢書》 卷85, 〈東夷列傳〉 第75. "布袍草履".
20) 《三國志》, 〈魏書〉, 夫餘傳. "其民土著 有宮室倉庫牢獄 多山陵 廣澤…… 土地宜五穀." 《三國志》의 원문과 번역문은 《中國正史朝鮮傳》 譯註1, 國史編纂委員會, 1987을 참조했다.
21) 단군학회 제43차 학술대회(동북아역사재단, 2007년 6월 2일)에서 〈단군신화에 갈무리된 문화적 원형과 민족문화의 정체성〉, 《단군학연구》 16, 단군학회, 2007, 273~348쪽에 수록된 논문을 발표한 바 있는데, 그때 지정 토론자 설중환이 "한국 문화는 근본적으로 유목민의 전통을 지니고 중국 문화는 근본적으로 농경민족의 전통을 지녔다"고 주장해 발표자와 논쟁을 벌였다.
22) 《三國遺事》 卷1, 〈紀異〉, 古朝鮮. "降於太伯山頂 神壇樹下, 謂之神市. 是謂桓雄天王也. 將風伯雨師雲師, 而主穀主命主病主刑主善惡凡主人間三百六十餘事."

와 관계가 깊은 것으로 농업사회에서 중요시되는 것이다. 이러한 내
용으로 보아 환웅 시대는 농업사회였으며 농업을 바탕으로 붙박이
생활에 들어갔을 것임을 알 수 있다.[23]

그러므로 자생적 농경 문화의 원형을 부정하고 유목 문화로부터 민
족 문화의 원형을 찾는 논의는 문헌 사료와 실증사료를 함께 부정하는
것이라 할 수 있다. 초원의 유목 문화에 우리처럼 쑥과 마늘을 일상적으
로 먹는 식 문화는 물론, 구들을 놓고 좌식생활을 하는 정착형 주거 문화
가 없지 않은가.[24] 그래서 고대부터 유목민들의 가옥이자 이동식 주택인
천막과 달리, 붙박이 생활에 편리한 정착형 가옥이 발달하고 이와 더불
어 세계 유일의 온돌 문화가 진작부터 자리 잡았던 것이다.

북방 유목 지역보다 기후가 온난한 데도 구들이 발명되고 온돌형
주거 문화가 발달하게 된 것은 농경 문화에 따른 정착 생활이 이루어진
까닭이다. 오랜 농경 문화와 정착가옥의 전통이 온돌 문화를 창출한 것
이다. 유목민들의 이동식 가옥에는 구조적으로 구들을 설치할 수 없다.
우리가 중국과 상당히 닮은 문화적 전통을 공유하면서도 중국과 달리 집
안에서 좌식생활을 하는 것은 온돌 문화를 바탕으로 주거생활이 형성되
었기 때문이다.[25]

식 문화도 유목 문화와 달리 채식 문화가 주를 이루며 이동 생활에
편리한 바비큐가 아니라 붙박이 솥을 걸어놓고 뜨거운 국물을 오랫동안
끓여먹는 곰탕 문화가 발달했다. 자연히 숟가락이 중요한 식사도구 구실
을 하여 이웃나라인 중국과 일본의 젓가락 문화와 구별되는 특징을 지닌

---

23) 윤내현, 《고조선연구》, 일지사, 141쪽.
24) 임재해, 〈단군신화에 갈무리된 문화적 원형과 민족문화의 정체성〉, 《단군학연구》 16, 단
   군학회, 2007, 338~339쪽에서 이 문제를 더 자세하게 다루었다.
25) 임재해, 〈주거문화 인식의 성찰과 민속학적 이해지평〉, 《比較民俗學》 32, 比較民俗學會,
   2006, 51~52쪽의 자세한 내용을 참조할 것.

다. 육식을 즐겨먹는 민족에게는 숟가락이 불필요하다. 바비큐는 숟가락
으로 먹을 수 없다. 따라서 정착 생활과 농경 문화의 전통에서 비롯된 독
특한 온돌 문화와 숟가락 문화, 그리고 좌식생활 문화를 전승하고 있는
것이다.[26) 그러므로 천손 신화 요소를 근거로 금관을 유목 생활을 하는
시베리아–알타이 문화의 일종이라 하는 것은 문제가 아닐 수 없다.

박혁거세 신화와 금관의 연관성을 인정한 것도 신화 자체의 내용보
다 천마총에서 나온 말을 근거로 카자흐스탄이나 페르시아의 말과 연관
지어서 "신라인과 카자흐인들 간에 알타이어로 통하는 문화 관계가 있
었던 것"으로[27) 추정한다. 박혁거세 신화의 말은 신라 금관의 실체와 직
접적인 관련이 없다. 금관과 정작 중요한 관계를 맺고 있는 김알지 신화
이다. 금관을 쓴 사람은 김알지계의 왕들이기 때문이다.

김알지 신화를 주목하더라도 그 자체로 분석하고 우리 신화의 현장
과 역사적 맥락 속에서 이해하려 들지 않고 시베리아 샤먼과 연관지어
보려는 선입견 때문에, 알지가 알타이어로 금을 뜻한다는 어원 풀이 수
준에서 머물러 버렸거나, 아니면 김알지가 시림에서 태어났으므로 시베
리아의 신수(神樹) 사상과 연결짓는 피상적 작업에 만족하는 정도이다.[28)
그 결과 금관을 쓴 신라 왕의 고향은 "흉노 유목민적인 문화"일 수 있다
는[29) 빗나간 해석에 이른다.

따라서 정확하게 김알지 신화를 우리 문화의 현장 속에서 해석하거
나, 금관을 하나의 온전한 구조물인 자립적인 문화유산으로 인식하지 않
은 것이 문제이다. 마치 금관 자체로는 해석 불가능한 대상으로 여겨 구

---

26) 임재해, 같은 글 그리고 〈단군신화에 갈무리된 문화적 원형과 민족문화의 정체성〉, 318~
   333쪽에서 농경 문화 및 정착 생활과 관련한 우리 식 문화의 정체성을 길게 다루었다.
27) 김병모, 앞의 책, 133쪽.
28) 金秉模, 〈新羅金冠을 통해 본 神鳥思想과 神樹思想〉, 《韓國民俗學報》, 4, 韓國民俗學會,
   1994, 216·220쪽.
29) 같은 글, 220쪽.

조적 이해를 거부하고 부분으로 해체하여, 파편화된 특정 요소만 끌어다
가 다른 나라 문물과 연결지어 전래설을 펼치는 데 골몰한 것이다. 이러
한 연구 방법에서 벗어나지 않는 한, 김알지 신화의 온전한 해석은 물론
금관의 총체적 이해도 불가능하게 된다.

　　다만 어떤 자료를 어디서 끌어오든 간에 신라 금관은 시베리아나
몽골·아프가니스탄·카자흐스탄 등지에서 온 것이고, 경제적인 측면으
로는 유목 문화의 산물이며, 언어적 측면으로는 알타이어 문화권에서 온
것이라는 데는 어김없이 일치된 결론을 내리고 있다. 한마디로, 금관의
고향이자 김알지의 고향이며 신라인의 고향은 시베리아 유목 지역으로
서 한반도가 아니라는 주장에는 변함이 없다. 그러므로 김알지와 금관,
신라인의 고향은 한결같이 시베리아이거나 몽골이라는 결론을 이끌어
내는 데는 아무런 문제가 없는 것처럼 보인다. 그런 까닭에 지금까지 금
관 연구자들이나 신라 문화 연구자들이 이 연구를 끌어들여 자기 연구의
논거로 삼을 뿐 비판적으로 극복하는 연구를 시도하지 않았던 것이다.

　　스스로 문제를 발견하지 못하는 데는 분명한 이유가 있다. 으레 그
러한 전제로 자료를 찾고 사료를 해석하기 때문이다. 그 결과 사서에 밝
혀 둔 명백한 기록도 무시하고 정사의 내용도 주저 없이 틀렸다고 단정
하기에 이른다. 사서를 함부로 위서처럼 단정하는 이러한 용기는 어디서
왔을까? 사료의 내용이나 연구 결과와 상관없이 그들의 의식 속에는 시
베리아가 정신적인 고향이라는 신념에 가득 차 있는 것은 아닐까?

　　만일 그렇다면 그 이유는 무엇일까? 김알지의 고향이나 금관의 원
류가 시베리아이기 때문이 아니라, 식민사관의 함정에 빠진 연구자의 선
험적 의식 탓이다. 시베리아는 곧 우리 문화의 고향이라는 일제 강점기
이후 일본인 학자들이 수립한 제국주의적 통설에 매몰되어 있는 까닭이
다. 그러나 기존의 통설을 조금만 비판적으로 검토해보면, 시베리아 문
화와 유목민의 문화는 금관과 김알지 또는 신라인들의 원류 문화가 아니

라, 다만 한국 문화의 독자성을 부정하려고 하는 일제 강점기 일본인 학자들의 정치적 지배 이데올로기일 뿐이라는 사실을 알 수 있다.

4. 금관 창조의 원천으로서 김알지 신화 뜯어보기

금관은 신라 문화의 정수이자 민족 문화의 자존심이라고 할 수 있다. 그런데 이상하게도 학자들에 의해 금관 연구가 거듭될수록 금관은 알타이 문화의 산물이며 시베리아 무당의 관모에서 영향 받은 것으로 취급되는 것은 물론, 마침내 신라 김씨 왕실의 시조인 김알지는 물론 신라인들조차 아예 흉노족이나 알타이족의 후예로 간주되는 엉뚱한 결과에 이르게 되었다.

따라서 금관이라고 하는 민족 문화의 대표적 상징이 우리 민족의 주체적이고 창조적인 문화유산이 아니라, 시베리아 무당 모자에서 본받은 북방 민족의 풍속으로서 한갓 이식 문화에 지나지 않는 것으로 규정될 뿐 아니라 신라 김씨 왕조의 시조마저 시베리아의 알타이족으로 자리매김된다. 금관 연구는 신라가 마치 알타이족의 신탁통치 국가로 지속된 것처럼 해석되는 까닭에 배달겨레로서 민족적 뿌리를 자르고 민족 문화유산의 큰 기둥을 뽑아 버리는 쪽으로 계속 치닫는다고 하겠다. 그러므로 학생들이 고대사와 고대 문화를 공부하면 할수록 민족적 자존심을 상처받게 만든다고 이야기할 만큼, 금관은 고대 사회부터 문화적 종속화를 정당화시키는 역기능의 상징 구실을 한다고 해도 지나치지 않다.

그러면 금관의 형상은 무엇을 의미하며 그 문화적 뿌리는 어디에 있는가? 앞에서 이미 여러 차례 다룬 것처럼 김알지 신화에서 그 형상의 의미와 문화적 뿌리를 찾을 수 있다. 신라 금관은 곧 김알지가 출현한 계림을 상징적으로 형상화함으로써, 김씨계 왕실을 신성시하고 왕권을 강

화하는 구실을 발휘하는 것이다. 왕권을 강화하고 국가의 정통성을 확립
하려는 것은 김알지 신화만의 기능이 아니라 왕조와 관련된 시조 신화가
지닌 일반적 기능에 해당된다.

　따라서 금관의 세움장식은 사슴뿔일 까닭이 없으며, 단순한 나뭇가
지를 꽂아둔 것도 아니다. 나무 모양 세움장식들은 신단수처럼 대지에
뿌리를 박고 살아 있는 생명나무로서 혈연적으로는 건국 시조를 잉태하
고 출산하는 구실을 할 뿐 아니라 지리적으로는 국가적 성역이자 건국의
메카 구실을 하는 신성공간이다. 자연히 세움장식은 살아 있는 나무로서
갖추어야 할 잎과 열매, 움 등을 두루 갖춘 온전한 나무이자, 김알지와
같은 김씨 왕실의 시조를 낳은 신성한 생명나무이다. 그것은 곰네가 신
단수 밑에서 환웅에게 빌어 아기를 배고 출산하여 단군을 낳은 단군 신
화의 전통과 구조적으로 일치한다. 단군은 신단수에 깃들어 있는 환웅으
로부터 태어났기 때문에 신단수(神檀樹)의 이름을 따서 단군(檀君)이라
일컬었던 것이다.

　신라 금관에서 세움장식은 금관을 상징하는 가장 중요한 요소라고
했다. 세움장식을 빼면 관테와 수식만 남는데, 관테는 관모로 쓰기 위한
최소한의 요소이며, 수식은 관을 고정시키기 위한 무게추 구실을 하는
셈이다. 따라서 금관을 금관답게 꾸미는 구조물은 살아 있는 나무로서
신목을 상징하는 세움장식들이라 할 수 있다. 세움장식 없는 금관은 한
갓 금테 머리띠에 지나지 않는다. 신성한 나무를 상징하는 세움장식들의
숲은 단군 신화의 신단수와 같은 상징으로서, 김알지 신화의 신성한 공
간인 계림을 상징하는 것이다. 한마디로, 단군 신화의 신단수와 김알지
신화의 계림은 나라를 일으키고 시조를 출현시킨 신성한 숲으로서 문화
적 동질성을 지니고 있는 것이다.

　금관의 나무 모양 세움장식은 나무줄기와 가지는 물론 잎과 열매를
달고 있고, 또 새순을 나타내며 생명력을 상징하는 움도 가지 끝마다 돋

아나 있다. 따라서 '직각수지형'이나 '자연수지형'이라고 일컫는 것처럼 한갓 꺾어다가 꽂아둔 나뭇가지가 아니라, 대지에 뿌리를 튼실하게 박고 자라는 살아있는 나무인 것이다. 그러한 나무가 셋(森) 또는 다섯 그루(森林) 모여 있으니 김알지가 출현한 계림을 상징하기에 충분하다. 그러므로 세움장식 나무를 셋으로 모자라 마침내 다섯으로 발전시킨 것이 전형적인 신라 금관이자 가장 온전하게 완성된 왕관의 모습이라 할 수 있다.

과연 금관을 그러한 상징으로 휘몰아가도 좋은가? 이 질문에 답하기 위해서 김알지가 출현한 공간이자 신라의 김씨 왕가가 성립한 현장, 다시 말해서, 금관 문화를 창출한 신라 왕실의 역사적 상황을 김알지 신화를 통해서 거듭 주목해보기로 한다.

탈해왕 9년 3월에 왕이 밤에 금성 서쪽 시림 속에서 닭이 우는 소리를 듣고서 날이 밝을 때 호공(瓠公)을 파견하여 살펴보게 하였다. 호공이 시림에 가서 보니 금빛 궤가 나뭇가지에 걸려 있고 흰 닭이 그 밑에서 울고 있으므로 돌아와서 그 사실을 왕께 아뢰었다. 왕은 사람을 시켜서 금궤를 가지고 오도록 한 뒤에 열어 보니 작은 사내아이가 그 속에 들어 있었는데 용모가 기이하게 빼어났다. 왕은 크게 기뻐하며 신하들에게 이르기를 "이 어찌 하늘이 나에게 아들을 보내준 것이 아니겠는가?" 하고 거두어 길렀다.

아이는 자라면서 아주 총명하고 지략이 많아서 이름을 알지(閼智)라 하였고, 아이가 금궤에서 나왔기 때문에 성을 김씨라 하였다. 또 시림을 고치어 계림으로 이름하고 이를 국호로 삼았다.[30]

영평(永平) 3년 경신(庚申) 8월 4일 밤에 호공(瓠公)이 월성(月城) 서리(西里)를 걸어가다가 아주 밝은 빛이 시림(始林) 속에서 나타남을

---

30) 《三國史記》 卷1, 〈新羅本紀〉 第1, 脫解尼師今.

보았다. 자색 구름이 하늘에서 땅으로 뻗쳐 있는데 구름 가운데 황금 궤가 나무 끝에 걸려 있고 그 빛이 궤에서 나왔다. 또 흰 닭이 나무 밑에서 울고 있어서, 호공이 이를 왕에게 아뢰었다.

왕이 숲에 가서 궤를 열어 보니, 한 남자아이가 누워 있다가 곧 일어났다. 이것은 혁거세의 고사와 같으므로 그 말에 따라 아이의 이름을 알지(閼智)라 하였는데, 알지란 곧 우리말로 어린아이를 뜻하는 말이다. 아이를 안고 대궐로 돌아오니 새와 짐승들이 서로 따르면서 기뻐 춤을 추고 뛰놀았다. 왕은 길일(吉日)을 가려서 알지를 태자로 책봉하였다. 뒤에 알지는 태자의 자리를 파사(婆娑)에게 물려주고 왕좌에 오르지 않았다. 금궤에서 나왔다 하여 그의 성을 김씨라 하였다.[31]

김알지 신화에서는 크게 다섯 가지 사실을 이야기하고 있다. 하나는 김알지 출현의 시공간적 상황이다. 출현상황의 시공간이 정확하게 밝혀져 있다. 시간을 밝혀 둔 것을 보면《삼국사기》에는 탈해왕 9년(서기 65) 봄 3월로 기록되어 있다.《삼국유사》의 영평(永平) 3년은 명제(明帝) 3년으로 서기 60년이다. 그러므로 탈해왕 4년이 된다. 따라서 두 사서의 기록에서 해는 5년, 달은 5개월의 차이를 보인다. 어느 쪽이 정확한 연월인지 알 수 없으나, 적어도 연월을 밝히고 있다는 사실이 중요하다. 특히《삼국유사》에는 탈해왕 4년 8월 4일 밤이라 하여 연월일시의 사주(四周)가 분명하다.

공간도 월성 서리의 시림으로 구체화되어 있다. 연대는 다소 차이가 있으나 탈해왕 초기의 사실이라는 것은 분명하며 시림이라는 장소는 정확하게 일치한다. 박혁거세 신화나 석탈해 신화에 비해서 시간적 구체성과 공간적 현장성이 뚜렷하여, 오히려 신화답지 않은 역사적 정확성을 지니고 있다. 특히 김알지 신화의 공간적 무대인 시림은 계림으로서 지

---

31)《三國遺事》卷1,〈紀異〉第1, 金閼智 脫解王代.

〈그림 4〉 계림의 지금 모습

금도 그 위치가 분명하며 옛 지명 그대로 전승되고 있어서 오히려 전설
적 성격이 더 강하기도 하다.

　　신라 왕실과 신라인들에게 김알지 출현 시기는 다소 부정확하지만,
신화적 무대이자 신라 건국의 성지인 계림은 정확하다. 그것은 마치 단
군 신화에서 환웅이 신시를 베푼 시기는 불확실해도 그 공간은 태백산
신단수 아래로 정확하게 밝혀져 있는 것이나 다르지 않다. 이것은 시조
신화에서 주인공의 출현시기보다 출현 공간, 특히 건국의 지리적 중심지
가 그만큼 더 중요하다는 것을 말한다. 그러므로 신라의 초기 국호가 김
알지 출현의 공간을 일컫는 계림국으로 정해진 사실은 거듭 강조해도 지
나치지 않다.

　　둘은 호공이 김알지를 발견하게 되는 상황이다. 신이한 조짐이 김
알지의 출현을 알리는데, 청각적 상황으로서 닭이 우는 소리가 시림에서

들려와 소리나는 쪽을 보게 된다. 거기에는 시각적 상황이 신이하게 펼쳐졌다. 밝은 빛이 숲을 비추고 자줏빛 구름이 하늘로부터 땅에 뻗쳐 있었다. 이러한 두 조짐이 없었다면 숲 속에 있는 김알지를 발견하기 어려웠을 것이다. 김알지를 발견하게 하는 1차적인 조짐은 닭 울음소리이다. 이 소리가 주의를 끄는 신호 구실을 한 것이다. 다음은 2차적인 상황으로 숲을 밝히는 밝은 빛과 하늘에서 뻗친 자줏빛 구름이다. 이 두 조짐이 상서로운 까닭에 호공이 그곳으로 접근하지 않을 수 없었던 것이다.

만일 닭 우는 소리만 들렸으면 시림으로 찾아들어 가지 않았을 것이다. 그리고 닭 우는 소리를 찾아서 시림 속으로 들어갔다고 하더라도 빛이 없다면 어둡고 깊은 숲 속의 나뭇가지에 걸려 있는 금궤를 발견할 수 없었을 것이다. 따라서 닭 우는 소리가 일차적인 관심을 끌었다면, 빛과 자주빛 구름은 2차적으로 김알지의 금궤를 발견하게 하는 구체적인 지표 구실을 한 셈이다.

특히 자줏빛 구름이 하늘에서 땅으로 뻗쳐 있었다고 하는 것은 김알지가 천손이라는 것을 말하며 울음소리로 김알지의 출현을 알려준 흰 닭도 하늘에서 온 천계(天鷄)라는 사실을 뜻한다. 박혁거세 신화에서, 백마가 곧 천마이고 알이 자줏빛이었을 뿐 아니라 알에 서광이 비추고 있었던 상황과 상당히 일치한다. 이러한 조짐들은 아기 예수의 탄생상황을 떠오르게 한다. 마치 동방박사 세 사람이 큰 별을 따라 베들레헴의 마굿간으로 가서 아기 예수를 경배하는 것과 마찬가지로, 호공은 닭 울음소리와 서광을 따라 시림 숲에 들어가서 나뭇가지에 걸려 있는 황금궤를 발견하게 된다. 서광의 정체는 바로 황금궤에서 나오는 것이었으며, 울음소리의 정체는 바로 나무 밑에 있는 흰 닭의 울음소리였다. 그러므로 조짐의 원천은 천계인 흰 닭과 서광, 그리고 황금궤였다고 할 수 있다.

셋은 박혁거세의 신화에서 혁거세가 예언한대로 석탈해왕이 시림에 가서 김알지를 발견한 사실이다. 호공의 보고를 받은 탈해왕이 시림에 가서 금궤를 열어보니 한 사내아이가 누워 있다가 일어났다. 이 상황은 마치 혁거세가 처음 입을 열어서 '알지거서간이 한번 일어난다'고 한 말을 그대로 실행한다. 그리고 이름을 알지라 지은 근거도 박혁거세의 예언에서 비롯된다. 사실상 알지의 이름은 박혁거세가 이미 지어 둔 셈이다. 그러므로 석탈해는 알지의 성만 '김(金)'씨로 지은 것이다.

만일 김병모의 주장처럼, 박혁거세가 지은 '알지'라는 이름을 알타이어에서 왔다고 한다면, 사실상 박혁거세조차 알타이계 인물로 규정하는 꼴이 되어, 결국 신라는 알타이족의 나라로 규정하는 결과가 된다. 그러나 김알지 신화 어디에도 알타이와 연관지을 만한 내용이 없다. 오히려 김알지의 출현은 박혁거세의 예언과 석탈해왕의 발견에 의해 이루어지고 성과 이름도 이 두 왕의 합작에 의해 지어진다. 순전히 신라 건국시조들과 연관되어 김알지가 출현한다. 그러므로 신라의 건국 신화 셋을 제각기 따로 해석하는 것은 문제이다. 왜냐하면 박혁거세와 석탈해, 김알지가 서로 연관되어 있을 뿐 아니라 김알지 신화 속에서 이들 세 인물이 함께 문제되는 까닭이다.

실제로 박혁거세 신화에서 김알지의 출현이 예고되었고 석탈해가 그 사실을 알고서 김알지를 거두어 아들로 삼았으며 이름조차 박혁거세의 예언에 따라 지었던 것이다. 따라서 세 건국 시조의 관계를 보면, 신라 시조 왕인 박혁거세가 나라의 터를 닦고 김알지의 출현을 구체적으로 예언했으며, 석탈해왕이 나라의 발전 기틀을 마련해두고 박혁거세의 예언에 따라 금궤에서 나온 아기를 김알지라 이름짓고 신라의 미래를 맡기고자 태자로 삼았던 것이다.

그런데도 신라 건국 초기의 세 신화들을 상호 관계 속에서 포착하지 않고 제각기 떼어서 서로 다른 사실처럼 읽고 해석한 것은 문제가 아닐 수 없다. 특히 건국 신화들을 문학작품으로 해석하는 것이 아니라 사료로서 읽는 사학자들이 역사적 맥락을 고려하지 않고 별도의 사료인 것처럼 주목한 것이 문제이다. 이미 지적한 것처럼, 더 심각한 문제는 신화 자체를 자립적 형식체로서 하나의 온전한 구조물로 보지 않고 낱말이나 화소(話素) 수준의 부분들로 해체하여 원자론적으로 해석하고 어원적 설명에 만족하는 훈고주석학적 말 풀이 수준에 머물러 있는 점이다.

이것은 연구자의 시각 문제이자 연구 수준 문제이기 때문에 연구 대상이 달라져도 변함이 없다. 건국 신화 연구든 금관 연구든 한결같이 대상 자체를 유기적 실체로서 보지 않고 원자론적으로 파편화하여 요소적 영향론이나 소재론적 전파론을 펼친 것이 한계이다. 그 결과 금관조차 원자론적 해석을 한 까닭에 금관의 전체적인 형상은 문제 삼지 않은 채 사슴뿔 형상의 세움장식에 매달려 금관의 기원론을 엉뚱하게 펼치는 데까지 이른 것이다.

5. 김알지의 '김'과 '알지'의 문화적 뜻 읽기

김알지 신화 뜯어보기 넷째 문제를 주목해보자. 신화에는 김알지의 성과 이름에 관한 정보가 구체적으로 갈무리되어 있다. 성을 김씨로 한 것은 굳이 풀이하지 않아도 알 만하다. 성은 출신성분을 말하는데, 금궤에서 나왔다고 해서 김씨라 한다. 물론 《삼국사기》나 《삼국유사》의 기록도 모두 정확하게 일치한다.

그런데 이름 풀이는 좀 다르다. 《삼국유사》에서 '알지'는 우리말로 어린아이를 뜻하는 말이라고 풀이하는가 하면, 《삼국사기》에서 '알지'는 총명하고 지략이 많은 아이를 뜻하는 말이라고 풀이하기도 한다. 두 풀이가 다 설득력을 지닌다.

알지가 아이를 뜻하는 말이라는 사실은 우리 방언과 신화에 고스란히 남아 있다. 앞에서 이미 자세하게 다룬 것처럼 아기를 '알나-'라고 하거나 삼성신화처럼 '을나'라고 하는 것에서 그 어원적 뿌리를 찾을 수 있다. 알에서 비롯된 난생과 연관되어 있는 것이다. 닭이 울었다고 하는 것은 알을 낳았다는 것을 말한다. 닭이 낳은 알은 곧 닭의 어린아이에 해당된다. 제주도에서는 달걀을 닭새끼라고 하는데, 달걀이 닭의 새끼 곧 닭의 알이란 말이다. 그러므로 '알'을 뜻하는 말과 '아기'를 뜻하는 말은 같은 뿌리와 상상력에서 비롯된 것이라고 했다.

알지를 총명스럽고 지혜로운 아이라고 하는 말도 우리말에서 비롯된 풀이로서 설득력이 있다. 똑똑하고 슬기로우려면 무엇을 알아야 한다. 따라서 모든 슬기와 똑똑함은 아는 힘에서 나온다. '알다', '알고', '알면', '알아서', '알음알음', '앎', '알지'는 모두 '알다'에서 온 말이다. '알지'는 알다를 당연하게 받아들이는 말이다. '아무렴 알고말고 모를 턱이 없지'라고 자신 있게 하는 말을 '그럼, 알지!' 라고 나타낼 수 있다. 그러므로 '알지'는 무엇이든 잘 아는 지혜롭고 총명한 인물을 나타내는 이름으로서 적절하다.

그러면 알지의 이름 풀이는 둘 다 사실인가? 이름이 가지는 다의성을 고려하면 두 풀이를 다 인정할 수 있다. 모두 사실에 근거하고 우리 문화의 맥락 속에서 적합성을 지닌 이름 풀이기 때문이다. 따라서 두 의미를 함께 지닌 이름일 수도 있다. 그러나 알지의 이름은 알지가 출현하기 이전에 박혁거세가 처음 입을 열어 말할 때 이미 지어둔 것이다. 박혁거세는 스스로 알에서 나왔으며, 그 부인도 계룡에서 태어난 난생으로서 처음에는 입이 닭의 부리 같았고 이름도 알영이었다. 그러므로 알지는 난생문화의 맥락 속에서 '알나−', 그리고 삼성신화의 '을나'처럼 아기를 뜻하는 말에서 비롯되었을 가능성이 더 높다.

김알지 신화의 마지막 문제는 신라의 김씨 왕실이 곧 김알지의 후손들이라는 사실이다. 《삼국유사》의 김알지 신화 말미에 김알지 후손들의 계보를 잘 정리해두었다.

알지는 열한(熱漢)을 낳고, 열한은 아도(阿都)를 낳고, 아도는 수
류(首留)를 낳고, 수류는 욱부(郁部)를 낳고, 욱부는 구도(俱道)를 낳고,
구도는 미추(未鄒)를 낳았다. 미추는 왕좌에 올랐다. 이것이 김씨가 나
라를 가진 시초였다. 신라의 김씨는 알지에서부터 시작된 것이다.[32]

시조 신화는 곧 본풀이이자 말미로서 혈연적 계보를 설명한다. 그
런 점에서 김알지 신화는 제구실을 한다. 《신약성서》 〈마태복음〉 제1장
의 "아브라함은 이삭을 낳고 이삭은 야곱을 낳고 야곱은 유다와 그의 형
제를 낳고 유다는 다말에게서 베레스를 낳고…… 엘르아살은 맛단을 낳
고 맛단은 야곱을 낳고 야곱은 마리아의 남편 요셉을 낳았으니 마리아에
게서 그리스도라 칭하는 예수가 나시니라"와 같은 내용과 구조로 이루
어져 있다. 그러므로 시조 신화로서 김씨 왕실의 본풀이 구실을 하는 김
알지 신화의 보편성을 인정하지 않을 수 없다.

그러나 김알지는 왕이 아니었다. 김씨 왕실의 시조일 따름이다. 김
알지는 석탈해에 의해 태자로 책봉되었지만 태자의 자리를 파사(婆娑)에
게 물려주고 왕좌에 오르지 않았다. 알지의 6대 손인 미추(未鄒)가 비로
소 왕좌에 올라 신라의 김씨 왕가를 계속 유지하여 신라 천 년의 역사를
이었다. 그러므로 사실상 신라는 김알지 후손들의 세습 왕조로 이어진
국가라 해도 지나치지 않다. 이 문제는 박·석·김의 왕조 교체 과정에서
자세하게 다루었다.

김알지는 왕위에 오르지도 않았고 또 건국 시조 박혁거세가 별도로
있기 때문에, 김알지 신화는 건국 신화로 보기 어렵다. 그렇지만 김알지
신화를 박혁거세 신화나 석탈해 신화와 더불어 신라의 건국 신화로 인식
하는 데는 그만한 이유가 있다. 박혁거세처럼 시조 왕으로서 나라를 세

---

32) 《三國遺事》 卷1, 〈紀異〉 第1, 金閼智 脫解王代.

운 것은 아니되 실질적으로 신라 건국의 기틀을 다지고 천 년의 역사를
가능하게 한 신라 초기 김씨 왕가의 시조였을 뿐만 아니라, 건국 시조인
박혁거세에 의해 이미 김알지의 출현과 신라의 미래가 예정되어 있었기
때문이다.

그런데 신라의 시조 신화로 보면 김알지가 신라 김씨 왕조의 시조
가 틀림없다. 따라서 만일 '알지'가 알타이어라면 신라 김씨 왕조의 원류
가 알타이인이라는 김병모의 견해가[33] 인정될 수 있다. 그러나 김씨 시조
에 관해서는 다양한 설이 있다. 가장 대표적인 것이 김알지설 외에 김성
한(金星漢)설,[34] 김내물(金奈勿)설,[35] 김미추(金味鄒)설[36] 등이다. 그런데 이
러한 여러 설 가운데, 어느 시조설도 김씨의 시조가 알타이인이라는 주
장은 없다.

시조가 누구인가 하는 것은 어떤 면에서 닭이 먼저인가 달걀이 먼
저인가 하는 문제와 닮았다. 어떤 성씨의 시조이든 그 자체로 존재하는
인물은 없다. 실제로는 누구의 후손일 따름이다. 다만 특정 선조를 그 후
손들이 자기 성씨의 시조로 인정할 때, 비로소 시조가 되는 것이다. 성씨
시조는 혈연집단의 신화적 인정에 의한 것이지 실제 혈연의 시초는 아니
다. 왜냐하면 어떤 인간이든 부모로부터 출생할 수밖에 없기 때문이다.
따라서 신화적 성씨 시조가 아니라 혈연적 성씨 시조는 거슬러 올라가면
끝이 없고 또 내려오면 여럿일 수도 있다. 중시조 구실을 하는 시조들이
얼마든지 있을 수 있기 때문이다.

---

33) 김병모의 책 《금관의 비밀》에 붙은 부제는 '한국 고대사와 김씨의 원류를 찾아서'이다. 이
　　는 금관의 기원뿐만 아니라 신라 김씨 왕조의 고향이 알타이라는 것을 말하려는 것으로, 그
　　는 이 책에서 시조인 김알지가 알타이인이라고 주장한다.

34) 李基東, 〈新羅太祖 星漢의 問題와 興德王陵碑의 發見〉, 《大丘史學》 15·16, 1978, 7~11쪽.

35) 前川明久, 〈伊勢神宮と朝鮮古代諸國家の祭祀制〉, 《日本史研究》 84, 1966 ; 辛鐘遠, 〈新羅
　　初期佛敎史研究〉, 고려대학교 대학원 박사학위논문, 1988, 28~69쪽.

36) 邊太燮, 〈廟制의 變遷을 통하여 본 新羅社會의 發展過程〉, 《歷史敎育》 8, 1964, 68쪽.

그러나 건국 시조는 다르다. 나라를 처음 세운 사람이 시조로서 국가의 역사와 함께 정해진다. 그런데 김알지는 신라 왕실에 의해서 성씨 시조로 인정받았다. 그것은 박혁거세 신화에서 석탈해 신화에 이르기까지 국가적으로 인정된 인물이다. 김씨 후손들 내부의 혈연적 문제가 아니라 신라 초기의 건국 기틀과 관련된 국가적 문제로 인정된 것이다. 그러나 682년의 문무대왕릉비문에[37] 따르면, 김알지가 아니라 김성한이 김씨의 조상으로 기록되어 있다. 김씨가 중국의 삼황오제(三皇五帝)와 연결되어 있고, 김성한은 문무대왕의 15대조라 했다. 김씨의 시조는 중국사람이라는 주장이다.

이 시기에는 이미 중세적 세계관이 형성되었다. 당나라 중심의 동아시아 문화권이 중세적 질서를 만들어가기 시작했다. 고대에는 시조가 하늘에서 내려오는 천손 강림의 신이한 인물이지만, 중세에 오면 문화의 종주국으로부터 온 도래인(到來人)이기 일쑤이다.[38] 따라서 이 시기에는 시조가 중국의 삼황오제 후손이 도래했다고 여기고, 이런 사실을 공유하는 것이 왕권의 신성성을 유지하는 데 도움이 된다. 따라서 이 시기에는 김알지 신화를 상징하는 금관도 더 이상 쓰지 않게 된 시기이다. 이미 왕실의 복제를 당의 복제에 따라 바꾸었을 뿐 아니라 당을 중심으로 한 중국 문화에 여러 모로 포섭된 상황이기 때문이다.

김성한을 김씨 시조로 삼고 삼황오제의 후손이라고 하는 것은 중세적 세계관의 반영이다. 《삼국사기》 의자왕(義慈王)조에도 '신라 고사'를 인용하면서, 신라의 김씨들은 스스로 중국의 천신인 소호(小昊) 김천씨(金天氏)의 후손이라[39] 한다고 밝혀두었다. 김씨들 스스로 자신의 계보를

---

37) 韓國古代社會研究所編, 《譯註 韓國古代金石文》, 제2권 《文武王陵碑》. "十五代祖星漢王降質圓穹誕靈仙岳肇臨."

38) 조동일, 앞의 글 참고. "고대의 건국 시조는 하늘에서 하강했다고 하고, 중세의 건국 시조는 문명권의 중심부에서 도래했다"고 했다.

중국의 신화적 인물에 끌어다 붙임으로써, 중세적 질서에 편입하고자 한
셈이다.

　더 흥미로운 일은 혜공왕대에 미추왕이 시조로 추앙되었다는 사실
이다.[40] 삼황오제의 후손인 김성한을 시조로 하다가 혜공왕대에는 미추
왕을 시조로 삼았다. 시조의 전환은 상당히 중요한 의미를 가진다. 김씨
가운데 처음 왕위에 오른 미추왕을 시조로 삼은 데는 김씨 왕실 내부에
커다란 변화가 있었다는 것을 말한다. 혜공왕대에 오면 김씨 왕실에서
당나라 중심의 전제왕권이 지속되는 데 저항하여 자주성을 찾으려는 움
직임이 요동친다. 따라서 무열왕계의 왕당파에 맞선 내물왕의 후손인 김
씨 귀족들의 투쟁으로 혜공왕이 살해되는 변혁이 일어난다. 마침내 내물
왕계 김씨들이 왕권을 장악하자 더 이상 중국중심의 시조를 내세우지 않
고 미추왕을 시조로 추앙한 것이다. 그러나 이 시기는 이미 금관의 문화
가 잦아든 뒤였다.

　자연히 836년경에 세운 흥덕왕릉비에는 김성한을 '태조성한(太祖星
漢)'이라고 기록했다. 왜냐하면 혜공왕대에 시조를 미추왕으로 삼았기[41]
때문이다. 따라서 이전에 시조라고 했던 김성한을 태조로 격상하지 않을
수 없다. 결국, 김씨 왕조에서는 자기들의 시조를 시대상황에 맞게 바꾸
어서 당대의 세계관적 질서에 편입되고자 했던 셈이다. 따라서 건국 초
기에는 김알지 시조 신화를 통해 김알지를 시조로 삼았지만, 중세에 이
르면 삼황오제 후손 김성한 시조설, 다시 미추왕 시조설, 더 구체적으로
는 내물왕 시조설까지 제기되었다.

　김씨 왕조에 관한 다양한 시조설의 존재를 좀 다르게 설명하기도
한다. 신라시조 3성 가운데 박씨나 석씨와 달리, 김씨들은 왕권의 지속

---

39)《三國史記》卷28,〈百濟本紀〉6, 義慈王. "然而又聞 新羅人自以小昊金天氏之後 故姓金氏."
40)《三國史記》卷32,〈雜誌〉, 祭祀 ;《三國遺事》卷1,〈紀異〉, 味鄒王 竹葉軍.
41)《三國史記》卷32,〈雜志〉第1, 祭祀.

과 더불어 귀족집단을 이루면서 다양한 혈족으로 분파되었는데, 각 분파의 귀족집단끼리 저마다 시조를 내세웠던 사실의 반영으로 이해하는 것이다. 결국 신라 김씨 왕조는 후대로 내려갈수록 가까운 혈족끼리 분파가 형성되면서 통일된 시조를 공유하지 못했다고 보는 것이다.[42]

다양한 시조설에도 불구하고 김성한 이후의 시조설은 7~8세기 이후의 것으로 이미 금관의 형성 시기와 상관이 없다. 중요한 것은 어느 분파의 어떤 시조설이든 신라 김씨 왕실의 원류를 알타이인과 연관지은 것은 없다는 사실이다. 알타이 시조설을 주장하는 것은 김병모가 유일하다.

금관은 김알지 신화가 김씨 왕조의 시조 신화로 널리 인정되고 있던 마립간 시기에 등장한 것이다. 따라서 후대의 여러 가지 시조설과 금관은 사실상 무관하다. 이 책 제1부의 2장과 3장에서 금관의 출현 과정과 소멸 과정을 자세하게 다룬 것처럼, 신라가 김알지 신화의 내용에 따라 계림국으로서 정체성을 유지하고 당나라 복제를 들여오기 전까지 금관이 신라 김씨 왕실, 또는 지역 지도자들의 의전용 관모로 사용되었던 것이다.

따라서 후대에 신라 김씨 왕실의 시조를 누구라고 했든 금관과 관련된 김알지 시조설을 부정할 수 없다. 적어도 금관이 형성되던 마립간 시기의 계림국에서는 김알지 시조설이 널리 인정되었기 때문이다. 당나라에서조차 진덕왕 때까지 '계림국'이라고 일컬었다.[43] 그러므로 계림국의 시조이자 김씨 왕조의 시조였던 김알지의 신화가 김씨 왕권의 상징인 금관을 창출하는 문화 창조의 원천 구실을 했다고 하겠으며, 이러한 사실은 부정할 수 없다.

---

42) 나희라, 《신라의 국가제사》, 지식산업사, 2003, 147쪽.
43) 《三國遺事》卷1, 〈紀異〉, 眞德王. "唐帝嘉賞之. 改封爲鷄林國王."

제6장 김알지 신화의 재인식과 금관의 세움장식

1. 계림국으로서 신라의 정체성과 김알지 신화

신라 금관의 정체를 정확하게 포착하려면 신라의 국가 정체성을 제대로 이해해야 한다. 왜냐하면 신라 금관은 곧 신라 왕들의 관모로 제작되었기 때문이다. 국가의 정체성을 잘 드러내는 것은 건국 신화와 왕관 외에 국호, 곧 나라 이름이다. 따라서 신라의 초기 나라 이름을 통해서 금관의 상징성을 재인식할 수 있다. 신라 초기 국호도 건국 신화에 잘 나타나 있다.

박혁거세 신화와 김알지 신화에서 신라의 국호에 대한 기록이 분명하다. 그런데, 한결같이 처음에는 닭과 관련하여 나라 이름을 '계림'이라고 했다고 한다. 자세한 내용을 차례로 옮겨보자.

처음에 왕이 계정(鷄井)에서 출생한 까닭에 또한 계림국(鷄林國)이라 하니, 계룡이 좋은 조짐을 나타낸 때문이었다. 일설에는 탈해왕 대에 김알지를 얻을 때 닭이 숲 속에서 울었으므로 국호를 고쳐 계림

이라 하였다 한다. 후세에 드디어 신라라는 국호를 정하였다.[1]

위의 기록은 박혁거세 신화의 내용이다. 여기에 김알지 신화의 내용도 함께 기술하고 있어서 이 두 신화는 서로 별개의 것이 아님을 알 수 있다. 신라 건국 초기에 형성된 신라 신화로서 두 신화는 서로 동질성과 개연성을 확보하고 있다는 사실이 다시 입증된다. 혁거세왕이 계정에서 출생하여 계림국이라고 하는 내용은 김알지가 계림에서 출현하여 계림 국이라 한 내용과 고스란히 만난다. 자연히 김알지 신화에도 이와 같은 박혁거세 신화의 내용이 고스란히 밝혀져 있다. 김알지가 출현한 시림을 계림으로 이름을 바꾸고 또 이 계림으로 나라의 이름을 삼았다고[2] 했다. 그러므로 계림국이라는 국호의 정체성이 초기 신라를 떠받드는 국가의 정체성이나 다름없다고 해도 좋겠다.

신라의 국호는 상당히 오랫동안 계림국으로 일컬어졌다. 그것도 신라 내부에서뿐만 아니라 일본에까지 통용되었던 것이다. 박제상(朴堤上)은 신라 19대 눌지왕 때 사람인데 일본에 볼모로 잡혀 있던 눌지왕의 셋째 아우 미사흔(未斯欣)을 구해내고 왜왕에게 발각되어 문초를 받을 때 신라를 일컬어 '계림'이라고 했던 것이다.

왜왕은 제상(堤上)을 가두고 물었다. "너는 어찌하여 너의 나라 왕자를 몰래 돌려보냈느냐?" 제상이 답하기를 "나는 계림의 신하이지 왜국의 신하가 아니오. 이제 우리 임금의 소원을 이루어 드렸을 뿐인데, 어찌 이 일을 그대에게 말하겠소" 하자, 왜왕은 노해서 "이제 너는 이미 내 신하가 되었는데도 계림의 신하라고 말하느냐? 그렇다

---

1) 《三國遺事》卷1, 〈紀異〉第1, 新羅始祖 赫居世王.
2) 《三國史記》卷1, 〈新羅本紀〉第1, 脫解尼師今. "시림을 고쳐 계림으로 이름하고 또 계림을 국호로 삼았다."

면 반드시 오형(五刑)을 갖추어 너에게 쓸 것이다. 만일 왜국의 신하
라고만 말한다면 후한 녹(祿)을 상으로 주리라" 했다. 제상은 "차라리
계림의 개나 돼지가 될지언정 왜국의 신하가 되지는 않겠다. 차라리
계림의 형벌을 받을지언정 왜국의 작록을 받지 않겠다" 하였다.[3]

《삼국유사》의 기록을 보면, 신라 19대 왕인 눌지 왕대까지 신라를
'계림'으로 일컬었을 뿐 아니라, 28대 진덕왕 대에도 당나라 고종이 신라
를 계림국으로 일컬었던 사실을[4] 알 수 있다. 박제상만 조국 신라를 계림
이라 한 것이 아니라 왜왕도 계림이라 일컬은 것을 보면 눌지왕대까지
계림이라는 신라의 국호가 널리 통용되었음을 알 수 있다. 《삼국사기》
에는 공식적으로 계림이라는 국호를 신라로 바꾼 시기가 자세하게 기록
되어 있다. 22대 지증왕 4년 10월에 신하들의 건의를 받아서 국호를 계
림에서 '신라'로, 왕호도 마립간에서 '왕'으로 바꾸게 되는 것이다.

> 4년 10월에 군신(羣臣)이 말하기를, "시조께서 나라를 세운 이래
> 로 국명이 일정치 아니하여 혹은 사라(斯羅)라 하고 혹은 사로(斯盧)라
> 하고 혹은 신라라 하였으나, 신들의 생각으로는 '신(新)'은 덕업(德業)
> 이 날로 새로운 뜻이요, '라(羅)'는 사방을 망라한다는 뜻이므로, '신
> 라'로 국호를 삼는 것이 좋을 듯합니다. 또 생각하건대 옛날부터 국가
> 를 가진 이가 다 제왕이라 일컬었는데 우리 시조가 건국한 지 지금까
> 지 22대에 이르도록 단지 방언(邦言)으로 칭하여 존호(尊號)를 정하지
> 아니하였으니 지금 우리 신하들은 모두 한뜻으로 삼가 신라국왕이란
> 존호를 올리옵니다"고 하니, 왕이 거기에 좇았다.[5]

---

3) 《三國遺事》 卷1, 〈紀異〉 第1, 奈勿王 金堤上.
4) 《三國遺事》 卷1, 〈紀異〉 第1, 眞德王. "진덕여왕이 즉위하여 스스로 태평가를 짓고 비단
　을 짜서 무늬를 놓아 사신을 보내어 당의 황제에게 바쳤더니, 당제(唐帝)는 좋아하며 '계림
　국왕'이라고 다시 봉했다(唐帝嘉賞之 改封爲鷄林國王)."

그러므로 지증왕 4(서기 504)년에 신라국으로 개칭하기 전까지 국호는 계림, 왕호는 마립간을 사용했으나 국제사회에서는 그 이후까지 계림국으로 통용되었다. 기록상으로는 당고종이 진덕왕을 '계림국왕'으로 봉한다고 했으니, 7세기 중엽까지 계림국의 국호는 사실상 지속된 것으로 보인다. 그러므로 계림은 신라의 초기국호로 한정할 것도 아니고 신라인들 사이에 한정된 국호도 아니다.

일본이 계림을 신라로 일컬은 것은 대마도 지명에서도 나타난다. 대마도 최남단에는 서라벌(徐羅伐)이라는 지명이 지금까지도 남아 있으며, 현존 지명인 게치(鷄知) 역시 신라인들의 집단 거주지였다. 이 지방 향토사학자는 '게치'를 "조국 계림국(鷄林國)을 잊지 말자는 뜻의 지명"이라고 풀이했다고[6] 한다. 그러므로 계림은 신라의 초기국호로 한정할 것도 아니고 신라인들 사이의 국호도 아니다. 중국과 일본에서도 7세기까지 신라의 공식 국호로서 널리 일컬어졌던 것이다.

계림은 시림을 일컫는 한갓 숲 이름이 아니라 금관 문화가 활발하던 5~6세기 이후까지 신라의 공식 국호였다는 사실을 놓치지 말아야 한다. 시림이 계림이 되고 계림이 다시 신라의 국호가 된 이유는 시림에서 닭이 울어 김알지의 출현을 알렸기 때문이며, 계림에서 출현한 김알지가 세자에 책봉되었을 뿐 아니라 그 후손들이 신라 왕실의 주인공이 되었던 까닭이다. 물론 김알지 신화가 계림국의 기원을 가장 적극적으로 설명하는 시조 신화 구실을 하지만, 사실 이러한 조짐은 박혁거세 신화에서부터 구체적으로 나타났다.

따라서 신라가 있어서 계림이 있었던 것이 아니라 계림이 있어서 신라가 있었다는 것을 말한다. 신라의 초기 국호를 계림이라 한 이유는

---

5) 《三國史記》卷4, 〈新羅本紀〉第4, 智證麻立干4年.

6) 안영배, 〈아남그룹 명예회장 金向洙의 한일 문화유적 탐방기〉(하), 《신동아》, 1996년 6월호.

숲 속에서 닭 울음소리와 함께 김알지가 출현한 까닭만이 아니다. 그 연유는 한층 뿌리 깊고 배경도 상당히 폭넓다. 원초적으로 박혁거세가 '계정'에서 출생했을 뿐만 아니라, 알영부인이 '계룡'으로부터 태어났기 때문이다. 시조 왕 박혁거세와 알영부인, 그리고 김알지에 이르기까지 계정·계룡·계림 등 닭의 신화적 상징성은 지속되고 있는 것이다.

박혁거세가 계정에서 출현했기 때문에 알의 모습으로 나타났고, 왕비인 알영부인도 계룡에서 태어났기 때문에 이름도 알영일 뿐 아니라, 처음에 그 입모양이 닭의 부리와 같았던 것이다. 박혁거세가 계정에서 닭의 알로 태어나고 알영부인은 닭의 부리를 한 닭인 채로 태어난 셈이다. 김알지가 숲에서 닭 울음소리와 함께 출현한 사실도, 김알지가 닭의 알 곧 닭의 아기나 다름없다는 상징성을 드러낸다. 아기의 모습이어서 알지라 하지만, 사실은 닭의 아기로서 알이었던 까닭에 알지라 했던 것이다. 따라서 알지가 출현한 시림은 곧 닭이 알지를 낳은 닭숲으로서 계림이자, 나라를 새로 여는 나라숲으로서 국림(國林)이 된 것이다. 그러므로 신라의 국호가 계림이었던 것은 신라 건국 초기 문화에서 닭이 얼마나 신성한 상징으로 인식되었는가 하는 것을 알 수 있다.

2. 혁거세 신화와 탈해 신화는 알지 신화의 예비신화

이제 금관의 상징인 계림의 정체가 한층 분명해졌다. 신라의 국호 계림은 박혁거세가 계정에서 나고 왕비가 계룡에서 났을 뿐 아니라, 김알지 또한 닭 울음소리와 더불어 계림에서 출현했기 때문이다. 따라서 시조 왕과 닭, 시조 왕비와 닭, 신라 건국과 닭, 신라 국호와 닭, 김알지와 닭, 계림과 닭은 서로 뗄래야 뗄 수 없는 관계에 있는 것이다. 김알지가 왕위에 오르지 않아서, 김알지 신화는 엄밀하게 말하면 건국 신화라고 할 수 없다.

그러나 박·석·김 세 신화의 선후 관계를 보거나 계림에서 닭의 울음과 더불어 출현한 김알지를 볼 때, 김알지야말로 신라의 실질적인 국가 상징이다. 그가 출현한 계림이 곧 신라의 국호가 되었다는 사실도 지나칠 수 없는 일이다. 그러므로 신라는 계림에서 비롯된 계림을 이어받은 나라이자 김알지에 의해 형성된 나라라 해도 지나침이 없다.

'그러면 박혁거세는 신라의 시조가 아닌가', 그리고 '다음 신화의 주인공이자 신라 4대 왕인 석탈해는 또 무엇인가' 하는 의문이 제기된다. 박혁거세와 석탈해는 한결같이 김알지 출현을 위하여, 계림국 성립 이전에 나라의 토대를 닦은 왕이었을 따름이다. 그러한 선후 관계의 연관성은 이미 혁거세 신화에서 여러 모로 나타난다.

하나는 앞에서 살핀 것처럼 신라 국호 계림의 공유이며, 둘은 혁거세가 '처음 입을 열어 스스로 말한 내용이 바로 알지가 출현하리라'는 사실을 예언한 것이다. 구체적으로 "알지거서간이 한번 일어난다"고[7] 했다. 따라서 탈해왕은 시림의 금궤에서 나온 아이 이름을 지을 때 혁거세의 고사에 따라 '알지'라 일컬었던 것이다.[8] 그러므로 알지의 출현은 혁거세의 예언으로부터 시작되고 실제로 이 예언과 같이 이루어졌으며, 계림국의 신라는 김알지 후손들에 의해 김씨 왕조로 이어져 왔다고 할 수 있다.

혁거세가 처음 말한 대목을, 스스로 자신을 일컬어 '알지거서간이 한번 일어났다'고 해석해도 결과는 마찬가지이다. 혁거세가 첫번째 (알 속에 누웠다가) 일어난 거서간이라면, 알지는 두번째 (금궤 속에 누웠다가) 일어난 거서간이기 때문이다. 거서간은 왕을 일컫는 존칭이다. 그런데 알

---

7) 《三國遺事》卷1, 〈紀異〉第1, 新羅始祖 赫居世王. "初開口之時 自稱云 閼智居西干一起."
8) 《三國遺事》卷1, 〈紀異〉第2, 脫解王. "如赫居世之故事 故因其言 以閼智名之."

지는 무엇이길래 혁거세 스스로 '알지'라 하고 제일 처음 '알지'를 일컬었을까? 혁거세는 사람들이 지은 이름이지만 알지는 혁거세 스스로 자칭한 이름이기도 하다. 뒤에 출현한 알지 신화에서도 이름을 알지라 한 것은 혁거세 신화에 따른 것이다.

그러나 탈해는 알지로 일컬어지지 않았다. 혁거세와 알지의 두 시조를 이어주는 중간자 구실을 했을 따름이다. 탈해는 혁거세의 고사에 따라 알지로 일컫고 태자로 책봉했던 것이다. 따라서 신라 신화의 주류는 혁거세 신화와 알지 신화라는 사실을 알 수 있다. 실제로 신라, 곧 계림국의 정통성을 확립하고 신라사를 이끌어간 신라 김씨 왕조의 시조 신화는 알지 신화이다. 그러므로 김씨 왕조는 건국 시조로서 혁거세 신화와 자신들의 시조 신화인 알지 신화를 특히 중요하게 전승했다고 하겠다.

알지 신화를 중심으로 보면 혁거세 신화도 알지 신화의 일부라 하겠다. 왜냐하면 혁거세 스스로 '알지거서간'으로 자칭했거나 또는 알지의 출현을 예언했기 때문이다. 이런 맥락을 고려하면, 알지 신화에 선행하는 혁거세 신화는 사실상 알지 신화를 위한 예비신화이자, 알지의 계림국 출현을 위한 예언적 기능을 가지는 것으로 보아도 좋겠다. 왜냐하면 혁거세는 알지의 출현을 예언한 선지자에 지나지 않는 셈이다. 두번째 신화의 주인공인 탈해도 알지를 발견하고 세자로 거두어들이는 일을 했다는 점에서 혁거세의 예언대로 실행한 인물에 지나지 않는다. 그러므로 탈해 신화도 알지 신화를 위한 선행신화라 할 수 있다.

《삼국유사》에 탈해왕과 김알지 기사를 '탈해왕', 그리고 '김알지 탈해왕대'와 같이 분별해서 써놓긴 했지만, 사실 김알지 신화를 탈해왕대에 묶어두었으며, 《삼국사기》에는 아예 '탈해이사금'에 포함시켜서 김알지 기사가 별도로 나뉘어져 있지 않다. 이 사실은 혁거세 못지 않게 탈해 또한 알지와 분리해서 존재할 수 없는 인물임을 말한다. 왜냐하면 실제로 김알지를 계림에서 거두어 이름을 지어주고 아들로 삼아 태자로 책

봉한 사람이 바로 탈해이기 때문이다.

　탈해왕은, 호공이 시림에서 금궤를 발견하자 사람을 보내어 그 궤를 가져오게 하고, 궤 안에서 아이가 나오자 크게 기뻐하며 군신들에게 "이 어찌 하늘이 나에게 아들을 보내 준 것이 아니겠는가" 하고[9] 거두어 길렀을 뿐 아니라, 아예 국호까지 계림의 유래에 의한 것으로 일컬었다.[10] 따라서 알지는 왕좌에 오르지 않았지만 그 출현 공간이 국호로 일컬어질 만큼 신라 초기 국권에 큰 영향을 미쳤으며, 사실상 신라 건국의 시조 구실을 했다고 할 수 있다. 그러므로 혁거세와 탈해, 알지는 서로 뗄레야 뗄 수 없는 관계이자 신라 건국의 세 영웅으로서 대등한 위치를 확보한다고 할 수 있다.

　혁거세가 알지의 출현을 진작 예언하고, 탈해가 그 예언에 따라 알지를 받아들여서 이름을 짓고 태자로 삼아 나라 이름까지 바꾸었을 뿐 아니라, 실질적으로 알지와 그 후손들의 김씨 신라를 가능하도록 중요한 토대를 닦아주었기 때문이다. 따라서 알지 신화 중심으로 보면, 혁거세 신화와 탈해 신화는 모두 알지 신화를 위한 전조(前兆)에 해당된다고 할 수 있다. 그러므로 알지가 금을 뜻하는 알타이어에서 비롯되었다고 주장하며 김알지를 '금+금'의 뜻으로 해석하는 일이 얼마나 터무니없는 것인가 알 수 있다.

　이처럼 박·석·김 세 신화를 알지에다 초점을 맞추어 상호 관계 속에서 읽으면 새로운 해석이 가능하다. 혁거세는 알지의 출현을 예고한 예언자이며, 탈해는 그 예언에 따라 알지를 발견하여 미래의 신라를 이끌어갈 왕으로 믿고 태자로 삼아 앞길을 열어준 선지자 구실을 했던 것이다. 예언자와 선지자보다 더 중요한 인물은 바로 그러한 일의 구체적

9) 《三國史記》卷1,〈新羅本紀〉第1, 脫解尼師今. "上喜謂左右曰 此豈非天遺我以令胤乎."
10) 《三國史記》卷1,〈新羅本紀〉第1, 脫解尼師今.

인 대상이자 주체에 해당하는 알지이다. 실제로 알지는 신라 김씨 왕실을 이어가는 혈연적 시조이자, 동시에 알지 신화와 금관을 통해 김씨 왕권의 정통성을 상징하는 정치적 지주이며 정신적 구심점 역할을 했기 때문이다.

이러한 사실을 기독교에서 이야기되는 예수의 출생에 견주어 말한다면, 알지는 곧 예수 그리스도에 해당된다. 예수인 알지에 대하여 혁거세는 예수의 출현을 예언한 세례요한에 해당되며, 탈해는 세례요한의 예언에 따라 예루살렘의 마굿간을 찾아가 예수를 맞이한 동방박사에 해당된다고 할 수 있다. 그러므로 사실상 혁거세 신화와 탈해 신화는, 예수의 탄생 신화나 다름없는 알지 신화를 위한 전조이거나 과정이며, 신라 김씨 왕조의 전통을 위한 역사적 준비이자 정치적 배경 장치일 따름이다.

따라서 혁거세 신화에서 왕이 출현한 '계정'을 근거로 국호를 '사로' 외에 계림국이라고도 일컬었던 사실이 발전하여 알지 신화에서 시조가 출현한 시림을 계림으로 바꾸어 일컫고 이를 근거로 국호를 확실하게 '계림국'으로 단일화했던 것이다. 그러므로 알지는 혁거세의 계정에 이어 계림을 통해 계림국의 정통성을 확립한 시조라 할 수 있다.

3. 김알지 출현 과정의 상징성과 계림국 왕관의 형상

김알지는 혁거세의 예언과 탈해의 아기맞이를 통해서, 마굿간에서 태어난 아기 예수처럼 숲에서 아기 알지로 출현한 신성한 존재이다. 성탄절에 예수의 탄생을 상징하여 마굿간의 아기 예수를 형상화하는 것처럼, 김알지 신화를 전승하는 신라 사람들은 계림에서 아기의 모습으로 출현한 아기 알지를 떠올리지 않을 수 없다. 왜냐하면 김알지 신화의 내용이 그러한 상황을 시각적으로 형상화해주기 때문이다. 아기 알지의 신화적 상징을 조형물로 형상화한다면 어떤 모습일까?

예수그리스도의 출현을 이야기하지 않고 기독교가 존재할 수 없듯이, 아기 알지의 출현을 이야기하지 않고 신라가 존재할 수 없다. 기독교 최대의 명절인 성탄절이 되면 아기 예수의 출생을 재현하기 위해 말구유에 누워 있는 아기 예수의 형상을 연출하기 일쑤이다. 성탄절 없는 기독교를 생각할 수 없듯이, 김알지가 출현한 계림 없는 신라를 생각할 수 없다. 왜냐하면 계림은 곧 신라가 시작된 태초의 시림(始林)이자 영웅 김알지를 출현시킨 성림(聖林)이며, 신라의 국호인 계림국의 국림(國林)이기 때문이다.

십자가에 못 박힌 예수상이 기독교의 상징이자 아이콘(Icon) 구실을 하듯이, 아기 알지의 출현 현장인 성림이자 나라를 열어준 시림이며 나라의 국호인 계림의 형상 또한 신라 왕관의 상징이자 아이콘 구실을 할 수밖에 없다. 십자가의 예수상은 십자가로 축약되듯이, 계림숲의 나뭇가지에 걸려 있는 아기 알지의 모습도 축약되어 알지의 모습은 없고 계림을 상징하는 신성한 나무들만 남게 되면 어떤 모습일까? 십자가만으로도 예수를 떠올리듯이 알지가 탈락된 성림들만으로도 충분히 시조 왕 알지를 떠올릴 수 있는 것이다.

십자가가 기독교의 아이콘 구실을 한다면 예수의 인물상은 기독교의 캐릭터 구실을 한다. 십자가에 예수상이 함께 있든, 십자가만 있든, 또는 예수상만 있든 모두 기독교의 신성한 상징이자 아이콘 구실을 한다. 특히 예수상은 그 자체로 기독교의 훌륭한 캐릭터인 것이다. 마찬가지로 숲의 나뭇가지에 아기 알지가 매달려 있든, 숲만 있든, 아기 알지만 있든 그것은 신라 왕가의 신성한 상징이자 아이콘 구실을 하는 것이다. 특히 아기 알지의 형상은 신라 왕실의 캐릭터 구실을 감당했을 것이다. 그것은 곧 원초적인 아기의 모습 곧 태아의 형상인 셈이다.

따라서 아기 알지의 출현은 계림이라고 하는 숲을 떠나서 생각할

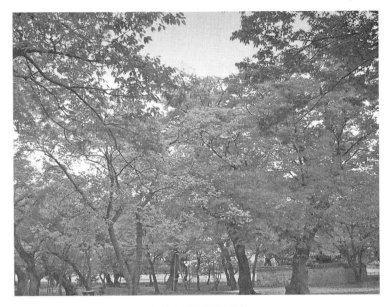

〈그림 1〉 계림의 지금 모습

수 없다. 계림의 숲은 계림국 신라의 국가적 상징이자 김씨 왕실의 아이콘이나 다름없다. 숲을 어떻게 상징적으로 형상화해서 나타낼 수 있을까? 두 그루 이상의 나무가 만나는 데 따라 작은 수풀〔林〕이 되거나 커다란 수풀〔森〕이 된다. 숲을 나타내는 한자말은 모두 나무가 둘 이상 모여 있는 상형문자이다. 상형문자는 사실상 상징 도형에 해당되는 기호이다. 여러 나무 곧 세 그루 이상의 나무를 모아놓으면 울창한 수풀〔森〕이 되며 다섯 그루 이상의 나무가 모이면 거대한 삼림(森林)을 이루게 되는 것이다. 물론 이러한 상형문자는 고대인의 상상력에 의한 것이지만, 오늘날의 상징적 디자인 이상으로 기호학적 효과를 내고 있는 조형이라 할 수 있다.

김알지가 출현한 숲은 태초의 숲으로서 시림이자, 시조 왕이 출현한 신성한 성림(Holy Wood)이며, 또한 닭이 울어서 국호가 된 계림이다.

이 숲은 한갓 작은 수풀인가, 아니면 거대한 숲으로서 삼림에 해당될까? 신라 왕실은 김알지가 출현한 성림을 어떻게 형상화했을까? 나무를 몇 그루로 형상화하면 그러한 상징을 온전하게 나타낼 수 있을까? 김알지 후계인 김씨 왕가에서 자기 조상의 나라인 계림을 어떤 방법으로 상징화하고 기호화해서 왕관으로 만들었을까?

이 질문의 답은 곧 금궤에서 나온 김알지 후손들이자 신라 김씨계 왕실에서 창조적 상상력으로 만들어낸 금관의 비밀이다. 적어도 김알지의 직계 후손이 왕좌에 오른 미추왕(재위 262~284)대 이후 약 100년 동안에 걸쳐 이와 같은 문제를 해결하고 김씨계 왕권을 강화하기 위해 여러 모로 궁리하고 창조력을 발휘해 만들어낸 왕관이 4세기 말~5세기 초부터 등장하기 시작한 금관이다. 이때는 박·석·김 세 성씨의 왕조 교체를 거쳐 김씨계 왕조가 확고한 기반을 마련하기 시작한 시기라 할 수 있다.

세습 체제를 따르지 않은 선왕 실성이사금을 혁명적으로 제거하고 왕위에 오른 눌지마립간은 역동적인 왕조 교체의 혼란을 종식시키고 김씨 왕조의 세습 체제를 확고하게 다질 필요가 있었다. 김씨 왕조의 세습 체제를 지속시키기 위해 김씨 시조인 김알지 신화를 강조하고 시조 신화의 내용을 형상화한 금관을 왕관으로 사용하여 이사금 시대를 청산하고 김씨 왕실의 마립간 시대를 열었던 것이다.

자연히 왕관의 소재는 김알지가 금궤에서 나온 까닭에 금이어야 마땅하므로, 금을 소재로 한 금관이 등장할 수밖에 없다. 그리고 금관의 형상은 김알지 신화와 국호의 상징인 계림을 형상화하는 장식을 여러 모로 구상했을 것이다. 계림을 상징하는 신성한 숲은 성수(聖樹)이자 신수(神樹)이며, 김알지를 탄생시킨 생명나무로 이루어져 있게 마련이다. 단군 신화의 성지인 태백산 신단수(神檀樹)와 같은 나무가 바로 계림을 이루는 신수이자 생명수이다. 환웅천왕이 지상에 하강하여 신시를 베풀고 나라를 세운 공간도 신단수 아래다. 따라서 고조선은 신단수의 나라로서 단국(檀國)이라 일컫기도 한다. 신라를 계림국이라 일컫는 것도 고조선을 단국으로 일컫는 것과 같은 논리와 전통 속에서 형성된 민족 문화라고 할 수 있다. 그러므로 신라의 계림은 고조선의 신단수 전통을 긍정적으로 이어받은 문화라 할 수 있다.

신라의 금관은 한결같이 신단수와 같은 신수로서 장식되어 있다. 계림과 같은 울창한 삼림을 상징하려면 한 그루의 신수로서는 어림없다. 두 그루의 수풀(林)로도 턱없이 부족하다. 세 그루의 울창한 숲(森)으로도 다소 모자란다. 다섯 그루의 거대한 삼림(森林)이어야 제격이다. 따라서 일부 신라 초기의 금관이나 경주 주변에서 나온 금동관의 경우 세 그루의 신수로 장식된 금관이 없지 않으나, 신라 금관을 대표하는 대부분의 금관과 금동관들은 한결같이 다섯 그루의 신수로 장식되어 있어서 거대한 삼림의 계림을 상징하고 있다.

신성한 신수이기 때문에 모두 금빛 찬란하게 반짝인다. 진정한 신수는 생명력이 있는 살아 있는 나무여야 한다. 죽은 나무는 아무리 찬란해도 신수로서 생명력을 발휘할 수 없다. 나무에서 꺾은 나뭇가지도 생명력을 지속할 수 없다. 따라서 김알지와 같은 영웅을 출현시킬 수도 없고 천계와 같은 신성한 닭이 깃들 수도 없다. 신단수도 살아 있는 생명나무이기 때문에 환웅이 천상에서 하강하여 신시를 베풀었던 것이다. 계림의 나무도 생명나무이다. 그러므로 금관의 나무들은 한결같이 나뭇잎을 상징하는 달개, 곧 영락(瓔珞)이 달려 있으며, 태아를 상징하는 곡옥까지 달려 있다.

4. 금관의 세움장식에 형상화된 생명나무의 상징

죽은 나무에는 나뭇잎이 달려 있지 않다. 마른 가지만 남아 있다. 열매도 달려 있을 까닭이 없다. 금관에 나뭇잎이 달려 있지 않은 나무는 없다. 줄기와 가지마다 나뭇잎이 풍부하게 달려 있어 모두 살아 있는 나무라는 사실을 상징한다. 죽은 나무와 살아 있는 나무의 차이는 나뭇잎뿐만 아니다. 살아 있는 나무 가운데도 특히 생명력이 왕성한 나무에는 겨울눈과 같은 '움'이 나뭇가지마다 두루 돋아 있다. 움은 주로 식물의 줄기나 가지 끝에 돋아난 싹 또는 눈을 말하는데, 이것이 자라서 어린잎도 되고 가지도 되는 것이다. 따라서 '싹이 노랗다', '싹수가 보인다' 등과 같이 싹은 모든 현상의 근원이나 시작을 뜻하기도 한다.

나뭇가지 끝에 도톰하게 솟아 있는 '움'은 그 모양이 화살촉이나 펜촉처럼 타원형으로 둥글되 끝으로 갈수록 뾰족하게 생겨서 '촉'이라 한다. 우리말로는 '움'이나 '싹'이라고도 하고 한자말로는 '순(筍)'이라고 한다. 겨울이 되어 나뭇잎이 다 떨어진 나무에도 나무의 촉은 겨울눈으로 남아서 봄을 기다린다. 그러므로 살아 있는 나무에서 나뭇잎보다 더 중요한 것은 바로 '싹'이자 '촉'이고 '움'이며 '순'이다.

나뭇잎은 겨울이 되면 떨어지지만 나무의 생명성을 상징하는 움은 나무가 살아 있는 한 항상 붙어 있다. 추운 겨울에도 겨울눈으로 나뭇가지의 촉은 살아 있다. 싹이 나고 촉이 트며 움이 돋아나야 나무의 생명성은 지속된다. 자연히 나뭇잎은 없어도 새싹이 붙어 있으면 나무는 살아 있다. 봄에는 나뭇잎이 없지만 가지마다 돋아 있는 겨울눈이나 새 싹이 나무의 생명성을 상징하고 생명력을 발휘한다. 나무의 새싹은 사실상 조류의 알과 같고 짐승의 새끼, 사람의 아기와 같은 구실을 한다고 해도 지나치지 않다. 겨울에 나뭇잎이 다 떨어져서 마치 죽은 것처럼 보여도 봄이 되면 다시 움이 돋고 싹이 터서 잎이 되기도 하고 작은 곁가지로 자라기도 하는 까닭이다. 그러므로 가지 끝마다 도톰한 새순을 달아놓은 것은, 사람으로 말하면 생명의 태아로서 곡옥이 상징하는 것과 같은 구실을 하는 셈이다.

금관을 장식한 여러 그루의 나무들은 성림이자 국림인 계림의 신성한 숲을 상징한다. 숲을 이루는 나무는 신수이자 생명수로서 잎을 달고 촉이 있어서 모두 싱싱하게 살아 있는 모습이자 풍요다산의 형상을 나타내는 것이다. 실제로 아주 소박한 금관이나 금동관의 경우 나뭇잎을 상징하는 달개나 곡옥 등은 달려 있지 않아도 가지 끝마다 새싹을 상징하는 움 모양의 형상은 반드시 갖추고 있다. 새싹은 나무가 살아 있다는 최소한의 상징이기 때문이다. 죽은 나무는 금관의 신성성을 상징하는 데 도움이 되지 않는다. 그러므로 금관은 살아 있는 신목들이 숲을 이루고 있는 신성한 계림을 상징함으로써, 김알지 신화의 신이성을 상징하고 나라의 정체성을 확립하며 계림이라고 하는 신라의 국호를 정당화했던 것이다.

신단수와 같은 신수로 장식된 금관의 독특한 형상은 초기 신라인 계림국의 건국 과정을 상징함으로써 김씨 왕가의 신성한 왕권을 강화하는 구실을 했다. 그런데 대부분의 금관 연구자들은 금관의 나뭇가지 장식 가운데 일부를 사슴뿔이라고 해석하거나 '出' 자 또는 '山' 자 모양의 양식이라고 규정하여, 김알지 신화나 신라 문화 또는 계림국의 건국사와 무관하게 금관을 해석한다. 한 나라의 왕관을 그 나라의 건국사와 시조 신화와 상관없이 다른 나라 문화를 통해 해석하려는 것은 나라의 정체성을 부정하는 일이자, 심각한 역사왜곡을 저지르는 일이다.

그 결과 금관 문화를 그 자체로 해명하려 들지 않고 으레 북방 문화의 비슷한 흔적을 찾아나서는 것은 물론, 아예 김알지 왕가까지 알타이계로 왜곡하거나, 신라 문화의 원류까지 자생성을 부정하고 북방 문화의 영향으로 단정하는 것이다. 그런 가운데도 '出' 자나 '山' 자 모양의 장식을 시베리아 문화에서 끌어오지 않고 그 자체로 해석하고자 하는 연구가 있어 주목된다.

박용숙은 가지가 직각으로 굽은 세움장식의 모양을 '出' 자가 아니라 '山' 자 모양으로 보고 '山' 자가 세 겹 또는 네 겹 중첩되는 것은 첩첩의 높은 산을 상징하는 것으로서, '한울[天]을 뜻하는 것'이라고 해석했다.[11] 그러나 한자의 자형을 금관과 같은 공예품에서 채택한 보기도 없으려니와 당시만 하더라도 한자문화에 대한 인식이 낮아서 그럴 가능성이 매우 낮다. 따라서 이 장식은 '出' 자의 자형이나 '山' 자의 뜻을 취한 것이 아니라 나무의 모양을 상징화한 것일 뿐이다.[12] 그런데도 금관의 장식을 그 자체로 해명하려 한 것은 상당히 독창적이라 할 만하다.

이와 달리, 우리 문화 현상을 우리 문화적 전통의 맥락 속에서 해석하지 않은 채, 비슷한 양상의 다른 문화들과 견주어 원류론을 펴게 되면 마치 우리 문화의 고유한 정체는 없고 세계 각 민족의 다양한 문화적 요소들을 두루 끌어 모아서 신라 금관을 조합한 것처럼 해석되기 마련이다. 실제로 김열규 교수는 한반도를 이러한 문화들의 도가니(melting pot)로 보고 있다.[13] 이러한 시각은 마침내 금관을 각종 요소 단위로 해체한다. 왜냐하면 그 자체로 유기적인 하나의 문화로 해석할 능력이 없기 때문이다. 부분을 해석하면 전체가 해석된다는 착각 속에서 원자론적인 해체 연구를 하게 된 것이다. 이러한 기존 연구의 한계를 극복하기 위해서 김알지 신화와 관련해 금관의 세움장식 구조 자체를 자세하게 분석하지 않을 수 없다. 다음 제4부에서 이 문제를 집중적으로 다룰 것이다.

---

11) 朴容淑, 《韓國美術論》, 一志社, 1975, 209~223쪽.
12) 이은창, 《한국 복식의 역사-고대 편》, 세종대왕기념사업회, 1978, 256~257쪽. "출자형이라 함은 출자의 자형을 채택한 것이나, 또 산자의 자형을 취한 것은 산의 뜻을 취하였다는 것이 아니라, 출자형 또는 산자형 모습을 하고 있다는 표현"이다.
13) 金烈圭, 〈東北亞 脈絡 속의 韓國神話-金冠의 巫俗神話的 要素를 中心으로 한〉, 《韓國古代文化와 引接文化의 關係》, 韓國精神文化硏究院, 1981, 323쪽에서 권이구 교수가 금관과 관련해 문화적 요소를 개별적으로 언급하기보다 시베리아 샤머니즘의 지역적 변이형과 전체의 상관 관계를 파악하는 것이 바람직하다는 문제를 제기했는데, 이에 대해 "한반도 자체를 melting pot로 볼 수는 있다"고 답했다.

제4부

금관의 구조와 세움장식 뜯어보기

제1장 김알지 신화의 내용과 금관의 생명나무 상징

1. 비잔틴 건축 양식의 돔과 금관 세움장식의 관계

금관을 신라의 왕관으로서 자립적 형식체로 보지 않고 부분으로 해체한 다음, 부분마다 제각기 비슷한 북방계 문화를 찾아서 원류론을 펴게 되는 것이 그동안의 전형적인 연구 경향이다. 해체론적 기원 연구 결과, 왕권의 상징물이자 하나의 문화적 실체로 존재하는 금관의 역사적 작품성은 조각조각 해체되고, 마침내 왕관으로서 신라의 금관 문화는 없는 것처럼 부정되어 버리는 상황에 이르렀다. 금관은 왕이 생전에 쓴 것이 아니라 무덤에 넣기 위해 만든 부장품이라거나, 금관은 시베리아 샤먼의 무관에서 비롯되었다는 주장만 무성할 따름이다.

자연히 금관의 세움장식도 나뭇가지 양식과 '出' 자 양식, 사슴뿔 양식으로 저마다 해체되어 배타적으로 해석되는가 하면, 세움장식에 달려 있는 달개나 곡옥, 새 등도 서로 무관한 것으로 간주되어 제각기 다른 북방 문화들과 관계 맺기의 매개물로 전락되어 버렸다. 그러한 왜곡의 대표적인 보기로 금관 장식물 가운데 하나인 달개와 세움장식 끝의 '움' 모양에 관한 해석을 들 수 있다.

나뭇잎 형상을 하고 있는 달개의 장식과 무늬는 심엽형(心葉形)을 이루고 있는 것으로서, 제씨 윌리스에 의하여 인도의 영향을 받은 것으로 주장된다.[1] 또 다른 전파론이다. 우리 학계의 처지에서 정확하게 말하면 또 다른 전래설이다. 물론 달개만 두고 말하는 것이니 전파론적 방법 가운데 양적 준거의 원칙을 지키지 않았다. 자연히 이 전래설은 그 자체로도 부당할 뿐 아니라, 금관에 달린 달개는 신라 문화와 무관하며 계림을 상징하는 신수와도 관련이 없는 것으로 해석된다. 생명나무나 계림의 성립과 연관될 만한 어떤 상상력도 발휘되지 않는다. 나무에서 분리된 하나의 장식물로 간주될 뿐 아니라 인도 전래설을 펴는 까닭이다.

존 코벨은 이러한 발상을 더 진전시켜, 세움장식 끝의 '⌂' 모양을 러시안 비잔틴 교회 양식의 '돔'으로 해석한다. 심엽형이나 양파형 모양을 한 인도의 돔보다 훨씬 앞선 형태가 비잔틴 양식이라는 것이다. 따라서 돔형 건축 양식은 이슬람이 비잔틴 양식에서 취해와서 천 년 뒤에 인도로 전파시켰던 것으로 해석한다.[2] 신라 금관은 달개의 모양 때문에 인도 문화의 영향을 받은 것이 되는가 하면, 이처럼 움의 모양이 돔을 닮은 까닭에 비잔틴 양식의 영향으로 형성된 것이 되기도 한다. 물론 왜 그렇게 되었는가 하는 이유는 설명할 길이 없다. 전파설을 위한 불확실한 매개만 제시되었다.

그러므로 비잔틴의 건축 양식과 신라 금관의 영향 관계는 그야말로 해석의 비약이라고 하지 않을 수 없다. 시공간의 비약은 물론 대상의 비약도 지나치다. 비잔틴의 건축 양식의 돔형이 왜 신라 건축물이 아닌 금관에 영향을 미쳤는가 하는 것은 중요하지 않다. 그 자체로 해석할 능력

---

1) 존 카터 코벨, 김유경 엮어옮김, 《한국 문화의 뿌리를 찾아》, 학고재, 1999, 29~31쪽 참조.
2) 같은 책, 같은 쪽.

이 없는 까닭에 비슷한 것만 보이면 무엇이든 끌어다가 연관성을 찾을 수밖에 없다. 존 코벨은 그러한 비약을 해소하기 위해 이슬람을 끌어들이고 마침내 허황옥(許黃玉)을 중요한 징검다리로 이용한다. 김수로왕(金首露王)의 왕비였던 허황옥이 인도에서 이슬람 문화를 가져와서 금관의 나뭇가지 끝에 돔형을 만들게 되었다는 것이다.[3]

허황옥은 본래 인도 아유타국(阿踰陀國)의 공주로, 유리왕 25년(서기 48)에 배를 타고 가야에 와서 수로왕비가 된 인물이다. 허황옥이 인도에서 가야국으로 오면서 인도의 이슬람문화를 들여왔는데, 그 가운데 돔형의 건축물 양식이 금관의 나뭇가지 장식을 이루게 되었다는 것이다. 허황옥이 전파론의 기막힌 매개자 구실을 한 셈이다.

그러나 이러한 주장이 가능하려면 우선 시기와 지역이 모두 일치해야 한다. 신라 금관 문화는 5세기 이후에 출현한 것이며 신라에서 형성된 것인데, 허황옥은 1세기 초의 인물이자 가야국에 온 인물이다. 따라서 전파론적 매개자로서 시기적 불일치가 상당히 클 뿐 아니라 지리적 거리도 적지 않다. 적어도 1~2세기에 가야국의 왕관에 돔형 장식이 먼저 출현한 근거가 있어야 5세기의 신라 금관을 설명할 만한 전파론을 펼쳐도 설득력을 지닌다. 다시 말해서, 신라 지역의 모든 금관은 가야 금관 또는 가야 관모의 영향을 받아서 이루어졌다고 해야 할 것이다.

왜냐하면 신라 금관에는 이러한 양식이 일반화되어 있기 때문이다. 그러면서도 가야 문화권에 속한 것으로 볼 수 있는 부산 복천동(福泉洞) 11호분 금동관에는 특이하게 돔형의 마무리가 없다(〈그림 1〉).[4] 아주 자연스러운 나무의 형상만 금관을 장식하고 있다. 허황옥의 영향력이 미친 가야 문화의 돔형 장식 금관이 경주 지역 금관은 물론, 멀리 파주 지역

---

3) 같은 책, 같은 쪽.
4) 김병모, 《금관의 비밀―한국 고대사와 김씨의 원류를 찾아서》, 푸른역사, 1998, 그림 53 참조.

〈그림 1〉 부산 복천동 11호분 출토 금동관

금관에까지 영향을 미치면서도 가장 인접한 부산에는 영향을 미치지 않았다는 것은 납득하기 어렵다. 허황옥에 따라 전파된 것이라면 가야 문화권의 금관에서 그러한 예증을 먼저 찾아야 설득력을 지닐 수 있기 때문이다. 게다가 이러한 주장은 시베리아 샤먼의 문화가 동북아시아 지역을 통해서 전래되어 금관이 형성되었다는 앞의 견해와, 금관의 돔 모양은 허황옥을 통하여 가야지역에서부터 전래되었다는 이 견해는 서로 상충될 수밖에 없다.

다시 말해서, 인도의 이슬람 건축 양식의 돔이 허황옥과 더불어 가야국 금관의 형상에 영향을 미쳤다는 주장은 이중의 모순을 지닌다. 왜냐하면 신라 금관의 나뭇가지와 사슴뿔 모양의 장식은 시베리아에서 동북아시아 지역을 통해 한반도로 남하하고, 돔형의 장식은 인도에서 바다를 건너 가야로부터 북상하다가 서로 만났다는 설명을 할 수밖에 없기 때문이다. 그렇다면 돔형 장식이 없는 가야 문화권의 복천동 금동관은 설명하기 어려울 뿐 아니라, 금관은 아프가니스탄의 수목 숭배 사상과 시베리아 샤먼의 사슴뿔 관모 양식, 그리고 인도의 돔형 건축 양식 등 세 가지 서로 다른 이민족의 문화양식이 만나서 비로소 형성된 것으로 이해할 수밖에 없다.

그런데 세움장식이 과연 세 가지 양식이 결합된 꼴을 하고 있는가 하는 것이 문제이다. 하고 있다면 왜 나무와 사슴뿔, 돔형 건축 양식이 한 자리에서 결합해야 되는가 질문하지 않을 수 없다. 우선 사슴뿔이라고 하는 세움장식에 왜 인도에서 온 돔형 건축물 형상이 결합되어야 하는가? 그리고 나무에는 왜 돔형 건축물 형상들이 가지 끝마다 붙어 있어야 하는가? 설명할 길이 없다.

돔형 건축 양식 전래설은 곧 세움장식이 나무라는 사실과 사슴뿔이라는 사실을 부정하는 결과에 이르거나, 나무와 사슴뿔을 인정하면 돔형 건축 양식을 부정해야 마땅하다. 그러므로 금관의 나뭇가지 형상과 사슴뿔 형상을 건축 양식의 돔형과 연결짓는 것은 기가 막힐 정도의 대단한 상상력의 발휘이자 기발한 착상이라 할 수는 있어도 타당한 추론이라고 하기는 어렵다.

비잔틴의 건축 양식이 실제로 우리 건축물에는 아무런 영향을 미치지 못하고 기껏 금관의 나뭇가지 끝을 장식하는 데 영향을 미쳤다는 주장도 비약일 뿐 아니라, 시베리아 샤먼의 모자에서 비롯되었다는 나뭇가지나 사슴뿔 형상의 금관 장식에다가, 느닷없이 신화의 여주인공인 허황옥을 매개로 인도의 비잔틴 문화의 건축 양식이 동원되었다는 해석 또한 이만저만한 비약이 아니다. 금관의 세움장식 하나가 세계적인 유물과 유적의 혼합모방품이라는 사실을 인정한다고 하더라도 논리적으로는 도저히 납득할 수 없는 주장이기 때문이다.

다시 말해서, 금관의 세움장식에는 한반도의 고유한 문화적 전통이나 신화적 상상력은 전혀 없다고 말하는 대신에, 시베리아 샤먼의 신앙물과 아프가니스탄의 관모 양식, 카자흐스탄의 '이씩' 고분의 모자핀,[5] 그리고 인도를 거쳐 온 비잔틴 건축물의 양식이 두루 결합되어 있다는 것이다. 이러한 해석은 그야말로 전파론의 맹목성에 빠져 있는 조합주의적 해석의 비약이자 해체론적 분석의 극치를 이룬다고 하지 않을 수 없다.

2. 생명나무의 전통과 생명력을 상징하는 '움'

세움장식 가지 끝의 '움' 모양을 인도의 돔형 건축물에서 온 것이라 했는데, 만일 인도에서 가야국으로 온 허황옥이 없었다면 어쩔 뻔했을까? 과학적 계속의 준거 대신에 이런 식의 엉성한 징검다리 놓기에 의존하여 비약적 전래설을 편다면, 인도기원설이 아닌 다른 기원설을 얼마든지 펼칠 수 있다. 전파론적 해석을 위해 움 모양 대신에 양파 모양을 떠올리고 양파의 원산지와 연결시키는 논리의 비약도 가능하다. 복숭아 모양이라고 하면 복숭아의 원산지에서 비롯되었다고 할 수도 있고, 보주(寶珠) 모양이라고 하면 탑의 꼭대기에다 보주를 얹은 불교 문화의 기원지에서 비롯되었다고 할 수도 있다.

세움장식의 '움' 모양을 돔형이나 양파, 복숭아, 보주 모양이라고 한 것은 엉뚱한 보기를 들기 위해 작위적으로 끌어온 것이 아니라, 우리 연구자들이 논문에서 실제로 그렇게들 표현하고 있는 사례들이다. '하트' 모양이라는 해석도 빠지지 않는다. 하트 모양을 근거로 전래설을 펴면,

---

5) 같은 책, 120~122쪽.

금관은 유럽에서 온 관이라고 해석되어야 한다. 아마 현재의 금관 연구 수준으로 볼 때, 세움장식의 가지 끝에 달린 '움' 모양을 다섯 가지 유형으로 제각기 인식하는 난맥상이 한참 지속될 것이다. 세움장식의 '움'처럼, 금관의 전체적인 맥락 속에서 부분의 모양을 읽지 않으면 제각기 다양한 상상력을 중구난방으로 발휘할 수밖에 없다.

맹목적인 전파론의 관점은 금관의 기원과 상징, 정체를 제대로 해석하지 못하는 것은 물론, 신라인의 주체적 문화 창조력을 무시하는 수준에 머무르지 않는다. 문화적 역량의 순조로운 창출이나 인접문화의 영향보다 인도여성 허황옥 같은 돌출한 매개자나, 비잔틴 건축 같은 전혀 관모와 다른 문화를 금관의 원류로 끌어들이는 억지 주장이 학계의 진전된 논의를 가로막게 되는 것이다.

비록 허황옥 같은 인물이 있어서 비잔틴의 돔형 건축 양식을 신라 금관의 주술적 나뭇가지 장식물 끝에다 이식했다고 치자. 그래서 존 코벨의 해석을 타당성 있는 견해라고 하더라도, 그것이 금관에서 무슨 의미를 갖는가 하는 것이 문제이다. 의미에 관한 아무런 설명이 없다. 단지 금관은 이민족 문화들의 영향으로 만들어졌다는 사실을 더 보탤 뿐 금관의 기능이나 상징에 아무런 의미 부여를 할 수 없다. 다만 문화 교류의 당위성을 들어서 문화 전래설의 한계를 가리려는 연구자들에게는 의미가 있다. 돔형이 인도에서 왔다는 사실을 근거로 신라시대에 우리나라는 이미 세계 여러 나라들과 문화 교류를 한 세계적인 국가였다는 의미를 부여할 수 있기 때문이다.

그러므로 더 문제는 전래설의 방법론적 오류에 있는 것이 아니라, 전래설을 곧 문화 교류론으로 연결시키는 비약까지 주저하지 않는다는 사실이다. 이때 자주 인용되는 저서가 정수일 선생이 펴낸 일련의 《문명교류사》 관련 저서들이다. 구체적인 교류를 실증적으로 검증하는 내용이 아니라 문화 교류의 낭만적 주장만 인용하여 전래설의 한계를 은폐하는 일이 문제이다. 이를테면, 문화는 독립적으로 발생할 수도 발전할 수도 없으며, 이웃 문화와 서로 교류하는 가운데 형성되고 발전된다는 것이다. '인류의 문명사는 서로 다른 문명간의 나눔과 교류의 역사이므로, 교류를 떠난 문명사 연구는 역사 인식에서 편파성과 불완전성을 피할 수 없다'는 생각이다. 따라서 "문화사 연구는 문화 교류사를 반영해야 한다"[6]고 한다. 그러므로 마치 문화 정체성을 찾는 연구는 문화 교류를 부정하는 것처럼 비판한다.

문화 교류론을 정면으로 연구하지 않은 채 전래설을 옹호하기 위해, 전문 연구자들의 문화 교류설을 인용하는 사례를 보면, 교류라는 말 자체를 제대로 알지 못하는 것처럼 보인다. 교류는 무엇이든 대등한 관계에서 주고받는 것이다. 무역으로 말하면 수출과 수입을 대등하게 하는 것이다. 외국 물품을 수입만 하면서 무역을 해야 경제가 발전한다고 말하는 억지처럼, 전파설도 아닌 전래설만 펴면서 문화 교류론을 주장하니 딱한 노릇이다. 우리 문화가 북방 문화에 어떻게 전파되었는가 하는 것은 연구하지 않은 채, 줄곧 북방 문화 전래설만 펴면서 마치 문화 교류사를 연구하는 것처럼 착각하거나, 아니면 일방적 전래설을 합리화하기 위한 은폐의 도구로 문화 교류론을 이용하고 있는 것이다.

다시 말해서, 돔형 건축 양식의 전래설은 전파적 영향론을 합리화하는 수단일 뿐 금관의 의미와 상징을 이해하는 데 아무런 도움이 되지 않는다는 말이다. 그리고 신라 왕실의 왕관으로서 기능을 설명하는 데도 전혀 설득력이 없다. 그래도 시베리아 샤먼의 사슴 숭배와[7] 아프가니스탄 샤먼의 수목 신앙에서[8] 비롯되었다는 주장은 금관의 제의적 의미를

---

6) 정수일, 《고대문명교류사》, 사계절, 2001, 서문.
7) 金烈圭, 〈東北亞 脈絡 속의 韓國神話-金冠의 巫俗神話的 要素를 中心으로 한〉, 《韓國古代文化와 引接文化의 關係》, 韓國精神文化研究院, 1981, 302~305쪽.
8) 李殷昌, 〈圖版解說-Ⅱ. 樹形立華飾 黃金寶冠〉, 《新羅藝術의 新研究-新羅文化祭學術發

설명할 수 있긴 하지만, 돔형의 건축물은 샤먼의 수목이나 사슴뿔 위에서 돔형이 무슨 의미를 지니게 되는지 도무지 이해할 길이 없다.

여러 민족 샤먼들의 종교 제의적 세계관이 집약되어 만들어진 것으로 보는 금관에 비잔틴 양식의 돔 장식을 할 만큼 신라 왕실은 미학적 전위성을 발휘했는가? 또는 사슴뿔과 나무와 건축물을 절묘하게 조합한 혼성 모방의 천재였던가? 그것도 아니면 남의 나라 문화라면 무엇이든 끌어다 붙이는 천박한 모방주의자였던가?

금관의 나뭇가지 끝과 사슴뿔 끝마다 왜 인도의 비잔틴 양식의 돔을 얹어놓았는가에 대한 일말의 의심도 없이, 인도 건축 양식의 영향으로 추론한다는 것은 금관 문화를 창출한 신라 사람들의 문화 창조력을 부정하는 구실 외에 아무런 기능도 할 수 없다. 결국 기본적인 문제의식조차 없이 비슷한 것들만 찾아 서로 줄을 긋고, 줄이 닿는 곳에 따라 원류의 행방이나 영향의 원천만 밝히면 금관의 비밀이 풀리고 금관 연구가 진전된다고 착각하는 것이 문제이다.

금관의 장식물을 해체하여 세계 각국의 문화적 요소들을 끌어들이는 방식은 코벨에 한정되지 않는다는 것이 문제이다. 김원룡에서부터 김열규, 김병모 이후 대부분의 사학자나 고고학자, 민속학자, 복식학자들도 같은 방식의 연구를 답습하고 있다. 따라서 금관 연구는 신라 문화의 독창성이나 신라인들의 문화 창조력을 밝히는 데는 한 걸음도 나아가지 못하고 기껏 북방계 여러 종족들의 문화 양상들과 방사선형의 줄긋기 작업에 머물고 있다. 결국 신라 문화의 독창성을 부정하고 신라인의 창조력을 무시하는 것은 물론 신라 왕조의 혈통 곧 김알지 왕실의 족보까지 부정하여 알타이계로 단정하기에[9] 이르는 것이다.

表會論文集》6, 新羅文化宣揚會, 1985, 275~277쪽.

9) 김병모, 《금관의 비밀》, 167쪽 ; 金秉模, 〈金秉模의 考古學 여행－民族의 뿌리를 찾아서〉,《월간 朝鮮》, 2003년 9월호에서도 김알지는 알타이계 기마민족의 이민자로 해석한다.

그래도 존 코벨이 금관 세움장식의 나뭇가지 끝을 주목하고 그 모양을 해석하려 한 것은 학자답다. 왜냐하면 '움'과 같은 중요한 형상을 놓치지 않고 애써 풀어보려고 노력한 까닭이다. 그리고 그 모양이 갖는 문화적 상징성이 적지 않기 때문이기도 하다. 그런데 대부분의 학자들은 이를 무시한 채 적극적으로 해석하려 하지 않았다. 보주형이니 하트 모양이니 양파 모양이니 하면서 생긴 모양만 보이는 대로 일컬을 뿐, 왜 그러한 모양이 거기에 있어야 하는지 아무도 풀어보려는 노력을 하지 않았다.

더 큰 문제는 사슴뿔이라고 하면서도 사슴뿔과 전혀 닮지 않은 보주나 하트·양파·복숭아 등의 모양이 왜 가지 끝마다 있어야 하는지 의심하지 않았다는 점이다. 사슴뿔이라는 사실을 인정하는 데 장애가 되는 탓에, 그러한 모양이 어김없이 달려 있는 데도 없는 것처럼 간주하거나 또는 보고도 못 본 척 한 셈이다. 왜 그랬을까?

전파론적 사고로는 그 모양을 스스로 해석할 능력도 의도도 없을 뿐 아니라, 금관의 북방 기원설을 펴는 데 아무런 근거를 제공하지 못하는 까닭이다. 알타이계 샤먼의 나뭇가지나 무관의 사슴뿔에도 이러한 모양은 찾아볼 수 없었기 때문이다. 특히 대부분의 학자들은 굽은 줄기 세움장식을 사슴뿔 모양이라고 해석한 까닭에, 움 모양을 있어도 없는 것인 양 애써 무시했다. 왜냐하면 '움' 모양에 대해서 조금이라도 관심을 기울이는 한 사슴뿔 모양이니 녹각형이니 하는 주장을 스스로 철회해야 하는 까닭이다. 그러므로 세움장식 끝의 '움' 모양은 오히려 금관이 독창적일 수밖에 없다는 사실을 역설적으로 입증하는 중요한 증거 구실을 한다. 달리 말하면 이것의 의미와 상징을 해석하는 수준이야말로 학문적 역량의 수준이라고 말할 수 있다.

처음에는 기마민족 소수가 이민 와서 정착하다가 여러 대를 거쳐 힘을 길러 드디어 미추왕 때 처음으로 김씨계 인물이 최고 통치자로 등장할 수 있었다고 보는 것이다.

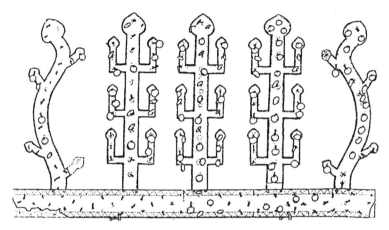

〈그림 2〉 양산 부부총 금동관 세움장식의 '움'

코벨이 돔형이나 하트 모양이라고 하는 '움' 모양의 양식은 금관 연구의 시금석이기도 하다. 그런데 이것을 다른 문화 속에서 찾으면 풀 길이 없다. 코벨처럼 인도의 돔형 건축 양식을 끌어오는 것이 고작이다. 하지만 김알지 신화를 문화적 근거로 삼아 해석하면 곧잘 풀린다. 나뭇가지와 나뭇잎, 그리고 나무의 자람점에 돋아난 새 '순'으로 쉽게 해명될 뿐 아니라, 그 뜻도 상호 관계 속에서 쉽게 이해될 수 있기 때문이다.

계림국의 성림을 이루는 싱수이자 신수에 해당되는 나무라면 기본적으로 갖추어야 할 것이 신이한 생명력이다. 생명력을 지니고 있는 생명나무인 까닭에 나뭇잎도 달려 있어야 하고 자람점에 해당되는 가지 끝에는 생명력의 움이 씨눈 형태로 맺혀 있어야 한다. 씨눈은 바로 생명력을 상징하는 '움'이자 '촉'이며 '순'인 것이다. 움은 곧 나무의 태아 모습으로서 인간의 태아를 상징하는 곡옥과 같은 의미를 지닌다.

새봄에 나뭇가지의 씨눈이 싹트는 모습은 곧 생명력을 상징한다. 금관은 한갓 죽은 나무가 아니라, 김알지와 같은 신성한 영웅을 낳는 살아 있는 생명나무이자 건국 영웅이 출현한 신수이다. 신수의 계림은 환웅이 터를 잡고 곰네(熊女)와 혼인하여 단군을 낳은 신단수와 같은 성림인 것이다. 태백산 신단수는 환웅천왕이 하강하여 신시를 베푼 신성한 공간이자, 곰과 범이 사람이 되고자 빌었던 제의적 공간이고, 사람으로 변신한 곰네가 환웅의 아이를 배려고 기도했던 풍요다산의 공간이며, 환웅이 잠깐 인간으로 화하여 곰네에게 아기를 배게 한 생명잉태의 공간이기도 하다.

곰네의 몸에서 단군이 태어난 공간이 바로 신단수인 것처럼, 김알지가 출현한 계림도 같은 의미를 지닌다. 계림은 김알지가 하늘에서 하강한 공간이자 금궤 속에서 아기로 발견된 공간이며, 신라를 건국한 신성한 공간으로서 신단수와 같은 성림이자 건국의 토대가 된 국림이라고 했다. 신단수에서 단군이 출현하고 단국 고조선이 형성되었듯이, 계림에서 김알지가 출현하고 계림국 신라가 형성된 것이다. 그러므로 계림을 상징하는 금관에는 세 그루 또는 다섯 그루의 황금나무가 숲을 이루고 있고, 그 황금나무마다 많은 나뭇잎이 달려 있을 뿐만 아니라 새순이 가지 끝마다 도톰하게 생명성을 갈무리하고 있는 것이다.

이러한 생명나무의 전통은 단국이라고 했던 고조선의 신단수와 계림국이라고 했던 신라의 계림에만 있는 것이 아니라 고구려 문화에서도 일관되게 보인다. 고구려 각저총(角抵塚)의 주실(主室) 남쪽 벽에 그려져 있는 수목도(樹木圖)에도 나뭇가지 끝마다 버섯모양의 갓머리가 그려져 있다. 금관 세움장식 가지 끝의 움 모양과 같다. 새순을 나뭇가지 끝에 과장하여 나타내서 나무의 신성한 생명력을 상징하는 전통은 고구려 문화에도 이어지고 있는 것이다. 그러므로 금관 장식을 이루는 생명나무의 전통은 단군 신화의 신단수에서부터 고구려의 수목도, 김알지 신화의 계림, 그리고 현재의 당나무 신앙에 이르기까지 역사적으로 지속되고 있는 우리 민족 문화의 전통이라 할 수 있다. 당나무의 전통은 뒤에 더 자세하게 논의될 것이다.

3. 곡옥의 형상 해석과 비슷한 문화 끌어들이기

금관 세움장식 나무의 가지에는 나뭇잎과 새순만 달려 있는 것이 아니다. 가지에는 나뭇잎 못지 않게 곡옥(曲玉)도 일정한 간격으로 주렁주렁 매달려 있다. 물론 일부 금관에는 달려 있지 않은 경우도 있다. 왜 살아 있는 나뭇가지에 곡옥을 매달아놓았을까? 곡옥의 정체에 관한 해석이 문제이다. 전파론적 전제 때문에 곡옥의 해석이 갈팡질팡하고 있다.

존 코벨은 "우주수목과 사슴뿔, 날개에 덧붙여 지극히 무속적인 상징으로 신라 금관에 다수 보이는 것이 곡옥"이라고[10] 하는 전제에서 의문을 풀고자 하는 까닭에 해석의 상투성을 극복하지 못했다. 물고기, 태아, 올챙이, 호랑이 발톱 등 다양한 상상력을 피력하다가 "곡옥은 정말 인간 상상력에 드세게 도전하며 사고를 자극하는, 애 말리는 물건"으로 단정하고 만다.[11] 왜냐하면 곡옥은 우리나라에만 집중적으로 나타나고 일본에 조금 나타날 뿐이며 시베리아 샤먼이나 중앙아시아 유물에서는 찾을 수 없으므로 그 원류를 끌어다 붙일 수 없기 때문이다(〈그림 2〉).

전파론자들은 이와 같이 다른 지역에 같은 유형의 문화적 자취가 없으면 그 자체로 해명할 근거를 상실하여 당혹감에 빠지기 일쑤이다. 특히 원류로 지목되었던 곳에 그러한 증거물이 없으면, 동서고금의 문화지식을 두루 동원하여 자유로운 상상력을 발휘하다가 결국은 코벨처럼 '애물단지'로 낙인찍고 마는 것이다. 그래도 태아의 생명력에다 견주어 해석한 것은 상당한 설득력을 지닌다.[12] 김병모도 곡옥을 나무에 달려 있는 생명의 열매로 해석한다.

그러면서도 나무에 달려 있어야 할 생명 열매가 왜 사슴뿔에도 달

---

10) 존 카터 코벨, 앞의 책, 157쪽.
11) 같은 책, 162쪽.
12) 같은 책, 158쪽. "이 설명에는 얄팍한 유교적 소견이 느껴진다"고 했다.

〈그림 3〉 다양한 신라 곡옥

려 있는가 의문을 갖지 않는다. 사슴뿔 모양이라고 한다면, 당연히 사슴뿔에 태어나 생명 열매가 달려 있는 이유와 의미를 밝히는 노력을 해야 한다. 그런데도 전혀 문제의식을 갖지 않고 태연하게 나무에 달려 있는 것으로만 한정하고 넘어간다. 그럴 수밖에 없는 것은 북방 문화 기원설에 매몰되어 있는 까닭이다. 의문을 제기하면 시베리아 샤먼 기원설을 부정해야 하는 당착에 빠지게 된다. 시베리아 샤먼의 무관에는 실제 사슴뿔 한 쌍이 모자 정수리에 얹혀 있을 뿐이다. 물론 사슴뿔에는 달개도 곡옥도 전혀 달려 있지 않기 때문이다.

곡옥을 생명 열매로 보는 데까지 신선한 착상을 한 김병모의 해석은 마침내 엉뚱한 쪽으로 나아간다. 곡옥이 달려 있는 금관의 주인공은 많은 생명 곧 여러 자손을 낳은 인물이고 곡옥이 없는 금관의 주인공은 자손이 없는 인물로 가정하여 곡옥이 많이 달린 천마총은 지증왕, 곡옥이 전혀 달려 있지 않은 금령총은 소지왕의 무덤이라고 비정했다.[13] 그렇다면 금관총, 서봉총, 천마총, 황남대총 금관 외에는 대부분 곡옥이 달려 있지 않은 금관이거나 또는 금동관들인데, 이 다수의 금관 주인공들은 자손이 없는 것을 나타내는 셈이다.

호암미술관 소장 금관에만(〈그림 4〉) 곡옥이 관테에 달려 있고, 금령총 금관, 경주 교동 금관(〈그림 5〉), 오쿠라(小倉武之助) 수집 금관을(〈그림 6〉) 비롯하여, 10여 개나 되는 금동관에는 곡옥이 전혀 없다. 자손을 두

13) 김병모, 앞의 책, 164쪽.

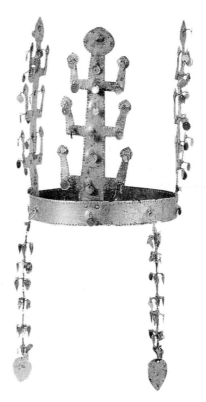

〈그림 4〉 호암미술관 소장 금동관

지 못한 금관의 주인공들이 자손을 둔 인물들보다 훨씬 많다고 보기도
어렵거니와, 왕관과 관모의 일반적 기능을 고려할 때 상당히 작위적인
해석이다. 왕관과 같은 의전용 관모는 신성한 권위를 나타내는 구실을
하는데, 오히려 자손이 없는 무능한 사람을 드러내는 구실을 한 것처럼
해석하기 때문이다.

　　왕관을 만들어 쓴 시기도 문제이다. 왕들이 왕위에 오를 때 어떤 식
으로든 대관식을 하고 이때 금관을 썼다고 본다면, 자손의 유무를 헤아
려 금관을 만들었다고 볼 수는 없는 노릇이다. 자손은 왕이 된 이후에도

〈그림 5〉 경주 교동 고분 출토 금관

얼마든지 낳을 수 있는데다가, 언제 자손을 다 낳았는지 알 수도 없다. 왕의 경우 젊은 후궁들을 고려한다면 상당히 늦도록 자손을 출산할 수 있기 때문이다.

그렇다면 금관은 완성된 형태가 아니라 자손을 낳는 데 따라 곡옥을 달아나가는 작업을 했다고 보아야 하는데, 현실적으로 그러기 어렵다. 왜냐하면 곡옥의 배치를 보면 무게 중심을 고려하여 조화와 균형을 고려하여 배치했을 뿐만 아니라, 세움장식을 만들 때 이미 곡옥을 달 자리를 원반처럼 볼록하게 만들어두었기 때문에 일시에 완성된 작품이라 하지 않을 수 없다. 그러므로 곡옥이 금관을 쓴 사람의 후손을 나타낸다고 하는 주장은 근거 없는 억측일 수밖에 없다.

금관이 시베리아 샤먼의 영향으로 만들어진 무관, 곧 주술적인 관이라면, 도리어 자식이 없는 왕이 곡옥을 단 금관을 씀으로써 자식을 낳도록 하는 주술적 구실을 해야 마땅할 것이다. 그래야 무당의 관모로서

〈그림 6〉 오쿠라 수집 금관

유감주술을 발휘할 수 있기 때문이다. 금관이 무관으로서 주술적 기능을 지녔다면 자식의 유무를 드러내는 사실의 기호가 아니라, 자녀출산 문제를 해결할 수 있는 주술의 기호가 되어야 한다. 만일 자식 없는 왕을 나타내기 위해 금관에 곡옥을 달지 않았다면 금관이야말로 왕의 무능을 드러내는 좌절과 절망의 기호일 따름이다. 그러므로 자식 있는 왕과 없는 왕을 나타내기 위해 곡옥을 달기도 하고 달지 않기도 했다는 해석은 두 가지 국면에서 무리한 억측이라고 하지 않을 수 없다.

첫째 왕관의 본디 기능을 무시하는 해석이기 때문이다. 금관은 왕권을 강화시켜주는 상징물이다. 세습 왕조에서 대를 이을 후계자는 곧 왕권의 지속을 상징하는 존재이다. 따라서 자식이 없는 왕이라는 것을 금관의 곡옥 유무를 통해 널리 알린다는 것은, 금관이 왕의 권위를 강화해주기는커녕 도리어 왕권의 심각한 침해를 가져오는 구실을 한다. 그러므로 곡옥을 달지 않은 금관을 쓰는 왕은 신하들에게 권위를 세우기는커녕 무능한 왕이자 미래가 없는 왕으로 스스로 낙인찍는 셈인데, 과연 왕들이 그런 왕관을 쓰려 했으며, 신하들이 과연 그런 왕관을 써야 한다고 우길 수 있을까?

그러한 발상 자체조차 무엄한 것이기 때문이다. 어느 신하가 감히 아들 없는 왕이라 하여 '당신은 곡옥을 단 금관을 쓸 자격이 없다'고 하며 금관에 곡옥을 달지 못하게 할 수 있을까? 세습 왕조 체제에서 그것은 곧 왕권의 종말을 뜻하는 것이자, 왕위 계승권의 단절을 뜻하는 것이기 때문에 거의 치명적 행위나 다름없다. 따라서 세계의 어느 왕관도 자녀의 유무를 널리 표시하기 위하여 그 양식을 디자인해놓은 경우는 없다. 일반 관모도 마찬가지이다. 그것은 곧 왕권에 대한 심각한 침해이기 때문에 절대왕권이 지배하던 사회일수록 불가능한 일이다. 비록 자식을 갖지 못한 왕이라도 자식을 낳아 나라를 물려줄 희망을 가지고 있는 것이 정상이다. 그러므로 세습 왕조 사회에서 무자식을 드러내고 후계자가 없다는 사실을 판단하여 그 결과를 왕관의 장식으로 널리 공개한다고 하는 것은 상상조차 하기 어려운 기이한 일이 아닐 수 없다.

둘째, 그러한 해석은 왕관에 대한 일반적 해석이나 시베리아 샤먼들 모자의 상징과도 맞지 않다. 줄곧 시베리아 샤머니즘의 논리나 무당의 모자를 끌어다가 해석을 했는데, 어디서도 관모의 장식을 자손의 유무에 따라 다르게 하는 증거를 유라시아 제 민족의 문화 속에서 찾아 제시하지 않았다. 물론 동서고금의 어느 왕관이나 관모 양식에서도 그러한 예증은 찾을 수 없다. 왜냐하면 자손이 없다는 것은 가족적 비극인 까닭에 아무도 그러한 사실을 관모에다 자랑삼아 드러내려고 하지 않기 때문이다.

예사 사람들의 경우도 그러한 불행을 관모에다 드러낼 까닭이 없다. 하물며 절대권자인 왕이 왕권을 상징하는 관에다가 그러한 표시를 스스로 할 까닭이 있겠는가. 그것은 작게는 왕의 성적 무능력을 드러내

서 결손 가정임을 널리 알리는 일이며, 크게는 왕위를 이어받을 왕세자
가 없다는 왕권의 가장 큰 약점을 드러내서 왕조 자체의 붕괴를 기정 사
실화하는 일이기 때문이다. 그러므로 관모가 가지는 일반적 기능만 주목
하더라도 이러한 억측은 받아들이기 어렵다. 그런데도 기이한 일이자 억
지 해석이 분명한 주장이 학자들의 상상력에 의해 학문의 이름으로 통용
되고 있는 것이다.

직각수지형 장식은 김씨족의 토템인 나무를 기초로 정형화했기 때
문에 나무에 수많은 잎사귀와 생명열매인 곡옥이 달려 있다고 했는데,[14]
이러한 해석도 앞뒤가 맞지 않다. 나뭇가지 장식을 김씨족의 토템으로
보는 것은 나무 숭배를 시베리아 샤먼들의 영향으로 보는 자신의 해석과
우선 어긋날 뿐만 아니라, 곡옥을 잎사귀와 함께 생명열매로 간주하는
것은 곡옥을 자손의 유무를 나타내는 상징으로 해석한 앞의 주장과도 맞
지 않는다. 나무 숭배를 하는 시베리아 샤먼들의 문화 어디에도 나무에
곡옥을 달거나 생명열매를 통해 후손의 유무를 나타낸 전통이 없기 때문
이다.

더군다나 그와 같은 잎사귀와 생명열매가 나무를 기초로 한 수지형
장식 외에 사슴뿔 모양이니 녹각형이니 하는 세움장식에도 꼭 같이 달려
있는 사실에 대해서는 아무런 언급이 없다. 나무에 나뭇잎이 달리는 일
이야 자연스러운 것이지만, 나무에다 왜 생명열매를 달며 사슴뿔에다가
왜 나뭇잎을 달아야 하는지 설명하지 못한다. "나무에 달려 있는 생명의
열매가 곡옥"이라고 하면서, 그러면 왜 곡옥이 엉뚱하게 사슴뿔에도 달
려 있는가 묻지 않는다. 그것은 돔형이 왜 나무나 사슴뿔 끝에 자리 잡고
있는지 설명하지 않는 것과 마찬가지이다.

생명열매라는 곡옥의 해석을 근거로 보면, 세움장식은 사슴뿔이 아

---

14) 같은 책, 169쪽.

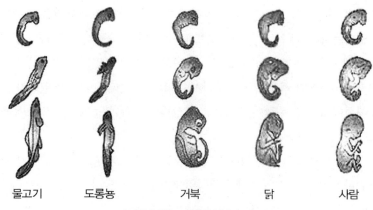

| 물고기 | 도롱뇽 | 거북 | 닭 | 사람 |

〈그림 7〉 곡옥 모양을 한 태아의 모습

니라 나무이다. 그런데도 시베리아 기원설을 펴면서 시베리아 샤먼의 무관의 장식인 사슴뿔과 전혀 관계없는 해석을 계속한다. 기원설과 형상의 해석에 일관성이 없는 까닭에 자가당착을 일으킨다. 이처럼 금관 해석에 일관성과 논리성이 없는 한편, 스스로 자기 견해를 뒤집어엎는 주장이나 앞뒤 주장이 당착에 빠져 있는 대목이 여기저기 보이는 것은 일정한 해석의 준거나 방법론적 논리를 갖추지 못한 까닭이다. 자연히 그때마다 서로 다른 주장과 해석이 당착에 빠진 줄도 모른 채 오락가락할 수밖에 없다.

4. 김알지 출현의 신화적 상황과 곡옥의 태아 상징

금관의 세움장식에 주렁주렁 달려 있는 곡옥의 정체도 김알지 신화에서 그 단서를 찾을 수 있다. 이미 몇 사람이 지적한 것처럼 곡옥의 모양은 태아의 모습과 같다. 하지만 곡옥과 닮은 것을 추론하는 여러 대상들 가운데 하나로 가볍게 태아를 거론하고 넘어갔을 뿐 태아의 의미를 적극적으로 추적하지 않았다. 게다가 김알지 신화와 관련해 해석하려고 하지 않은 까닭에 온전한 해명에 이르지 못했다.

태아는 생명의 상징이면서 인간의 가장 어린 모습이다. 그러면 왜 태아를 황금나무가지에다 주렁주렁 달아놓았을까? 그것은 김알지 신화의 상징을 형상화한 것이다. 신화에는 '시림'에서 닭 울음소리와 함께 밝은 빛 속에 황금궤가 나뭇가지에 걸려 있고 그 궤 속에는 한 남자아이가 있었다고 하지 않았는가. 이 아이가 자라서 김알지가 되고 김씨 왕가의 시조가 된다.

시림의 여명과 함께 나뭇가지의 황금궤 안에 들어 있던 아기를 형상화하고 있는 것이 바로 곡옥이다. 곡옥의 형상은 태아의 모습과 일치한다. 사람을 비롯한 포유동물은 물론 다른 동물의 태아도 곡옥과 같은 모습이다. 따라서 김알지의 출현 상황을 고려하지 않더라도 곡옥을 태아로 유추할 수 있는 근거가 충분하다. 앞에서 다루었듯이 가지 끝에 돋아 있는 '움'이 식물의 태아이자 생명력을 나타낸다면, 곡옥은 동물의 태아이자 생명력을 나타내는 것이다.

닭이 울고 알을 상징하는 알지 아기가 들어 있는 궤짝이 나뭇가지에 걸려 있는 김알지 신화의 상황을 고려하면, 금관의 세움장식이 계림국의 나라숲을 상징하는 신수를 나타낸다는 사실을 쉽게 알아차릴 수 있는 것처럼, 곡옥의 비밀도 그림처럼 분명하게 잡힌다. 김알지 신화의 내용처럼 왜 아기를 나무에 걸어두지 않는가 하는 것은 지나치게 순진한 반문이다. 나뭇가지에 아기를 걸어둘 수는 없기 때문이다. 그것은 곧 생명의 상징이 아니라 죽음의 상징이 되는 까닭이다.

아기의 생명은 태아에서 시작된다(《그림 8》). 자궁 속의 태아는 알의 모습과 만난다. 태아나 알은 모두 하나의 생명이다. 우리나라에서 태아는 전통적으로 개체생명으로 인정되었다. 태아도 인간의 개체생명과 마

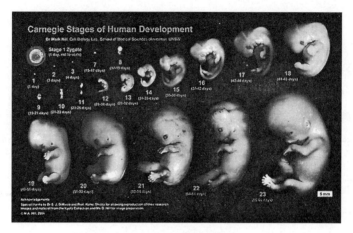

〈그림 8〉 태아의 발생과 성장 과정

찬가지로 존중되었다는 말이다. 하지만 서양에서는 태아가 인간으로 인
정되지 않았다. 개체분리설에 따라 태아가 어머니 자궁으로부터 분리되
는 순간, 곧 출산 이후의 순간부터 비로소 인간으로 인정된다. 자연히 태
아는 인간으로 여기지 않는 까닭에 인간으로서 나이를 헤아릴 때도 자궁
에서 분리되는 생년월일을 기점으로 계산한다. 출산하는 순간은 0살인
것이다.

그러나 우리는 전통적으로 태아를 인간으로 인정했기 때문에 태교
(胎教)도 했을 뿐만 아니라 태어날 때부터 나이를 한 살 부여하고 있다.
서양 교육학에서는 최근까지 태교를 인정하지 않았다. 태아를 인간으로
여기지 않았기 때문이다. 우리나라에서는 태교의 전통이 퍽 오래다. 태
교를 중요시한 것은 태아를 인간으로 여겼기 때문이다. 개체생명의 시작
을 잉태 순간으로 보는 까닭이다.[15] 그러므로 "아버님 날 낳으시고 어머

---

15) 임재해, 《한국민속학과 현실인식》, 집문당, 1997, 216~219쪽에서 이 문제를 자세히 다루
    었다.

님 날 기르시니 두 분 곳 아니시면 이 몸이 생겼을까" 하는 시조(時調)가 생태학적 논리성을 갖추는 것이다.

아기 이전의 태아는 사실상 날짐승의 알이나 다름없다. 태 안에 갇혀 있는 모습도 알과 같으며, 알이 하나의 개체생명인 것처럼 태아도 하나의 개체생명인 것이다. 태아와 알, 갓난아기와 알을 깐 새끼는 같은 수준의 성장 과정에 해당된다. 따라서 아기를 경상도 토박이말에서는 '알나-(알낳아)' 또는 '얼나-'라고 일컫고 제주도 토박이말에서는 달걀을 일러 둙새끼라 한다고 했다. 둙새끼 곧 둙아기가 바로 달걀인 것이다. 앞에서 지적한 것처럼, 제주 토박이말은 한갓 방언이 아니라 고대어라는 사실을 지나치지 말아야 쉽게 납득할 수 있다.

김알지 신화를 보면, 석탈해가 시림에 가서 금궤를 열었을 때 알지가 아기 모습을 하고 있었다고 했다. 그렇다면 흰 닭이 마치 알을 낳은 것처럼 울어서 호공이 시림을 찾아들어갔을 즈음에는 알지가 어떤 상황이었을까? 박혁거세처럼 알 곧 태아의 상황이나 다름없었다고 할 수 있다. 따라서 이름을 '알'지라고 일컬었으며 김알지 신화도 난생 신화와 같은 맥락에 놓여 있는 것이다. 석탈해도 궤 속에서 아기 모습으로 발견되었지만 출생시에는 알로 태어났다고 했다. 석탈해는 알의 상태로 궤에 넣어져 버려졌으나 뒤에 아진포에서 노파에 의해 발견될 때에는 아기로 바뀐 모습이었다. 석탈해가 발굴해 낸 김알지의 출현도 같은 과정을 거쳤던 셈이다. 다만 알로 태어났다는 사실을 구체적으로 밝히지 않았을 따름이다. 그러나 추론적으로 이러한 상황을 인식할 수 있다.

호공이 발견한 나뭇가지에 걸려 있는 금궤는 알의 상태이자 태아의 상태였다면, 뒤에 탈해가 찾아가서 금궤를 연 상황은 부화의 상태이자 아기의 상태인 것이다. 시차에 따라서 알에서 아기로 발전하는 과정을 석탈해 신화에서 잘 보여주고 있다. 수로신화에서 김수로는 박혁거세와 마찬가지로 알의 모습으로 발견된다. 하늘에서 계시가 있은 뒤에 금합

〈그림 9〉 곡옥이 많이 달린 황남대총 금관

(金盒)이 내려왔다. 그 안에 여섯 개의 황금알이 들어 있었으며, 몇 시간 뒤에 알에서 아기들이 나와 6가야의 왕이 되었는데, 수로는 금관가야의 시조 왕이 된다.[16] 금합 속에 있던 알은 신화에서 곧장 아기로 변화하는

16) 《三國遺事》卷2, 〈駕洛國記〉.

것이다. 그러므로 처음 발견자는 알의 모습을 보지만 2차 발견자는 아기의 모습을 보게 되는 것이다.

석탈해나 김수로 신화를 보면, 호공이 알지의 금궤를 발견하는 상황은 6촌 촌장이 박혁거세의 알을 계정에서 처음 발견할 때의 상황과 다름없다. 한결같이 아기 이전의 모습이다. 호공은 1차 발견자이기 때문이다. 금궤나 금합은 모두 태(胎)와 같은 상징성을 지닌다. 그러므로 시림에서 알지의 원초적인 출현 모습을 태아의 형상인 곡옥으로 나타내는 것은 자연스럽다.

태아를 상징하는 금관의 곡옥은 신라 건국 시조 신화와 밀접한 연관성을 지니고 있다. 알로 모습을 드러낸 시조 왕 박혁거세와 금궤 속에 들어 있는 김알지의 출현상황을 나타내는 훌륭한 상징물이기 때문이다. 박혁거세의 알은 그 자체로 태아에 해당되며, 닭 울음소리와 더불어 금궤 속에 누워 있는 김알지도 사실은 태아에 해당되는 까닭이다. 따라서 금관의 장식인 나뭇가지에 곡옥이 걸려 있는 것은 계림국으로서 신라의 정체성과 건국 시조의 출현 양상을 잘 형상화하고 있는 셈이다.

그러므로 신라 금관은 김알지 신화를 근거로 해석할 때 나무와 가지 장식의 달개, 나뭇가지 끝의 움 형상, 주렁주렁 매달려 있는 곡옥 등을 일관되게 해명할 수 있다. 나뭇가지 끝의 자람점 또는 씨눈에 해당되는 '움' 모양을 이제는 더 이상 하트 모양이니 인도 건축 양식인 돔형이니 하고 엉뚱하게 해석할 필요가 없다.

제2장 금관 세움장식의 유형 해석과 구조 분석

1. 세움장식 유형분류와 해석의 문제 비판

신라 금관은 시림이자 계림으로서 신라 김씨 왕권을 상징하는 왕관이라고 하는 주장이 설득력을 지니려면, 신라 금관을 장식하고 있는 장식물이 모두 나무를 상징하는 것이어야 한다. 다시 말해서, 금관의 테두리에 장식물을 여러 개 세워 두었는데, 그 장식물이 모두 나무를 형상화한 것이라는 뜻이다. 금관의 관테에 세운 이들 장식물을 흔히 입식(立飾)이라고 하거나 세움장식이라고 하는데, 학계에서는 나무 모양 세움장식을 시베리아 문화 현상과 관련하여 엉뚱하게 해석한다.

세움장식에 대한 가장 대표적이자 가장 최근의 유형화 작업을 김열규와 김병모, 이한상의 해석에서 찾을 수 있는데, 흔히 다음과 같이 세 가지 유형으로 분류된다. 다만 이종선이 세움장식을 '산자형(山字形)'이라고 해서 다소 별난 규정을 하고 있을 따름이다. 고고학자를 비롯한 복식학자, 민속학자 등 모든 연구자들이 이 세 가지 유형화의 틀을 벗어나지 못하고 있는 것이 현실이다. 왜냐하면 독자적인 해석을 하려들지 않고 기존의 유형적 해석을 그대로 인용하기만 한 까닭이다.

김열규 : 출자형 - 녹각형 - 수목형[1]
김병모 : 직각수지형 - 녹각형 - 자연수지형[2]
이한상 : 출자 모양 - 사슴뿔 - 나뭇가지[3]
이종선 : 산자형(1산·3산·4산) - 녹각형[4]

출자형과 녹각형, 수목형의 세 가지 유형화 작업은 선행 연구자들에 의해 널리 거론된 상투적인 것이다. 이종선이 별나게 규정한 산자형도 이미 출자형이나 산자형이라 일컬어왔던 것인데, 다만 출자형을 배제하고 산자형에 초점을 맞추어 금관을 삼산관(三山冠)이라 규정한 것이 도드라질 따름이다. 이러한 독자성을 두고 별나다고 하는 데는 여러 가지 이유가 있지만, 특히 누가 보더라도 명백하게 나뭇가지 모양을 하고 있는 세움장식을 인정하지 않고 모두 '山' 자 모양으로 귀속시키는 문제가 있기 때문이다. 세움장식의 가지 수에 따라 1산형·3산형·4산형으로 분류해서는 그 의미는 물론 발전과 변이 과정을 설명할 수 있는 온전한 체계를 마련하기 어려운 것도 문제이다.

그러나 이종선의 삼산관이라는 견해를 제쳐두면, 금관의 세움장식 해석은 위의 세 가지 유형을 벗어나지 않는다. 경주박물관에서 금관을

1) 金烈圭, 〈東北亞 脈絡 속의 韓國神話 - 金冠의 巫俗神話的 要素를 中心으로〉, 《韓國古代 文化와 引接文化의 關係》, 韓國精神文化硏究院, 1981, 302~303쪽.
2) 김병모, 《금관의 비밀 - 한국 고대사와 김씨의 원류를 찾아서》, 푸른역사, 1998, 31~32 쪽. 여기서 직각수지형 입식, 녹각형 입식, 자연수지형 입식 등으로 유형화했다.
3) 이한상, 《황금의 나라 신라》, 김영사, 2004, 87~94쪽. 여기서는 입식을 세움장식이라고 하고, 출자 모양 세움장식, 나뭇가지 모양 세움장식, 사슴뿔 모양 세움장식 등으로 유형화 했다.
4) 李鍾宣, 〈高新羅의 三山冠〉, 《高新羅王陵硏究》, 學硏文化社, 2000, 245~255쪽.

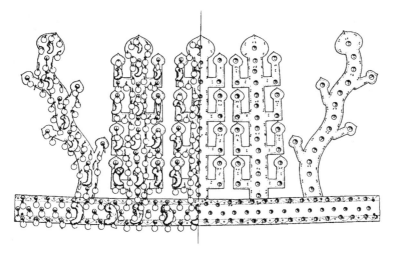

〈그림 1〉 천마총 금관 세움장식

설명할 때도 이 세 유형으로 설명한다. 이를테면, 천마총 금관을 설명하면서 "머리 위에 두르는 넓은 띠 앞면 위에는 '山' 자 모양이 3줄, 뒷면에는 사슴뿔 모양이 2줄로 있는 형태"라고 하는 것이다. 역사교과서에서도 이와 같이 설명되어 있다. 결국 가장 전형적인 신라 금관은 '出' 자나 '山' 자와 같은 한자 모양 세움장식 세 개와 사슴뿔 모양 세움장식 두 개로 구성되어 있는 것으로 해석하고 교육현장에서도 그렇게 엉뚱하게 가르치고 있다. 학자들이 해석을 그렇게 하고 교과서도 그렇게 만들었으니 그럴 수밖에 없다.

다만 김병모는 이 고정관념을 조금 바꾸려 하고 있다. '出' 자나 '山' 자 모양을 어느 정도 거론하면서도 직각수지형으로 해석하려 하는 것이다. 기원론을 따질 때는 시베리아 에네트족 샤먼의 모자 사진을 제시하고 야쿠트 지방의 민속 모자와 같다고 하며 금속제 '山' 자 모양을 근거로 우리 금관과 동질성을 제시하며 시베리아 영향론을 펼치지만,[5] '이씩(Issyk)' 고분의 영향론을 주장할 때는 '山' 자 모양을 직교형 수지(樹枝)와 같은 형으로 바꾸어 해석한다. 다시 말해서, 에네트족 모자의 내용과 함께 새로 카자흐스탄 이씩 고분의 모자핀 사진을 제시하며 "산꼭대기에 서 있는 나무"처럼 생긴 것으로 보고, 앞에서 '山' 자 모양이라고 했던 것을 여기서는 나뭇가지 모양으로 해석한다.[6] 이렇게 뒤집어야 우리 금관의 원류를 이씩 고분에서 찾을 수 있기 때문이다.

금관의 원류로 삼는 관모가 유라시아 전역에 걸쳐 있는데다가, 그 관모가 놓여 있는 상황에 따라서 우리 금관의 기원을 다르게 설명하는 까닭에, 글자 모양이라고 하는 종래 해석에서 나아가 직각수지형이라고 일컫게 된 것이다. 하지만, 종래의 글자 모양에서 완전히 놓여나지 못하고 있다. 왜냐하면 시베리아 여러 종족들의 민속 모자의 장식물 가운데 '山' 자 모양이 있다고 판단하여 여기에다 금관의 기원론을 끌어다 붙이려면 글자 모양이라는 해석을 완전히 부정할 수 없기 때문이다. 시베리아 에네트족 샤먼의 모자에는 '山' 자 모양이 있다는 예증을 사진으로[7] 제시했다. 시베리아 샤먼 무관 기원설을 펴는데 결정적 증거물이 되는 까닭이다.

그런데도 북방 민족들 모자의 장식과 달리 나뭇잎과 곡옥이 달려 있어서 나무로 볼 수밖에 없는 까닭에 다시 직각수지형이라고 단정을 내리는 것이다. 따라서 김병모의 경우는 '出' 자 모양을 직각수지형 곧 직각으로 굽은 나뭇가지 모양으로 인식하는 점이 다른 두 사람과 차이를 보인다. 그 까닭은 같은 양식의 세움장식을 두고 에네트족하고 관련지을 때는 산자형이라 하고 이씩 고분의 금관과 관련지을 때는 직교형 나뭇가지라 해석하는 데서 빚어진 것이다.

결국 같은 유물의 기원을 설명하는 데 서로 다른 대상을 두고 제각

---

5) 김병모, 앞의 책, 33쪽.
6) 같은 책, 122쪽.
7) 같은 책, 33쪽의 그림 12 참고.

기 다르게 해석하며 기원을 여러 곳에서 찾는 것이 문제이다. 금관의 세움장식은 그 자체로 아무런 형상도 의미도 없다고 보는 셈이다. 오직 영향을 미쳤다고 생각하는 외세의 관모가 무엇이냐에 따라 모양도 결정되고 기원도 결정되는 까닭이다. 이러한 모순과 당착 속에서도 가장 후대에 출현한 '굽은 줄기 나무'의 세움장식 모양을[8] 사슴뿔 모양 또는 녹각형으로 해석하는 데는 네 사람 모두 일치한다. 사슴뿔 모양을 달리 해석하게 되면, 시베리아 샤먼의 무관 기원설을 밀고 갈 수 없기 때문이다.

이처럼 학계에서는 금관의 세움장식을 나무가 아니라 '산자형' 또는 '출자형' 장식물이라 하거나, 사슴뿔 장식물로 해석하는 것이 일반적이다. 여기서 우리는 연구자의 해석 능력을 의심하지 않을 수 없다. 우선 연구 대상이 되는 사물이나 자료를 보이는 형상대로만 보려고 할 뿐 아니라, 그것도 그 자체로 보려들지 않고 시베리아 샤먼의 무관과 관련지어 보려고 한다는 사실이다.

있는 대로 보는 것처럼 생각되지만, 사실은 샤먼의 무관이라는 의식을 전제로 보는 것이 문제이다. 따라서 세움장식의 형상으로 해석하는 나뭇가지 모양과 '出' 자 모양, 사슴뿔 모양은 공시적 시각에서 서로 아무런 연관성이 없다는 사실도 모르고, 통시적 시각에서 발전 과정의 지속적 연관성도 읽을 수 없다는 사실조차 모른다. 그냥 거기 우연히 세 가지 서로 다른 양식의 세움장식이 제각기 다른 문화에서 비롯된 것이라고 보고, 저마다 다른 논리와 증거로 시베리아 샤먼 기원설을 펴는 것이다. 그런 까닭에 나뭇가지 모양은 시베리아의 수목 신앙에, '山' 자나 '出' 자 모양은 시베리아 에네트족 무관에, 사슴뿔 모양은 시베리아 오스티악족 무관에 제각기 기원을 끌어다 붙일 수밖에 없다.

---

8) 금관의 세움장식에 관한 본격적인 해석은 이 장 3절에서 자세하게 이루어질 것이다. 그때 사슴뿔 모양이 왜 사슴뿔이 아니라 '굽은 줄기 나무' 모양인지 구체적으로 설명될 것이다.

시베리아 지역에 거주하는 종족끼리도 서로 아무런 연관성을 지니지 않는 모자의 장식을 지리적으로 동떨어진 경주 지역의 신라 금관에다 모두 하나로 끌어다 붙여 해석하는 까닭에, 금관의 세움장식들끼리 서로 아무런 상관이 없는 장식처럼 제각기 해석되고 있다. 그래도 이런 해석의 한계나 논리적 모순을 알아차리지 못한다. 금관의 세움장식을 유라시아 여러 민족 관모의 혼성 모방품으로 인식하는 까닭이다. 그러나 사실은 세 가지 세움장식은 공시적으로 신성한 숲을 상징하는 나무 모양으로서 모두 같은 대상을 나타내는 형상일 뿐 아니라, 세 양식은 서로 무관한 것이 아니라 형상화 과정에서 발전적으로 변화한 통시적 지속성을 이루고 있는 것이다.

나는 오래전에 알지 신화를 해석하면서 금관의 현상이 곧 계림을 상징하는 것으로 해석했다.[9] 숲은 어느 것이나 살아 있는 나무들로 이루어져 있는 것을 전제로 한 개념이다. 죽은 나무는 아무리 많아도 숲이라 하지 않는다. 따라서 금관의 세움장식은 꺾어다 꽂아둔 나뭇가지가 아니라 대지에 뿌리박고 있는 수목들이다. 굳이 알지 신화와 계림의 상징성을 염두에 두지 않고 금관의 세움장식을 있는 그대로 들여다보아도 한결같이 살아 있는 나무들로 보인다.

따라서 수지형(樹枝形)이나 나뭇가지 모습이라고 하는 주장도 잘못이다. 대지에 굳게 뿌리를 박고 우뚝하게 서 있는 신성한 성수(聖樹)이자 시조 출현의 신수(神樹)이다. 신수라는 사실에서 환웅이 하강한 단군 신화의 신단수나 다름없는 신성한 나무들이다. 신단수를 더러 단목(檀木)이라고 하는데, 올바르지 않은 표현이다. 같은 나무라 하더라도 살아 있는 나무를 나타내는 수(樹)와 죽은 나무도 나타내는 목(木)은 구별되어야

9) 임재해, 《민족신화와 건국영웅들》, 천재교육, 1995, 280~284쪽(제2판, 민속원, 2006, 287~291쪽)에서 이러한 착상과 해석을 시도했다.

한다. 죽은 나무를 일컬을 때는 목재나 목수, 목조라 하지, 수재나 수조라 하지 않는다. 계림은 곧 신수의 숲으로서 성림이다. 신수로 계림을 형상화하고 있는 금관의 세움장식을 뜯어보면, 크게 다음 세 가지 유형의 나무 양식으로 분석된다.

  (1) 기본형 : 곧은 줄기 곧은 가시(자연수지형, 나뭇가지, 수목형)
  (2) 가지 변이형 : 곧은 줄기 굽은 가지(산자형, 출자형, 직각수지형)
  (3) 줄기 변이형 : 굽은 줄기 굽은 가지(녹각형, 사슴뿔 모양)

괄호 속에 해당하는 기존 유형의 해석을 밝혀두었으므로 대조적으로 이해할 필요가 있다. 기존의 유형 명칭은 서로 관련성이 없이 개별적으로 모양을 설명했을 뿐 아니라, 시베리아 기원설을 전제로 한 것이기 때문에, 금관의 발전 과정은 물론 공시적 지속성과 통시적 변화를 일관되게 설명할 수 없다. 수지형과 산자형이나 출자형, 녹각형은 서로 아무런 관련도 없고 또 신라 문화의 성격이나 시조 신화, 또는 신라 김씨 왕조의 정체성과 무관한 해석이다.

그런데 위와 같이 세움장식을 세 가지로 양식화해서 설명하면 금관의 세움장식이 나무로 이루어진 계림을 상징하는 김씨 왕조의 왕관이라는 동질성과, 마립간 시대 금관의 변화 발전 양상을 일목요연하게 포착할 수 있다. 세 가지 양식 모두 세움장식의 가지 끝마다 나무의 새순을 뜻하는 움이 돋아 있을 뿐 아니라, 줄기와 가지에 나뭇잎 모양의 달개와 곡옥이 달려 있다. 이러한 동질성이 바로 세움장식이 살아 있는 생명나무, 곧 신성한 성수라는 사실을 뜻한다. 사슴뿔에는 물론 '山' 자나 '出' 자 모양에도 나뭇잎과 곡옥이 달려 있을 이유가 없다. 다음 절에서 자세하게 논증하겠지만, 금관의 세움장식은 (1)→(2)→(3)으로 발전하면서 금관의 완전한 형태를 이루었기 때문이다.

기존 연구는 어느 것이나 금관의 세움장식을 제각기 다른 양식으로 해석할 뿐 아니라, 시베리아 기원설을 주장하느라고 계림 또는 신라 왕실과 필연성을 지닐 만한 의미는 없는 것으로 간주해왔다. 신라 김씨 왕조에서 쓴 왕관이라는 사실을 인정하면서도 세움장식을 해석하거나 기원설을 논의할 때는 김씨 왕조와 아무런 연관성이 없는 것처럼 해석하는 당착에 빠져 있다. 왕관으로서 전체적인 상징이나 세움장식의 구체적인 의미는 생각하지 않고 눈에 띄는 겉모양만 들여다보니 비슷한 모양의 한자를 끌어들여 '山' 자나 '出' 자라고 규정하는 것이다. 사슴뿔이라고 해석하는 것도 겉모양만 표면적으로 살핀데다가 시베리아 기원설을 전제로 보는 까닭에 그렇게 보일 수밖에 없다.

'山' 자나 '出' 자 모양 또는 사슴뿔 모양이라고 하는 세움장식에 수십 개가 달려 있는 달개와 곡옥 그리고 가지 끝의 움 모양만 주목해도 한자로 읽는 오류는 극복할 수 있다. 한자 모양의 세움장식에 달개와 곡옥이 달려 있을 까닭이 없기 때문이다. 겉으로 보이는 형상대로 보지 않고 그것이 상징하는 문화적 의미를 역사적 상황과 신화적 상상력 속에서 해석하려고 조금만 사려깊게 들여다보면 세 유형의 세움장식들이 단박 나무 모양으로서 일관성과 통시적 개연성을 함께 지니고 있다는 사실을 알아차릴 수 있다.

'山' 자나 '出' 자와 같은 한자 모양이 신라 금관에서 무엇을 의미하는지, 왕권을 어떻게 상징하는지, 아무런 의미 부여도 하지 못한 채, 겉으로 드러난 형상만을 근거로 분류만 한 것은 학술적 연구로 인정하기 어려운 수준이다. 그런 가운데도 김병모는 가지의 수를 근거로 흥미로운 해석을 시도하고 있다. 곧은 줄기 굽은 가지 모양의 세움장식은 그 가지가 좌우 세 쌍인 것이 기본이고 하나 더 보태어서 네 쌍인 것이 금령총 금관과 천마총 금관에만 보인다. 김병모는 이 세움장식들을 3단 수지형 또는 4단 수지형으로 일컬으면서 두 가지 해석을 한다.

하나는 양식론적 기원론이고, 둘은 기호
론적 상징론이다. 모든 금관의 해석에서 양
식에 따른 기원론이 빠지면 기호로서 의미나
상징의 해석으로 나아가지 못하는 까닭에 반
드시 기원론이 앞서게 마련이다. 먼저 '出' 자
모양의 수지형은 에네트족의 모자 장식 및
이씩 고분의 모자핀 모양과 같은 것으로 보
고 금관의 기원론을 편 셈인데, 우선 두 장식
은 서로 다른 것이다. 왜냐하면 에네트족의
모자(〈그림 2〉) 장식은 누가 보더라도 나무 모

〈그림 2〉 에네트족의 모자

양이라 할 수 없지만, 이씩 고분의 모자핀은 나무 모양이라 할 수 있기
때문이다. 그런데도 마치 같은 양식인 것처럼 동일하게 에네트족 모자는
1단이 있고, 이씩 모자핀은 2단·3단·5단의 세 종류가 있다고 한다.[10]

　　그러나 우리 금관과 금동관의 세움장식은 기본이 3단이자 주류도 3
단이다. 다만 금령총과 천마총 금관만 4단을 이루고 있다. 우리 금관의
세움장식은 모자 앞에 모표처럼 붙이는 양식의 에네트족과 같은 1단, 곧
'山' 자 모양과 구조적으로 다르다. 그리고 이씩 금관의 모자핀과 같이 2
단·3단·5단처럼 다양하게 할 수도 없다. 그런 식의 세움장식으로는 금
관의 형상을 조화롭게 만들 수 없기 때문이다. 아무리 초보적인 금관도
2단은 없으며, 아무리 발전된 금관도 5단까지 나가지 않았다. 2단은 미
적 조화를 이루지 못하고, 5단은 물리적으로 지탱하기 어려운 까닭이다.
그러므로 초기형으로 알려진 대부분의 금동관도 3단을 이루고 있다. 그
러므로 이종선처럼 아예 금관을 '삼산관(三山冠)'이라고 일컫는 학자도
있다.

10) 김병모, 앞의 책, 122쪽.

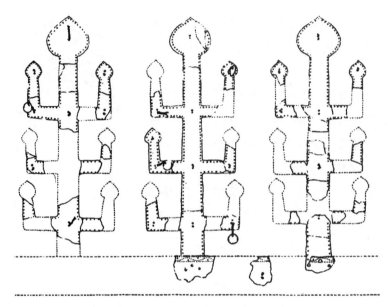

〈그림 3〉 삼산관이라고 하는 곧은 줄기 굽은 가지 세움장식

자연히 우리 금관과 이씩 고분의 모자핀은 영향 관계를 주장하기 어렵다. 다음 해석은 의미론적 상징성인데, 세움장식의 단수에 따라 "어느 왕계의 초대 왕인지, 2·3·4 대를 계속해서 등극한 왕계인지를 표시하는 것으로 풀이"하고[11] 있다. 앞에서 이미 다룬 것처럼, 우리 금관의 출자형 세움장식에는 1단은 하나뿐이고 2단은 아예 없다. 4단도 둘뿐이고 대부분 3단을 이루고 있다. 그러면 금관을 쓴 신라 왕들은 대부분 3대째에 해당되는 왕들이었다는 주장이 된다.

3대 왕이든 4대 왕이든 대수로 말하면 대수마다 왕은 각각 한 명뿐이어야 자연스럽다. 어떻게 3대 왕이 세 사람이고 4대 왕이 두 사람일 수 있는가? 그리고 왜 2대째 왕은 전혀 없고 3대째 왕들만 주로 금관을 썼

---

11) 같은 책, 170쪽.

는가 하는 것을 해명할 수 있을까? 금동관의 단수도 대부분 3단이다. 지역 세력들도 3대째 인물만 지역지도자로서 금동관을 썼는가? 그리고 금관은 5~6세기에만 주로 나타난다고 했는데, 이 시기에는 모두 어느 왕계의 초대 왕이나 2대 왕이 등극한 일은 없다고 할 수 있을까? 설득력이 없는 주장이다. 그러므로 곡옥을 금관에 달아서 왕의 자손 유무를 나타낸다고 하는 것 못지 않게 세움장식의 단수를 대수로 해석한 것도 작위적인 것이라 하지 않을 수 없다.

2. 세움장식은 출자형도 녹각형도 아닌 나무 모양

작위적인 해석이 지속되고 있는 가운데도 '出' 자 모양 세움장식 가지의 굽은 각도까지 재어서 서로 대조하는 작업까지 하는 정밀한 연구도 진행되었다.[12] 인문학자로서는 쉽게 시도하기 어려운 세움장식 가지의 기하학적 측정까지 하면서 그 역사적 발전 과정을 추론하고자 애썼다. 다만 발전 과정을 추적하면서도 세움장식이 나타내는 형상을 더 구체적으로 밝히려 들지 않는 것이 결정적 한계이다.

왜냐하면 세움장식의 초기 형상은 누가 보더라도 자연스러운 나무 모양을 하고 있기 때문이다. 따라서 김병모는 이를 한자말로 '자연수지형'이라 일컬었고, 이한상은 우리말로 '나뭇가지 모양'이라고 했다. 그런데 이한상은 나뭇가지 모양이 시대가 지남에 따라 상징적으로 형상화되면서 점차 둔각에서 직각으로 바뀌어 왔다는 사실을 밝히면서도 여전히 '출자 모양'으로 규정하는 당착에 빠져 있다.

---

12) 馬日順一, 〈慶州高新羅王族墓 立華飾付黃金制寶冠編年試論〉, 《古代探叢》 IV, 早稻田大學校出版部, 1995 ; 이한상, 앞의 책, 92~93쪽.

〈그림 4〉 부산 복천동 2호분 출토 금관

"세움장식의 줄기[柱]에서 파생된 가지[橫枝]가 직각에 가깝도록 꺾일 때 그 내각을" 측정해보면 "대체로 내각이 줄어들어 직각에 가까워지는 현상이 관찰된다"고 했다.[13] 이러한 변화양상을 근거로 금관의 연대기적 발달 과정이 포착되는데, 가장 이른 시기의 것으로 보이는 5세기 초의 복천동 금동관은 그야말로 자연스러운 나무 모양을 하고 있다(〈그림 4〉). 5세기 중반의 황남대총 남분의 금동관은 가지가 직각에 가까운 둔각으로 변화되다가 5세기 후반에 이르면 황남대총 북분이나 금관총 금관처럼 가지가 직각으로 자리를 잡으면서 흔히 사슴뿔 모양이라고 하는 '굽은 줄기 곧은 가지' 모양의 세움장식이 새로 덧보태어진다(〈표 1〉).

따라서 금관의 세움장식은 자연스러운 나무 모양 세 그루에서 출발해, 굽은 가지 나무 모양 세 그루로 모양만 바뀌다가, 마침내 굽은 줄기 나무 모양 두 그루를 여기에 덧보태어 가장 발전된 양식을 이루게 된 것이다. 그러므로 금관의 세움장식은 자연스러운 나무 모양에서 비롯된 것인데, 나뭇가지가 직각에 가깝게 굽었다고 해서 이를 '山' 자 모양이나 '出' 자 모양이라고 하는 것은 납득하기 어렵다. 그러한 명칭 자체가 무의미하거나 때로는 본디 의미를 왜곡시킬 수 있기 때문이다.

흔히 고조선 지역에 널리 출토되는 동검 가운데 날 중간이 곡선을 이루며 뾰족하게 돌출된 모양의 동검을, 마치 악기인 비파(琵琶)처럼 생

---

13) 이한상, 같은 책, 92쪽.

연대	금동관	금관
5세기 1/4		1: 복천동 10·11호묘 2·5. 황남대총 남분 3. 임당 7A호묘 4. 복천동 1호묘 6. 황남대총 북분 7. 교동 7호묘 8. 금관총 9. 양산 부부총 10. 서봉총 11. 금령총 12. 천마총 13. 금조총
5세기 2/4		
5세기 3/4 전반		
5세기 3/4 후반		
5세기 4/4 전반		
5세기 4/4 후반		
6세기 1/4		
6세기 2/4		0 10 15 20cm

〈표 1〉 신라 관의 편년표[14]

---

14) 같은 책, 97쪽.

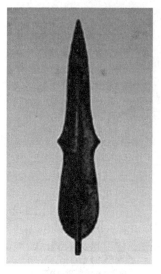

〈그림 5〉 요령식 동검

겼다고 하여 비파형동검이라고 일컫는다 (〈그림 5〉). 비파 모양과 견주어 이름을 붙여서 형상적 특징은 잘 드러나지만, 고조선 영역에서 주로 출토되는 고조선 고유의 문화로 이해하는 데는 큰 장애가 된다. 왜냐하면 비파는 그 당시에 존재하지 않았던 악기이자 고조선의 악기가 아니라 중국의 악기이기 때문이다. 그런데 중국에는 이와 같은 양식의 동검이 없다.

그런데도 비파형동검이라고 하는 것은, 마치 중국의 후대 악기 비파에서 본받은 듯한 이름 때문에, 이 동검의 역사적 원초성은 물론 고조선 지역의 문화적 독창성을 온전하게 인식할 수 없게 만들고 있다. 그래서 최근에는, 이러한 문제의식이 없는 이들은 여전히 비파형동검이라고 하지만, 문제를 정확하게 포착하고 있는 학자들은 요령식(遼寧式) 동검으로 일컫고 있다. 모양으로 말하면 버들잎 모양이나 나뭇잎 모양 동검이라고 하는 것이 옳다.

금관의 세움장식 명칭도 마찬가지이다. 녹각형 또는 산자형으로 일컫는 한 금관의 독창적 양식을 제대로 이해할 수 없도록 만든다. '곧은 줄기 굽은 가지' 모양 세움장식을 산자형이나 출자형으로 일컫는 것도 같은 문제점을 안고 있을 뿐 아니라, 실제로 그러한 한자 모양과 일치하는 것도 아니어서 더욱 적절하지 않다. 왜냐하면 신라의 어느 금관에도 '山' 자나 '出' 자 모양을 한 것은 없다. 나무줄기에 나뭇가지가 3쌍 또는 4쌍이 붙어 있기 때문에, 최소한 '出' 자 위에 '山' 자가 하나 덧보태어져 있거나, '出' 자 위에 다시 '出' 자가 덧보태어져 있는 형상을 하고 있는 것이다.

　따라서 지금까지 금관의 세움장식을 한자 모양으로 일컫는 대부분의 연구들은 일제 강점기의 연구를 고스란히 답습하고 있을 뿐 아니라, 사실상 의미 없는 분류작업이나 의미를 왜곡하는 유형론을 펼치는 데 머물렀다고 해도 지나치지 않다. 그러므로 한자 모양으로 일컫는 일은 금관의 겉모습을 설명하는 비유적 수사일 뿐 의미를 설명하는 데는 비파형 동검의 유형 명칭처럼 오히려 장애가 되고 있다.

　그런데 정작 중요한 것은 이렇게 한자 모양으로 잘못 읽고 있는 세움장식이 신라 금관의 대표적인 유형을 이루고 있다는 사실이다. 이 모양의 형상이 금관의 주류를 이루고 있을 뿐만 아니라, 순전히 이 모양의 세움장식만으로 이루어진 금관이 있는가 하면, 다른 모양 세움장식과 더불어 있는 금관에서도 가장 전면 중심부와 그 좌우에 대칭을 이루며 세 개씩 우뚝하게 서 있어서 가장 높은 비중을 차지하고 있다. 흔히 사슴뿔 모양이라고 하는 '굽은 줄기 나무' 모양은 가장 후대에 나타난 것인데다가 금관의 후면부에 두 개만 장식되어 상대적으로 금관에서 차지하는 비중이 크게 떨어진다.

　상황이 이러한 데도 금관의 전면 중심부에 세 개씩 서 있는 가장 기본적인 양식의 세움장식을 제쳐두고 금관의 뒤쪽에 배치되어 있어서 사실상 잘 드러나지 않는 두 개의 '굽은 줄기' 나무 모양을 사슴뿔 모양이라고 하며 금관의 기원과 기능을 펼치고 있다. 금관의 발생론적 근거가 되는 상징물을 외면한 채, 뒤늦게 덧붙여진 부가적 장식물에 집착하여, 이를 사슴뿔 모양이라고 아무리 주장을 하고 시베리아 샤먼의 무관과 줄을 그어서 기원론을 펼쳐보아야 논리적 설득력도 없고, 금관이 상징하는 의미도 왜곡하게 마련이다.

　다시 말해서, 금관의 상징성을 형상화하고 있는 금관 전면부의 대표적인 세움장식이 무슨 의미인지 모른 채 왕관 뒤쪽에 뒤늦게 붙어 있게 된 형상에 매달려 금관의 기원과 의미를 해석하려는 것이 문제이다.

공간적 중심성과 시간적 선후조차 분별하지 못하는 까닭이다. 그것은 마치 계급과 지위를 나타내는 군인들의 모자 앞쪽에 붙어 있는 계급장은 의미 없는 기호로 비유하는 대신, 나중에 덤으로 부착한 모자 뒤쪽의 양식을 통해 의미 부여를 하려는 것이나 다름없다.

그런데 정말 사슴뿔이긴 한가? 내가 보기에는 굽은 줄기 나무 모양을 한 세움장식이 사슴뿔로 보이는 것이 신통하다. 자세하게 따져보지 않고 한눈에 보아도 나무 모양인데, 굳이 사슴뿔이라고 하는 것은 마치 눈에 콩깍지가 끼인 것 같다. 실제로 사슴뿔이라고 하는 금관 세움장식을 보면 한층 분명하지만, 도형을 그림으로 그린 것만 보아도 도저히 사슴뿔이라고 하기 어렵다. 정말 사슴뿔 모양을 하고 있는가? 다음 그림을 보자.

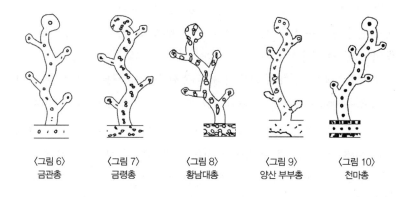

〈그림 6〉　　　〈그림 7〉　　　〈그림 8〉　　　〈그림 9〉　　　〈그림 10〉
금관총　　　　금령총　　　　황남대총　　　양산 부부총　　　천마총

이 그림을 보고 사슴뿔이라고 할 사람이 있을까? 누가 보더라도 대지에 굵은 줄기를 박고 힘차게 하늘을 향해 성장하고 있는 나무의 기상이 생생하다. 사슴뿔이 아니라 줄기가 자연스레 굽어 있는 나무에 곧은 가지가 짧게 달려 있는 모습이다. 이른바 '녹각형'이 아니라 '굽은 줄기 곧은 가지' 나무 모양 세움장식이다. 기본형에서 가지 변이형을 거쳐 마

침내 줄기 변이형에 이른 세움장식이다.

곧은 줄기가 굽어 있는 모습에 따라 나무 모양이 상당히 다양하다. 〈그림 6〉과 〈그림 7〉의 금관총과 금령총 금관의 세움장식은 곧게 위로 자라면서 자연스러운 곡선으로 굽어 있고, 〈그림 8〉과 〈그림 10〉의 황남대총과 천마총 금관의 세움장식은 좌우 어느 한쪽으로 기울어지면서 곡선으로 굽어 있다. 금관에 부착되어 있을 때는 모두 뒤쪽으로 기울어져서 곧게 서 있는 것보다 더 변화 있게 보인다.

다만 양산 부부총 금동관의 세움장식이 좀 별나다. 크게 곡선을 이르며 휘어져 있다. 다른 세움장식은 모두 네 차례 휘어져 있고 휘어진 곳마다 곧은 나뭇가지가 짧게 붙어 있다. 따라서 가지가 줄기 좌우에 어긋지게 붙어 있다. 곧은 줄기 곧은 가지나, 곧은 줄기 굽은 가지 세움장식처럼 맞가지가 아니라 어긋나게 붙어 있는 엇가지 양식을 하고 있다. 따라서 굽은 줄기 세움장식의 나뭇가지는 모두 엇가지이다. 그런데 양산 부부총의 나무줄기는 크게 한 차례 작게 한 차례 휘어져 있다. 엇가지 양식이되 독특하다. 가지가 좌우 번갈아 있지 않고 한쪽에 두 가지가 거듭나 있다. 줄기가 휘어진 곳에 가지가 뻗어난다는 생각이 반영되어 있는 까닭이다.

더 문제가 되는 것은 사슴뿔 모양으로 일컫는 굽은 줄기 나무 세움장식의 해석에 관한 것이다. 이 모양을 사슴뿔에서 기원했다고 하면서 왜 신라 금관에 이것이 가장 후기에 등장하며, 또 이것을 금관의 뒤쪽에다 배치해두었을까? 도대체 사슴뿔이 신라의 건국 초기 문화와 무슨 연관이 있으며, 신라 김씨 왕실에 어떤 의미를 지니고 있는가? 지금까지 연구자들은 이러한 의문도 문제의식도 전혀 없었다. 마치 금관 전면의 굽은 가지 나무를 '出' 자 모양이라고 무의미한 비유적 형상을 끌어다 붙인 것처럼, 그와 비슷한 형상을 찾아 북방 문화의 사슴뿔을 끌어들였을 뿐, 이 사슴뿔이 금관을 쓴 신라 사람들이나 당시의 신라 문화와 어떤 관

〈그림 11〉 사슴뿔

련이 있는지 구체적으로 해석하지 않고 있다.

이렇게 비판적으로 말하면 사슴뿔 모양이라고 주장한 금관 해석자들은 모두 발끈할 것이다. 왜냐하면 사슴뿔이야말로 김알지 왕가와 신라 문화의 뿌리를 시베리아 문화에서 찾는 가장 긴요한 단서이자, 금관이 시베리아 샤먼의 무관에서 비롯되었다는 금관의 무관 기원설을 입증하는 가장 결정적인 증거가 되는 까닭이다. 따라서 이 견해를 부정하면 그동안 금관 해석과 관련한 모든 주장이 무너진다. 하지만 그런 이유로 발끈할 필요가 없다.

왜냐하면 사슴뿔이라는 주장은 어차피 자기만의 독창적 주장이 아니기 때문이다. 일제 강점기부터 일본인 학자들이 줄곧 주장해온 상투적인 견해를 고스란히 따랐을 뿐만 아니라, '出' 자 모양에 대해서는 학자에 따라 다소 다른 견해를 펴도 사슴뿔 모양에 대해서는 어느 누구도 독자적 견해를 펼치지 않은 까닭이다. 그러므로 발끈하는 것은 마치 그러한 견해가 자기만의 독창적인 학설인 것처럼 공연히 자기 몫으로 떠 안고나서는 모양새가 될 수 있다.

그런데 용하게도 사슴뿔 모양을 조심스럽게 부정하고 나뭇가지 모양으로 해석하는 연구가 있어 눈길을 끈다. 물론 '出' 자 모양도 나뭇가지로 인식하여 기존 연구와 다른 독특한 시각을 보인다. 이를테면, 세움장식 다섯 개로 이루어진 가장 발전된 양식의 금관을 다음과 같이 설명하여 세움장식 해석의 새로운 지평을 연다.

신라와 가야의 금관 중에서 가장 화려하고 찬란한 보관에 속하는 것들이다. 곧 관대륜에 출자 수지형 입식(出字樹枝形立飾) 세 개가 전면과 양측면에 배치 입식되고 또 호생식 수지형 입식(互生式樹枝形立飾) 두 개가 후면에 배치 입식된 유형의 것이다.[15]

흔히 말하는 사슴뿔 모양 세움장식을 '호생식 수지형'으로 일컫는데, 더 구체적으로는 '출(出)자형의 대생식 수지형 입화식(對生式樹枝形立華飾)'에 대하여 '파상형(波狀形)의 호생식 수지형 입화식(互生式樹枝形立華飾)'이라 규정한다[16]. 여기서 중요한 것은 출자형은 대생식이고, 녹각형은 호생식이라는 규정인데, 이 해석 또한 하마다 고사쿠(濱田耕作)의 주장을 따른 것이다. 하마다 고사쿠는 이른바 출자형을 "식물에 있어서 잎이 나는 순서를 보면 대생(對生, opposite)으로 파생(派生)하는 형식과 같은 수지(樹枝)"라고 하고, 이른바 녹각형 또한 잎이 나는 방식에 따라 "호생(互生, alternate)의 수지형"으로 추정했던 것이다.[17]

식물학적으로 나무의 잎이 좌우 마주보며 쌍으로 나는 경우를 '대생'이라 하고 좌우 번갈아 한 잎씩 나는 것을 '호생'이라고 하는 데서 착상을 얻은 것이다. 중요한 것은 대생인가 호생인가 하는 것이 아니라, '出' 자 모양이나 사슴뿔 모양으로 보지 않고 모두 나무 또는 나뭇가지로 보았다는 점이다. 하지만 금관의 세움장식을 신목 또는 성수로서 신성한 나무로 인식했다면, 잎이 나는 방식을 일컫는 왜색용어보다 가지가 나는 방식을 우리말로 일컬어 대생식을 '맞가지 모양', 호생식을 '홑가지 모양'으로 규정하는 것이 더 효과적이었을 것이다.

15) 이은창, 《한국 복식의 역사-고대 편》, 세종대왕기념사업회, 1978, 242~243쪽.
16) 같은 책, 253~254쪽.
17) 濱田耕作, 〈新羅의 寶冠〉, 《考古學硏究》, 335~339쪽(이은창, 같은 책, 254~255 및 258쪽에서 재인용).

그러나 더 중요한 것은 가지 모양을 규정하는 데 있는 것이 아니다. 가지 모양에 매몰되어 끊임없이 수지형이라고 규정하여, 신단수와 같은 신목들을 하나의 성수나 신수로 인식하지 않고 기껏 꺾어다 꽂은 나뭇가지로 홀대하고 있다는 사실이다. 그러므로 다음 4절에서 자세하게 다루겠지만, 나무라는 관점에서 가지 모양보다 나무의 근간을 이루는 줄기 모양에 초점을 맞추어 '곧은 나무' 또는 '굽은 나무'와 같이 인식할 필요가 있다.

3. 사슴뿔 모양과 시베리아 샤먼 기원설 재비판

마립간 시대를 개척한 김씨 왕실은 시조인 김알지 신화의 계림이자 신라의 국호 계림을 다섯 그루의 신목으로 금관에 형상화함으로써, 김씨계 왕실의 정통성을 확립하고 왕권을 강화하려 한 사실을 앞에서 자세하게 다루었다. 이러한 사실을 제대로 포착하면 금관의 해석은 물론 기원론까지도 바로잡을 수 있다. 그러나 이러한 문제의식의 근본적 혁신과 주체적인 해석 능력이 없는 까닭에 기존 연구의 오류를 바로잡지 못하고 제자리걸음에 머물렀다. 이은창은 세움장식이 사슴뿔이 아니라는 사실을 일본인 학자의 눈을 빌려 제대로 포착했으면서도 기본적인 발상과 방법론적 전제가 금관이 만들어진 당시의 신라 문화에 터잡고 있지 않은 까닭에 결국 기존 학설의 범주에서 해방되지 못한다.

우선 금관의 형상을 계림이나 성림은커녕 나무나 숲으로도 인정하지 않는다. 기껏 나뭇가지로 보아서 수지형(樹枝形)이라 일컫는다. 성수나 신수로서 온전한 나무로 보지 않고 가지로 보는 것은 물론, 다만 뜻 모를 '出' 자 모양이라고 하거나, 기원론을 왜곡시키는 사슴뿔 모양이라고 하는 고정관념에서 간신히 벗어났을 따름이다. 그래도 출자형이라는

비유적 전제는 완전히 떨치지 못해서 여전히 '출자 수지형 입식'이라고
한다. 수지형의 구분도 나뭇잎이 나는 방식에 의존해서 대생형과 호생형
으로 분별하여 나무의 본디 성격과 금관의 형상적 조화를 헤아리는 데까
지 나아가지 못했다. 그러나 사슴뿔 모양을 부정하는 데는 독자적인 논
리가 있다.

> 파상형 입식(波狀形立飾)은 교호(交互)로 구부러지고 또 구부러지
> 는 곳마다 가지가 교호로 파생되고 있으며 또 끝이 보주형의 꽃봉오
> 리 모양을 하고 있어서 이와 같은 형태상으로 보아 이는 사슴뿔이 아
> 니라 파상형의 호생식 수지형 입화식으로 고찰된다.[18]

나무의 근간인 줄기가 유연하게 굽어 있는 상황보다 가지가 붙어
있는 방식에 관심을 기울이고 나뭇가지로 보면서도 가지 끝마다 돋아나
있는 '움'을 제대로 인식하지 못하고 보주형 꽃봉오리로 인식하고 있다.
물론 나뭇잎을 상징하는 달개, 태아를 상징하는 곡옥이 달려 있다는 사
실도 지나치고 있다. 더 문제는 종래에 줄곧 사슴뿔이라고 하던 세움장
식을 '호생식 수지형'이라고 하는 데 따른 시베리아 샤먼 무관 기원설이
혹시나 부정될까 염려하는 점이다. 그러므로 이러한 자신의 독창적 해석
다음에 곧바로 시베리아 기원설을 지지하는 주장이 아래와 같이 따라붙
는다.

> 물론 예니세이 출토의 샤아만 관(冠)이 신라와 가야의 고분 출
> 토 금관의 원류이며, 그러한 형태와 의장(意匠)을 받아들인 계열이라
> 고 하겠다.[19]

---

18) 이은창, 같은 책, 258쪽.
19) 같은 책, 같은 쪽.

모처럼 사슴뿔 해석에서 해방되어 시베리아 무관 기원설을 극복하는가 했는데, 결국 제자리걸음이 되고 말았다. "파상형 입식을 예니세이 출토 샤아만 관의 녹각에서 온 녹각형의 입식이라고 해석하기에는 여러 가지 재고되어야 할 문제가 있다"고 하지만, "오히려 예니세이 출토 샤아만의 관의 계통은 경주 서봉총 금관의 내부 구조에서 찾아야겠다."고[20] 하며, 시베리아 무관 기원설의 새로운 증거로 서봉총 금관의 나뭇가지 장식을 증거로 제시하고 있다. 그러므로 이은창 또한 사슴뿔 모양이니 녹각형이니 하며 기존 연구의 전파론적 전제 속에서 한 걸음도 벗어나지 못한 셈이다.

그러면 사람들은 왜 이처럼 사슴뿔에 목을 매고 있을까? 왜 시베리아 샤먼의 모자에 꽂혀 있는 사슴뿔을 구심점으로 계속해서 맴돌기만 하고 그 밖으로 넘어설 생각을 하지 못하고 있을까? 그것은 자기 얼굴을 자기 눈으로 보지 못하는 탓이다. 자신을 들여다보지 못한 채 다른 사람의 얼굴을 통해서 자기를 읽으려는 까닭이다. 그렇게 된 데는 우리 문화의 자력적 창조력을 우리 스스로 인정하지 않는 연구 역량의 결핍과, 식민사관이 주입한 북방 문화 기원론에 매몰된 채, 주어진 교과서적 지식에서 해방되지 못하고 종속적인 술이부작(述而不作)의 학문 태도를 유지한 탓이 크다고 하겠다.

그러한 한계 때문에 우리 금관을 그 자체로 자세하게 뜯어보면서 역사적 발전 과정을 해석하고, 문화적으로 생성된 바탕을 포착하며, 사회적으로 금관이 발휘하는 기능과 내용을 파악하려들지 못했다. 금관을 분석적으로 살피기 전에 그와 비슷한 북방 민족의 여러 문화들 가운데 비슷한 양식에 먼저 눈길이 가는 것이다. 금관의 오묘한 형상보다 그와 닮은 시베리아 샤먼의 무관 위에 꽂혀 있는 사슴뿔 장식이 먼저 눈에 띄

---

20) 같은 책, 258~259쪽.

었던 것이다. 사슴뿔은 해석이 불필요하다. 누가 보아도 사슴뿔인 것을 알 수 있다. 시베리아 샤먼의 무관에서 사슴뿔을 보는 순간 금관의 의문이 풀렸다고 만족하고, 이 증거를 구심점 삼아 금관 연구의 시베리아 샤먼 기원설을 펼쳤던 것이다. 지금 그 강고한 학문적 장벽이 우리 학계를 우물 안의 개구리로 만들어놓았다. 모두 시베리아 기원설의 울타리 안에서만 노닐도록 강제했던 까닭이다.

물론 시베리아 샤먼과 신라 금관을 이어줄 공간적 징검다리도 없고 역사적 선후 관계도 분명하지 않다. 신라와 시베리아 지역의 공간적 거리를 메워줄 수 있는 고구려나 백제 지역 금관에 사슴뿔의 흔적이 없을 뿐 아니라, 5세기 금관의 기원이 되었다고 하는 시베리아 샤먼의 무관은 19∼20세기 전후의 유물이다. 한껏 거슬러 올라가도 16세기 무렵에[21] 머물기 때문이다. 더군다나 금관이 왕관이 아니라 무관이라고 하더라도, 단군 이래 자생적인 우리 굿 문화의 전통이 있는데, 굳이 시베리아 샤먼의 관을 뒤늦게 흉내낼 까닭이 없다.

전파론적 방법론에서 문제되는 전파 경로를 무시한 채 신라 금관만 고려하더라도 여전히 문제는 남는다. 우선 시바르간의 틸리아 테페 박트리아 금관[22] 나뭇가지와 시베리아 샤먼의 사슴뿔 장식이 제각기 다른 지역 다른 종족의 모자 양식으로 존재하다가 왜 시공간을 초월하여 굳이 신라 금관에 두루 수렴되어 나란히 장식물 구실을 하게 되었는가 하는

---

21) 柳東植, 〈討論〉,《韓國古代文化와 引接文化의 關係》, 韓國精神文化硏究院, 1981, 321쪽에서 5∼6세기의 신라 금관을 19∼20세기에 수집된 시베리아 샤먼의 무관으로 설명하려는 것이 문제라고 지적하자, 김열규는 322쪽에서 시베리아 샤먼의 무관의 기원을 16세기까지 거슬러 올라갈 수 있다고 답했다.

22) 李殷昌, 〈新羅金屬工藝의 源流的인 中央亞細亞 古代文化 – 아프가니스탄의 시바르간 出土遺物을 中心으로〉,《韓國學報》26, 一志社, 1982, 148∼149쪽에서 시바르간의 금관은 나뭇가지 세움장식을 한 신라 금관과 의장·구조·양식·기법 등에 걸쳐 모두 동일계에 속하며, "수목 신앙에 따르는 샤먼관의 내용을 지닌 것으로 추정"하고 있다.

사실은 해명하지 못하고 있다. 전래설에 매몰된 연구들은 아예 이러한 의문을 제기조차 하지 않는다. 그러므로 우리는 신라 금관의 원류로 간주되는 시베리아 샤먼의 모자 양식에 보다 정밀한 관심을 기울이지 않을 수 없다. 왜냐하면 과연 시베리아 샤먼의 무관이 신라 금관에 영향을 미쳤는가 하는 것을 분석적으로 따지지 않을 수 없기 때문이다.

사슴뿔 장식을 근거로 신라 금관이 시베리아 무당의 관에서 비롯되었다는 주장은 김열규 교수가 가장 적극적으로 했다. 시베리아 예니세이강 지역의 오스티악 무관(〈그림 12〉)을 비롯해 예니세이 무관(〈그림 13〉)과 부리야트 무관(〈그림 14〉) 등의 그림을 옮겨두고 무관의 십자형(十字形) 정수리 위에 한 쌍의 사슴뿔을 설치해둔 것을 보기로, 신라 금관의 기본 도형을 그린다.[23] 그리고 예니세이강을 넘어 랩족 지역에도 사슴뿔 문화가 전파되어 사슴뿔로 둘러싸인 원형의 제단이 있는데, 그것은 꼭 금관의 관테에 세워놓은 사슴뿔 장식을 연상시킨다는 것이다. 그러므로 "시베리아 동북방의 여러 녹각무관은 금관의 원형으로서 지적"될 수 있다고[24] 주장했다.

전파론적 시각과 북방 문화 기원론을 전제로 한 짜맞추기식 단정이 아니라면, 이러한 해석은 비슷한 사실들끼리 찾아서 무리하게 줄긋기 작업을 한 결과이다. 그나마 줄긋기가 가능하려면 금관의 장식이 사슴뿔 형상이라는 것을 입증해야 한다. 그러나 금관의 세움장식 어디에도 사슴뿔 장식이 없고 사슴뿔이라 할 만한 형상도 없다. 흔히 말하는 녹각형이나 사슴뿔 모양이라고 하는 세움장식이야말로 유연하게 굽은 나무줄기에 나뭇가지가 붙어 있고 가지 끝마다 움이 돋아나 있으며 줄기와 가지에는 잎과 곡옥이 달려 있는 전형적인 나무 양식인 까닭이다.

---

23) 金烈圭, 앞의 글, 302~303쪽.
24) 같은 글, 301쪽.

〈그림 12〉 오스티악 무관

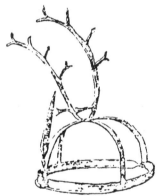

〈그림 13〉 예니세이 무관

〈그림 14〉 부리야트 무관

〈그림 15〉 경주 교동 출토 금관

　　그것은 '곧은 줄기에 곧은 가지'를 달고 있는 초기적인 세움장식 나무 모양에서 양식적으로 발전한 모양일 따름이다. '곧은 줄기에 곧은 가지'를 하고 있는 부산 복천동 11호 고분의 금동관(앞의 〈그림 4〉 참조), 경주 교동 금관(〈그림 15〉) 등이 가장 초기적인 모습이다. 따라서 이런 양식을 두고 수목형, 자연수지형, 나뭇가지 모양이라고 일컬어서 모두 나무 또는 나뭇가지로 인정했다. 그러다가 가지를 조금씩 굽히기 시작하여 황남대총 남분 금동관(〈그림 16〉) 또는 호암미술관 소장 금동관처럼(제4부 1장의 〈그림 4〉 참조) 나뭇가지가 둔각을 이루며 굽기 시작하여, 마침내 우리가 흔히 박물관에서 보게 되는 것처럼 직각에 가까운 나뭇가지를 한 금관이 나타나게 되는 것이다. 다시 이름을 부여하면 이른바 출자형이니 산자형이니 하는 것은 '곧은 줄기에 굽은 가지'를 하고 있는 나무 모양 세움장식이다. 그 변화 과정을 그림으로 보면 다음과 같다.

　　사슴뿔 모양이라고 하는 세움장식은 가지가 굽어서 변이된 것이 아

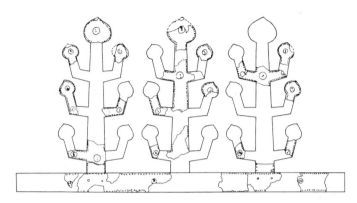

〈그림 16〉 경주 황남대총 남분 금동관

니라 아예 나무줄기가 굽어서 새로 발생한 가장 후대적인 양식이다. 일
관되게 유형의 이름을 부여하면, 이른바 녹각형은 '굽은 줄기에 곧은 가
지'를 하고 있는 나무 모양 세움장식인데, 가장 크게 변이된 것이자 시기
적으로 가장 후기에 나타난 것이다. 따라서 이 모양을 두고 사슴뿔 모양
이라고 하더라도 가장 뒤늦게 발생한 후기적인 양식이므로, 시베리아의
"녹각무관이 금관의 원형"이라고 하는 것은 시간적 선후 관계를 뒤집어
놓은 억지 주장일 따름이다. 가장 후기에 나타난 자료를 근거로 기원을
설명하는 결정적 오류를 저질러도 어느 누구 하나 그 모순을 지적하지
않는다. 대부분의 금관 연구자들은 금관의 세움장식이 사슴뿔 모양으로
이루어져 있다는 편견에 사로잡혀 있을 뿐만 아니라, 사슴뿔을 금관의
기원을 해명하는 열쇠처럼 끌어들이고 있는 것이다.

　　이러한 연구 결과, 디지털 경주박물관에서는 사슴 자체가 금관을
이해하는 관문 구실을 하고 있다. 인터넷에 들어가 경주박물관의 '금관'
항목을 누르면 사슴 한 마리가 그림으로 나타난다. 그림의 사슴뿔이 점
점 확대되면서 곧 금관으로 바뀐다. 그림만 보아도 사슴뿔이 변해 금관
이 만들어졌다는 것을 알 수 있도록 구성되어 있다. 더군다나 금관 해설

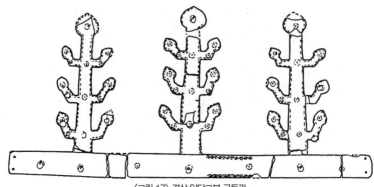

〈그림 17〉 경산 임당고분 금동관

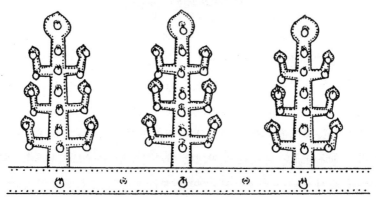

〈그림 18〉 호암미술관 소장 금동관

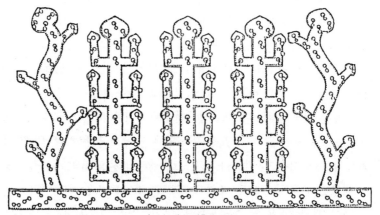

〈그림 12〉 금령총 금동관

자가 어린이를 대상으로 금관의 여러 부분들을 설명하면서, 굽은 줄기 나무 모양을 두고 시베리아 제사장이 하늘에 기도를 드릴 때 쓴 사슴뿔 달린 모자에서 비롯되었다고 한다.

　사슴뿔은 하늘과 소통하는 구실을 하기 때문에 시베리아 제사장은 제의를 할 때 사슴뿔을 장식한 모자를 썼다는 것이다. 그에 따라 신라 왕도 시베리아 제사장이 쓴 모자의 사슴뿔을 본받아 금관을 만들어 썼다는 설명이다. 한마디로, 신라 왕을 시베리아 샤먼의 제자나 하급자로 해석하는 셈이다. 그러면 사슴뿔 모양이 없는 금관은 왜 만들어 썼는가? 누가 보더라도 나무 모양 세움장식을 하고 있는 금관이 가장 원초형인데, 왜 나무 모양이 사슴뿔로 바뀌어갔는가 하는 사실도 도무지 해명할 길이 없다.

　출자형이라거나 산자형이라고 하는 것도 같은 문제가 있다. 초기의 나무 모양이 왜 이러한 모양으로 바뀌었는가 하는 것도 설명이 불가능할 뿐만 아니라 한자 모양으로 규정하는 한 금관의 장식을 무의미하게 만들 뿐이다. 따라서 김열규는 출자형 또는 산자형으로 일컫다가 뒤늦게 헨체 (Hentze) 교수의 무목(巫木) 또는 우주기둥을 끌어와서 의미를 부여한다. 금관 "중앙부 세 가닥의 출자형에 대하여서는 그것이 시베리아 원주민들의 이른바 무목 또는 우주주(宇宙柱)와 유사성"을 거론하며 시베리아 무목과 견주어 해석한다.[25]

　시베리아 무목에는 여러 나무토막을 가로질러 두었는데, 가로지른 나무 끝에 다시 수직으로 나무를 대지 않아서 산자형이라 하기 어렵지만, 가로지른 나무가 나뭇가지의 표상임을 고려할 때, 금관의 '山' 자 모양도 나뭇가지를 표상할 것이라는 해석이다.[26] 우리 금관을 보는 순간 신

---

25) 같은 글, 303쪽.
26) 김병모, 앞의 글, 170쪽.

성한 수목으로 장식되어 있다는 사실을 단박 알아차릴 수 있는데도, 굳이 산자형이니 출자형이니 하다가 시베리아 무목을 보고서야 비로소 나뭇가지라는 것을 알아차린다.

그리고 김병모든 김열규든 또 누구든 금관을 연구한 사람들의 대부분은 세움장식 가운데 한 양식을 사슴뿔 모양으로 인정한다는 점에서 한결같다. 따라서 가장 발전된 금관이자 신라 금관의 대표성을 띠고 있는 금관총 금관, 금령총 금관, 서봉총 금관, 천마총 금관, 황남대총 금관 등에 나타나는 세움장식을 이한상처럼 해석하면 앞쪽에 출자형 세 개와 뒷쪽 좌우에 녹각형 두 개가 있고, 김병모와 같이 해석하면 앞쪽에 직각수지형 세 개와 뒤쪽 좌우에 녹각형 두 개가 있다. 그러므로 신라 금관의 세움장식은 사슴뿔 모양과 떼어서는 결코 해석할 수 없는 것처럼 보인다. 경주박물관 홈페이지에서 아예 금관보다 사슴그림을 먼저 보여주는 까닭도 이 때문이다.

그런데 왜 이렇게 서로 다른 종류의 세움장식이 결합되어 있는가 하는 데 따른 의문은 아무도 제기하지 않는다. 다시 말해서, 사슴뿔과 '出' 자 모양 또는 사슴뿔과 직각수지형이 왜 하나의 관모 위에서 만났는가, 그리고 왜 사슴뿔 모양은 항상 뒤쪽으로 두 개만 있고 '出' 자 모양이나 직각수지형은 전면에 세 개가 공식처럼 전형화되어 있는가 하는 해명이 없다. 그저 사슴뿔은 시베리아 무관의 사슴뿔에서 왔고 '出' 자 모양은 또 다른 종족의 모자 장식에서 보인다거나, 시베리아 샤먼의 수목 숭배 전통에서 비롯되었다고 제각기 해석하는 것이 고작이다. 만일 시베리아 지역에서 끌어올 만한 비슷한 자료들이 없었다면 금관 연구자들은 모두 침묵했을 뻔했다.

단군 신화의 신단수나 김알지 신화의 계림, 고을의 부신목, 그리고 마을마다 있는 서낭당의 당나무 등을 고려하면 한국에도 일찍부터 수목 숭배의 문화가 뿌리 깊다. 그러나 엄정하게 따져보면 우리의 신수 신앙은 유목 지역의 수목 숭배와 상당한 차이가 있다. 왜냐하면 유목 문화에서 수목 숭배는 수목을 그 자체로 신성시하여 숭배하지만, 우리는 수목 자체가 아니라 수목에 깃들어 있는 신을 숭배하는 것이다. 신단수에 환웅이 깃들어 있고 당나무에는 동신이 깃들어 있다. 당나무 자체를 숭배하는 것이 아니라 당나무에 깃들어 있는 동신을 숭배하는 것이다.

초원지대에서 유목 생활을 하는 사람에게는 수목이 특별히 귀해서 그 자체로 숭배할 만하다. 그러나 수목이 많은 한반도 지역에서는 사정이 다르다. 거대한 수목은 신이 깃들어 있는 서식처로 인식하는 까닭에 거목이나 숲을 신성하게 여기는 것이다. 마을에서 숭배의 대상이 되는 나무들은 서낭당이나 당나무로 일컬어진다. 서낭당은 서낭신이 깃들어 있는 집이고 당나무는 동신이 깃들어 있는 집나무라는 뜻이다.[27]

신단수·계림·당나무·내림대·신대는 모두 신이 내려와서 깃들어 있는 나무이다. 하늘에 있는 신을 지상에 맞이하여 머물게 하는 구조물이 신수이다. 그러나 유목 생활을 하는 사람들에게 신수는 하늘을 받치는 기둥이자 샘물을 하늘로 끌어올리는 매개물이며 샤먼이 하늘에 오르는 사다리 구실을 한다. 신수에 대한 인식과 기능의 차이와 함께 수목을 숭배하는 의식의 차이도 있게 마련이다.

그 차이도 생태학적인 것이자 구조적인 것이다. 정착 생활을 하는 민족이 하늘의 신을 불러들이고 맞이하여 좌정시켜야 굿이 가능한 문화구조를 지니고 있는 반면에, 이동 생활을 하는 유목민족은 필요한 신을 그때마다 찾아서 이계 여행을 해야 굿이 가능한 문화구조를 지니고 있다. 정착해서 필요한 것을 불러들이는 구조와 이동하면서 필요한 것을 찾아나서는 구조의 차이가 굿에서도 고스란히 드러난다. 이러한 굿의 양

---

27) 임재해, 〈굿 문화사 연구의 성찰과 역사적 인식지평의 확대〉,《한국무속학》11, 한국무속학회, 2006, 124쪽.

식은 우리 무당과 시베리아 샤먼의 차이이자, 정착 생활의 농경 문화와 이동 생활의 유목 문화가 지닌 기본적 차이이다.[28] 그것은 집안의 주거 문화에서도 대조적으로 잘 드러난다.[29] 농경 문화와 유목 문화는 생태학적으로 다른 문화가 형성되어 대조적으로 전승될 수밖에 없다. 그러므로 시베리아의 수목 숭배 전통에서 우리 수목 숭배 문화가 형성되었다는 주장도 설득력이 없다.

세움장식 해석의 상투성에서 상당히 벗어난 해석을 한 것이 이은창의 연구이다. 앞에서 다룬 것처럼 "신라와 가야 금관의 파상형 입식은 녹각형 입식이 아니라, 출자형의 대생식 수지형 입화식에 대한 파상형의 호생식 수지형 입화식일 것"이라고 해석한 것이다.[30] 모처럼 사슴뿔 모양을 호생식 수지형이라 하여 나무로 해석하면서도 종래의 샤먼 기원설을 극복하지 못한 것이 결정적 한계이다. 오히려 자신의 해석이 시베리아 샤먼 기원설을 부정하게 될까봐 걱정을 하며, 다른 증거물을 제시한다. 그것이 바로 진평왕(서봉총) 금관의 십(十)자형 교차점에 세운 새 모양[鳥形飾]의 세움장식이다.

조형식(鳥形飾)의 금새를 제외한 금판입식(金版立飾 ; 三枝形)만은 그 형태에 있어서 대생식 수지형도 아니고, 또 호생식 수지형도 아니며, 이는 한쪽 방향으로 가지가 뻗어났고 그 곡선을 지운 모습은 마치 녹각(鹿角)을 모작(模作)한 양식이다.[31]

결국 기존의 사슴뿔 모양을 나뭇가지가 어긋지게 난 수지형이라고

---

28) 같은 글, 125~128쪽 참조.
29) 임재해, 〈주거문화 인식의 성찰과 민속학적 이해지평〉, 《比較民俗學》 32, 比較民俗學會, 2006, 51~53쪽 참조.
30) 이은창, 앞의 책, 259쪽.
31) 같은 책, 263~264쪽.

규정하면서 지금까지 아무도 사슴
뿔로 간주하지 않은 나뭇가지 장
식을 다시 사슴뿔로 해석함으로써
결국 도로가 되었다. 다시 말해서,
세 마리의 새가 나뭇가지 끝마다
앉아 있는 진평왕 금관 정수리의
세움장식을 두고 사슴뿔이라고 새
롭게 규정한 것이다. 세움장식 끝
의 '움'을 양파·보주·하트·복숭아
모양이라고 해온 것처럼, 학자들
끼리 나뭇가지를 사슴뿔이라 하는
가 하면, 사슴뿔을 나뭇가지라고
도 하는 것이다. 왜 이은창은 다른
학자들이 사슴뿔 모양이라고 한

〈그림 20〉 진평왕(서봉총) 금관

것은 나뭇가지 모양이라 하면서, 다른 학자들이 모두 나뭇가지라고 한
것은 굳이 사슴뿔이라 했을까? 여기에는 세 가지 이유가 있는 것으로 짐
작된다.

　하나는 사슴뿔과 나뭇가지는 닮았기 때문이다. 사슴뿔의 뻗은 가지
는 마치 나뭇가지처럼 보인다. 따라서 나뭇가지를 보고 사슴뿔 닮았다고
할 수도 있고 사슴뿔을 보고도 나뭇가지를 닮았다고 할 수 있다. 이은창
은 서봉총 정수리의 나뭇가지를 아예 사슴뿔의 모작이라고 주장했다. 사
슴뿔과 나뭇가지의 형상적 유사성 탓에 이런 주장이 가능하다.

　둘은 이 두 가지 세움장식의 양식이 나무 또는 나뭇가지 모양을 하
고 있되 상당히 다르기 때문이다. 따라서 한 세움장식이 사슴뿔이면 다
른 하나는 나뭇가지라 생각하게 된다. 그러나 나뭇가지와 사슴뿔은 가지
가 뻗어 있다는 점에서 비슷하다. 한데 사슴뿔이라고하는 진평왕 금관

정수리에 꽂혀 있는 세움장식 나무줄기의 모습과 가지가 뻗은 양식이, 관테에 꽂혀 있는 세움장식의 그것과 전혀 다르기 때문에 같은 것으로 보기 어려운 까닭이다.

셋은 역시 시베리아 기원설에 매몰된 탓이다. 시베리아 샤먼의 무관 기원설을 주장하려면 어딘가 사슴뿔이 있어야 하는데, 기존의 사슴뿔을 나뭇가지라고 했으니 사슴뿔로 인정할 것이 없다. 따라서 다른 사람들이 나뭇가지라고 하는 것을 사슴뿔이라고 하지 않을 수 없는 것이다. 왜냐하면 시베리아 샤먼 기원설을 굳게 믿는 한 샤먼의 관에 꽂혀 있는 사슴뿔을 우리 금관 어딘가에서 찾아내어 증거물로 제시해야 하는 까닭이다.

그러면 새가 가지 끝마다 앉아 있는 진평왕 금관의 세움장식은 사슴뿔인가? 아니다. 세 가지 이유에서 나뭇가지일 따름이다. 왜냐하면 첫째 거기에는 다른 세움장식처럼 나뭇잎 모양의 달개가 달려 있고, 둘째 가지 끝마다 '움' 대신에 새가 앉아 있기 때문이다. 사슴뿔에는 잎이 달려 있을 까닭이 없고 또 가지 끝마다 새가 앉아 있을 수도 없다. 셋째 시베리아 샤먼의 무관에는 사슴뿔 실물이 늘 한 쌍씩 좌우 짝을 이루고 있는데, 이 장식은 홑으로 꽂혀 있다. 구조적으로 사슴뿔이 아님을 말한다. 어느 종족의 모자에도 사슴뿔이 하나만 꽂혀 있는 경우는 없다. 사슴뿔이 아닌 경우에도 뿔을 장식한 모자는 모두 한 쌍으로 이루어져 있다. 그런데도 모두들 나뭇가지로 보는 것을 유일하게 사슴뿔로 보는 것은 바로 다음 주장을 하기 위해서다.

이 녹각형의 금판 입식 끝에 금새 세 마리를 가식하여, 상술한 바와 같은 원형모(圓形帽) 정상에 이른바 조형식을 입식한 서봉총 금관의 내부의 구조는 앞에 말한 바와 같은 하나의 독립된 관모의 형체를 갖춘 것으로, 곧 예니세이 출토 샤아만 관의 대륜에 십자형으로 교차시키어 궁형을 이룬 원형모 정상 중앙에 녹각을 입식해놓은 구조 및 의장과 상통되는 것이다. 서봉총 금관 내부의 조형식 원형모는 상기 샤아만 관과 같이 토속적이며 고유한 동물 신앙의 뜻을 지닌 것으로, 그 원류는 역시 시베리아 제 민족의 샤아마니즘으로서의 동물 숭배 숭조사상, 곧 원시 신앙에 있다고 생각된다.[32]

결국 시베리아 샤먼의 무관 기원설을 입증하기 위하여 진평왕(서봉총) 금관에서 새가 앉아 있는 나뭇가지를 사슴뿔로 해석한 사실을 단박 알아차릴 수 있다. 그러므로 우리 학계에서 누구나 사슴뿔 모양이라고 하는 세움장식을 호생형 나뭇가지라고 한 이은창의 진전된 해석도 식물학적 분류에 의존한 일본 학자의 주장을 부연한 것에 지나지 않으며, 이러한 해석이 기존의 시베리아 기원설을 부정하는 결과가 될까 염려되어 종래에 모두들 나뭇가지라 하던 진평왕 금관의 내부 장식을 새삼스레 사슴뿔 모양이라고 주장함으로써 이 부분 해석은 외려 거꾸로 가게 된 것이다.

세움장식에 대한 모처럼 진전된 논의를 펼친 이은창의 해석은 기존 연구자들이 주장한 사슴뿔을 나뭇가지로, 나뭇가지를 사슴뿔로 서로 어긋나게 자리매김한 까닭에 결과적으로 같은 결론에 이른 셈이다. 모두들 나뭇가지라고 하는 장식을 굳이 사슴뿔로 해석한 까닭에 샤먼의 무관 기원설을 답습하고 말았다. 사실은 우연한 답습이 아니라 의도적으로 겨냥한 해석이므로, 필연적인 결론에 해당한다.

세움장식에 대한 새로운 해석에도 기존 학설을 전혀 극복하지 못한 이유는 세 가지이다. 그 이유의 하나는 금관의 조형적 형상성을 스스로 읽을 수 있는 자력적인 안목이 없기 때문이며, 둘은 한결같이 기존 학설

---

32) 같은 책, 264쪽.

을 전제로 다른 민족의 출토자료에 의존하거나 일본인 학자의 해석을 착
상으로 가져와서 부연한 까닭이다. 셋은 북방 문화 원류론의 식민사관에
감염되어 신라 금관을 신라 문화의 현장에서 해석해야 가장 온전하게 해
석할 수 있다는 현장론적 연구 방법을 자각하지 못한 탓이다. 그러므로
무엇이든 북방 민족의 비슷한 자료를 끌어들여 해석하며 상투적인 전래
설을 펼칠 수밖에 없다.

4. 나무 모양 세움장식의 세 가지 양식과 변이 과정

김알지 신화의 계림을 고려하지 않더라도, 내가 보기에는 금관 장
식에서 '出' 자 모양이라고 하는 것이나 사슴뿔 모양이라고 하는 것 모두
나무를 형상화한 것이다. 왜냐하면 한결같이 영락이나 수엽(樹葉)이라고
일컫는 나뭇잎 장식이 달려 있을 뿐 아니라, 가지 끝마다 나무의 움이 도
톰하게 자리 잡고 있기 때문이다. 게다가 태아를 상징하는 곡옥이 달려
있다. 따라서 사슴뿔이라면 나뭇잎이 달려 있을 까닭도 없고 나무의 생
명성과 자람점을 상징하는 새순이 뿔의 가지 끝마다 돋아나 있을 까닭도
없다. 사슴뿔에 태아를 상징하는 곡옥이나 새가 앉아 있을 아무런 이유
가 없기 때문이다. 왜 금관에 아무 의미도 없는 장식을 그렇게 공들여 하
겠는가.

그러므로 사슴뿔 모양이라고 하는 세움장식을 포함하여 금관의 모
든 세움장식은 신목이자 성수로서 신성한 나무를 상징적으로 형상화한
것일 따름이다. 그리고 경주 지역 일대에서 발굴된 초기의 금관이나 금
동관들의 세움장식을 보면, 한결같이 나무 모양을 하고 있다. 김열규가
잘 지적한 것처럼, 경주 교동의 금관은 "명백하게 수목형의 입식을 세 그
루 가지고 있다. 뿐만 아니라 나주 신촌리 9호분에서 출토한 금동관 역

시 세 그루의 수목형 입식을 갖추고 있다. 호암미술관 소장 금관의 경우
는 '초화형(草花形) 입식'을 가지고 있음이 지적되고 있으나 이 경우도 수
목형의 변형이라 보아도 좋을 것이다."[33]

나무 모양의 세움장식은 더 많은 보기를 들 수 있다. 부산 복천동 11
호분 금동관도 이른바 자연수지형이라고 하는[34] 나무 세움장식을 하고
있다. 그리고 백제 무령왕릉(武寧王陵)에서 나온 금제 장식 또한 초화문
(草花紋) 또는 인동초문(忍冬草紋)을 하고 있다.[35] 인동초문이나 초화문이
라고 했지만 풀꽃이라기보다는 나무를 형상화한 것이다. 신라 금관의 세
움장식이 나무줄기가 강조된 교목의 우람한 나무 형상을 상징화한 것이
라면, 인동초문이나 초화문이라고 하는 세움장식은 나무 가지와 잎이 많
은 관목의 풍성한 나무 형상을 상징화한 것이다. 그러므로 신라 금관을
중심으로 한 주변 지역의 금관 장식들은 모두 나무를 형상화하고 있는
것이라고 하지 않을 수 없다.

지상으로 드러낸 나무의 모양은 줄기와 가지, 그리고 잎으로 이루
어져 있다. 금관의 세움장식 양식의 특징은 잎보다 주로 나무의 줄기와
가지를 통해서 형상화되었다. 나무의 모양은 일반적으로 줄기의 모습에
서 결정된다. 교목과 관목은 물론 곧은 줄기의 나무인가 굽은 줄기의 나
무인가에 따라 그 개성이 뚜렷하게 갈린다. 미루나무나 낙엽송, 은행나
무 등은 모두 줄기가 쭉쭉 곧은 나무이고, 느티나무나 버드나무, 소나무
등은 줄기가 유연하게 굽은 나무이다. 따라서 나무줄기에 따라 모든 나
무는 곧은 나무와 굽은 나무로 나눌 수 있다.

금관에 세움장식 나무를 형상화할 때도 이와 같은 준거에 따라 '곧
은 나무'와 '굽은 나무'로 분류할 수 있다. 곧고 굽은 모양은 나무줄기뿐

33) 金烈圭, 앞의 글, 303~304쪽.
34) 김병모, 앞의 책, 그림 53 및 설명 참조.
35) 같은 책, 그림 70·71과 설명 참조.

만 아니라 가지에도 나타날 수 있다. 가지도 곧은 것과 굽은 것이 있을
수 있기 때문이다. 흥미로운 것은 신라 금관의 대표성을 띠고 있는 다섯
개 금관의 세움장식은 모두 일정한 양식으로 통일되어 있는데, 나무의
줄기 모양과 가지 모양이 서로 어긋지게 만나고 있다는 점이다. 다시 말
해서, 곧은 나무줄기에는 굽은 나뭇가지가 붙어 있고 굽은 나무줄기에는
곧은 나뭇가지가 붙어 있다는 것이다. 그러므로 금관의 세움장식은 크게
'곧은 나무 굽은 가지' 모양 과 '굽은 나무 곧은 가지' 모양으로 이루어져
있다고 할 수 있다.

그런데 그동안 학계에서는 금관의 뒷면 좌우를 장식하는 '굽은 나
무 곧은 가지' 모양을 두고 사슴뿔이라고 단정하여 시베리아 샤먼의 무
관을 본 뜬 것처럼 해석하고, 금관의 중심 세움장식이자 전면부를 장식
하는 '곧은 나무 굽은 가지' 모양을 두고도 '山' 자 모양이니 '出' 자 모양
이라고 자형론을 펴왔다. 물론 '山' 자나 '出' 자가 왜 금관의 장식이 되어
야 하는지 그 의미조차 알려지지 않았다. 기껏 예니세이 무관의 '山' 자
모양 장식에서 원류를 찾기 위한 수단적 해석에 머물렀다.

따라서 그동안의 세움장식 해석은 신라의 국림이자 성림인 계림을
가장 잘 형상화한 신라 금관의 대표작에서 신수로서 생명나무의 존재와
의미를 배제해 버린 꼴이 되었다. 우리 금동관과 금관의 기본형이 관테
에다 나무 모양 세움장식을 세운 것인데, 정작 여기서 발전된 신라의 대
표적인 금관 장식이자 나무의 형상이 가장 다양한 구조로 상징화되어 있
는 금관의 세움장식들을 모두 사슴뿔과 한자 모양으로 바꾸어 해석하고
만 셈이다.

금관의 나무 모양 세움장식을 부정하고 '出' 자 모양이나 사슴뿔 모
양이라고 하는 것은 모두 금관이 시베리아 샤먼의 무관을 본 뜬 것으로
보는 까닭이다. 더러 '出' 자 모양을 나무로 보는 경우에도 시베리아 샤
먼의 무목(巫木)이나 우주주(宇宙柱)로 해석하여 시베리아 기원설에서 결

코 벗어날 생각이 없다. 이은창처럼 사슴뿔을 나무 모양으로 읽어도 역시 시베리아 무관 기원설을 극복할 의도는 전혀 없다. 시베리아 무관 기원설을 금과옥조처럼 여기며, 북방 문화 원류론을 입증하려는 한 과정으로서 금관 해석을 시도하는 까닭에, 금관의 형상과 상징적 의미가 제대로 포착될 수 없다. 자문화는 자민족의 문화적 맥락 속에서 해석하는 것이 올바르다는 상식만 갖추어도 이러한 오류는 저지르지 않았을 것이다.

지금까지 살펴본 것처럼, 금관의 세움장식은 나뭇잎을 나타내는 영락 또는 수엽으로 일컬어지는 달개와, 태아를 상징하는 곡옥을 달고 있는 전형성을 지니고 있을 뿐만 아니라, 가지 끝마다 생명력을 상징하는 도톰한 새순으로 마무리되고 있다는 사실이 중요하다. 왜냐하면 이러한 양식이야말로 신라 금관의 고유한 형상이기 때문이다. 따라서 줄기나 가지의 구체적인 모습이 곧은 것인가 굽은 것인가 하는 차이가 있을 뿐 세움장식의 본질은 같다는 말이다. 나뭇잎과 곡옥을 달고 움이 돋아 있는, 살아 있는 생명나무가 신성한 숲을 이루고 있는 모습이 바로 신라 금관의 고유 양식인 것이다. 생명나무 다섯 그루가 모여 숲을 이룬 모습은 바로 김알지 신화의 무대인 신성한 시림이자 국림인 계림을 상징하는 형상이다.

금관이 정치지도자의 왕관 구실만 하는 것이 아니라 제사장의 제관(祭冠) 또는 무관(巫冠) 구실도 한다면, 더 흥미로운 해석도 할 수 있다. 우리 문화에서 신수나 성수는 신단수나 당나무처럼 신이 깃들어 있는 나무이다. 따라서 수목 숭배가 아니라 수목에 깃들어 있는 보이지 않는 신격을 섬기는 것이 우리 민족의 신수 신앙 전통이다. 자연히 계림을 상징하는 금관도 계림 자체를 형상화하는 데 머물지 않는다. 신단수에 하강한 환웅처럼, 그리고 신단수 아래에서 잉태하고 출생한 단군처럼, 계림에서 출현한 김알지를 떠올린다. 그러므로 서낭당의 당나무가 동신을 상징하는 것처럼 금관의 계림은 곧 시조 김알지를 상징하는 것이라 할 수 있다.

이러한 신화적 상징의 전통은 김알지 신화에 한정되는 것이 아니다. 단군 신화의 건국 터전을 이루었던 신단수의 전통에서부터, 기본적인 모듬살이 터전을 이루고 있는 마을 단위 동신 신앙의 당나무에 이르기까지 성수 또는 신수 신앙의 전통은 우리 민족의 오랜 문화적 전통이다. 이러한 문화적 역사적 맥락을 고려할 때나, 세움장식의 구조나 의미 또는 상징성을 고려할 때나, 금관의 세움장식들은 모두 생명성을 지닌 신성한 나무일 따름이다. 다만 신수의 형태가 다양한 까닭에 나무줄기와 가지의 모습을 여러 가지로 나타냈던 것이다. 그러므로 누가 뭐라고 해도 나무라고 할 수밖에 없는 형상이 있는가 하면, 제법 양식화하여 신수를 특수하게 형상화한 것도 있다.

나무의 자연스러운 모습을 그대로 나타낸 금관의 세움장식은 경주 주변부나 금동관에서 주로 보이는데, 흔히 자연수지형(自然樹枝形)이라고 하는 것이다. 부산 복천동 11호분 금동관이 대표적인 보기이다. 그러나 자연스럽게 생긴 나뭇가지가 아니라 한 그루의 우뚝한 나무로 보아야 한다. 나뭇가지는 나무에서 분리된 것이기 때문에 생명성이 없다. 나무에서 떨어져나온 나뭇가지는 곧 말라버려서 나뭇잎을 달고 있을 수도 없다. 따라서 나뭇잎이 달려 있는 세움장식은 나뭇가지가 아니라 나무 자체이며, 나무는 모두 자연스럽기 때문에 굳이 자연수지형이라고 할 필요도 없다.

대부분의 세움장식은 나무의 자연스러운 모습을 그대로 나타내고 있지 않다. 후대에 갈수록 상당히 양식화된 모습으로 조형성을 발휘하기 시작했다. 왕이 썼던 것으로 추론될 뿐 아니라, 신라 금관의 대표작이라 할 수 있는 금관총과 금령총, 서봉총, 천마총, 황남대총 등의 세움장식은 모두 초기의 '곧은 줄기 곧은 가지' 모양을 한 기본형에서 줄기 또는 가지가 일정하게 굽은 모습으로 변모한 두 종류의 변이형으로 이루어져 있다. 처음에는 기본형에서 가지만 'ㄴ' 모양으로 변화되어 흔히 '出'자 모양이라고 일컬어지며, 다음 단계는 기본형에서 줄기만 'S' 모양으로 변화되어 흔히 사슴뿔 모양이라 일컬어지게 된 것이다.

따라서 곧은 줄기 곧은 가지 나무 모양의 기본형에서 곧은 줄기 굽은 가지 나무 모양의 1차 변이형이 출현하고, 이어서 굽은 줄기 곧은 가지 나무 모양의 2차 변이형이 출현하게 된 것이다. 그러므로 초기형은 줄기와 가지가 모두 곧은데 비하여, 1차 변이형은 가지만 직삭으로 굽었고, 2차 변이형은 줄기만 유연한 곡선으로 굽은 것이다. 그러므로 세움장식의 특징만 살려서 기본형을 곧은 나무 모양, 1차 변이형을 굽은 가지 모양, 2차 변이형을 굽은 줄기 모양이라고 일컬을 수 있다.

'굽은 가지' 모양 세움장식을 출자형이라 하지 않고 김병모처럼 직각수지형이라 하거나, '굽은 줄기' 모양을 녹각형이라 하지 않고 이은창처럼 호생식 수지형이라 한 것은 상당히 나무 모양 세움장식에 가까운 해석이다. 그러나 김알지 신화의 계림과 상관없이 여전히 시베리아 샤먼의 수목 신앙과 연결짓거나[36] 그들의 무목 또는 우주기둥으로 해석하는 점에서는[37] 한치의 변화도 없다. 수지형이라고 하는 나뭇가지는 결코 수목 신앙의 대상이 되지도 않으려니와 우주기둥이 될 수 없다. 대지에 굳게 뿌리박고 있는 나무를 신수나 성수로 신앙하는 사례는 많아도 나뭇가지 자체를 신성하게 여겨서 섬기는 문화는 찾기 어렵다. 나뭇가지는 생명력이 없기 때문이다.

따라서 금관의 세움장식을 '出'자 모양과 사슴뿔 모양 그리고 나뭇가지 모양으로 나눈 대부분의 해석은 어느 하나도 정확한 것이라 할 수 없다. 나무라고 말하지 않았을 뿐만 아니라, 나뭇가지를 우주기둥이나 수목 신앙의 대상으로 삼는 것도 적절하지 않기 때문이다. 그러므로 이

---

36) 같은 책, 143쪽. "신라 금관의 나뭇가지 모양의 장식과 현대 솟대를 세우는 한국의 민속은 모두 북아시아적 문화 요소"로 해석하고 있다.

37) 金烈圭, 앞의 글, 303쪽.

제는 나무의 형상에 따라 세움장식의 유형과 이름을 새로 자리매김하지 않을 수 없다.

나무에는 줄기가 곧게 자란 것과 굽게 자란 것이 있어서 곧은 나무와 굽은 나무로 나눌 수 있듯이, 가지에도 곧게 자란 것과 굽게 자란 것이 있어서 곧은 가지와 굽은 가지로 나눌 수 있다. 흥미로운 것은 세움장식 다섯 개의 금관을 보면, 전면부의 세움장식이 셋이어서 정면의 세움장식을 중심으로 좌우에 쌍을 이루되, 셋 모두 곧은 나무 모양인데 가지는 굽은 모습을 하고 있다. 이와 반대로 금관 후면부의 세움장식은 모두 한 쌍을 이루며 굽은 나무 모양인데, 가지는 한결같이 곧은 모양을 하고 있다. 대표적인 금관의 양식은 구체적으로 전면부의 '곧은 줄기 굽은 가지' 모양 세움장식 세 개와, 후면부의 '굽은 줄기 곧은 가지' 모양 세움장식 두 개로 이루어져 있는 것이 일반적이다.

흔히 '出' 자 모양이나 직각수지형이라고 하는 것은 곧은 줄기에 굽은 가지가 붙은 1차 변이형 세움장식이고, 녹각형이라고 하는 것은 굽은 줄기에 곧은 가지가 붙은 2차 변이형 세움장식이다. '出' 자 모양은 나무 줄기가 곧게 뻗어 있고 가지가 직각으로 굽은 반면에, 녹각형이라고 하는 것은 나무줄기가 유연하게 굽어 있고 가지는 곧게 뻗어 있기 때문이다. 이에 따라 금관의 전형은 전면부에 '굽은 가지'의 1차 변이형 세움장식 세 개와, 후면부에 '굽은 줄기'의 2차 변이형 두 개로 이루어져 있다고 할 수 있다.

나무의 줄기가 곧으면 가지가 굽고, 줄기가 굽으면 가지가 곧은 것이 변이형의 특징이다. 곧고 굽은 모양에 따라 나무줄기와 가지의 형태를 결합해보면, 가능한 세움장식이 두 종류 더 있게 된다. 줄기와 가지가 곧고 굽은 것이 서로 어긋나지 않고 일치하는 경우이다. 나무줄기와 가지가 다 곧아서 '곧은 줄기 곧은 가지' 모양의 기본형과, 나무줄기와 가지가 다 굽어서 '굽은 줄기 굽은 가지' 모양의 3차 변이형을 상정할 수 있다. 가지·줄기 모두 변이형에 해당된다.

실제로 유물에는 '곧은 줄기 곧은 가지' 모양을 한 기본형 금동관이 상당수 있긴 하되, '굽은 줄기 굽은 가지' 모양을 한 3차 변이형의 보기를 들 만한 유물이 없다. 금관은 물론 금동관에서도 그러한 유물이 발견되지 않는다. 논리적으로 가능한 양식이나 실제로 발견되지 않은 것이다. 그러므로 신라 금관의 세움장식 양식은 논리적 유형이 네 가지로 설정되나, 실제 자료에는 크게 세 가지 유형으로 나타난다. (1)의 기본형과, 1차 변이형인 (2)의 가지 변이형, 2차 변이형인 (3)의 줄기 변이형이다.

(1) 기본형 : '곧은 줄기 곧은 가지' 나무 모양 : 자연수지형 또는 나뭇가지 모양

(2) 가지 변이형 : '곧은 줄기 **굽은 가지**' 나무 모양 : 직각수지형 또는 '出' 자 모양

(3) 줄기 변이형 : '**굽은 줄기** 곧은 가지' 나무 모양 : 녹각형 또는 사슴뿔 모양[38]

(1)은 줄여서 '곧은 줄기' 나무 모양 또는 '곧은 나무' 모양이라고 할 수 있으며, 초기 금관이나 금동관의 세움장식은 모두 이와 같은데, 한결같이 전면 중앙과 좌우에 각각 하나씩 세 개의 세움장식을 이루고 있다. 초기의 세움장식은 모두 (1)과 같은 모양의 기본형 세움장식이 세 개만 있었다. 그동안 기본형의 세움장식을 자연수지형 또는 나뭇가지 모양이라고 한 것처럼 누가 보더라도 나무의 형상을 하고 있다.

(2)는 줄여서 '굽은 가지' 나무 모양이라고 할 수 있으며 (1)의 세움장식이 양식화되면서 곧은 줄기는 그냥 두고 곧은 가지만 점차 굽혀서

---

38)　임재해, 〈굿 문화사 연구의 성찰과 역사적 인식지평의 확대〉, 89쪽.

마침내 직각으로 굽게 만들었다. 물론 초기에는 곧은 가지를 조금씩 굽히기 시작했다(앞의 〈그림 16〉 참조). 곧은 가지를 점차 굽혀서 둔각에서 직각으로 변화 발전된 1차 변이형이자 가지 변이형인데, 흔히 출자형 또는 직각수지형이라 일컬었다. 초기에는 기본형 (1)의 세움장식만 세 개 있다가 중기에는 1차 변이형 (2)의 세움장식만 세 개 있었다. 후기에 2차 변이형이자 줄기 변이형인 (3)의 세움장식 두 개가 더 보태어져서 다섯 개의 세움장식을 갖춘 전형적인 금관이 출현하게 되었다. 이때도 전면 중앙과 좌우에는 으레 (2)의 세움장식이 자리를 잡고 있었다.

(3)은 가장 뒤늦게 등장한 양식이자 가장 발전된 금관 양식에만 나타나는 세움장식인데, 줄여서 '굽은 줄기' 나무 모양 또는 '굽은 나무' 모양이라고 할 수 있다. (1)의 기본형에서 줄기만 유연하게 굽혀서 변화 발전한 2차 변이형이자 줄기 변이형인데, 흔히 사슴뿔 모양 또는 녹각형이라 일컬은 것이다. 흥미로운 것은, (3)의 세움장식만을 한 금관은 없고 반드시 (2)의 '굽은 가지' 나무 모양 세움장식을 세 개 갖춘 금관에만 후면부 좌우에 쌍을 이루며 세워져 있다는 점이다. 따라서 가장 발전된 형태의 전형적 금관에만 나타난다. 다시 말해서, 세움장식이 모두 다섯 개가 있는 금관총과 금령총·서봉총·천마총·황남대총 금관 등에만 2차 변이형인 굽은 나무 모양 세움장식이 나타나는 것이다. 세 가지 세움장식의 실제 양식은 〈그림 21〉~〈그림 23〉과 같다.

그러므로 금관 세움장식의 변화 과정은 일정한 논리 속에서 전개되고 있다. (1)은 누가 보더라도 나무라고 할 만큼 곧은 줄기에 곧은 가지를 빗겨 달고 있다. 그런데 (2)와 (3)은 제각기 '出' 자 모양이나 사슴뿔 모양이라고 할 만큼 나무 모양이 일정한 모양으로 양식화되었다. 양식화의 변화 과정도 논리적이다. (1)-(2)-(3)이 단계적으로 변화·발전된 까닭이다. 가장 초기 형태인 (1)의 '곧은 줄기 곧은 가지' 나무에서 (2)의 '곧은 줄기 굽은 가지' 나무로, 줄기는 그냥 두고 가지만 굽혀서 창조

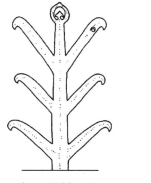

〈그림 21〉(1) 기본형

〈그림 22〉(2) 가지 변이형

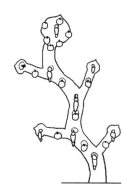

〈그림 23〉(3) 줄기 변이형

적으로 변형시킨 것이다. 가지를 굽히는 각도도 둔각에서 점차 직각으로 바뀌어 마침내 (2)와 같이 직각 모양 가지에서 고정된다.

(2)에서는 나무의 가지만 변화시켜서 새로운 세움장식을 만들었지만, 다음 단계는 줄기를 변형시켜 새로운 세움장식을 만들었는데, 그것이 바로 세움장식 (3)의 '굽은 줄기 곧은 가지' 나무 모양이다. 나무의 부분인 가지에서 나무의 중심인 줄기의 변형으로 일정한 발전 논리를 이루며 가장 후대에 나타난 것이 (3)이다. 변화 과정에서 가지는 직각으로 굽었지만 줄기는 곡선으로 굽었다. 줄기는 직각으로 굽힐 수도 없고 그래서는 나무로서 상징성을 잃는 까닭에 곡선으로 굽게 만든 것이다.

이처럼 세움장식은 가지와 줄기가 차례로 변화되면서도 나무에 달아둔 달개나 곡옥, 가지 끝의 움 모양은 변함없이 지속된다. 살아 있는 나무라는 사실을 정확하게 나타내는 까닭이다. 그런데 우리 학계에서는 그동안 2차 변이형이자 줄기 변이형인 (3)을 두고 녹각형 또는 사슴뿔 모양이라고 하면서 우리 금관이 사슴뿔을 장식한 시베리아 샤먼의 모자에서 비롯되었다고 주장해 왔는데, 이 견해는 크게 세 가지 사실에서 모순과 당착에 빠질 수밖에 없다.

하나는 (3)이 나무 모양인 (1)·(2)와 마찬가지로 달개와 곡옥, 움 등을 달고 있는 까닭에 구조적으로 사슴뿔 모양이라 할 수 없으며, 둘은 기본형 (1)의 곧은 줄기 곧은 가지 모양 나무에서 줄기만 변화된 변이형 이기 때문에 사슴뿔이 될 수 없다. 그리고 (3)이 2차 변이형으로서 가장 후대에 나타난 가장 발전된 세움장식 양식인 까닭에, 이를 근거로 시베 리아 샤먼의 무관에서 금관이 비롯되었다고 하는 것은 논리적 모순이자 자가당착이라 하지 않을 수 없다.

이제는 줄기와 가지 모양을 더불어 나타낸 세움장식의 이름을 조금 더 가다듬을 필요가 있다. 왜냐하면 '곧은 줄기 굽은 가지' 나무 모양이 나 '굽은 줄기 곧은 가지' 나무 모양이라고 하는 것이 정확한 표현이긴 하지만 학술 용어로서 조금 번거롭기 때문이다. 따라서 특징만 잡아서 기본형을 '곧은 줄기' 나무 모양, 1차 변이형을 '굽은 가지' 나무 모양, 2 차 변이형을 '굽은 줄기' 나무 모양이라 할 수 있다.

그러나 나무 모양을 결정하는 요소는 가지보다 줄기이기 때문에 줄 기 중심으로 나무 모양 세움장식을 유형화할 필요가 있다. 따라서 줄기 와 가지가 다 곧은 기본형을 '곧은 나무' 모양이라 한다면, 줄기는 곧고 가지만 굽은 1차 변이형은 가지 변이형으로서 '굽은 가지' 모양이라 할 수 있고, 줄기는 굽고 가지만 곧은 2차 변이형은 줄기 변이형으로서 '굽 은 줄기' 모양이라 해도 좋을 것이다. 더군다나 변이형의 경우에 나무의 줄기와 가지는 곧고 굽은 것이 서로 어긋나게 만난다. 그러므로 줄기나 가지만 곧고 굽은 것을 밝혀두면 상대적으로 가지나 줄기는 그 반대로 연상이 가능하다. 따라서 굳이 줄기와 가지의 양식을 둘 다 나타내지 않 아도 좋다. 그러므로 다음과 같이 유형화가 가능하다.

(1) 기본형(초기형) : 곧은 줄기 양식(나뭇가지 모양 또는 자연수지형)
(2) 1차 변이형(가지 변이형) : 굽은 가지 양식('出' 자 모양 또는 직각수지형)

(3) 2차 변이형(줄기 변이형) : 굽은 줄기 양식(사슴뿔 모양 또는 녹각형)

논리적으로는 제3의 변이형으로 (4)를 상정할 수 있다. 나무의 줄기도 굽고 가지도 굽어서 (4) '굽은 줄기 굽은 가지' 나무 양식이 있을 수 있다. 그런데 논리적으로는 가능한 양식이나 실제로 찾아볼 수 없는 세움장식이다. 나무의 형상성을 고려하거나 조형 이치를 생각할 때 나타날 수 없는 양식이다. 따라서 이 양식은 유형론에서 제외시킬 수밖에 없다. 실제로 존재하는 것은 위와 같은 세 가지 양식뿐이다. 그러므로 이 세 양식의 세움장식은 나무의 전형성을 유형화하여 보여 준다고 할 수 있다.

그런데 세움장식 다섯 개를 갖춘 가장 발전된 금관에는 (1)의 기본형이 없다는 사실이다. 더 흥미로운 사실은 금관 전면부의 세움장식 셋은 모두 (2)의 1차 변이형인데 나무줄기가 곧게 위로 뻗어 있고 가지는 직각으로 굽어서 좌우가 대칭을 이루고 있다는 점이다. 하지만 후면부의 세움장식 둘은 (3)의 2차 변이형으로서 나무줄기가 모두 유연한 곡선을 이루며 굽은 상태일 뿐 아니라, 곧게 뻗은 가지도 좌우가 어긋진 위치에 자리 잡고 있어서 부대칭을 이룬다는 점이다. 그러므로 세움장식의 줄기와 가지의 곧고 굽은 양식과 더불어 좌우대칭 관계를 따져보는 것도 금관의 양식을 한층 구체적으로 해명하는 긴요한 작업이 될 것이다. 다음 절에서 본격적으로 다루게 될 것이다.

5. 곧은 나무와 굽은 나무 세움장식의 구조와 배치

금관의 세움장식은 모두 세 가지 양식으로 이루어져 있는데, 대표적인 금관 세움장식의 양식은 두 가지 유형으로 한정되어 있다. 왜 가장 발전된 금관의 세움장식이 이러한 두 가지 양식으로 전형성을 이루는가

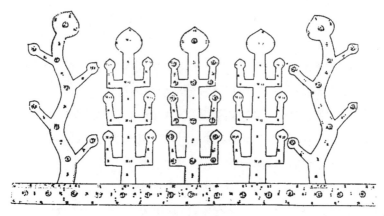

〈그림 24〉 금관총 금관

하는 것은 좀더 세밀하게 분석해 볼 필요가 있다. 그러자면 세움장식의 형상은 물론 위치까지 따져보아야 그러한 전형성을 이룰 수밖에 없는 개연성을 발견할 수 있다.

대표적인 세움장식을 줄기 중심으로 볼 때, 다섯 개의 세움장식 가운데 전면의 세 개는 '곧은 나무'이고 뒤의 두 개는 '굽은 나무'이다. 더 구체적으로 말하면, 금관 전면부의 세움장식은 '곧은 줄기 굽은 가지의 좌우대칭형'이다. 이에 비해 후면부의 세움장식은 '굽은 줄기 곧은 가지의 좌우부대칭형'이라 할 수 있다. 초기 금동관에서 흔히 발견되는 '곧은 줄기 곧은 가지'도 좌우대칭형으로 이루어져 있다. 따라서 세움장식의 형상이 좌우 대칭 또는 부대칭을 결정하는 것은 가지의 문제가 아니라 줄기의 문제이다. 그러므로 세움장식은 '곧은 줄기와 곧은 가지'를 지니는 좌우대칭형으로부터 줄기가 굽어지면서 좌우부대칭형으로 발전했다고 할 수 있다.

나무줄기가 굽은 경우에는 세움장식이 구조적으로 좌우부대칭일 수밖에 없다. 줄기에서 뻗은 가지는 곧거나 굽거나 대칭형을 이루게 할 수도 있고 부대칭형을 이루게 할 수도 있다. 그런데 곧은 나무줄기에 붙어 있는 가지는 한결같이 대칭형을 이루도록 가지가 배치되어 있고 가지 모양도 좌우가 일치하도록 구조화되어 있다. 줄기와 달리 가지는 굽어도 좌우대칭이 가능하다. 굽은 각도가 같으면 가지는 줄기를 중심으로 좌우 대칭을 이루는 까닭이다.

실제로 가지 변이형인 굽은 가지의 경우 대부분 직각으로 굽었다. 하지만, 초기의 것은 직각에서 좀더 벌어져서 둔각을 이루는 까닭에 다양한 역사다리꼴 모양을 이루는 것도 있다. 황남대총 남분의 금동관이나 호암미술관 소장 금동관이 그러한 보기이다(제4부 1장의 〈그림 4〉 참조). 선후 관계를 시기별로 보면 곧은 가지가 조금씩 굽어지기 시작하여 마침내 직각을 이루게 된 것을 알 수 있다.[39] 그리고 극히 일부에 해당되는 것이지만 좌우대칭을 이루는 굽은 가지가 유연한 곡선을 이루는 경우도 있다. 나주 반남면 신촌리 금동관이 보기인데(〈그림 25〉), 특이하게 나무줄기도 셋으로 이루어져 있다. 그런데도 나무줄기가 곧은 까닭에 좌우대칭형을 분명하게 이루고 있다.

좌우대칭형 세움장식은 모두 금관의 전면을 중심으로 중앙과 좌우에 세 개씩 배치되어 있으며 줄기가 곧다는 사실이 전형성을 보인다. 따라서 금관의 전면부 세움장식에서 중요한 것은 곧은 줄기를 이루는 곧은 나무라는 사실이며, 다만 가지의 굽은 각도와 모양이 어떻든 좌우가 서로 대칭을 이루고 있다는 사실이다. '곧은 줄기 곧은 가지'를 한 기본형의 세움장식에서 가지만 일정하게 굽었으되, 좌우가 대칭을 이룰 수 있는 것은 모두 가지가 마주 보는 '맞가지 양식'을 이루는 까닭이다. 그러므로 '곧은 줄기 굽은 가지' 모양 세움장식 자체가 좌우대칭일 뿐 아니라, 그것이 중심이 되어 좌우에 서 있는 세움장식도 똑 같은 구조여서 다시 좌우가 한 쌍의 대칭을 이룬다.

---

39) 이한상, 앞의 책, 92쪽.

〈그림 25〉 나주 반남면 신촌리 제9호 고분 출토 금동관

대부분 전면부 세움장식의 굽은 가지는 세 쌍인데, 천마총과 금령총 금관의 경우는 굽은 가지가 네 쌍을 이루고 있다. 자연히 전면부 중앙의 세움장식 가지가 네 쌍이면 그 좌우의 세움장식 가지도 네 쌍이다. 다시 말해서, 금관을 정면에서 봤을 때, 가장 중앙의 세움장식을 중심으로 정확하게 좌우대칭을 이루고 있다는 것이다. 그런데 후면부의 '굽은 나무 곧은 가지' 모양 세움장식은 그 자체로 좌우부대칭이지만, 금관의 전면부 중앙의 세움장식을 중심으로 보면 좌우가 대칭을 이루어 상당히 조화로운 금관의 양식을 이루게 된다.

금관은 지극히 정제된 형상으로 양식화된 모습을 하고 있는데, 세움장식 세 가지 유형 가운데 어느 유형을 세우더라도 정면에서 보면 좌우대칭형을 이루도록 용의주도하게 설계되어 있다. 따라서 어떤 형상을 한 금관이나 금동관도 한결같이 좌우가 정확하게 대칭을 이루고 있다.

그런데도 세움장식이 모두 셋 아니면 다섯으로서 홀수이기 때문에 대칭의 짝을 이루기 어렵다. 따라서 금관이 좌우대칭형을 이루기 위해서는 전면부 중앙에 있는 세움장식은 스스로 대칭형을 이루지 않을 수 없다. 그래야 홀수 곧 세 개 또는 다섯 개의 세움장식이 전면에서 봤을 때 좌우대칭이 가능하게 된다.

세움장식의 가장 초기형이자 기본형인 '곧은 줄기 곧은 가지' 모양은 맞가지를 이루면서 좌우대칭형이다. 이 기본형에서부터 모든 세움장식의 양식이 좌우대칭형으로 출발한 까닭에 곧은 줄기의 경우, 줄기 좌우로 맞가지 양식으로 붙어 있는 나뭇가지를 일정하게 꺾으면서도 좌우가 정확하게 대칭을 이루게끔 그 굽은 각을 일치하도록 만들게 된 것이다. 그러므로 모든 금관의 전면부 세움장식은 세 개의 홀수이면서 그 자체로 대칭구조를 이루는 고유 양식을 확립하게 된 것이다. 금관이 정제미를 보이는 것은 이러한 이유 때문이다.

곧은 줄기 곧은 가지의 기본형은 누가 보더라도 나무로 보이는데, 여기서 가지를 직각에 가깝게 굽혀놓은 '굽은 가지' 모양은 아예 나뭇가지로조차 인정하지 않아서 '山' 자나 '出' 자 모양으로 읽혀지게 된다. 왜 기본형의 세움장식을 나뭇가지답지 않게 직각형으로 굽은 가지를 만들어서 사람들을 헷갈리게 만들었을까? 거기에는 나무가 지닌 신비한 힘을 상징하는 형상성의 문제가 걸려 있다. 초기의 기본형 세움장식으로 이루어진 금동관이나 금관에는 신비감이 없다. 한갓 나뭇가지처럼 보이는 것이다. 그러므로 김병모는 자연수지형이라고 일컬었다.

1차 가지 변이형 세움장식과 2차 줄기 변이형 세움장식을 갖춘 금관과 견주어 보면, 그러한 느낌을 쉽게 포착할 수 있다. 기본형은 그냥 나무라는 사실적 형상의 수준을 넘어서지 못하고 있다. 게다가 기본형 세움장식을 한 금동관은 상당히 어지럽게 보인다. 기본형은 1차 변이형처럼 정제된 양식으로 형상화된 금관의 아름다움이나 화려함과 거리가

멀다. 모자에 실제 나뭇가지를 꺾어서 꽂아놓은 것과, 나무를 형상화하
여 꽂아놓은 것의 차이만큼이나 거리가 있다. 형상화된 나무는 의도된
상징성과 정제된 장식성, 신성한 아름다움이 두루 갈무리되어 있기 때문
이다.

기본형으로 이루어진 대부분의 초기 금동관들은 세움장식의 높이
와 관테 둘레가 금관보다 작을 뿐 아니라 세움장식도 세 개 정도에 머문
다. 관모의 규모가 전반적으로 작은 것이다. 게다가 세움장식을 세 개만
세우게 되므로 세움장식 사이의 거리가 여유 있어서 비록 가지를 직각에
가깝게 꺾지 않아도 세움장식을 세우는 데 아무런 문제가 없다. 그리고
세 개의 세움장식 양식은 모두 일치하며, 하나의 유형성을 지닌다. 세 그
루의 나무로 장식한 소박한 관모로 인식될 수 있다. 초기형 금관으로서
의의이자 한계이다.

그러나 여기서 가지를 직각으로 굽히면서 나무의 상징성은 크게 달
라진다. 사실 가지만 직각으로 변형을 한 것이 아니라 줄기도 달라진다.
기본형의 줄기는 위로 올라갈수록 가늘어지는데, 1차 변이형은 줄기가
아래에서 위까지 거의 같은 크기를 이루고 있다. 따라서 세움장식의 나
무가 상당히 우람하고 튼실하며 직각으로 꺾은 가지일수록 힘찬 기운이
느껴진다. 기본형의 세움장식이 예사 나무와 같은 형상이어서 누구나 나
뭇가지 정도로 느끼는 반면에, 1차 변이형의 세움장식은 예사 나무에서
는 도저히 기대할 수 없는 성수(聖樹)나 신목(神木)다운 형상으로 하늘이
라도 받칠 것 같은 강력한 기운을 갈무리하고 있다. 그야말로 세계수나
우주목과 같은 신성한 생명나무의 자태를 드러내는 것이다. 중기형의 금
관으로서 웅자를 갖추기 시작한 것이다.

후기형 금관이자 가장 발전된 양식의 금관은 대부분 세움장식이 다
섯 개이다. 규모도 중기형 이전의 금관에 비해 훨씬 크다. 세움장식이 세
개뿐인 금동관의 경우는 세움장식 높이가 16~28센티미터 내외로 대부

분 20센티미터 미만인 데 견주어, 후기형 금관의 세움장식 높이는 27∼
33센티미터 내외로서 초기형 금동관의 1.5배에 해당될 정도로 크다. 따
라서 가장 발전된 양식의 금관은 세움장식의 수도 두 개나 늘려서 다섯
개로 풍성하게 만들고 높이도 1.5배나 키워서 한층 규모 있고 화려한 모
양을 이루게 되었다.

　세움장식의 수와 높이를 늘렸으나 머리에 쓰는 관테의 크기는 별
차이가 없다. 머리의 착용에 맞아야 하는 까닭에 임의로 키울 수도 없다.
따라서 같은 크기의 관테에 이렇게 큰 세움장식을 다섯 개나 세우려면
곧은 가지를 달 수 없다. 왜냐하면 곧은 가지를 달게 되면 곁의 세움장식
가지와 부딪히게 되어서 가지를 직각에 가깝게 꺾지 않을 수 없다. 따라
서 다섯 개의 세움장식을 단 경우에는 전면부의 세움장식 세 개가 모두
'곧은 나무 굽은 가지'이되 가지의 굽은 정도가 모두 직각에 가깝다. 이
처럼 가지를 직각으로 굽혀서 양식화함으로써 세움장식의 줄기도 아주
우람하고 높으며, 가지도 그에 걸맞게 한층 튼튼하고 길게 나타낼 수 있
게 되었다. 그러므로 크기나 모양에 있어서 상당히 장엄한 신목의 형상
을 조형하게 된 것이다.

　후기형 금관이 이러한 양상을 이루어 가장 발전된 모습을 보이지
만, 금동관의 경우도 세움장식을 다섯 개 세운 경우에는 양식이 이와 같
다. 양산 부부총(夫婦塚)과(〈그림 26〉) 금조총(金鳥塚) 출토의 금동관은(〈그
림 27〉) 후기형 금관처럼 세움장식도 다섯 개이고 높이도 33.5센티미터에
해당되므로 전면부의 세움장식 세 개는 '곧은 줄기 굽은 가지' 모양을 하
고 있다. 그래야 옆의 세움장식과 부딪히지 않고 다섯 개의 큰 세움장식
을 순조롭게 세울 수 있는 까닭이다.

　그러나 굽은 각도가 직각에서 둔각으로 다소 느슨한 경우에는 세움
장식이 세 개뿐이다. 세움장식이 상대적으로 듬성듬성하기 때문에 가지
를 펼칠 수 있는 여유가 그만큼 많은 까닭이다. 호암미술관 소장 금동관

〈그림 26〉 양산 부부총 출토 금동관

〈그림 27〉 양산 금조총 출토 금동관

이나 황남대총 남분 금동관이 그러한 보기이다. 그러므로 금동관이든 금
관이든 세움장식을 다섯 개 세운 관에는 곧은 줄기에다 직각으로 굽은
가지 장식을 하지 않을 수 없는 필연성을 지니고 있다. 실제로 굽은 가지
를 펼치게 되면 워낙 길어서 옆의 세움장식 가지와 얽히게 되어 구조적
으로 순조로운 장식이 불가능한 까닭이다.

6. 변이형 세움장식의 결합방식과 금관의 완성

세움장식 수로 말하면 세 개만 있는 것이 기본형에 가깝다. 그런데
가지 변이형 세움장식 세 개를 갖추고 있는 것은 사정이 다르다. 세움장
식 숫자로 말하면 기본형이라 할 수 있되, 세움장식의 모양이 1차 변이
를 겪은 가지 변이형을 갖추고 있는 까닭이다. 숫자 못지 않게 형상의 변
화와 발전이 일정한 순차를 이루고 있기 때문이다. 따라서 가지 변이형
세움장식 세 개로 이루어진 금관은 기본형 세움장식 세 개에서 발전된
것이므로, 발전형 금관이라 할 수 있다.

그런데 이 발전형 금관에 2차 변이를 겪은 줄기 변이형 세움장식 두
개가 더 보태어져서 세움장식이 모두 다섯 개로 이루어진 금관이 있다.
두 가지 세움장식이 더불어 있으므로 복합형이라 할 수 있고 또 이것이
금관의 발전 단계에서 가장 최종적으로 완성된 것이므로 완성형이라 할
수도 있다. 왜냐하면 금관이든 금동관이든 세움장식이 다섯 개인 것은
어느 것이든 관의 전면부에는 똑 같은 좌우대칭형의 '곧은 줄기' 세움장
식 세 개에다가 좌우부대칭형의 '굽은 줄기' 세움장식이 후면부에 두 개
곁들어 있기 때문이다.

따라서 서로 다른 두 유형의 세움장식이 앞부분과 뒷부분에 배열되
어 있어 단조로움을 극복하고 변화 있는 조형성을 복합적으로 획득하게

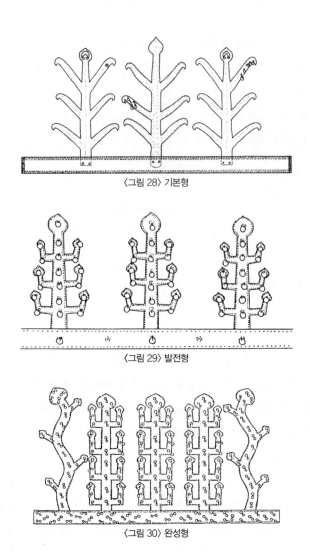

〈그림 28〉 기본형

〈그림 29〉 발전형

〈그림 30〉 완성형

되었다. 다시 말해서, 가장 후기에 만들어진 금관은 기본형에서 변이된 1차 변이형 세움장식 세 개와, 2차 변이형 세움장식 두 개로 이루어져서 상당히 큰 발전의 폭을 보인다. 두 변이형이 결합되어 있다는 점에서 복합형이라고 할 수 있으며, 가장 발전된 형상을 하고 있어 더 이상의 발전을 기대할 수 없다는 점에서 완성형이라고 할 수 있다.

세움장식의 발전양식에 따라 금동관 및 금관의 명칭을 부여하면 금관의 발전 과정을 일목요연하게 포착할 수 있다. 먼저 '곧은 줄기 곧은 가지' 세움장식을 세 개 달고 있는 기본형 금관에서, '곧은 줄기 굽은 가지' 세움장식을 세 개 달고 있는 발전형 금관으로 바뀌었으며, 이 발전형 금관에 다시 '굽은 줄기 곧은 가지' 세움장식을 두 개 더 보태어서 완성형 금관이 최종적으로 출현하게 된 것이다. 금관의 세움장식 수와 양식의 변화를 보면 〈그림 28〉~〈그림 30〉과 같은 발전 과정을 보인다.

만일 완성형에서 두 유형의 세움장식을 조화롭게 배치하지 않고 기본형이나 발전형에 해당되는 '곧은 줄기'의 좌우대칭형 세움장식만 계속해서 다섯 개 세운다고 하면, 금관의 양식적 조형미와 정제된 조화미를 획득하지 못했을 것이다. 우선 기본형만 다섯 개 세우면 곧은 가지들이 서로 맞물려서 어지럽게 보이는 것은 물론 양식적 조형성이 떨어지게 마련이며, 발전형만 다섯 개를 세우게 되면 직각으로 굽은 가지들 때문에 기하학적 도식에서 머물러서 다양성의 조화미를 획득할 수 없게 될 것이다. 그러므로 기본형에서 줄기를 유연하게 굽게 만든 2차 변이형 세움장식은 단조로운 금관의 형식미에 변화를 주면서 새로운 조화미를 창출하는 데 결정적인 구실을 한 가장 파격적 세움장식이라고 할 수 있다.

기본형 세움장식을 '초기형'이자 '맹아형'이라고 한다면, 가지만 바뀐 1차 가지 변이형을 '중기형'이자 '성장형'이라고 할 수 있다. 가지나 줄기가 모두 초기형에서 크게 자라 우람하게 보이는 까닭이다. 가지 변이형인 성장형에 견주어 줄기가 바뀐 2차 변이형을 '후기형'이자 '성숙형'이라고 일컬을 수 있다. 왜냐하면 기존 양식과 다르게 상당히 파격적으로 바뀐 새로운 양식의 세움장식이 새로 출현했을 뿐 아니라, 유연한 줄기의 곡선에 역동성이 넘치고 짧게 돋은 가지는 새 가지가 막 돋아나는 것 같은 생동성이 성장 이후의 단계를 보이기 때문이다. 새로운 양식

〈그림 31〉 맹아형 세움장식. 경주
교동 출토 금관

〈그림 32〉 성장형 세움장식. 호암
미술관 소장 금동관

〈그림 33〉 성숙형 세움장식.
천마총 출토 금관

의 창출과 나무의 역동성을 고려하여 성숙형이라고 한다면, 세움장식의
발전 과정은 맹아형에서 성장형, 성숙형으로 발전해 왔다고 할 수 있다.
금관에서 보이는 세움장식의 실제 변화 과정은 〈그림 31〉~〈그림 33〉
과 같다.

　파격적인 모습으로 새롭게 출현한 '굽은 줄기 곧은 가지' 모양의 성
숙형 세움장식은 나무줄기가 유연하게 굽은 모양이되, 줄기에서 돋아난
가지는 곧고 아주 짧다. 그래서 돋아난 지 얼마 되지 않은 새 가지 같은
느낌을 준다. 따라서 곧은 가지이지만 길이를 짧게 함으로써 곁의 세움
장식과 일정한 거리를 유지하여 부딪히는 일이 없게 배려했다. 그러나
금관의 전면부에 위치한 변이형 세움장식은 줄기가 곧고 상당히 튼튼하
며 굽은 가지도 오래된 연륜을 보여준다. 가지를 펼치면 그 길이는 곧은
가지의 2.5배 정도로 길다. 맹아형에 견주어 상당히 성장한 상황을 나타
낸다.

　맹아형은 실제로 가장 먼저 만들어진 초기 금관에서 보이는 세움장
식이다. 계림의 신수를 단순하게 있는 그대로 나타내고자 했다. 사실적
으로 나무 모양을 형상화한 셈이다. 초기적 수법이 고스란히 묻어난다.
그러나 계림의 신수는 예사나무와 다르다. 우뚝한 힘과 우람찬 기상의

상징성이 양식화될 필요가 있다. 그럴 목적으로 가지를 점점 굽히고 줄기와 가지의 크기도 굵게 형상화한 것이 2차 가지 변이형이자 성장형의 세움장식을 이루게 되었다. 그러므로 발전형 금관에는 성장형 세움장식으로 왕권의 위세를 강화했으리라 추론된다.

성장형의 세움장식으로 발전형 금관을 널리 사용하는 수준에서 만족할 수 없었다. 아무래도 계림의 신성한 숲과 김알지 시조신을 상징하는 하는 데는 좀더 충분한 신수와 다양한 성수의 조화가 필요하다. 단일한 양식과 단순한 조형을 뛰어넘는 새로운 세움장식을 덧보탤 필요를 느꼈던 것이다. 그러므로 가장 후대에 등장한 완성형 금관에는 성장형 세움장식 셋에다가 성숙형 세움장식 둘을 보태어서 가장 조화롭고 완벽한 완성형 금관을 창출했던 것이다.

경주에서 발견된 대표적인 금관들은 대부분 가장 발전된 양식으로서 성장형 세움장식 세 개와 성숙형 세움장식 두 개를 고루 갖춘 '완성형'이다. 세움장식을 통해서 볼 때, 완성형 금관은 신라의 끊임없는 성장과 창조적 생성을 추구하는 상징성을 띠었다고 할 수 있다.

이 다섯 개 가운데도 서봉총 금관으로 알려진 진평왕 금관이 가장 후대의 것으로 추정된다고 했다. 이 문제는 제1부 3장의 1∼2절에 걸쳐서 은합우 명문의 '연수원년(延壽元年)'이라는 연호를 근거로 길게 다루었다. 따라서 여기서는 형태만 요약하여 선후 관계를 밝히기로 한다. 읽는이들이 쉽게 이해할 수 있도록 줄곧 서봉총 금관이라 일컬어 왔지만, 여기서는 앞의 논의에서 밝혀진 대로 진평왕 금관이라 일컫는다. 다른 곳에서도 진평왕 금관이라 하는 경우에는 그동안의 서봉총 금관을 일컫는 것으로 받아들이길 바란다.

진평왕 금관에는 정수리 부분에 별도의 나뭇가지를 하나 더 설치하고 새를 세 마리 앉혀두었다. 다른 금관에서 없는 장식이 별난 양식으로 덧보태진 것이다. 계림에서 김알지가 출현할 때 시림의 나뭇가지에서 닭이 울었던 사실을 형상화한 것으로 보인다. 따라서 김알지 신화의 내용을 한층 구체적으로 형상화한 이 금관이야말로 완성형 금관의 가장 발전된 변이형이자, 신라 금관의 가장 후대적 면모를 보이는 것이라 할 수 있다. 그러므로 가장 후대형인 진평왕 금관의 형성 과정에 관해서는 좀더 구체적인 논의가 필요하다.

신라 금관은 기본형에서 발전형, 완성형으로 가면서 속관으로 쓰는 종래의 절풍에다 금은제 깃털을 꽂아서 천손 강림을 나타내는 이중 구조를 이루었다. 절풍에 깃털을 꽂는 오랜 관모의 전통을 계승하면서 금관의 형태에 맞게 금제 또는 은제로 된 속관을 만들어 써왔다. 그러나 깃털을 꽂은 금은제 속관과, 계림의 신수를 장식한 금제 겉관을 갖추어 쓰는 것은 여간 번거롭고 불편하지 않았을 것이다. 특히 머리 정수리에 고정시키는 금은제의 절풍형 속관은 그 자체로도 착용하기 힘든 양식이다. 따라서 이중 구조로 이루어진 복잡한 의전용 왕관을 하나의 관모로 단일화할 필요가 있었던 것으로 짐작된다.

그러자면 어떻게 왕관을 혁신적으로 구상해야 할까? 겉관과 속관 가운데 김알지 신화의 상징과 관련하여 새롭게 만들어낸 겉관의 양식은 살리고, 그 이전부터 오랫동안 전승되어 오던 절풍 모양의 속관을 약화시켜서 단일 구조의 왕관을 만드는 것이 기대되는 왕관의 구상이다. 이러한 왕관의 혁신 또한 김알지 신화의 내용과 금관의 세계관적 구도 속에서 이루어졌다. 속관인 절풍에 부착된 깃털은 김알지 신화와 무관한 전통이다. 그런 까닭에 하늘나라와 소통을 상징하는 관모의 깃털을 김알지 신화와 금관의 형상인 계림의 세계관에 따라 한층 구체적으로 형상화할 필요가 있다.

김알지 출현과 계림, 그리고 천손 강림의 세계관을 상징하는 새가 바로 하늘에서 내려온 닭이다. 김알지 이후 박혁거세의 '천마'에서 김알지의 '천계'로 천손 상징이 변화되면서 국호도 계림으로 정착되었던 것이다. 자연히 천마나 천계를 함께 상징했던 단순한 속관의 깃털이 아니라, 김알지 신화의 내용에 맞는 구체적인 형상이 바로 하늘 닭으로서 천계인 것이다. 따라서 계림을 상징하는 겉관을 살리고 종래의 속관을 없애면서 천손 상징의 깃 대신에 구체적으로 닭의 모습을 형상화한 것이다. 그러므로 이중 구조의 전통적인 왕관에서 겉관 중심으로 왕관을 단일화하면서 십자 모양의 정수리 얼개 위에 나뭇가지를 하나 설치하고 그 가지 끝마다 닭의 형상을 앉힌 것이 진평왕 금관이다.

이처럼, 금관은 기본형에서 발전형·완성형으로 일정한 개연성을 지니며 진화했을 뿐만 아니라, 기본형·발전형·완성형 내부에서도 끊임없이 변화하며 발전했다는 사실을 인정해야 할 것이다. 금관의 변화와 발전은 경주의 궁중문화 속에서 끊임없이 지속되는 반면에, 경주 주변부에서는 금관의 수준에 미치지 못하는 금동관이 두루 만들어졌다. 경주 주변에서 발굴된 것은 대부분 세 개의 기본형 세움장식만 있는 금동관이다. 다시 말해서, 경주 중심부에 가장 발전된 완성형 금관이 주류를 이루는데 비해, 주변 지역에서는 초기형의 금관이 주로 분포되어 있다.

이러한 금관의 양식적 분포는 문화 전파론의 양상을 고스란히 보여주고 있는 것이다. 문화가 가장 발전한 곳인 경주에 가장 발전된 양식의 완성형 금관이 있고, 그 가까운 주위에 발전형 금관이 있으며, 가장 주변 지역에 가장 오래된 유형인 기본형이 있다. 문화의 중심부에서 멀어질수록 문화의 고형이 자리 잡고 있다는 문화주권설을 잘 반영하고 있는 것이다.

이처럼, 금관의 유형적 분포와 양식적 발전 과정이 문화주권설에 잘 맞아떨어진다고 하는 것은 그동안 분석한 세움장식의 발전 과정이나 금관의 변화양상을 추론한 것이 이론적으로 타당하며 논리적 정합성을 갖추고 있다는 것을 입증한다. 자연히 2차 변이형 세움장식인 굽은 줄기 곧은 가지 모양은 초기 금동관이나 금관에는 나타나지 않는다. 실제로

이 세움장식을 사슴뿔로 보는 이한상은 "초기 금동관에는 사슴뿔이 없
는 경우가 많다가 차츰 사슴뿔 장식이 가미되는 것으로 파악"하고 있
다.[40] 그러므로 이 모양의 세움장식을 근거로 시베리아 무관 기원설을 펼
치는 것은 우리 금관의 전후 발전 과정을 무시한 당착이라 하지 않을 수
없다.

만일 우리 금관이 김알지 신화나 계림을 시각적으로 형상화한 것이
아니라, 시베리아 무관의 사슴뿔에서 영향을 받은 것이라면, 마땅히 사
슴뿔 모양의 세움장식을 중심으로 금관을 만들었을 것이다. 그리고 가장
초기 형태의 금관에 사슴뿔 모양의 세움장식이 제일 먼저 나타나야 한
다. 다시 말해서, 2차 변이형인 '굽은 줄기 나무' 양식 세움장식이 가장
선행되어야 한다. 그런데도 가장 후대에 나타났을 뿐 아니라 그것도 금
관의 후면부에 비중 낮은 모습으로 등장한 것은 납득하기 어렵다. 더군
다나 사슴뿔은 두 개가 한 쌍을 이루는데, 초기형 금동관이나 금관에는
세움장식이 모두 세 개로 되어 있어서 구조적으로 사슴뿔과 상관성을 찾
기 어렵다.

사슴뿔을 근거로 시베리아 무관 기원설을 펴는 사람들은 신라 금관
자체의 통시적 발전 과정에 아무런 관심이 없다. 모든 기원설은 가장 초
기형태를 중심으로 펼치는 것이 마땅한데, 우리 금관 자체의 선후 관계
와 발전양식을 통시적으로 고찰하지 않은 채 시베리아 무관이나 타민족
의 관모만 찾아다니는 헛수고를 오랫동안 해왔다. 고대사든 근대사든 역
사 연구자는 기본적으로 통시적 연구를 선행해야 한다. 그런데 외국자료
와 우리 자료의 관련성에 집착하는 공시적 연구 또는 지리적 전파 연구
에 매몰되어 있는 것이 문제이다. 역사학자들이 역사 연구를 포기하고

---

40) 같은 책, 108쪽. "경주 또한 마찬가지인데 초기 금동관에는 사슴뿔이 없는 경우가 많다가
차츰 사슴뿔 장식이 가미되는 것으로 파악할 수 있을 것 같다"고 했다.

인문지리 연구를 한 셈이다.

그런 까닭에 시베리아 자료에는 끊임없이 눈길을 주면서 우리 금관 유물이나 관모 관련 자료들의 역사에는 무심했다. 역사학자든 지리학자든 역사적 기원을 따지면서 통시적 발전 과정에는 전혀 관심이 없었다고 하는 사실을 납득하기 어렵다. 금관 관련 자료가 풍부하고 양식이 분명하기 때문에 일목요연하게 정리가 가능한 데도 문제의식이 없으니 통시적 해석이 진행되지 않았다.

금관은 다른 관모처럼 다양하고 복잡하지도 않다. 소재도 같고 양식도 같으며 쓴 사람의 계층도 같다. 그런데도 왜 우리 자료들은 외면한 채 지리적으로 엄청나게 동떨어져 있고 역사적 연대도 크게 어긋나는 시베리아 지역 샤먼들의 철제 관모 자료들을 우리 황금왕관에다 끌고 들어와서 기원론을 찾으려 했을까? 이 책의 제1부 1장 및 제2부에서 자세하게 밝혔듯이, 자기 문화를 자기 눈으로 해석하려는 주체적인 연구 역량을 갖추지 못한 탓이라고 하지 않을 수 없다.

우리 문화유산으로 주목받고 있는 수많은 금관 자료들을 눈앞에 두고도 그 자체로 들여다보고 자기 눈으로 해석할 수 있는 독창적인 분석 능력이 없기 때문이다. 금관의 세움장식의 변화는 물론 재료나 외양만 보더라도 발전양상이 또렷하게 보이는 데도 애써 보려들지 않은 것이다. 역사 연구자로서 최소한의 문제의식조차 하지 않은 셈이다. 때로는 시베리아 무관 기원설을 극복할 수 있는 자료 풀이까지 갔다가도, 혹시 이 기원설에 누라도 끼칠까 여겨서 다시 원래 자리로 되돌아가서 같은 기원설을 되뇌이고 거듭 다지는 일을 어김없이 되풀이한다.

이를테면, 이은창은 일본인 학자의 연구를 참조했으되, 굽은 나무 세움장식인 굽은 줄기 곧은 가지 모양을 사슴뿔이 아니라 '호생식 수지형'이라고 해석한 뒤에도, 진평왕릉인 서봉총의 십자 모양 궁형에 꽂혀 있는 나뭇가지를 다시 사슴뿔이라 하여 기어코 시베리아 무관 기원설을 재확인했다.[41] 진평왕 금관이 지금으로서는 가장 후대형이자 완성형인데도 금관의 발전 과정이나 선후 관계는 아랑곳하지 않은 채, 마치 이 금관이 경주 일대에서 발굴된 모든 금관이나 금동관의 모태가 된 것처럼 사슴뿔 기원설을 입증하는 근거로 제시하고 있다. 가장 후대형을 근거로 기원론을 펴는 까닭에 새가 앉아 있는 나뭇가지 모양을 두고 사슴뿔 모양으로 엉뚱하게 해석한다.

이한상의 경우도 마찬가지이다. 금관은 금동관을 보기로 해서 제작된 것으로 해석하고[42] 또 성숙형인 굽은 나무 세움장식을 비록 사슴뿔이라고 일컬었지만 가장 후대에 만든 것이라고[43] 스스로 인정하면서도, 금관의 기원설을 펼 때는 김원룡을[44] 필두로 한 시베리아 기원설을[45] 소개하거나 스키타이족 문화와 연관성을 제기한 연구를 소개한 다음, 아래와 같이 기원설 논의는 추후 연구로 미루고 만다.

> 양자 사이에는 공통점이 많긴 하지만 시간과 공간 차이가 너무나 커서 선뜻 따르기 어렵다. 따라서 신라 금관이 어디에서 유래한 것인가 하는 문제는 추후 새로운 자료의 축적을 기다려야 할 것이다.[46]

처음에는 시베리아 관모와 금관의 공통점을 인정하지만, 시공간의 차이를 들어서 시베리아 기원설을 따르기 어렵다는 신중론을 폈다. 그러나 신라 금관은 자체적으로 생산된 것이 아니라 어디에선가 유래되었을

---

41) 이은창, 앞의 책, 264쪽.
42) 이한상, 앞의 책, 78쪽.
43) 같은 책, 108쪽.
44) 金元龍,〈新羅金冠의 系統〉,《趙明基博士 華甲記念佛教史學論叢》; 尹世英,〈韓國古代冠帽考－三國時代冠帽를 中心으로〉,《韓國考古學報》9, 한국고고학회 ; 김병모, 앞의 책(이한상, 같은 책, 60쪽 각주28에서 재인용).
45) 崔秉鉉, 新羅古墳研究, 一志社, 1998(이한상, 같은 책, 61쪽, 각주29에서 재인용).
46) 이한상, 같은 책, 59쪽.

것이라는 전래주의적 고정관념에 사로잡혀 있는 까닭에 진전된 논의를 하지 못한다. 결국 다음 장에서는 여전히 사슴뿔의 함정에서 벗어나지 못하고 시베리아 기원설을 간접적으로 동의하고 만다.

> 시베리아에서는 사슴이 중요한 식량원이었는데 이 때문인지 이 곳 제사장들은 머리에 사슴뿔을 장식하는 경우가 있으며, 사슴뿔의 형태를 안테나와 관련지어 하늘의 정령을 받는 장치로 이해할 수 있을 것이다. 이러한 장식이 도안화·간략화되면 신라 금관에 표현된 장식처럼 형식화될 수 있지 않을까?[47]

세움장식의 변화 과정을 통시적으로 주목하고 금관의 발전 과정도 연대기적으로 추정하여 도표까지 그려서 일목요연하게 제시했으면서도, 결국 시베리아 무관의 사슴뿔에 의존한 시베리아 샤먼 기원설에서 한 걸음도 벗어나지 못하고 말았다. 금관이 어디에선가 온 것이라고 생각하는 까닭에 신라 사람들이 창조했다는 상상은 꿈에도 하지 못한다. 일제 강점기 이후 일본인 학자들에 따른 식민고고학의 뿌리와 해방 뒤 김원룡 고고학의 울타리가 얼마나 강고한 자폐성을 지니며 창조적 상상력을 막고 있는가 하는 것을 실감하게 된다.

아예 존 코벨 같은 학자는 은사들의 학설이나 오류를 발전적으로 극복하지 못하고 맹목적으로 따르는 한국 고고학계의 현실을 유교주의의 폐단으로 비판하기까지 했다. 유교 문화 속에서 자란 신진 학자들이 스승을 존경하는 효사상과 경로 사상 때문에 원로 학자의 연구 결과를 부정하거나 뒤집는 일을 난처하게 여기고 암묵적으로 인정하는 경향이 있다는 것이다.[48] 만일 사실이 그렇다면 그것은 학문적으로는 매우 불행

---

47) 같은 책, 83쪽.
48) 존 카터 코벨, 김유경 엮어옮김, 《한국 문화의 뿌리를 찾아》, 학고재, 1999, 31~32쪽. 여

한 일이지만 도덕적으로는 미담이 될 수 있다.

그러나 이러한 풍토는 도덕적으로 결코 미화될 수 없다. 도덕적 미담으로 볼 수 없는 까닭은 세 가지 문제 때문이다. 하나는 학문의 세계에서는 코벨이 주장하는 효 사상과 경로 사상보다 더 중요한 도덕성이 연구윤리이자 학자적 양심이다. 학문적 도덕성은 인간적 사제 관계와 선후배를 넘어서서 사실을 밝히고 진리를 추구하는 것이다. 잘못된 사실을 바로잡고 알아내지 못한 사실을 새로 알아내는 것이 학문의 목적이며, 학자로서 의무이자 윤리이다. 그러므로 스승의 연구 허물을 덮고 부당하게 옹호한다면, 그것은 학자적 양심의 문제를 넘어서 학문적 근친상간의 불륜을 저지르는 행위라 할 수 있다.

둘은 스승의 학설을 차마 뒤집을 수 없어서 비판적인 연구를 하지 못하는 것이 아니라, 일찍이 자기가 한 주장을 뒤집지 않으려는 의도 때문에 비판적인 연구를 하지 못한다고 보는 까닭이다. 만일 스승의 명예를 생각해서 비판적 연구를 할 수 없다면, 스스로 그러한 연구는 하지 않고 다른 연구를 하면 된다. 그런데 같은 식의 연구를 거듭해서 어긋진 연구를 더 강고하게 다지고 있는 것은 자기 자신의 선행 연구를 성찰적으로 극복하지 않고 옹호하기 위한 것으로 볼 수 있다.

셋은 한국 학계의 집단적 담합이 문제이다. 학문의 발전이나 민족 문화의 올바른 연구보다 개인적인 이해관계가 더 크게 작동하고 있다. 학계의 기득권을 누리고 있는 학자들의 학설에 반하는 연구를 하는 것은 학문적 소외를 받을 가능성이 있다고 보고, 은연중에 학문적 담합을 이루고 있다. 그런 까닭에 자기 스승의 학설도 아니려니와 자신의 선행 연

___

기서는 기존의 선행 연구를 부정하지 못하는 것은 '효 사상'과 '경로 사상' 때문이라고 하고 있다. 때문에 "아무도 난처한 입장이 되거나 틀렸다는 소리를 듣지 않도록 학자들끼리 똘똘 뭉쳐 단정을 내려 버린다"고 판단하고 "원로 학자가 죽거나 은퇴할 때까지 효도심으로 기다려야 하는 일"로 해석하고 있다.

구도 아니지만 학문적 대세를 따르는 것이 학계에 끼어 활동하는 데 편안하다고 판단하는 까닭에 애써 침묵하거나 묵시적 동조를 한다.

그런 까닭에 모처럼 학계에서 쟁점이 될 만한 발표를 충격적으로 해도 아예 토론의 대상으로 삼지 않는다.[49] 묵살의 방법으로 논쟁을 피해가는 것이다. 편한 방법을 택하는 셈이다. 그러므로 코벨이 유교주의로 비판하는 것은 우리 학계의 문제를 적절히 지적한 것이지만, 학문 윤리로 보아서는 매우 부적절한 것이자 반유교적이라고 하지 않을 수 없다. 유교주의를 학문의 길과 다른 효 사상이나 경로 사상에서 찾을 것이 아니라 유학의 학문적 전통과 선비 정신에서 찾아야 더 적절한 까닭이다.

오죽하면 외국 학자들이 비판 부재의 고고학계를 향해 유교주의의 효 사상까지 들먹일까마는, 사실은 방법론 부재를 지적해야 한다. 전파론을 입증할 만한 근거가 되는 형태의 준거, 양적 준거, 계속의 준거를[50] 두루 갖추어 하나하나 입증해야 하는데, 으레 형태의 준거에도 미치지 못한 닮은꼴만을 증거로 일제 강점기 일본 학자들이 주장한 시베리아 기원설을 반복적으로 되뇌인다. 전파론에서 가장 중요한 것이 지리적 이동 경로를 입증할 만한 '계속의 준거'이다. 문화의 전파란 공간적 이동을 말하기 때문에 계속의 준거는 문화의 발생지와 전파지 사이의 지리적 이동 경로에 따라 해당 문화가 전승된 흔적이 있어야 타당성을 갖춘다. 그런데 지리적 비약과 시대적 층차가 너무 커서 준거에 맞지 않기 일쑤이다.

49) 〈신라 건국신화의 맥락적 해석과 신라문화의 재인식〉(2006년도 일연학연구원 국제학술대회, 한국학중앙연구원, 2006년 7월 20~21일)에서 신라 신화의 전래설과 금관의 시베리아 기원설을 비판하며, 김알지 신화에 바탕을 둔 자생설을 펼치고 서봉총 금관의 연대와 정체를 7세기의 진평왕릉으로 새롭게 밝히는 논문을 발표했다. 이 발표에 대해 노중국 교수는 충격적인 연구로서 그동안의 논의를 크게 수정해야 한다고 했는데, 종합 토론을 진행한 이기동 교수가 다른 주제를 중심으로 토론을 진행하며 시간을 다 쓰는 바람에 별도의 토론 기회를 갖지 못했다.
50) 크네히트 페터, 〈문화전파주의〉, 아야베 쓰네오 엮음, 이종원 옮김, 《문화를 보는 열 다섯 이론》, 인간사랑, 1987, 25쪽.

7. 나뭇가지와 다른 나무 모양 세움장식의 뜻 찾기

어떤 대상을 창조적으로 해석하려면 대상 자체를 자세하게 뜯어보는 일이 최선이다. 금관에 관한 창조적 연구도 기존 연구를 인용하여 확인하고 재검증하는 답습 차원의 작업에서 벗어나, 연구자 자신의 시각과 주체적인 해석을 통해 자기의 독창적 학설을 펼치려면 무엇보다 금관 자체를 분석적으로 뜯어보지 않을 수 없다. 통설을 뒤집는 열쇠는 자료 자체가 가지고 있기 때문이다.

신라 금관의 창출 원천인 김알지 신화와 관련하여 주목할 만한 금관의 상징적 구조물은 모두 셋이다. 하나는 나무이고 둘은 곡옥이며 셋은 새이다. 나무는 어느 금관에도 나타난다. 모든 세움장식이 나무의 형상이기 때문이다. 이른바 사슴뿔 모양이니, '出' 자 모양이니 하는 것 모두 나무의 일종이라는 사실이 밝혀졌다. 그런데 세움장식을 나무라고 하는 것과 나뭇가지라고 하는 것은 전혀 다르다. 나뭇가지는 살아 있는 나무에서 분리시킨 것이자 생명성을 인정할 수 없는 것이기 때문이다. 계림을 상징하는 나무는 나뭇가지가 아니라 반드시 살아 있는 신수이자 생명나무여야 한다.

살아 있는 나무는 대지에 튼튼하게 뿌리를 박고 줄기를 지상으로 드러내고 있다. 뿌리는 드러나지 않으면서도 실재해야 나무의 생명성을 보장한다. 따라서 우리가 볼 수 있는 나무는 네 가지 조건을 갖추어야 살아 있는 생명나무로 인정된다. 하나는 나무줄기이며 둘은 가지이고 셋은 잎이며 넷은 새순 곧 움이다. 이 네 가지 조건을 잘 갖추지 않으면 살아 있는 나무라고 할 수 없다.

첫째, 줄기만 있는 나무는 기둥이나 장대 또는 막대기일 뿐이다. 나무줄기는 필요에 따라 나무의 가지를 치고 다듬은 것이므로 나무라고 하는 재료적 의미를 지니되, 나무의 생명성을 나타낼 수 없는 것은 물론 나무의 종개념도 나타내기 어렵다. 특히 금관처럼 양식화하여 나타내는 경우에는 줄기만으로는 나무라고 하는 재질적 특성도 나타낼 수 없다. 왜냐하면 줄기만 있는 나무는 없기 때문이다.

둘째, 나무가 나무로서 최소한의 조건을 갖추려면 반드시 가지가 있어야 한다. 가지를 갖춘 나무는 재질적 특성을 넘어서서 나무라는 상징성을 획득한다. 따라서 가지를 가진 나무는 나무의 종개념을 확실하게 나타낸다. 그러나 나뭇잎이 없는 나뭇가지만으로는 나무의 생명성을 보장하기 어렵다. 왜냐하면 살아있는 나무는 필수적으로 나뭇잎을 달고 있는 까닭이다.

셋째, 살아 있는 나무로서 최소한의 조건을 갖추려면 반드시 나뭇가지에 잎이 달려 있어야 한다. 잎은 나무가 살아 있다는 증거이다. 죽은 나무는 곧 나뭇잎을 떨어뜨린다. 마른 나뭇가지만으로 살아 있는 나무를 나타낼 수 없다. 따라서 나뭇잎은 나무의 종개념을 넘어서 나무의 생명성을 보증한다. 그러나 나뭇잎은 나무의 생명성을 지속적으로 보장하지 않는다. 왜냐하면 죽은 나무나 베어낸 나뭇가지에도 일시적으로 나뭇잎이 달려 있기 때문이다.

넷째, 대지에 튼실하게 뿌리를 내리고 생명활동을 하고 있는 나무는 나뭇잎 외에 새순을 반드시 달고 있다. 그것은 나무의 자람을 상징하는 싹이자 움이며 촉이다. 나뭇잎을 다 떨어뜨린 겨울에도 겨울눈의 형태로 새순은 가지마다 붙어 있다. 정말 살아 있는 나무를 상징하는 것은 오히려 나뭇잎보다 나뭇가지 끝에 붙은 자람점의 도톰한 새순이자 움이다. 그러므로 살아 있는 나무를 상징하는 데는 나무줄기와 가지 다음으로 중요한 것이 사실상 움이다.

그런데 김알지 신화의 신성한 공간인 계림을 상징하는 신라 금관은 한결같이 나무를 상징하는 세움장식으로 조형되어 있다. 신라 금관에서 세움장식은 금관을 상징하는 가장 중요한 요소이다. 세움장식을 **빼면** 관테와 수식이 남는데, 관테는 관모로 쓰기 위한 최소한의 요소이며, 수식은 관을 장식하며 무게중심을 잡기 위한 균형추 구실을 하는 셈이다. 따라서 금관을 금관답게 하는 것은 살아 있는 나무로서 신목을 상징하는 세움장식들이라고 할 수 있다. 세움장식 없는 금관은 한갓 금테 머리띠에 지나지 않는다.

금관의 나무 모양 세움장식은 나무줄기와 가지는 물론 잎을 달고 있고 또 새순까지 가지 끝마다 달고 있다. 따라서 '직각수지형'이나 '자연수지형'이라고 일컫는 것처럼 한갓 꺾어다가 꽂아둔 나뭇가지가 아니라, 대지에 뿌리를 튼실하게 박고 계속해서 성장하는 살아 있는 나무인 것이다. 기본형의 소박한 나무에서 변이형으로 발전하며 우람하고 장엄한 성장형 나무를 갖춘 발전형 금관으로 변모하다가, 다시 역동적인 성숙형 나무가 두 그루 더 보태어져 마침내 다섯 그루의 신목으로 구성되어, 울창하고 신성한 계림을 가장 풍성하고 조화롭게 상징하는 완성형의 금관을 창출한 것이다. 그러므로 완성형의 금관은 김알지가 출현한 계림을 효과적으로 상징하는 가장 훌륭한 형상의 왕관이라고 할 수 있다.

8. 금관의 세움장식에 달린 곡옥의 뿌리 찾기

나무 모양 세움장식만으로 김알지 신화를 금관에다 온전하게 형상화했다고 하기 어렵다. 왜냐하면 김알지 신화와 무관하거나 신라 문화권이 아닌 다른 지역의 금관에도 나무 장식이 두루 보이기 때문이다. 물론다른 금관들은 신라 금관의 나무와 상당히 다른 양식의 세움장식을 했지만, 그래도 모두들 나무 모양 세움장식을 하고 있는 까닭이다. 신라 금관의 나무 장식은 흔히 직각수지형이나 출자형이라고 하는 굽은 가지 모양의 독특한 변이형을 중심으로, 사슴뿔이나 녹각형이라고 하는 굽은 줄기 모양의 생성형을 덧보태고 있기 때문에, 고구려나 백제 지역 금관의 세움장식과는 전혀 다른 독창성을 확보하고 있다. 그러므로 금관의 세움장식을 보면 이것은 누가 뭐라고 해도 신라 금관이라고 할 수 있는 고유성이 두드러진다.

하지만 독특한 양식의 세움장식만으로는 김알지 신화의 세계를 구체적으로 상징한다고 하기 어렵다. 따라서 나무 외에 곡옥을 끌어들인 것이다. 곡옥은 비록 금관에서부터 비롯되었다고 할 수 없고 또 다른 문화유산들 속에서도 보이긴 하되, 신라 금관에서 특별한 상징성을 지니고 있어 별도의 의미를 지닌다. 게다가 초기 금관으로 보이는 금동관에는 곡옥이 잘 보이지 않는다. 후기형 금관인 완성형에서 곡옥이 집중적으로 나타난다. 그러므로 금관을 제대로 이해하기 위해서는 나무 모양과 더불어 곡옥을 특별히 주목하지 않을 수 없다.

곡옥의 모양은 태아의 형상과 같다. 태아는 생명의 씨앗이자 어린 생명을 상징하는 것이다. 4~5주가 되는 태아의 모습은 곡옥과 같은데, 물고기와 도룡농, 거북의 태아 모습과 차이가 없다. 따라서 곡옥을 태아에서 더 추상화하면 생명 일반을 상징하는 것이며, 더 구체화하면 인간의 아기를 상징하는 것이다. 적어도 신라 금관에서는, 김알지 신화와 관련해서 볼 때, 곡옥의 의미가 태아 또는 아기를 구체적으로 상징하고 있는 셈이다. 곡옥이 태아일 가능성은 김병모도 인정하고 있다.

곡옥의 상징성에 대해서는 반달 모양이라는 의견과 맹수의 송곳니라는 해석이 있었다. 그러나 한국과 일본에서 가슴과 등에 새끼가 달린 형상을 한 모자곡옥(母子曲玉)이 다수 발견되면서 곡옥의 모양은 동물의 태아, 즉 생명을 상징한다는 해석으로 수렴되었다. 뒤에서 설명하겠지만 특히 신라 금관의 디자인은 나무를 숭배하는 기마민족들 사이에서 널리 유행한 것이어서 거기에 매달려 있는 수많은 곡옥들은 나무의 과실로 생각할 수 있다.

과실은 생명(代)을 이어가는 씨앗(種)을 품고 있으므로 신라 금
관은 생명의 탄생과 자손의 번영을 의미하는 것으로 볼 수 있다. 그런
내용이 그려진 경우가 알타이 지역 파지릭 고분에서 발견된 모포(毛
布)의 기마인도(騎馬人圖)이다.[51]

곡옥을 태아로 인정하고 생명을 상징하는 것으로 해석하되, 신라
금관에 달린 곡옥을 금관의 주인인 신라 김씨 왕가의 시조인 김알지 신
화와 관련지어 해석하는 것이 아니라, 북방의 기마민족과 관련지어 해석
하는 것이 문제이다. 구체적으로는 알타이 지역 파지릭 고분의 기마인도
에서 곡옥의 유래를 찾는 것이다. 이 그림을 보면 말의 가슴과 콧잔등에
곡옥을 달아두었다는 것이다.

이러한 비약적 해석을 하면서도, 왜 신라 금관을 쓰는 김씨 왕들이
파지릭 고분의 말 가슴과 콧잔등에 달았던 곡옥을 흉내내어 왕관에 달아
머리에 썼을까 하는 생각은 전혀 하지 않는다. 그것도 기원전 3세기 전
후의 고분 유물이 아닌가. 김알지에 대한 우리 사서의 기록을 잘못된 것
으로 간주하고, 발음이 비슷한 알타이어를 끌어와 김알지의 이름 풀이를
'금+금'으로 하는 그동안의 해석을 근거로 보면, 이러한 해석의 비약도
아주 자연스럽게 보인다. 왜냐하면 모든 문화적 근거를 알타이계 여러
종족과 시베리아 지역에서 찾는 고정관념에 매몰되어 있기 때문이다.

아무리 생명을 상징하는 것이라 하더라도 말의 콧잔등에다 단 것을
왕관에다가 달았을 까닭도 없으려니와, 지리적 거리는 물론 역사적 시기
도 8세기나 차이가 난다. 그것은 마치 지금 서울의 청와대에서 사용하는
대통령 상징의 의전용 장신구를 8세기 전인 13세기의 여진족 추장이 탄

---

51) 김병모, 앞의 책, 34쪽.

말 장식을 가져와서 달았다고 하는 것만큼이나 비약적인 주장이다. 게다가 김병모 스스로 금관의 곡옥은 왕의 자녀 유무를 나타내는 상징으로 해석했다. 만일 이 해석이 타당하다면, 기마인도의 말 콧잔등에 단 곡옥 또한 망아지의 유무를 나타내는 기호로 해석해야 마땅하다. 이와 달리 기마인도의 곡옥 해석이 옳다면 금관의 곡옥은 생명을 상징하는 것이 아니라 한갓 말을 꾸미는 장식물에 지나지 않는다고 해야 옳다. 도대체 어느 쪽의 해석이 옳다는 말인가? 이처럼 곡옥 해석을 종잡을 수 없게 한 까닭에 자신의 해석을 자기 스스로 부정하고 있는데도 알아차리지 못하고 있다.

실제로 곡옥의 기원을 연구한 한병삼은 한반도의 청동기 문화 전통에서 찾는다.[52] 금관에 보이는 곡옥은 한반도 남부지역과 일본에 집중적으로 분포되어 있다. 일본의 경우 신석기 시대인 죠몽(繩文) 시대 중기부터 나라(奈良) 시대에 이르기까지 오랜 기간에 걸쳐 출토되는 까닭에, 일본 학자들은 곡옥이 일본에서 발생된 독특한 장식품이라고 주장하며, 신라고분에서 출토된 곡옥도 대부분 일본에서 수입한 것으로 해석하고 있다. 자연히 일본 학계에서 곡옥은 일본기원설로 통용되고 있다.[53]

그러나 최근 한반도에서 발굴된 선사시대 곡옥을 구체적으로 검토해보면, 요령식(遼寧式) 동검을 사용한 청동기인들이 달의 신을 상징하는 반월형옥을 사용했는데, 이것이 청동기와 함께 한반도에 전래되어 충남지방에서 초생달형 선사곡옥(先史曲玉)으로 변형되고, 이어서 남부지역으로 확산되면서 경주 고분에서 널리 보이는 곡옥의 형태로 변화 발전되었다는 계보를 그릴 수 있다고 한다.[54]

52) 韓炳三,〈曲玉의 起源〉,《美術史學硏究》129·130, 韓國美術史學會, 1976, 222~226쪽.
53) 같은 글, 222쪽.
54) 같은 글, 225쪽.

곡옥의 발전 계보를 통하여 분명해지는 것은, 곡옥이 일본에서 기원하여 한반도 남부에 전파되었다는 일본 학계의 주장은 사실과 다르며 백제·신라고분에서 다량으로 출토되는 곡옥은 한반도 청동기 문화의 소산인 선사곡옥에서 유래되었다는 사실이다.[55]

따라서 금관에 달린 곡옥의 기원을 파지릭 고분의 기마인도에서 찾는 것은 처음부터 무리이다. 한병삼의 연구에서 보듯이, 한반도에서 출토된 우리 곡옥의 문화적 전통 속에서 얼마든지 그 변화양상과 계보를 찾아내고 기원까지 해명할 수 있기 때문이다. 곡옥의 조형(祖形)은 달을 상징하는 반월형 목걸이 장식에서 찾을 수 있다고 하더라도,[56] 그러한 선사시대의 형상과 의미가 수천 년 뒤까지 고스란히 전승되었다고 할 수 없다. 따라서 반월형 곡옥이 신라 초기에 이르면 신라시대에 맞게 형상도 바뀌고 상징도 바뀌게 마련이다. 그러므로 신라 금관의 세움 나무 장식에 반달을 장식할 까닭이 없기 때문에 금궤 속의 김알지 출현을 상징하는 태아 모양의 곡옥을 주렁주렁 매달았던 것이다.

신단수에 환웅이 깃들고 계림에 김알지가 출현하듯이 신수를 통해서 신성한 인물이 태아의 형태로 출현하는 것을 상징한다. 따라서 처음에는 계림만 형상화하여 금관을 만들다가 뒤에 김알지의 출현상황을 더 실감나게 나타내기 위해 곡옥을 달았던 것이다. 그런데 최근에는 중국 요하(遼河)지역 일대 홍산문화(紅山文化) 유적에서 많은 옥기(玉器)들이 발굴되어 주목된다.

옥기들 가운데에는 곡옥과 견주어 볼 만한 것이 많이 출토되었다. 머리 부분이 일정한 동물 형상을 하고 있고 거의 원형을 이루고 있다는 점에서 금관의 곡옥과 다른 형상을 하고 있지만, 머리 부분에 구멍이 뚫

---

55) 같은 글, 225~226쪽.
56) 자세한 내용은 같은 글, 224~225쪽을 참조.

려 있어서 매달 수 있을 뿐 아니라 꼬리 부분이 작아지면서 원형을 이루고 있다는 점은 곡옥과 닮은 점이다. 발굴 보고서들은 이 옥기들을 세계에서 가장 오래된 것으로 추정할 뿐 아니라, 그 모양을 용과 돼지, 곰 형상으로 해석한다.[57]

특히 우하량(牛河梁) 여신묘(女神墓) 유적지에서는 돼지 모양 외에 곰 모양의 웅룡(熊龍) 옥기가 발견되고, 제단 터에서 희생제물로 바쳐진 곰의 아래턱뼈가 발견됨으로써, 홍산문화를 주도한 세력들이 곰토템족이었을 가능성이 추론된다. 돼지 모양이라고 하는 옥저룡(玉猪龍)을 곰 모양의 옥웅룡(玉熊龍)으로 해석하는 학자들도 있다.[58] 따라서 이형구는 만주 지역과 한반도의 곡옥은 이 지역에서 발굴된 용 모양의 옥기에서 비롯된 것이 아닌가 추론하며,[59] 우실하는 이 지역에서 출토된 옥기를 근거로 홍산문화의 주도 세력은 곰토템족이었던 단군 신화의 웅녀족일 가능성을 제기하고 있다.[60]

실제로 내몽골 지역 홍산문화 유적에서 출토된 곡옥 모양의 옥기를 보면 머리 부분이 다양한 짐승 형상을 하고 있어 학자들마다 해석의 역량을 드러내고 있다. 곡옥의 머리 형상에 따라 돼지·곰·용 등으로 제각기 해석하며, 그러한 형상의 문화적 원형으로 홍산문화를 자리매김하려고 한다. 그러나 곡옥을 태아라고 여기고 보면 해석이 달라진다. 태아의 얼굴 형상이 성장 과정에 따라 돼지 또는 곰·용과 같은 짐승과 닮은 모

---

57) 郭治中, 〈상고시대 제사문화의 전형 – 우하량 홍산 문화 유적지〉, 국한운동시민연합 편, 《동북아 평화 정착을 위한 한·중 국제학술회의 자료집》, 국립중앙박물관, 2006년 12월 27일, 147쪽(우실하, 〈요하 문명, 홍산문화와 한국 문화의 연계성〉, 《고대에도 한류가 있었다》, 지식산업사, 2007, 518쪽에서 참고).

58) 柳冬靑, 《紅山文化》, 內蒙古大學出版社, 2002, 59~64쪽(우실하, 같은 글, 519쪽의 내용 참고).

59) 이형구, 《한국 고대문화의 비밀》, 김영사, 2004, 121쪽.

60) 우실하, 앞의 글, 519쪽.

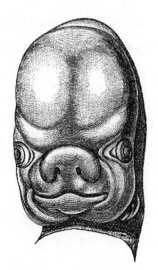

〈그림 34〉 8주가 된 태아의 얼굴 모습

습을 하고 있기 때문이다. 특히 8주가 된 태아의 모습은 코가 돼지를 닮았다(〈그림 34〉). 그러므로 옥기의 형상을 근거로 한국 학자는 곰의 형상이라고 하면서 단군 신화와 연결지으려 하고, 중국 학자는 용의 형상이라고 하면서 용 기원설을 펼쳐 중국 문화의 세계적 중심성을 확보하려고 하는데, 모두 오류일 수 있다. 곡옥의 형상이 태아의 모습일 가능성이 더 높기 때문이다. 얼굴 형상이 전혀 드러나지 않은 신라 금관의 곡옥은 더 이른 시기, 곧 4~5주 무렵의 태아 형상이다.

홍산문화 유적에서 출토된 비파형 옥검도 요령식 동검과 관련해 고조선 문화와 동질성을 입증하는 귀중한 자료이다. 따라서 이러한 옥기 자료를 근거로 최근 고고학계에서는 고조선 문화의 원류로 홍산문화를 추론하는 경향이 있다.

실제로 한반도에서도 곡옥의 초기 형태로 볼 만한 옥기들이 아주 이른 시기에 있었다. 강원도 고성군 죽왕면 문암리 유적에서 기원전 5000

년경으로 추론되는 신석기 시대 옥기 한 쌍이 2002년에 발굴·보고되었다.[61] 홍산문화 유적의 옥기들과 모양이 같되, 머리와 꼬리부분의 구분이 없는 환상옥석(環狀玉石)으로서 옥결(玉玦)이라 하는데, 곡옥의 가장 원형에 해당되는 모양이다. 이 곡옥의 기능을 근거로 귀고리라고도 하고 패식(佩飾)이라고도 한다. 이러한 옥기는 중국 동남 연안지역과 산동반도, 요동반도, 그리고 한반도, 일본 등지에 분포되어 있다.[62]

기원전 5000년 무렵의 문암리 옥기 한 쌍을 고려하면, 다른 문화의 영향과 무관하게 한반도에 일찍이 곡옥 문화의 뿌리가 자리 잡고 있었다고 보아야 할 것이다. 고대의 옥기 자료들이 한반도를 비롯해서 홍산문화 유적지에 널리 보고되고 있는 데도, 한반도와 인접 지역에서 출토된 선사시대 곡옥들을 외면하고, 한병삼의 연구를 배제한 채 군이 파지릭 고분의 기마인도를 근거로 금관 곡옥의 기원을 주장한다. 왜냐하면 금관이 시베리아 지역의 알타이 문화에서 왔다는 선험적 전제를 합리화해야 하기 때문이다.

한반도의 신석기 시대 곡옥을 인정하게 되면 시베리아 기원설을 주장하는 다른 가설들이 모두 무너지는 까닭에 쉽사리 인정하기 어렵다. 따라서 선험적 전제를 어디에 두느냐에 따라 같은 자료를 두고도 해석이 서로 엇갈린다. 같은 홍산문화 유적을 두고서도 고조선 문화나 동이족 문화로 해석하는가 하면, 이와 달리 여전히 시베리아 기원설을 펴는 데 근거가 되는 자료로 해석하기도 한다.

이형구는 홍산문화를 자료로 시베리아 기원설을 비판하며 한민족이 동방 문화의 주인공이라는 근거로 삼고,[63] 신형식·이종호 또한 홍산

---

61) 국립문화재연구소, 〈고성군 문암리 선사유적 발굴설명회 자료〉, 2002 ; 이형구, 앞의 책, 334~335쪽 참조.
62) 이형구, 같은 책, 36~37쪽.
63) 같은 책, 118~129쪽.

문화로 대표되는 요하 지역 문화가 고조선 문화와 연결될 수 있다는 가
능성을 근거로 "우리 문화가 중국에 앞서 중화문화에 큰 영향을 주었다
는 설명도 가능"하다고 했다.[64] 반면에 우실하는 홍산문화와 고조선 문
화의 연관성을 주장하되, 한반도의 고조선 문화는 근본적으로 시베리아
초원 문화가 몽골과 만주를 거쳐 한반도에 유입되었다고 하는 북방 문화
전래설을[65] 되풀이하고 있다는 점에서 변함이 없다. 그러므로 자료가 아
니라 해석이 문제이고, 해석에 작용하는 선험적 전제가 더욱 문제라고
할 수 있다.

학자들 스스로 자민족 문화의 창조력을 인정하지 않으면 어디선가
비슷한 문화를 끌어와서 설명할 수밖에 없다. 신라 금관은 상당히 복잡
한 양식이기 때문에 어디선가 단일한 문화를 끌어와 기원을 설명할 수
없다는 점에서 사태가 심각하다. 왜냐하면 여기저기서 두루 비슷한 문화
를 끌어오지 않으면 설명이 불가능하기 때문이다. 그 결과, 신라 사람들
이 금관을 만들면서 굽은 나무 세움장식은 사슴뿔이라 하여 19세기 시
베리아 무당의 관에서 따오고, 돔형이라고 하는 나무 끝의 '움' 모양은
인도에서 바다를 건너온 것이며, 나무 장식은 아프가니스탄의 수목 숭배
사상에서 가져온 것이라는 해석을 해왔는데, 이제 곡옥마저 파지릭의 기
마민족 말 장식에서 따온 것으로 해석하기에 이른 셈이다.

그러므로 신라 사람들은 신라 왕조의 상징인 왕관을 만드는 과정
에, 이민족의 건축 양식이나 말 장식 또는 무당의 모자 등을 두루 본받아
조합했을 뿐, 왕관의 어느 한 부분도 스스로 창조했거나 주체적인 사유
에 의해 만들어낸 것이 없다는 자기 부정의 기이한 결론에 이른다. 지리
적으로 떨어져 있고 민족적으로 서로 다른 계통의 문화를 여기저기서 본

---

64) 신형식·이종호, 〈'中華5천년', 紅山文明의 再照明〉, 《白山學報》 77, 2007, 39~40쪽.
65) 우실하, 앞의 글, 523쪽.

받아 금관을 만들었다고 하더라도, 이민족의 왕관에서 영향을 받았다고 하면 그래도 웬만큼은 말이 된다. 그런데 왕관은커녕 무당의 모자를 들먹일 뿐만 아니라, 나아가 인도의 돔형 건축 양식과 파지릭의 말 장식까지 끌어와서 신라 왕관을 만들었다고 하는 것은 도무지 말이 되지 않는다. 어떻게 이민족의 말 콧잔등에 달았던 장식을 빌려 순금왕관에 주렁주렁 매달 생각을 했을까?

신라 건국의 역사적 상황이나 신라 왕실에 대한 신이사관은 신라 건국 신화에서 다양하게 전승되고 있다. 그러나, 신라 금관은 그러한 세계관과 전혀 무관하게 여러 이민족들의 말 장식과 무당 모자, 지붕 양식, 수목 숭배, '山' 자 모양 등에서 비롯되었다고 한다. 자문화와 무관한 수많은 외래문화의 조합으로 금관을 해석하는 연구는 설득력이 없다. 왜냐하면 건국 신화를 생산하고 전승한 신라 사람들이 신라 금관도 생산해 냈다고 보아야 하기 때문이다. 독자적인 건국 신화를 전승하며 나라를 세운 사람들이, 오직 왕관만은 다른 민족들의 것을 본받아 만들었다고 하기 어려운 까닭이다.

그것도 한두 민족의 관모 양식이 아니라, 유라시아 전역에 걸쳐 있는 여러 민족의 다양한 유물로서 말 장식, 건축 양식, 수목 숭배, 모자 장식, 사슴뿔 등에서 제각기 하나씩 골고루 전래된 것으로 해석하는 것이 문제이다. 이러한 다민족 다양식 문화의 총합적 전파론은 학계에 일찍이 없었기 때문이다. 이 전파론은 문화가 전파해 간 것이 아니라 전파해 왔다는 사실상의 전래설이기 때문에 더욱 문제이다. 전파는 방사선형으로 확산될 수 있지만, 전래는 이와 같이 세계 여러 지역에서 한곳에 집중적으로 문화가 모여들 수 없는 까닭이다.

전파론에 따르면, 문화를 전파시킨 중심지가 문화가 발전해야 하고 더 복합적이어야 한다. 그런데 거꾸로 전래된 지역의 문화가 복합적 총체성을 띠고 있고 전파한 지역에는 특정 문화 현상의 일부만 남아 있다는 것은 납득하기 어렵다. 전래설을 펴는 사람들은 대부분 유라시아를 비롯한 여러 민족의 다양한 지역 문화들이 한반도로 전래되어 복합적으로 축적된 것처럼 해석한다. 만일 한반도에 다른 지역의 개별적인 문화 현상들이 모두 집중되어 있다면, 한반도 문화는 전래된 것이 아니라 오히려 한반도 문화가 바깥으로 전파되었다고 해야 전파론의 이치에 맞다. 전파론의 이치를 제대로 모르고 전래설에만 매몰되어 있으니, 마치 세상의 모든 문화가 한반도로 전래된 것처럼 착각하고 있는 것이다.

세계지도를 펼쳐두고 금관에 영향을 미쳤다고 하는 지역과 줄긋기를 하면 마치 국내항공사가 세계 각지로 비행하는 지도와 같은 방사선 모양을 이룬다. 그만큼 다양하고 제각각이어서 전파 경로조차 종잡을 수 없는 관계에 놓여 있다. 지리적으로 아프가니스탄과 우즈벡 공화국의 금관 출토 지역과 경주 지역은 유라시아 대륙의 양극단에 자리 잡고 있다. 더군다나 전래된 외래 민족 건국 신화를 만들고 전승하는 집단이나, 왕관을 만들고 전승하는 집단이나 동질적인 집단이라는 점을 고려하면, 금관 문화를 창출한 신라 사람들이 지어내서 이야기하던 건국 신화들을 금관과 더불어 고찰하는 것은 당연한 일이라고 하지 않을 수 없다.

제3장 무관과 다른 금관의 구조와 사슴뿔 문화

1. 시베리아 무관과 다른 금관의 이중 구조

금관 연구자들이 그동안 나뭇잎도 달려 있고 움도 돋아 있는 '곧은 줄기 굽은 가지' 모양 세움장식을 두고, 나무라는 사실을 인정하지 않고 '出' 자 모양이니 '山' 자 모양이니 한 데서 나아가 아예 금관을 삼산관(三山冠)이라고 일컫기까지 했다. 금관의 기능이나 신라 문화의 맥락과 전혀 상관없이 한자의 자형을 끌어 와서 설명하는 궁색한 연구 수준을 드러낸 것이다. 아주 초보적인 한자 실력으로 '山' 자 모양이니 '出' 자 모양이니 했지만, 실제로 어느 세움장식도 '山' 자나 '出' 자 모양을 한 것은 없다. 세움장식 나무의 굽은 가지가 3쌍 또는 4쌍이기 때문에 '山' 자는 물론 아니고 '出' 자도 아니다. '山' 자를 셋 또는 넷을 포개놓은 글자는 세상에 없기 때문이다.

그런데도 굳이 '山' 자나 '出' 자 모양이라고 하는 것은, 김열규처럼 우리 금관과 전혀 다른 양식의 모자인 시베리아 에네트족 샤먼의 모자와 연결짓고자 하는 의도 때문이다. 에네트족 샤먼의 무관은 테이(Tay)라고

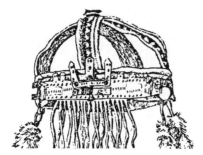

〈그림 1〉 에네트족 샤먼의 모자

하는데, 모자 앞에 '山' 자 도형을 계급장처럼 붙이고 있다(〈그림 1〉). 그 도형도 정면 모자 테 앞에 달랑 한 개만 붙어 있을 따름이다. 물론 이 도형에는 나뭇잎이나 곡옥이 달려 있지 않고 줄기나 가지 끝에 새순을 상징하는 움이 있는 것도 아니다. 그 재질이 금이 아닌 것은 더 말할 나위도 없다. 한마디로, 테는 금관의 전형을 이루는 세움장식조차 전혀 없는 시베리아 민족들의 민속 모자일 따름이다.

'山' 자 모양이니 '出' 자 모양이니 하는 것은 금관의 '곧은 줄기 굽은 가지' 장식의 외형을 비유적으로 나타낼 수는 있으나, 가장 중요한 구조가 다르다. '山' 자나 '出' 자 형상을 하자면 나무의 줄기에 해당되는 세로선 아래쪽에 가지와 같은 가로선이 있어야 한다. 다시 말해서, 가로선 위에 세로 선이 구성되어야 '山' 자 모양이 될 수 있다는 말이다.

그런데 우리 세움장식의 가로선은 모두 줄기 옆면, 곧 세로선에 붙어 있어서 나뭇가지라는 사실을 확실히 조형하고 있다. 따라서 '山' 자는 물론 '出' 자도 아니다. 가로선의 굽은 나뭇가지를 나타내는 것이 최소한 셋이 있고 많게는 넷이 있기 때문에, 세로선 제일 밑에 가로선이 하나뿐인 '山' 자나, 여기에 가로선을 하나 더 보탠 '出' 자의 구조와 전혀 다르다.

실제로 출자형의 원형이라고 하는 에네트족의 무관은 '山' 자 모양 그대로이며 나뭇가지에 해당될 만한 것은 전혀 없다. 나무에서 변형된 도형이 아니기 때문이다. 더 엄밀하게 보면 이 모자의 '山' 자 장식은 아래의 가로선이 둘이어서 마치 'ㅂ' 자 모양 사이에 세로선이 있는 형태이기 때문에 실제로 '山' 자 모양이라고 하기도 어렵다. 더군다나 우리 금관의 세움장식은 그 모양이 어떻든 모두 세로선이 관테에 굳건히 박혀 있다. 그것은 대지를 상징하는 관테에 뿌리박고 우뚝 서 있는 신수의 위엄을 나타낸다. 그러나 에네트족의 '山' 자 모양 장식은 관테와 분리되어 관테 전면에 붙어 있을 따름이다. 그러므로 세움장식이 아니라 모표(帽標)와 같은 장식에 해당될 따름이다.

에네트족 모자에 계급장처럼 붙여둔 '山' 자 모양 장식과, 신라 금관처럼 관테에 나무를 심듯이 세워둔 신수 모양 장식은 전혀 다른 의미를 지닌다. 신라 금관은 물론 경주 주변부의 금동관에도 신수 모양의 세움장식은 일정한 양식적 통일성을 이루고 있다. 그러나 시베리아의 민속 모자들은 모자의 정수리를 십자 구조로 엉성하게 마감한 얼개가 같되, '山' 자 모양을 앞쪽에 부착하지 않은 것들이 대부분이다.[1] '山' 자 모양 장식이 필연성을 지닌 것이 아닌 까닭이다. 달리 말하면 에네트족의 '山' 자 모양 장식을 시베리아 지역에 함께 사는 다른 종족들조차 본받지 않았다는 말이기도 하다.

장식이 제각각인 것은 '山' 자 모양만 그런 것이 아니다. 시베리아 기원설을 펴는 근거가 되는 사슴뿔 장식도 마찬가지이다. 시베리아 샤먼의 관들이라 하여 모두 사슴뿔 장식을 하고 있지 않다. 에네트족의 테이는 물론 사슴뿔 장식이 없다. 시베리아 유목 문화권 속에 있는 몽골의 샤먼 모자에도 사슴뿔을 찾을 수 없다. 몽골 샤먼의 모자를 '말개'라고 하는데, 천으로 된 넓은 띠에다 그들의 몸주신에 해당되는 '옹고드'의 모습을 수놓아 두었으며 세움장식에 해당되는 띠 위에는 많은 깃털이 꽂혀 있다. 띠 아래로 내려뜨린 천 조각들은 얼굴 가리개 구실을 한다.[2] 초원 지역 유목 문화 샤먼의 모자 양식마저 서로 통일되어 있지 않다.

같은 초원 지역에 사는 유목민족들도 서로 영향을 받지 않았는데,

1) 김병모, 《금관의 비밀 — 한국 고대사와 김씨의 원류를 찾아서》, 푸른역사, 1998, 54쪽의 그림 31 참조.
2) 장장식, 《몽골민속기행》, 자우출판, 2002년, 31쪽.

지구상에서 가장 멀리 떨어져 있는 한반도 최남단의 경주 지역에서 에네트족의 테이에 부착된 '山' 자 모양을 영향 받아 세움장식을 만들었다고 하는 것은 어느 모로 보나 이치에 맞지 않는 주장이다. 그런데 경주 지역 금관의 관테에 부착한 나무 모양 세움장식은 필수적이다. 나무 모양 세움장식이 없는 신라 금관이나 금동관은 없다고 해도 지나치지 않다. 같은 문화권의 관모로서 동일한 양식을 지니고 있는 까닭이다. 그러므로 신라 금관은 신목이나 성수로 인식되는 나무 장식과 떼어서 생각할 수 없는 것이자, 김알지 신화에 나타난 계림의 세계관을 상징적으로 반영하고 있는 신화적 상상의 구조물이라 할 수 있다.

세움장식을 떠나서 관모의 구조를 보더라도 금관은 사슴뿔을 정수리에 달고 있는 시베리아 샤먼의 무관과 전혀 다른 양식을 하고 있다. 시베리아 샤먼의 모자는 재질이 사슴가죽이나 철제 또는 천 등으로 제각각이지만, 모자 테에 십자(十字) 모양의 얼개를 설치하고 있는 구조로 이루어져 있는 것이 일반적이다. 다시 말해서, 머리 정수리를 반원형으로 덮어 씌우고 있는 것이 전형이다. 이 지역 무관을 가장 본격적으로 분석한 김열규의 설명을 직접 옮겨보기로 하자.

> 예니세이 무관과 부리야트 무관 그리고 케넷의 무관이 지닌 외형상의 동일성에 유념할 필요가 있다. 다같이 가죽으로 만든 관대 위에 십자형의 띠가 엮어져 있다. 그리고 예니세이와 부리야트의 경우에는 사슴뿔이 그 십자의 교차점에 자리 잡고 있다.[3]

따라서 이 무관들은 금관과 달리 속관이 별도로 존재할 수 없는 구조이다. 상투머리를 하고 있는 우리 민족은 구조적으로 쓸 수조차 없는

---

3) 金烈圭, 〈東北亞 脈絡 속의 韓國神話 – 金冠의 巫俗神話的 要素를 中心으로〉, 《韓國古代文化와 引接文化의 關係》, 韓國精神文化研究院, 1981, 307쪽.

모자이다. 모자 덮개 대신에 십자형 띠가 엉성하게 설치되어 모자로서는 최소한의 구실만 하지만, 반구형으로 머리를 누르기 때문에 상투를 튼 우리 민족들은 쓸 수 없는 구조이다. 몽골인들처럼 변발을 한 사람들에게 적절한 것이 반구형 빵모자인데, 몽골 샤먼들도 '말개'가 아닌 경우에 반구형 빵모자를 쓴다. 게다가 이들 모자에 사슴뿔이 다 부착되어 있는 것도 아니다. 철제 부관에 한해서 십자로 만나는 정수리 지점에 사슴뿔 한 쌍을 부착해두었을 따름이다.

이처럼 시베리아 샤먼의 무관은 관테 장식 중심의 금관과 달리 정수리 중심의 장식을 하고 있으므로 금관과 전혀 다른 구조인데다가, 일찍이 우리 관모 양식의 어떤 전통과도 만날 수 없는 전혀 엉뚱한 관모라 할 수 있다. 우리 민족은 고대부터 상투를 보호하기에 적합하도록 모자의 위가 상당히 높은 고깔 모양의 절풍을 주로 썼다. 샤먼의 모자는 절풍 양식의 전통과 구조적으로 다를 뿐만 아니라, 그러한 기능을 하는 금관의 속관과도 구조적으로 다르다. 한마디로, 우리 민족은 쓴 적도 없고 또 구조적으로 쓸 수도 없는 시베리아 민속 모자를 끌어다가 거룩한 신라 왕실의 금관으로 삼았다고 하는 것은 이만저만한 무리가 아니다. 그러므로 금관의 구조와 더불어 우리 관모의 양식적 전통에 대한 재인식이 필요하다.

금관은 조선조의 탕건과 갓처럼 속관과 겉관으로 분별되어 있으며 그 세움장식도 다양한 상징을 띤 복합적 구조물이자 유기적 통일성을 지닌 구조물이다. 탕건과 갓이 하나의 관으로서 세트를 이루듯이 금관도 사실은 속관과 겉관이 하나의 관으로서 세트를 이루고 있다. 그러므로 관모의 구조를 제대로 분석하고 있는 학자는 금관의 이중 구조를 두고 내관(內冠)이나 외관(外冠), 또는 내모(內帽)나 외모(外帽)라고 하여 분리하지 않고 하나의 관으로 인식하기도 한다.

따라서 안팎의 구분이 없는 단일구조의 시베리아 샤먼의 무관과,

〈그림 2〉 탕건

내외 또는 안팎의 복합구조를 이루고 있는 금관을 같은 모자로 보는 발상 자체가 잘못이다. 우리 관모가 안팎의 이중 구조를 이루고 있는 것은 머리 양식과 관모의 전통에 의해 비롯된 필연적인 것이자, 역사적인 이유와 문화적인 근거를 갖추고 있는 것이다. 일반적인 관모의 양식은 머리 모양에 의해 구조적으로 결정된다. 조선조 양반들이 탕건을(〈그림 2〉) 일상적으로 쓰고 있는 것은 상투를 가리고자 하는 이유 때문이다. 상민들은 탕건을 쓰지 않아서 상투를 드러내지만, 양반들은 반드시 탕건을 써서 상투를 가린다. 결코 맨 상투를 드러내는 법이 없다. 잘 때나 얼굴을 씻을 때만 탕건을 벗었다. 상투바람으로 나다니는 일은 상민들에나 해당되는 일이다.

그리고 손님을 맞을 때나 외출할 때에는 탕건 위에다 반드시 갓을 썼다. 탕건이 실내용이자 집안용의 속관이라면, 갓은 외출용이자 의례용의 겉관이라 할 수 있다. 금관의 구조도 이와 같다. 금관의 속관이 실내용이자 왕이 일상적으로 착용했던 관모라고 한다면, 겉관은 나들이용이자 특별한 의전용 관모라고 할 수 있다. 탕건이 속관으로서 상투를 가리는 기능을 하고 갓이 겉관으로서 신분에 맞는 의전용 관모 구실을 하는 것처럼, 신라 왕관도 절풍 모양의 속관과, 세움장식을 한 금관이 겉관으로서 기능을 하며 이중 구조를 이룬다.

부장제도가 일반화된 고대에는 무덤에도 관모를 함께 넣어 묻었다. 따라서 왕릉에도 이러한 안팎의 관모를 다 갖추어 묻게 마련이다. 더러 겉관만 발굴되고 속관이 발굴되지 않은 것은 금이나 은으로 만들지 않고

천이나 가죽, 철제, 자작나무껍질
인 백화수피로 속관을 만든 까닭
에 삭아 없어졌기 때문이다.

〈그림 3〉 갓

거듭 말하거니와, 우리 관모
는 상투머리 양식과 밀접한 연관
이 있다. 속관이 타원형의 고깔처
럼 좁고 우뚝하게 생긴 것은 탕건
처럼 상투를 가리는 까닭이다. 속
관의 전통은 절풍에서 찾을 수 있다. 우리 관모의 양식이 절풍처럼 모두
머리 정수리 위로 높게 솟은 것은 상투를 덮어 가리고 보호하려는 기능
때문이다. 상투는 고조선시대 이래로 지녀온 우리 민족의 독특한 머리
양식인데, 이를 덮어 가리는 모자는 구조적으로 머리 정수리가 높은 고
깔 모양의 절풍이나 변(弁)의 양식일 수밖에 없다.

선사시대 청동판의 인물상에서조차 절풍형의 모자를 쓰고 있음을
볼 수 있다. 정수리가 높게 솟은 절풍형 모자는 상투머리 모양과 더불어
전승된 민족 고유의 관모이다. 그러므로 남성들의 상투 문화 전통과 더
불어 절풍 모양의 관모가 고대부터 최근의 탕건과 갓에 이르기까지 이어
졌던 것이다. 갓의 모자가 갓의 양태에 비하여 위로 우뚝하게 솟은 양식
도 상투에서 비롯된 것이다(〈그림 3〉). 그렇지 않으면 머리 위로 우뚝 솟
은 탕건을 수용할 수 없다.

신라 금관도 이러한 절풍의 구조와 전통에서 자유로울 수 없다. 따
라서 속관은 절풍의 양식을 고스란히 이어받았다. 그러나 절풍의 형식은
관모로서 두 가지 문제가 있다. 하나는 구조적인 것으로서 관모를 머리
정수리에 얹어 쓰는 것이기 때문에 고정시키기 어렵다. 천으로 된 절풍
은 핀으로 고정시키거나 끈을 달아 묶을 수 있지만, 금관의 속관처럼 금
은류의 쇠붙이로 되었을 경우 고정시키기 어렵다. 천마총의 금제 속관

〈그림 4〉 망건

테에 여러 개의 구멍이 뚫려 있는 것은 고정 장치를 부착한 흔적이 아닌가 한다. 실내에서 조용하게 움직일 때는 모르지만 실외에서 크게 움직일 때는 별도의 고정장치가 있어야 한다.

갓도 속에 탕건을 쓸 뿐 아니라 탕건 안에 다시 망건(〈그림 4〉)을 썼다. 망건은 상투의 머리카락이 흘러내리지 않도록 했을 뿐 아니라 탕건을 쓰는 밑받침 구실을 했다. 다시 말해서, 망건을 써야 탕건을 온전하게 쓸 수 있었던 것이다. 이와 같이 절풍을 쓰는 데도 망건처럼 절풍을 고정시키는 데 필요한 별도의 장치가 있었을 것으로 예상된다. 금관의 속관이 금관처럼 금은과 같은 금속제로 이루어진 경우에 고정시키는 기능을 하는 장치가 반드시 있었을 것으로 생각된다.

갓이 머리에 얹어서 쓴 탕건을 보호하는 겉관으로서 갓끈으로 턱밑을 묶어 고정시키듯이, 금관의 겉관도 같은 구실을 했을 가능성이 있다. 금관의 겉관은 끈으로 고정시키는 대신에 수식(垂飾)을 관의 전면 좌우 또는 좌우앞뒤에 길게 늘어뜨려 두어서 관을 고정시키는 구실을 했다. 수식은 관을 장식하는 구실과 관이 벗겨지지 않도록 하는 무게추 구실을 함께 했던 것이다. 서봉총·금관총·금령총·천마총 등의 금관에는 수식이 둘씩 달려 있는데, 황남대총 금관에는 수식이 여섯 개 달려 있다. 그것은 관을 지탱하는 데 무게추 구실이 더 필요했던 것이 아닌가 한다.

실제로 황남대총 금관의 세움장식에는 곡옥이 가장 많이 달려 있어서 수식을 많이 달지 않으면 쉽게 벗겨질 가능성이 더 높다. 그리고 곡옥이 전혀 없는 금령총 금관의 경우 수식의 길이가 세움장식의 높이보다 짧다. 수식의 무게추 기능은 세움장식의 무게와 높이의 비중을 고려하여 적절히 비례하도록 만들었다는 사실을 알 수 있다. 따라서 세움장식과 곡옥이 자연스레 달려 있는 금관의 경우에는 세움장식의 높이와 수식의 길이가 대부분 일치한다. 그러므로 곡옥이 과도하게 달린 황남대총 금관의 경우에는 전면부 좌우 수식은 특히 길게 했을 뿐 아니라 짧은 두 쌍의 수식을 더 보태어 무게추로서 균형을 잡았고, 곡옥이 전혀 없는 금령총 금관의 경우에는 세움장식의 높이에 견주어 수식의 길이를 짧게 해서 균형을 잡았던 것이다.

2. '절풍'의 전통에서 발전한 금관의 구조

다음은 한국 관모의 문화사적인 문제이다. 우리 관모의 오랜 전통인 절풍 모양의 속관만으로는 신라 김씨 왕가의 신성한 왕권을 상징하는 왕관으로서 문화적 의미를 형상화하기 어렵다. 속관에서는 절풍의 문화적 전통을 이어받아서 새 깃을 꽂던 자취가 고스란히 남아 있는 것이 사실이다. 절풍 형식의 모자에는 선사시대부터 신라시대까지 좌우에 절풍 높이보다 더 긴 깃털을 꽂았다.

선사시대의 농사짓는 풍속이 새겨져 있는 청동판에 따비를 사용하여 땅을 파고 있는 사람이 새의 깃이 달린 절풍을 쓰고 있다.[4] 그리고 당나라 장회태자(章懷太子) 묘에서 발견된 벽화에는(〈그림 5〉) 신라 또는 고구려 사람으로 주장되는 인물상이 있는데, 삼각뿔 모양의 절풍형 모자를 쓰고 새의 깃털 장식을 한 것이[5] 선명하게 드러난다. 새의 깃 모양 장식

---

4) 김병모, 앞의 책, 46쪽.
5) 같은 책, 55쪽.

〈그림 5〉 장회태자 묘의 벽화

은 신라 금관의 절풍형 속관에서도 고스란히 이어진다. 그러나 이 그림
의 인물상은 신라 사람일 수 없다. 왜냐하면 이때 신라는 이미 복식을 당
나라 복제에 따랐던 시기이기 때문이다. 그러므로 복식으로 보아 고구려
사람으로 추정된다. 당나라 복제로 바뀌기 전의 신라 복식은 사실상 고
구려 복식과 상당히 닮았기 때문이다.

최초로 발견된 금관총 금관은 겉관과 속관이 고스란히 남아 있는데
(〈그림 6〉), 속관을 보면 마치 청동판의 절풍에 긴 새 깃을 좌우에 꽂아 두
었듯이, 금제 조익형(鳥翼形) 관식을 꽂아 새 깃이 세움장식보다 더 높게
속관의 좌우로 높이 솟아 있다. 천마총에서도 같은 구조의 새 깃 모양 속
관 장식이 출토되었다. 큰 새가 날개를 활짝 펴고 날개 짓을 크게 하는
것처럼 보이는데, 김병모는 천마총에서 새의 날개가 처음 출토되었다고
하면서 신라인의 흰 새[白鷄] 사상을 나타낸 것이라고[6] 했다. 그러나 내

---

6) 같은 책, 113쪽.

〈그림 6〉 속관까지 갖춘 금관총 금관

가 보기에는 절풍의 새 깃 장식의 전통이 금제 속관에서 창조적으로 계
승된 것으로 생각된다. 왜냐하면 백계(白鷄)로 상징되는 신라인의 흰 새
사상은 김알지의 출현 무대인 계림을 배제할 수 없기 때문이다.

　　신라 금제 속관은 고대부터 지속된 오랜 절풍의 전통을 모양과 상
징에서 두루 계승하고 있으나, 김알지를 시조로 한 신라 김씨 왕실의 신
성한 출현과 계림국의 건국상황을 상징하는 데는 한계가 있다. 절풍 양

식의 속관이 지닌 구조적 한계 때문이다. 따라서 금관이라고 하는 겉관을 오랜 관모의 전통 속에서 새롭게 창출해낸 것이다. 금관의 관테는 머리의 쓰개 장치이면서 계림국의 세계를 나타낸다. 계림은 앞에서 다룬 것처럼 신성한 나무들로 이루어진 성림이자 시림이다.

금빛 찬란한 나무들로 형상화된 금관은 월계관을 넘어서서 '황금가지(golden bough)'를[7] 연상하게 만든다. 새로 사제왕이 되려면 숲 속의 황금가지를 꺾어서 전임 사제왕을 처치해야 하는 까닭에, 사제왕은 늘 칼을 들고 황금가지를 지키지 않을 수 없다. 계림의 황금숲을 형상화한 신라 왕실의 금관도 왕권을 상징하는 것이자 왕권을 지키는 정치적 구조물에 해당된다. 살아 있는 생명나무로서 신수를 형상화하기 위하여 나뭇가지 끝마다 도톰한 움을 달고 가지 곳곳에 수많은 나뭇잎과 태아를 상징하는 곡옥을 달아 두었던 것이다. 계림의 나뭇가지에 걸려 있는 금궤 속에서 알지아기가 출현한 신화적 상황을 상징적으로 형상화한 것이다. 종래의 속관에 계림을 형상화한 겉관이 추가되어 이중 구조를 이루게 된 셈이다.

따라서 안팎의 관모로 형성된 금관의 이중 구조는 새로운 왕조의 탄생과 더불어 왕의 관모로 겉관이 새로 재창조되어서 형성된 것이자, 속관을 고정시키는 기능이 겉관의 형태로 발전하여 형성된 것이라 할 수 있다. 금관은 관모의 기능으로서 속관의 착용을 도와주는 장치에서 겉관으로서 독립적인 구실도 하게 된 것으로 해석되기도 한다.[8] 그러므로 겉관의 형태를 이루는 금관의 등장은 종래의 속관 중심의 관모사 발전 과정에 대한 통시적 해석까지 고려해야 온전한 해석이 가능하다.

자연히 절풍 모양의 금제 속관의 분포는 신라 금관의 분포지를 넘

---

7) 제임스 프레이저, 金相一 옮김, 《黃金의 가지》, 乙酉文化社, 1975, 29~30쪽.
8) 박선희, 《한국 고대 복식-그 원형과 정체》, 지식산업사, 2002, 237~238쪽.

〈그림 7〉 룡산리 7호 무덤에서 출토된 해뚫음무늬 금동절풍

어선다. 평양 력포구역 룡산리 7호 고분에서 출토된 고구려 금동관과
(〈그림 7〉),[9] 익산 입점리 출토의 금동관이(〈그림 8〉) 그러한 보기이다. 이
것은 절풍형의 관모 전통이 한반도에 널리 일반화되었으며, 이것이 일본
에 미쳐 구무모토(熊本) 후나야마(船山) 고분의 금동관도(〈그림 9〉) 같은
유형을 이루고 있다.[10] 신라 김씨 왕계의 출현과 무관하게 형성된 우리
민족의 관모 전통이기 때문에 역사적 깊이와 지리적 분포를 한층 깊고
넓게 확보하는 것이다.

그러나 신라 김씨 왕조의 시조 신화인 김알지 신화를 반영하여 창
조된 금관의 겉관은 신라의 수도인 경주를 중심으로 집중적인 분포를 보

---

9) 평양 력포구역 룡산리 7호 무덤에서 발굴된 4~5세기 무렵의 금동관은 가운데 2겹의 원
형 속에 태양을 상징하는 삼족오(三足烏)가 투각(透刻)되어 있고, 삼족오 위쪽에는 봉황,
양쪽에는 용 두 마리를 정교하게 투각해놓았다. 최근에는 금동관의 일부로 보지 않고 일본
학자의 주장에 따라 피장자의 배게 마구리(양쪽 면)에 장식했던 금동판으로 보는 견해도
있다. 무늬의 내용이나 모양에서 신라 속관의 절풍 크기나 모양과 같은 것으로 볼 때 관모
로 보는 것이 옳다고 판단된다.

10) 김병모, 앞의 책, 그림 68과 69 참조.

〈그림 8〉 익산군 입점리 출토 금동절풍

인다. 속관과 달리 겉관의 금관은 적어도 5세기 이후 경주 지역을 중심으로 나타나고 있는 것이다. 그것은 금관이 신라 김씨 왕조의 정체성을 드러내는 계림국 왕관으로서 고유성을 지녔다는 중요한 증거이다.

따라서 선사시대부터 있었던 절풍의 전통과 깃털 장식을 이어받아 금제 속관이 형성되었다면, 속관의 구조적 문화적 한계를 극복하기 위하여 신라 김씨 왕조의 계림국을 나타내고 왕권의 신성성을 강화하기 위하여 김알지 신화의 세계관을 고스란히 반영한 것이 금관의 겉관이라 하겠다. 그러므로 관모의 역사적 전통성과 구조적 착용성, 문화적 상징성, 김씨 왕조의 신화적 정치성이 복합적으로 작용하면서, 마립간 시대에 비로소 신라 금관이 인류 문화사의 전면에 등장하게 되었던 것이다.

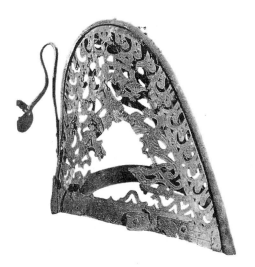

〈그림 9〉 일본 구마모토 후나야마 고분 출토 금동절풍

3. 신화와 암각화에서 발견되는 사슴뿔 전통

　금관의 형상과 의미, 역사적 배경과 문화적 맥락을 설명하면서 계림국의 국가 정체성을 드러내고 김씨 왕실의 신성한 왕권을 강화하기 위해 만들어진 왕관이 금관이라고 논리적으로 해석을 해도 고정관념에 사로잡혀 있는 사람들은 여전히 시베리아 무관의 사슴뿔에서 해방되지 못한다. 나는 이 책을 쓰기 전에 여러 논문들을 통해서 발표한 것 외에, 관련 학자들을 만날 경우 이와 같은 주장을 거듭 펼쳤다. 하지만 현장에서 수긍을 한 경우에도 정작 관련 논문을 발표할 때에는 어느 새 이전의 고정관념대로 사슴뿔 장식의 무관 기원설을 되풀이하기 일쑤였다.

　백번 양보하여 신라 금관의 '굽은 나무' 모양 세움장식을 사슴뿔이라고 하자. 그렇다고 하여 신라 왕실의 금빛 찬란한 왕관을, 예니세이 강유역의 소박한 무관의 사슴뿔에서 비롯되었다고 할 아무런 이유도 객관적인 근거도 없다. 왜냐하면 사슴이나 사슴뿔이 제의적 주술물로 섬겨졌다는 사실은 그 자체로 입증할 수 있다. 따라서 굳이 한반도 남단 경주에서 가장 멀리 떨어진 예니세이 강 유역에 남아 있는 19세기의 민속품에서 그 기원을 찾을 필요가 없기 때문이다.

금관은 경주 지역에 집중적으로 분포되어 있을 뿐만 아니라 무관보다 1,400년이나 앞선 5세기의 작품이다. 도저히 뛰어넘을 수 없는 시공간의 차이와 문화적 거리를 합리적으로 좁힐 만한 아무런 근거도 없다. 그리고 5세기 신라 왕관의 기원을 19세기 시베리아 민속품에서 찾는다는 것은 논리적으로도 모순일 따름이다. 샤먼의 철제 민속품이 왕실의 금제 관모로 전파될 수 없으려니와 고대의 발굴 유물의 기원을 근대의 생활용품 속에서 찾을 수도 없기 때문이다. 관모 문화 수준이나 역사적 선후 문제를 고려할 때 전파의 법칙에 전혀 맞지 않는다.

비록 금관의 세움장식이 사슴뿔이라고 하더라도 5세기 이전의 우리 문화 속에서 얼마든지 제의적 사슴에 관한 자료를 찾을 수 있다. 주몽 신화에서부터 사슴이 주술물로 등장할 뿐 아니라, 경주와 가까운 울산 지역 천전리(川前里) 암각화에도 사슴과 사슴뿔의 그림이 널리 그려져서 제의적 주술물 구실을 했던 사실을 보기로 들 수 있다. 특히 주몽 신화에 보면, 주몽이 비류국의 송양왕에게 항복을 받아내고 그 나라를 차지하기 위해 흰 사슴을 잡아다가 거꾸로 매달아놓고 주문을 외운 대목이 나온다. 이때 흰 사슴이 슬피 울어서 큰 비가 이레 동안 내리게 되므로 마침내 송양왕이 항복을 하게 되었다는 것이다.

주몽 신화의 '흰 사슴(白鹿)'은 박혁거세 신화의 '흰말(白馬)'이나 김알지 신화의 '흰 닭(白鷄)'과 같은 맥락에 있는 신성한 사슴이자 주술적인 동물이다. 그러므로 신라 금관의 장식을 굳이 19세기 시베리아 샤먼의 모자 정상에 꽂아둔 사슴뿔에서 비롯되었다고 무리한 연결을 짓지 않아도 좋다. 주몽 신화보다 더 오랜 선사시대의 유적에도 사슴을 숭배한 전통을 한반도 안에서 널리 찾을 수 있기 때문이다.

울산의 반구대(盤龜臺)와 천전리 암각화에는 뿔을 달고 있는 많은 사슴과 사슴의 머리 부분 그림이 보인다. 울산은 금관이 집중적으로 발굴된 경주와 상당히 가까운 지역이다. 특히 천전리 암각화 가운데 면각 중앙 부분 상단에 그려져 있는 사슴머리 부분의 그림 둘은 전신상을 그린 사람이나 동물의 그림보다 훨씬 클 뿐 아니라, 뿔과 머리의 형상이 세부적으로 자세하게 묘사되어 있는 것으로 보아 사슴탈로 짐작된다.[11]

사슴 사냥꾼의 변장탈이나 주술사가 쓰는 동물탈의 기능을 고려할 때, 사슴의 머리 부분 그림은 사슴의 전신상 가운데 일부로서 그린 것이 아니라 사슴뿔이 달린 사슴탈을 그린 것이라고 할 수 있다.[12] 그러므로 금관의 장식이 비록 사슴뿔이라고 하더라도 신성한 사슴을 제의적으로 섬기고 주술적으로 이용하던 전통은 선사시대의 암각화 유물에서부터 고구려의 건국 신화에 이르기까지 우리 문화사 속에서 충분히 해명될 수 있는 것이다.

특히 암각화가 그려져 있는 바위 주변은 선사시대 우리 선조들이 제의를 올리던 주술적 신성 공간이다. 따라서 시베리아 샤먼의 무관 위에 있는 사슴뿔보다 더 구체적이고 더 공동체적인 제의주술적 전통의 뿌리가 있다. 그러므로 5세기의 경주 금관을 19세기의 시베리아 무관에서 뿌리를 찾는 기상천외한 추론보다, 5세기 이전의 한반도 문화에서 사슴 숭배 신앙의 뿌리를 찾는 것이 훨씬 더 적절하다. 특히 반구대나 천전리 암각화는 경주에서 매우 가까운 울산지역에 있는 선사시대 문화 유적이며, 경주 석장동에도 암각화가 있다. 경주와 울산·포항·고령·영천 등은 한반도 암각화의 집중 분포 지역으로서 금관 분포 지역과 겹친다.

11) 임재해, 〈암각화를 통해 본 탈의 기원과 그 기능의 변모〉, 《民俗硏究》 7, 安東大學校 民俗學硏究所, 1997, 91~92쪽.
12) 같은 글, 92~97쪽에서 이 문제를 자세하게 다루었다.

수렵 생활을 하는 원시인들과 북미 원주민들은 사슴을 잡기 위해 사슴뿔이 달린 사슴가죽을 덮어쓰고 사슴의 무리들 가까이 접근하는 것이 일반적인 수렵방법이다.[13] 그리고 이러한 수렵 생활을 통해서 유사의 법칙에 입각한 유감주술이 체계화되고 마침내 사제자들은 사슴뿔이 달린 탈이나 사슴가죽으로 분장한 의상을 제의복으로 착용했을 가능성이 높다. 이러한 전통은 북미 원주민들 사이에 지금까지 남아서 전승되고 있다.[14]

프랑스 피레네 지역 구석기 시대 동굴 벽화에도 사슴뿔을 머리에 달고 사슴가죽을 입은 주술사 그림이 있다. 따라서 일반적으로 사슴뿔 달린 모자는 시베리아 샤먼뿐만 아니라 아메리카 원주민의 사냥꾼이나 기타 종족들의 사제자들도 썼던 것이다. 그러므로 만일 시베리아 무관의 사슴뿔을 두고 영향론을 펴는 것과 같은 예증과 논리로 문화의 기원을 추적한다면, 아메리카 원주민에게서도 금관의 원형을 찾아야 마땅하지 않을까?

금관의 뿌리를 샤머니즘의 무관에서 찾든 또는 사슴뿔의 주술적 상징성에서 찾든 우리 민족 문화의 전통 속에서 찾아야 할 것이다. 실제로 김열규의 시베리아 기원설이 발표되자, 유동식은 5~6세기의 우리 금관을 19~20세기 전후에 수집된 시베리아 샤먼의 도구에서 찾을 것이 아니라 오히려 현존하는 우리 무속의 유산에서 찾는 것이 더 바람직하다고 했다.[15] 그러나 아무도 그러한 작업을 하지 않았다.

---

13) Ruth Murray Underhill, *Singing for Power : The Song Magic of the Papago Indians of Southern Arizona*, The University of Arizona Press, 1993, 54~55쪽.

14) Jill D. Sweet, "The Beauty, Humor, and Power of Tewa Pueblo Dance", Charlotte Heth(ed.), *Native American Dance : Ceremonies and Social Traditions*, National Museum of the American Indian Smithsonian Institution, 1993, 84쪽. 아울러 88쪽의 그림 97 참조.

15) 柳東植, '討論', 金烈圭, 〈東北亞 脈絡 속의 韓國神話-金冠의 巫俗神話의 要素를 中心으로〉, 《韓國古代文化와 引接文化의 關係》, 韓國精神文化研究院, 1981, 321쪽.

고구려 고분벽화에는 사슴이 두루 보인다. 사냥도에서는 어느 짐승 보다 사슴이 가장 두드러진다. 사슴뿔을 단 것도 있고 그렇지 않은 것도 있다. 암수가 쌍을 이루고 있는 모습이다. 고구려 고분벽화 가운데 대표 적인 그림의 하나로 평가되는 집안의 무용총 사냥도를 비롯한 여러 벽화 의 "사냥도에서 가장 강조되는 부분이 사슴 사냥 장면"이다. 주몽 신화 에 흰 사슴을 거꾸로 매달아 제의를 올린 것처럼, "벽화 속의 사슴 역시 제의용 희생제물로 쓰이기 위해 사냥되고 있을 가능성이 높다"고 했 다.[16] 그러므로 사슴뿔을 시베리아 무관의 장식으로 편벽되게 해석하는 타자적 시각에서 벗어나, 우리 문화의 전통 속에서 주체적으로 이해할 필요가 있다.

더 중요한 것은 왜 사슴뿔 장식이 김알지의 후손들인 김씨 왕조의 계림국 왕관에 장식되어야 하는가 하는 문제는 전혀 다루지 않았다는 사 실이다. 김열규는 금관을 만든 사람들의 신화적 세계관과 금관이 반영하 는 신화적 우주론을 거듭 들먹이면서도[17] 그 논의의 틀은 시베리아 샤머 니즘의 범주를 결코 벗어나지 않는다. 더러 시베리아의 무목과 세계수를 거론하는 과정에 단군 신화의 신단수는 언급하면서도 김알지 신화의 계 림은 주목조차 하지 않는다. 신단수를 세계수와 같은 무목으로 해석하는 것은 잘못이다.

시베리아 문화의 세계수와 단군 신화의 신단수는 신성한 나무이긴 하되, 상당히 다른 의미의 나무이다. 알타이족의 무목(巫木)은 하늘을 떠 받들고 있는 우주목이자 세계수이다. 그리고 대지의 배꼽에서 움터 세계 의 심장부에 살고 있는 나무로서 지하의 샘이나 바다의 물을 하늘로 길 어올리는 구실을 하는 생명나무이다. 그러나 신단수나 계림 또는 당나무

---

16) 전호태,《벽화여 고구려를 말하라》, 사계절, 2004, 35쪽.
17) 金烈圭, 앞의 글, 300~301·309쪽 등 참고.

는 신격이 깃들어 있는 신성한 나무이되, 하늘을 떠받들고 있는 우주목이나 세계수 구실을 하지 않는다. 물론 샘물을 하늘로 길어 올리는 생명나무도 아니다.

시베리아 세계수는 하늘을 받치는 기둥이나 물을 빨아올리는 나무의 물리적 기능에 따른 상징성을 지녔다. 그러나 우리 신화 속의 신수들은 나무의 물리적 기능보다 신격이 깃들어 있거나 영웅이 출현하는 서식처 기능, 또는 생산 기능을 한다. 신단수나 계림은 모두 건국 시조 또는 성씨 시조가 하강하거나 출생한 나무이다. 부군당의 당나무나 서낭당의 당나무에도 고을이나 마을 수호신이 깃들어 있다. 마을과 고을, 나라를 개척하여 세우고 지켜주는 신격이 깃들어 있는 신수이자 신령한 존재의 집으로서 당나무·부군당목·계림·신단수 등이 전승된다.

알타이족의 무목은 하늘을 받드는 기둥이자 샤먼이 하늘에 오르는 사다리 구실을 한다. 그러나 우리 당나무나 신대는 신단수처럼 신격이 강림하여 깃들어 있는 신수이자 내림대이다. 계림도 김알지가 백계를 매개로 하늘에서 하강하여 깃들어 있는 신수이다. 따라서 어느 해석이든 금관의 나무 모양 세움장식들을 김알지 신화의 신성한 무대인 계림의 상징으로 풀이하는 것이 당연한데, 굳이 시베리아 무목이나 세계수로 풀이한다.

한마디로, 가장 중요하게 다루어야 할 신라 금관의 문화적 맥락과 현장성을 전혀 고려하지 않고 있는 것이 문제이다. 이런 식의 전파론적 영향론과 해체적인 방식으로 금관의 요소별 형상을 세계 도처의 문화 현상에서 찾아다가 줄긋기를 한다고 해서 금관의 본디 의미가 해명되는 것은 아니다. 왜냐하면 금관의 형상을 하나의 총체적인 구조물로 인식할 수 없게 만들 뿐 아니라 그 의미와 기능마저 해체해버리고 말기 때문이다. 게다가 시베리아 무관에서 나타나지 않는 금관의 고유한 요소들은 해석할 기회조차 얻지 못한다. 그러므로 신라 금관을 하나의 문화적 구조물이자 자족적 작품으로서, 특히 김씨 왕실의 왕권을 상징하는 왕관이라는 사실을 전제로 주목해야 한다. 생각을 가다듬어 신라 금관을 다시 들여다보자. 그러면 지금껏 놓치고 있었던 금관의 모습과 의미가 다시 보일 것이다.

제4장 김알지 출현의 계림과 금관의 문화적 전통

1. 계림국 신라의 상징과 '닭' 문화의 전통

신라 금관을 상징하는 구조물 나무와 곡옥, 새 가운데 아주 드물게 나타나는 것이 새이다. 나무와 곡옥은 살폈으니 새를 주목해보기로 하자. 서봉총 금관이라고 하는 진평왕 금관에만 새가 나뭇가지 끝에 앉아 있다. 그리고 양산 금조총에서도 금으로 만든 새 다리가 발견되었다. 이 새들은 일부 학자가 주장하는 것처럼 삼족오가[1] 아니라, 신성한 닭일 가능성이 높다. 금조총에서는 새 다리만 두 쌍 발견되었는데 모두 다리가 두 개이므로 삼족오가 될 수 없다. 온전한 새 모양을 하고 있는 것은 서봉총 금관뿐이다. 그러므로 이 금관의 새 장식을 통해서 새의 정체를 밝힐 수밖에 없다.

서봉총 금관의 새를 자세하게 보지 않아도 세 가지 특징이 쉽게 포

---

1) 金秉模,〈新羅金冠을 통해 본 神鳥思想과 神樹思想〉,《韓國民俗學報》4, 韓國民俗學會, 1994, 217~222쪽.

〈그림 1〉 진평왕(서봉총) 금관의 새　　　〈그림 2〉 고구려 금동관의 삼족오

착된다. 첫째, 깃이 꼬리 부분에 하나로 길게 뻗어 있고, 둘째, 머리에 볏
으로 생각되는 모양이 위로 돋아 있다. 그리고 나뭇가지에 앉아 있는 새
의 모습처럼 다리가 짧고 발은 아예 보이지 않는다. 그런데 삼족오 그림
은 어느 것이나 다리가 셋일 뿐 아니라 발가락도 셋인 상황을 잘 그려 두
었다. 그리고 두 날개와 꼬리를 합해 깃털도 한결같이 셋으로 분명하게
갈라져 있다. 날갯짓을 하는 모습에 가깝다. 삼족오는 태양을 운반하는
태양신으로서 기능을 하고 있다고 믿는 까닭이다. 그러므로 이 새가 삼
족오가 아닌 것은 분명하다.

　　그러면 서봉총 금관의 새는 어떤 새인가? 볏을 세우고 나뭇가지에
앉아서 깃을 길게 세우고 있는 새는 계림에서 알지의 출현을 알린 닭의
형상이라 할 수 있다. 금관을 장식한 나무들이 계림을 상징한다는 사실
을 떠올리면 자연히 그 나뭇가지에 앉아 있는 새는 계림의 어원이자 김
알지 신화의 중요 캐릭터 구실을 하는 닭이라고 하지 않을 수 없다.

　　그러면 왜 서봉총 금관에만 닭이 등장하는가? 서봉총 금관에만 닭이 등장하는 것은 아니다. 닭을 상징하는 조익(鳥翼), 곧 깃이 다른 금관에서도 두루 보인다. 금관총 금관이나 천마총 금관에는 절풍 모양의 속관 전면에 꽂았던 것으로 보이는 'V'자 모양의 새 깃 장식이 있다. 이 장식은 곧 하늘을 나는 새 곧 천계이자 백계를 상징하는 것이라 할 수 있다. 그런데 서봉총 금관은 절풍형 속관이 별도로 없다. 그 대신에 십자(十字)형 얼개가 있다. 따라서 그 얼개 위에 나뭇가지를 설치하고 가지 끝마다 새를 앉힌 것이다. 그 새가 바로 김알지 출현을 알린 닭이 아닌가. 시림이나 계림의 숲 이름은 모두 닭과 연관되어 있을 뿐만 아니라, 김씨 왕계의 시조인 알지의 출현도 닭의 울음소리에서 비롯되었기 때문이다. 그러므로 닭의 신화적 의미를 자세하게 들여다볼 필요가 있다.

　　닭의 울음소리는 시간적으로 처음을 가리킨다. 하루의 처음은 새벽이고, 일년의 처음은 정초이며, 세상의 처음은 태초이다. 왕실의 처음은 시조이다. 신성한 시작의 이야기를 담고 있는 신화에서 닭의 울음소리는 세상을 여는 의미를 한층 강화시킨다. 〈광야〉에서 "까마득한 날에／하늘이 처음 열리고／어데 닭 우는 소리 들렸으랴"고 했을 때 '까마득한 날'은 태초의 시간이며, '하늘이 처음 열리'는 때는 천지개벽의 창조 시간이다. 닭 울음소리가 신화적 시공간의 처음을 청각화하는 구실을 한다.

　　태초의 시간은 까마득하다. 아직 새벽이 닥치지 않은 암흑의 시간이자, 하늘과 땅이 열리지 않은 무질서의 공간이다. 따라서 시각적으로 무엇을 정확하게 인지할 수 없는 상황이다. 태초의 공간은 혼돈 상태이기 때문이다. 어둠과 혼돈을 극복하는 유일한 장치가 소리이다. 조물주가 말씀으로 천지를 지어낸 것처럼, 태초에 닭 울음소리가 어둠을 열고 혼돈의 상황을 질서화한 것이다. 신라 건국의 여명이 시작되는 것이다.

　　김알지 신화의 첫머리도 그러한 어둠의 시간과 혼돈의 공간에서 시작된다. 호공이 밤에 길을 가다가 시림 속에서 닭이 우는 소리를 들었다.

밤은 야음(夜陰)이다. 귀신이 활개치고 맹수들이 우글거리는 시간이다. 혼돈의 시간이기도 하다. 시림이라고 하는 숲은 사람들의 거주 공간인 마을과 달리, 자연 그대로의 공간이다. 시림이라는 한자말은 두 가지 뜻을 함축하고 있다. 시간적 개념으로는 태초의 숲을 뜻하며, 공간적 개념으로는 인간의 발자욱이 닿지 않은 혼돈의 원시림을 뜻한다.

무질서의 공간이자 어둠의 공간이 시림이다. 이름 그대로 원시림은 나무와 등걸과 잡풀들이 뒤엉켜 있고 그 속에는 온갖 짐승과 풀벌레들이 더불어 살아가는 혼돈의 세계이다. 깜깜한 밤중에 무성하게 우거진 숲 속에서 닭 울음소리가 들렸다는 것은 태초의 빛과 함께 새로운 역사가 창조되는 순간임을 알리는 셈이다. 과연 밝은 빛이 숲 속을 비추고 있고 자줏빛 구름이 하늘로부터 땅에 뻗쳐 있다. 그곳에 김씨 왕가의 시조 김알지가 금궤 속에서 모습을 드러낸 것이다.

닭 울음소리를 통해 하루의 새벽을 열고 어둠의 세상을 열어가듯이, 시림의 닭 울음소리는 국가적 여명을 뜻하며 건국의 초기 상황을 상징한다. 닭이 울고 나서 하늘이 열리고 태양 빛이 세상을 밝히는 것이다. 따라서 닭은 시작의 상징이자 빛을 불러들이며 혼돈의 어둠을 걷고 질서의 세상을 여는 존재이다. 그러므로 시림의 닭 울음소리와 더불어 김알지가 출현하고 신라 김씨 왕실의 기틀이 마련되며 비로소 계림국 신라의 국가 질서가 틀 잡히기 시작한 것이다.

닭 울음소리와 더불어 하늘로부터 시림 숲에 뻗쳐 있는 자주빛 구름은 두 가지 사실을 상징한다. 그 빛 속에 걸려 있는 황금궤는 하늘에서 보내준 신성한 성물(聖物)이라는 뜻이다. 그리고 황금궤 속에 든 아이는 아직 하늘의 탯줄에 연결되어 있는 갓난아이에 지나지 않는다는 사실이다. 수로왕 신화의 경우도 그 탄생 과정이 이와 비슷하다. 하늘에서 자주색 줄이 내려와 땅에 뻗쳐서, 그 줄 끝을 찾아보니 붉은 보자기에 금빛 상자가 싸여 있었고, 그 안에 든 황금알에서 수로가 탄생했다.

다만 김알지 신화에서는 알이 등장하지 않는다. 그러나 흰 닭이 나무 밑에서 울고 있었다고 하는 사실은 김알지 역시 난생(卵生)임을 말하고 있다. 수탉의 울음소리는 새벽을 알리지만, 암탉의 울음소리는 알을 낳았다는 것을 알린다. 신화적 질서 속에서 천계(天鷄)라 할 수 있는 흰 닭의 울음소리는 두 가지 구실을 모두 감당하고 있다. 모두 신화적 창조를 상징하는 소리이다. 그러므로 김알지의 탄생은 천손(天孫) 강림(降臨)의 요소와 난생의 요소를 함께 지녔다고 하겠다.

어둠 속에서도 하늘에서부터 자줏빛 구름이 밝은 빛을 띠며 금궤를 비추고 있었고, 그 금궤 안에 사내아기가 누워 있다가 곧 일어났다는 것은, 금궤 안의 아기가 하늘로부터 내려왔다는 사실을 분명하게 인식시켜 준다. 적어도 이 신화의 구조 속에서는 그러한 의도로 이야기되고 있는 것이 분명하다. 다만 금궤 속에서 나온 아기가 난생인가 하는 것은 닭이 울었다는 사실만으로 단정하기는 다소 무리일 수 있다. 닭의 울음소리는 여러 상황에서 가능할 뿐 아니라, 흰 닭이 반드시 암탉이라 할 분명한 증거가 없는 까닭이다. 따라서 난생의 증거는 더 찾아볼 일이다.

알지가 난생인 근거는 아이의 이름을 '알지'라고 했다는 데서 찾을 수 있다. '알지'라는 이름은 계룡(鷄龍)의 갈비에서 태어나서 입이 닭의 부리 모습을 한 '알영'과 비슷한 이름을 가졌다. 알영은 닭으로부터 태어났으므로 '알'이어야 하나, 예사 닭이 아닌 용닭 또는 닭용에서 태어난 까닭에 알의 과정을 뛰어넘었다. 다만 그 이름에 '알'을 나타내고 있을 따름이다. '알지'라는 이름도 같은 맥락에서 받아들일 수 있다. 알지가 난생이지만 알의 단계를 뛰어넘은 셈이다. 알지의 이름을 보면, 닭과 알지의 난생 문제가 더 구체화된다.

이처럼 박혁거세의 출현 시기부터 신라 왕실은 닭과 밀접한 연관성을 지니고 있다. 혁거세왕이 계정(鷄井)이라고 하는 닭우물과 관련하여 출현하고, 그 왕비인 알영부인도 계룡이라고 하는 신성한 닭용으로부터 태어나며, 그래서 입도 닭부리였던 것이다. 신라의 시작과 신성한 닭의 관계는 김알지 신화에서 한층 강화된다. 김알지의 출현을 알린 닭을 신성시 여겨서 숲 이름을 시림에서 계림으로 바꾸었을 뿐 아니라 아예 나라 이름까지 계림국으로 정하게 되었던 것이다. 그러므로 김알지의 등장 이후 신라는 닭과 숲이 중요한 국가적 상징이자 김씨 왕실의 아이콘으로 떠오르게 된다.

김알지 신화는 신라 김씨 왕가의 혈통을 보증하는 신성한 기능을 감당한다. 김씨 왕조에 의해 등장한 신라 금관도 김씨 왕가의 신성한 권위를 상징하고 강화하는 구실을 한다. 그러한 신성한 권위를 나타내는 세 가지 상징이 '숲'과 '아기'와 '닭'이다. 왜냐하면 계림이라고 하는 숲에서 신성한 닭이 울고 알지 아기가 출현했기 때문이다. 신라인들이 닭을 신성시 여기고 숭배한 것은 다른 자료를 통해서도 널리 확인할 수 있다.

《삼국유사》'귀축제사(歸竺諸師)' 항목에 "천축국 사람들은 해동의 신라 사람들을 '구구탁 예설라'라고 일컬었는데, 구구탁은 닭을 말함이요 예설라는 귀하다는 것을 뜻한다"고[2] 했다. 그리고 "신라에서는 닭의 신[鷄神]을 받들어 모시는 까닭에 그 깃을 꽂아서 장식을 한다"는[3] 기록도 있다. 속관 앞에 꽂는 큰 깃이 닭의 신을 상징하는 셈이다. '구구탁'은 '구구−'하고 닭을 부르는 소리나 '꼬꼬댁'하는 닭 울음소리의 의성어이다. 신라인들이 닭의 신을 섬겼다고 하는 것은 예사롭지 않다. 그러므로 김알지 신화의 흰 닭은 곧 신조(神鳥)이자 계신(鷄神)인 셈이다.

또 혜초가 쓴 《왕오천축국전(往五天竺國傳)》에 보면, 고대 인도사람들 또한 신라를 '닭의 나라'라고 했다는 기록이 있다. 송나라 정대창(程大昌)이 쓴 《견융계림조(犬戎鷄林條)》 기록에 《해외사정광기(海外使程廣記)》

---

2) 《三國遺事》第4, 〈義解〉第5, 歸竺諸師. "天竺人呼海東云 矩矩咤䃜說羅 矩矩咤 言鷄也 䃜說羅 言貴也."
3) 《三國遺事》第4, 〈義解〉第5, 歸竺諸師. "其國敬鷄神而取尊 故載翎羽而表飾也."

를 인용하여 "계림은 본래 닭의 종(種)이므로 고려 사람들은 닭을 먹지 않으며, 만일 닭을 먹으면 집안에 화가 있다고 하여, 마치 견융(犬戎) 사람이 개를 꺼리는 것과 같다"고 했다.[4] 송나라에서도 신라를 김알지 신화의 맥락에 따라 이해하고 있는 것이다. 그러므로 당시의 인도 및 중국 사람들까지 신라를 두고, '닭을 신성하게 섬기는 닭의 나라'로 인정하는 데 의견의 일치를 보인 셈이다. 그러므로 닭은 신라를 상징히는 긴요한 동물상이라 하지 않을 수 없다.

'계림'은 작게는 닭의 숲이라는 시림의 명칭이며, 크게는 김알지에서 비롯된 신라의 초기 국호이다. 그렇다고 하여 김알지 이후에 비로소 신라가 닭의 나라로서 그 정통성이 확립된 것은 아니다. 그 이전부터 그러한 문화적 전통이 형성되었던 것이다. 건국 시조인 박혁거세가 닭우물인 계정(鷄井)에서 알의 모습으로 태어났고 그 왕비 알영이 알영정에서 계룡의 몸으로부터 닭의 부리를 지니고 태어났으므로, 이때부터 계림국이라는 국호를 사용했다는 설이 있기 때문이다.

탈해 또한 알로 태어났다. 그래서 버려졌던 것이다. 결국 알지는 혁거세와 탈해로 비롯되는 난생의 요소와 계림국의 전통을 더욱 체계적으로 이어받은 셈이다. 닭은 어둠을 물리치고 여명을 여는 개벽의 상징이자, 인간과 귀신 또는 사람과 맹수가 분별없이 뒤엉켜 있는 혼돈의 상황을 질서화시키는 역사 창조의 상징이다. 새벽과 빛, 질서와 창조는 곧 새로움을 뜻한다. 새로운 벌판 '서라벌' 또는 '새벌'이라는 국호에서, 닭의 나라이자 동트는 새벽의 나라 '계림국'으로, 계림이 다시 새롭고 찬란한 빛의 나라 '신라'로 국호가 몇 차례 바뀌었지만, 닭은 동방에 자리 잡은 해뜨는 나라의 새로움과 밝음의 의미를 일관되게 함축하고 있다.[5]

4) 임재해, 《민족신화와 건국영웅들》, 민속원, 2006, 285~286쪽.
5) 같은 책, 228~229쪽.

닭은 여명을 알리는가 하면 탄생을 알리는 구실을 하는데, 결국 시림 속의 닭도 김알지의 출현을 알리고 계림국 신라의 김씨 왕조의 탄생을 알리는 구실을 했던 것이다. 따라서 계림을 상징하는 신라 금관에 날짐승 곧 새가 보인다면 그것은 까마귀가 아니라 닭이고 그 닭은 계림과 더불어 있어야 한다. 흰 닭이 계림에서 울었던 까닭이다. 더군다나 신라의 국호가 계림국이었다는 사실을 고려할 때 금관의 세움장식 나무에 앉아 있는 신성한 새는 닭이라야 맞아떨어진다. 그러므로 닭이 앉아 있는 나뭇가지 모양은 사슴뿔이 아니라 계림의 수풀을 이루는 나무들이어야 마땅하다는 사실이 다시 확인된다.

2. 시림의 김알지와 인간을 낳는 나무의 생산성

신라 금관의 장식은 단순한 나뭇가지를 꽂아둔 것이 아니라 신단수처럼 대지에 뿌리를 박고 살아 있는 나무이며, 나무로서 갖추어야 할 네 가지 요건들을 제대로 갖춘 온전한 나무일 뿐 아니라 김알지와 같은 건국 시조를 낳은 신성한 나무이다. 그것은 곰네가 신단수 밑에서 환웅에게 빌어 아기를 배고 출산하여 단군을 낳은 단군 신화의 상황과 구조적으로 일치한다. 실제로 성조무가와 같은 구전 신화에 "밥나무에 밥이 열리고 옷나무에 옷이 열리는" 것으로 노래되는가 하면, 아래와 같은 구비 전승 자료에도 같은 이야기가 관용적으로 구연된다.

옷나무에는 옷이 열고 밥나무에는 밥이 열고 깨끔나무에는 깨끔열고 국수 나무에는 국수 열고 이래 떡갈잎에 떡이 열고······.[6]

---

6) 김효신, 〈순산축원〉, 《교육학논총》, 1977.

옛날 밥나무서 밥 따고 옷나무서 옷 따고 입을 시절 하늘에서
사람이 하나 떨어졌는데, 그의 腎이 예순 댓말이 될 정도로 길었다.[7]

태초의 세계에서는 나무가 온갖 것을 다 생산하는 신성한 생명나무
로 간주된다. 실제로 나무는 인류가 출현하기 이전부터 모든 생명에게
먹을 것과 입을 것을 제공하는 주체이자 생명나무 구실을 했다. 옷나무
에서 옷을 따 입고 밥나무에서 밥을 따서 먹듯이 인간이 생존에 필요한
모든 것을 나무로부터 얻었던 것이다. 비록 나무가 직접 옷을 주거나 밥
을 주지 않았지만 나무로부터 입을 것과 먹을 것을 얻었던 것은 사실이
다. 따라서 나무가 없었다면 인간은 생겨날 수도 없지만 생겨났다고 하
더라도 생존이 불가능했던 것이다. 그러므로 나무와 숲은 인간을 낳아주
고 길러준 어머니 같은 존재라 할 수 있다.

실제로 인류 시조 신화에서 인간의 시조는 자동지생적(自動地生的,
autochthonous) 존재로 이야기되기 일쑤이다. 제주도 삼성신화의 주인공도
땅에서 솟아난 자동지생적 존재이다. 식물이 땅에서 싹을 틔우고 자라는
것이 한 보기가 되어 형성된 자동지생적 존재라는 신화적 신념이[8] 발전
되면, 나무가 생명을 주는 존재 곧 나무가 인간을 낳는 존재로 인식되기
도 한다. 그러한 신화적 인식은 우리 설화의 전통 속에서 다양하게 남아
있다.

천지 창조 신화나 인류 시조 신화 등과 같은 맥락에서 고려될 수 있
는 이야기로는 '목도령' 설화 또는 '밤나무아들 율범이' 설화를 들 수 있
다.[9] 이들 이야기를 원인론적 이야기(aetiological tale)라는 뜻에서 신화라고
하기도 하지만, 신성시되지 않는다는 의미에서 민담으로 다루기도 한다.

7) 임석재, 《임석재전집 3 : 한국구전설화》, 평민사, 1988, 230쪽.
8) Claude Lévi-Strauss, *Structural Anthropology*, Penguin Books, 1963, 216쪽.
9) 孫晉泰, 《韓國民族說話의 研究》, 乙酉文化社, 1948, 166~170쪽.

신화적 요소를 띤 민담으로 볼 수 있겠다. 이러한 이야기들은 어느 것이나 대홍수 이후에 유일하게 살아남은 나무 아들이 인류의 조상노릇을 했다는 인류 시조 신화의 성격을 지니고 있다. 이야기는 나무와 여성이 결합하여 아이를 잉태하는 데서부터 시작된다. 나무가 곧 인간의 아버지인 것이다.

손진태가 보고한 '목도령' 설화는, 선녀가 하늘에서 내려와 큰 계수나무 밑에서 놀다가 나무의 정기에 감응하여 잉태를 하고 낳은 것이 목도령인데, 뒤에 큰 홍수가 나서 세상사람들이 다 죽었을 때 계수나무의 도움으로 물 위에 떠서 살아난 목도령이 인류의 시조가 되었다는 이야기이다. 그리고 '밤나무아들 율범이' 설화는, 처녀가 들에 가는 길에 밤나무 밑에서 오줌을 누다가 밤나무의 정기를 받아 아들 '율범'이를 낳았는데, 이 율범이 목도령처럼 인류의 조상이 되었다는 이야기이다.[10] 이처럼 목도령이나 율범이와 같은 나무의 아들이 인류의 조상 노릇을 했다는 것은 나무가 생명의 원천이라는 신화적 인식과 통한다.

삼성신화처럼 최초의 인간이 땅 속에서 솟아났다고 하는 이야기도 생명의 근원을 땅에서 나는 나무나 풀에 근거를 두고 있다는 점에서 서로 통한다. 단군과 김알지가 나무 아래에서 태어나고 삼성시조들도 나무나 풀처럼 땅 속에서 솟아나듯이, 목도령과 율범이는 한층 적극적으로 나무의 정기를 직접 받아서 나무의 아들로 태어난 것이다. 결국 나무는 사람을 잉태시키는 능력을 지니고 있는 것을 믿는 셈인데, 출산 민속에도 이러한 믿음이 여러 모로 나타난다.

출산을 했을 때 대문에 금줄을 치는데, 이때 금줄에는 반드시 소나무 가지를 단다. 평안도에서는 금줄을 달지 않고 소나무 가지만 문에 꽂거나 소나무 가지 묶음을 그냥 문 옆에 놓는다. 여기서 소나무 가지는 금

---

10) 같은 책, 같은 쪽.

줄과 함께 아기의 출산을 상징하는 민속적인 기호체계이다. 이러한 상징
은 소나무의 생명력과 연관되어 있다. '목도령' 이야기와 같이 소나무는
사람을 잉태하는 힘도 지니고 있다. 아이를 낳지 못하는 부인이 소나무
에 축원하면 아이를 얻을 수 있다고 하거나, 소나무 가지가 세 갈래로 뻗
은 것을 안으면 아기를 밸 수 있다고 하는 속신들은[11] 모두 소나무의 생
명력을 믿기 때문이다. 소나무는 다른 나무들과 달리 사철 푸르다는 사
실이 이러한 속신의 대상으로 선택되는 원인이 되었을 것이다.

　나무의 생명력을 인정하고 신화적 영웅들의 출현을 나무와 연관시
켜 이해한 것은 나무에 대한 생명인식에서부터 비롯된 것이다. 나무는
사람보다 쉽게 나고 자랄 뿐 아니라 더 오래도록 생명을 유지한다. 사람
이 나기 전부터 이미 거대하게 성장한 고목들이 있었으며 사람이 노쇠하
여 죽게 되어도 고목은 여전히 생명력을 지속한다. 더군다나 인류 멸망
의 공포로 여기고 있는 대홍수가 일어나도 나무는 문제가 없다.

　사람처럼 물에 잠기지도 않을뿐더러 급류에 휩쓸려 뿌리가 뽑히더
라도 나무는 물 위에 떠다닐 수 있기 때문이다. 사람들이나 짐승들조차
나무에 매달리면 살아날 수 있다. 나무는 홍수에 휩쓸린 사람을 구해주
는 구조대 역할을 한다. 따라서 나무는 생명력의 주술적 상징이자 생명
이 깃들 수 있는 생명공간의 실체인 것이다. 대홍수 설화와 더불어 목도
령 설화를 주목했을 때, 나무를 인간생명의 구원자로 설정하여 이야기한
우리 설화의 내용은 상당히 독특하다. 신단수와 계림처럼 나무가 신화에
서 중요한 존재로 인식되는 사유세계와 연관되어 있다.

　나무는 새 생명의 근원이자 생명을 상징하는 구체물이다. 따라서
《설문해자》에 보면 날 '생(生)' 자는 작은 나무를 형상화하는 데서 비롯

---

11) 安榮姬, 〈솔의 語源考〉, 《亞細亞女性硏究》 10, 숙명여대, 1970, 244쪽. 이 글에는 소나무
　에 관한 논의 외에 나무 일반에 관한 논의도 자세하게 해두었다.

되었다. 땅에 나무가 자라는 모습이 곧 생명의 시작이자 모든 생명이 살아가고 있는 모습을 상징하는 것이다. 나무가 잘 자라고 숲이 조성된 공간은 생물종 다양성이 살아 있는 까닭에 생태학적으로 건강한 곳이자 생명이 번식하는 생산공간이다. 나무도 풀도 없는 황무지에서 생명이 비롯될 수 없다.

단군과 알지도 나무 아래서 잉태되고 출산되었다는 것은 신화적 상상력과 이러한 생태학적 인식에서 비롯된다. 따라서 나무 아래나 숲 속은 태초의 공간으로서 역사적 의미를 가지기 시작하는 세계의 기원이자 인류 시조의 출현이며 국가의 질서가 처음 열리기 시작하는 신성공간이기도 하다. 풀밭에 의존하는 유목민들의 사유와 달리, 나무와 숲을 생명 상징으로 신성시하는 것이 농경민으로서 우리 민족의 세계관적 전통이라 할 수 있다.

나무로부터 생명이 비롯되었다는 암시는 '목도령' 이야기에서 생생하게 구체화되었다. 나무는 사람을 잉태시키는 능력을 갖추고 있다고 여기며, 인류 시조의 근원을 나무에 두고 있다. '목도령' 이야기에 따르면 목도령 자신이 나무의 자손이자, 오늘날 살아 있는 인류는 모두 목도령의 후손이거나 아니면 목도령의 은혜를 입은 사람들이다.

환웅이 신단수 밑에 신시를 베풀어 나라를 세우고 곰네가 신단수 밑에서 단군을 낳아 기르듯이, '목도령' 설화에서는 하늘에서 하강한 선녀가 계수나무 밑에서 놀며 나무의 정기를 받아 잉태하고 그 나무 아래에서 목도령을 낳아 길렀다. 계수나무와 선녀, 목도령은 아버지와 어머니, 아들의 단란한 가족관계를 이루는 한편, 하늘의 천상적인 존재와 땅에 뿌리박은 존재, 그리고 지상적인 존재로서 작은 세계 또는 소우주를 형성하고 있으므로, 신단수나 계림의 신화적 상징과 만나는 것이다.

계림도 김알지의 출현 공간에 머물지 않는다. 신라를 지탱하고 보호하는 나라숲이자 국호로서 나라 그 자체이기도 하다. 따라서 계림의 나무들은 환웅이 신시를 베푼 신단수와 다름없다. 신단수와 계림에서 태어난 인물이 모두 건국 시조와 같은 대단한 구실을 한다. 계수나무도 선녀에게 아기를 배게 했을 뿐만 아니라, 목도령이 자라서 마침내 인류의 시조가 된다. 계수나무가 낳은 목도령이 인류의 시조라고 여기는 것은 나무가 생명을 낳는 주체라고 여기는 신념의 반영이다. 그러므로 계림에서 알지 아기가 출현했다고 하는 김알지 신화도 별난 이야기가 아니라, 단군 신화와 목도령 설화 등 우리 서사문학의 전통 속에 놓여 있는 것이자 나무를 생명의 근원으로 믿는 민족적 사유의 세계 안에 귀속되는 것이다.

3. 신단수의 전통과 계림의 건국 기능

김알지 신화에는 이러한 세계관이 더 구체화되어 있다. 혼돈과 어둠을 극복하고 질서와 광명의 세계를 열어가는 신화적 생명활동이 한결같이 나무 또는 숲과 연관되어 전개될 뿐 아니라, 숲이 나라를 중흥시키는 영웅의 배출 공간이자 국가적인 상징물로서 대표성을 획득하고 있는 것이다. 그런 까닭에 고조선의 국호를 신단수(神檀樹)라고 하는 나무이름을 본받아 단국(檀國)이라 일컫듯이, 신라 또한 나라 이름까지 숲 이름을 고스란히 따와서 계림국이라 했던 것이다. 그것은 곧 나무의 생명성과 숲의 신성한 기상을 건국 시조의 생명성과 나라의 상징으로 삼고자 한 까닭이다.

따라서 김알지 신화의 계림은 마을숲과 같은 소박한 차원의 것이 아니라, 나라숲이자 건국의 숲이며 우주의 숲으로서 신성하게 여긴 것이다. 그런 까닭에 계림이 금관의 세움장식으로 형상화되어 신라 왕실의 권위를 상징하게 되었다. 생명나무들이 금관에 세움장식으로 셋 또는 다섯 그루가 모여 있는 것은 신성한 숲 시림을 나타내는 것이자 계림국의 건국상황을 상징한다. 태극기가 한국을 상징하는 문양이자 아이콘이듯이 계림의 형상은 신라를 상징하는 문양이자 아이콘인 것이다. 그러므로 여러 그루의 나무로 이루어진 신라 금관은 계림, 곧 신라를 상징하는 것이며, 김씨 왕가의 신성한 왕권을 형상화한 왕관으로서 고유한 독창성과 신화적 의미를 지니고 있는 것이다.

금관을 다룬 기존 연구에서 김알지 신화를 주목했으나, 신화는 신화대로 금관은 금관대로 제각기 다루었기 때문에 신화적 세계관과 금관의 형상이 어떤 관계 속에 있는가 하는 것은 밝혀내지 못했다. 금관이 알타이계 북방 민족으로부터 전래되었다는 전파론적 전제 때문에, 엄연히 신라 건국 신화는 난생 신화의 성격이 강한데도 천손 신화라는 전제 아래 북방계 민족과 문화의 이동 결과로 인식하는 데 머물렀다. 난생 신화라고 하면 신라 금관은 남방계의 것으로 해석해야 하는 까닭이다.

금관의 형상을 통해 그 원류를 찾으면서, 정작 금관의 형상과 신화의 관계는 주목하지 않고 다만 신화의 주인공 이름만 금과 연관지어 해석했을 따름이다. 《삼국유사》나 《삼국사기》의 기록을 부정하면서 알타이어를 끌어다가 김알지의 이름이 금을 뜻하는 것이라는 주장을 되풀이했다. 김알지의 어원 연구든 금관의 형상 연구든 먼저 자기 언어와 자기 문화의 현장 속에서 해석하려는 노력이 있어야 한다. 그렇게 노력해도 정확하게 풀리지 않을 경우에는 이웃 문화나 이웃나라의 말도 참조할 만하다. 그런데도 전파론적 편견 때문에 오히려 금관과 김알지 신화가 놓여 있는 우리의 문화적 상황과 언어학적 근거를 배제하는 것은 물론 우리 사서의 역사적 기록까지 부정하는 잘못을 저질렀다.

전파론적으로 신라 신화나 금관을 이해하더라도 전파 경로에 따른 분포가 확인되어야 한다. 천손 신화와 금관의 분포 또는 전파 경로를 문제 삼는 논의에서도 북방 민족의 천손 신화는 단군 신화에까지 연결시키면서 신라 금관은 고조선까지 연결시키지 않는다. 시베리아 기원설에 몰입되어 있는 상상력으로는 생각이 미치지 않기 때문이다. 만일 시베리아 샤먼의 천손 신화와 금세공 기술이 김알지 신화와 금관에까지 전파되어 영향을 미쳤다고 한다면, 역사지리학적으로 중요한 전파 경로에 있는 고조선의 단군 신화는 천손 신화로 존재하는데, 그에 해당하는 금관은 고조선에 존재하지 않는다는 사실을 주목해야 한다. 금관의 북방 전래설을 주장하면서 정작 금관은 빼놓고 천손 신화를 근거로 단군 신화와 김알지 신화를 예증 삼아 전파 경로를 입증하려드는 것은 무리가 아닐 수 없다.

비록 김알지 신화가 천손 신화로서 단군 신화와 같은 계통으로 서로 전파관계에 있다고 하더라도 신라 금관을 고조선의 금관 또는 북방계 다른 금관과 전파 경로를 입증하지 못하면 금관의 기원을 신화와 같은 맥락에서 전파론을 주장하기 어렵다. 왜냐하면 김알지의 이름이 알타이어로 금을 뜻하고 단군은 그와 무관하다면, 고조선에 금관이 있다고 해도 단군 신화 이래의 고조선은 알타이의 금관 문화와 상관이 있다고 하기 어려운 까닭이다.

그런데도 천손 신화라는 동질적 요소를 들어 신라 금관이 북방의 알타이 민족에서 온 것이라면, 결국 알타이 문명권의 금관 문화는 북방의 시베리아 지역으로부터 한반도로 들어왔으되 한반도 북방의 넓은 영토를 차지했던 단군 신화계의 고조선을 지리적으로나 역사적으로 뛰어넘고 있는 셈이다. 따라서 계속의 준거를 고려하면 전파론을 인정하기 어려운 상황이다. 게다가 문헌 사료는 고구려와 옥저, 부여 등은 물론 신라도 고조선의 후예이자 단군의 계승자라고 기록하고 있다. 《제왕운기》의 전조선기(前朝鮮紀)에는 물론 한사군급열국기(漢四郡及列國紀)에도 이들 나라와 신라를 다스린 사람들은 모두 단군의 후손이라고 밝혀두었다.[12] 물론 여기서 말하는 단군은 고조선의 건국 시조로 한정하는 것이 아니라 고조선의 역대통치자를 말하는 것이다.[13]

결국 신라 사람들이 바로 고조선의 후예들인데도 학자들은 신라인의 혈연적 고향을 고조선에서 찾지 않고 시베리아의 북방 민족에서 찾는다. 단군 신화와 김알지 신화도 천손 신화라는 이유로 북방 신화에서 비롯된 것처럼 주장한다. 따라서 신라 금관의 뿌리도 고조선시대를 무시하고 고구려 지역을 뛰어넘어 시베리아에서 찾는 것이다. 이러한 비약적 추론을 하지 않고 전파론을 제대로 펴려면, 시베리아·알타이가 아닌 고조선과 신라 금관의 연관성을 밝히는 것이 더 합리적이다. 왜냐하면 신라를 일으킨 사람들은 시베리아 사람들이 아니라 고조선의 유민(遺民),[14] 곧 단군의 후예들이기 때문이다. 그러므로 금관 문화를 이어받아도 시베리아가 아닌 고조선의 것을 이어받는 것이 자연스럽다.

그런데 고조선에는 금관이 없다. 시베리아에도 샤먼의 무관은 있어도 신라 금관과 같은 금제 왕관은 없다. 금관의 뿌리를 밝히는 데 가장 중요한 근거는 신화도 민족도 아닌 금관 자체이다. 고조선에는 금관이 없어도 금관의 모태가 될 만한 복식과 관모 장식이 보인다. 고조선 사람들은 기원전 25세기부터 금관의 세움장식에 달린 '움' 모양이나 달개 모양과 같은 장식단추를 모자와 옷 등에 달았을 뿐만 아니라 그와 같은 모양으로 귀고리를 만들어 착용했다.[15] 그리고 고조선 중기의 유물에는 금관의 세움장식과 같은 모양의 나무 그림이 있는 청동편이 출토되었다.[16] 그리고 3~4세기 무렵에는 고구려에서도 금제 나뭇가지에 나뭇잎 모양

---

12) 《帝王韻紀》卷下,〈前朝鮮紀〉. "檀君據朝鮮之惑爲王, 故尸羅 高禮 南北沃沮 東北夫餘 濊與貊皆檀君之壽也."

13) 尹乃鉉,〈고대 한겨레의 활동영역 – 북방대륙과 관련하여〉,《韓國民俗學報》4, 한국민속학회, 1994, 232쪽.

14) 《三國史記》卷1,〈新羅本紀〉第1. "先是 朝鮮遺民 分居山谷之間 爲六村."

15) 박선희,《한국 고대 복식 – 그 원형과 정체》, 지식산업사, 2002, 270~274쪽. 이 책에서는 '움' 모양을 '복숭아' 모양이라고 일컬었다.

16) 같은 책, 274~276쪽 참조.

의 달개를 단 관모 장식이 발견된다.[17]

이러한 장식물의 형상은 북방 민족으로부터는 찾을 수 없는 것으로서, 고조선 이래 한민족 고유의 양식이다. 따라서 관모사를 추적한 박선희는 신라 금관의 양식이 고조선과 고구려 문화를 계승해 창조적으로 발전시킨 신라의 독창적인 것이라고 해석한다.[18] 건국 시조를 출현시킨 신단수의 전통이 계림으로 이어진 것처럼, 신라 금관의 세움장식 형상에는 계림만 투영되어 있는 것이 아니라 신단수의 문화적 유전자도 내포되어 있다. 그러나 김알지 신화가 없다면 신라 금관은 그러한 형상으로 창출되기 어렵다. 그러므로 김알지 신화는 신라 금관 창출의 결정적인 원천 구실을 했다고 하겠다.

비록 고조선의 금관에서 신라 금관의 뿌리를 찾기는 어렵다고 하더라도, 신성한 나무나 숲을 기반으로 하여 건국 시조와 같은 영웅이 출현한다는 사유체계는 서로 같다고 하겠다. 따라서 단군 신화와 김알지 신화는 줄거리 내용은 서로 다른 것처럼 보이나 그 기저에 깔린 전통적 세계관은 상당히 일치한다. 김알지 신화의 무대인 계림의 세계상 속에 단군 신화의 신단수 유전자가 강고하게 지속되고 있는 것이다. 신화적 사유야말로 문화 창조의 원천이다. 신화적 세계관의 유사성은 민족 문화의 동질성을 담보한다.

신화의 문화 창조 기능을 인정한다면, 신화적 유사성과 상관없이 금관의 어떤 양식이 다른 지역의 그것과 비슷한 요소가 있다고 하여, 이를 근거로 원류를 추정하는 데는 많은 문제가 있다는 사실을 절감하지 않을 수 없다. 따라서 수만 리나 떨어진 다른 나라의 발굴품이나 잔존문화와 연관지어 금관을 전파론적으로 해석하고 그 원류나 찾아보려는 선

---

17) 같은 책, 276~279쪽 참조.
18) 같은 책, 292쪽.

행 연구들을 비판적으로 문제 삼는 것이다. 우리 문화의 전통과 범주 속에서 동시대에 공존하던 민족 문화유산의 고유성과 유전인자들을 포착하는 가운데 금관을 그 자체로 해석하는 것이 학술적으로 훨씬 바람직한 일이다.

제5장 우리 '말' 문화의 전통과 천마 숭배 사상

1. '말' 문화의 전통으로 읽어야 할 천마의 상징

천마총에서 금관과 함께 발굴된 천마도도 우리의 말 문화 속에서 해석되어야 마땅하다. 하지만 그동안 천마도 해석은 사슴뿔이나 새의 해석처럼 여전히 다른 나라 말 문화를 근거로 해석되고 있다. 천마는 그리스 신화에 나오는 말 페가수스와 같은 것으로, 또는 시베리아의 통치자나 샤먼의 말과 같은 것으로 주목되는 것이 그러한 보기이다.[1] 천마가 신라 문화의 유산 속에서 해석되지 못하고 그리스와 시베리아의 전통 등 다른 문화권의 천마 속에서 그 상징을 찾는 것은 결국 시베리아 샤머니즘의 범주 속에서 이해하려는 과정에 지나지 않는다.

실제로 코벨 교수는 신라의 무당 왕이 시베리아 샤먼의 모자를 본받아 금관을 썼듯이, 천마총의 천마도 그러한 영향 아래 존재하는 것으로 해석한다. 샤먼왕을 지상에서 하늘나라로 실어다 주는 시베리아 샤머

---

1) 존 카터 코벨, 김유경 엮어옮김, 《한국 문화의 뿌리를 찾아》, 학고재, 1999, 66~69쪽.

니즘의 영향으로 천마총이 형성되었다고 보는 동시에, 신라의 왕을 샤먼 왕으로 간주하는 중요한 근거로 금관과 함께 말 숭배를 드는 것이다. 그러므로 "천마는 바로 신라 금관의 무늬가 유래한 곳으로부터 온 것"으로[2] 규정한다.

따라서 천마총에서 나온 천마도의 백마는 무속 신앙을 지녔던 왕의 말로 간주하고, 왕이 죽은 뒤에 이 백마가 왕을 태우고 무속적 세계관의 여러 하늘로 날아오르리라는 것을 상상하여 그린 것으로 해석된다.[3] 신라 문화를 시베리아 샤머니즘과 끊임없이 연결짓는 한 으레 천마총의 백마도 시베리아 무속의 영향으로 보게 마련이다.

그러므로 "샤먼왕을 천계에 실어다주는 '신성한 흰말인 천마'에 대한 숭배는 시베리아 무속의 중요한 부분이었으며, 5세기 신라고분에서도 그 존재가 입증되었다"고 단정한다. "백마는 일종의 피부 색소 결핍에서 오는 것인데 전체가 눈같이 흰 백마는 아주 드물다"고 한다. 그러면서 백마 숭배는 6세기 이후에 소멸된 것 같다고 추정하는 것이다.[4]

이러한 주장은 어느 것이나 즉흥적이고 단편적인 착상에 지나지 않는다. 왜냐하면 백마를 신격으로 섬기는 신앙은 아직도 여러 마을에서 널리 전승되고 있을 뿐 아니라, 신화 속의 우리 백마는 지상의 샤먼을 하늘나라로 싣고 가는 존재가 아니라 하늘의 신성한 존재를 지상으로 싣고 오는 존재이다. 박혁거세 신화의 백마가 그러한 보기이다. 따라서 방법론적 자각 없이 비슷한 것끼리 줄을 그으니 그때마다 다른 민족의 문화들과 연결을 지어 어느 것도 설득력을 얻기 어려운 해석에 빠지게 된다.

이를테면, 아프가니스탄에서 출토된 금동관과 백제 금관 사이에 줄을 그을 때에는 페르가나의 적토마에서 천마의 원류를 찾다가, 이제 신

---

2) 같은 책, 61쪽.
3) 같은 책, 71쪽.
4) 같은 책, 72쪽.

라 금관을 해석할 때는 다시 시베리아 샤먼의 천마에서 그 원류를 찾는다. 한반도에서 6세기부터 백마 숭배가 소멸되었다고 하면서 20세기 일본에서는 여전히 그 숭배가 지속된다는 견해도[5] 사실과 다르다. 백마상과 백마도를 그려두거나 쇠나 돌, 흙 등으로 조형된 마상을 신격으로 섬기는 전통은 아직도 마을 신앙에 널리 남아 있다.[6]

신라 문화를 전적으로 시베리아 샤머니즘의 문화로 보고 신라 왕을 곧 샤먼왕이라는 전제 아래, 지금까지 나타난 문화 현상이나 연구자의 지식 정보에 걸리는 자료들을 무분별하게 연결지어 해석하는 까닭에 해석의 오류는 필연적이다. 전래설에 골몰하여 세기도 뛰어넘고 대륙도 가로지르니 비약적인 주장을 할 수밖에 없다. 자연히 우리 신화 속에 나타나는 천마나 우리 문화 속에 나타나는 말고기 금기 같은 것은 아예 거론조차 되지 않는다. 시베리아 샤머니즘에서 말은 샤먼을 지상에서 하늘로 운반하는 구실을 하지만, 우리 신화에서 백마는 천상적인 존재를 지상으로 태우고 오는 구실을 한다.

따라서 박혁거세 신화에서도 "이상한 기운이 마치 번개빛처럼 하늘에서 땅에 드리우고 백마가 꿇어앉아 절을 하는 시늉을 하고 있어서, 사람들이 가 보았더니 붉은 알 한 개가 있었는데, 말이 사람들을 보자 길게 울면서 하늘로 올라갔다"고[7] 서술하고 있다. 땅에 드리운 번개빛이나 다시 하늘로 올라간 말의 행위를 고려할 때, 흰 말은 곧 천마이며, 혁거세 또한 천손임을 알 수 있다. 당신화에서도 백마는 신성한 말로 섬김의 대상이 된다. 전남 고흥군 봉래면 나로도 신금마을 서낭당의 당신은 백마

---

5) 같은 책, 76쪽. "한반도에서 일본으로 건너간 한국인들이 무속신앙의 속성을 지닌 '성스러운 말' 숭배를 일본에 전파한 것은 확실한 사실"로 간주하고 있다.

6) 장정룡, 〈江原道의 馬信仰考〉, 《韓國民俗學》 18, 民俗學會, 1985 및 표인주, 〈민속현상에 나타난 말(馬)의 상징성〉, 《比較民俗學》 9, 比較民俗學會, 1992, 197~222쪽에서 이와 관련한 내용을 자세하게 다루었다.

7) 《三國遺事》 卷1, 〈紀異〉 第1, 始祖 赫居世居西干.

이다. 당신화 일부를 옮겨보면 다음과 같다.

> 밤마다 마을 뒷산 호암산에서 백마가 마을 안산으로 뛰어내리
> 는 괴이한 일이 생겼다. 주민들은 백마가 나타나는 것이 마신(馬神)을
> 모시라는 신의 계시로 알고, 백마의 상을 조각해 당에 모시고 제사를
> 지내기 시작했다.[8]

충남 부여군 은산별신굿 신화에도 백마가 등장한다. 한 신선이 백
마를 타고 나타나서 억울하게 죽은 병사들을 잘 매장해 달라고 부탁하여
은산별신굿이 시작된 것이다. 이때 백마는 모두 신격이거나 신이 타는
대상이다. 천마총의 천마도의 말이 백마인 것은 물론, 속초시 대포동 외
옹치 서낭당에도 성황신과 더불어 백마 그림이 모셔져 있다. 말이 일반
적으로 신성한 존재인데, 특히 백마는 더욱 신성하고 영험한 존재로서
신격이거나 신승물(神乘物)로서[9] 천마 또는 신마와 같은 존재이다.

백마의 이러한 문화적 맥락을 모르면, 코벨처럼 백마는 한갓 색소
결핍증을 지닌 희귀한 말로 해석된다. 앞에서 거듭 보기로 든 것처럼 우
리 신화에 등장하는 신성한 동물들은 천마를 비롯하여 닭과 사슴이 모두
백마(白馬)와 백계(白鷄), 백록(白鹿)이라는 사실을 알지 못한다. 주몽 신
화의 흰 사슴, 박혁거세 신화의 흰 말, 김알지 신화의 흰 닭이 모두 천상
에서 하강한 신성한 동물이거나 하늘에 기도를 드리는 데 쓰이는 주술적
인 동물로 고려되고 있는 문화적 맥락을 알게 되면, 천마총의 천마도 우
리 문화의 신성동물 가운데 하나라는 사실을 포착할 수 있다.

백마와 백계는 모두 신화의 주인공이 하늘로부터 지상에 하강하는
것을 돕는 신성한 수행자이자, 그 주인공이 바로 천손이라는 사실을 알

---

8) 표인주, 앞의 글, 202쪽.
9) 같은 글, 204쪽.

리는데 결정적인 구실을 한다. 백록은 천손인 주몽이 하늘에 기도하여 강우를 쏟아지게 하는 주술물 구실을 한다. 따라서 이러한 흰 동물의 문화적 위상과 신화적 상징을 고려한다면, 천마총의 흰 색 천마를 굳이 시베리아 샤먼의 백마 숭배에 연결시키지 않아도 박혁거세 신화의 백마와 현재까지 여러 지역에서 전승되고 있는 당신화의 전통 속에서 그 문화적 행방을 찾을 수 있다.

2. 기마 문화의 보편성과 말고기 금기의 독자성

전파주의적 연구경향은 우리 문화의 형성을 다룰 때마다 일정한 굴레가 되고 있다. 경주 문화의 형성을 주목한 김택규의 연구를 보면, 신라 문화는 세 갈래 경로를 통해 들어온 것으로 정리된다.[10] 하나는 몽골과 북부시베리아를 거쳐 초원의 길로 들어온 황금 문화 및 무교(巫敎) 문화이고,[11] 둘은 중국 화북(華北) 지역을 거쳐 황토의 길로 들어온 불교 및 유교 문화와 잡곡농사 문화이며,[12] 셋은 중국 화중(華中) 지역을 거쳐 바다의 길로 들어온 벼농사 문화이다. 이 연구의 가장 큰 문제 역시 신라시대 경주 문화의 자생성이나 토착성을 고려하지 않아서, 결과적으로 경주 지역 토착 문화를 설정하지 않았다는 점이다. 경주 문화는 모두 외래문화로 구성되었다고 보는 것이다.

---

10) 金宅圭, 〈유라시아 대륙의 문화경로와 경주문화〉, 《새 千年의 微笑 − '98慶州世界文化 國際學術會議 論文集》, '98慶州世界文化엑스포 組織委員會, 1998, 269쪽.

11) 김병모, 《금관의 비밀 − 한국 고대사와 김씨의 원류를 찾아서》, 푸른역사, 1998. 초원의 길을 통해 샤머니즘, 곧 무교 문화와 기마·수렵 문화가 들어왔는데, 그 상징이 금관을 상징으로 하는 황금 문화라는 것이다(金宅圭, 같은 글, 267쪽에서 재인용)

12) 金宅圭, 같은 글, 267쪽에 따르면, "서쪽 황토의 길은 주로 중국 대륙 화북(華北)의 길로, 이른바 비단길의 동방연장선상"으로 보고 있다.

경주는 북부시베리아 샤먼과 다른 굿 문화를 가지고 있을 뿐 아니라, 무교 문화와 함께 들어왔다고 보는 기마 문화(騎馬 文化)나 수렵 문화도 보편적인 것이어서 굳이 초원의 길을 통해 유입된 문화라 하지 않아도 좋다. 서로 영향 관계는 인정하더라도 자생적으로 형성된 우리 문화의 설정 위에서 주목되어야 할 문제이다. 따라서 나는 샤머니즘이라는 말 대신에 굿 문화라는 말을 쓰고자 제안한 터이다.[13]

굿을 샤머니즘이라고[14] 보면 굿은 시베리아 지역 소수민족 토착 종교의 전파나 영향에 의한 한갓 아류로 인식되기 쉽다. 우리 굿은 시베리아 샤먼들의 종교의식과[15] 다를 뿐 아니라, 전남지역의 단골무나 동해안의 세습무들은 샤먼의 성격과 다른 무당들이다.[16] 풋굿이나 풍물굿, 두레굿처럼 무당 없는 굿도 널리 전승된다. 따라서 샤머니즘의 테두리 속에서 굿을 보면 우리 굿과 세습무들은 샤머니즘에 해당되지 않는 기이한 것이 될 수 있다.[17]

다시 말해서, 경주 지역을 비롯한 우리 굿 문화는 독자적 체계를 지니고 있다. 강신무의 경우에도 시베리아 샤먼들처럼 굿을 하는 과정에

13) 임재해, 〈굿문화의 정치적 기능과 무당의 정치적 위상〉, 《比較民俗學》 26, 比較民俗學會, 2004, 233~297쪽.
14) 조흥윤, 《巫와 민족문화》, 민족문화사, 1990, 89~123쪽에 한국의 굿과 시베리아의 샤머니즘에 관한 자세한 논의가 있다.
15) 엘리아데, 文相熙 옮김, 《샤아머니즘》, 三省出版社, 1977, 51쪽의 "샤아머니즘은 엄격하게는 엑스터시의 원초적 기술"이라는 정의를 근거로, 샤먼의 영혼이 몸을 떠나 하늘나라나 지하 세계로 여행을 하는 망아의 황홀경 상태를 샤머니즘의 가장 기본적인 특징으로 파악한다.
16) 金仁會, 《韓國巫俗思想研究》, 集文堂, 1987, 246쪽. "흔히 한국 무속을 샤머니즘(shamanism)이라고 부르는 경우가 있지만 적어도 동해안 지역이나 호남 지역의 무속을 놓고 볼 때는 샤머니즘이라는 명칭과는 성격상 거리가 있는 것이 사실이다."
17) 임재해, 〈굿문화에 갈무리된 자연친화적 사상〉, 서울대학교 환경계획연구소, 《한국의 전통생태학》, 사이언스북스, 2004, 170~175쪽.

샤먼의 영혼이 몸을 떠나 하늘나라나 지하 세계로 여행하지 않고, 오히려 조상신이나 몸주신이 무당에게 내릴 뿐 아니라, 동해안 별신굿을 하는 무당들은 학습에 의해 무당이 되는 세습무로서 독자성을 지니고 있다. 그리고 신들린 무당이나 대물린 무당과 상관없이 예사 사람들이 풍물굿이나 두레굿을 하는 민중굿이 널리 전승되고 있다.[18] 민중굿의 주체는 예사 마을사람들이다. 일꾼들이 주체가 되어 풍물을 치며 마을굿과 두레굿, 풋굿, 지신밟기굿을 하고, 광대나 아전들이 주체가 되어 농촌별신굿이나 관아의 당굿을 하는 것이다.[19] 그러므로 이들 굿은 샤먼이나 무당과 무관한 공동체굿인 것이다.

북반구 초원지대의 무교 문화뿐만 아니라 수렵 문화나 기마 문화도 전파에 따르지 않은, 경주 지역의 자생적 독자성을 주목해야 한다. 우선 어느 민족이든 고대 사회에서는 사냥과 같은 수렵 문화를 자생적으로 갖지 않은 경우가 없다. 그러나 이것은 문화의 발달 단계에 따른 일반적 현상이지, 문화의 전파에 따른 특수한 현상이 아니다. 그러므로 비슷한 문화만 있으면 영향 관계로 보려고 하는 전파론적 사고의 선입견을 극복하지 않으면 인류 문화의 보편성조차 이해할 수 없게 된다.

기마 문화도 마찬가지이다. 말이 있는 사회에는 기마 문화가 있게 마련이다. 낙타나 코끼리가 있는 지역에서 그것을 탈 것으로 이용하듯이, 말이나 소가 있으면 그것을 탈 것으로 이용하는 것이 당연하다. 사막에서는 낙타가, 밀림지역에서는 코끼리가 중요한 탈 것이다. 초원 지역에서는 말이 중요한 탈 것이듯이 농경지역에서는 소도 중요한 탈 것이다. 티베트와 같은 지역에서는 야크가 많이 있어서 야크를 탈 것으로 이

---

18) 주강현, 《굿의 사회사》, 웅진출판, 1992. 여기서는 무당이 참여하지 않는 풍물굿만 다루었다.
19) 임재해, 〈굿의 주체를 통해 본 굿의 양상과 현실인식〉, 《한국무속학》 1, 한국무속학회, 1999, 129~138쪽에 이 문제를 자세하게 다루었다.

용할 뿐 아니라, 야크우유와 야크털을 식품과 카페트 재료로 널리 이용한다. 이 가운데 말은 가장 고대부터 가장 광범위하고도 보편적인 인류의 탈 것 노릇을 했다.

고구려 고분벽화에도 온통 말 타는 그림이다. 고구려 문화에서 이미 기마 문화의 전통이 찬란하게 성립되었다는 사실을 알 수 있다. 더군다나 기마 문화는 박혁거세 신화에 등장하는 백마와, 천마총에서 나온 천마를 고려할 때, 굳이 초원의 기마 문화의 유입에 의한 것으로 보지 않아도 좋을뿐더러, 초원 지역의 기마 문화와 다른 독자적인 천마 문화를 창출하고 있다는 사실을 확인할 수 있다.

우리 민족은 말을 신성한 동물로 여기며 섬기는 까닭에 말고기를 금기식품으로 여기는 독자적 전통이 있다. 몽골의 초원에서는 말을 탈 것으로 이용하는 데 머물지 않고 말고기를 먹을 뿐 아니라 말젖을 발효시켜 아이락이라고 하는 마유주(馬乳酒) 문화를 누리고 있다. 개고기 먹는 것을 비상으로 여기는 유럽 사람들도 말고기를 즐긴다. 미국은 물론 가까운 일본에서도 말고기 요리가 있다. 우리나라처럼 말고기를 금기식품으로 여기는 나라는 아주 드물다. 그러므로 같은 말 문화라도 초원지대나 몽골의 문화와 우리 문화는 크게 다르다.

3. 천마 숭배 사상과 용마 신앙 전통의 고유성

박혁거세 신화의 백마나 천마총의 천마상, 동신 신앙의 각종 마상(馬像)들은 세계적인 말 문화 속에 놓여 있으면서, 우리의 말 문화로서 독자성을 지니고 있는 것이다. 말 문화는 북반구 초원 지역은 물론 동서양을 막론하고 오랜 문화적 전통을 이어가며 세계적인 보편성을 지니고 있다. 그러나 경주 지역의 천마 문화는 몽골 지역 기마 문화와 구별되는 독자성이 있다. 그 자체로 기마 문화와 다를 뿐 아니라, 신화와 고분벽화로 전승되고 있다. 기마 문화는 사람들이 말을 잡아타고 수렵과 전쟁을 하며 빠르게 이동하는 승마 문화이다. 다시 말해서, '사람이 타는 말'로서 인간이 주체가 되고 말이 도구가 되는 셈이다.

그러나 천마 문화는 말이 주체가 되어 사람을 태우고 운반한다. 박혁거세 신화를 보면, 백마가 신화의 주인공을 지상으로 태우고 왔음을 알 수 있다. 하늘에서 번개빛이 드리워진 곳에 백마가 엎드려 절하고 있었을 뿐 아니라, 6촌 촌장들이 찾아가서 그곳을 살펴보자 백마는 길게 울고는 하늘로 올라갔다. 이처럼 하늘을 자의적으로 오르내리는 백마는 곧 천마이다. 천마는 하늘에서 박혁거세를 알의 형태로 지상에 운반해 온 주체이다. 알이 백마를 잡아타고 왔다고는 할 수 없지 않는가.

우리 옛말에도 '장수 나고 용마 난다' 또는 '용마 나고 장수 난다'는 말이 있다. 우리나라 지명이나 고유명사에 용마가 아주 흔하다. 용마 문화가 널리 전승되고 있는 증거이다. 용마는 하늘에서 내려온 천마이자 하늘을 자유자재로 날아다니는 천마이다. 장수 설화에도 장수가 용마를 잡아타는 것이 아니라, 용마가 장수를 보필하기 위해서 스스로 나타난다. 천마와 용마 사상은 서로 맞닿아 있다. 자기가 태우고 다닐 장수가 죽었다는 사실을 알면 용마도[20] 죽거나 하늘로 올라가버린다(〈그림 1〉).

이러한 용마 관련 전설은 전국적인 분포를 보이며 《한국구비문학대계》에도 25편 정도 수록되고 있다. 아기장수와 더불어 나타난다는 점에서 알과 함께 나타난 박혁거세 신화의 백마와 맥을 같이 한다. 이때 용마도 백마로 이야기될 뿐 아니라 하늘을 날아서 오르내리는 천마와 같기 때문이다. 따라서 천마 문화는 곧 용마 문화로 일반화되어 널리 전승되며 구체적으로 용마 전설을 통해 확인된다. 그러므로 기마 문화와 다른

---

20) 용마가 때로는 백마로 이야기된다는 점에서도 박혁거세 신화와 같다.

〈그림 1〉 천마총의 천마도

천마 문화는 말고기 금기와 더불어 우리 민족 고유의 전통이라고 할 수 있다.

천마총의 천마 그림도 박혁거세 신화의 천마와 같은 맥락 속에 있다. 백마인데다가 사람이 타고 있지 않다. 하늘로 날아오르는 천마가 그려져 있어 고분 이름을 천마총이라 부르게 되었는데, 벽화가 없는 신라 고분에서 이 그림은 특별한 의미를 지니고 있다. 흰말이 하늘을 날아오르는 그림일 뿐 아니라 왕관과 함께 나왔다는 점을 고려하면 박혁거세 신화의 천마를 형상화한 것으로 짐작된다. 그러므로 고구려 고분에서 흔히 보이는 기마그림과도 상당히 다른 것이다. 이를테면, 무용총(舞踊塚)의 수렵도(狩獵圖)나 기마도(騎馬圖)를 보면 한결같이 사람이 말을 타고 달리는 모습이다. 사람이 타지 않은 말이 그 자체로 공중을 나는 천마의 형상은 보이지 않는다.

물론 하늘을 나는 말이 다른 나라에 전혀 없는 것은 아니다. 대표적인 것이 그리스 신화에 등장하는 천마 페가수스이다. 그러나 페가수스는

〈그림 2〉 페가수스

경주의 천마와 두 가지 점에서 차이가 있다. 하나는 형상의 차이로서 천마에는 날개가 없는데 페가수스에는 날개가 있다. 다시 말해서, 우리 천마는 용마이기 때문에 날개 없이 하늘을 난다면, 페가수스는 새 말이기 때문에 반드시 날개가 있어야 하늘을 날수 있다(〈그림 2〉).

둘은 내용에 관한 차이로서 천마는 박혁거세나 아기장수와 같은 신성한 인물을 운반하는 주체인데, 페가수스는 아테네 여신으로부터 황금 고삐를 받아 쥔 벨레로폰의 날쌘 탈것으로서 객체에 머문다. 다시 말해서, 하늘을 나는 초월적 능력은 천마와 다르지 않지만, 고삐 없이 스스로 신성한 인물을 천상에서 지상으로 태우고 오는 박혁거세의 천마에 비해서, 벨레로폰의 천마는 황금 고삐를 쥔 인간의 통제를 받는 한갓 탈것으로서 존재한다. 그러므로 페가수스는 비록 하늘을 나는 천마라고 하더라도 사람이 주체가 되는 기마 문화의 범주에 머물 따름이다.

신라의 천마나 용마는 인간의 통제를 벗어난 천상적 존재이다. 인간세상을 구원하는 진인출현설처럼, 위대한 영웅과 함께 천마가 신승물로 등장하는 것이다. 하늘이나 신격이 주체가 되는 천마사상을 지녔다고 하겠다. 따라서 신성시하는 말을 식용으로 삼을 수 없다. 이것이 말고기 금기 문화의 바탕이다.

박혁거세 신화에서 천마는 하늘과 땅을 이어주는 신성한 말로서 천신의 사자(使者) 구실을 한다. 따라서 신성한 말을 잡아먹는 일은 상상하기 어렵다. 천마 숭배 사상을 지녔기 때문에 말고기를 먹지 않는 전통이 성립되었다. 그런데도 코벨은 경주 금령총에서 출토된 기마인물형 토기를 근거로 "제물로 희생된 말의 피를 받아 깔때기 같은 잔에 채우고" 사제자가 이를 마셨을 것으로 추론한다.[21]

초기 시베리아 무속에서 말의 종교적 중요성을 파고들어가 본다면 그 결말은 실로 압도적인 것이다. 어떤 무속 의례에서는 말을 제물로 바쳐 죽인 뒤에 의례의 하나로 그 피를 받아 마시는 과정이 있다. 사람들이 제물인 말을 잡아 그 피를 그릇에 받으면 의례를 집전하는 샤먼 혹은 가장 중요한 위치의 누군가가 의식의 하나로 그 피를 마셨을 것이다.[22]

만일 이것이 무교 제의의 한 양식이고 신라 문화가 전적으로 이 무교 문화에 입각해 있었다면, 오늘날의 무교 전통은 아니더라도 민속 문화 속에서라도 그 자취가 남아 있어야 한다. 민속에서는 말을 제물로 바치기는커녕 아예 말고기를 먹지 않는다. 소와 돼지는 무당굿에서는 물론

---

21) 존 카터 코벨, 앞의 책, 134쪽.
22) 같은 책, 133쪽.

일반적인 제의에서도 제물로 널리 쓰고 음복도 하지만, 말은 그런 사례가 없다. 신화에서처럼 신성한 동물로 공동체 제의에서 숭배의 대상이 될 뿐이다. 다시 말해서, 말이 신앙의 대상물로서 숭배가 되긴 해도 다른 신격을 위해서 희생제물로 바쳐진 사례나 전통은 찾아볼 수 없다.

오히려 무교 문화의 전통이라 할 수 있는 동신 신앙 속에서 말을 동신으로 모시고 섬기는 전통은 다양하게 남아 있다. 철마(鐵馬)나 석마(石馬), 토마(土馬) 형태의 마상(馬像)을 서낭당에 모셔두고 해마다 동제를 올리는 것이다.[23] 고대신화에서 현재의 동제에 이르기까지 말은 영험적인 존재이자 신이 타고 다니는 신승물(神乘物)이고 신의 대변자이며 신적인 존재로 신격화되어 온 것이다.[24] 용마 전설과 용마 신앙도 마당(馬堂)의 동신 신앙과 만난다. 현재 동제의 대상으로 섬겨지는 당나무의 전통이나 산신 숭배의 전통을 단군 신화의 신단수와 아사달의 산신으로 좌정한 단군에서 찾는다면, 말을 동신으로 섬기는 전통은 박혁거세 신화의 천마에서 찾을 수 있다.

당나무를 베거나 그 가지를 꺾는 것이 금기시 되는 것처럼, 말을 동신으로 섬기는 사람들이 말고기를 먹을 까닭이 없다. 말고기가 금기식품인 것은 말을 신성한 동물로 섬기는 오랜 전통 속에서 형성된 것이다. 인도사람들이 소를 숭배하는 까닭에 쇠고기를 먹지 않는 것과 같은 이치이다. 따라서 천마총의 천마는 우리 신화와 무교 문화의 전통 속에서 얼마든지 해석될 수 있고 또 그렇게 해석될 때 온전한 천마 이해가 가능하다. 왜냐하면 말을 희생 제물로 바치고 말을 잡아 그 피를 마셨다는 시베리아 무속의 문화는 우리 문화적 전통과 여러 모로 맞지 않기 때문이다.

우리는 경주의 금관 문화와 더불어 천마 문화의 독창성을 주체적으

---

23) 장정룡, 앞의 글, 115~129쪽.
24) 표인주, 앞의 글, 216쪽.

로 포착하는 가운데 신라 문화의 자생성과 토착성을 변별력 있게 포착하는 연구가 긴요한 상황이다. 신라시대 경주 사람들이 그렸던 '천마 문화의 상상력'이 시베리아 초원 지역의 '기마 문화'와 어떻게 다른 독자성이 있으며, 유럽 지역의 '페가수스의 천마'와 무엇이 같고 다른가 하는 사실을 분석할 수 있어야 한다.

이러한 문화적 분별력과 비교문화적 문제의식은 경주 문화의 독자성을 드러내고자 하는 문화적 긍지 때문이 아니다. 자기 문화의 독자성에 대한 긍지와 자부심이 내적인 것에 머물지 않고 외적으로 나타날 때에는 문화적 교만으로 빠지게 된다. 그러면 다른 문화를 지배하는 정복 문화를 낳게 된다. 이와 반대로 사실과 다르게 문화의 북방 전래설을 일반화하여 민족 문화의 뿌리를 한결같이 시베리아 샤머니즘에서 비롯된 것으로 기어코 끌어다 붙이려는 것은 문화적 종속을 자처하는 일이다. 시베리아 북방 민족이나 몽골족, 중앙아시아 여러 민족 가운데 어느 민족도 강요하지 않는데도 우리 스스로 우리 문화는 당신네 문화에서부터 비롯되었다고 자진해서 복속하는 연구를 하는 것은 사대주의적 전래설에 만족하는 식민지 지식인의 초라한 모습이라고 하지 않을 수 없다. 그러므로 우리는 금관 문화든 천마 문화든 민족 문화로서 고유성과 독창성을 통해 문화적 정복도 문화적 종속도 아닌 대등한 문화 소통의 길을 모색해야 할 것이다.

따라서 신라 사람들이 창출한 천마 문화의 독자성을 인식하는 것은 초원을 중심으로 형성된 유목민족의 기마 문화와 그리스 에게해를 중심으로 형성된 페가수스 문화와 소통하기 위한 것이다. 우리가 민족 문화를 독자적으로 인식해야 소통의 길이 열린다. 서로 다른 문화도 같은 것으로 얼버무리고 독창적인 문화도 종속적으로 해석하는 한 문화 교류의 길은 차단된다. 같은 문화라면 굳이 교류할 필요도 없고 서로 주고받아도 교류라 할 수도 없기 때문이다. 그러므로 경주 지역 금관 문화와 천마 문화의 독자성을 애써 분별해내는 것은 문화적 우월성을 드러내고자 하는 것이 아니라, 서로 다른 문화의 개성을 인정하고 저마다 문화 창조의 주체라는 사실을 자각하는 가운데, 문화 다양성을 공유하고자 하는 열린 문화 의식에 따른 것이다.

　지금까지 여러 연구에서 드러난 것처럼, 경주 문화는 초원·황토·바다 등 여러 경로를 통하여 다양한 외래문화와 교섭해왔다는 사실도 중요하다. 예사 지역과 달리 오랜 수도였기 때문에 국제적 문화 교류가 빈번할 수밖에 없는 까닭이다. 문화 교류는 외래문화를 받아들이는 문화 이식 활동에 머물지 않는다. 우리 문화도 교류 상대인 외국에 전해주게 마련이다. 문화 교류는 문화를 서로 주고받는 것이다. 신라가 시베리아와 중앙아시아 또는 유라시아 지역 여러 민족들과 교류하면서 경주 문화를 전해준 것은 무엇일까 하는 것도 적극적으로 연구해야 한다. 왜 우리 문화가 일본 문화에 영향을 미쳤다는 주장만 하고 북방 여러 민족에 영향을 미쳤다는 사실에는 관심을 기울이지 않는가? 그러므로 우리 문화는 모두 외국에서 들어온 것이라는 주장만 일방적으로 펴는 것은 문화 교류의 의미도 모를 뿐만 아니라 자기 문화에 대한 주체적 인식조차 하지 못한 결과이다.

제5부

전파론적 비교연구와 금관 해석의 문제

제1장 비교연구의 준거와 고대의 '새' 숭배 문화

1. 자료의 동질성 원칙과 '새' 토템 전통

비교연구는 다른 민족의 서로 비슷한 문화를 찾아 줄긋기 하는 작업이 아니다. 기원론과 관련한 비교연구는 사실상 전파주의에 터잡고 있다. 문화의 보편성과 특수성을 포착하기 위한 비교연구는 문화상대주의에 바탕을 둔 것이다. 전파론적 비교연구도 문화의 송신자와 수신자 사이에서 문화를 전달한 매개자와 매개 경로를 체계적으로 입증해야 설득력을 지니며, 기원론 또는 원류론으로서 과학성을 획득한다.

문화상대주의적 비교연구는 이러한 전파론에 매몰되어 있지 않다. 서로 다른 지역에 비슷한 문화가 있다고 하더라도 선후와 우열을 따지는 전파론이나 진화론에 의한 것이라기보다 서로 영향을 받지 않고 독립적으로 발생한 것으로 보고 모두 대등한 문화로서 상대적인 가치를 인정한다. 따라서 이 비교연구는 두 문화의 같고 다른 점을 분석하여 문화의 보편성과 특수성을 포착하는 한편 그 원인을 여러 모로 밝히는 것이 긴요한 과제이다.

그동안의 금관 연구는 한결같이 시베리아 여러 지역의 관모와 견주어 기원론을 펼치고 의미 부여를 하고자 한 까닭에 동질성만 찾아서 전파론적 비교연구를 하는 데 머물러 있었다. 그러면서도 송신자와 수신자 사이에 존재하는 매개자와 매개의 지리적 경로를 정확하게 입증하지 못하고 있다. 시공간의 비약에 의한 막연한 추론 때문에 억지 줄긋기 작업과 무리한 기원론이 학계에 일방적으로 통용되어 왔다. 한마디로, 무엇이든 시베리아 샤머니즘 문화에서 비롯된 것이라고 하면 정답으로 인정되었다. 이러한 현상은 비교연구의 방법론적 원칙이나 논리적 일관성이 전혀 고려되지 않은 탓이다.

신라 진평왕 금관으로 밝혀진 서봉총 금관의 새를 설명하기 위해 고구려 고분벽화에서 태양신을 상징하는 삼족오를 끌어들이고, 시베리아 샤먼의 까마귀 이야기를 끌어들인 것이 좋은 보기이다. 그리고는 "신라의 새는 아마도 까마귀였을 것이며, 그 까마귀는 신라 왕에게 생명을 주었다가 왕이 죽자 그의 영혼을 다시 천계로 가지고 돌아가는 영조(靈鳥)"라고[1] 했다. 신라는 계림국으로서 신라의 새는 닭이라는 사실이 사료에 두루 나타나 있는데도 모른 척하고 엉뚱한 주장을 하는 셈이다.

시베리아 샤머니즘으로 신라 금관을 설명하기 위해 진평왕릉 출토의 금관을 까마귀 토템으로 주장한 것이다. "한국인에게 새는 무슨 의미가 있었을까?"라는 의문을 제기한 뒤에, "고구려 고분벽화에 보면 해의 상징으로 세 발 달린 까마귀가 태양 속에 그려져 있다"는 사실을 근거로, 왕을 상징하는 "동물로 까마귀가 등장한 것은 고대한국인과 새와의 관계를 설명하는 매우 중요한 자료"라고[2] 하면서 "시베리아 샤먼의 출생에는 까마귀 토템이 있다는 사실"을[3] 잠깐 거론하고는, "시베리아 원주민

---

1) 金秉模, 〈新羅金冠을 통해 본 神鳥思想과 神樹思想〉, 《韓國民俗學報》 4, 韓國民俗學會, 1994, 221쪽.
2) 같은 글, 217쪽.

들의 까마귀 토템이 고대 한국인들에게 깊이 퍼져 있었"다는 결론을[4] 이 끌어내는 것이다.

이러한 결론을 이끌어내기 위하여 국내에서는 신라와 고구려, 고대 한국인을 분별 없이 대상화하며 신라 금관과 고구려 고분벽화도 가로지 른다. 그리고 국외에서는 북부시베리아에서 내몽골, 카자흐스탄의 알마 아타 지역, 일본 등지의 새들을 다 동원한다. 그러면서도 신라 금관과 고 구려금관의 대비 검토나 신라 고분벽화와 고구려 고분벽화의 관련성은 논의조차 하지 않는다. 영향론을 다루든 같고 다른 점을 분석하든 두 문 화를 견주어 해석하는 비교연구의 원칙을 알지 못하는 까닭이다.

비교연구의 기본은 알타이나 몽골의 비슷한 자료나 낱말을 찾아서 우리 것과 관련성을 찾는 작업이 아니다. 문화양식의 동질성과 역사적 시점의 동질성, 기능의 동질성, 공간적 동질성을 고려한 과학적이고 치 밀한 비교 자료의 확보부터 이루어져야 한다. 비교 대상으로 삼는 자료 의 동질성을 확보하지 않으면 이러한 관련성을 근거로 원류론을 주장하 는 것은 무의미한 작업이기 때문이다. 금관의 경우 이러한 자료의 동질 성을 근거로 비교연구를 하고 있는가 살펴보자.

첫째, 문화양식의 동질성을 근거로 비교연구를 해야 한다. 신라 금 관의 비교연구는 고구려 금관이든 시베리아 금관이든 금관이라고 하는 같은 문화양식을 구체적인 대상으로 삼아야 한다. 그렇지 않으면 최소한 관모로 한정해야 한다. 그런데 금관은커녕 관모도 아닌 곳에 나타나는 다양한 문화양식과 새의 관련성을 찾고 있는 것이 문제이다. 금관의 여 러 요소 가운데 극히 일부인 새를 다른 지역의 어떠한 문화양식이든 가 리지 않고 찾아 나선다면, 어느 문명권이든 새가 없는 곳이 없으므로, 금

---

3) 같은 글, 221쪽.
4) 같은 글, 222쪽.

관은 세계 도처의 문화양식과 연관되어 있다는 엉뚱한 해석에 이를 수 있는 것이다.

둘째, 역사적 시점의 동질성을 고려해야 한다. 신라 금관의 비교연구는 같은 금관이나 관모라 하더라도 같은 시기의 것을 대상으로 비교를 해야 한다. 전혀 시기가 다른 문화를 두고 비교연구하는 것은 역사성이나 발전을 인정하지 않는 무리한 비교에 해당된다. 특히 전파론적 관점에서 영향을 펴는 경우 시대의 선후가 문제될 수 있는데, 이때는 문화의 발생지에 있는 금관이 시대적으로 앞서야 하고 더 고형이어야 한다. 그런데 금관은 5세기의 유물이 분명한 사실인데도 금관의 원류라고 하는 시베리아 샤먼의 관은 19세기 이후의 유물이다. 다시 말해서, 19세기의 시베리아 샤먼의 관이 5세기에 만들어진 신라 금관의 원류라는 것이다. 그러므로 비교연구의 상식조차 갖추지 못했다고 하지 않을 수 없다.

셋째, 기능의 동질성이다. 신라 금관의 비교연구는 금관이 왕관이라는 기능을 고려하여 다른 민족의 경우도 왕관을 대상으로 비교해야 한다. 그런데, 지금까지 금관과 비교한 시베리아나 몽골, 중앙아시아 지역의 자료들에서 왕관은 거의 찾아볼 수 없고, 기껏 무관이 문제되거나, 아예 다른 기능을 하는 양식의 자료들만 거론되고 있는 것이다. 금관이 시베리아에서 왔다면 시베리아 왕관과 견주어 동질성을 찾아야 할 뿐 아니라, 언어적 유사성을 문제 삼을 때도 다른 말이 아니라 '왕관'을 일컫는 말이 시베리아어와 연결되어 있어야 하는 것이다.

넷째, 공간적 동질성이다. 비교연구의 대상이 되는 자료가 어느 곳에 있든 공간적 동질성을 지녀야 한다. 한·일 비교연구나 한·몽 또는 한·중 비교연구를 할 때, 대상이 되는 국가나 지역이 지리적으로 두 공간에 한정되어야 한다. 한·몽 비교연구를 하면 공간적으로 한국과 몽골 지역으로 한정해야 비교연구가 가능하다. 금관 연구의 경우 이러한 공간적 동질성이 지켜지지 않고 있다. 금관은 신라시대 경주 지역으로 상당히 한정되어 있는데, 이와 관련하여 비교하는 대상은 시베리아의 광활한 지역에 두루 퍼져 있는 것은 물론, 몽골과 카자흐스탄, 아프가니스탄 등 지까지 끌어들여 모든 유라시아 대륙을 대상으로 하고 있다.

이처럼 공간적 동질성을 지키지 않고 세계 도처의 어느 문화양상이 든 두루 대상으로 삼아 그 문화적 동질성을 거론한다고 하여, 금관의 기 원이나 원류가 밝혀지는 것은 아니다. 왜냐하면 이 방법은 영향이나 전 파를 다루는 비교연구 방법이 아니라 인류 문화의 보편성을 다루는 통문 화적(cross-cultural) 방법이기 때문이다. 그러므로 이러한 논의는 인류 문 화가 어떠한 성격을 가지고 있는가 하는 문화일반의 해명에는 도움이 되 지만, 금관의 기원처럼 특정 문화의 기원을 해명하는 데는 아무런 기능 을 할 수 없다.

특히 기원 연구에서도 역사적 시기를 밝히는 것이 아니라 지리적 공간을 밝힐 때는 구체적인 장소를 특정해야 의미가 있다. 그런데 금관 의 기원으로 설정한 장소와 민족은 수 없이 많다. 따라서 막연하게 시베 리아 기원설을 주장할 뿐, 딱 부러지게 어느 지역 어느 민족으로 확정하 지 못한다. 그러므로 시베리아 전래설을 인정하게 되면 금관 제작자는 사실상 세계적인 혼성 모방의 천재라고 해야 할 것이다.

비교연구의 방법론에 따라 비교하는 대상의 자료적 동질성을 근거 로 따져보면, 금관 연구는 여러 요건들 가운데 어느 하나도 제대로 지켜 진 것이 없다. 따라서 연구 방법상의 오류는 물론 자료 동원의 오류도 심 각하다. 그런 까닭에 신라 금관을 설명하면서 (1) 신라 문화의 현장은 제쳐두고, (2) 우리 고대 사서의 기록을 전적으로 부정하며, (3) 우리말 의 전통을 인정하지 않는 가운데, (4) 불확실한 알타이어와 시베리아 까 마귀 토템에 귀속시켰다. 그 결과, 시림(始林)에서 시조의 출현을 알린 김 알지 신화의 '흰 닭'과 박혁거세의 왕비인 알영부인의 닭부리 등 신라 고 유의 닭 문화는 외면함으로써, 기어코 신라 금관 문화의 독자성을 부정하고 시베리아 기원설을 입증하려고 무리한 논거를 제시한 셈이다.

2. 새 숭배의 문화적 보편성과 신라의 닭 숭배

새를 신조(神鳥)로 숭배하는 문화는 다양하게 전승된다. 북미 원주
민들은 독수리를 신성하게 여긴다. 티베트인들도 독수리를 신조로 여겨
서 천장(天葬)을 할 때에 시신을 칼로 저며서 독수리에게 제공해준다. 그
럼으로써 망자가 하늘나라로 갈 수 있다고 믿는 것이다.[5] 따라서 새를 신
성하게 여긴다는 것을 근거로 모두 알타이 문화권으로 귀속시키는 것도
무리이다. 왜냐하면 그렇게 새를 일반화하면 어느 종족의 문화이든 모두
알타이 문화권이라 할 수 있기 때문이다. 어느 민족이든 전통적으로 길
조로 여기는 새가 있는 법이다. 앞에서 말한 것처럼 영향론을 펼치려면
특정한 새로 한정되어야 할 뿐 아니라 그 새의 상징성까지 같아야 한다.

그런데 김병모는 신조(神鳥) 사상을 근거로 금관의 기원을 시베리아
샤먼에서 찾는 논문에서 "한국 고대사에 등장하는 새들의 종류는 까치,
까마귀 등으로 밝혀져 있으나 까치와 닭의 경우는 드물고 까마귀가 빈번
하게 등장하는 것으로 보아 시베리아 원주민들의 까마귀 토템이 고대 한
국인들에게 깊이 퍼져 있었음을 알 수 있다"고[6] 결론을 내렸다. 여기서
는 까치와 닭을 부정하며 까마귀만 시베리아 토템이라고 한정하여, 고구
려 고분벽화에 나오는 삼족오(三足烏)와 신라 비처왕(毗處王)의[7] 서출지
(書出池) 설화 등의 까마귀를 보기로 들고 한국 문화를 시베리아 까마귀

---

5) 임재해, 〈티베트의 장례풍속과 '천장'의 문화적 해석〉, 《比較民俗學》15, 比較民俗學會,
   1998, 51~92쪽 참조.
6) 金秉模, 앞의 글, 222쪽.
7) 비처왕을 두고 소지왕(炤知王)이라고도 한다.

문화권에 귀속시키고 있는 것이다.[8]

비처왕 10년(488)의 이야기였던 서출지 설화에 등장하는 까마귀는 신라 금관과 무관하다. 자연히 신라 건국 신화라 할 수도 없고 이 까마귀를 근거로 금관이 형성되었다고 할 아무런 근거도 없다. 《삼국유사》의 이야기를 줄거리만 옮겨보면 다음과 같다.

> 비처왕이 천천정(天泉亭)에 거동할 때 까마귀와 쥐가 와서 울더니 쥐가 사람의 말로 '이 까마귀가 가는 곳을 쫓아 가보라' 하니 괴이하게 여겨 신하를 시켜 따라 가보게 하였다. 그러나 신하는 이 못에 와서 두 마리의 돼지가 싸우는 것에 정신이 팔려 까마귀가 간 곳을 잃어버리고 헤매던 중 못 가운데서 한 노인이 나타나 봉투를 건네줘 왕에게 그것을 올렸다. 왕은 봉투 속에 있는 내용에 따라 궁에 돌아와 화살로 거문고집을 쏘게 하니, 왕실에서 향을 올리던 중과 공주가 흉계를 꾸미고 있다가 죽음을 당했다는 것이다. 이 못에서 글이 나와 계략을 막았다 하여 이름을 서출지(書出池)라 하였다.[9]

이 이야기에는 짐승으로 까마귀와 함께 쥐, 돼지가 등장한다. 한결같이 신이한 행적을 보이는 까닭에 모두 신성한 동물이라 할 만하다. 먼저 신이함을 보인 것은 쥐이다. 쥐가 사람의 말을 하여 모든 사건의 동기를 마련한다. 따라서 까마귀만 특히 신성한 동물이라 하기 어렵다. 쥐와 돼지는 제쳐두고 까마귀만 토템으로 연결지을 만한 내용도 없고 특히 금관과 관련되어 있는 내용도 아니다. 그런데도 이 자료만 대단하게 여기고 정작 금관과 밀접한 연관성이 있는 박혁거세와 김알지 신화에 함께 나오는 닭은 부정한다.

---

8) 金秉模, 앞의 글, 222쪽.

9) 《三國遺事》卷1,〈奇異〉第1, 射琴匣.

닭은 신라의 시조 신화에 등장하는 신이한 새로서 신조(神鳥)일 뿐
아니라, 신라 건국 영웅의 출현을 알리는 천조(天鳥)이자, 신라의 국가적
정체성을 나타내는 국조(國鳥)나 다름없다. 박혁거세도 닭우물인 계정
(鷄井)에서 출현했고 그 왕비인 알영은 계룡(鷄龍)의 옆구리에서 태어났
으며, 그래서 그 입은 닭의 부리와 같았다. 김알지 또한 계림(鷄林)에서
천조인 흰 닭이 출현을 알린다. 그러므로 신라의 국호는 계림국(鷄林國)
이었으며 곧 닭을 국가적 상징으로 삼는 나라였다.

따라서 까마귀와 닭을 혼동하는 것이나 고구려와 신라의 문화적 차
이를 분별하지 않는 것은 문제라 하지 않을 수 없다. 고구려 벽화의 삼족
오와 김알지 신화의 흰 닭은 신성한 조류로서 동질성을 지니긴 하되 그
문화적 차이를 무시할 만큼, 같은 것이라 할 수 없다. 해석 과정에서도
까마귀 토템을 이야기할 때는 닭을 부정하는 반면에, 김알지 신화의 닭
을 다룰 때에는 까마귀 토템이 아니라 새 토템으로 바꾸어서 닭을 끌어
넣는다. 논리적 일관성을 갖추지 않은 것이다. 까마귀 토템을 새 토템으
로 바꾸면 세상의 어떤 새도 끌어들일 수 있다.

닭과 까마귀는 같은 조류이기는 하지만, 그 거리는 상당히 크다. 고
구려 고분벽화와 신라 금관이 유기적 관련이 없듯이 삼족오의 까마귀와
김알지 신화의 닭은 서로 유기적 관련을 가지기 어렵다. 김알지 신화의
닭은 계정에서 출현한 박혁거세와 계룡에서 태어난 알영과 같은 문화에
속해 있으면서 결정적으로 신라의 국호까지 계림국으로 정하게 만드는
신라의 국가적 상징이자 국조였던 것이다. 닭은 신라 건국 문화의 상징
이자 캐릭터라 해도 지나치지 않다.

김병모의 금관 연구와 같이, 까마귀 토템을 통해 신라 금관의 시베
리아 기원설을 주장할 때는 고구려 고분벽화에 나오는 삼족오의 까마귀
를 내세우는 한편 김알지 신화의 닭을 부정하고, 반대로 새 토템을 통해
같은 주장을 할 때는 삼족오의 까마귀는 덮어두고 김알지 신화의 닭을

새 토템의 좋은 보기인 것처럼 전거로 내세우는 것은 논리적으로도 당착
이며 신라와 고구려 문화의 국적 분별까지 묵살한 셈이다. 신라 금관을
해석하는 데 긴요한 새는 고구려의 삼족오가 아니라 신라의 닭이며, 시
베리아 새 토템을 입증하는 데 적절한 조류는 닭이 아니라 까마귀인 까
닭이다. 그러므로 서로 어긋진 예증으로 신라 금관의 시베리아 기원설을
펴는 것은 사실상 이중의 오류에 빠지게 되는 셈이다.

　　김병모의 주장처럼, 같은 금관 연구의 기원을 이야기하면서 그때마
다 서로 다른 근거, 곧 까마귀와 닭을 제각기 증거로 내세워 새 토템이나
까마귀 토템을 통해 시베리아 문화권을 이야기하려면 세상의 모든 문화
를 시베리아 문화에 귀속시킬 수 있어서 결국 하나마나한 주장이 되고
만다. 실제로 신라 금관과 고구려 벽화의 까마귀는 서로 긴밀한 연관성
이 없을 뿐 아니라, 새 토템도 종족마다 구체적으로 다 다르기 때문이다.

　　앞에서도 어느 정도 다루었고 다음에도 더 자세하게 논의되겠지만
신라 금관의 새는 신라 건국 신화에 두루 나타나는 닭이며, 삼족오는 고
구려 금관과 고분벽화에 널리 보이는 까마귀이다. 고구려와 신라의 신성
한 새는 제각기 다르며, 신라 신화와 신라 금관, 고구려 신화와 고구려
금관 및 고구려 벽화는 서로 짝을 이루며 맞서고 있어서 고대 한국 문화
로서 동질성을 지니는 한편, 고구려 문화와 신라 문화라는 국가별 이질
성도 지니고 있는 것이다.

　　문화권에 따라 까치나 까마귀, 오리, 독수리 등 조류 일반을 새 토템
으로 하는 경우는 두루 보인다. 그러나 김알지 신화에 등장하는 것처럼
닭을 새 토템으로 섬기는 문화는 예증을 찾을 수 없을 만큼 극히 드물다.
몽골족의 새 토템 신화 가운데 자주 출현하는 새는 백조와 올빼미 등으
로 시베리아의 까마귀 토템과 다르다. 이처럼 새 토템은 두루 보이지만
닭을 대상으로 한 경우는 없으며, 새 토템이 세계적이라 하더라도 특정
새의 토템은 특정 종족의 문화에만 나타나는 것이다. 그러므로 닭과 까

마귀를 조류라고 하여 그 상징성이나 문화적 의미를 전혀 고려하지 않은 채 새 토템으로 두루 얽어 넣어서 같은 문화권으로 설정하는 것은 여러 모로 무리이다.

3. 계림국 신라의 흰 닭과 고구려의 삼족오

금관의 새를 해석하면서 김알지 신화의 흰 닭에 주목하지 않을 수 없다. 흰 닭, 곧 백계(白鷄)는 신화의 주인공인 김알지의 출현을 알린 신성한 하늘 새일 뿐만 아니라, 이 흰 닭을 빼놓고는 계림이라 일컬은 신라의 국호는 물론 김알지의 출현도 설명할 수 없기 때문이다. 백계는 예사 닭이 아니라 하늘에서 내려온 천상의 닭, 곧 천계(天鷄)인 것이다. 백계는 단순히 흰색의 닭을 일컫는 것이 아니라 하늘에서 내려온 하늘 닭을 뜻하는 것이다. 그것은 앞에서 보았던 박혁거세 신화에서 백마가 천마인 것과 마찬가지이다.

> 남쪽을 바라보니 계정(鷄井)[10] 곁에 이상스러운 기운이 번개빛처럼 땅에 비치더니 거기에 백마 한 마리가 꿇어앉아 절하는 형상을 하고 있었다. 그곳을 찾아 가보니 한 붉은 알이 있는데, 말은 사람을 보고 길게 울다가 하늘로 올라가버렸다.[11]

---

10) 기록에는 나정(蘿井)이라고 되어 있으나, 나는 이를 계정(鷄井)이라고 추론한다. 이와 관련해서는 임재해, 《민족신화와 건국영웅들》, 민속원, 2006, 232~234쪽 및 이 책 제3부 4장에서 자세하게 다루었다. 실제로 《三國遺事》卷1, 〈紀異〉 第1, 新羅始祖 赫居世王에 보면, "처음에 왕이 계정(鷄井)에서 출생한 까닭에 또한 계림국(鷄林國)"이라고 했다는 기록이 있다. 그러므로 앞의 나정은 계정의 잘못된 기록일 가능성이 높다.

11) 《三國遺事》卷1, 〈奇異〉 第1, 新羅始祖 赫居世王.

양산 기슭을 바라보니 계정 곁의 숲 속에서 한 말이 무릎을 꿇
고 울고 있었다. 그곳으로 가 보니 홀연히 말은 보이지 않고 큰 알만
남아 있었다. 알을 깨어보니 그 속에서 한 어린아이가 나왔다.[12]

박혁거세 신화에서 백마는 사실상 천마이다. 하늘에서 붉은 알을
싣고 와서 계정 곁에 내려놓은 뒤에, 숲 속에 무릎을 꿇고 엎드려 절하다
가 사람이 나타나니 하늘로 다시 올라갔다고 하는 내용으로 보아서, 백
마는 하늘을 나는 천마임에 틀림없다. 경주 천마총의 그림이 백마이자
천마인 것도 이 때문이다. 말만 그런 것이 아니라 닭도 마찬가지이다. 하
늘의 말이 백마이듯이 하늘의 닭도 백계이다. 신라 신화에는 천마나 천
계라는 표현 대신 백마와 백계로 표현했다.

신화의 주인공이 나타나는 신비한 상황도 박혁거세 신화와 김알지
신화가 닮았다. 하늘에서 서기가 비치는 현상이나, 백마와 백계가 숲에
서 울었다는 사실이 모두 동일한 것이다. 모두 천상의 신비한 동물이 매
개가 되어 천상의 존재를 지상으로 운반해 온 천손이라는 사실이며, 그
공간도 신성한 숲이라는 사실이다. 그런데 그 숲이 특히 강조된 것이 김
알지 신화이며, 여기서는 닭의 울음소리도 강조된다. 박혁거세를 출현시
킨 백마가 천마총의 그림으로 형상화되어 있듯이, 김알지를 출현시킨
'백계'도 천계로서 형상화되어 왕권의 최고 상징물인 금관으로 나타나
게 된 것이다.

우리 신화 속에 등장하는 신성한 동물들은 천마를 비롯하여 닭과
사슴이 모두 백마(白馬)와 백계(白鷄), 백록(白鹿)처럼 흰색 동물이라는 사
실을 주목하지 않은 채, 시베리아 까마귀 토템을 먼저 생각하고 우리 문
화 속에서 새를 찾으면 고구려 고분벽화의 삼족오만 문제 삼게 되는 것

---

12) 《三國史記》, 〈新羅本紀〉第1, 始祖 赫居世居西干.

〈그림 1〉 삼족오

이다. 그리고 시베리아 샤먼의 까마귀 이야기와 연결지어 신라 금관의 새도 까마귀요, 그러므로 신라 금관은 샤먼의 관이라는 결론에 이르게 되는 것이다.

천마총의 천마도가 박혁거세 신화와 관련되어 있듯이, 고구려 고분 벽화의 삼족오는 고구려 건국 신화와 관련되어 있다고 보는 것이 옳다. 따라서 신라 금관의 새를 곧 삼족오로 보는 것은 지리적 인접성이나 국 가적 계통성을 뛰어넘는 비약적 논리라 하지 않을 수 없다. 실제로 새가 있는 서봉총 금관, 곧 진평왕 금관을 보면 삼족오라 할 만한 아무런 근거 가 없기 때문이다. 삼족오는 태양신인데, 신라 신화에는 고구려 신화의 해모수처럼 태양신을 상징하는 인물은 아무도 없다. 그러므로 신라 금관 의 새를 삼족오라 하는 것은 문화적 근거를 통해 입증할 수 없다.

삼족오의 핵심은 무엇보다 다리에 있다. 새라는 형상보다 다리가 셋이라는 사실이 중요하다. 신라 금관의 새에 고구려 고분벽화의 삼족오 가 등장할 까닭도 없지만, 신라 금관의 새 형상에는 삼족오로서 다리 셋 을 갖추고 있지 않다. 이 금관의 새를 아무리 자세하게 들여다보아도 다 리는 모두 둘이다. 다리가 둘인 새를 두고 어떻게 삼족오라 할 수 있는

〈그림 2〉 서봉총에서 출토된 진평왕 금관. 나뭇가지에
새가 앉아 있는 형상이 보인다. 이 새는 닭을 상징한다

가. 모든 삼족오 그림은 다리 셋을 뚜렷하게 그려두었다. 더군다나 깃털
도 셋을 그려놓았다. 날개의 깃과 꼬리의 깃이 셋을 이룬다. 그러므로 이
금관의 새를 두고 새 형상을 했기 때문에 까마귀라고 하는 해석은 할 수
있어도 결코 삼족오라 할 수는 없다.

흥미로운 것은 양산 금조총(金鳥塚)에서도 금관 모양과 같은 다섯
개의 세움장식을 한 금동관이(제4부 2장의 〈그림 27〉 참조) 출토되었으며, 금
으로 만든 새의 다리도 두 개 출토되었다. 특이하게 몸통 부분은 보이지
않고 새 다리만 발견되었지만, 결국 금으로 만든 새가 금동관과 함께 부
장되어 있었던 것이어서 진평왕 금관과 같은 상징성을 지닌다. 따라서
금조족(金鳥足)이 발견되었다고 해서 이 무덤의 이름도 금조총이라고 했
던 것이다.[13] 그러므로 여기서도 금동관과 더불어 있는 새의 형상은 다리

〈그림 3〉 고구려 금동관의 삼족오

가 두 개뿐이므로 예사 새일 뿐 삼족오라 할 만한 근거는 전혀 없다.

삼족오는 태양신을 상징하는 새이다. 따라서 어떤 삼족오 자료의 그림도 나뭇가지 위에 올라앉아 있는 모습을 한 경우는 없다. 고구려 고분벽화에는 한결같이 태양 속에 자리하고 있다. 삼족오는 태양 속에 살고 있는 신조라고 믿기 때문에 모두 태양 속에 그려져 있다. 평양 력포구역 룡산리 7호 고분에서 발굴된 금동관의 삼족오도 태양을 상징하는 원형 속에 투각되어 있다. 따라서 나뭇가지에 앉아 있는 삼족오는 벽화에서든 유물에서든 나타나지 않는다. 게다가 다리가 둘인 새를 두고 삼족오라 하는 것은 삼족오의 상징성을 전혀 모르고 하는 주장일 따름이다.

실제로 삼족오를 형상화한 금관이 있다. 고구려시대 것으로 알려진 평양 력포구역 룡산리 7호 고분에서 나온 금동관에는 삼족오와 세 마리의 용이 투각되어 있다. 새의 형상은 까마귀라고 볼 만한 근거는 없지만, 다리가 셋일 뿐 아니라 태양을 상징하는 원형 그림 속에 자리 잡고 있기 때문에 학계에서는 한결같이 삼족오로 해석하고 있다. 고구려 고분벽화의 삼족오와 고구려 금동관의 삼족오가 서로 일치하는 셈이다(〈그림 3〉).

고구려 금동관이나 고분벽화에 삼족오가 그려져 있는 것은 우연이 아니다. 고구려 건국 신화의 하나인 해모수 신화에 태양신을 상징하는

---

13) 김병모, 《금관의 비밀―한국 고대사와 김씨의 원류를 찾아서》, 푸른역사, 1998, 그림 51의 설명 참조.

해모수가 오우관(烏羽冠)을 쓰고 오룡거(五龍車)를 타고 하강했다는 내용이 있기 때문이다. 삼족오는 태양신을 상징하는 신조(神鳥)이므로 력포구역 룡산리 7호의 고구려 금동관은 고구려 건국 신화인 해모수 신화를 형상화하고 있다고 할 수 있다. 왜냐하면 가운데 삼족오를 투각하고 그 주위에 용을 두세 마리 배치해두었을 뿐만 아니라, 마치 태양의 불꽃이 타오르는 것과 같은 화염문양을 하고 있기 때문이다. 그리고 평양 대성구역에서 출토된 금동관도 화염문양으로 장식되어 있어서 이글이글 타오르는 태양을 상징하고 있다. 그러므로 신라 금관의 새도, 금관 문화의 형성과 밀접한 관련이 있는 김알지 신화와 더불어 해석해야 마땅하다.

김알지 신화에는 흰 닭이 중요한 캐릭터로 등장한다. 김알지 신화의 흰 닭은 박혁거세의 흰 말과 주몽 신화의 흰 사슴과 문화적 동질성을 지닌다. 한결같이 시조 왕과 연관된 신성한 동물이자 천상의 동물이다. 흰 사슴은 주몽 신화에 나오는 신성한 짐승이다. 주몽이 비류국을 차지하기 위해 흰 사슴을 주술물로 이용하는 것이다. 따라서 주몽 신화의 흰 사슴, 박혁거세 신화의 흰 말, 김알지 신화의 흰 닭이 모두 천상에서 하강한 신성한 동물이거나 하늘에 기도를 드리는 데 쓰이는 주술적인 동물로 고려되고 있는 문화적 상징물이다.

백마와 백계는 신화의 주인공이 하늘로부터 지상에 하강하는 것을 돕는 신성한 수행자이자, 그가 바로 천손이라는 사실을 알리는데 결정적인 구실을 하며, 백록은 천손인 주몽이 하늘에 기도하여 강우를 쏟아지게 하는 주술물 구실을 담당했다. 그러므로 적어도 김알지 신화에서 등장하는 '백계'이자 '천계'인 흰 닭은 김알지 출현을 매개한 존재로서 신성한 왕권을 상징하는 데 결정적인 구실을 하지 않을 수 없다. 닭은 계림과 김알지와 계림국, 그리고 김씨계 왕실과 밀접한 연관을 맺고 있는 새이다. 그러므로 닭은 계림을 형상화하고, 김알지 출현을 상징하는 신라 금관에서 함께 형상화할 만한 것이다.

제2장 북방 문화론에 따른 한국 문화 해석의 왜곡

1. 시베리아 기원설에 감염된 외국 학자의 금관 연구

상투적인 시베리아 기원설 때문에 외국 학자들까지 우리 금관은 시베리아 무당들이 쓴 사슴뿔 장식의 관이나 또는 나뭇가지형 장식의 관으로부터 영향 받은 것으로 해석한다. 그리고 아예 신라 왕은 곧 무당으로 단정하기까지 한다. 이러한 편견에 따라 존 카터 코벨은 신라 왕을 무당으로 간주하는 것은 물론, 금관을 샤먼의 관으로 해석하는 데 주저하는 사람이 있으면, 이를 유교 문화의 잔재로 규정하여 비판하기까지 한다. 그렇게 비판하는 데는 두 가지 이유가 있다.

하나는 유교 문화의 전통 속에서 형성된 문화적 편견이 신라 왕관을 무당의 관으로 해석하는 것을 부끄럽게 생각하는 국면이 있다는 것이며,[1] 둘은 유교 문화 속에서 자란 신진 학자들이 스승을 존경하는 효 사

---

1) 존 카터 코벨, 김유경 엮어옮김, 《한국 문화의 뿌리를 찾아》, 학고재, 1999, 141~142쪽. "신라 금관이 1500년 전 한반도에 퍼져 있던 샤머니즘을 말해주는 것이라는 데 충격을 받는 한국인들"이 있는 것을, 곧 "무속신앙을 창피하게 여기는 한국인들"이 많다는 사실과 연

상과 경로 사상 때문에 원로 학자의 연구 결과를 부정하거나 뒤집는 일
을 난처하게 여기고 암묵적으로 인정하는 국면이 있다는 것이다.[2] 과연
그런가 자세하게 따져보지 않을 수 없다. 유교 문화의 전통과 상관없이
한국인들 가운데 특히 지배층들은 무속을 부끄러운 문화 또는 미신으로
여기는 경향이[3] 있는 것은 사실이다. 그리고 고고학계에는 실제로 선배
학자들의 학설을 비판적으로 지적하는 일을 삼가는 관행이 어느 정도 있
다고 할 수 있다.

　　그러나 이러한 두 가지 원인 때문에 금관을 무당의 관으로 해석하
지 않고 있다는 사실은 근거 없는 주장이다. 왜냐하면 지금까지 논의해
온 과정에서 구체적으로 드러난 것처럼 우리나라 학자들 대부분은 금관
을 시베리아 샤먼의 관으로 해석하는 주장을 줄기차게 하고 있기 때문이
다. 복식학계에서도 북방계 유목민족의 영향이라고 하는 주장에는 변함
이 없다.[4] 역사학적 시각에서 복식 문화의 비교연구를 시도한 박선희[5]
외에는 대부분 같은 주장을 되풀이한다.

　　지금까지 김알지 신화의 내용을 금관으로 형상화했다는 입론을 세
우기 위해, 존 코벨의 해석을 비롯하여 김열규, 김병모, 이은창, 이한상

관지어 인식하면서, 저자 코벨은 "나는 미국인이자 주자학을 받드는 유자(儒者)도 아니기
　　때문에 샤머니즘을 '천한 것' 또는 '미신'으로 낮춰 보지 않는다"고 하며, 한국 고고학자들
　　의 학문적 객관성 결여와 관련해 유교 문화의 전통에 혐의를 두고 있다.
2) 같은 책, 31～32쪽. 코벨은 여기서 "무속 요소를 부정하는 고고학자들이 어쩔 수 없이 그
　　사실을 인정하지 않을 수 없게 되는 것도 난처해서일 것"이라고 하고 있다.
3) 무속을 미신으로 여기며 타파의 대상으로 삼게 된 결정적인 동기는 유교 문화의 전통보다
　　오히려 외국인 선교사의 선교 활동이나 조선총독부의 식민지 통치 정책에서 비롯되었다고
　　할 수 있다.
4) 李如星의 《朝鮮服飾考》(白楊堂, 1947) 이래 최근에 간행된 金文子의 《韓國服飾文化의
　　源流》(民族文化社, 1994)에 이르기까지 계속된다.
5) 박선희, 《한국 고대 복식-그 원형과 정체》, 지식산업사, 2002에 이어, 〈고구려와 주변국
　　의 관모비교에 의한 한민족문화의 연원〉, 《단군학연구》 11, 단군학회, 2004, 94～148쪽에
　　서 금관의 독창성을 더 자세하게 다루었다.

등 우리 학자들이 신라 금관을 시베리아 샤먼의 관으로 줄긋기를 하는
데 대하여 줄곧 반론을 펴왔다. 그러나 이 반론은 효 사상에 입각하여 선
배 고고학자의 주장을 옹호하기 위한 것도 아니며, 무속을 부끄러운 미
신으로 보는 탓도 아니다. 나는 무속을 무교로 또는 굿 문화로 재인식하
면서 굿 문화야말로 인간해방의 문화이자 생태학적 공생문화로 높이 평
가하고 있기 때문이다.[6]

　이 논의는 코벨을 비롯한 여러 학자들의 금관 연구가 지닌 문제점
을 지적하고 시베리아 샤먼 기원설에 매몰되어 있는 편견을 바로잡기 위
한 노력의 일환이며, 굿 문화에 대한 일련의 연구도 굿이 지닌 논리성과
과학성을 체계적으로 밝히고 연구 방법론까지 발견하려 하고 있다. 그러
므로 금관이 샤먼의 관이 아니라는 논의를 편다고 해서 이 논의가 코벨
의 지적처럼 유교 문화의 전통에서 비롯된 것이나 무속을 미신으로 여기
는 탓이라는 오해를 하지 않기 바란다. 굳이 이런 해명을 덧붙이는 것은
이 연구의 방향이 코벨의 비판적 지적과 얼핏보면 일치하게 보일 가능성
때문이다.

　실제로 문제되는 것은 선배 학자들에 대한 효 사상과 경로 사상이
아니다. 일제 강점기 이후 일본 학자들에 의해 제기된 여러 전제와 가설
들을 비판적으로 극복하려는 도전적 연구는커녕 여전히 금과옥조처럼
여기며 그 울타리 안에서 안주하는 것이 문제이다. 좀더 나아가면 서구
이론을 수입해 우리 자료를 대입하여 해석하는 오리엔탈리즘이 큰 장애
이다. 이른바 오리엔탈리즘을 비판하고 우리 이론을 앞세우며 동도동기
론(東道東器論)론을 주장하는 연구자도 여전히 시베리아 기원설을 따르
고 있다는 점에서 한결같다. 코벨의 연구도 전형적인 오리엔탈리즘에 빠

---

6)　임재해, 〈굿문화의 정치적 기능과 무당의 정치적 위상〉, 《比較民俗學》 26, 比較民俗學會,
　　2004, 233～297쪽 및 〈굿문화에 갈무리된 자연친화적 사상〉, 서울대학교 환경계획연구소,
　　《한국의 전통생태학》, 사이언스북스, 2004, 170～215쪽 참고.

져 있다. 그러므로 좀더 자세하게 따져볼 필요가 있다.

코벨이 금관의 원류를 시베리아 샤먼 또는 알타이 지역 일대의 북방 민족 문화에서 찾는 요소는 모두 여섯 가지 정도 된다. 하나는 사슴뿔 모양의 장식, 둘은 나무 모양의 장식, 셋은 내관의 깃털 장식, 넷은 장식에 달려 있는 영락이나 곡옥, 다섯은 불꽃 문양의 장식, 그리고 여섯은 금관과 더불어 나온 천마도이다. 그런데 이들 여섯 가지 요소들이 시베리아 북방의 여러 민족들 가운데 특정 민족의 무속과 일관되게 유사성이 있는 것이 아니라, 요소들마다 대응되는 민족이 제각기 다르다. 따라서 신라 금관의 원류로 지목되는 북방 민족들의 수는 엄청나게 많다. 그리고 그 지리적 분포나 거주 지역도 사실상 제각기 다르다. 더군다나 유목 생활을 하는 민족이므로 거주 지역의 유동성 또한 상당히 크다.

만일 신라 금관이 시베리아 샤먼의 관이라고 하면, 사실상 신라 왕은 북방 민족의 무당이었던 셈이며, 실제로 김병모는 금관을 쓴 신라의 김씨 왕계의 혈통을 북방의 알타이계로 추정하고 있다. 그렇다고 하더라도 다른 북방 민족들과 달리, 신라 왕실에서만 유라시아 지역에 널리 퍼져 있는 다양한 종족의 무속 문화를 한 가지씩 두루 받아들여 모두 종합했다고 할 수 있는가 하는 것이 의문이다.

더군다나 세계 전 지역에 걸쳐서 신라 지역에 가장 화려한 금관이 가장 집중적으로 분포되어 있지 않은가. 오히려 전파론적 방법에 따르면 금관 문화의 발상지는 신라 경주라 해야 마땅하다. 왜냐하면 문화 발상지에 가장 발전된 양식이 가장 풍부하게 남아 있기 때문이다. 그러므로 모든 전파 경로를 뛰어넘어 신라에 금관이 집중적으로 나타나는 것도 납득하기 어렵다. 그런데 가야에도 금관이 있고 신라와 마찬가지로 무속 문화를 지녔으며 무속왕이 그 금관을 쓴 것으로 해석한다.

샤머니즘은 고대 신라의 유일한 종교였다. 금관은 그러한 고대

신앙을 증명해주는 것이다. 샤머니즘이 아니었더라면 한국은 그 휘
황찬란한 금관을 가질 수 없었을 것이다. 신라의 무속 통치자들만이
권력과 부의 상징이자 아름답기 짝이 없는 금관을 썼던 것은 아니다.
가야 또한 금동관을 만들어냈다. 동쪽으로는 신라, 서쪽으로는 백제
의 틈바구니에 낀 가야는 한반도 중부에서 신라와 영토 문제로 전투
를 벌이고 했는데, 그 가야 무속왕의 금관은 동서 양쪽으로부터 영향
을 받긴 했어도 독자적인 특징을 지닌다.[7]

가야의 금관도 신라의 금관과 같은 맥락에서 샤먼의 관으로 해석하
면서도 신라의 금관처럼 북방 민족의 영향을 받은 것으로 해석하지 않고
있다는 점에서 자체 모순을 지니고 있다. 왜냐하면 5세기경 가야는 백제
만큼이나 중대한 국가였으며 초기 신라보다 강한 국력을 지녔을 뿐만 아
니라, 가야 문명은 백제와 달리, 또는 고구려와도 달리 그렇게까지 중국
에 신세를 져본 적 없는 독자적인 것이기[8] 때문이라고 한다. 고령 출토
가야 금관(국보 138호)은 동시대 신라에서 만들어진 것보다 월등하게 우
수한 것으로 보고, 지금까지 가야지역에서 출토된 관과 금제 장신구들은
신라와 백제 금관이나 금세공 장식들과 아주 달라서 흥미를 끈다고[9] 주
장한다. 당연히 가야 문화를 신라보다 앞선 문화로 평가하는 코벨은 이
러한 사실을 인정하지 않으려는 한국 고고학자들을 비판한다.[10]

따라서 신라의 왕은 물론 백제와 가야의 왕들도 샤머니즘의 종교에
의한 무속 통치자로서 무당의 관을 썼다는 주장과, 가야 문명은 중국에
영향을 받은 신라 또는 백제와 다르게, 중국이나 북방 민족의 영향을 받
지 않은 독자적인 성격을 지녔을 뿐만 아니라, 동시대의 신라 금관보다

---

7) 존 카터 코벨, 앞의 책, 164쪽.
8) 같은 책, 28쪽.
9) 같은 책, 27쪽.
10) 같은 책, 31~32쪽.

더 훌륭하며 문화도 앞섰다는 코벨의 주장은 서로 모순 관계에 있다. 다시 말해서, 신라와 백제의 금관이 이역만리 떨어져 있는 북방 민족의 샤머니즘에 영향을 받아 만들어진 것인 반면에, 바로 신라 이웃에 있는 가야 금관은 시베리아 샤먼의 영향 없이 독자적으로 더 훌륭한 금관을 만들었다고 주장하는 당착에 빠진 것이다.

그러므로 가야 문명이 독자적이고 가야의 금관도 더 월등한 무속관이라면, 이보다 뒤졌다고 하는 신라와 백제 금관이나 무속 문화도 가야처럼 독자적인 것으로 볼 수 있어야 하거나, 아니면 가야 문명의 영향으로 보아야 할 것이다. 신라와 가야 문화는 사실상 같은 문화권에 속할 정도로 인접해 있기 때문이다. 만일 신라 금관이나 그 문명이 시베리아 무속의 영향을 받아 이루어졌다면, 가야 금관이나 문명도 같은 영향으로 보되 그 독자성은 별도의 문제로 다루어야 한다. 그런데도 서로 모순되는 주장만 할 뿐, 신라 금관을 가야 문명처럼 그 자체로 인식하고 해석하려는 연구를 하지 않는 것이 존 코벨의 한계이다. 가야 금관의 선행성과 우수성을 주장하는 것은 사실상 신라 금관의 시베리아 기원설을 스스로 부정하는 셈인데, 이러한 당착을 코벨은 알고 있는지 모르겠다.

2. 신라 금관의 토대를 이루는 수목 신앙의 원류

신라 금관이 시베리아 샤먼의 관에서부터 비롯되었다는 주장은 일치하지만 구체적 단서는 연구자마다 제각기 다르다. 김열규는 '굽은 줄기' 세움장식을 사슴뿔로 보고 시베리아 예니세이 강 지역의 오스티악족 무관(巫冠)을 비롯해서 예니세이 무관, 부리야트 무관에서 기원을 찾고, 김병모는 알타이어를 비롯한 북방 민족의 어원과 새 토템 등을 통해서 기원을 찾는가 하면, 이은창은 주로 수목 신앙을 통해서 기원을 찾는다.

금관과 비슷한 문화적 대상을 찾아서 원류로 설명하되, 구체적인 대상이 사슴뿔이냐, 새냐, 나무냐에 따라 다른 셈이다. 자연히 금관과 견주어 보면서 원류라고 생각하는 유라시아 여러 민족과 유물은 제각기 다르다.

김열규는 주로 사슴뿔을 모자 위에 얹은 시베리아 샤먼의 무관을 비교의 근거로 삼는가 하면, 김병모는 주로 파지릭 지방의 얼음공주 머리의 새 장식이나 흉노추장 모자의 새 장식 및 이씩 고분의 황금모자의 새 등을 비교의 대상으로 삼고,[11] 이은창은 시바르간 틸리아 테페 유적 박트리아 금관의(제1부 1장의 〈그림 4〉 참조) 나무 장식을 비교의 대상으로 삼는다. 따라서 신라 금관의 원류로 지목되는 유라시아 지역의 문화적 대상은 제각기 다르다는 것이다. 다시 말해서, 금관의 원류는 유라시아 여러 지역에 산재해 있는 여러 민족들의 문화 현상들인데, 정작 그 원류의 영향을 받아 형성된 신라 금관은 경주 지역의 단일 문화 현상이라는 말이다. 한마디로, 전파의 법칙이나 전파주의의 이론적 이치를 전혀 알지 못한 채 신라 금관의 전래설을 펴는 셈이다. 전파론의 원칙은 전파의 기원이 되는 문화가 일정한 지역의 구체적인 문화 현상에서 파문형이나 방사선형으로 퍼져나가는 것이다.

그런데 금관의 기원 연구는 실상과 거꾸로 되어 있다. 우리 금관은 한반도 남쪽 경주 지역에 집중되어 있는 반면에, 기원이라고 추정되는 유물의 소재지는 유라시아 여러 지역에 방사선 모양을 이루며 널리 분포되어 있다. 지역적 거리도 엄청날 뿐 아니라 민족적 차이도 제각각이다. 따라서 어느 하나도 정확한 금관의 원류라 할 수 없다. 오히려 금관을 중심으로 한 방사선 형태의 관련성을 전파론적으로 인정한다면, 금관의 중심지인 경주에서 유라시아 전역으로 금관이 전파되었다고 해야 옳다. 전

---

11) 김병모는《금관의 비밀》이라는 단행본 수준의 연구를 통해 한층 다양한 근거를 비교 대상으로 끌어오지만, 가장 독창적인 근거는 알타이어의 어원 풀이 외에 새 토템 관련 자료라고 할 수 있다.

파론의 원칙으로 보면 그렇지만, 실제로 경주에서 유라시아로 전파되었다고 할 수 없다. 그런 전파의 논거를 역사지리학적 방법으로 입증할 수 없기 때문이다.

그런데 세 연구자 모두 금관의 시베리아 기원설을 펴는 데 아무런 차이가 없다. 흥미로운 사실은 같은 기원설을 주장하면서도 서로 다른 연구자의 연구 성과를 인용하지도 않지만 서로 비판하지도 않는 현상을 보인다. 논거가 다르기 때문에 자기 논거를 입증하려면 다른 논거를 비판해야 하며, 다른 논거가 옳다면 인용하여 전거로 삼아야 자연스러운 일인데, 비판도 인용도 하지 않는 기이한 상황을 조성하고 있다. 세 연구 모두 외국 논저를 인용하여 논거로 삼는 데 힘을 기울이고, 이은창은 예외지만 대부분 김원룡의 연구만 인용하는 공통성을 보일 따름이다.

세 연구자의 구체적인 전거는 제각기 다르지만, 추상적으로 내리는 결론은 한결같다. 신라 금관은 시베리아 샤먼의 무관에서 비롯된 것이라는 사실에서 한 걸음도 더 나아가지 않는다. 전거가 제각각이라도 시베리아는 유라시아 전역의 광대한 지역에 속할 뿐 아니라 어떤 대상이라도 신성시 여기는 것은 곧 샤머니즘에 속한다고 여기는 까닭에, 이러한 추상적 결론을 내리는 것이 가장 안전하고 가장 무난하며, 또한 가장 쉬운 작업이다. 그동안 우리 문화가 시베리아 문화에서 비롯되었다는 상식화한 통념을 금관의 기원 연구로 거듭 확인해왔기 때문에 반론이 있을 가능성도 거의 없다.

금관의 세움장식을 제각기 다르게 보고 그것의 원류도 각각 다른 종족의 유물에서 찾더라도 수목 숭배 사상은 공통으로 거론한다. 세움장식을 사슴뿔이나 '出' 자 모양이라고 하더라도 나무 모양을 배제할 수 없기 때문이다. 따라서 세 연구의 공통성은 수목 숭배 사상을 통해 북방 기원설을 펴는 점이다. 아프가니스탄의 시바르간에서 출토된 황금 보관을 전거로 금관의 전래설을 펼친 이은창은 특히 시베리아 샤먼들의 수목 신

〈그림 1〉 무령왕의 관모 장식

〈그림 2〉 무령왕비의 관모 장식

앙을 중요하게 거론한다. 관의 둘레에 나뭇가지형 장식이 두드러지는 까닭이다.

따라서 시바르간 금관은 한반도에서 출토된 금관의 원류일 뿐 아니라 나무를 신앙하는 샤먼관으로 추정하는 것이다.[12] 그리고 이른바 초화형(草花形) 장식으로 일컬어지는 고령 지역 출토의 가야 금관을 비롯하여 낙동강 유역 및 무령왕릉에서 출토된 금제 장식들의 양식은 알렉산드로폴(Alexandropol)에서 출토된 초화형입식은관(草花形立飾銀冠)과 같은 계보로 보고 있다.[13] 이 논의는 일본의 금관으로까지 확대되어, 한국과 일본은 나무 신앙의 샤머니즘과 동물 신앙의 토테미즘을 공유한 동일 문화권일 뿐 아니라, 시베리아 북방계 문화의 계보에 속하며 그 원류는 중앙아

---

12) 李殷昌, 〈圖版解說-Ⅱ. 樹形立華飾 黃金寶冠〉, 《新羅藝術의 新研究-新羅文化祭學術發表會論文集》 6, 新羅文化宣揚會, 1985, 275~277쪽.
13) 같은 글, 277~278쪽.

시아 지역의 금관에서 찾고 있다.[14]

　이러한 주장은 금관의 원류로 지목된 시바르간 금관에 누가 보더라도 나무라고 할 수 있는 세움장식이 두드러진 까닭에 가능한 주장일 뿐, 시바르간 지역에서만 수목 신앙이 있는 것도 아니고 이 지역이 수목 신앙의 기원도 아니라는 점에서 타당성이 없다. 금관의 나무 모양 세움장식과 상관없이 세계 도처에 나무를 섬기는 수목 신앙이 고대부터 전승되어 오는 까닭이다. 다시 말해서, 거목을 우주목이나 신목으로 숭배하는 것은 세계적으로 일반적인 현상일 따름이다.

　제임스 프레이저 경의 《황금의 가지》에서 널리 소개되고 있듯이,[15] 수목 숭배는 고대 게르만족과 켈트족에서부터 슬라브인과 리투아니아인에 이르기까지 아리안계의 모든 유럽 민족의 일반적인 민속 신앙의 전통이었다.[16] 이를테면, 고대 게르만법에 의하면 살아 있는 나무의 껍질을 벗긴 사람은 중죄인으로 취급하여 그의 배꼽으로부터 창자를 후벼내어 그가 벗긴 나무자국에 못질을 하여 고정시킨 다음 창자가 전부 나무에 감겨질 때까지 나무 주위를 돌게 할 정도로 가혹한 형벌을 내렸다. 그리고 마을 근처의 거목이나 수풀을 숭배했으므로 나뭇가지 하나만 꺾어도 범죄로 처리했으며 나무를 벤 자는 급사하거나 손발이 병신이 된다고 믿었다. 이러한 수목 숭배 신앙은 리투아니아인이 그리스도교로 개종한 14세기 말까지 성행했다.[17]

　유럽인들의 나무 숭배 모습은 우리 민속에서 서낭당의 동신목을 섬기는 사실과 그리 다르지 않다. 당나무를 발로 차거나 해코지하면 병을 얻거나 목숨을 잃는다는 믿음이 적지 않다. 그 결과 실제로 병이 나서 죽

14) 같은 글, 274·278쪽.
15) 제임스 프레이저, 金相一 옮김, 《황금의 가지》, 을유문화사, 1975, 159~188쪽.
16) 같은 책, 160쪽.
17) 같은 책, 160쪽.

을 고비를 넘겼다는 동티설화도 널리 전한다. 정작 우리 수목 신앙의 원류로 인식하고 있는 알타이족의 수목 신앙은 어떠한가? 알타이족의 샤먼들은 하늘을 떠받들고 있는 세계수를 그리고, 그 세계수에 의해 하늘과 땅, 땅 속의 세계가 분리되고 질서화한다는 관념 아래, 세계수가 대지의 중심 곧 대지의 배꼽에서 움텄다고 믿고 있다.[18] 세계수를 세계의 심장부에 살고 있는 신성한 나무로 믿었을 뿐 아니라, 그 뿌리 밑에 지하의 샘이나 바다가 있고, 가지 위에 하늘의 샘이 있어서 세계수가 풍요한 물의 힘을 길어 올리거나 내린다고 믿어 생명력의 원천으로 신앙했다. 그러므로 세계수는 생명의 나무로 일컬어지기도 했다.[19]

그러나 우리의 당나무는 이러한 세계상과 일정한 거리가 있다. 물론 우주목으로 일컬어지는 법도 없다. 세계수나 우주목이라기보다 마을이나 고을을 지켜주는 지역공동체의 수호신이 깃들어 있는 동신목일 따름이다. 단군 신화의 신단수도 우주목이나 세계수에 해당되는 것은 아니다.[20] 환웅이 하늘에서 지상으로 내려올 때 태백산의 신단수 밑으로 내려왔다. 그리고 환웅은 거기에 신시(神市)를 설정했을 뿐 대지의 배꼽으로 여기거나 뿌리 아래의 샘이나 바다에서 하늘의 샘으로 물을 길어올린다는 상상도 하지 않았다. 그것은 마을의 입향시조가 마을을 처음 개척하고 당나무에 좌정하여 동신이 되는 것과 그리 다르지 않다. 환웅은 그렇게 신단수를 매개로 인간세계를 다스리기 시작했던 것이며 수신(樹神)으로서 사람들의 섬김을 받았던 것이다.

단군 신화의 최근 연구도 이런 쪽으로 가고 있다. 환웅은 산신이자 수신이며, 신단수 아래는 곧 산신과 수신이 깃들어 있는 숲이어서, 신단

---

18) 김열규, 《韓國의 神話》, 一潮閣, 43~46쪽.
19) 같은 책, 46쪽.
20) 같은 책, 50~51쪽. "이 단수(檀樹)가 세계수(世界樹)임을 말해주는 구체적이고 직접적인 묘사는 보이지 않고 있다"고 하면서 그러한 가능성을 추론하고 있다.

수를 곧 신의 숲이라고 해석한다.[21] 따라서 '신시(神市)'의 해석에서도 종래처럼 '시(市)'를 도시나 행정구역으로 해석하는 것이 아니라 제의 또는 종교적 의식을 거행하는 성소로 해석하고, 나아가 '시(市)'를 초목이 무성한 모습을 나타내는 '불[市]'일 것이라는 추론 아래 신시를 수목 신앙과 관련된 '신불'로 해석해야, 단군 신화의 수목 신앙을 정확하게 이해할 수 있고 또 문맥상의 어색한 문제도 해결된다고 주장한다.[22] 그러므로 《삼국유사》〈고기(古記)〉에서 "신단은 누석단이요, 신수는 태백산에 많은 박달나무"라 했는데, 그러한 전통은 오늘날 동신당의 "기본형태인 누석단과 신수"의 전통으로 이어지고 있는 것이다.[23]

3. 수목 신앙의 세계적 보편성과 한국적 특수성

수목 신앙의 전통은 단군 신화에서부터 지금까지 전통 신앙으로 이어지고 있다. 김알지 신화의 성림 계림이나 금관의 나무 장식은 이러한 수목 신앙의 전통 위에 형성된 것이다. 반만년 전통의 수목 신앙 뿌리나 신수 사상의 전통을 외면하고 굳이 시베리아 샤먼의 수목 신앙에서 그 원류를 찾을 까닭이 없다. 배달민족뿐만 아니라 인류사회의 각 민족들은 저마다 신성한 나무를 숭배해 왔고 그러한 전통은 지금도 생생하게 전승되고 있다.

시베리아 지역의 북방 민족뿐만 아니라 티베트에도 신목을 숭배하

21) 신종원, 《삼국유사 새로 읽기 1, 기이편》, 일지사, 2004, 54～55쪽.

22) 이성규, 〈문헌에 보이는 한민족문화의 원류〉, 《한국사 1》, 국사편찬위원회, 2002, 157～158쪽.

23) 조지훈, 〈累石壇·神樹·堂집 信仰硏究－서낭考〉, 《문리논집》 7, 고려대학교, 1963, 2～4쪽(신종원, 앞의 책, 57쪽에서 재인용).

〈그림 3〉 동신을 모신 당나무

는 신앙이 있고 동남아의 인도나 라오스, 태국 등에도 신목을 숭배하는 신앙이 있다. 신목에 오색 실과 깃발로 장식을 하고 비단과 성물을 바치며 기도를 드리는가 하면, 아예 우리 서낭당의 구조처럼 신목 곁에 신당을 마련하여 섬기는 문화까지 두루 보인다. 이처럼 인류는 나무를 섬기는 오랜 신앙의 전통을 지속하며 수목 숭배 문화를 지금까지 세계적으로 공유하고 있다.

그러나 민족마다 나무를 섬기는 방식이나 나무를 신격으로 인식하는 사유체계가 제각각이다. 티베트에는 그들 고유의 토착 종교인 본교(Bon敎)의 전통과 티베트 불교가 결합하여 라마사원 근처의 큰 나무가 신수로 섬겨지고, 태국에는 불단(佛壇)이 신목과 더불어 있는가 하면 소수민족에 따라 불교와 상관없이 거목이 신수로 섬겨진다. 그리고 인도에는 보리수나무가 불교 신앙의 전통에 따라 신수 구실을 하는 것이다. 그러므로 수목 신앙이나 신수 사상으로 추상화하고 일반화하여 금관의 기원을 북방 민족의 샤머니즘에서 왔다고 하는 것은 구체성도 없고 논리적 개연성도 확보할 수 없다.

그것은 마치 우리나라 사람들이 고대부터 하느님을 섬기는 천신 신앙의 전통이 있다고 하여 하느님을 믿는 기독교 신앙의 기원을 한반도에서 찾는 것이나 마찬가지로 개연성이 없다. 세계의 나무 신앙을 소개하고 있는 《황금의 가지》에는 한국을 포함한 중국의 수목 신앙 사례도 소개하고 있어 흥미롭다.

> 한국에서는 전염병으로 죽은 사람, 객사를 한 사람, 해산하다 죽은 여자의 혼백은 반드시 수목에 지핀다고 한다. 이러한 혼백에 대해서는 나무 밑에 쌓인 돌무더기 위에 떡이나[24] 술 돼지 따위가 제물로 바쳐진다. 중국에서는 아득한 태고적부터 죽은 자의 혼백에 힘을 주어 유해가 썩지 않도록 하기 위해서 산소 위에 나무를 심는 습관 있다. 상록의 측백나무와 소나무는 다른 나무보다 생명력이 강하다 하여 그 목적을 위해서 즐겨 사용된다. 때로는 산소 위에 자란 나무가 죽은 자의 혼백과 동일시된다. 남부 및 서부 중국의 미아오 키아족들은 마을 어구에 성수가 서 있는데, 그 속에 주민의 선조의 영혼이 살고 있으면서 그들의 운명을 조종하고 있다고 믿는다.[25]

동인도의 시아오섬의 주민들도 산림이나 거목에 살고 있는 숲의 정령을 믿는데, 보름달이 뜨면 이 정령이 집에서 나와 배회한다고 여긴다. 따라서 보름날 밤에는 숲의 정령과 화해하기 위해 닭이나 산양 따위의 제물을 바친다.[26] 이처럼 각 민족마다 수목 숭배의 신앙은 아주 다양하게

---

24) 번역에는 '과자'로 되어 있으나, 한국의 과자, 곧 'cake'는 떡을 뜻한다.
25) 제임스 프레이저, 앞의 책, 166쪽.

공유하고 있다. 그러므로 금관의 나무 장식을 두고 섣부르게 시베리아 샤먼의 수목 숭배 신앙에서 비롯된 것이라고 단정하는 것은 참으로 위험하다.

단군 신화에 나오는 신단수나 김알지 신화에 나오는 시림의 숲은 모두 나무를 신성시여기는 문화적 전통에서 비롯된 것이다. 환웅도 신단수를 중심으로 신시(神市)를 열었으며, 김알지도 시림의 나무를 매개로 계림국의 기틀을 다지는 계기를 이루었다. 뿐만 아니라 고구려 고분벽화에도 신성한 나무가 상당히 많이 그려져 있다. 장천 1호분 앞방 오른쪽 벽에 그려진 "거대한 나무는 주인공과 손님의 야외놀이 관람의 무대인 동시에, 생명의 원천으로서 신성성을 지닌 존재이다." 특히 "이 나무를 향해 날아오는 아름다운 깃의 새에게는 커다란 생명의 열매들이 가득 달린 신성한 나무인 것이다."[27]

각저총에 그려진 나무는 한대(漢代)의 화상석에 그려진 연리수(連里樹)를 연상하게 하는 "고구려인 고유의 신성한 나무에 대한 신앙"을 표현한 것으로 해석된다.[28] 씨름 장면의 일부를 이루는 커다란 자색 나무는 고구려인의 전통 신앙과 깊은 관계가 있으며, 씨름 장면 바로 곁의 나무도 "신단수나 커다란 나무에 해당하는 존재"로서 "신화적 인식과 표현기호" 구실을 하는 것이다.[29] "나무 밑 좌우에 호랑이와 곰이 앉아 있는 모습은 단군 신화를 연상하기에 충분하지 않은가?"

주몽이 새 천지를 찾아 남으로 내려오다가 큰 강을 만나 물고기와 자라가 만든 다리를 건넘으로써 부여의 추격병을 따돌린 뒤 한숨

---

26) 같은 책, 같은 쪽.
27) 전호태, 《벽화여 고구려를 말하라》, 사계절, 2004, 63쪽.
28) 같은 책, 64쪽.
29) 같은 책, 133쪽.

을 돌리던 곳도 큰 나무 아래에서이며, 어머니 유화가 보낸 전령 비둘기를 발견하고, 활로 쏘아 잡아 새의 부리 안에 있던 오곡의 종자를 받은 뒤, 다시 물을 뿜어 살린 비둘기를 되돌려 보낸 곳도 이 커다란 나무 아래에서이다. 신단수나 커다란 나무나 땅과 하늘의 세계를 잇고, 사람과 신 사이 의사 전달의 통로가 되는 점에서는 서로 다른 점이 없다.[30]

하지만 단군 신화의 신단수나 주몽 신화의 거목 또는 고분벽화의 생명나무 등을 두고, 굳이 시베리아 원주민들의 무목(巫木) 또는 우주 기둥에서 단군 신화의 신단수나 계림의 신수 사상이 형성되었다고 할 특별한 근거가 없다. 인도의 수목 신앙이나 고대 게르만족의 수목 숭배가 시베리아 무목과 상관없이 형성되었듯이, 신단수와 고구려 벽화 및 계림의 신수 사상과 마을 서낭당의 신목 숭배도 시베리아 샤먼의 우주목과 무관하게 형성된 것으로 보아야 할 것이다.

최근까지 전승되고 있는 민속 신앙의 당나무나 태초의 신단수는 마을이나 나라의 터를 처음 닦는 지리적·공간적 상징물이자 지역공동체를 지켜주는 신성한 성역이다. 마을 어귀의 당나무가 마을의 성지이자 신성한 영역을 나타내는 상징 구실을 하듯이, 신단수나 계림도 나라 차원에서 같은 구실을 했던 것이다. 따라서 신단수와 계림 그리고 당나무는 모두 수목 숭배의 상징물이지만, 어느 것도 시베리아 샤먼의 우주목이나 세계수처럼 하늘을 받치는 기둥이나 우주의 중심으로 간주하는 상징물 구실을 하지 않았다.

시베리아 샤먼들의 나무 숭배 전통은 문화적 원형으로 유일한 것이라는 전파론적 단일 기원설을 인정하면서 독립발생설이나 다원적 기원

---

30) 같은 책, 같은 쪽.

설을 부정한다고 하더라도, 그래서 단군 신화의 신단수 전통을 무시한 채 시베리아 샤먼의 나무 숭배 관행이 한반도에 영향을 미쳐 우리도 비로소 나무를 숭배하는 문화가 형성되었다고 하는 사실을 인정한다고 하더라도 문제는 여전히 남는다. 시베리아 샤먼들에게는 모자 꼭대기에 사슴뿔을 장식하는 전통이 있기는 하다. 그러나, 금관처럼 모자 둘레에 신성한 나무들을 꽂아 숲으로 장식한 모자를 쓴 전통은 없기 때문이다. 몽골의 샤먼들도 마찬가지이다. 따라서 시베리아 샤먼의 모자를 뛰어넘어 아프가니스탄의 시바르간에서 출토된 금관과 신라 금관을 비약적으로 연결지을 따름이다.[31] 그러나 두 금관은 이미 지적한 것처럼 여러 모로 서로 다를 뿐 아니라, 아프가니스탄과 신라 금관의 시공간을 이어주고 메워줄 징검다리 구실을 하는 문화적 증거물이 없어서 전파론을 입증할 수 없다.

4. 천마와 사슴뿔을 근거로 한 전파론의 한계

전파론의 긴요한 근거가 되는 것이 송신자와 수신자 사이의 매개자와 문화의 전파 경로를 밝혀주는 징검다리이다. 그러한 매개자와 징검다리를 해명하고자 하는 노력은 거의 없었지만 그래도 존 코벨은 적극적인 시도를 했다. 적어도 전파주의 이론의 방법은 어느 정도 터득하고 있는 까닭이다.

코벨은 기원전 4세기경에 이루어진 스키타이 문명의 소산인 금동관이 백제의 무령왕 관모의 금세공 지식과 같은 것으로 떠올리며 경이로워 하는[32] 동시에, 양자 사이를 이어주는 징검다리를 엉뚱한 데서 찾아냈

---

31) 李殷昌, 앞의 글, 274·278쪽.

다. 그 엉뚱한 증거물이 바로 천마이다. 천마총의 천마를, 중국의 한무제(漢武帝)가 날쌘 말을 구하려고 애쓴 사실에서 찾고, 이를 다시 페르가나 흉노족들의 뛰어난 말에다 연결시킨다. 그리고 한무제가 서역에서 얻어낸 아라비아산 말도 동원한다.

> 순백색의 아라비아 말은 아주 드물지만 점박이나 얼룩말은 많다. 이들이 공중으로 차오르듯 질주하는 모습은 하늘을 나는 것처럼 장관스럽다. 보통 말들은 꼬리를 아래로 내려뜨리지만 아라비아 말은 하늘로 감아올린다. (천마도의 말꼬리가 위로 솟구쳐 있는 것을 생각해보라.)[33]

부여가 한무제의 천마를 확보하고 한반도 남쪽으로 이동할 때 이 말을 데리고 왔으며, 이 말은 너무나 귀한 말이었으므로 신라에서는 오직 왕만이 소유할 수 있었다고 보는 것이다. 심지어 20세기 일본 히로히토(裕仁) 왕의 전용말이었던 백마에까지 영향을 미쳤다고 보고, 천마총의 백마와 일왕의 백마 연원을 모두 페르가나의 피빛 땀내 나는 적토마에서 찾는다.[34] 줄긋기의 상상력이 탁월하다 하지 않을 수 없다.

관련된 증거물의 징검다리가 시베리아 샤먼에 닿지 않으면 중국의 한무제에 연결짓고, 천마와 색깔이 맞지 않으면 꼬리 모양으로 연결을 짓는다. 페르가나 종마를 천마의 원류로 해명하는 논리 자체도 비약이지만, 더욱 문제는 아프가니스탄의 금동관과 백제의 금관을 연결짓는 고리

---

32) 존 카터 코벨, 앞의 책, 61~62쪽. 두 지역 사이의 관계에 대해 경이로움을 나타내면서 "스키타이 권역은 한때 크리미아 지방에서 흑해를 거쳐 알타이 산맥 지대에까지 뻗쳤다. 그 한 끝의 부족이 머리 속에 금세공 지식을 고스란히 지닌 채 수백 년 뒤 한반도에 나타나게 되었다는 게 가능한 일일까?" 하고 의문을 제기하고 있다.

33) 같은 책, 62~64쪽.

34) 같은 책, 64~65쪽.

로 느닷없이 페르가나의 적토마에다 신라의 천마를 잇는 종마론으로 대체하고 있다는 사실이다. 여러 개의 이질적인 연결 고리 가운데 하나만 어긋나도 이 추론은 무너지게 된다.

백제 금관은 제쳐 두고 신라 금관만 고려하더라도 문제가 해결되지 않는다. 신라 금관에는 나뭇가지 모양의 장식만 있는 것이 아니라 사슴 뿔 장식도 있다고 보는 까닭이다. 더군다나 사슴뿔 장식은 시베리아 샤 먼의 모자에서부터 비롯되었다는 해석이 지배적이기 때문이다. 이러한 해석은 금관을 시베리아 샤머니즘의 영향으로 보는 대부분의 학자들에 의해 되풀이됨으로써 이제는 거의 성역화되었다.

그러나 시바르간의 나뭇가지와 시베리아 샤먼의 사슴뿔 장식이 제 각기 다른 모자 양식으로 존재하다가 왜 굳이 신라 금관에서 두루 수렴 되어 나란히 장식물 구실을 하게 되었는가 하는 사실은 해명하지 못하고 있다. 동어반복적 연구들은 아예 이러한 의문을 제기조차 하지 않는다. 그러므로 우리는 신라 금관의 원류로 간주되는 시베리아 샤먼의 모자 양 식에 관심을 기울이지 않을 수 없다.

물론, 신라 금관은 시베리아 원주민들의 샤머니즘과 그 우주상을 충실하게 연상시켜줄 뿐 아니라, 금관의 사슴뿔 장식은 예니세이강을 넘 어 멀리 랩족의 지역까지 장엄한 그림자를 던지고 있다는 김열규의 주장 을 따르면[35] 그러한 인식이 가능하다. 랩족의 사이드(Seide) 설역(雪域)은 사슴뿔로 에워싸여진 원형의 제단인데, 이것은 곧 금관의 둥근 관대(冠 帶) 위에 세워진 사슴뿔 장식을 쉽게 연상시켜 주며, 시베리아 동북방의 여러 사슴뿔 무관은 금관의 원형으로 지적될 수 있다는[36] 결론에 이른다.

과연 그런가? 그렇다고 보려면, 신라인들이 북부 시베리아 일대를

---

35) 金烈圭,〈東北亞 脈絡 속의 韓國神話－金冠의 巫俗神話的 要素를 中心으로 한〉,《韓國古 代文化와 引接文化의 關係》, 韓國精神文化研究院, 1981, 301쪽.
36) 같은 글, 301쪽.

주류하면서 여러 종족의 관모와 제단을 보고 다양한 도형을 이것저것 발췌하여 모두 합성하는 노력을 기울여야 가능하다. 다시 말해서, 금관을 만든 사람은 북부 시베리아의 관모와 제단의 도형을 혼성 모방했다는 것이다. 단지 특정 지역의 문화나 종족의 문화를 모방하거나 영향을 받는 것은 자연스러운 일이지만, 광범위한 지역의 다양한 종족들의 문화를 조금씩 두루 모방하여 합성했다고 하는 것은 특정 주체에 의해서 용의주도하게 의도되지 않으면 불가능한 일이다. 다시 말해서, 한 사람의 천재적 작가에 의해서나 가능한 일이다.

신라 금관은 그 자체로 완벽한 구조물이라는 점에서 더욱 그렇다. 포스트모더니즘의 혼성 모방은 어떤 원칙이나 개념 없이 이미 있는 다양한 양식들을 자기 취향에 맞게 짜맞추기도 하고 끼워넣기도 하지만, 일반적으로 여러 작품에서 부분적인 요소들을 차용하여 재구성함으로써 마치 하나의 독립된 작품과 같이 만드는 기법을 뜻한다. 당연히 혼성 모방의 주체는 기존의 예술 양식을 다양하게 꿰고 있어야 모방이 가능하며 의도적 구상이 있어야 재구성이 가능하다.

신라 금관을 이렇게 디자인한 주체는 대단한 예술가라 하지 않을 수 없다. 그러면 신라인들 가운데 누가 왜 시베리아의 여러 종족의 도형을 혼성 모방하여 금관을 디자인했을까? 이 질문에 대하여 실증적인 증거를 제공하고 혼성 모방 의도를 논리적으로 설명하지 못한다면, 신라 금관을 시베리아 제 종족의 관모와 제단으로부터 혼성 모방한 것이라 할 수 없다. 과연 당시의 신라 사회가 왕관을 특정 개인에 의한 혼성 모방 기법으로 만들 수 있는 사회구조인가 하는 것도 문제이다. 왜냐하면 왕관은 국가의 최고 통치권을 상징하는 세계관적 구조물이기 때문이다.

자연히 어느 개인의 창조적 작품도 왕관으로 받아들여지기 어렵지만, 왕실기관에서 공동논의를 통해 상징적인 권위로 왕관을 만드는 경우에도 잡종 교배와 같은 혼성 모방 기법으로 왕권을 상징하는 왕관의 양식을 결정할 까닭이 없다. 그래서는 왕의 권위가 서지 않기 때문이다. 새로 건국하는 나라의 기틀을 바로잡기도 어렵다. 김알지 신화가 다른 신화를 두루 합성하여 만들어진 것도 아닌데, 김알지 후손들의 김씨 왕실을 상징하는 금관만 혼성 모방했을 까닭이 없다. 김알지 신화는 앞에서 살핀 것처럼 실존 인물이 주체가 되어 구체적인 시기와 역사적인 장소를 무대로 일어난 독자적인 이야기이다. 그러므로 이 신화를 공유하며 왕권의 지배를 강화해온 김씨 왕실의 왕관도 같은 체계와 논리 속에서 창출되었다고 해야 마땅하다.

김알지 신화가 자력적으로 만들어진 것처럼, 금관도 여러 다른 민족의 관모 요소를 혼성 모방하여 만들어진 것이 아니라 자력적으로 만들어진 것이다. 그런데도 기어코 전래설을 주장한다면, 자연스런 경로에 따라 시베리아 여러 종족의 관모들이 5세기 이전에 신라인들에게 전파되었다고 할 수밖에 없다. 그러나 문화의 전파는 특정한 문화 요소만 한정되어 이루어지지 않는다. 관련 문화가 복합적으로 전파되지 않은 경우에는 독립적으로 발생한 것들 사이에 우연히 같은 양식이 나타난 것일 따름이다. 따라서 전파론이 설득력을 지니려면 최소한 세 가지 조건을 갖추어야 한다.

하나는 영향을 주거나 모방을 했다고 생각하는 두 지역 사이의 지리적 전파 경로가 해명되어야 하며, 둘은 금관과 관련되었다고 보는 예니세이 강 유역의 관모 및 복식 문화와 설역의 제단을 둘러싼 제의 문화가 신라 문화의 그것과 동질성을 지니고 있어야 한다. 그리고 셋은 전파론의 문화주권설에 의해서 발생지로부터 멀어질수록 더 고형의 문화를 가지고 있어야 한다는 것이 입증되어야 한다. 문화 발생지는 으레 문화 발전의 중심지로서 항상 새로운 문화가 창출되는 까닭에, 문화의 가장 발전된 양식이 발생지에 있는 반면에, 전파에 의해 문화가 존재하는 주변부일수록 항상 고형의 문화를 누릴 수밖에 없다.

　　이러한 세 가지 상황들이 실증적으로 밝혀지지 않은 상태에서 전파론적 영향론을 펴는 것은 문화의 독립발생설이나 다원발생설을 부정하는 전파주의에 매몰되었다고 할 수밖에 없다. 섣부른 전파주의자들은 비슷한 것이 있으면 무엇이든 서로 줄긋기를 하고 영향을 주고받았다며 무리하게 단정을 내리기 일쑤이다. 공동체 스스로 자신들의 삶에 필요한 문화를 만들어낸다고 하는 인간의 기본권인 문화 창조력을 부정하고 있는 셈이다. 그 결과 독립발생설의 가능성을 인정하지 않는 것은 물론, 때로는 형식만 비슷했지 실제 내용은 전혀 다른 것들끼리 무리한 줄긋기 작업까지 시도한다.

　　전파론이 더 확고하게 입증되려면, 그레브너(Fritz Graebner)가 말하는 세 가지 준거를[37] 넘어서서 '상징의 준거'와 '생태학적 준거'도 함께 갖추어야 한다. 형태가 닮았고 양적 준거도 갖추었으며 지리적으로도 전파 경로가 뚜렷하여 계속의 준거가 입증된다고 하더라도 문화 현상이 구체적으로 상징하는 내용이 전혀 다르면 전파설을 인정할 수 없다. 형태는 우연히 같을 수도 있기 때문이다. 누석단이나 거목을 숭배하는 현상은 세계 도처에 있지만, 그 상징성은 제각기 다르다. 전파에 의하지 않은 거목 숭배와 누석단 신앙을 인정해야 한다.

　　그리고 생업의 양식이 문화를 결정하는 중요한 요인이기 때문에 문화 전파에는 생태학적 조건이 중요하다. 인접한 민족이라도 생태학적으로 다른 조건 속에 살고 있으면 문화가 전파되기 어렵다. 반면에 지리적으로 격리되어 있어도 생태학적 조건이 같으면 문화가 쉽게 전파된다. 몽골을 두고 말하면 중국과 가장 길게 국경을 접하며 또 직접적인 교섭 관계가 많았지만, 중국의 유교 문화가 몽골에 거의 영향을 주지 못했다.

---

37) 전파를 입증하는 그래브너의 세 가지 준거는 형태의 준거, 계속의 준거, 양적 준거이다. 이 세 가지 준거를 갖추어야 문화의 전파를 입증할 수 있다고 한다.

그러나 티베트는 몽골과 완전히 격리되어 있어도 흔히 라마교라고 하는 티베트 불교는 몽골에 크게 영향을 미쳤다. 생태학적으로 유목 문화를 공유하기 때문이다. 그러므로 전파론을 과학적으로 입증하려면 형태의 준거, 양적 준거, 계속의 준거와 더불어 상징의 준거, 생태학적 준거도 함께 고려해야 할 것이다.

사슴뿔을 근거로 금관의 기원을 찾으려면 굳이 19세기 시베리아 무관을 끌어들일 필요도 없다. 이미 5세기 이전의 우리 문화 속에서도 얼마든지 제의적 사슴에 관한 자료를 찾을 수 있기 때문이다. 선사시대 암각화에도 사슴과 사슴뿔이 그려져 있어 주술적 기능을 했으며, 주몽 신화에도 '흰 사슴[白鹿]'이 주술적인 동물로 등장한다. 따라서 전파론의 준거를 충족시키지 못하는 시베리아 샤머니즘의 우주사슴과 랩족의 천계(天界) 사슴을 무리하게 연결지을 필요가 없다. 우리 문화사 속에서 또 경주의 지역 문화 현장에서 얼마든지 신라 금관의 기원을 해명할 수 있다.

더군다나 사슴뿔 달린 모자는 아메리카 원주민의 사냥꾼이나 기타 종족들의 사제자들도 널리 썼던 것이다. 새의 깃털을 꽂은 모자도 마찬가지이다. 아메리카 원주민의 모자에는 깃털 장식이 상당히 풍부하게 전승된다. 최근의 축제에서도 백인들이 원주민 복장을 할 때 곧잘 깃털을 꽂은 모자를 쓴다. 그러므로 만일 비슷한 요소를 찾아서 전파론적 해석을 한다면 금관의 원형은 사슴뿔을 부착한 아메리카 원주민의 모자에서도 찾아야 할 것이다.

그러나 누가 뭐라고 해도 그러한 전통은 아메리카 원주민이나 시베리아 샤먼보다는, 한반도 안에서 그 이전 시기에 형성된 건국 신화와 암각화에서 찾는 것이 역사적 타당성과 지리적 합리성을 함께 확보할 수 있다. 제의적으로 사슴뿔을 이용하거나 다른 동물탈을 쓴 주술사들의 문화는 시베리아 샤먼에 한정되는 것이 아닌 상당히 일반적인 것이기 때문이다. 따라서 신라 금관의 정체성을 무시하고 세계 각국의 관모 요소들만 따와서 합성한 것처럼 해석하여 마치 경주를 각종 외래문화들의 도가니로 볼 것이[38] 아니라, 오히려 거꾸로 보아야 한다.

　문화가 지리적으로 확산되는 양상은 두 가지이다. 문화는 물결 모양과 방사선 모양으로 전파된다. 실제로 신라를 중심으로 보면 금관의 분포가 동심원을 그리고 확산되어 있음을 확인할 수 있다. 발생지인 경주에 가장 훌륭한 금관이 가장 밀도 있게 많이 발굴되고 경주에서 멀어질수록 성글고 드물게 나타난다. 경주를 중심으로 백제와 고구려 지역은 물론, 바다를 건너 일본지역에도 금관이 드물게 보이는 것이 중요한 증거이다. 지리적으로나 문화적으로 경주 중심의 동심원 안에 드는 지역들이다. 시베리아 지역도 금관과 관련이 있다면, 방사선형 전파설로 설명할 수 있다. 논리적으로는 그렇지만 시베리아 지역까지 신라 금관이 전파되었다고 보는 것은 앞에서 거론한 여러 준거들로 볼 때 입증 불가능한 것이다.

---

38) 같은 글, 323쪽에서 권이구 교수가 금관과 관련해 문화적 요소를 개별적으로 언급하기보다 시베리아 샤머니즘의 지역적 변이형과 전체의 상관 관계를 파악하는 것이 바람직하다는 문제를 제기하자, "한반도 자체를 melting pot로 볼 수는 있다"고 답했다.

제3장 신라 이웃나라들의 관모 양식과 해석 문제

1. 고구려 금동관 문양과 전파론적 해석의 문제

전파주의에 따른 금관의 해체론적 해석은 무관의 사슴뿔이나 시베리아의 수목 신앙에 머물지 않는다. 금관이나 금동관의 장식을 필요에 따라 제각기 다른 문양으로 해석한다. 거기에는 화염문양(火焰文樣)이나 초화문양(草花文樣), 새의 날개, 연꽃, 고분 속의 말 그림 등 가릴 것이 없다. 한결같이 전파론적 관점에서 시베리아 샤먼을 비롯하여 유라시아 여러 종족들의 문화적 전통에서 비롯된 것으로 해석된다.

우선 평양 대성구역에서[1] 출토된 고구려 금동관의[2] 화염문 또는 초화문을 보자(〈그림 1〉). 전파론적으로 보면 이곳은 전파 경로의 길목이기 때문에 으레 여기서도 시베리아 샤먼의 숭배대상이었던 우주목이 보이고 모자의 장식물이었던 사슴뿔 모양이 나와야 한다. 오히려 신라 금관

---

1) 흔히 평양 청암동에서 출토된 것으로 보고되고 있다.
2) 코벨은 이 금동관을 금관이라고 했다. 따라서 코벨은 고구려 '금관'이라고 했지만, 인용할 때는 '금동관'으로 바로잡아 쓴다.

〈그림 1〉 평양시 대성구역 출토 고구려 금동관

보다 더 원천을 이루는 것이 이 지역 금관이다. 왜냐하면 지리적으로 고구려는 시베리아 샤먼 또는 동북아시아 문화권에 더 가깝기 때문이다. 고구려는 한때 시베리아 지역 일대까지 영역을 확보하고 있었다는 사실도 중요하게 고려되어야 한다.

실제로 한반도의 불교 전래 과정을 보면 이러한 지리적 인접성과 전파 경로가 고스란히 일치한다. 불교 공식화 시기가 고구려·백제·신라의 차례로 역사적 선후를[3] 보이는 것이다. 다시 말해서, 북방 지역 문화는 지리적으로 고구려·백제를 거쳐 신라·가야에 이르게 되어 있다는 말이다.

---

3) 불교를 공식적으로 인정한 시기는 고구려가 372년, 백제가 384년, 신라가 527년으로, 신라가 삼국 가운데 가장 늦다. 지리적으로 가장 먼 곳에 있었기 때문이다. 또 이 시기는 4세기에서 6세기로 금관이 널리 만들어진 시기와 일치한다.

그런데 존 코벨의 해석은 다르다. 평양에서 나온 고구려 금동관의 장식들은 불꽃이 활활 타오르는 형상의 화염문양을 이루고 있다. 따라서 신라 금관에서 지금껏 보아온 신성한 우주수목이나 사슴뿔 장식은 고구려 금동관에는 보이지 않는다. 그러므로 고구려 금관은 이제까지 익히 보아온 신라 금관이나 가야 금관과 아주 딴판의 모양을 하고 있다.[4] 평양 대성구역에서 출토된 이 금동관은 화염문이 아니라 초화문 장식이 아홉 개나 있어서 '초화문관(草花紋冠)'으로 일컬어지기도 한다. 초화문관으로 해석하는 김병모는 이 관모의 양식이 수목 장식으로 이루어진 시바르간의 틸리아 테페 금관과 비슷한 형태라고 한다.[5] 전파론을 떠나서 그 자체의 형상을 보면 화염문으로 해석하는 것이 자연스럽다.

그러나 화염문으로 보는 존 코벨은, 지리적으로 고구려가 시베리아에 훨씬 인접해 있었으므로 이 금동관이 신라 금관보다 더욱 시베리아적 특성이 갖추어져 있으리란 추측을 한다.[6] 자연히 그동안 시베리아 샤먼의 우주수목 또는 사슴뿔의 영향을 받은 것으로 해석한 신라 금관과 전혀 다른 화염문양이 나타난 것에 대해서 "이 장식을 도대체 어떻게 설명해야 옳단 말인가?" 하고 의문을 제기하지만, 화염문을 그 자체로 설명하지 못한다.

다만 화염문의 장식 다섯 개 가운데 한 개의 끝에 입체적으로 두드러진 부분에 주목하고, 이를 "독수리가 날개를 펼친 듯한 모양"으로 간주한다. 그리고 "샤먼의 금관에 나와 있는 독수리의 의미는 무엇일까(무속을 신봉하는 아메리카 인디언들의 상징이던 독수리는 후일 미국의 공식 상징이 되었다)"라고 하고는[7] 독수리와 관계되는 동서고금의 자료들을 상기시키며,

---

4) 존 카터 코벨, 김유경 엮어옮김, 《한국 문화의 뿌리를 찾아》, 학고재, 1999, 110~111쪽.
5) 김병모, 《금관의 비밀 – 한국 고대사와 김씨의 원류를 찾아서》, 푸른역사, 1998, 그림 65.
6) 존 카터 코벨, 앞의 책, 110쪽.
7) 같은 책, 111~112쪽.

부리야트(Buryat)족의 전설을 근거로 신성한 독수리로부터 무당 능력을 배운 샤먼을 떠올린다. 이러한 해석은 연구자의 상상력 수준에 머물지 않고 마침내 당착을 일으킨다.

금동관의 장식을 화염문양으로 인정하면서도 화염문만으로는 시베리아 샤먼과 줄긋기를 할 수 없는 까닭에 모순된 해석을 하지 않을 수 없다. 왜냐하면 시베리아 샤먼 문화에는 화염문의 증거를 찾을 수 없기 때문이다. 그러자 화염문에 집착하지 않고 그 문양 한 끝의 모양을 독수리 날개로 연상하여 부리야트족의 무조(巫祖) 전설을 끌어다 붙이는 억지 줄긋기를 한다. 그러면서 "독자들 눈에는 이 금관에서 해를 등지고 날아오르는 독수리가 보이지 않는지?" 하는 문장으로[8] 독자의 동의를 강요하며 글을 맺고 있다. 그러나 독수리는 부리야트족의 전설을 끌어들이려고 하는 존 코벨의 눈에만 보일 따름이다. 독수리 모양은 순전히 해석자의 상상 속에 있는 그림이다.

그동안 거론했던 사슴뿔과 우주수목 그리고 고구려 금관의 화염문 사이의 전파론적 관계는 전혀 고려하지 않고, 느닷없이 부리야트족의 신성한 독수리를 가져다가 설명하는 것이 문제이다. 사슴뿔과 우주수목은 왜 고구려 금관을 뛰어넘어 신라 금관에만 영향을 미쳤는가 하는 것도 문제이지만, 고구려 금관의 화염문과 신라 금관의 사슴뿔 또는 우주수목 사이에는 왜 영향을 서로 주고받지 않았는가 하는 것도 문제로 남아 있다. 고구려 금관의 문양이 독수리 날개를 상징하고 있다면, 당연히 진평왕 금관의 새 문양 및 신라 금관 속관에 부착한 거대한 깃 장식과 같은 동질성도 주목해야 한다.

그러나 굳이 코벨처럼 다른 문화와 줄긋기를 한다면, 인용한 내용대로 독수리를 상징으로 삼는 아메리카 원주민 문화에다 줄을 그을 수도

---

8) 같은 책, 112~113쪽.

있고, 화염문 자체로 그리스 신화의 주인공인 불의 신 프로메테우스에다가 갖다 붙일 수도 있다. 그런데도 오직 부리야트 무당에다 연결시킨 것은, 시베리아 샤먼의 문화가 한반도의 모든 문화양식, 특히 금관의 양식에 전적으로 영향을 미쳤다고 보는 고정관념 때문이다. 불꽃 끝에 독수리가 앉아 있다는 엉뚱한 해석도 같은 발상에서 비롯된 것이다. 불사조를 형상화한 것이 아니라면 화염문 끝에다 새를 장식할 까닭이 없기 때문이다.

나뭇가지와 사슴뿔이 어느 정도 닮았듯이, 불꽃 문양과 초화 문양도 어느 정도 닮았다고 할 수 있다. 그러나 초화에는 적어도 나무의 줄기와 가지, 잎이 분별되어 있어야 한다. 백제 무령왕릉에서 출토된 관모의 금판 장식이나 신라 금관의 세움장식이나 한결같이 나무로서 갖추어야 할 특징적인 요소로서 줄기와 가지, 잎, 열매, 꽃 등이 갖추어져 있다. 그런데 고구려 금동관에는 그러한 결정적인 증거가 될 만한 요소가 전혀 없다. 그러므로 초화나 수목과 같은 식물의 문양이 아니라 불꽃이 활활 타오르는 화염문에 더 가깝다고 할 수 있다.

고구려 금동관의 문양을 화염문이라고 해석하면 굳이 시베리아 샤먼 문화와 연관성을 찾을 필요가 없다. 신라 금관이 신라 건국 신화의 세계관을 담고 있듯이, 고구려 금동관 또한 고구려 건국 신화의 세계관을 담고 있다고 볼 수 있기 때문이다. 신라 금관을 보는 이론적 바탕은 고구려 금동관 해석에서도 고스란히 적용 가능하다. 이처럼 신화와 금관의 연관성에 대한 적용이 신라와 함께 고구려 사례에도 가능하고 또 그러한 해석이 더 설득력을 지닐 뿐 아니라 한층 창조적인 해석을 끌어낼 수 있다면, 일반화가 높은 이론으로 받아들일 수 있다.

고구려의 건국 신화는 곧 주몽 신화이다. 주몽의 아버지인 해모수는 천제의 아들이자 곧 태양신을 상징하는 존재이다. 신라 신화들처럼 주몽 신화에서도 주인공인 주몽의 이름 풀이는 자세하되, 다른 인물의 이름 풀이는 별도로 없다. 천제의 아들로서 태양신을 상징하는 해모수 (解慕漱)는 무슨 뜻일까? 태양신을 상징한다면 해를 닮았을 가능성이 높 다. 따라서 해모수는 곧 우리말 '해모습'을 한자로 표기한 것일 수 있다. 해모습을 한 해모수는 사실상 이글이글 타는 태양의 모습을 떠올릴 수 있도록 형상화될 필요가 있다.

해모수의 아들 주몽의 후예들도 마찬가지이다. 김알지의 후손들이 계림을 상징하는 금관을 통해서 김씨계 왕의 신성한 혈통과 왕권을 강화 한 것처럼, 주몽의 후예들도 태양신 해모수를 상징하는 화염문 금동관을 통해서 왕실의 혈통과 왕권을 신성하게 확보해 나갔다고 할 수 있다. 실 제로 화염문으로 장식된 평양 대성구역의 금동관을 쓰게 되면 주인공의 얼굴은 마치 이글거리는 태양처럼 보이게 된다. 얼굴 전면 외에는 황금 빛 불꽃 문양이 머리를 장식하는 까닭이다.

따라서 금동관의 화염문은 주몽 신화의 세계관을 잘 반영하는 형상 이다. 같은 맥락에서 평양 룡산리 7호 고분의 금동 속관도 주몽 신화의 내용을 형상화하고 있는 것으로 해석 가능하다. 왜냐하면 이 속관의 문 양은 태양신을 자처한 해모수가 지상에 내려온 상황을 고스란히 나타내 고 있는 까닭이다. 해모수는 지상에 내려올 때 오우관(鳥羽冠)을 쓰고 오 룡거(五龍車)를 타고 왔다고 한다. 특히 이 금동관에는 태양신을 상징하 는 삼족오가 해의 모습을 상징하는 원 안에 역동적인 모습으로 투각되어 있다. 그 둘레에는 용들이 비상하는 모습으로 꽉 채워져 있다. 모두 활활 타오르는 불길에 휩싸여 있는 모습이다. 불꽃이 이글거리는 태양을 상징 하는 것처럼 보인다.

해모수 신화의 열쇠말이자 가장 핵심적인 상징이라 할 수 있는 태 양과 까마귀, 용이 고구려 왕관의 겉관과 속관에 그대로 형상화되어 있 는 것이다. 특히 속관 형태인 평양 룡산리 7호 고분의 금동관은 신라의 속관 모습과 재질 및 구조가 일치한다. 그것은 곧 고대부터 절풍을 써 온 우리 민족의 관모사에서 비롯된다. 절풍을 주로 썼다고 하는 사실은 신라나 고구려나 차이가 없다. 차이가 있다면 건국 신화의 세계관적 차이이다. 고구려의 왕관이 주몽 신화의 내용에 따라 태양을 상징하는 겉관의 화염문과, 태양신을 상징하는 속관의 삼족오로 형상화되어 있다면, 신라의 왕관은 김알지 신화에 따라 계림을 상징하는 겉관의 다양한 나무 모양 세움장식을 통해 형상화되어 있는 것이다.

따라서 건국 신화와 왕관 양식의 연관성은 김알지 신화와 신라 금관의 경우에 한정되지 않는다. 주몽 신화와 고구려 금관의 경우에도 잘 맞아떨어진다고 하겠다. 그리고 신라 금관과 고구려 금동관이 서로 재질과 구조가 거의 같으면서도 세움장식 문양이 서로 영향을 미치지 않고 독자적인 이유는 제각기 자국의 건국 신화를 상징적으로 형상화한 까닭으로 해명할 수 있다. 그러므로 신라와 고구려는 신화적 내용을 왕관으로 형상화했으며 왕관의 구조도 절풍 형식의 속관과 세움장식 형식의 겉관으로 양식과 구조가 일치하되, 다만 신화의 내용이 구체적으로 다르기 때문에 왕관의 세움장식 모양과 문양은 독자성을 지니고 있다고 하겠다.

이처럼 전파론적 전제에서 해방되면, 우리 신화의 맥락 속에서 금관의 문양이 새롭게 보이기 시작한다. 그러나 전파론적 시각으로 보면 평양 대성구역의 고구려 금동관은 화염문이 아니라 초화문으로 보이게 되며, 아프가니스탄 틸리아 테페 유적의 금관에서 비롯된 것처럼 해석된다.[9] 생각을 바꾸어 주몽 신화와 더불어 고구려 금동관을 보게 되면, 금관을 쓴 사람이 곧 태양신을 상징하는 해모수의 후예로 인식되며 타오르는 태양의 화염문양이 역동적으로 포착된다.

우리 금관에서 나무나 초화를 세움장식으로 한 경우에는 으레 관테나 모자에 꽂도록 구조화되어 있다. 대지에 신목이 튼튼하게 뿌리박고

---

9) 김병모, 앞의 책, 그림 65와 해설 참고.

있음을 나타내는 데는 세움장식을 별도로 만들어 부착시키는 것이 더 효과적이다. 그러나 고구려 금동관처럼 화염문을 나타낸 것은 사정이 다르다. 관테와 화염문양이 하나로 일체화되어 있다.

특히 관테도 투각식으로 조형되어 있어서, 넓은 띠 모양을 하고 있는 신라 금관과 다르며, 뒤쪽에 가면 화염문양과 관테의 문양이 하나로 연결되어 있다. 신라 금관이 대지와 나무가 구분되어 세움장식 양식으로 계림을 형상화한 것이라면, 고구려 금동관은 태양과 불꽃이 분별없이 하나로 일체화되어 있어서 이글거리는 태양의 불꽃 문양을 실감나게 형상화한 것이라 할 수 있다.

2. 백제의 금제 관모 장식과 전파론적 해석의 문제

백제의 무령왕릉 출토 금제 관모 장식 해석에서도 전파론적 시각은 여전하다. 그리고 전파론적 전제 때문에 도저히 납득할 수 없는 해석을 하는 것도 변함이 없다. 따라서 백제 금제 관모 장식도 흔히 말하는 초화문(草花紋)에 속하거나[10] 관목에 속하는 나무 모양 세움장식이 분명하지만, 화염문양을 이루고 있는 것처럼 해석한다.

고구려 금동관 탓인지 코벨은 "꽃 모양과 덩굴문이 얽혀 화염문 같은 모습을 하고 있다"고 했다. 불꽃 속에 새가 있을 수 없듯이 불꽃에 꽃이나 식물의 덩굴이 있을 수 없는데도 그렇게 주장한다. 겉으로 드러난 형상만 보면 불꽃처럼 보인다고 할 수도 있지만, 그것은 나무 모양을 사슴뿔 모양으로 보는 것과 같은 착각일 따름이다. 문제는 불꽃 모양이라고 하면서도 해석에 일관성을 확보하지 못하는 데서 착각이 바로 드러난

---

10) 학자에 따라서 '인동화(忍冬花) 문양'이라고도 한다.

다. 화염문 장식의 "꼭대기에 연꽃 형상"이 보인다고 할 뿐 아니라, "이는 불교의 영향에서 온 것으로 믿어진다"고 주장한다.[11] 진홍섭도 연화(蓮花) 또는 화염문으로 보고 불교적 요소를 띤 문양으로 해석한 바 있다.[12] 불꽃 문양에 연꽃이 결합될 수 없다는 점을 고려하면, 고구려 금동관처럼 문양의 해석과 다른 불교적 요소를 끌어들여 다시 전파론을 합리화시키는 셈이다.

내가 볼 때는 백제 금제 장식 또한 시베리아 샤먼의 우주수목이나 사슴뿔 숭배의 전통과 무관하다. 초화문에 속하기 때문이다. 하지만, 시베리아 샤먼의 영향으로 보는 존 코벨의 전제와 해석은 어김없이 되풀이된다. 무슨 문양이 나타나든 시베리아 샤먼의 문화 현상과 줄긋기 할 준비가 되어 있기 때문이다. 따라서 초화문을 기어코 화염문이라고 해서 영향론을 합리화시킨다. "불은 형이상학을 넘어 원초의 신비를 지닌 존재"로 규정하고 "무속신들은 불을 이해했을 뿐 아니라 흙과 물, 불을 여타 중요한 것들과 함께 관장하였다"고 주장한다. 그러므로 백제의 미술품은 "대주제가 불교적인 것이라 해도 그 장식과 상징에는 무속적인 요소가 다분히 남아 있다"고 해석하여[13] 성공적인 줄긋기 작업을 마친다.

여기서는 신라 금관을 해석할 때처럼, 백제 금제 장식의 특정 부분과 시베리아 어느 종족의 샤먼 문화를 구체적으로 연결짓는 일은 하지 않았다. 그럴 만한 구체적인 자료가 없는 까닭이다. 막연히 '무속신도 불을 이해했다'고 하는 정도이다. 세상에 어느 신앙이 불을 이해하지 못하고 있을까? 배화교(拜火敎)는 불을 적극적으로 숭배했다. 대부분의 종교는 불을 소극적으로 이용한다. 제의에 앞서 불을 피우고 향을 사르거나

---

11) 존 카터 코벨, 앞의 책, 91쪽.
12) 秦弘燮, 〈百濟·新羅의 冠帽·冠飾에 관한 二三의 問題〉, 《史學志》 7, 檀國史學會, 1973, 17~34쪽.
13) 존 카터 코벨, 앞의 책, 91~92쪽.

제단에 촛불을 밝힌다. 무교도 예외가 아니다. 이처럼 백제 금제 장식과 샤머니즘의 관계를 구체적으로 줄긋기 하기 어려울 경우에는 막연히 불을 흙 또는 물과 함께 끌어들이거나, 아니면 금관과 함께 매장된 왕릉의 다른 부장품을 통해 시베리아 무속과 연관을 짓는다.

코벨의 줄긋기식 상상력은 종횡무진이다. 왕이 잠들어 있는 현실(玄室)의 길목을 지키는 석수(石獸)를 무속적 동물이라고 하면서, "몇 가지 동물을 합친 것 같은 이 석수를 보면 중국 상(商)나라나 주(周)나라의 무속에 갖가지 동물 형상을 하나로 조합"한 것이 생각난다고 하는 해석이[14] 좋은 보기이다. 5~6세기의 신라 예술품은 100퍼센트 무속 신앙의 기치 아래 제작된 것들로 간주되는 것은 물론, 백제예술도 같은 문화적 토양 속에서 해석하기 때문이다. 따라서 청동이나 금은과 같은 귀한 금속을 다루는 연금술 또한 무속 문화의 전유물로 간주한다.

그러나 시베리아 샤먼과 우리 금관을 바로 이어줄 구체적 예증은 제시하지 못한다. 왜냐하면 사슴뿔 장식을 한 시베리아 샤먼의 모자는 한결같이 철제인데다가 19세기 이후의 민속품이기 때문이다. 금은의 연금술과 시베리아 샤먼의 모자는 사실상 큰 관련이 없는 셈이다. 시베리아 샤먼의 연금술사들은 자신들의 무관을 20세기까지 철로 만들어 쓰는데, 왜 한반도에 있는 신라와 백제, 고구려 사람들은 이미 수천 년 전부터 금관을 만들어냈을까? 시베리아 샤먼의 무관과 자신들의 연금술은 무관하되, 고구려와 백제, 신라 왕관과 시베리아 샤먼의 연금술은 밀접한 관련이 있다고 하는 주장은 합리적 타당성을 확보할 수 없지 않은가. 전파 논리를 부정하면서 전파론을 펴거나, 전파론을 주장하면서 전파 논리를 인정하지 않는 모순이 거듭될 따름이다.

삼국시대 초기에 고구려와 신라, 백제는 금관이나 금제 장식을 공

---

14) 같은 책, 92쪽.

유했다. 그러나 그 형상적 양식은 상당히 다르다. 시조 신화의 내용을 금
관으로 형상화하는 데는 어느 정도 공통성을 보이지만, 금관의 장식 자
체는 닮지 않았다. 문양도 크게 차이를 보인다. 각자 자기 신화를 바탕으
로 금관을 만들었기 때문이다. 그런데도 시베리아 기원설을 세 나라에
모두 적용한다. 고구려와 신라, 백제의 왕관이 시베리아 샤먼의 관을 영
향받아 만들어진 것이라면 당연히 서로 같은 양식을 이루고 있어야 한
다. 여기서도 시베리아 기원설의 모순을 스스로 드러내고 있다.

결국 백제 무령왕릉에서 출토된 관모 장식의 화염문은 신라 금관의
장식과 전혀 다른 까닭에 수목 숭배나 사슴뿔 신앙 대신에 연금술과 불
의 이용 등을 매개삼아 여전히 시베리아 샤머니즘의 영향으로 보고 있
다.[15] 한마디로, 한반도 안의 세 나라 관모 문화는 서로 영향을 주고받지
않아서 동질성이 없지만, 그래도 모두 시베리아 샤머니즘의 영향을 받았
다는 주장을 하는 것이다. 그러면 금붙이 장식물도 서로 동질성을 지녀
야 마땅하다.

그런데 서로 인접해 있는 삼국의 금관은 서로 다른 것이라며 영향
관계를 부정하면서 시공간적으로 동떨어져 있는 시베리아 샤머니즘의
관에서 영향받았다고 하는 것은 맹목적 전파론이라고 하지 않을 수 없
다. 전파주의의 맹목성에 빠지게 되면, 한반도 어느 지역에서 어떤 문양
의 금관이나 금제 관모 장식이 나와도, 그것은 모두 시베리아 샤먼의 영
향으로 설명하게 되고 또 충분히 설명 가능하다. 불을 이용한 연금술이
시베리아 샤먼에 의한 것이라고 하는 한 어떤 형태의 금관도 이 영향으
로 묶어둘 수 있기 때문이다.

그러나 백제의 금제 관모 장식은 누가 보더라도 초화문 양식을 하
고 있다. 화염문이라고 한 것은 처음부터 빗나갔다. 초화문을 투각하여

---

15) 같은 책, 90~91쪽.

만든 장식을 부착한 관모의 전통은 백제 고분에서도 발굴되고 있다. 나주 반남면 신촌리 9호 고분에서 발굴된 입화식(立華飾) 금동관도 그러한 보기이다. 관테에 세 개의 나무 모양 세움장식을 세워두었다. 그러므로 무령왕릉의 관모 장식도 같은 전통 속에서 초화문으로 해석되어야 할 것이다.[16]

코벨처럼 연금술을 끌어다가 전파론을 편다면, 신라 금관의 해석도 장식물의 실체를 구체적으로 뜯어볼 필요가 없다. 괜히 굽은 나무 모양 세움장식을 사슴뿔이라고 아전인수격으로 해석하거나 곧은 나무 모양 세움장식을 우주수목으로 과도하게 의미를 부여하여 해석할 까닭이 없다. 그러지 않아도 시베리아 샤먼의 관에서 비롯되었다고 주장할 수 있는 것이 아닌가. 왜냐하면 불의 이용이나, 또는 연금술에 의하지 않고서는 어떤 형상이든 금관이 만들어질 수 없다고 고집할 수 있기 때문이다. 이런 방식의 단선적인 줄긋기로 전파론적 해석을 한다면, 어떤 문화양식도 시베리아 샤머니즘과 연결되지 않는 것이 없게 된다.

그러므로 전파주의적 시각도 문제지만 기본적으로 전파론적 방법의 해석체계를 전혀 고려하지 않은 것이 더욱 문제이다. 다시 말해서, 전파론적 시각에서 문화가 해석되려면, 먼저 문화적 원형의 발생지를 추적하고 그 원형을 이루는 문화 요소들의 분포와 변이가 점검되는 동시에, 해당 문화 요소가 어떤 매개를 통해서 어떤 지리적 경로를 거쳐 해당 문화의 현장까지 이르게 되었는가 하는 것을 체계적으로 분석해야 한다.

그런데 금관 해석의 경우에는 시베리아 샤머니즘의 문화적 원형도 재구성하지 않고 그 발생지도 포착하지 않았다. 샤머니즘의 기원은 시베리아 여러 지역 가운데 어디이며, 그 원류는 시베리아 여러 민족 가운데 어느 민족인가 하는 것을 먼저 밝혀야 한다. 샤머니즘 내부의 기원도 찾

---

16) 박선희, 《한국 고대 복식 – 그 원형과 정체》, 지식산업사, 2002, 266~267쪽 참조.

지 못한 채, 그 문화권 밖에 존재하는 우리 금관의 장식에서 시베리아의 문화 요소들을 찾아내는 셈이다. 한마디로, 연구가 전파론의 논리와는 거꾸로 가고 있다. 시베리아 여러 종족들의 샤먼 유산들은 물론, 아프가니스탄을 비롯한 중앙아시아, 중국대륙 등의 출토유물과 금관을 견주어 보고 비슷한 요소만 있으면 그 영향 관계를 주장하는 비약을 거침없이 하고 있는 것이 선파론사들의 연구 경향이다.

따라서 시베리아 샤머니즘 문화의 요소별 분포나 지리적 전파 경로, 전파를 담당한 매개자, 지역적 분포와 전파 과정에 따른 변이 등은 제대로 거론될 겨를이 없다. 시베리아 샤머니즘은 구체적으로 어느 시대 어느 지역 어느 종족에 의해 형성되었는지 도무지 해명되지 않고 있다. 그리고 이 샤먼 문화가 어떤 경로를 통해 유라시아 전역에 전파되었는가 하는 사실도 밝혀지지 않은 상태에서 유라시아 대륙의 여러 문화 요소들이 신라시대 경주 금관에만 집중적으로 영향을 주었다는 사실을 거듭 주장하니 어처구니가 없다.

결과적으로 유라시아 전 지역의 문화 요소들 가운데 제각기 한두 가지 양식들이 한반도에 들어와 혼성 모방 기법의 합성을 통해서 가장 화려하고 가장 완벽한 신라 금관이 만들어졌다는 주장을 하는 셈이다. 그런데 이 주장을 거꾸로 말하면, 신라 금관이 기원이 되어 북방대륙으로, 다시 시베리아와 중앙아시아로 금관 문화가 확산되어 그 단편적이 요소들이 흩어져 있다는 말이다. 전파론의 이론에 따르면 사실 이 주장이 더 설득력 있는 것이다.

중국탈의 전파론을 펴면서 하회탈과 병산탈은 서로 무관한 탈이라고 해석하는 당착을 여기서도 상기할 필요가 있다. 바로 이웃마을 탈은 형식이 달라서 서로 영향 관계를 인정할 수 없다고 전파 가능성을 부정하는 반면에, 그리스나 중앙아시아 탈의 영향을 받은 중국탈의 기법이 안동 지역에 전래되어 하회와 병산 탈이 만들어졌다는 전파설을 주장하는 것이다. 이런 주장에 대하여, 옛날 사람들이 우주선을 타고 하회탈을 전수시킨 것은 아닌가 하고 반문할 정도이다. 결국 서역탈 전래설은 하회탈의 독창성을[17] 인정하지 않으려는 의도 외에 달리 이해할 길이 없다. 금관의 기원 연구도 이러한 사대적인 전파론에 매몰되어 있다. 그러므로 우리 금관은, 한반도의 고대 문화는 전적으로 시베리아 샤머니즘의 영향을 받아 형성된 것이라는 전제를 입증하는 하나의 구체적 대상으로 전락하고 만 셈이다.

3. 호암미술관 금관 장식과 알렉산드로폴 장식의 비교

우리 금관 연구는 금관을 이루는 여러 요소들과 시베리아 샤머니즘의 특정 요소를 찾아 서로 짝을 지우거나 연관성을 끼워 맞추는 데 만족할 뿐 금관을 통한 우리 민족의 세계관은 독자적으로 포착될 겨를 없이 줄곧 전파주의적 영향론으로 빠져들었다. 이러한 영향론의 맹목성은 금관에 보이는 새의 날개 또는 깃 모양의 장식 설명에서도 고스란히 드러난다.

무령왕과 왕비의 관모 장식은 그동안 금화식(金花飾)으로 인정되었다. 왕관의 장식에는 나무 가지에 수많은 꽃무늬가 있고 여러 개의 영락이 달려 있어 꽃이 핀 나뭇가지를 연상하게 하며, 왕비의 관 장식에는 꽃과 나뭇잎 등이 기하학적 무늬를 이루고 있다. 따라서 이들 문양에 따라 금꽃이 장식된 관으로 일컬어지거나[18] 또는 초화형입식관(草花形立飾冠)으로 분류되기도 한다.[19] 초화형 장식으로 분류되는 금관은 경북 고령에

---

17) 임재해, 〈하회탈의 조형적 형상성과 미학적 가치〉, 《하회탈 그 한국인의 얼굴》, 민속원, 2005, 35~92쪽에 하회탈의 독창적 조형 문제를 자세하게 다루었다.
18) 文化財管理局, 《武寧王陵》, 三和出版社, 1974, 18~20·27~28쪽 참조.

〈그림 2〉 호암미술관 소장 금관

서 출토된 것으로 전하는 호암미술관 소장 금관이 있으나, 그 형상은 무
령왕릉의 것과 전혀 다르다. 무령왕릉의 장식은 풀이나 나뭇가지 모양이
세련된 곡선을 이루며 불꽃처럼 위로 향해 있고 그 문양과 장식이 아주
복잡하고 정교하나, 호암미술관 금관은 상당히 단순하며 거친 모양을 이
루고 가지의 끝이 모두 아래를 향해 있다.

　　따라서 초화(草花)의 다양성을 인정한다면 같은 범주 속에 묶을 수
있되, 두 금관의 문양을 양식적 차원에서 본다면 서로 영향 관계를 인정
하기 어려울 정도로 상당히 독창적이다. 앞의 것은 성숙한 관목의 가지
와 꽃잎을 기하학적으로 어우러지게 조형했다면, 뒤의 것은 풀이 땅에서
돋아나는 모양을 양식화해 형상화한 것이다. 그런데 고령에서 출토된 것
으로 전하는 호암미술관 소장 금관(〈그림 2〉)을 남부 러시아의 알렉산드
로폴(Alexandropol)에서 출토된 은제 장식물과 같은 양식으로 간주한다.[20]
왜냐하면 이 장식 또한 식물형으로서 가지의 끝이 아래로 휘어져 있기

19)　金文子,《韓國服飾文化의 源流》, 民族文化社, 1994, 80쪽.
20)　같은 책, 82~83쪽. 이 책에서는 호암미술관 소장 금관을 고령 금관이라고 했다.

때문이다.

그러나 호암미술관 금관은 가지의 중심부 마무리가 돔형으로 이루어진 데 견주어 러시아의 것은 셋으로 갈라져 있으며, 가지도 호암미술관의 것은 큰 것 두 쌍과 작은 것 한 쌍으로 모두 세 쌍이 대칭을 이루며 양식화되어 있는데, 러시아의 것은 같은 크기의 가지가 네 쌍을 이루고 있다. 그리고 고령 금관의 장식은 줄기에 가지가 붙어 있되 밑뿌리는 제각기 셋으로 나뉘어져서 금관의 둘레에 부착되어 있다. 하지만, 알렉산드로폴의 장식은 줄기에 붙은 채로 줄기의 밑뿌리 하나에 모아져서 부착되어 있는 점도 크게 다르다.

이처럼 두 지역의 장식물을 같게 보면 같게 보일 수 있으나, 다르게 보면 현저하게 다르다. 따라서 비교연구를 하려면 같고 다른 점을 함께 보아야 할 뿐 아니라, 특히 전파론적 시각에서 그 영향을 주장할 때에는 형태의 유사성 비교만 해서는 안된다. 형태의 유사성 외에도 비교하는 두 대상 사이에 문화를 전달한 매개자와 지리적 전파 경로를 입증할 수 있는 다른 자료들이 충분히 제시되어야 한다. 그러나 비교연구의 방법이나 전파론적 해석의 체계를 고려하지 않은 까닭에 '초화형'이라는 유형에 귀속되어 곧 북방계 문화로부터 전파된 것으로 단정하는 무리를 저지르게 된다.

국내의 두 금관 곧 서로 양식이 크게 다른 무령왕의 금제 관모 장식과 호암미술관 금관, 그리고 러시아의 알렉산드로폴의 은제 장식품과 요령성(遼寧省)의 금제 장식들을 모두 같은 범주에다 귀속시켜 동일 계열로 해석하는 것도 비교연구의 방법론을 고려하지 않은 까닭이다. 초화문양이라는 전제로 이들 장식품의 양식적 원류를 하나로 지목해서 찾는데, 으레 북방계 유목민족에서 찾게 된다. 그러므로 사실상 전혀 다른 양식을 이루고 있는데도 꽃나무 모양을 이루고 있다는 인상적 해석에 따라, 요령성 북표현(北票縣)에서 출토된 선비족(鮮卑族)의 화수상금식(花樹狀金

〈그림 3〉 원태자촌 출토 관모 장식

飾)에 영향을 받은 것으로 간주되나,[21] 발굴 보고자들은 그 양식이 고구려의 것과 같다고 하여 고구려의 유물일 가능성을 제기했다.

화수상금식이라고 하는 것은 꽃가지 모양 금제 장식을 말한다. 이름을 일반화하여 나타내면 전혀 다른 장식도 꽃가지 장식이라 하면 같은 것처럼 인식될 수 있다. 그런데 북표현 출토 금제 장식은 선비족의 것이라 하기도 어렵다. 왜냐하면 북표현 방신촌에서 출토된 금제 장식보다 발전된 장식물이 서기 3~4세기 유물로서 고구려 영역의 여러 지역에서 출토되었기 때문이다. 요령성 북표현 방신촌 외에, 조향형 십이태향 원태자촌, 조양전초구 등에서 출토된 관 장식은[22] 금제 철사에다 나뭇잎 모양의 달개를 자유롭게 달아놓았다는 점에서 서로 같은 유형에 속하는 장식으로 보인다(〈그림 3〉).

중국의 발굴자들은 진대(晉代, 266~419)에 속하는 유물로 보았으나,

---

21) 같은 책, 80~83쪽.
22) 박선희, 앞의 책, 276~277쪽에서 출토 유물을 도표로 잘 제시해두었다.

이 유물이 발굴된 지역은 이 시기에 고구려 영역에 속했으므로 고구려 유물로 추정된다. 발굴 보고서에서도 진대의 선비족 묘일 것이라 추론하면서, 한편으로는 장식물의 양식이 '고구려족의 금 장식품과 비슷하다'고[23] 하여 고구려의 유물이라는 사실도 내비치고 있다. 그런데 한국 학계에서는 보고서의 한 추론인 선비족 묘제일 가능성만 받아들이고, 유물이 발굴된 지역이 당시에 고구려 지역이라는 사실은 물론, 고구려 유물과 닮았다는 보고서의 기록조차 제대로 받아들이지 않았다. 더군다나 이 유물과 함께 출토된 여러 가지 유물의 양식은 고조선 유물과 같아서 선비족 유물로 인정하기 어렵다.[24] 그런데도 선비족의 유물이라 하는 것은 금관 문화의 북방 민족 전래설에 몰입해 있었던 탓이 아닌가 한다.

선비족 유물이든 고구려 유물이든 요령성 출토 금제 장식은 무령왕릉 출토 금제 장식과 다르다. 금으로 된 긴 철사 줄에다가 나뭇잎 모양의 달개를 두세 개씩 달아놓은 아주 거친 장식이어서, 초화문으로서 나뭇가지나 풀잎 또는 꽃의 모양을 투각한 양식과 크게 다른 모양을 하고 있다. 금판을 정교하게 오려내서 초화 문양을 만든 것이 아니라 철사형 막대기를 여러 개 자연스럽게 이어놓았을 따름이다. 다만 이 금막대기에 나뭇잎 모양의 달개가 달려 있다는 이유로 초화형 금관으로 분류하고 이 유형의 원류로 단정한다. 왜 이러한 관모 양식이 남부 러시아로 또는 백제와 가야 문화권의 금관에만 나타나는지 의문도 제기되지 않는다.

적어도 전파론적 시각에서 해석되려면, 요령성의 관모 양식이 고구려를 거쳐서 백제로, 또는 신라를 거쳐서 가야 지역으로 전파되었다는 것이 입증되어야 하는데, 그 전파 경로를 입증할 근거가 전혀 없다. 그런가 하면 무령왕릉의 관모 장식은 다른 문양으로 해석되기도 한다. 앞에

---

23) 陳大爲, 〈遼寧北票房身村晋墓發掘簡報〉, 《考古》, 1960년 1期, 401~402쪽. "制法與高句麗的金飾品類似"(박선희, 같은 책, 277쪽에서 재인용).

24) 박선희, 같은 책, 280~281쪽.

서 거론한 것처럼, 화염문으로 해석되기도 하지만 새의 날개 문양으로도 해석되기도 한다.

무령왕릉의 금제 장식을 화염문으로 설명하는 데 한계를 느낀 코벨은 고구려 금동관 해석에서 그랬던 것처럼, 다른 해석의 시도를 똑같이 되풀이한다. 화염문이 아니라 새의 날개 모양이라는 것이다. 다시 말해서, 시베리아 샤먼과 직접적인 연관성을 찾아야 그동안 한반도의 모든 금관을 시베리아 샤머니즘의 영향으로 해석한 자신의 주장이 빗나가지 않기 때문에 시베리아 샤먼과 직접적 연관성을 찾기 어려운 화염문을 포기하고 다른 문양을 떠올릴 수밖에 없다. 그 결과 떠올린 문양이 바로 새의 날개이다. 고구려 금동관을 해석한 전철을 고스란히 밟은 셈이다.

따라서 무령왕릉에서 나온 왕비의 관모 장식에는 아랫부분에 불교의 상징인 연꽃 같아 보이는 꽃무늬 장식이 있고 윗부분에는 여섯 장의 날개를 펼치고 있는 새가 있다고 보는 것이다.[25] 그러나 이 문양을 두고 새의 날개로 상상력을 발휘하는 사람은 아무도 없다. 코벨만의 의도된 상상력의 산물일 따름이다. 한결같이 인동초문양으로 읽고 있다. 그런데도 새의 날개로 보는 것은, 이 또한 시베리아 샤머니즘의 영향으로 해석하기 위한 까닭이다. 그러면 새의 날개를 시베리아 샤먼과 어떻게 연관 짓고 있을까? 코벨의 기발한 상상력을 따라가보자.

독수리와 매의 속성을 지닌 맹금대모조신(猛禽代母鳥神)으로 불리는 새가 시베리아 샤먼에 의해 숭배된다는 데서 그 연원을 찾는다. 샤먼이 숭배하는 이 새는 두 눈과 커다란 부리, 여섯 장의 날개를 지녔는데, 시베리아 전역에서 꽃피워 한반도에도 큰 영향을 미친 것으로 본다. 따라서 북방계 무속 문화에서 무당이 되려는 사람이 단식을 하며 꿈속에서 이 새를 본다고 한다.[26] 심지어 아직도 한국에서 신병을 앓는 무당들은

25) 존 카터 코벨, 앞의 책, 93쪽.

꿈에 이러한 '사나운 새'를 본다는 사실을 들어 시베리아 샤먼들의 대모조신 새의 전통을 입증하고자 한다.[27)

그러나 앞에서 검토한 것처럼 이 장식은 초화문이나 인동초문으로 보는 것이 일반적이다. 아전인수격으로 해석한다면 나뭇가지나 사슴뿔로 해석할 여지도 있다. 상당히 양식화된 문양이므로 새의 날개로 보는 부분은 자연스러운 나뭇가지 모양 같기도 하고 사슴뿔 문양처럼 보이기도 한다. 따라서 일정한 전제를 가지고 줄긋기를 한다면 어느 쪽으로도 연결 가능하다. 양식화된 문양의 형상은 다양한 상상력과 만날 수 있기 때문이다.

그런데도 이 장식을 '맹금대모조신'에 끌어다 붙이는 것은 여러 모로 무리가 아닐 수 없다. 대부분 초화문으로 해석할 뿐 아니라 무령왕릉 금제 관식의 모양과 견주어볼 때 같은 맥락에 놓여 있기 때문이다. 무령왕릉 금제 관식에는 관목의 가지에 수많은 꽃이 장식되어 있을 뿐 아니라, 문헌에도 같은 내용을 밝혀두었다. 《삼국사기》에 백제 고이왕은 검은 비단에 금꽃 장식을 한 관을 썼다고 하는 기록이[28) 좋은 보기이다.

따라서 왕비의 관도 왕의 관과 함께 고고학계의 해석처럼 초화로 보는 것이 옳다. 아마 이 문양을 두고 독수리와 같은 맹금의 날개를 떠올리는 사람은 코벨 교수뿐일 것이다. 왜냐하면 그것이야말로 시베리아 샤먼과 연결 고리를 찾는 유일한 길이기 때문이다. 그러므로 존 코벨의 연구는 해외 학계에서조차 한국 문화의 시베리아 기원설이 얼마나 무리하게 일반화되고 있는가 하는 좋은 보기가 될 것이다.

---

26) 같은 책, 93~94쪽.
27) 같은 책, 95쪽.
28) 《三國史記》卷24의 고이왕 27년 2월조에 따르면, 6품 이상은 은화(銀花)로 관을 장식했다고 한다. 그리고 28년 정월조에 따르면, 왕은 검은 비단 관[烏羅冠]에다 금꽃으로 장식[金花飾]을 했다고 한다.

제4장 중앙아시아 지역 금관과 신라 금관의 비교

1. 신라 금관과 사르마트 금관 및 전족의 금동관

　지금까지 신라 금관은 그 자체로 오롯이 해석되지 못했을 뿐만 아니라, 신라 문화의 현장 속에서 해석될 기회조차 없었다. 그 탓에 금관은 세계적으로 주목을 받는 훌륭한 예술품으로서 독보적 가치를 지닌 것으로 평가되긴 해도, 그 자체의 조형성이나 예술적 가치가 독자적으로 해명될 겨를이 없었다. 왜냐하면 금관은 우리의 독창적 문화로 간주되지 않았기 때문이다.

　자연히 금관 연구는 금관이 어디서 비롯되어 한반도로 흘러들어 왔는가 하는 원류론에 몰입했으며, 금관과 비슷한 요소들을 다른 문화에서 찾아내는 데 집중되었다. '어디서'라고 하는 공간적 의문은 한반도 '북방'이라고 하는 예단 속에서 답을 마련하고자 했으며, 대부분의 연구는 북방 기원설, 더 구체적으로는 알타이계 무당 모자 기원설로 압축되어, 무관 기원설을 입증하려는 상투적 연구로 치달았다. 그러므로 제각기 다른 증거와 다른 논의를 펴도 결과적으로 신라 금관은 북방계 민족으로부터 전래된 것이라는 데는 예외를 찾기 어렵다.

유라시아 전역에 걸쳐 금관과 비슷한 요소나 닮은 점을 찾아내서 영향론을 펴는 것이 곧 금관의 정체를 밝히는 가장 안전한 방법이자 일반적인 방법으로 통용되어 왔다. 그리고 직접 인용을 했든 하지 않았든 1930년대 이래 계속된 일본인 학자들의 연구 결과를 전제로 삼아 시베리아 기원설을 확대 재생산했다. 기원론이나 원류론에 빠진 금관 연구는 시베리아를 중심으로 한 유라시아 전 지역에 걸친 고분 출토품과 샤먼들의 문화적 잔존물로부터 누가 더 금관과 비슷한 자료들을 더 빨리, 그리고 더 많이 찾아서 더 그럴듯하게 줄긋기를 할 수 있는가 하는 경쟁에 몰입되어 있었다.

그 결과 흑해 북안의 로스토프지역에서 출토된 사르마트(Sarmat) 금관도 신라 금관에 영향을 미친 것으로 해석하고 있다(〈그림 1〉). 넓은 관테 위에 나무와 사슴이 배치되어 있는 까닭에 신라 금관의 요소와 일치한다는 것이다. "사실적인 나무와 사슴이 간략화되면 신라 금관의 세움장식처럼 될 수 있지는 않을까?" 하고 긍정적 의문을 제기한다. "그러나 양자는 형식 차이가 너무 크기 때문에 직접 연결된다고 말하기는 어렵다"고 부정하다가, 다시 "다만 비슷한 이미지를 분명히 공유하는 듯하다"고[1] 말꼬리를 맺었다. 금관의 상징을 이 금관에 의존하여 해석하려 한 까닭이다.

물론 금관에는 사슴을 상징하는 장식은 없지만, 금관에 표현된 나무와 사슴의 상징을 해석하는 데는 사르마트 금관의 나무와 사슴에 의존할 필요가 있다는 것이다. 사르마트 금관이 발견된 시베리아에는 매우 큰 자작나무 군락이 있고, 시베리아인들은 거대한 자작나무를 통해 하늘로 올라가는 통로로 인식했을 것으로 추정한다.[2] 그리고 "시베리아 제사

---

1) 이한상, 《황금의 나라 신라》, 김영사, 2004, 50쪽.

〈그림 1〉 사르마트 금관

장들은 머리에 사슴뿔을 장식하는 경우가 있으며, 사슴뿔의 형태를 안테나와 관련지어 하늘의 정령을 받는 장치로 이해할 수 있을 것"이라고 하면서, "이러한 장식이 도안화·간략화 되면 신라 금관에 표현된 장식처럼 형식화 될 수 있지 않을까?" 했다.[3]

　　한마디로, 신라 금관의 세움장식에는 사슴이 없다. 물론 사슴뿔도 없다. 모두 나무 장식이다. 세움장식도 금관으로 만든 양식화된 나무여서, 사르마트 금관처럼 금막대기를 세워서 만든 작은 크기의 나무 장식과 크게 다르다. 사르마트 금관의 나무에는 곡옥이 없는 것은 물론 달개도 무질서하게 달려 있다. 나무의 숫자도 모두 일곱 개로 금관의 세 개 또는 다섯 개의 세움장식과 구별된다. 물론 나무 사이에 사슴 또는 산양이 배치되어 있는 점도 특이하다. 더 중요한 것은 모자의 전체적인 양식이다.

　　신라 금관이 관테가 좁고 세움장식이 길어서 세움장식 중심의 세로

---

2)　허희숙, 〈소도에 관한 연구〉,《경희사학》3, 1972, 7쪽(이한상, 같은 책, 82~83쪽에서 재인용).
3)　이한상, 같은 책, 83쪽.

모양을 한 관이라면, 사르마트관은 관테가 세움장식 높이와 같이 넓고 세움장식이 아주 작아서 전체적으로 관테 중심의 가로 모양을 한 관이다. 관테 중심의 사르마트관에는 관테 전면 중앙에 수정으로 조각된 여인상이 그려져 있고 그 좌우에 붉은 색 보석이 커다랗게 박혀 있다. 한마디로, 관테 중심의 관이다. 전체 관모의 크기에 비하면 나무 장식은 머리핀 규모에 머문다. 그런데도 우람한 자작나무를 형상화했다고 하니 납득할 수 없다. 신화적 상상력과 상관없이 시베리아 지역에 많은 수종을 끌어온 까닭이다. 오히려 우람한 거목을 상징하는 것은 신라 금관이다.

따라서 신라 금관과 견주어 보면, 금으로 만들고 나무 장식이 있다는 소재만 같을 뿐 기법이나 양식은 전혀 다르다. 신라 금관은 관테보다 세움장식의 비중이 더 크기 때문에 전적으로 세움장식에 따라 관모의 양식이 결정되고 그 상징과 의미도 해석된다. 김씨 왕조의 시조가 출현한 계림의 신수를 형상화하려니 그럴 수밖에 없다. 사르마트 금관은 마치 미스 코리아나 미스 유니버스 대회에서 진으로 뽑힌 미인이 쓰는 왕관의 양식에 가깝다. 틸리아 테페 금관도 그렇지만 전형적인 여성관이다. 실제로 여성 고분에서 출토된 관들이다. 그러므로 4~500년이나 빠른 시대적 차이나 지리적 거리는 물론 양식적 차이를 고려할 때, 두 금관의 영향 관계를 말하는 것은 설득력이 없다.

중국 운남성 진령(晉寧) 석채산(石寨山)에서 출토된 금동관도 신라 금관에 영향을 준 것처럼 인용되는데, 그저 놀라울 따름이다. 왜냐하면 이 관은 중국 복식학자에 의해 하층 신분의 사람들이 쓴 관으로 보고되고 있는 까닭이다. 이한상은 "원래 금으로 몸을 치장하는 풍습은 고대 유목민족들 사이에서 크게 유행했다"는[4] 전제 아래, '황금 문화의 전달자'로 사르마트 금관과 틸리아 테페 금관 외에 중국 석채산에서 출토된 전

---

4) 같은 책, 49쪽.

〈그림 2〉 중국 석채산 출토 전족의 금동상

족(滇族)의 금동관을 소개 하고 있다. 전족의 관 장식에는 고깔 모양의 모자에 다섯 개의 나뭇가지가 꽂혀 있는데(〈그림 2〉), 이것이 신라 금관의 세움장식에 묘사된 나뭇가지가 간략화한 것으로 추론하고 있다.[5] '황금문화의 전달자'로 규정하는 근거는 한결같이 나뭇가지의 간략화 또는 양식화이다.

이러한 해석은 모자 양식에서 장식의 모양, 쓴 사람의 신분 등 어느 하나도 신라 금관과 연관지을 만한 것이 없다는 사실을 지나치고 있다. 먼저 모자 양식을 보면, 고깔 모양이라고 했지만, 사실은 광대나 쓸직한 원뿔 모양의 뾰족하고 긴 모자인데다가, 모자 뒤쪽으로 좌우에 긴 천을 바닥까지 드리우고 있다. 따라서 관테에다가 신수를 세움장식으로 부착한 신라 금관과는 구조적으로 전혀 다른 모자 양식이다. 그리고 원뿔 윗부분에 부착한 다섯 개의 장식들은 나뭇가지가 아니라 꽃봉오리라고 했다. 중국 연구자들은 이 모자의 높이를 고려해 고관(高冠)이라 일컬을 뿐만 아니라 다섯 개의 가지 끝에 달린 것을 화구(花球)라고 했다. 더군다나 고관을 쓰고 춤추는 사람들의 신분을 노예로 추론하여 해석하고 있다.[6]

---

5) 같은 책, 53쪽.
6) 沈從文,《中國古代服飾研究》, 上海出版社, 1997, 115쪽. "在打篋輿的四個奴隷及在輿旁照

광대들이나 씀직한 원뿔 모양의 모자는 굳이 노예들이 썼다고 하지
않더라도 신라 금관과 연관지을 아무런 단서도 없다. 그런데도, 기어코
이 모자를 끌어와서 신성한 왕권을 상징하는 신라 금관에 영향을 미친
것처럼 해석하고야만다. 결국 신라 왕이나 지도자들은 고대 중국 전족의
하층 신분 사람들이 쓰던 광대모자를 본받아 왕관을 만들어 썼다고 주장
하는 셈이다. 왜 이런 터무니없는 주장을 할까? 그 이유는 신라인들의
주체적인 문화 창조력을 의도적으로 부정하려들지 않는다면 이해하기
어렵다.

2. 틸리아 테페 금관의 영향을 펼치는 주장의 문제

유라시아 가운데에서도 최근에는 중앙아시아 지역 금관이 우리 금
관의 원류처럼 새로 주목되고 있어서 관심을 끈다. 아프가니스탄과 카자
흐스탄에서도 금관이 출토되었기 때문이다. 특히 아프가니스탄 시바르
간의 틸리아 테페(Tillya-tepe) 유물에서 나온 금관에(제1부 1장의 〈그림 4〉 참
조) 관해서는 신라 금관과 관련해 본격적인 연구가 이루어졌다.

"이 유물들과 신라의 금속공예품과는 그 양식, 그리고 수법을 같이
하고 밀접한 관계를 맺고 있음을 알 수 있다"는[7] 전제로 연구되어, 결국
경주에서 출토된 신라 금관은 나주에서 출토된 백제 금동관과 더불어 틸
리아 테페 금관의 '의장과 구조, 양식 기법 등에 걸쳐 모두 같은 계보에
속하는 것이어서, 모두 수목 신앙에 따르는 샤만관의 내용을 지닌 것으
로 추정되었다.'[8] 결국 우리의 다양한 금관들은 일본의 그것과 더불어

料的從人身後也發現過."

7) 李殷昌, 〈新羅金屬工藝의 源流的인 中央亞細亞 古代文化 – 아프가니스탄의 시바르간 出
土遺物을 中心으로〉, 《韓國學報》 26, 一志社, 1982, 135쪽.

"원류는 저 시베리아 북방계 문화에서 찾아야 할 것"으로[9] 귀결된다.

그러나 앞에서 다룬 것처럼, 수목 신앙은 세계 도처에 있는 것이다. 단군 신화는 물론 고구려 신화에도 신성한 나무는 등장한다. 그리고 이미 시베리아 샤먼의 관은 금관과 구조도 재질도 양식도 다르다는 것을 자세하게 검토했다. 단군 신화의 신단수를 비롯한 수목 신앙의 전통은 최근의 동신 신앙에 이르기까지 줄기차게 지속되고 신령이 깃든 나무로 섬겨지고 있으며, 아직도 무당들은 나무를 베어서 내림대나 신대로 삼고 있다. 그러나 무당들이 모자 위에 나무를 장식으로 꽂아 쓰는 경우는 없다. 다만 금관에서만 그러한 양식들이 나타날 뿐이다.

고구려 고분인 각저총이나 장천1호분에도 신성한 나무 그림이 있어서 생명나무로 주목되지만 고구려 금관에 그러한 나무를 장식한 사례는 없다. 평양 대성구역 토성에서 출토된 금동관의 장식은 초화문이나 화염문으로 해석된다. 초화문을 대체로 인동초문양으로 읽는다.[10] 하지만 앞에서 자세하게 다룬 것처럼, 해모수 신화의 태양신을 상징하는 화염문양이라는 해석이 더 정확하다. 그러므로 전파 과정의 지리적 경유지라 할 수 있는 고구려 금관에 나무 장식이 없기 때문에 시베리아 샤먼의 수목 신앙 전통이 신라 금관의 뿌리가 되었다는 것은 설득력이 적다.

다행히 틸리아 테페 금관의 세움장식은 모두 자연스러운 나무 모양을 하고 있어서 우리 금관에서 보이는 굽은 가지의 출자형이나 굽은 줄기의 사슴뿔 모양은 없다. 그런데도 이른바 출자형과 사슴뿔 모양의 신라 금관을 제시해두고서 그것과 서로 같다고 한다. 오히려 틸리아 테페

---

8) 같은 글, 148~149쪽.

9) 같은 글, 같은 쪽.

10) 이한상, 앞의 책, 57쪽에서 이 금동관을 다음과 같이 묘사하고 있다. "얇은 금동판에 인동초를 중심무늬로 베풀었으며, 꼿꼿한 모습을 보이는 것과 당초줄기처럼 곡선을 이루며 휘감겨 도는 것이 있다. 위로 세워진 장식[立飾]에는 활활 타오르는 불꽃 속에서 한껏 웅크렸던 인동초가 막 피어나는 모습이 표현되어 있다."

금관과 닮은 모양을 찾으려면 백제 금동관인 나주 반남면 출토 금동관을 보기로 들어야 한다. 하지만 나주 금동관은 세움장식도 셋이려니와 절풍의 전통을 이은 속관이 별도로 있어서 나무 모양은 다소 닮았지만 관모의 구조는 근본적으로 다르다.

나주 금동관이 그래도 가장 흡사하고 그래서 영향을 받은 보기로 제시하고 있는데,[11] 그렇다면 이 주장을 입증하기 위해 제시한 전파 경로와 맞지 않아 자체 모순에 빠진다. 유라시아 전파론으로 볼 때, 특정한 양식의 금관이 신라에만 나타나고 고구려와 백제 지역에는 나타나지 않는 공백을 메우기 위해 새로운 북방 문화 전파 경로를 제시하고 있다. 경주와 고구려 국경 바깥을 잇는 동해안의 바닷길과 시베리아 지역을 잇는 '스텝 루트(Steppe Route)',[12] 곧 초원길이 그것인데, 나주는 이 초원길과 가장 멀리 있는 지역일 뿐 아니라 아예 백제 영역이다. 그러므로 신라를 중심으로 이러한 초원길이 개척되었다는 주장이 당착에 빠지게 된다.

고구려와 백제를 거치지 않고 바로 유라시아계 문화와 '초원길'을 개척했다는 근거로 신라 진흥왕이 동해안지역으로 북진하여 함경도까지 진출하고 그곳에 황초령비(黃草嶺碑)와 마운령비(磨雲嶺碑) 등 순수비(巡狩碑)를 세운 사실을 들었다.[13] 그러나 진흥왕(534~576)은 6세기 인물이어서 그의 북진활동이 초원길을 개척하는 데 도움이 되었다 하더라도 이미 그 훨씬 이전인 4~5세기에 신라 금관이 찬란하게 꽃피었다는 사실을 무시하고 있어 억지 근거라 할 수밖에 없다. 그러므로 진흥왕의 북진활동은 신라 금관의 북방 기원설을 밝히는 데 오히려 역효과를 내고 있다.

동해의 바닷길을 따라 고구려 영역을 우회하여 초원길을 개설하고

---

11) 李殷昌, 앞의 글, 150쪽.
12) 같은 글, 165쪽.
13) 같은 글, 같은 쪽.

아프가니스탄의 시바르간과 신라경주가 서로 금관 문화와 같은 문물을 주고받았다는 설을 인정할 수 있을까? 그러자면 시바르간과 경주 사이에는 엄청난 지리적 거리가 존재할 뿐만 아니라, 여러 국가와 다양한 민족들이 거주하고 있는 광활한 지역에는 왜 두 지역과 같은 금관이 나타나지 않았는가 하는 것을 설득력 있게 제시할 수 있어야 한다. 결국 북방의 샤먼 무관에서 왔다는 기존의 기원설이나 아프가니스탄 기원설을 입증하기 위해, 고구려와 백제의 공백이 문제되자 새로 초원길을 제안했는데, 사실상 그 루트의 공백은 이전의 고구려와 백제 공백보다 훨씬 더 커지게 되는 결과에 이른 것이다. 이른바 초원길에 의해 새로 조성된 공백보다 차라리 고구려와 백제의 공백을 인정하는 것이 더 합리적이다.

게다가 신라 문화는 다섯 가지 경로를 따라 외부문화가 들어온 것으로 설정하고 있다. 하나는 삼국 초기에 한대 문화가 서해를 건너 낙랑 지역을 거쳐 경주 지역으로 들어오고, 둘은 고구려를 통하여 스키타이 문화가 신라에 들어왔으며, 셋은 백제를 통하여 중국 남조문화가 신라에 유입되고, 넷은 남방 해로를 따라 인도계 문화가 동해안으로 들어왔다고 한다. 그리고 마지막으로 신라에도 백제에도 없는 신라 특유의 금관 문화는 초원길을 통해 동해안으로 들어왔다고 하는 것이다.

이러한 전파 경로도 자체모순을 안고 있다. 다섯째의 초원길을 새로 설정한 것은 두 가지 문제를 근거로 한 것인데, 어느 것이나 납득하기 어려운 당착에 빠져 있다. 하나는 신라와 백제에는 없는 금관 문화를 북방 기원설로 설명하기 어려워서 초원길을 새로 제안했다. 그렇지만, 앞에서 검토한 것처럼 작은 공백을 메우려다 경주와 시바르간 사이에 새로 더 큰 공백을 만들어냈다.

둘은 북방 문화가 신라에 전래되었다고 하면서도 고구려와 백제 지역에 금관의 공백이 생긴 것은 세 나라가 서로 "화친의 기간보다는 대체로 구수(仇讐)의 관계에 있었던 까닭에 반드시 고구려를 통과해야 할지

라도 이를 피하는 것이 신라측의 태도"였다는 데서[14] 그 이유를 찾는데,
그러면 두번째로 설정한, 고구려를 통해 스키타이 문화가 신라로 들어오
는 경로를 스스로 부정하는 당착에 빠지는 셈이다.

　　고구려를 통해 신라에 들어온 문화로는 스키타이 문화와 불교 문화
를 들고 있다.[15] 그리고 '신라에서 외래문화를 수입한 경로'를 나타낸 지
도에는 '중앙아시아계 문화와 중국계 문화가 비단길'을 통해서 고구려
를 거쳐 신라로 들어온 경로를 화살표로 그려두었다.[16] 스키타이 문화는
잘 아는 것처럼 유라시아 내륙의 초원지대에서 활동했던 기마유목민족
의 문화이다. 따라서 초원길과 필수적으로 만날 뿐 아니라 우리나라에서
'스키타이황금전'을[17] 열 만큼 찬란한 황금 문화를 꽃피우고 있다.

　　더 적극적으로 말하면 초원길은 스키타이족의 활동무대였다. 그런
데 스키타이 문화가 고구려 통로를 통해서 들어오되, 금관만은 양국의
불화 관계 때문에 이 지역을 거치지 않고 우회하여 초원길을 별도로 개
척했다는 것 또한 자체모순이다. 왜냐하면 스키타이 문화에서 황금 문화
를 빼놓을 수 없는 까닭이다.

　　특히 고구려를 거치는 경로를 비단길과 연결 지어서 중국계 문화와
중아아시아계 문화가 고구려를 통해 신라로 들어온 것으로 설정하고 있
다. 잘 알고 있는 것처럼, 비단길은 동서 문화 교류의 핵심이다. 따라서
신라가 비단길을 통해 고구려를 거쳐서 중앙아시아 문화를 수입했다면
아프가니스탄의 시바르간 황금 문화도 같은 길을 통해 들어올 수 있다.
시바르간 문화도 비단길에서 피해갈 수 없기 때문이다.

　　그런데도 새삼스레 고구려를 배제하기 위해 수구관계를 들먹이며,

---

14) 같은 글, 같은 쪽.
15) 같은 글, 163~165쪽.
16) 같은 글, 164쪽.
17) 1991년 국립중앙박물관에서 〈스키타이황금전〉을 열었다.

동해안의 해로를 통해 북방의 초원길, 그리고 유라시아 문화와 연결시키는 것은 시바르간에서 출토된 금관을 신라 금관의 원류로 입증하기 위해 마련한 부실한 논거일 따름이다. 고구려를 전파 경로에서 배제하고 동해의 바닷길을 무리하게 설정한 까닭은 고구려에는 신라와 같은 양식의 금관이 없기 때문이다. 그러므로 고구려를 전파 경로에서 배제하지 않을 수 없어서 금관을 증거물로 세시할 수 없는 바닷길을 전파 경로로 주장한 것이다. 그러나 고구려에도 주몽 신화를 근거로 한 자생적인 금관(금동관) 문화가 있다는 사실을 앞(3장 1절)에서 자세하게 다루었다. 그렇다고 하여 이 금동관이 시바르간 지역 금관의 매개물은 아니다. 그 양식이 전혀 다른 까닭이다.

3. 틸리아 테페 금관과 신라 금관의 비교 분석

고구려를 우회한 동해안의 해로와 초원길을 인정한다고 해서 문제가 해결될 수 있는 것은 아니다. 왜냐하면 길이 있다고 해서 두 문화가 서로 영향을 미쳤다고 하기 어려운 까닭이다. 따라서 길의 두 끝에 있는 문화가 서로 영향을 주고받았다고 하는 근거는 두 금관의 양식적 동질성인데, 과연 신라 금관이 아프가니스탄의 시바르간 틸리아 테페 유적 금관을 본받았다고 할 만큼 두 금관이 서로 같은가,[18] 구체적으로 견주어보지 않을 수 없다.

자세하게 대조해보면 다섯 개의 나무 모양을 세움장식으로 썼다는 소재의 동질성 외에는 크게 닮은 점이 없다. 따라서 다섯 개의 나무 모양

---

18) 김병모, 《금관의 비밀 – 한국 고대사와 김씨의 원류를 찾아서》, 푸른역사, 1998, 39~41쪽에서도 시바르간의 틸리아 테페 금관이 신라 금관보다 앞선다는 시기적 선행을 근거로, 이것이 신라 금관의 조형(祖形)이라고 했다.

세움장식을 한 신라 금관과 대조해보면 여러 모로 다르다는 것을 알 수 있다. 그런데 금관의 발전 과정을 볼 때 초기의 것은 세움장식이 모두 세 개이다. 금관의 원류라고 하려면 금관의 초기 양식대로 틸리아 테페 금관의 세움장식도 세 개여야 하는데, 그렇지 않은 것이 문제이다. 더군다나 이러한 원류설을 주장하는 사람들은 신라 금관의 세움장식 다섯 개 가운데 둘은 사슴뿔 모양이라고 하거나 '出' 자 모양이라고 하여 스스로 나무 모양 장식만 있는 시바르간 금관과 다르게 해석하고 있다. 시베리아 무관과 관련해 세움장식 해석을 할 때는 나무 모양과 상관없이 엉뚱하게 사슴뿔이라고 하면서, 시바르간 금관과 연관성을 따질 때는 나무 모양이 아니라는 사실을 고려하지 않는 것이 문제이다. 더 중요한 문제는 이 금관을 쓴 사람이다.

금관이 출토된 틸리아 테페 6호 고분의 주인공은 여성이다. 여성의 이마 조금 위쪽에 금관이 씌워진 채로 발견되었다. 여러 점의 금공예품과 함께 로마산 유리병이 함께 출토되었다. 금관의 높이도 13센티미터에 지나지 않아 신라 금관의 27~32센티미터 높이에 견주어 보면 절반도 채 못된다. 그러므로 비교 대상을 분석적으로 자세하게 뜯어보고 세밀하게 대조하여 같고 다른 점을 체계적으로 검토하지 않은 채 인상적인 느낌과 착상으로 섣부른 원류론을 주장했다고 할 수 있다. 구체적으로 대조해보면 다음과 같은 근본적인 차이들이 드러난다.

첫째, 가장 닮았다고 하는 나무 모양 세움장식마저 신라 금관과 양식이 전혀 다르다. 신라 금관에서는 세움장식의 나무가 상징적으로 양식화된 까닭에 학자들조차 '出' 자나 '山' 자 모양 또는 사슴뿔 모양이라 하여 아예 나무로 여기지 않을 정도이다. 사슴뿔 모양을 들어 시베리아 샤먼의 무관 기원설을 펼치는 것이다. 더러 세움장식을 나무로 여기는 경우에도 직각수지형이나 자연수지형이라 하여 나뭇가지로 인식하는 것이 고작이다. 그러나 사슴뿔 모양을 부정하는 경우는 없다. 그런데 시바

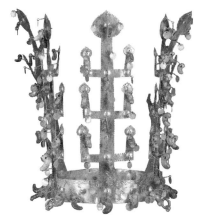

〈그림 3〉 금관총 금관   〈그림 4〉 시바르간 틸리아 테페 금관

르간의 금관은 누가 보더라도 나무라고 할 만큼 사실적인 나무 장식을 하고 있을 뿐, 사슴뿔 모양이라고 할 만한 것도 없고 신라 금관의 상징이라고 할 만한 '出' 자 모양 장식도 없다.

다시 말해서, 사슴뿔 모양이 아니라 사실은 '굽은 나무' 모양이지만, 굽은 나무 모양이 시바르간에는 없다. 그렇다면 흔히 '出' 자 모양이라고 하는 '굽은 줄기' 모양이 있는가 하면 그렇지도 않다. 시바르간의 금관에 장식된 나무는 신라 금관의 나무와 양식이 전혀 다르다. 나무를 상징화하는 창조적 기법이 다를 뿐 아니라 수종 자체도 다르다. 신라 금관의 나무 장식은 모두 줄기가 굵고 길어서 우뚝한 교목인 데 비하여, 시바르간의 그것은 나무의 밑둥만 있고 줄기가 뒤엉켜 가지와 분별이 되지 않는 모양이어서 관목에 가깝다. 그러므로 나무를 형상화한 점은 같지만 형상화 양식과 더불어 나무의 소재 자체가 크게 다르다.

둘째, 나무를 형상화하는 기법이 여러 모로 다르다. 신라 금관은 금판에다 장식으로 삼은 나무줄기와 가지를 오려내서 만든 데 견주어, 시바르간의 것은 나무줄기와 가지를 남기고 하트 모양이나 반달 모양, 톱니 모양 등을 다양하게 파내어서 나무를 형상화했다. 다시 말해서, 금판을 뚫어서 무늬를 만들었는데, 이러한 무늬 기법은 평양 대성구역에서 출토된 고구려 금동관의 세움장식에서 더러 보인다.

나무의 수종과 형상화 방식이 전혀 다른 까닭에 전체적인 금관의 조형미도 크게 다르다. 시바르간 금관은 마치 잡다한 장식물을 잔뜩 달고 있는 크리스마스 트리를 연상하게 한다. 한마디로, 나무의 줄기는 보이지 않고 장식물을 부착한 방식도 일정한 질서나 원칙이 없이 제각각이다. 키낮은 관목에 넝쿨이 엉켜 있는 모습이다.

그런데 신라 금관은 우뚝한 나무줄기가 두드러진다. 물론 나뭇가지도 우람하되 잔가지는 전혀 없다. 나무줄기와 가지의 분별이 뚜렷하다. 달개와 곡옥도 일정한 규칙에 따라 정교하게 달려 있다. 신수로서 위용을 일정한 유형으로 양식화해 우람하게 형상화하고 있다.

셋째, 더 중요한 차이는 나무 장식의 세공이다. 신라 금관의 나무 장식은 상당히 정교하게 세공되어 있다. 우선 관테는 물론 나무 장식의 테두리를 볼록하게 돌출된 두 줄의 점선으로[19] 무늬를 넣은 것이 대부분이다. 관테에도 아래 위 모두 두 줄의 점선을 넓게 만들고 그 사이에 다시 지그재그 모양의 점선이 장식되어 있다. 이한상은 부드러운 모양을 파도무늬, 각이 진 모양을 톱니무늬라고 했다.[20] 점선은 금판의 안쪽에서 송곳과 같은 뾰족한 연장으로 일정하게 충격을 주어서 만든 것이 일반적이다. 그런데 시바르간의 금관에는 이러한 점선 장식이 전혀 보이지 않는다. 단순한 금판일 따름이다.

점자처럼 도드라지도록 만든 점선 무늬를 '점열문(點列文)' 또는 '점줄무늬'라고도 하는데, 빗살무늬토기와 신라 토기에도 자주 나타난다.

---

19) 금관총의 경우에는 외줄의 점선으로 장식되어 있다.
20) 이한상, 앞의 책, 88쪽.

고조선 초기 유적에도 나타나고 고구려 관모의 금제 장식에도 보인다. 신라 금관의 세움장식에는 물론 속관에도 어김없이 점열문이 빼곡하다. 다른 민족의 관모 장식에서는 잘 발견되지 않는 문양이기 때문에, 점열문은 한민족 고유의 문양이라고 볼 수 있다.

그러나 앞의 논의에서 무늬 효과보다 세움장식을 꼿꼿하게 지탱하기 위한 특수 공법이라고 했다. 금동관에도 점열문이 다수 보인다. 신라 사람들은 얇은 금판의 약한 버팀력을 보강하기 위하여 송곳으로 톡톡 쳐서 방짜유기처럼 강력한 버팀 효과를 냈던 것이다. 그러나 시바르간 틸리아 테페 금관에는 점열문이 전혀 없다. 따라서 이 금관의 세움장식은 신라 금관에 비하여 높이도 크게 낮을 뿐 아니라 지탱하는 줄기가 넓다. 점열문의 효과를 알지 못할 정도로 금세공 기술의 차이가 현저하다.

넷째, 더 획기적인 차이는 영락, 곧 달개를 다는 자리의 문양이다. 신라 금관에 달개나 곡옥을 다는 자리에는 반구형의 부조처럼 볼록하게 원반형 문양이 돌출되어 있다. 마치 원반을 엎어놓은 모습으로 양각을 해두었다. 뒷면은 반대로 원반모양처럼 오목하게 들어가 있다. 이 문양을 만드는 데는 상당히 정교한 도구가 별도로 필요하다. 이한상은 이 문양을 볼록 장식이라고 했는데, 뒷면에서 두드려 낸 것이라기보다는[21] 착압기와 같은 틀에다 넣어 눌러서 만든 것으로 보인다.

관테에도 이와 같은 장식이 한 줄에서 세 줄까지 있다. 볼록 장식이 한 줄에서 세 줄로 늘어나는 동안에 달개도 한 줄에서 세 줄까지 다양하게 있었으나, 점차 두 줄 또는 세 줄로 볼록 장식과 달개가 일치하게 된 쪽으로 변화된 것으로 추정된다.[22] 볼록 장식은 점선문양보다 한층 발전된 기술이 요구된다. 그런데 시바르간 금관에는 이러한 장식이 전혀 없

---

21) 같은 책, 90쪽.
22) 같은 책, 90~91쪽에 자세한 분석 자료가 제시되어 있다.

다. 평판을 나무 모양으로 오려냈을 따름이다.

다섯째, 나무 장식 기법이 나무줄기와 가지의 형상, 점선무늬, 볼록 장식 등 세 가지 국면에서 전혀 다를 뿐 아니라, 나무 장식에 매단 달개와 곡옥도 다르다는 사실이다. 먼저 달개를 보면 우리 금관은 같은 크기의 달개가 일정한 선과 간격을 지키면서 볼록 장식 위에 비교적 질서정연하게 달려 있는 데 비하여, 시바르간 금관에는 서로 크기가 다른 달개가 무질서하게 달려 있다. 그래서 달개와 달개가 겹쳐 있을 뿐 아니라 그야말로 여기저기 어지럽게 주렁주렁 달려 있는 모양이다.

여섯째, 달개를 단 방식도 다르다. 신라 금관에서는 모두 금으로 만든 철사를 새끼처럼 촘촘하게 꼬아서 달았는데, 시바르간 금관에서는 앞뒤로 고리를 만들어 헐렁하게 묶어 달았다. 달개를 고정시키는 금실을 신라 금관에서는 새끼처럼 처음부터 마무리까지 꼬아 두었다. 따라서 모두 금판에 직각으로 고정되어 있으며 그 높이나 거리도 일정하며 가지런하여 정교하기 짝이 없다.

모두 같은 길이의 금제 철사를 꼬아서 일정한 높이를 직각으로 유지한 채 달개와 곡옥을 달고 있다. 자연히 달개와 곡옥이 아래로 처져서 자유롭게 움직이되, 이것을 달고 있는 지지대는 직각으로 고정되어 있다. 그러나 시바르간 금관에서는 달개와 장식에 고정시키는 부분을 각각 느슨하게 묶어두어 대충 매달아 두었다는 느낌이 든다. 그런 까닭에 신라 금관의 달개들은 연결 고리가 곧추선 모양으로 고정되어서 하나 같이 금관의 볼록 장식과 일정한 거리를 정교하게 유지하는 데 견주어, 시바르간의 달개 연결 고리는 아래로 쳐져서 달개들이 서로 엉키고 장식물들끼리 서로 닿아서 무질서하기 짝이 없다. 마치 나뭇가지에 칡넝쿨이 엉켜 있는 것처럼 보인다.

시바르간 세움장식에는 달개만 있는 것이 아니라 꽃도 달려 있다. 한 개의 세움장식에 여섯 개 정도 꽃이 달려 있는데, 꽃 안에는 색깔이 서로 다른 보석이 박혀 있다. 관테에도 보석이 박혀 있다. 그런데 신라 금관의 중요한 상징인 곡옥은 달려 있지 않다. 다시 말해서, 신라 금관에 없는 꽃과 보석 장식은 여러 개 있되, 신라 금관에 있는 곡옥은 전혀 없다는 것이다. 그러므로 신라 금관의 중요한 상징인 곡옥의 유무만으로도 그 차이를 인정할 수 있다.

마지막으로, 관모의 구조조치 크게 다르다. 구조가 다른 것은 두 가지이다. 하나는 신라 금관이 관테 아래로 길게 수식을 한 쌍 또는 두 쌍 늘어뜨리고 있는데 비하여, 시바르간 금관에는 그러한 수식이 전혀 없다. 둘은 신라 금관의 경우 절풍형의 속관과 더불어 속관을 장식하는 커다란 새 깃 장식이 있는데, 시바르간의 금관에는 아예 속관이 없다. 속관이 없으니 그 부착물인 새 깃 장식 또한 있을 까닭이 없다. 한마디로, 탕건은 없고 갓만 있는 것이 시바르간 금관이다.

문화는 전파되면서 원형에서 이탈되고 탈락되어 축소지향적으로 변이된다는 것이 전파론의 전제이다. 그런데 신라 금관은 시바르간 금관에 비하여 질적으로 더 풍부하고 양적으로 더 크며 기술적으로 더 정교하다. 그러므로 전파론적 전제로 보면 오히려 신라 금관에서 전파되어 시바르간 금관이 형성되었다고 해야 자연스럽다. 그러나 시기적 차이나 공간적 거리로 볼 때, 우리 금관이 영향을 미쳤다고 할 만한 아무런 근거가 없다. 전파론적 전제의 일면을 충족시킨다고 하여 전파되었다고 하는 것은 무리한 일반화의 오류에 빠지게 된다.

신라 금관의 속관과 새 깃 장식은 그 유무의 문제와 다른 의의를 지닌다. 속관의 존재와 그 양식을 통하여 우리 관모의 고유한 전통을 확보하고 있는 까닭이다. 속관이 바로 전파론을 부정하고 관모의 전통을 통시적으로 입증해주는 분명한 증거이다.[23] 따라서 같은 나무 장식이라도

---

23) 박선희, 《한국 고대 복식 - 그 원형과 정체》, 지식산업사, 2002, 259~268쪽에서 우리 관

형상화 기법이 전혀 다를 뿐 아니라 금관을 이루는 기본적인 요소는 물론 관모의 구조까지 크게 다르다는 것을 알 수 있다.

두 금관의 차이를 단순하게 인상적으로 비교한다면, 신라 금관이 훤칠하고 늠름한 근육질의 사나이 모습인데 견주어 시바르간 금관은 복스럽고 아담한 아낙네 모습이라고 할 수 있다. 그러므로 아프가니스탄의 시바르간 출토 황금 공예술이 초원길과 바닷길을 거쳐 신라에 전래되어 금관이 형성되었을 것이라는 추론은 비약적인 상상력에 지나지 않는다.

4. 이씩 고분의 모자핀과 금관의 세움장식 차이

카자흐스탄 이씩 고분의 황금인간 유물은 김병모에 의해서 본격적으로 소개되었다. '금관의 고향을 찾아서' 중앙아시아의 스키타이 추장 묘역이 있는 이씩 지역 답사 경험을 감격적으로 서술한 글이 《금관의 비밀》 서론의 중요한 내용이다. 유라시아 대륙을 종횡무진 하듯 누비면서 금관의 고향을 찾아 다섯 차례 여행을[24] 하는 가운데서도, 가장 모험적인 답사 경험을 서술한 것이 이씩 고분에 관한 것이다.

이 서론에는 헬리콥터를 빌려 타고 적석목관분의 양식을 보며 흥분의 도가니에 휩싸인 내용이 낭만적으로 서술되어 있다. 하지만 정작 금관과 직접적인 관련을 찾을 만한 현지 조사 내용은 보이지 않는다. 이씩 고분에서 출토된 자료로는 스키타이 후기 문화 유적으로 추정되는 황금장식의 가죽옷을 입은 사람의 모형이 전부이다. 황금인간으로 명명했으되, 청년인지 아가씨인지조차 알지 못한다. 다만 몸에 착 달라붙는 튜닉

모의 역사적 계승 관계를 구체적으로 다루었다.
24) 김병모, 앞의 책, 19쪽에 자세한 여정이 소개되어 있다.

(tunic)형 가죽옷 상의에 비늘모양의 황금 장식이 빼곡하게 붙어 있어서 마치 황금옷을 입은 것처럼 보일 따름이다. 복식도 신라와 전혀 다르지만, 금관도 전혀 다른 구조로 이루어져 있다.

황금인간이 쓰고 있는 모자는 얼굴 전면만 드러내고 목덜미까지 덮어 가리는 가죽으로 된 긴 원뿔 모양의 고깔 모양이다. 고깔 모양이라고 할 수밖에 없어도 고깔 구조는 아니다. 왜냐하면 고깔은 머리 위에 쓰는 것인데, 이씩 모자는 얼굴만 노출시키고 머리 뒤와 목을 다 가리고 있는 구조이다. 따라서 고깔 모양의 복면을 쓴 것처럼 보이거나 또는 투구를 쓴 것처럼 보인다.

앞쪽에서 보면 얼굴 부분을 드러내고 있는 모자는 입을 크게 벌린 짐승의 모습과

〈그림 5〉 이씨 고분의 황금인간

같이 윗부분에는 이빨 같은 톱니가 보인다. 머리는 물론 두 귀도 다 가렸다. 금관은 이마에 띠를 두르듯 쓰고 뒤로 여미는 구조인데, 이 모자는 위로 덮어쓰고 턱 아래쪽을 여며서 고정시킨다. 현장에서 답사를 한 것처럼 보고하고 있으나, 모자의 사진만 실어두었을 뿐 크기를 알 수 있는 실측 자료는 없다. 그러나 비례로 볼 때 모자의 높이는 몸통보다 더 길다. 한마디로, 피에로 노릇을 하는 서양 광대들이 쓰는 긴 원뿔 모양의 모자와 닮았다. 따라서 모자의 구조와 재질, 크기, 문양 등 어느 쪽으로 보아도 신라 금관과 닮은 구석이라고는 찾아보기 어렵다.

굳이 닮은 점이 있다면 가죽모자에 붙인 장식의 금판이 황금으로 되어 있다는 사실이다. 가죽모자 앞면에는 화살과 창을 여러 개 꽂아두

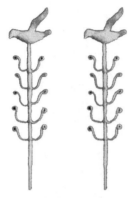

〈그림 6〉 이씩 고분의 모자핀

었고 왼쪽 옆면에는 금실로 꼬아 만든 나무 모양의 모자핀이 1쌍 꽂혀 있는데, 이 모자 핀 끝에는 날개를 펼친 새가 한 마리 앉아 있 다. 이처럼 새가 앉아 있는 나무 모양의 모자 핀이 금관의 '곧은 줄기 굽은 가지' 나무 모 양 세움장식과 닮았다는 것이다.

이 나무 모양의 핀은 신라 금관의 직각 형 수지(樹枝)와 같은 형태이며, 수지는 2단, 3단, 5단 종류가 카자흐스탄 국립박물관에 보관되어 있다.…… 이씩 고분을 발굴했던 아키세브(K. A. Akishev) 교수 의 의견에 따르면 알타이 사람들은 나무가 하늘로 올라가는 사다리 의 기능을 한다고 생각하여 가지의 단이 많을수록 더 높은 절대자와 교감할 수 있는 샤먼이라고 믿는다고 한다. 즉 이 모자의 주인은 샤먼 의 기능을 지니고 있었던 추장이라는 것이다.

신라 금관에서도 여러 가지 단의 형태가 보인다. 예를 들어 황 남대총 북분의 주인공 여인은 3단식 금관을 가졌으며, 그 옆 무덤인 천마총의 주인은 4단식 금관을 썼다. 앞으로 이런 관점에서 신라 금 관을 연구한다면 무덤의 주인공을 찾아낼 수도 있을 것 같다.[25]

과연 이씩 고분의 모자핀과 금관의 세움장식이 같은가? 우선 모자 핀과 세움장식의 모양부터 다르다. 금판을 오려내서 만든 세움장식과 달 리 모자핀은 철사 모양으로 가늘게 만들었다. 세움장식에는 달개와 곡옥 이 볼록 장식마다 달려 있는데, 모자핀에는 이런 것들이 전혀 달려 있지 않다. 오히려 줄기 꼭대기에 커다란 새가 날개를 펼치고 날아가는 모습

---

25) 같은 책, 122쪽.

을 하고 있다. 김병모는 새를 주목하고 금관의 새와 솟대 위의 새를 연상
시킨다고 했다.[26] 그러나 솟대는 나뭇가지가 없는 장대이며, 금관의 세움
장식에는 새가 앉아 있지 않다. 진평왕 금관의 경우만 새가 있는데, 그것
은 세움장식의 양식과 다른 별도의 나뭇가지이다.

　　신라 금관에서는 세움장식이 없어서 안될 필수적인 구조물이다. 세
움장식이 없으면 관테만 남기 때문이다. 따라서 사실상 세움장식은 금관
에서 떼놓을 수 없는 것이지만, 이씩 고분의 모자핀은 그야말로 고깔형
모자를 장식하는 하나의 핀일 따름이다. 있어도 그만 없어도 그만인 장
식이다. 창과 화살을 모자 전면에 꽂고 왼쪽 귀를 덮은 부분에 세움장식
이 두 개 꽂혀 있어서 좌우의 균형도 맞지 않다. 모자를 상징하는 것은
전면에 장식한 화살과 창들이다. 모자핀은 한쪽 측면에 꽂혀 있고 작아
서 얼른 보면 눈에 띄지도 않는다. 이씩 고분에서 금관의 세움장식처럼
모자를 전면적으로 상징하는 것은 핀이 아니라 모자 앞부분에 길게 꽂혀
있는 창과 화살들이다.

　　금관의 세움장식은 전면을 중심으로 좌우에 세 개가 서 있는 것이
기본이다. 따라서 구조적으로 두 개의 세움장식은 존재하지 않는다. 따
라서 모자핀이 두 개씩 짝을 이루며 한 쪽 측면에 치우쳐 있는 이씩 고분
의 모자와 근본적으로 다르다. 그리고 가지의 수도 대부분의 세움장식이
3단을 이룬다. 다만 금령총과 천마총 금관만 4단이다. 3단은 기본형이자
일반형인데 비하여 4단은 변이형이자 특수형이라고 할 수 있다. 4단이
기 때문에 점열문도 두 줄로 되어 있어서 버팀 기능을 강화했다. 3단은
점열문이 한 줄로 되어 있다.

　　그런데 2단에서 5단까지 자연스레 있는 모자핀과 관련하여 금관의
세움장식을 해석하려고 하는 것이 문제이다. 금관의 세움장식에 있는 4

---

26) 같은 책, 121쪽.

단은 모자핀에 없을뿐더러, 모자핀의 2단과 5단은 세움장식에 없기 때
문이다. 그러므로 고깔 모자에 꽂혀 있는 핀의 숫자나 핀을 이루는 가지
의 단수 모두 세움장식과 어긋난다. 그리고 그 의미와 상징도 다르다.

더 중요한 것은 이씨 고분 발굴자인 아키세브 교수의 모자핀 해석
이다. 모자핀의 나무 모양은 사다리 구실을 하며 가지의 단이 많을수록
더 높은 절대자와 소통할 수 있다는 것인데, 김병모는 이 해석에서 착상
을 얻어 세움장식의 가지 단수가 왕의 대수를 나타낸다고 하며, 4단 세
움장식 금관을 쓴 왕은 소지왕과 지증왕 대의 것이라고 추정한다.

> 내물왕의 아버지는 왕이 아니었다. 내물은 흘해〔訖解尼師今〕를 이
> 어 즉위하였으나 실성(實聖)왕에게 암살당하였다. 그러나 내물의 아
> 들인 눌지〔訥知麻立干〕가 실성 다음으로 왕위를 잇게 되어 내물계 2대
> 왕이 되었다. 또 눌지의 아들 자비〔慈悲麻立干〕가 3대 왕이 되고 자비의
> 아들 소지〔炤知麻立干〕가 4대 왕이 된다. 같은 4대인 지증〔智證麻立干〕은
> 자비의 누이인 조생부인(鳥生夫人)의 아들이다. 따라서 소지와 지증은
> 4촌간이다. 따라서 3단 입식 금관들은 자비왕 대의 것이고 4단 입식
> 금관들은 소지왕·지증왕 대의 것으로 볼 수 있다.[27]

만일 위와 같이 세움장식의 단수가 왕의 대수를 나타낸다면, 하늘
에 오르는 사다리를 상징하는 이씨 고분의 머리핀과 세움장식의 의미는
전혀 다른 것이다. 전파론을 주장하면서 전파론을 부정하는 자체 모순에
빠진 또 하나의 보기이다. 전파되었다는 금관 세움장식의 단수가 전혀
다른 상징을 나타내는 것으로 해석하기 때문이다.

더 문제는 이씨 고분의 머리핀과 상관없이, 세움장식의 단수는 왕
의 대수를 나타내는 것이 사실인가 하는 것이다. 그렇지 않다는 것을 앞

---

27) 같은 책, 159쪽.

에서 이미 다루었다. 왜냐하면 금관의 세움장식은 대부분 3단으로 이루어져 있기 때문이다. 금동관도 예외가 아니다. 단수가 왕의 대수를 나타낸다면, 금관을 쓴 신라 왕들은 대부분 3대 왕들만 썼다는 무리한 해석에 이르기 때문이다. 우선 위에서 거론되는 왕 가운데 김씨 왕계 1대인 내물왕과 2대인 눌지왕은 모두 5세기의 왕으로서 금관을 썼을 가능성이 높다.

특히 금관은 2대 왕인 눌지마립간대에 확립된 것으로 보이는데, 2단의 세움장식을 한 금관은 없다. 4단의 세움장식이 둘이고 대부분은 3단의 세움장식이다. 그렇다면 5~6세기의 신라 왕들은 4대 왕이 둘이고 나머지는 모두 3대 왕만 존재했다고 설명해야 한다. 주장은 가능하지만 받아들이기는 어려운 내용이다.

따라서 이씩 고분 모자핀의 단수를 해석한 착상을 끌어와서 금관의 세움장식을 전파론적으로 설명하려는 것도 완전히 다른 구조의 모자 양식이어서 납득하기 어렵지만, 결국 모자핀과 세움장식의 상징을 전혀 다르게 설명하는 까닭에 스스로 전파론을 부정하는 당착에 빠지게 되었다. 적어도 이씩 고분에서 출토된 황금인간의 머리핀이 전파되어 신라 금관의 세움장식에 영향을 미치려면, 최소한 모자의 양식이 같아야 한다.

그런데 긴 원뿔 모양을 한 가죽 제품의 고깔모자와 황금으로 된 신라 금관은 전혀 다른 양식의 모자이다. 금관은 속관과 겉관이 이중 구조를 이루고 있다는 사실도 지나칠 수 없다. 더 설득력을 지니려면 복식이 같아야 한다. 복식은 모자와 신발까지 더불어 다발을 이루는 문화인 까닭이다. 자연히 복식과 관모는 함께 전파되고 함께 전승된다. 이것이 바로 문화 전파의 양적 준거 원칙이다. 그런데 모자도 전혀 다르지만, 복식도 크게 차이를 보여서 영향 관계를 말하기 어렵다.

이씩 고분의 주인공은 가죽으로 만든 꽉 끼는 바지에다 무릎까지 오는 장화를 신고 있는데, 장화에도 역시 황금조각이 비늘처럼 빼곡하게

〈그림 7〉 왕회도에 보이는 신라인

붙어 있다. 몸에 착 달라붙는 가죽옷과 황금 장식의 복식은 신라 사람들의 복식과 거리가 멀다. 재질은 물론 옷의 양식이 우리 전통 복식과 크게 차이가 난다. 신라 사람들의 옷은 가죽으로 지어 입지도 않았으려니와 몸에 착 달라붙지도 않으며 상의 겉옷은 두루마기처럼 무릎까지 길게 내려온다. 신라 옷은 고구려나 백제의 옷과 거의 같은 양식이며, 고조선의 전통을 이은 우리 고유의 복식이다.

중국 사람들이 당 태종(唐 太宗, 서기 627~649) 시기에 그린 왕회도(王會圖)의 사신 그림에는 고구려·신라·백제 사신들의 복식이 생생하게 그려져 있는데(〈그림 7〉),[28] 어느 것이나 옷의 품이 넉넉하고 헐렁하며, 상의 겉옷은 두루마기나 도포처럼 크고 길어서 옷자락이 무릎을 덮을 정도이며 소매도 길고 넓어서 손을 덮고도 남음이 있다. 바지도 품이 헐렁하여 신발의 목을 덮고 있다.

양(梁) 나라의 원제(元帝) 소역(蕭繹)이 형주자사로 재임하던 시절(526~539)에 그린 양직공도(梁職貢圖)에도 백제 사신의 모습이 그려져 있는데(〈그림 8〉), 왕회도의 사신 그림과 복식이 일치한다. 백제 사신 복식은 고구려 고분벽화 속의 복식과 닮았을 뿐 아니라 신라 복식과도 닮았다. 《수서(隋書)》에 따르면, 백제의 의복이 고구려와 대략 같고, 신라의 의복은 고구려, 백제와 같다고 한 기록과[29] 양직공도 및 왕회도의 세 나

---

28) 李天命, 《中國疆域的變遷》 上冊, 臺北 : 國立古宮博物館, 1997, 80쪽의 그림은 당 태종 (서기 627~649) 시기의 왕회도인데, 고구려·백제·신라의 사신 모습이 보인다.

29) 같은 책, 같은 쪽에서 재인용.

〈그림 8〉 남경박물원구장본 백제 사신도

라 복식 그림이 일치한다. 그러므로 몸에 착 달라붙는 가죽 상하의를 입
고 바지 겉으로 무릎까지 오는 장화를 신은 황금인간의 옷과 신라 옷은
근본적으로 다르다.

이씩 고분에서 출토된 황금인간의 복식과 신라의 복식이 같다고 한
다면, 마치 두루마기를 갖추어 입은 전통 한복과, 착 달라붙은 청바지를
입은 서부의 카우보이 복장이 같다고 하는 것만큼 억지스럽다. 그리고
이씩 고분의 모자와 신라 금관이 서로 영향 관계에 있다고 하는 것은 마
치 광대의 고깔모자와 갓망건이 서로 영향 관계에 있다고 하는 것만큼
비약이 심하다. 그러므로 최소한의 논리적 사유라도 있는 사람이라면 이
씩 고분의 관모에서 신라 금관이 비롯되었다는 전파론을 펼 수 없다. 그
만큼 전혀 다른 양식의 복식이자 모자이기 때문이다.

복식도 다르고 모자 양식도 다른데 오직 세움장식만 닮았다고 해서 (사실은 닮지도 않았지만) 이씩 고분의 모자가 신라 금관에 영향을 미쳤다고 할 수 없다. 왜냐하면 문화의 전파는 특정한 문화 현상이 일정한 다발 단위로 이루어지는 것이지, 그 가운데 특정한 부분이나 작은 요소 하나만 분리되어 고립적으로 전파될 수 없기 때문이다. 거듭 말하거니와, 부분적 요소의 유사성으로 전파를 주장하는 것은 논리적으로 성급한 일반화의 오류에 해당하며, 전파론의 원칙으로 말하면 양적 준거를 갖추지 못한 것이다.

신라 복식이 풍성하고 넉넉한 것처럼 신라 금관도 그와 같은 옷에 어울릴 정도로 여유가 있고 융통성이 크다. 그런데 이씩 고분의 복식과 관모는 이와 반대이다. 옷도 몸에 착 달라붙는 튜닉형일 뿐만 아니라, 모자도 얼굴만 드러내고 머리를 모두 가리는 삼각뿔 투구형이다. 두 복식과 모자가 같은 경향을 띠면서 조화를 이루고 있다. 따라서 모자만 영향을 주고받을 수 없다. 복식에 따라 모자의 양식도 조화로워야 하는 까닭이다. 모자의 양식이나 복식이 같아야 전파론의 양적 준거를 확보할 수 있다.

그러므로 이씩 고분의 모자핀이 마치 금관의 세움장식에 무슨 영향이라도 미친 것처럼 해석하거나, 이씩 고분의 출토 지역이 마치 금관의 고향인 것처럼 찾아나섰던 경험을 모험적인 이야기로 서술하는 것은 납득하기 어려운 일이라 하지 않을 수 없다. 그냥 흥미로운 답사여행기의 하나로 보면 상당히 감동적인 내용이라 할 수 있다.

제5장 식민사관의 한계와 실증적 관모 연구의 가능성

1. 일제 강점기 식민사관 수준을 맴도는 금관 연구

다시 묻는다. 신라 금관은 우리에게 무엇인가? 신라 금관은 과연 '세계에서 유래를 찾을 수 없는 세계 최고의 규모와 형상을 지녔다고 하는 우리나라 최고의 국보이자 독창적인 문화'인가?[1] '금관은 한국인의 고유한 관모요, 또 한국 관모의 시원형의 일종'이자 '삼국시대에 성행한 특유의 화려찬란한 보관(寶冠)'으로[2] 예찬해도 좋은 것인가? 그렇지 않다. 스스로 예찬하는 것과 달리 신라 금관을 시베리아 샤먼의 관이나 아프가니스탄 및 카자흐스탄 지역 금관에서 비롯된 것인 양 종속적으로 해석하는 바람에, 오히려 민족 문화의 독창성을 훼손하고 민족적 창조력을 부정하는 문화재로 여기는 까닭이다.

---

1) 김병모, 《금관의 비밀 – 한국 고대사와 김씨의 원류를 찾아서》, 푸른역사, 1998, 6쪽. 7쪽 에서는 "한국 문화재 중에서 최고의 국보급 유물이자 세계적으로도 그 유례를 찾아볼 수 없는 독창적인 신라 금관"으로 묘사하고 있다.
2) 이은창, 《한국 복식의 역사 – 고대 편》, 세종대왕기념사업회, 1978, 219쪽.

전세계에 알려진 고대 금관은 불과 10여 개에 지나지 않는데, 이 가운데 다섯 개가 경주의 금관이며[3] 그 크기나 무게도 가장 두드러지고 화려한 수준도 가장 빼어났다. 물론 아직도 발굴하지 않은 경주 고분 속에서 얼마나 많은 금관이 더 출토될지 아무도 장담할 수 없다. 경주 지역에는 150기에 가까운 고분들이 있는데, 발굴된 것은 30기 정도에 지나지 않는다. 따라서 나머지 고분을 발굴하게 되면 더 많은 금관이 쏟아져 나올 것으로 추론할 따름이다. 그러므로 현재 나타난 유물만으로도 경주는 세계 금관 문화의 총본산지이자, 신라는 '금관의 나라'라고 해도 지나치지 않다.

이처럼 신라 금관의 집중 분포와[4] 형상의 우수성을 예찬하고 한국 고유의 관모라는 주장을 연구의 서론에는 다투어 하면서도, 정작 금관의 기원을 밝히는 연구가 진행되면서부터 그러한 분포와 우수성에 대한 주체적 인식은 사라지고 금관의 고유성에 대해서 회의(懷疑)를 느끼게 만든다. 연구가 마무리되어 결론에 이르면 어느 연구든 그 기원을 우리 민족 문화 속에서 민족적 창조력을 통해 찾는 것이 아니라, 시베리아 벌판의 낯선 민족들이 만든 무당의 모자와 샤머니즘에서 찾는다.

"이집트의 파라오들이 사용했던 모자가 이집트인의 사상과 종족 구성을 설명해주듯이 한국의 금관도 통치 계급의 종족적 원류, 그들의 사유세계, 미적 감각 등을 설명해줄 수 있는 암호"를 지니고 있다고[5] 하면

---

3) 이한상,《황금의 나라 신라》, 김영사, 2004, 46쪽. 그러나 나는 신라 금관에 견주어볼 만한 고대 금관은 세계적으로 신라 금관 다섯 개 외에 앞에서 비교·검토한 세 개 정도만 있다고 생각한다. 따라서 세계적인 고대 금관 여덟 개 가운데 다섯 개가 경주에 집중되어 있다고 판단한다.

4) 신라·가야 지역에는 금동관을 포함한 금관이 10여 개 되지만, 순금제 금관은 금관총·금령총·서봉총·천마총·황남대총북분 금관 5종 외에 경주 교동 고분과 고령 출토로 전하는 금관 그리고 경남 지역 출토로 전하는 오구라(小倉) 수집 금관 등 3종으로 모두 8종이 있다. 金元龍,《第3版 韓國考古學槪說》, 一志社, 1994, 233쪽 참조.

5) 김병모, 앞의 책, 8쪽.

서도, 그러한 암호풀이를 금관 자체의 해석이나 우리 민족의 사상 또는 세계관 속에서 해명하기보다 한결같이 시베리아와 동북아시아 기마민족들의 문화와 관련해 해석하고 있다. 자연히 신라인의 사상과 그들의 사유세계를 독자적으로 이해하는 데는 그리 도움이 되지 않는다. 오히려 사대적인 문화 종속에 빠져들게 만들 따름이다.

마치 김욱동이 탈춤을 우리 민족의 위대한 문화유산으로 일방적으로 미화하다가[6] 결론적으로 한갓 유희본능에서 비롯된 지배층의 체제 안전장치에 불과할 뿐 아니라, 우리 탈춤을 카니발과 비슷한 요소들만 근거로 들어서 서구의 카니발에서 기원한 것으로 엉뚱하게 규정하는 것이나[7] 그리 다르지 않다. 한마디로, 우리의 '위대한 문화유산'이 서구의 카니발에서 기원했다고 하는 주장만큼 비논리적인 견해도 없지만, 이 주장만큼 우리 문화유산을 깎아내리는 견해도 없다.[8]

금관의 시베리아 기원설도 같은 구실을 하고 있다. 한국 최고의 문화재가 시베리아 샤먼의 모자에서 왔다면, 다른 문화유산들은 더 말할 나위도 없다. 결국 금관 연구는 금관이 우리의 자랑스런 문화유산이자 민족 문화의 우수성을 상징하는 창조적인 문화재이기는커녕, 시베리아 유목민족 샤먼 문화의 아류라는 사실을 무리하게 입증해 남세스러운 문화재로 규정하는 작업만을 줄곧 담당해온 셈이다. 이러한 연구의 문제점을 심각하게 성찰해야 창조적 연구가 가능하고 연구의 오류를 바로잡을 수 있다.

〈한국미술오천년전〉 미국 순회전시회 포스터는 금령총 금관 사진

6) 김욱동, 《탈춤의 미학》, 현암사, 1994, 8쪽에서 "우리의 위대한 문화유산인 탈춤을 새롭게 바라보고자 한다"고 했을 뿐만 아니라, 19쪽에서 "탈춤은 우리의 대표적인 문화유산"이라고 과대평가 하고 있다.
7) 같은 책, 458~459쪽.
8) 임재해, 〈미학없는 '탈춤의 미학'과 식민 담론의 정체〉, 《계간 민족예술》 5, 민족예술총연합회, 1994, 130~143쪽에서 비판적인 논의를 구체적으로 했다.

한 장이 전면을 차지하고 있다. 신라 금관은 우리 미술 오천 년을 대표하는 작품이라는 것을 널리 홍보하는 포스터이자, 우리 민족예술의 대표작이라고 하는 것을 널리 알리는 셈이다. 따라서 수많은 우리 문화재 가운데 어느 것도 포스터에 끼어들지 못했다. 오롯이 금관 사진 하나면 한국 미술을 알리는 데 족하다는 뜻이다. 그런데 알고 보면 이 금관은 우리 민족의 주체적인 창조물이 아니라 시베리아 샤먼의 관에서 비롯된 것이라고 학자들은 끊임없이 주장한다.

그렇다면 〈한국미술오천년전〉의 포스터는 사실상 한국 미술의 창조성을 우리 스스로 부정하고 있는 꼴이다. 다시 말해서, 금관은 연구가 거듭될수록 민족 문화의 창조력을 부정하고 배달민족의 혈통까지 부정하는 문화재 구실을 한다는 말이다. 실제 사실이 그렇다면 전래설을 인정하는 것이 마땅하다. 그러나 논지 전개의 이론적 준거나 논리적 방법을 갖추지 못했을 뿐만 아니라, 전래설을 뒷받침할 만한 자료의 실증성도 충족시키지 못한다. 그러므로 근본적인 비판이 불가피하다.

금관의 기원 연구는 지금까지 거듭되어 상당한 업적이 축적되었지만 이러한 한계를 극복할 조짐마저 보이지 않는다. 1970년대 김원룡과[9] 이은창의[10] 연구를 뛰어넘지 못하고 있다. 더 적극적으로 말하면 1930년대 일본인들의 연구 성과를 부연하는 수준에 머문다. 김열규와[11] 윤세영

---

9) 金元龍, 〈新羅金冠의 系統〉, 《趙明基博士華甲記念佛教史學論叢》, 1965, 285~294쪽. 이 내용은 나중에 金元龍, 《韓國考古學概說》(一志社, 1973) 안에 정리되었다. 이 책의 제3판 (1986), 234쪽에서 "신라 금관은 시베리아 일대에 퍼지고 있는 샤머니즘의 나무와 사슴뿔 숭배를 배경으로 하고 있으며 특이한 출자형(出字形)으로 도안화한 것은 신라인의 창안"이라고 했다.

10) 이은창, 〈金冠〉, 심재완 외, 《韓國의 冠帽》, 영남대학교 신라가야문화연구소, 1972, 9~17쪽과 이은창, 《한국 복식의 역사 - 고대 편》, 235~264쪽에서 신라·가야 금관을 자세하게 다루고 있는데, 결론적으로 금관의 조형 방식과 여러 장식들은 "모두 시베리아 제 민족의 원시신앙과 그들의 관모 양식이 그 원류가 되고 있음을 알 수 있다"며 끝맺고 있다.

11) 金烈圭, 〈東北亞 脈絡 속의 韓國神話 - 金冠의 巫俗神話的 要素를 中心으로〉, 《韓國古代

의[12] 연구를 거쳐, 최근에 단행본 수준의 연구로 김병모가 《금관의 비밀》을,[13] 이한상이 《황금의 나라 신라》를[14] 발표했으나, 적어도 금관의 기원에 대한 해석만은 동어반복 수준에서 머문다.

《금관의 비밀》에서는 금관의 기원을 시베리아 샤먼의 무관과 유라시아 대륙 기마민족들의 신수 사상에서 찾고 있고, 《황금의 나라 신라》에서도 황금 문화의 전달자로 고내 유목민족올 지목하고 구체적으로 사르마트족과 흉노족·선비족·거란족 등을 들고 있다. 이처럼 최근의 연구들은 고고학계에서 새로 보고된 자료들을 끌어들여 기존 기원설을 입증할 만한 자료를 더 보완했을 뿐, 사슴뿔 모양을 근거로 한 시베리아 샤먼의 무관 기원설이나, 나뭇가지 모양을 근거로 한 알타이계 북방 민족의 수목 신앙 기원설에서 한 걸음도 더 나아가지 못했다.

우리 문화의 북방 기원설에 대한 고정관념과 민족 문화의 자생설을 부정하는 사대주의적 전래설에 매몰되어, 새 자료의 발굴과 연구 역량의 축적이 거듭될수록 기존의 학설을 더욱 확고하게 하는 구실만 했을 따름이다. 《금관의 비밀》에서는 어원 풀이와 알타이어계 기마민족들의 새 토템과 말 토템을 자세하게 다룬 것이 새로우며, 《황금의 나라 신라》에서는 금관의 구조와 세움장식의 형식을 자세하게 분석하여 그 변화 과정을 추정한 것이 새로울 따름이다. 그러나 금관의 기원은 여전히 시베리아 북방 기원설에서 맴돈다. 그러므로 금관의 기원이나 원류에 관한 해석은

文化와 引接文化의 關係》, 韓國精神文化硏究院, 1981.

12) 尹世英, 〈韓國古代冠帽考－三國時代冠帽를 中心으로〉, 《韓國考古學報》 9, 韓國考古學會, 1986, 35쪽. "기원전 2세기를 전후한 시기에 남로서아 외몽고지대 즉 중국의 만리장성 밖에서 위세를 떨쳤던 흉노 선비족 등의 유목민족들이 사용한 수목·녹각을 장식한 관과 신라·가야의 외관과 유사한 점은 삼국시대 관모의 원류를 북방 민족 계통에서 찾아야 됨을 시사하여 주고 있다."

13) 1998년에 간행된 《금관의 비밀－한국 고대사와 김씨의 원류를 찾아서》(푸른역사)가 그것이다.

14) 2004년에 간행된 《황금의 나라 신라》(김영사)가 그것이다.

사실상 1930년대 수준에 머물고 있다.

더 자세히 들여다보면, 이은창 이후의 연구는 시베리아 및 중앙아시아 지역의 금관자료를 섭렵하여 기원을 추론한 1970년대 이은창의 자료와 해석의 범주 속에 갇혀 있다. 국내의 금관 관련 출토품은 물론, 남부러시아의 알렉산드로폴에서 발견된 은제 관식,[15] 예니세이 샤먼의 관, 스키타이의 황금 문화, 노보췌르카아스크(Novocherkaask) 고분의 금관(diadem)[16] 등 유라시아 지역 출토 유물을 광범위하게 섭렵하고, 이를 근거로 시베리아 지역 제 민족의 관모 양식이 바로 금관의 원류라는 결론을 내리고 있는 것이다.[17] 그러므로 이은창 이후의 연구는 관련 자료만 더 보완되었을 뿐 비교연구의 시각이나 얻어낸 결론은 이은창의 연구 안에서 맴돌 따름이다.

결국 금관의 기원 연구에 관한 우리 학계의 성과를 보면, 이은창의 《한국 복식의 역사》가 하나의 전범 구실을 하고 있다는 사실을 알 수 있다. 그런데 이은창의 금관 연구에서 얻은 결론이나 주요 논거도 사실은 하마다 고사쿠(濱田耕作)나[18] 카를 헨체(Carl Hentze)[19] 등의 연구 결과를 그대로 받아들인 것이다. 한결같이 일본 학계를 통해 얻은 지식들이다. 따라서 금관의 나뭇가지 모양 장식이 스키타이 문화 계통이라는 주장이나, 시베리아 여러 민족들의 신앙인 '생명나무' 또는 '세계수'에서 비롯된 북방계 문화 요소라는 주장들은 사실상 일본 학계의 견해를 벗어나지 못하고 있다.[20]

---

15) 이은창, 《한국 복식의 역사-고대 편》, 239쪽.
16) 같은 책, 253~257쪽.
17) 같은 책, 264쪽.
18) 濱田耕作, 〈新羅の寶冠〉, 《考古學硏究》, 1932, 335~359쪽. 이은창, 같은 책, 25쪽 참조.
19) Carl Hentze, "Schamanenkronen zur Han-Zeit in Korea", *Ostasiatische Zeitschrift*, Bd. 19, 5, 156~163쪽 ; Carl Hentze, 大林太郎 譯, 〈朝鮮古代のシャマンの冠〉, 《古代學硏究》 37, 13~20쪽(이은창, 같은 책, 같은 쪽에서 참조).

　　최근에 금관이 장례용 부장품으로 만들어진 것이라는 주장이 새로
제기된 것도 일본인 학자들의 연구에 의한 것이다. 하마다 세료(濱田靑陵)
는[21] 진작부터 이러한 주장을 펼쳤으며, 마노메 준이치(馬目順一)도 최근
에 금관을 장례용 부장품이라는 주장을[22] 최근에 다시 발표했다.[23] KBS
역사스페셜은 이들의 견해를 그대로 따라서, 아예 '금관은 죽은 자의 것
이었다'는 제목으로 다큐멘터리를 제작해 금관이 장례용품이었다는 주
장을 집중적으로 방영했다.[24] 이러한 해석에 이바지한 이한상도 《황금
의 나라 신라》를 통해 이들의 주장이 기본적으로 타당하다고 하면서, 금
관 제작자가 금관을 만드는 가운데 실수한 사례를 들어서 이들의 주장을
한층 구체적으로 입증하고자 애썼다.[25]

　　다시 말해서, 헨체나 하마다가 1930년대에 이미 신라 금관은 시베
리아 샤먼의 관에서 비롯된 것이라는 주장을 펼쳤다는 말이며, 최근에
새로운 연구 성과처럼 문제되는 장례용 관이라는 주장도 사실은 1930년
대 초 하마다의 해석을 리모델링한 것에 지나지 않는다는 말이다. 약소
국을 지배하고 있는 제국의 학자들이 일제 강점기의 한국 고대 문화를
독창적인 것으로 인정할 만한 객관적인 견해를 가졌다고 보기 어렵다.
그런데 그로부터 70여 년이 지난 독립국가의 학자로서 아무도 식민사관
을 강요하지 않는 가운데 자국 문화를 자유롭게 연구하면서도, 우리를
식민지로 지배하고 있던 시대의 일본 학자들에 따른 제국주의적 해석을

20) 이은창, 같은 책, 255~256쪽.
21) 濱田靑陵, 《慶州の金冠塚》, 慶州古墳保存會, 似玉堂, 1932. 이한상은 앞의 책, 81쪽에서
　　이 책을 인용하며 본문에 '濱田耕作'으로 이름을 밝혀두었는데, 두 사람은 같은 인물이기
　　때문이다. 세이료는 고사쿠의 별명이다.
22) 馬目順一, 〈慶州古新羅王族墓 立華飾付黃金制寶冠編年試論〉, 《古代探叢》 IV, 1995, 601
　　쪽.
23) 이한상, 앞의 책, 81쪽 참조.
24) KBS 역사스페셜 제86회, 〈금관은 죽은 자의 것이었다〉, 2000년 9월 23일 방송.
25) 이한상, 앞의 책, 81~82쪽.

금과옥조처럼 받들고 있는 것이 문제이다.

한마디로, 한국의 정치적 독립은 진작 이루어져도 국학계의 학문적 독립은 아직 요원한 것이라 하지 않을 수 없다. 적어도 금관 연구에 한해 서는 우리 학계의 수준이 1930년대 일제 식민지의 조선총독부 상황 속에 여전히 갇혀 있는 셈이다. 그것도 일제 강점기처럼 일본이 강요하는 학설도 아니며, 원나라가 지배한 고려시대처럼 몽골인들이 강요하는 주 장도 아니다. 그런데도 학문적 독립은커녕 우리 스스로 무릎을 꿇은 채 자진해서 일제 강점기 학문에 복속하는 연구를 즐겨 하고 있는 것이다. 최소한의 비판적 극복 의지도 보이지 않는다. 어느 누구도 일본인 학자 의 금관 해석을 극복하고 자신의 학설을 독창적으로 주장하려들지 않는 다. 그들의 초보적 착상과 선험적 견해를 자기 연구인 것처럼 써먹느라 비판적 거론조차 하지 않는 것이 현실이다.

금관 연구를 보면, 해방 60주년을 맞이해도 우리는 아직 우리 문화 를 우리 눈으로 보는 자주적 능력을 갖지 못하고 있다는 사실을 절감하 게 된다. 민족 문화 문제를 떠나서도 독창성을 지니지 않는 연구는 학문 으로 인정받기 어렵다. 자기 문화의 독창성도 모르면서, 자국 문화를 주 체적으로 포착할 능력도 없는 가운데 70여 년 전의 결론을 되풀이하는 것으로서 어떻게 학문의 독창성을 말할 수 있겠는가. 주체에 관한 타자 의 일방적 규정을 존중하며 타민족 문화의 맥락 속에서 자민족 문화의 정체를 찾아내려는 학자들에게서 학문의 주체성은커녕 사유의 독창성 조차 기대하기 어렵다.

자세하게 추적해보면 우리 학계에서 금관 연구의 부처님 손바닥 노 릇을 하는 것은 1930년대 일본 학자 하마다의 연구라는 사실을 알게 된 다. 최근에는 마노메 준이치가 그런 노릇을 한다. 그들이 부처님 손바닥 노릇을 하려고 한 것이 아니라 우리 학계 스스로 그들의 손바닥 안에서 노닐고 있는 것이다. 따라서 금관의 기원에 관한 연구는 얻어낸 결론도

〈그림 1〉 농경문청동기

종속적인 전래설에서 벗어나지 못하고 있을 뿐 아니라, 그러한 결론조차 주체적으로 이끌어낸 독창적인 것일 수 없다. 일본 학자를 비롯한 외국 학자들의 1930년대 연구를 고스란히 따라가는 기존 연구의 모자이크 작업이거나 리모델링 수준에 해당되는 까닭이다. 그러므로 연구 방법이나 시각까지 일제 강점기 학자들의 사대주의적 전파론의 전형을 답습하고 있다 하지 않을 수 없다.

2. 사료들에 기록된 관모 양식의 전통과 금관

우리나라 고대인들이 머리에 어떤 양식의 관을 썼는가 하는 것을 알 수 있는 가장 오래된 자료는 신화와 유물이다. 선사시대의 농경문청동기(農耕文靑銅器)에 음각으로 새겨진 그림을 보면 두 사람이 밭을 갈고 있는데, 한 사람은 괭이로 땅을 파고, 다른 한 사람은 따비로 밭고랑을 파는 모습을 하고 있다(〈그림 1〉).

따비를 사용하는 사람은 아랫도리를 드러낸 남자인데, 머리에는 새의 깃털이 달린 절풍(折風)을[26] 쓰고 있다. 이 청동기의 뒷면에는 'Y' 자로 갈라진 나무 위에 새 한 쌍이 마주보고 앉아 있다. 고고학자들은 이 그림

을 샤먼 곧 무당의[27] 지팡이에 앉아 있는 조두간식(鳥頭竿飾)이라고 해석
한다. 그러므로 앞면의 벌거벗은 남자는 무당이 땅에다 씨뿌리는 의식을
하고 있는 것으로 해석되고 있으며, 청동기 시대에 이미 무당이 절풍을
쓰고 의식을 집행한 것으로 추론된다.[28] 고구려 고분벽화에는 절풍이 상
당히 많이 보인다.

고대의 무당은 사제자이면서 정치적 지도자로서 사실상 사제왕
(priest king)이었다. 사제왕들은 자신의 지위와 권능을 상징하는 관을 썼
다. 그러한 관의 가장 오랜 전통이 새의 깃털을 꽂은 장식으로 나타난다.
왕이나 무당의 초월적 권위를 상징하기 위해 새의 깃을 꽂았던 것이다.
무당의 지팡이에 새 한 쌍이 앉아 있는 것도 새를 하늘의 매개자로 신성
시한 까닭이다. 농경문청동기를 통해 볼 때 무당이나 사제왕 또는 지도
자가 쓰는 관모에는 한결같이 깃털을 꽂았는데, 이러한 관모의 양식은
선사시대까지 그 연원을 거슬러 올라갈 수 있다. 이러한 깃털관의 전통
은 주몽 신화, 곧 동명왕 신화에 고스란히 이어지고 있다.

천제(天帝)가 태자를 보내어 부여왕의 옛도읍에 내려와 놀게 하
였는데, 이름이 해모수(解慕漱)였다. 해모수는 하늘에서 내려오는데,
오룡거(五龍車)를 타고, 따르는 사람 백여 명은 모두 흰 고니를 탔다.
채색 구름은 위에 뜨고 음악 소리는 구름 속에서 울렸다. 웅심산(熊心
山)에 머물렀다가 10여 일이 지나 내려오는데, 머리에는 오우관(鳥羽
冠)을 쓰고 허리에는 용광검(龍光劍)을 찼다.[29]

---

26) 김병모, 앞의 책, 45쪽.
27) '샤먼'이라고 한 말을 '무당'으로 바꾸어 인용한다.
28) 김병모, 앞의 책, 46쪽의 내용 및 그림 23 참조.
29) 李奎報, 《東國李相國集》卷3, 東明王篇幷序.

주몽의 아버지인 해모수는 천제의 아들로서 하늘로부터 지상 세계로 내려오는데, 다섯 마리의 용이 끄는 수레를 타고 머리에는 오우관 곧 까마귀의 깃털관을 쓰고 허리에는 용광검을 차고 있다. 주위에서 해모수를 옹위하며 따른 사람들도 모두 흰 고니를 타고 있다. 흰 고니도 깃털과 밀접한 관련을 지니고 있다. 용과 새는 모두 하늘을 나는 천상적인 존재이자 하늘의 신성한 존재를 지상으로 실어다 주는 매개자 구실을 한다.

고구려의 것으로 보이는 평양 대성구역에서 출토된 금동관을 보면 화염문 양식이 외관을 장식하고 있고, 평양 룡산리 7호 고분에서 출토된 금동모자의 문양에는 삼족오(三足烏)가 핵심을 이루고 있는데, 이 관모의 장식은 고구려 건국 신화인 주몽 신화 가운데 특히 해모수의 출현을 상징한다. 해모수는 곧 태양신을 상징하는 존재이다. 화염문으로 장식된 대성구역의 금동관은 태양을 형상화한 것이다. 이 금동관을 쓰면 화염문 때문에 쓴 사람의 얼굴이 마치 이글거리는 태양처럼 보이게 된다.

룡산리 7호 금동관의 문양도 주몽 신화를 고스란히 반영하고 있다. 태양신을 자처하며 오우관(烏羽冠)을 쓰고 오룡거(五龍車)를 타고 하강한 해모수의 신화적 내용에 따라, 태양신을 상징하는 삼족오가 해의 모습과 함께 뚫음무늬로 조각되어 있고 두세 마리의 용이 비상하는 모습도 뚫음무늬로 조각해두었다. 삼족오와 용들은 모두 불꽃무늬에 휩싸여 있다. 마치 이글거리며 타오르는 태양의 불길을 연상하게 만든다. 해모수 신화의 상징성이 고구려 왕관에 그대로 형상화되어 있는 것이다. 따라서 신라 금관의 경우는 물론, 고구려 금동관도 그 양식은 다르지만 건국 신화의 내용을 왕관으로 형상화하고 있다는 점에서 우리 금관의 문화적 통일성을 발견할 수 있다.

주몽 신화의 세계관이 관모에 형상화되어 있는 것은 물론, 고분벽화에도 이어지고 있는 것을 볼 수 있다. 고구려의 대표적인 고분인 무용총과 각저총, 쌍영총은 물론 장천 1호묘와 집안 오회분(五盔墳) 등에서도 삼족오가 두루 보인다. 주몽 신화의 오우관, 고구려 고분벽화의 삼족오, 고구려 금동관의 삼족오 투각은 태양신을 섬기는 고구려 건국 영웅들의 세계관을 공유하고 있는 것이다.

신라의 경우도 마찬가지이다. 그 동질성은 신화와 관모에 한정되지 않는다. 박혁거세 신화에 보이는 천마가 천마총에서도 보인다. 말의 장니(障泥) 곧 '말 다래'에 흰색으로 천마가 그려져 있는 '천마도장니' 역시 박혁거세 신화에 등장하는 천마와 만난다. 그러므로 건국 신화와 왕의 관모, 왕이 타는 말의 다래 그림들이 서로 연관성 속에 존재한다는 사실을 문화적 맥락에서 이해하지 않을 수 없다.

금관총 금관은 속관과 곡옥 등 신라 금관의 갖춘꼴로서 가장 완전한 형태를 이루고 있다. 이 금관을 보면 내관의 깃 장식이 은제이다. 이 것은 박혁거세 신화에 등장하여 박혁거세의 강림을 알리는 천마, 곧 백마의 흰 날개와, 그리고 김알지 신화에서 역시 김알지의 강림을 알리는 천계, 곧 백계의 흰 날개를 상징한다. 굳이 깃을 은으로 만든 것도 모두 흰색 깃과 털을 가진 신성한 동물 곧 백마와 백계의 신화적 세계관을 고스란히 반영하고 있는 까닭이다. 천손 강림의 상징물이 바로 속관의 날개 장식인 것이다.

새의 깃은 겉관이 아닌 속관에 형상화되어 있다는 점도 주목된다. 속관의 조익(鳥翼) 양식은 선사시대부터 관모에 장식되던 깃털의 전통을 이어받은 것으로서, 신라 건국 신화에서 그리는 건국 영웅은 곧 천손 강림의 존재이며 그 뒤의 왕들은 그러한 혈통을 이어받고 있는 신성한 존재라는 것을 상징한다. 따라서 새의 깃털로 장식된 조익관(鳥翼冠)의 전통은 상당히 그 뿌리가 깊다고 하지 않을 수 없다. 한국관모의 독창성과 역사성을 가장 잘 드러내는 고유성이기도 하다.

주몽 신화 외에도 조익관에 관한 기록들이 여러 모로 남아 있다. 《위서(魏書)》 고구려조나[30] 《수서(隋書)》 고려조,[31] 그리고 《북사(北史)》

와[32]《구당서(舊唐書)》[33] 등에도 고구려 사람들이 깃털로 장식된 조익관을 널리 착용했다는 기록이 보인다. 조익관을 통해서 신성한 권위를 나타내고자 한 관모의 양식은 선사시대 이래의 오랜 전통임을 알 수 있다.

3. 고분벽화에 그려진 관모 양식과 금관의 형성

중국 고대 사서에 기록된 우리 문화의 내용은 중국의 문화적 관점에서 볼 때 상당히 특이한 내용을 가려서 정리한 것으로 보인다. 따라서 상대적으로 중국사람들은 고대 한국인의 관모 가운데 새의 깃털 장식을 이국적으로 독특하게 포착한 셈이다. 다시 말해서, 조익관의 전통은 우리 고대 문화의 독자성으로 인식해도 좋다는 것이다. 실제로 조익관을 쓴 문화적 전통은 고분벽화를 통해서 생생하게 확인할 수 있다.

고구려 고분벽화 가운데 쌍영총의 이도서벽기마인물상(羡道西壁騎馬人物像)과 무용총의 수렵도(狩獵圖)를 보면, 인물이 조익관을 쓰고 말을 달리는 모습을 완연하게 그려두었다. 조익관의 깃털 그림을 자세하게 보면 기마인물상은 새 날개 깃을 관의 좌우에 꽂았고, 수렵도에서는 새의 꼬리깃을 다수 꽂아 장식하고 있다.[34] 깃이 아주 풍성하고 곡선으로 길게 휘어진 것으로 보아서 수탉의 꼬리깃처럼 보인다.

백제에 관한 기록에서도 조익관의 전통이 발견된다. 북사 백제조에 보면, "그 음식과 의복이 고구려와 거의 같은데 조배나 제사 때에는 관의

---

30) 《魏書》卷100, 〈列傳〉第88, 高句麗條. "頭著折風 其形如弁 插鳥羽貴賤有差."

31) 《隋書》卷81, 〈列傳〉第46, 東夷傳 高麗條. "人皆皮冠使人加插鳥羽."

32) 《北史》卷94, 〈列傳〉第86, 高麗條. "人皆頭著折風 形如弁 士人加插二鳥羽."

33) 《舊唐書》卷29, 〈志〉第9, 音樂二. "高麗樂工人 紫羅帽 飾以鳥羽."

34) 金文子,《韓國服飾文化의 源流》, 民族文化社, 1994, 57쪽.

양쪽에 시(翅) 곧 새의 날개깃을 가식하고, 군사의 경우에는 '시'를 가식하지 않는다"고 하여,[35] 제의를 올릴 때 사제자가 조익관을 특별히 사용했다는 것을 알 수 있다. 그리고 신라때 제기로 사용된 토기에도 인물상이 있는데, 고깔 형태의 건에 긴 깃털을 장식하고 있는 그림이 있다.[36]

따라서 사제자 또는 지도자의 관에 깃털을 장식하여 그 지위와 권능을 나타낸 것은 선사시대의 청동기 그림에서부터 주몽 신화, 중국의 고대사 기록, 고구려 고분벽화, 신라의 제기 등에서 일관되게 나타나고 있다. 관모의 구조가 속관과 겉관이 서로 분리되어 있는 이중 구조로 이루어져 있을 뿐 아니라,[37] 속관에만 깃털 장식이 있다는 사실 자체가 시베리아 샤먼의 모자 구조와 다르다. 그러므로 우리 관모의 특징은, 굳이 고대의 사제자나 왕의 관모 장식에 쓰인 조익을 근거로 시베리아 샤먼의 관과 전파론적으로 연결시키지 않아도, 선사시대부터 신라 금관에 이르기까지 역사적 전통성을 오롯이 획득하고 있음을 알 수 있다.

깃을 꽂은 고대 관모의 전통을 신라 금관의 체계에 맞게 재창조한 것이 금관의 속관을 장식하는 금은제 조익이다. 절풍과 같은 형식으로 겉관이 별도로 없는 경우에는 실제 새 깃을 관의 좌우에 제각기 꽂았으나, 속관을 보완하는 겉관이 새로운 금관 양식으로 창출되면서 'V' 자 모양의 금은제 조익을 속관의 전면에 꽂는 방식으로 변화된 것이다. 금제 속관의 테에 일정한 문양처럼 구멍을 둘씩 아래위로 짝을 지어 뚫어 둔 것은 겉관과 연결시켜 두기 위한 장치가 아닌가 한다.[38]

만일 종래의 조익관처럼 실제 깃털을 속관의 좌우에 꽂아서는 겉관

---

35) 《北史》 卷94, 〈列傳〉 第82, 百濟條.
36) 金文子, 앞의 책, 57쪽.
37) 박선희, 〈고구려와 주변국의 관모비교에 의한 한민족문화의 연원〉, 《단군학연구》 11, 단군학회, 2004, 99~100쪽에서 관모의 이중 구조가 형성되는 과정을 분석적으로 고찰했다.
38) 같은 글, 123~124쪽에 자세한 검토 내용이 있다.

의 금빛 찬란한 세움장식 나무들에 가려서 제대로 드러나지도 않고, 금제 관모의 장식으로 어울리지도 않는다. 그리고 박혁거세와 김알지 신화에 등장하는 백마와 백계가 비상하는 흰 빛의 장엄한 모습도 상징적으로 형상화할 수 없다. 따라서 'V' 자 모양을 한 특수한 양식의 은빛 또는 금빛 새 깃을 전면에 꽂았던 것이다. 그러므로 전면에서 보면, 겉관을 장식한 곧은 나무 세움장식 사이로 커다란 두 날개 깃이 비상하고 있는 모습을 효과적으로 나타내주고 있다.

순금으로 만든 겉관의 세움장식 나무들은 이전의 관모 전통과 상관없이 김알지 신화의 세계관에 따라 하늘에서 자주빛이 내리비친 여명의 시림이자 신라 건국의 성지인 계림을 형상화한 것으로 새롭게 창조된 것이다. 서봉총 금관으로 알려진 진평왕 금관의 경우에는 속관이 없고 겉관 나뭇가지 끝에 새가 세 마리 앉아 있다. 이 새의 머리에 벼슬이 달려 있고 꼬리가 긴 것을 보면 시림에서 울었던 천계(天鷄)를 조익과 다른 방식으로 형상화한 것처럼 보인다. 그러므로 금관의 새로운 양식적 변화를 일으킨 것이자 금관의 연대와 주인을 가장 분명하게 드러내 보이는 것이 진평왕 금관이다.

김알지 신화는 박혁거세의 천마와 달리 천계를 천손 강림의 매개로 설정했다. 따라서 한층 직접적으로 수탉의 모습을 갖춘 천계를 형상화할 필요가 있었다. 자연히 천계를 죽은 사람의 영혼이 하늘로 날아가기를 기원하거나[39] 새처럼 날고 싶은 소망을 담은 것이라는 해석은[40] 재고의 여지가 있다. 왜냐하면 천계를 통해서 김알지가 천손의 신성함을 상징하는 까닭이다. 그러므로 신라 금관의 전체적 양식은 신라 건국 신화를 상징적으로 형상화한 전형성을 지니나, 세부적인 형상방법은 금관마다 조

---

39) 김병모, 앞의 책, 113쪽.
40) 이한상, 앞의 책, 114쪽.

금씩 다른 독자성을 지녔다고 하겠다.

안팎의 관모로 형성된 금관의 이중 구조는 기존의 관모 전통을 이어받아 속관이 지닌 안정성과 상징성의 한계를 구조적으로 보완하기 위해 겉관을 새롭게 창출하여 덧보탠 것이다. 따라서 금관은 속관의 한계를 보완하는 가운데 왕의 관모로서 왕권의 신성한 권위를 과시하고 신라 왕실의 신이한 건국 신화를 상징화하기 위한 문화적 구조물로 창조된 것이다. 그러므로 속관에 해당되는 절풍 모양의 금제 관모 분포는 신라 금관의 분포지를 넘어서 한반도에 널리 일반화되어 있으나, 김알지 신화를 반영하여 만든 겉관에 해당되는 금관은 경주를 중심으로 집중 분포되어 있는 것이다.

다만 금관에 따라 속관이 별도로 없는 경우가 있다. 자연히 속관의 부착물인 조익 장식도 보이지 않는다. 금관총과 천마총에는 속관과 조익 장식이 겉관과 더불어 출토되고 황남대총 남분에서도 속관과 조익 장식이 출토되었으나 진평왕릉(서봉총), 금령총, 황남대총 북분에서는 겉관인 금관만 출토되었다. 이처럼 금관의 안팎 이중 구조 가운데 겉관만 나타나는 데는 두 가지 이유를 생각할 수 있다.

하나는 속관을 금제나 은제로 만들지 않아서 오랜 세월이 흐르는 동안 고분 안에서 삭아버린 경우를 추론할 수 있다. 실제로 선사시대부터 써온 절풍 양식의 속관 재료는 천이나 가죽이었다. 따라서 금은제로 만들지 않은 모자가 대부분이었고, 5세기 전후에 왕실에서 금은제 관모가 등장하면서 속관도 금은제로 만들어진 것이다. 그러므로 금은제 속관은 그 자체로 또는 겉관과 더불어 남아 있지만, 천이나 가죽으로 만든 속관은 남아 있지 않았던 것이다. 천마총에는 금제 속관 외에 백화수피(白樺樹皮)로 만든 속관도 출토되었다는 것이 중요한 증거이다. 자작나무 껍질로 만든 이 관의 양식은 금제와 똑같다. 일부 금관 안쪽에 천이나 가죽이 붙어 있는 흔적이 있다고 하는 것도 이러한 가능성을 입증한다.

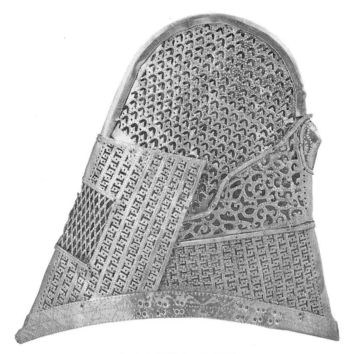

〈그림 2〉 천마총 출토 금제 속관

둘은 금관의 양식이 발전하면서 종래의 관모 전통이 약화된 경우이다. 새 깃을 부착하던 오랜 전통의 속관 양식이 배제되고 새롭게 창조한 겉관만 쓰게 된 것이다. 이중 구조로 전승되던 금관 가운데 점차 겉관이 화려하게 커지면서 속관이 무의미하게 되자, 절풍 양식의 관모는 쓰지 않고 새로운 양식의 겉관을 중심으로 금관을 정착시킨 것이다. 그러나 금관이 가장 발달한 시기까지 새 깃을 장식한 전통적인 절풍 양식의 속관이 지속되었다는 사실은 우리 관모사를 이해하는 데 상당히 중요한 자료이다.

지금까지 살펴본 것처럼, 사제자 또는 지도자의 관에 깃을 장식하여 그 지위와 권능을 나타낸 것은 선사시대의 청동기 그림에서부터 주몽 신화, 중국의 고대사 기록, 고분벽화, 신라의 제기 등에서 일관되게 나타나고 있는 사실이다. 이러한 관모의 전통이 금관의 속관과 조익 장식으로 이어지는 한편, 겉관의 순금제 양식은 신라 건국 신화와 함께 새롭게 창출되어 신라 금관만이 가지는 독창적인 관모 양식으로 창조된 것이다.

자연히 고대의 사제자나 왕의 관모 장식에 쓰인 새의 깃이나 금관의 여러 세움장식 모양들을 시베리아 샤먼의 모자와 무리하게 연결시키지 않아도 역사적 전통성과 민족적 창조성을 오롯이 해명할 수 있다. 따라서 신라 금관은 우리 민족의 오랜 관모 전통을 이어받으면서 새로운 왕조에 걸맞도록 건국 신화의 내용을 창조적 형상으로 상징화하여 새로운 관모 문화를 창출한 민족 고유의 문화유산이라고 해석할 수 있다. 그러므로 우리 관모의 역사를 근거로 전개한 '금관의 역사'에 관한 연구는[41] 이러한 논지와 문제의식에 따라, 우리 관모의 고유한 양식과 전통을 통시적으로 고찰하여 신라 금관이 어떻게 독창적으로 형성되었는가 하는 것을 역사적으로 해명하게 될 것이다.

---

41) 박선희, 《우리 금관의 역사를 밝힌다》, 지식산업사, 2008 참고.

참고문헌

고문헌

《舊唐書》　　　　　《南齊書》　　　　　《獨斷》
《東國李相國集》　　《北史》　　　　　　《史記》
《三國史記》　　　　《三國遺事》　　　　《說文解字》
《世宗實錄地理志》　《隋書》　　　　　　《魏書》
《日本書紀》　　　　《帝王韻紀》　　　　《漢書》
《黃帝內經》　　　　《後漢書》

보고서

국립문화재연구소 편,《고성군 문암리 선사유적 발굴설명회 자료》, 국립문화재연구소,
　　2002.
大韓民國文敎部 國史編纂委員會,《中國正史朝鮮傳》譯註 1, 國史編纂委員會, 1987.
文化財管理局,《武寧王陵》, 三和出版社, 1974.
任孝宰·李俊貞,『鰲山里遺蹟 III』, 서울大學校博物館, 1988.
조선유적유물도감편찬위원회 편,《조선유적유물도감》1 원시편, 동광출판사, 1988.
韓國古代社會研究所 編,〈文武王陵碑〉,《譯註 韓國古代金石文》2, 韓國古代社會研究所,
　　1992.

국내 논저

강승남,〈고조선시기의 청동 및 철 가공기술〉,《조선고고연구》, 사회과학원 고고학연구
　　소, 1996.

강신표 편,《레비스트로스의 人類學과 韓國學》, 韓國精神文化研究院, 1983.

姜仁求,〈신라 積石封土墳의 구조와 계통〉,《韓國史論》7, 서울대학교, 1981.

郭治中,〈상고시대 제사문화의 전형 – 우하량 홍산 문화 유적지〉, 국한운동시민연합 편, 《동북아 평화 정착을 위한 한·중 국제학술회의 자료집》, 국립중앙박물관, 2006 년 12월 27일.

權兌遠,〈百濟의 冠帽系統考 – 百濟의 陶俑人物像을 中心으로〉,《考古美術史 – 史學志 論文輯》1, 檀國大 史學會, 1994.

김대성·윤열수,《한국의 性石》, 도서출판 푸른숲, 1997.

金杜珍,〈신라 六村長神話의 모습과 그 의미〉,《新羅文化》21, 동국대학교 신라문화연 구소, 2003.

金文子,《韓國服飾文化의 源流》, 民族文化社, 1994.

金秉模,〈新羅金冠을 통해 본 神鳥思想과 神樹思想〉,《韓國民俗學報》4, 韓國民俗學會, 1994.

_____,《금관의 비밀 – 한국 고대사와 김씨의 원류를 찾아서》, 푸른역사, 1998.

_____,〈金秉模의 考古學 여행 – 民族의 뿌리를 찾아서〉,《월간 朝鮮》9월호, 2003.

金庠基,〈百濟의 遼西經略에 對하여〉,《東方史論叢》, 서울대학교출판부, 1984.

김성례,〈탈식민담론과 대중문화〉,《아시아문화》10, 한림대학교 아시아문화연구소, 1994.

김성환,〈최초의 한류, 동아시아 삼신산 해상루트의 기억을 찾아서〉,《동아시아 전통문 화와 한류》, 동양사회사상학회 국제학술대회 발표집(전남대학교, 2007년 1월 8일).

金烈圭,〈東北亞 脈絡 속의 韓國神話 – 金冠의 巫俗神話의 要素를 中心으로 한〉,《韓國 古代文化와 引接文化의 關係》, 韓國精神文化研究院, 1981.

_____,《韓國의 神話》, 一潮閣, 1998.

김우창,〈전전성기의 문화 : 외국 문화의 기여〉,《외국문학》40, 열음사, 1994년 가을호.

김욱동,《탈춤의 미학》, 현암사, 1994.

金元龍,〈新羅金冠의 系統〉,《趙明基博士華甲記念佛教史學論叢》, 1965.

_____,《韓國 考古學 概說》, 一潮閣, 1973.

_____,《韓國考古學概說》(第三版), 一志社, 1994.

金仁會,《韓國巫俗思想研究》, 集文堂, 1987.

金貞培,《韓國民族文化의 起源》, 고려대학교 출판부, 1973.

김지하,《옛 가야에서 띄우는 겨울편지》, 두레, 2000.

金宅圭,〈유라시아 대륙의 문화경로와 경주문화〉,《새 千年의 微笑 – '98慶州世界文化 國際學術會議 論文集》, '98慶州世界文化엑스포 組織委員會, 1998.

金宅圭·李殷昌,《鳩岩洞古墳發掘調査報告》, 1978.

김효신,〈순산축원〉,《교육학논총》, 우리교육학회, 1977.

김효정,〈튀르크족의 기록에 나타난 '텡그리(Tengri)'의 의미〉,《韓國中東學會論叢》28-1, 韓國中東學會, 2007.

나희라, 《신라의 국가제사》, 지식산업사, 2003.

柳東植, 〈討論〉, 《韓國古代文化와 引接文化의 關係》, 韓國精神文化硏究院, 1981.

文定昌, 〈任那論〉, 《日本上古史》, 栢文堂, 1970.

朴普鉉, 〈樹枝形立華飾冠 型式分類 追補〉, 《大邱史學》 32, 大邱史學會, 2004.

박상규, 〈우랄·알타이語族의 巫歌 一面〉, 民俗學會 編, 《巫俗信仰》, 敎文社, 1989.

박선희, 《한국 고대 복식 – 그 원형과 정체》, 지식산업사, 2002.

_____, 〈고구려와 주변국의 관모비교에 의한 한민족문화의 연원〉, 《단군학연구》 11, 단군학회, 2004.

_____, 〈銀合杅 명문의 연대 재검토에 따른 서봉총 금관의 주체 해명〉, 《白山學報》 74, 2006.

_____, 〈고대 한국 갑옷의 원류와 동아시아에 미친 영향〉, 《고대에도 한류가 있었다》, 지식산업사, 2007.

_____, 《우리 금관의 역사를 밝힌다》, 지식산업사, 2008.

박영철, 〈한국 중기 구석기문화의 석기분석 연구 : 석장리유적 ‘제2지구 10지층 문화’의 재해석〉, 《한국구석기학보》 6, 한국구석기학회, 2002.

朴容淑, 《韓國美術論》, 一志社, 1975.

박진욱, 〈신라무덤의 편년에 대하여〉, 《고고민속》, 1965년 4기.

方善柱, 〈百濟軍의 華北進出과 그 背景〉, 《白山學報》 11, 白山學會, 1971.

배기동, 〈전곡리 출토 핸드 액스의 비교 분석적 연구〉, 서울대학교 대학원 석사학위논문, 1980.

邊太燮, 〈廟制의 變遷을 통하여 본 新羅社會의 發展過程〉, 《歷史敎育》 8, 歷史敎育硏究會, 1964.

서대석, 〈한국과 만족 무속신화의 대비검토〉, 전북대 인문학연구소 편, 《동북아 샤머니즘 문화》, 소명출판, 2000.

서영대, 〈이능화의 《조선무속고》에 대하여〉, 《종교연구》 9, 한국종교학회, 1993.

성삼제, 《고조선 사라진 역사》, 동아일보사, 2005.

孫晉泰, 《朝鮮民族文化의 硏究》, 乙酉文化社, 1948.

송기중, 〈東아시아 諸民族의 分布와 言語學的 分類〉, 《口碑文學硏究》 11, 한국구비문학회, 2000.

송화섭, 〈선사시대 암각화에 나타난 석검·석촉의 양식과 상징〉, 《한국고고학보》 31, 한국고고학회, 1994.

_____, 〈한반도 선사시대 기하문암각화의 유형과 성격〉, 《선사와 고대》 5, 한국고대학회, 1993.

_____, 〈한국 암각화의 신앙의례〉, 한국역사민속학회 편, 《한국의 암각화》, 한길사, 1996.

신용하, 〈고조선 문명권의 형성과 동북아의 ‘아사달’ 문양〉, 《고대에도 한류가 있었다》, 지식산업사, 2007.

辛鐘遠, 〈新羅初期佛教史研究〉, 고려대학교 대학원 박사학위논문, 1988.

신종원, 《삼국유사 새로 읽기》 1(기이편), 일지사, 2004.

신형식·이종호, 〈'中華5천년', 紅山文明의 再照明〉, 《白山學報》 77, 2007.

안동준, 〈고조선 지역의 무교가 중원 도교문화에 미친 영향〉, 《고대에도 한류가 있었다》, 지식산업사, 2007.

안영배, 〈아남그룹 명예회장 金向洙의 한일 문화유적 탐방기(하)〉, 《신동아》, 1996년 6월호.

安榮姬, 〈솔의 語源考〉, 《亞細亞女性研究》 10, 숙명여자대학교, 1970.

양정식, 〈新羅 麻立干期 王의 統治形態에 대한 考察〉, 《新羅古墳 研究의 現況과 課題》, 東國大學校 新羅文化研究所, 1998년도 제17회 新羅文化學術會議(東國大學校 慶州캠퍼스, 1998년 6월 8일).

우실하, 〈요하문명, 홍산 문화와 한국 문화의 연계성〉, 《고대에도 한류가 있었다》, 지식산업사, 2007.

윤내현, 《고조선 연구》, 일지사, 1994.

_____, 〈고대 한겨레의 활동영역 — 북방대륙과 관련하여〉, 《韓國民俗學報》 4, 한국민속학회, 1994.

_____, 《한국열국사연구》, 지식산업사, 1998.

_____, 《우리 고대사 — 상상에서 현실로》, 지식산업사, 2003.

_____, 〈고대 한민족의 대외활동과 백제의 중국 동부 지배〉, 《고대에도 한류가 있었다》, 지식산업사, 2007.

尹世英, 〈韓國古代冠帽考 — 三國時代冠帽를 中心으로〉, 《韓國考古學報》 9, 韓國考古學會, 1986.

윤순재, 〈한국과 몽골의 사회 문화 비교〉, 몽골 울란바트라 대학 학장의 특강 요지(2000년 7월 6일).

이광규, 〈레비스트로스와 韓國〉, 《레비스트로스의 人類學과 韓國學》, 韓國精神文化研究院, 1983.

이건욱 외, 《알타이 샤머니즘》, 국립민속박물관, 2006.

李基東, 〈新羅太祖 星漢의 問題와 興德王陵碑의 發見〉, 《大丘史學》 15·16, 1978.

이덕일·김병기 외, 《고조선은 대륙의 지배자였다》, 역사의아침, 2006.

이도학, 《새로 쓰는 백제사 — 동방의 로마제국, 백제사의 복원》, 푸른역사, 1997.

李杜鉉, 《韓國假面劇》, 文化財管理局, 1969.

이범교, 《삼국유사의 종합적 해석》 上, 민족사, 2005.

李鮮馥, 〈신석기·청동기시대 주민교체설에 대한 비판적 검토〉, 《韓國古代史論叢》 1, 駕洛國史蹟開發研究院, 1991.

이성규, 〈문헌에 보이는 한민족문화의 원류〉, 《한국사》 1, 국사편찬위원회, 2002.

이승헌, 《한국인에게 고함》, 한문화, 2006.

李如星, 《朝鮮服飾考》, 白楊堂, 1947.

이융조, 〈원지역 구석기연구와 과제〉, 《한 그릇에 담은 나의 학문과 삶》, 학연문화사, 2006.

_____, 〈아시아 구석기문화에서 청원 두루봉 문화의 위상〉, 《고대에도 한류가 있었다》, 지식산업사, 2007.

이은창, 〈金冠〉, 《韓國의 冠帽》, 영남대학교 신라가야문화연구소, 1972.

_____, 《한국 복식의 역사 - 고대 편》, 세종대왕기념사업회, 1978.

_____, 〈新羅金屬工藝의 源流의인 中央亞細亞 古代文化 - 아프가니스탄의 시바르간 出土遺物을 中心으로〉, 《韓國學報》 26, 一志社, 1982.

_____, 〈新羅藝術의 新研究〉, 《新羅文化祭學術發表會論文集》 6, 新羅文化宣揚會, 1985.

李鍾宣, 〈高新羅의 三山冠〉, 《高新羅王陵研究》, 學研文化社, 2000.

李天命, 《中國疆域的變遷》 上冊, 臺北 : 國立古宮博物館, 1997.

이한상, 《황금의 나라 신라》, 김영사, 2004.

이형구, 〈한반도 암각화와 중국 암각화와의 비교〉, 한국역사민속학회 편, 《한국의 암각화》, 한길사, 1996.

_____, 《한국 고대문화의 비밀》, 김영사, 2004.

李弘稙, 〈延壽在銘新羅銀合杅에 대한 一·二의 考察〉, 《韓國古代史의 研究》(崔鉉培博士還甲紀念論文集), 1954.

임석재, 《임석재전집 3 : 한국구전설화》, 평민사, 1988.

任世權, 〈韓國 先史時代 岩刻畵의 性格〉, 檀國大學校大學院 博士學位論文, 1994.

_____, 〈한국 암각화의 원류〉, 《한국의 암각화》, 한길사, 1996.

임재해, 〈단군신화에 던지는 몇 가지 질문〉, 《민족설화의 논리와 의식》, 지식산업사, 1992.

_____, 〈미학없는 '탈춤의 미학'과 식민 담론의 정체〉, 《계간 민족예술》 5, 민족예술총연합회, 1994.

_____, 《한국민속학과 현실인식》, 집문당, 1997.

_____, 〈공간적 범주로 본 굿의 존재양상과 현실인식 논리〉, 《민속문학과 전통문화》, 도서출판 박이정, 1997.

_____, 〈암각화를 통해 본 탈의 기원과 그 기능의 변모〉, 《民俗研究》 7, 安東大學校 民俗學研究所, 1997.

_____, 〈티베트의 장례풍속과 '천장'의 문화적 해석〉, 《比較民俗學》 15, 比較民俗學會, 1998.

_____, 〈비교민속학의 방법론적 성격과 비교연구의 과제〉, 《比較民俗學》 18, 比較民俗學會, 2000.

_____, 〈한국 민속사 시대구분의 모색과 공생의 시대전망〉, 《민속문화의 생태학적 인식》, 도서출판 당대, 2002.

_____, 〈文化的 脈絡에서 본 金冠의 形象과 建國神話의 函數〉, 《孟仁在先生古稀紀念 - 韓國의 美術文化史論叢》, 學研文化社, 2002.

_____, 〈지역문화의 다양성 가치 재인식과 경주문화의 세계화〉, 《문화다양성과 공동

가치에 관한 국제포럼》(2003경주세계문화엑스포·유네스코한국위원회 국제학술회의 보고서), 2003.

_____, 〈굿문화의 정치적 기능과 무당의 정치적 위상〉, 《比較民俗學》 26, 比較民俗學會, 2004.

_____, 〈굿문화에 갈무리된 자연친화적 사상〉, 《한국의 전통생태학》, 서울대학교 환경계획연구소, 사이언스북스, 2004.

_____, 〈국학의 세계화를 겨냥한 이론 개척과 새 체제 모색〉, 《국학연구》 6, 한국국학진흥원, 2005.

_____, 〈하회탈의 조형적 형상성과 미학적 가치〉, 《하회탈 그 한국인의 얼굴》, 민속원, 2005.

_____, 《민족신화와 건국영웅들》, 민속원, 2006.

_____, 〈신라 건국신화의 맥락적 해석과 신라문화의 재인식〉, 《일연과 삼국유사》, 신서원, 2007.

_____, 〈굿 문화사 연구의 성찰과 역사적 인식지평의 확대〉, 《한국무속학》 11, 한국무속학회, 2006.

_____, 〈왜 겨레문화의 뿌리를 주목하는가〉, 《比較民俗學》 31, 比較民俗學會, 2006.

_____, 〈주거문화 인식의 성찰과 민속학적 이해지평〉, 《比較民俗學》 32, 比較民俗學會, 2006.

_____, 〈고대에도 한류가 있었다 – 민족문화의 정체성 재인식〉, 《고대에도 한류가 있었다》, 지식산업사, 2007.

_____, 〈단군신화에 갈무리된 문화적 원형과 민족문화의 정체성〉, 《단군학연구》 16, 단군학회, 2007.

_____, 〈맥락적 해석에 의한 김알지 신화와 신라문화의 정체성 재인식〉, 《比較民俗學》 33, 2007.

_____, 〈민속신앙의 비교연구와 민족문화의 정체성〉, 《比較民俗學》 34, 比較民俗學會, 2007.

_____, 〈한국신화의 주체적 인식과 민족문화의 정체성〉, 《단군학연구》 17, 단군학회, 2007.

任孝宰, 〈新石器時代 編年〉, 《韓國史論》 12, 國史編纂委員會, 1983.

_____, 〈한·일문화 교류사의 새로운 발굴자료〉, 《제주 신석기문화의 원류》, 한국신석기연구회, 1995.

장명수, 〈한국 암각화의 편년〉, 한국역사민속학회 편, 《한국의 암각화》, 한길사, 1996.

장석호, 〈오르도스 암각화와 한국의 암각화〉, 《오르도스 청동기문화와 한국의 청동기문화》, 한국고대학회(프레스센터, 2007년 5월 15~16일, 별책발표자료집).

장장식, 《몽골민속기행》, 자우출판, 2002.

_____, 《몽골 유목민의 삶과 민속》, 민속원, 2005.

장정룡, 〈江原道의 馬信仰考〉, 《韓國民俗學》 18, 民俗學會, 1985.

전호태,《벽화여 고구려를 말하라》, 사계절, 2004.

정수일,《고대문명교류사》, 사계절, 2001.

조동일,〈民譚構造의 美學的·社會的 意味에 관한 一考察〉,《韓國民俗學》3, 民俗學會, 1970.

_____,《인문학문의 사명》, 서울대학교출판부, 1977.

_____,《동아시아 구비서사시의 양상과 변천》, 문학과지성사, 1997.

_____,《세계문하사의 전개》, 지식산업사, 2002.

_____,〈세계 속의 한국신화, 어떻게 이해할 것인가〉,《한국신화의 정체성을 밝힌다》 (비교민속학회 발표논문집, 프레스센타, 2007년 11월 1일).

조유전·이기환,《고고학자 조유전의 한국사 미스터리》, 황금부엉이, 2004.

조혜정,《글읽기와 삶읽기》1, 또하나의 문화 1992.

조흥윤,《巫와 민족문화》, 민족문화사, 1990.

_____,《한국의 샤머니즘》, 서울대학교출판부, 1999.

_____,〈푸르너의 머리말〉,《한국의 巫》, 정음사, 1983.

조희승,《가야사연구》, 사회과학출판사, 1994.

주강현,《굿의 사회사》, 웅진출판, 1992.

秦弘燮,〈百濟·新羅의 冠帽·冠飾에 관한 二三의 問題〉,《史學志》7, 檀國史學會, 1973.

최광식,〈암각화의 세계〉,《우리 고대사의 성문을 열다》,한길사, 2004.

崔吉城,《韓國巫俗의 研究》, 亞細亞文化社, 1978.

崔南善,〈薩滿教箚記〉,《啓明》19, 1927.

_____,〈不咸文化論〉,《六堂崔南善全集》2, 玄岩社, 1973.

崔秉鉉,〈古新羅 積石木槨墳 研究－墓型과 그 性格을 중심으로〉,《韓國史研究》31, 1980.

_____,《新羅古墳研究》, 一志社, 1998.

崔種圭,〈中期古墳의 性格에 대한 약간의 考察〉,《釜大史學》7, 1983.

최래옥,《하늘님, 나라를 처음 세우시고》, 고려원, 1989.

탁석산,《한국의 주체성》, 책세상, 2000.

표인주,〈민속현상에 나타난 말(馬)의 상징성〉,《比較民俗學》9, 比較民俗學會, 1992.

하문식,〈고인돌을 통해 본 고조선〉,《고조선의 강역을 밝힌다》, 지식산업사, 2006.

_____,〈고인돌왕국 고조선과 아시아의 고인돌 문화〉,《고대에도 한류가 있었다》, 지식산업사, 2007.

韓炳三,〈曲玉의 起源〉,《美術史學研究》129·130, 韓國美術史學會, 1976.

한형철,〈영일·경주 지역의 암각화〉, 한국역사민속학회 편,《한국의 암각화》, 한길사, 1996.

황필호,《한국巫教의 특성과 문제점》, 집문당, 2002.

玄容駿,《巫俗神話와 文獻神話》, 集文堂, 1992.

국외 논저

군나르 뮈르달, 崔晃烈 옮김, 《아시아의 드라마》, 玄岩社 1976.

라이샤워·패어뱅크, 전해종·고병익 옮김, 《동양문화사》, 을유문화사, 1984.

새뮤얼 헌팅턴, 이희재 옮김, 《문명의 충돌》, 김영사, 1997.

沈從文, 《中國古代服飾研究》, 上海出版社, 1997.

알렉상드르 길모즈, 〈現世의 福樂追求의 信仰〉, 크리스챤아카데미 編, 《韓國의 思想構造》, 삼성출판사, 1975.

엘리아데, 文相熙 옮김, 《샤아머니즘》, 三省出版社, 1977.

요시미즈 츠네요, 오근영 옮김, 《로마문화 왕국, 신라》, 2002.

柳冬青, 《紅山文化》, 內蒙古大學出版社, 2002.

이사벨라 버드 비숍, 이인화 옮김, 《한국과 그 이웃 나라들》, 살림, 1994.

제임스 조지 프레이저, 金相一 옮김, 《黃金의 가지》, 乙酉文化社, 1975.

조셉 캠벨, 이윤기 옮김, 《세계의 영웅신화》, 대원사, 1989.

존 카터 코벨, 김유경 엮어옮김, 《한국 문화의 뿌리를 찾아》, 학고재, 1999.

크네히트 페터, 아야베 쓰네오 엮음, 이종원 옮김, 〈문화 전파주의〉, 《문화를 보는 열다섯 이론》, 도서출판 인간사랑, 1987.

클로드 레비 스트로스, 김진욱 옮김, 《構造 人類學》, 종로서적, 1983.

피어스 비텝스키, 김성례·홍석준 옮김, 《살아 있는 인류의 지혜 샤먼》, 도서출판 창해, 2005.

한스 큉, 배국원 옮김, 《가톨릭교회》, 을유문화사, 2003.

Dorson, Richard M., "Current Theories of Folklore", *Folklore and Folklife*, The University of Chicago Pess, 1973.

Dorson, Richard M.(ed.), *Folklore and Folklife*, The University of Chicago Press, 1973.

Dundes, Alan, "From Etic to Emic Units in the Structural Study of Folktales", *Journal of American Folklore*, Vol. 75, No. 296, 1962.

_____, "Texture, text and Context", *Interpreting Folklore*, Indiana University Press, 1980.

Lévi-Strauss, Claud , *Structural Anthropology*, Penguin Books, 1963.

Poppe, Nicholas, *Introduction to Altaic Linguistic*, Otto Harrawwowitz, 1965.

Sweet, Jill D., "The Beauty, Humor, and Power of Tewa Pueblo Dance", Charlotte Heth(ed.), *Native American Dance : Ceremonies and Social Traditions*, National Museum of the American Indian Smithsonian Institution, 1993.

Thompson, Stith, *Motif-Index of Folk-Literature*, Indiana University Press, 1936.

Underhill, Ruth Murray, *Singing for Power : The Song Magic of the Papago Indians of Southern Arizona*, The University of Arizona Press, 1993.

Van Zile, Judy, "HaHoe Masked Dance: But is it Dance?", 《안동학연구》 2, 한국국학진흥
    원·하와대학교 한국학연구소, 2003.

재인용 논저

末松保和, 《任那興亡史》, 1949.
濱田靑陵, 《慶州の金冠塚》, 慶州古墳保存會, 似玉堂, 1932.
濱田耕作, 〈新羅の寶冠〉, 《寶雲》 第3冊, 《考古學硏究》, 1932.
藤田亮策, 〈大邱大鳳町支石墓調査〉, 《昭和十一年度古蹟調査報告》, 1937.
梅元末治, 〈慶州金鈴塚飾履塚發掘調査報告〉, 〈大正十三年度古蹟調査報告〉 第一冊, 1932.
李逸右, 〈內蒙昭烏達盟出土的銅器調査〉, 《考古》, 1959年 第6期.
前川明久, 〈伊勢神宮と朝鮮古代諸國家の祭祀制〉, 《日本史硏究》 84, 1966.
馬目順一, 〈慶州古新羅王族墓 立華飾付黃金制寶冠編年試論〉, 《古代探叢》 IV, 早稻田大
    學校出版部, 1995.
秋葉隆·赤松智城, 《朝鮮의 巫俗》, 大板屋書店, 1937.

신문기사 자료

김미정, 〈토속어 몇 마디면 마음의 문활짝···남미 미전도종족 선교 권오병교수〉, 《국민
    일보》, 2004년 4월 20일자.
김태식, 〈그들이 옷을 벗었다, 그리고 밭을 갈았다〉, 《연합뉴스》, 2005년 3월 29일자.
유석재, 〈논쟁합시다 : 금관의 비밀〉, 《조선일보》, 2006년 1월 17일자.
이기환, 〈왕은 금관을 쓰지 않았다〉, 《경향신문》, 2004년 6월 19일자.

방송 자료

KBS 역사스페셜, 제86회 〈금관은 죽은 자의 것이었다〉, 2000년 9월 23일 방송.
KBS 스페셜, 〈새로운 시작, 국립중앙박물관 D-6〉, 2005년 10월 22일 방송.

인터넷 자료

국립경주박물관 홈페이지 :

　　http://211.252.141.15/wmv/education/ms20040103.html

김병호, 〈김병호의 문화체험〉 :

　　http://chiangrai.cafe24.com/board/zboard.php?id=history&no=18

배기동, 〈구석기시대의 인류와 문화〉, 국토교양강좌 :

　　http://land.go.kr/landinfo/lecturelandinfo/landculturelec/6/landculture_list_10_text_6_10.jsp

한국역사전문카페 :

　　http://cafe.naver.com/sagahistory.cafe?iframe_url=/ArticleRead.nhn%3Farticleid=701

안승모, 〈청원 소로리 토탄층 출토 볍씨〉, 한국신석기학회 홈페이지, 발굴소식 64 :

　　http://www.neolith.or.kr/ 02_exca/exca_list.aspx?page=8

찾아보기